Karl Albrecht

Die Leipziger Mundart

Karl Albrecht

Die Leipziger Mundart

ISBN/EAN: 9783743301719

Hergestellt in Europa, USA, Kanada, Australien, Japan

Cover: Foto ©Thomas Meinert / pixelio.de

Manufactured and distributed by brebook publishing software
(www.brebook.com)

Karl Albrecht

Die Leipziger Mundart

DIE

LEIPZIGER MUNDART.

GRAMMATIK UND·WÖRTERBUCH

DER

LEIPZIGER VOLKSSPRACHE.

ZUGLEICH EIN BEITRAG

ZUR SCHILDERUNG DER VOLKSSPRACHE IM ALLGEMEINEN.

VON

DR. KARL ALBRECHT,

REALSCHUL-OBERLEHRER ZU LEIPZIG.

MIT EINEM VORWORT

VON

PROF. DR. RUDOLF HILDEBRAND.

LEIPZIG,

ARNOLDISCHE BUCHHANDLUNG.

1881.

Unveränderter Nachdruck der Originalausgabe 1881

ZENTRAL-ANTIQUARIAT
DER DEUTSCHEN DEMOKRATISCHEN REPUBLIK
LEIPZIG 1965

Vorwort.

Indem ich an das Vorwort gehe, das ich dem mir lange befreundeten Verfasser zugesagt hatte, kommt mir freilich so viel vor den Sinn, dass es für den Rahmen eines solchen Vorwortes viel zu viel werden würde, auch wenn ich zur Ausführung die Zeit hätte. Ich habe zu dem Buche eine doppelte Stellung, die mir den Gesichtspunkt bestimmt, als Leipziger Stadtkind und als deutscher Philolog, und in beiden Stellungen hätte ich gar Manches vor- und auszuführen, das wol hier seinen rechten Platz fände.

Als Philolog möchte ich oder müsste eigentlich dem vom Sammler vorgelegten Thatbestande unserer Mundart vor allem die Beleuchtung hinzufügen, in der er sich vor dem geschichtlichen Blicke zeigt, welcher die Thatsachen von heute in ihrem Wachsen und Werden zu übersehen die Aufgabe hat. An diesem geschichtlichen Blicke fehlt es ohnedem unsrer vielgerühmten Bildung noch gar sehr, besonders sobald er sich auf das Nächste, Eigenste, Alltäglichste zu beziehen hat, er lässt sich aber auch an keinem Gegenstande so leicht üben und ausbilden, als an der Sprache, die man selber spricht, eben weil gerade sie Jedem das Nächste, Eigenste, Alltäglichste ist, das zugleich sein ganzes eigenstes Leben umspannt, wie ein Gefäss für Alles, und richtig angeschaut zugleich das eigenste Leben der Vorfahren, von denen wir, jeder Einzelne, unser Herkommen haben.

Also z. B. wenn unsere Mundart statt Vormittags und Nachmittags Vormittage und Nachmittage sagt, so rümpft die Bildung die Nase darüber, die Schule hat es zu bekämpfen; aber noch Gellert schrieb ursprünglich so, z. B. in der Schwedischen Gräfin: „Vormittage soll das Fräulein als (d. h. wie) ein Mann, und Nachmittage als eine Frau erzogen werden" (2. Ausg. 1750 S. 4), erst in den sämmtlichen Schriften geändert in Vormittags, Nachmittags. Man braucht aber nur das Alte und noch jetzt in der Mundart Lebende anders, d. h. eigentlich richtig zu schreiben: vor Mittage, nach Mittage, so blickt einen das Wort der Volkssprache auf einmal ganz anders an: worüber man die Nase rümpfte,

das ist nun das eigentlich Richtige und belehrt uns, auch z. B. über den
Ursprung der Worte Vormittag, Nachmittag.*) Ist es nicht aber
auch eine Pflicht, ein Unrecht zurück zu nehmen, wenn es auch nur
einem Worte angethan war, aber einem Worte, das vordem Allen gehörte, also ein Unrecht gegen die eignen Vorfahren, also im Grunde doch
auch gegen sich selbst? Ich denke, eine Pflicht und eine Freude zugleich. Und zu solchen Betrachtungen liegt Stoff in Ueberfülle vor. Nur
Einiges noch. Das i in Männichen u. ä. (S. 23) ist nicht ein launen-
hafter Einschub, sondern gehört von Haus aus in die Form; wenn die
Bildung darüber zu spötteln gestimmt ist, so erscheint es dem geschichtlichen Blicke vielmehr mit dem Adel des höchsten Alters (die alte Form
mitteldeutscher Mundart war mennichîn). Hat doch die Mundart selbst
in vornehmen Fremdworten manchmal Recht gegen die Bildung, z. B. mit
Canditer gegen Conditor (s. in Grimms Wb. unter konditor).

Auch in Volksworten, die von der gebildeten Sprache ganz vergessen
oder ausgestossen sind, sieht der geschichtliche Blick oft jenen Adel des
Alters und volles schönes Leben. So in mésseldrähtig (S. 168): mhd.
hiess zerzupfte Leinwand, Charpie meizel, man muss aber auch schon
beim Spinnen schlecht oder locker gedrehte Fäden so genannt haben, das
lehrt das Volkswort, denn Draht ist eigentlich Faden (von drehen, noch
engl. thread), meisseldrähtig also ein Faden, der wie zerzupft, statt scharf
zusammengedreht aussieht, auf Menschen und ihre Stimmung angewandt
etwa wie unser zerfahren. Man kann oder muss sich dabei erinnern, wie
in alter Zeit in jedem Hause das Spinnrad oder vor diesem der Spinn-
rocken arbeitete und welche Bedeutung das Spinnen für die Wirthschaft
hatte, um zu begreifen, wie man daher Bilder für das entnahm, was sonst
in der Stube und im Hause vorging. — Lehrreich ist auch brämen
(S. 92). Ich kenne es auch in der Wendung: er hat nich gebrämt, nicht
gezuckt, d. h. bei einer Gefahr die an ihn heran trat, und daraus erklärt es sich auch. Die Augbrauen hiessen nämlich ursprünglich auch
bräme pl. (mit -m für ursprüngliches -w), daher noch verbrämen, eigentlich den Saum des Kleides mit einem Besatz als Zierat und Schutz zu-

---

*) Auch Göthe in dem Liede:
　　　　　Nach Mittage saassen wir
　　　　　Junges Volk im Kühlen u. s. w.
meinte eigentlich Náchmittäge, wie bei Gellert, nicht nách Míttäge, das
zeigt der Ton und Rhythmus. (Die Bauern haben noch den alten, eigentlichen
Ton in na míttge.)

gleich versehen, wie das die Brauen für die Augenlider sind, ein Bild
aus der ältesten Schneiderkunst unsrer Frauen (s. darüber unter gebräme
in Grimms Wb.). Also eigentlich: er hat nicht mit den Brauen oder
Wimpern gezuckt. Ist doch aus alter Zeit, aus dem germanischen Norden überliefert, dass man den Muth eines Knaben auf solche Weise
prüfte und schärfte, dass man ihm mit Schwertesschärfe dicht vor die
Augen fuhr, wobei er die Aufgabe hatte, mit den Lidern nicht zu zucken.
Das lebt denn nach in der Redensart: er hat nich gebrämt. Auch
brane Waldessaum (S. 92) erklärt sich hier, denn das ist gleichfalls eine
alte Nebenform von braue und heisst forstmännisch auch noch brame,
bräme (s. u. gebräme 4, c im Wb.).

Von höchster Alterthümlichkeit aber, ein in die Gegenwart herein-
ragendes Endchen aus dem Dunkel der ältesten germanischen Vorzeit ist
der Ruf cecé (S. 97), den die Kinder beim Haschenspielen brauchen; es
ruft so laut schreiend ein Kind, das eben in Gefahr ist gefangen zu werden und sich davor retten will. Die Auffassung des Wortes, das man ja
nie geschrieben sieht, als ce-ce ist begreiflich, weil die Spielenden dabei
an ihr ABC-Buch denken. Ich dachte mirs auch lange so, bis ichs im
16. Jahrhundert geschrieben fand, im Gebrauch Erwachsener, die bei
einer Gefahr damit die Hülfe der Dorfgenossen herbeirufen. So ruft oder
schreit im Esop des Burkard Waldis, also hessisch, in der 80. Fabel des
4. Buches ein Bauer, der Kälber auf seinem Acker sieht, zehe! zeho!
In der 94. Fabel daselbst, wo ein Wolf beim Dorf erscheint, schreit der
Erste der ihn sieht, zeho! zeho! d. h. zehe (zeh) mit dem schallenden
—o verlängert, das wir noch in feurio! kennen. Es ist ohne Zweifel der
erste Theil des uralten Hülferufes zeter, der selbst ins Dunkel der
ältesten Zeit zurückreicht und eigentlich gleichfalls die Hülfe der Genossen herbeiruft. Auch im 16. Jahrhundert doch schon im Kinderspiel,
das ja immer das Thun und Treiben der Erwachsenen nachahmte, und zwar
eben in Leipzig oder Umgegend, zeha! beim Versteckensspielen im Katzi-
pori (s. in Grimms Wb. unter kucken 3, b). Auch niederdeutsch noch
jetzt, denn Stürenburg im ostfries. Wb. 280 gibt té-té als ein Kinderspiel,
der Ruf gilt den Spielern, die herbeikommen sollen; aber „té-té rief auch
der Bauerrichter im Dorfe, um die Bauern zur Versammlung herbeizu-
ziehen", wo denn mit te eigentlich die heilige Stätte des Gerichts gemeint sein wird (nd. auch tl m., tie f., hd. zie m., vergl. zuo f. Lanz.
7128). Kurz, es ist ein gebliebenes Stückchen aus dem allerältesten
Leben der Vorfahren.

Ein schönes altes Wort und doch jetzt nur in niedersten Kreisen lebend, d. h. langsam absterbend ist **kalmen** (S. 142), das mit engl. calm oder franz. calmer nichts zu schaffen hat, bei so vornehmem Ursprunge müsste es ja den höheren Schichten angehören, nicht den niedersten; es heisst noch in der Nähe der Stadt, z. B. in Liebertwolkwitz, auch qualmen und ist daraus entstanden, diess aber aus mhd. twalmen; noch der Schlesier Günther (S. 267) sang, in der Zeit als er das Schlafen verlernt hatte:

> Mein Schlaf ist nur ein Qualm,
> Mein Lied ein Klagepsalm.

So hat der **kanker** mit lat. cancer nichts zu schaffen, es ist ein altgerm. Wort, wie im Deutschen Wörterbuche des Weiteren nachgewiesen ist. Die **fissimatenten** dagegen sind von gelehrtem Ursprung, aus der Heraldik oder der geheimnissvollen Heroldswissenschaft des 14. Jahrhunderts; da heisst es im Sing. fisiment, geheimnissvoller Zug oder Zierat im Wappenwesen (Lassbergs Liedersaal 1, 579), womit man den Leuten auch Sand in die Augen streute, eigentlich lat. visamentum, wie wir noch vom visieren im Wappenwesen sprechen. Die heutige Form ist eine scherzende oder spottende Verdrehung der lat. Form. Falsches Französisch zeigt sich in dem masc. **karrier** (S. 46), es erklärt sich in Grimme Wb. unter kurier, das im Gebrauch sich mit jenem mischte, franz. en courier reiten, als Kurier, nachher aufgefasst als en carrière. Neunhäutiger Schurke, Schuft o. ä. (so kenne ich es) ist nicht Verdrehung aus meineidig, sondern hat einen alten derben Witz zum Hintergrunde, dass ein solcher, ähnlich wie der Kern einer Zwiebel, nicht eine, sondern neun Häute um sich habe, die man z. B. beim Züchtigen durchschlagen müsse, ehe man ihn selber trifft, wie das z. B. bei H. Sachs vorkommt. Aber ich muss abbrechen.

Als Leipziger vergleiche ich natürlich, oder vergleicht sich beim Lesen von selber der vom Landsmann gesammelte und vorgefundne Sprachschatz der Vaterstadt mit dem in meinem Bewusstsein befindlichen. Da gewahre ich denn mit Verwunderung, dass beide doch nicht gänzlich übereinkommen. Einmal finde ich Manches, das ich nicht oder anders kenne, z. B. die Wendung es geben Leute für es gibt (S. 64) kenne ich wohl als osterländisch, thüringisch, hessisch u. s. w. (auch Göthe brauchte sie anfangs selbst als Schriftsteller*), aber nicht als Leipzig angehörig.

---

*) „Müssen es hier Menschen geben, die Mittelpunkt sind und Sonne" u. s. w. Der junge Göthe 2, 465, später geändert: muss es u. s. w.

Die Hundslöden kenne ich nur als Hundslödden, das indelt
(S. 139) als innelt (eigentlich inlt), die Frage hēĕ (S. 131) in der Aussprache hēie (mit ē, nicht a oder ai), die Redensart „bis Michel dutt",
d. h. dutet (S. 170) mit ditt, also eig. dūtet, die Fumpnase (S. 117)
als fumfnase*), d. h. etwas mehr hochdeutsch, jenes mehr in niederd·
Form; das Letztere stellt, wo es in unserer Mundart vorkommt, eine nie-
drigere Schicht dar, z. B. selbst das nd. he für er kommt oder kam in
meiner Jugend unter den Kindern vor (kein Wunder, da es in alter Zeit
auch in Schriften hiesiger Gegend erscheint), wenn eins recht nachdrücklich und zugleich spöttisch verächtlich reden wollte, z. B. he will nich
Anderseits hab ich vor Jahren, vielleicht aus Bauernmunde, verbunden
gehört schief un scheep, die hochd.· und niederd. Form zu grösserem
Nachdruck gesellt.

Dagegen finde ich Manches nicht, was ich in meinen Notizen oder
in der Erinnerung habe, wie: sich frēzen un sēfzen von üppigstem Wol-
leben, eigentlich sich voll stopfen bis man āchzt; habbeln, gierig essen;
hähnern, necken; ein Häprich m., ein spärliches, kränkliches Kind; ein
Merkchen, eine Kleinigkeit als Mass oder Unterschied, z. B. das Blau is
e Merkchen dunkler (auch dünkler), was man auch eine Idee nennt; nizen,
werfen, mit Steinen, Schneebällen (Kinderwort); rauchmūzig, auch
rauchmūtig, unbehaglich, besonders übernächtig, nicht ausgeschlafen; ein
Schlāz m., Riss mit Knall, wenn er eben geschieht, z. B. in einem
Kleide (eigentlich eins mit franz. éclat, das von deutschem Ursprung ist),
als Zeitwort dazu schlāzen und schlizen. Ein handschriftliches Idioticon
Lipsiense von einem Eberhard, das die Universitätsbibliothek aufbewahrt,
gäbe für die Zeit um 1700 manche Ausbeute, z. B. ein grober Hampe
(Kerl), für nippernäppsch gibt es „übernäpsch, übernächtig, der die Nacht
durch debauchirt hat und den Morgen darauf Uebelkeiten verspürt". Ueber-
haupt würde, wenn man dem Ganzen den Hintergrund der älteren Leipziger Sprache hinzufügen wollte, eine neue Arbeit beginnen; schon die
Leipziger Schriftsteller des vorigen Jahrhunderts, wie Weisse, Rabener,
Gellert, Picander gäben eine hübsche Ausbeute**), um nicht von denen

---

*) Das Wort ist von Werth für die Sprachforschung, denn es bezeugt einen
sonst selten bezeugten Stamm pfimpfen, in starker Abwandlung, in der Bedeutung runzeln, einschrumpfen machen; s. z. B. ahd. in einer Glosse phamff
caperrabat Diefenbach gloss. 96 c.

**) Dabei möchte ich auf die Proben von Leipziger Sprache aufmerksam
machen, die gegeben sind in Sophiens Reise von Memel nach Sachsen. Lpz. 1778
1, 289 und in Gottscheds Vernünftigen Tadlerinnen Lpz. 1725 1, 177. 181.

aus dem 16. 17. Jahrhundert zu reden oder von den noch älteren Urkunden, die nun im Cod. dipl. Saxoniae regiae leicht zugänglich vorliegen. Das mag einer späteren Zeit und jüngeren Kräften vorbehalten bleiben, falls einmal die Wissenschaft oder die Theilnahme der Stadt danach verlangen.

Für jetzt müssen wir dem Verfasser dankbar sein, der fast ein Menschenalter lang den heutigen Sprachbestand mit emsigstem Fleisse und feiner Beobachtung so reichlich und treffend zusammengebracht hat, wir: ich meine die Leipziger und wer sonst daran Theil nimmt, d. h. auch die deutsche Sprachforschung, natürlich auch das Grimmsche Wörterbuch.

Leipzig, 4. Dec. 1880.

Rud. Hildebrand.

Einleitung.

Die Leipziger Mundart.

Das wirkliche und nationale Leben der Sprache pulsirt in ihren Mundarten.

Max Müller.

Die Leipziger Mundart, ein Zweig der Sprache, wie sie das Volk im Osterlande und im Meissenschen redet, herrscht streng genommen nur in einem sehr kleinen Gebiete: es ist die Stadt Leipzig und deren Umgegend, ein Kreis, welcher etwa von den drei bis sechs Stunden von Leipzig liegenden Städtchen Markranstädt, Schkeuditz, Eilenburg, Wurzen, Grimma, Rötha und Zwenkau eingeschlossen wird. Die Sprache der eingeborenen Leipziger unterscheidet sich aber schon wieder von jener der nächsten Dörfer, obschon diese eigentlich nur unsere Vorstädte sind, und fast ringsum könnte man von Stunde zu Stunde Unterschiede des Dialektes nachweisen, namentlich hinsichtlich der Aussprache. Beispielsweise sagt man in Probstheida, ein Stündchen von der Stadt, noch „ich schlâche dich dôd", in Zuckelhausen aber, nur ein halbes Stündchen weiter, bereits „ich schlah d'ch dûd". In Wahren, eine Stunde von hier, beginnt die Aussprache „jeben, Jift", in Schkeuditz, drei Stunden von Leipzig, die Verwechselung von mir und mich, in Wurzen, sechs Stunden entfernt, hört der Gebrauch der Verkleinerungsendung chen auf und es tritt 'l dafür ein.

In der Aussprache der Wörter gibt es zahlreiche Schwankungen und Schattirungen; aus den verschiedenen Abstufungen kann der Kenner geradezu auf den grösseren oder geringeren Grad von sprachlicher Bildung oder Unbildung der Redenden schliessen*) und kommt dabei manchmal

---

*) „Hinsichtlich der Aussprache sind gewisse physische und auch psychische Eigenthümlichkeiten des mitteldeutschen Volkes in Rechnung zu ziehen. Zunächst scheint mir hierher zu gehören eine grössere Dicke der Schädelknochen, welche den Schall nicht so schnell zum Gehörnerven leiten als dünnere, woraus ein langsameres Auffassen äusserer Gehörseindrücke folgt und hieraus wieder die Nothwendigkeit, dass die Silben der Sprache eines solchen Volkes einen starken Lautgehalt, also auch eine längere Dauer haben als bei einem Volke, dessen Auffassungsvermögen durch günstigere Organisation erleichtert ist. Sodann die starke Entwickelung der Kinnladen; bei einer solchen besitzt natürlich auch die Zunge des deutschen Volkes im Allgemeinen ein grösseres Volumen und ist in ihren Bewegungen langsamer als unter anderen Verhältnissen. Das durch die Sprache zu Gehör Gebrachte fällt dabei derber, rauschender aus — das ganze Sprachorgan ist daher mehr auf Konsonanten als auf Vokale angelegt." (Professor Merkel.)

zu überraschenden Ergebnissen, namentlich was die „gebildeteren" oder doch besser unterrichteten Kreise betrifft. Erst in allerneuester Zeit beginnt man, etwas auf Reinheit der Aussprache zu halten, sich weniger gehen zu lassen*); im Durchschnitt hört man aber immer **b** und **d** für **p** und **t**, **g** für **k**, **e** für **ä** und **ö**, **i** für **ü**, **ei** für **eu** oder **äu** u. dgl. Wenn die einfache Hausfrau sagt: „die Beime sin heide ganz schēn grien, un morchen genn' sie schon blien", so sagt der Vollblutleipziger zwanglos: „De Bēme sin heide ganz schēne grien, un morchen genn' se schone blien". — Für **Kühe** sagt der Städter **Kiĕ**, noch lieber **Giĕ**; der Bauer **Giwe**. Wir essen **Glēsser** oder **Glēsse**, vielleicht auch einmal **Klēsse**, **Glösse**, im besten Falle **Klösser**, der Landmann aber **Gliesse**. Die Stadt **Pirna** wird — je nachdem — ausgesprochen: **Pirne, Perne, Birne, Berne**; ordentlich heisst **ordenglich** und **orntlich**. Der Elementarschüler spricht **fuffz'n** (15), etwas deutlicher **fuffzehn**, — wenn der Lehrer seine Aussprache verbessert: „**fumfzēhn**", geziert **fünfzehn**; ebenso **fuffz'ch** (50), **fuffzich, fumfzich, fünfzich.** Der Gebildetere spricht und schreibt: **wegen dem Regen**, der Naturbursche sagt: **wegn'n Regen**, der Bauer: **wegn'n Rähne**. Die feineren städtischen Formen für **Teppich, heiser, pflücken, Advokat, Gabel, aber, Pferde, vollends, Nikolaikirche, eine alte Frau**, sind: **Debbich, heisch, flicken, Advegat, Gāfel, āwer, Fērde, volgends, Niggeleigirche, enne alde Frau**, die ländlichen: **Dēwicht, heesch, flucken, Affegāde, Gāwl, addr, Fähre, vulgends** od. **vult, Niggelsgerche, enne āle Frā.** (Das in der ländlichen Umgebung Gebräuchliche ist in Grammatik und Wörterbuch mit Bspr. = Bauernsprache bezeichnet; selbstverständlich ist aber die Grenze zwischen Stadt und Land nicht immer genau zu ziehen.)

III.   „**Die Leipziger singen sehr!**" Ein Vorwurf, den man uns sehr oft macht. Nach den Erfahrungen, die ich bei längerem oder wiederholtem Aufenthalt in Dresden, in der Lausitz und im Erzgebirge, im Vogtlande und in Böhmen, in Altenburg und Thüringen, in Berlin und Magdeburg, in Hamburg und Holstein, in Frankfurt a. M., am Rhein und im Elsass, im Odenwald und in Altbaiern, in Tirol, im Allgäu und in der Schweiz gesammelt habe, glaube ich dreist behaupten zu dürfen: Sie singen Alle, nur Jeder in einer andern Tonart, und die unsere — obschon wir im „Dehnen und Ziehen" ein Erkleckliches lei-

---

*) „Dem Ausländer, einem Frankfurter, noch mehr aber einem Hannoveraner, fällt die Mundart in den hiesigen Familien gewaltig auf; das macht, man gibt sich wenig oder gar keine Mühe, gut zu sprechen, und wer es thut, geräth in die Gefahr, der Affektation beschuldigt zu werden.' Einmal ums andere ruft man uns zu: „Redt duch, wie'ch der Schnabbel gewachsen ist". „Das gilt von der feinen Welt eben so sehr wie von der gemeinen." (**Leipzig im Profil**, 1799, S. 251.) Trotz alledem geben Fremde gern zu, dass unsere Mundart leicht **verständlich** ist, weil sie immerhin der Schriftsprache näher steht als andere Dialekte. Daher mag es auch mit kommen, dass noch kein Idiotikon der sächsischen Mundarten zusammengestellt worden ist; die sächsische Sprache galt ja für so mustergiltig, dass Fulda in seinem „Versuche einer Idiotiken-Sammlung" (1788) klagt: „Es gibt Leute, welche alle Wörter, die der Gebrauch in Sachsen nicht gestempelt hat, von hochdeutschen Schriften gänzlich ausgemärzt haben wollen!"

sten — ist weder die saumseligste noch auch die übelklingendste und ungemüthlichste!

Was soll man in das Wörterbuch einer bestimmten Mundart IV. aufnehmen? Das war eine wesentliche und keineswegs leichte Frage. Man kann sagen: „In eine solche Sammlung gehören nur diejenigen der Schriftsprache fremden Wörter, welche einzig und allein in der betreffenden Gegend gebräuchlich sind, im übrigen Deutschland aber nicht angewandt werden." Dabei ist nur ein kleines Hinderniss. Wer ein solches Wörterbuch anlegen wollte, müsste vollendeter Kenner aller Dialekte der deutschen Lande sein, und er würde schliesslich sehr wenig zu verzeichnen haben, gleichviel welche Mundart er schildern wollte. Durch die Freizügigkeit, zum Theil auch durch humoristische Schriften, ist eine Wanderung von Provinzialismen befördert worden, welche den verschiedensten Gegenden immer neuen mundartlichen Stoff zugeführt hat; unendlich schwer würde es sein, zu sagen, was dem oder jenem Landstriche ausschliesslich zukommt. Zu welchen Selbsttäuschungen und Missgriffen man dabei kommt, zeigen uns ältere Sammler sehr belehrend. Professor J. G. Bock z. B. verspricht in seinem „Idioticon prussicum" (1759) nur die Ausdrücke und Redensarten aufzunehmen, „welche allein in hiesigen Landen gebräuchlich sind"; aber in seiner kleinen Sammlung von 86 Seiten gibt er gegen 70 Wörter, welche auch in Leipzig gäng und gäbe sind, und ausserdem eine ganze Anzahl solcher, welche — wenigstens heutzutage — schriftdeutsch sind. Fulda führt in seinem „Versuche einer allgemeinen deutschen Idiotiken-Sammlung" (1788) nicht nur eine Menge gut schriftdeutscher Wörter als Provinzialismen auf, er erklärt sogar manche gut hochdeutsche Wörter, indem er mundartliche Bezeichnungen anwendet, die man heute kaum allgemein versteht. Als Dialektwörter gibt er unter vielen andern:

Aengerling, Aar, verblüfft, Bottich, buttern, fade, Finte, flackern, flimmern, Frömmling, Makel, Magd, maischen, Rind, ringeln, schwank, schnippisch, Zwinger, Zwirn.

Zu folgenden gibt er die beigesetzte Erläuterung:

Aengerling: Erdwurm, der zum Käfer wird; Brodem: Bradem; Böttcher: Küfer; Deut: Pfennig; Dolde: Spitze; Dohne: Vogelschlinge; Dorsch: Kablyau; drollig: lustig, lächerlich; schnurrig: drollicht (!); dröhnen: zittern; Drohne: Brutbiene; Eiderdon: Schwanenfell; Eller: ornus (nur lateinisch!); Elf: Berggeist; Falter: Papillon; auf Jemand fahnden: zu fahen suchen; Ferse: junge Kuh; Hausflur: Hausöhrn; Föhn: Südregenwind; Frischling: kleines wildes Schwein; Fusel: stinkender Branntwein; Gurke: Kümmerling; Gallerte: schleimige Konsistenz; Larve: Puppe, Vermummung; Lauwine: fallender Schneeklumpen; Lefze: Lippe; Matte: geflochtene, gewobene Decke, Wiese; roch: odorabat; rann: fluxit; Weste: camisia; zieren: ornare; Ziege: capella; schmuck: schön; ich mag: ich will; Stutzer: hochmüthiger junger Mensch; Wamms: Kleid; Zipfel: Spitze; zickzack: Spitzen hin und her!

Gerade umgekehrt gibt das Idioticon austriacum von 1824 Lippe als Dialektwort und erklärt es durch Lefze, für Binder (Fassbinder) setzt es Böttcher als hochdeutsch, welches Fulda als Provinzialismus gab.

Wohl möglich, dass in den hundert Jahren, welche seit dem Erscheinen
des Werkes von Fulda verstrichen sind, manches Wort, das damals nur
landschaftlich gebraucht wurde, Gemeingut des ganzen Volkes geworden
ist. Und — beiläufig bemerkt — zu meiner Freude habe ich gefunden,
dass gerade eine ziemliche Menge „sächsischer" Wörter in den hochdeutschen Wortschatz übergegangen sind.*) Uebrigens wurde es auch
mir oft schwer, zu entscheiden, ob Etwas für provinzial oder für schriftdeutsch anzusehen sein möchte. Falls ich dabei manchmal geirrt habe,
möge man es bei der Anzahl von mehr als viertausendsechshundert
einzelnen Artikeln entschuldigen.

V.   Wenn es nicht thunlich erschien, den bisher bezeichneten Weg zu
betreten, so blieb die andere Wahl, Alles zu verzeichnen, was nicht
schriftdeutsch, aber in der Leipziger Mundart gebräuchlich
ist, gleichviel, ob es in dem oder jenem Dialekt deutscher
Zunge ebenfalls bekannt ist. Ungemein viele unserer Ausdrücke und
Wendungen leben auch in anderen Gegenden: sie gehören in grösserem
oder geringerem Grade der allgemeinen deutschen Volkssprache an;
das wird kaum Jemand lebhafter empfinden als ich, weil ich bei meiner
Sammlung fortwährend bemüht war, Vergleiche zwischen unserem Dialekte
und den übrigen deutschen Mundarten anzustellen, soweit mich dazu der
Stoff befähigte, welchen ich theils aus ähnlichen Sammlungen, theils aus
mundartlichen Schriften, theils aus dem persönlichen Verkehr in den verschiedensten Gegenden zusammengebracht habe. Durch solche Vergleiche
und durch die Verweise auf fremde Sprachen, hoffe ich, wird diese
Arbeit auch weitere Kreise ansprechen und doch wohl hin und wieder
einen dunkeln Punkt aufklären helfen. Die Ausnutzung des Eingeheimsten
für die Zwecke der Sprachforschung überlasse ich gern den Männern
der bezüglichen Wissenschaft.

VI.   Mein Streben als Sammler, das mich fast zwanzig Jahre beschäftigt
hat, ging dahin, mit aller Vorsicht aufzuzeichnen; ich habe Nichts
erfunden, nur das wirklich Vorhandene zusammengestellt und glaube, in
dieser Hinsicht volle Glaubwürdigkeit beanspruchen zu dürfen. Die
Arbeit war im Scherze begonnen, bald aber wurde sie unterhaltend und
lehrreich und daher mit Ernst und Eifer weitergeführt. Nennenswerthe
Vorarbeiten fand ich nicht; in grosser Zahl fand ich aber Mit-
arbeiter, namentlich unfreiwillige aus den verschiedensten Schichten
in Stadt und Land, welche mir schätzbare Beiträge lieferten, habe auch wohl
der Beobachtung halber manche Gesellschaft besucht, deren Dunstkreis
ich sonst willig gemieden hätte. In Flur und Wald, in Kirche und Schule,
im Theater und auf dem Exerzierplatze, auf dem Markte und in der Werk-
stätte, im Festsaal und im Schosse der Familien — überall fand ich
Ausbeute, die reichste aber in Volks-, Arbeiter- und Vereins-
Versammlungen, deren ich während einer 25jährigen Thätigkeit als
Berichterstatter oder als Stenograf an die 4000 besucht habe. Der Bericht, welchen ein Reichstagsabgeordneter seinen Wählern abstattete, der
Gedankenaustausch zwischen zwei Kaufleuten, das Gespräch der Vorüber-

---

*) „Die reinste Quelle neuer Ausdrücke liegt in der Wiederbelebung alter,
vergessener Wörter." (Disraeli).

gehenden auf der Strasse oder dem Spaziergange, das Geschwätz der Kaffeeschwestern und das Geplauder am Stammtische, das Wort, welches der pflügende Knecht an sein träges Gespann richtete — Alles wurde seit Jahren und mit Ausdauer auf seinen Feingehalt an Mundartlichem geprüft, und nicht selten hat mir die Bewegung meines Stiftes unverblümte Anzüglichkeiten eingetragen, wenn man meine kleine Absicht merkte und — verstimmt wurde. Trotz der so lange und eifrig fortgesetzten Bemühung kann von einer unbedingten Vollständigkeit bei dieser Sammlung natürlich ebensowenig die Rede sein wie bei irgend einem Wörterbuche. „So eine Arbeit wird eigentlich nie fertig, man muss sie für fertig erklären, wenn man nach Zeit und Umständen das Mögliche gethan hat". Absichtlich weggelassen wurden unfläthige Ausdrücke, welche das Buch auf dem Familientische, wo ich es gern sähe, unmöglich machen würden. Eine zu weit gehende Zimperlichkeit konnte indess auch nicht massgebend sein.

Fast gleichzeitig mit mir hatte Prof. Dr. med. Merkel eine gleiche Sammlung begonnen; wir haben dann vielfach über die Sache verhandelt, und nach seinem Tode (1875) sind mir seine Papiere übergeben und gewissenhaft von mir benutzt worden. Von den Freunden, welche mich durch eigene Aufzeichnungen unterstützten, muss ich vor allen den Schriftsteller Theodor Oelckers nennen; er war ein geborener Leipziger wie ich selbst.

Wohl mag man unserer Mundart geringere Bedeutung zumessen als VII. mancher anderen, die sich namhafter Schriftsteller — wie eines Grübel, Castelli, v. Kobell, Hebel, Groth, Reuter — rühmen kann; immerhin bietet sie dem sinnigen gemüthlichen Freunde der Sprache manches Anziehende, manch treffendes Wort, welches durch ein hochdeutsches nicht gedeckt wird, manch kerniges Bild, manch launige Wendung, auch manch Verlorengegangenes aus grauer Zeit, manch altehrwürdigen Stamm.*) Für den Reichthum unserer Rede bietet das „Wörterbuch" zahlreiche Zeugnisse, ihn deuten schon die vielfachen Verweise von einem Artikel zum andern an — man vergleiche z. B. die 18 Ausdrücke für entwenden, welche unter kazen zusammengestellt sind, die 18 für verschwenden, durchbringen unter verjuchheien. Hier nur noch ein paar Belege.

Für die verschiedenen Arten des Redens haben wir etwa ein halbes Hundert Bezeichnungen, während uns auch alle bezüglichen schriftdeutschen Worte geläufig sind. Ein gemüthliches Plaudern nennen wir: bapeln, kusen, schmusen, läbern, schläwern; zieht es sich mehr in die Breite: läbern, wer es mit gewissem Eifer betreibt: storcht. Wenn Jemand zuviel schwatzt, zu weitwendig oder verworren schwadronirt, so heisst es: er gärt, kohlt, quatscht, quasselt, mährt, macht e Merrettig, viel Sems oder Sums, er sumst 'was Ehrliches zusammen, macht enen gehörigen Qualm, e grossen Quaddrich, einen Salm,

---

*) „Unsere Sprache im Grossen und Ganzen ist keine Ausartung der neuhochdeutschen Schrift- und Theater-Sprache, sondern — wenigstens zum grossen Theil — ein traditionelles Stück alter guter germanischer Volkssprache" (Merkel). Nichts ist daher lächerlicher, als über die althergebrachten Eigenheiten eines Dialektes zu lachen.

einen schönen Quazig, Thätich, Madabbrich, Schlamassel, Säurich, ein Gesäure, er redet Blech, Messing, geschwollen. Rohes Sprechen nennt man blöken, grölen, gaken, gäken, gackern — ein ungeschicktes, undeutliches: dätschen, dalschen, talken, drähnen, bappern, bäppern, gnergeln, nuseln, nuscheln, mauscheln, meckern, murksen, grunksen; eine weinerliche, marklose Sprache heisst: Quängelei, Pinselei.

Geld heisst Bims, Kies, Moos, Spiesse, Knöppe, Nieten, Moneten, Moses und die Profeten, neuerdings auch Asche. Wer gar keins mehr besitzt, hat keinen Boscher, keinen Silbermorgen, keinen Neukrüpel, keinen Nickel, auch nicht einmal ein bischen Rothbuchnes mehr.

Vielfache Schattirung gibt es für die Arten des Gehens. Wer gemächlich oder lässig wandelt, der bummelt, dusselt lang hin, lätscht, schlumpt, stapelt, zottelt, zumpelt, sockt, schlängelt sich hin. Wer ungeschickt geht, hapelt, humpelt, tumbelt, macht er dabei grosse, schwere Schritte, so stulkst er oder talpt, tappt, sappt, trappst, stakt, — sind die Schritte klein, so hippelt, täppelt, trippelt oder hickst er. Eiligen Gang bezeichnen: auskratzen, die Beine untern Arm nehmen, galöppern, klabastern, wetzen, losfledern, drauf los strampeln, hinrasseln, 'nunterrasaunen, hinstürzen, hineisen. Für einfaches Fortgehen sagt man: fortmachen, abfahren, absegeln, abziehen, absocken, abstiefeln, abhuppen, alle werden, sich drücken, sich ziehen, sich quetschen, verduften, die Klinke in die Hand nehmen u.s.w.

Das Kapitel vom Trinken und Betrinken ist natürlich reich bedacht; Lichtenbergs bekannte Sammlung liesse sich leicht vermehren, aber — drollig genug — gerade die dahin gehörigen „Fachausdrücke" haben wohl sämmtlich die Runde über ganz Deutschland gemacht! Auch unsere Mundart würde da wohl kaum Etwas bieten, was unser eigenster Besitz wäre, es müssten denn etwa Redensarten sein, wie: er ist betrunken wie eine Radehacke oder: wie eine Sackstrippe, oder: er sieht e Fuder Heu für ene Pelzmütze an!

VIII.   Ueber den Werth, welchen eine wenn auch in engen Grenzen lebende Mundart für die Geschichte der Sprache hat, braucht man wohl heut kein Wort mehr zu verlieren. Auch ich glaube, eine nicht ganz unnütze Arbeit gethan zu haben; übrigens denke ich genau, wie Johann George Bock, „der Akademie zu Königsberg Professor ordinarius", welcher in der Vorrede seines 1759 erschienenen Idioticon prussicum in ehrlicher Deutlichkeit sagt: „Um diejenige so dieses gantze Geschäfte vielleicht für eine unnöthige Klauberey und eine Arbeit müssiger Köpfe halten dörften, bin ich gantz unbekümmert. Ich verliehre an ihnen nichts mehr als eine sehr geringschätzige Mithülfe und einen Beifall an dem mir gar wenig gelegen ist; ja ich werde mich an dergleichen Tadlern schon sattsam genug dadurch gerochen finden, weil sie selbst ihren Unverstand vor den Augen der klugen Welt merklich zu erkennen geben".

IX.   Schliesslich einige Bemerkungen über die Einrichtung des Buches. In der Schreibweise habe ich mich an die sogenannte Orthographie gehalten, wie sie herkömmlich ist, sonst würde das Verständniss manchmal erschwert worden sein; freilich aber musste ich hin und wieder den unbeholfenen Buchstaben durch allerlei Mittelchen nachhelfen. Wörter, welche sich bloss durch die provinzielle Aussprache vom Hochdeutschen unterscheiden, sind nur in einzelnen Fällen aufgenommen worden, z. B. Aeberne, begen, Dacht, Ebillet, duse und manche andere, welche kaum noch zu erkennen sind. — Bilder und Redensarten, welche nicht selbstverständlich sind, haben Berücksichtigung gefunden; letztere stehen unter dem betreffenden Substantiv, wenn sie eines enthalten.

Leipzig, 18. Oktober 1880.

Karl Albrecht.

Abkürzungen.

A.	allemannisch.	N.	Nürnberg.
Ab.	Altenburg.	Na.	Nassau.
abd.	althochdeutsch.	ND.	niederdeutsch.
An.	Ansbach.	NR.	Niederrhein.
Ap.	Appenzell.	NS.	Niedersachsen.
Au.	Augsburg.	N.Th.	Nordthüringen.
B.	Baiern.	O.D.	oberdeutsch.
Bg.	Berg.	Oe.	Oesterreich.
Bö.	Böhmen.	Os.	Osnabrück.
Br.	Bremen.	OS.	Obersachsen.
Brl.	Berlin.	P.	Posen.
Bsl.	Basel.	Pa.	Paderborn.
Bspr.	Bauernsprache.	Pf.	Pfalz.
D., Di.	Dithmarschen.	Po.	Pommern.
Da.	Danzig.	Pol.	Polen.
dän.	dänisch.	port.	portugiesisch.
Dd.	Duderstadt.	PP.	Provinz Preussen.
Drsd.	Dresden.	R.	Ravensberg.
E.	Elsass.	Rh.	Rheinland.
Eg.	Erzgebirge.	Rl.	Ruhla.
engl.	englisch.	Rw.	rothwelsch.
F., Fr.	Franken.	S., Schl.	Schlesien.
franz.	französisch.	Sb.	Salzburg.
Frl.	Friesland.	Sbg.	Siebenbürgen.
Gl.	Glatz.	schott.	schottisch.
H., Ho.	Holstein.	Schw., Sn.	Schwaben.
Ha.	Hamburg.	schwed.	schwedisch.
Hb.	Henneberg.	Sdt.	Sudeten.
hebr.	hebräisch.	SD.	süddeutsch.
Hi.	Hildesheim.	Sl.	slawisch.
Hl.	Halle an der Saale.	span.	spanisch.
Hoh.	Hohenlohe.	St.	Schweinfurt.
holl.	holländisch.	Stb.	Strassburg.
Hr.	Hannover.	Str.	Steiermark.
Hss.	Hessen.	Sz.	Schweiz.
Hz.	Harz.	T., Tir.	Tirol.
J.	Jülich.	Th.	Thüringen.
K. (C.)	Koblenz.	V.	Vogtland.
L.	Lausitz.	W.	wendisch.
lat.	lateinisch.	Wb.	Würtemberg.
Lpz.	Leipzig(er).	Wf.	Westfalen.
M.	Mark, märkisch.	Wn.	Wien.
Mb.	Mecklenburg.	Wö.	Würzburg.
Me.	Meseritz.	Ww.	Westerwald.
mhd.	mittelhochdeutsch.	Zch.	Zürich.
Mü.	München.		

Abgekürzte Büchertitel:

Bernd, Posener Idiotikon.
Böhme's Horaz, Uebersetzung; Dresden.
Grimm, Deutsches Wörterbuch.
Jobs. — Jobsiade v. Kortum.
Rondeau, teutsch-frantzös. Wörterbuch, Leipz. 1731 f.
Rtr. — Fritz Reuters Werke.

Rüdiger, Sprache der Menschen in Thüringen.
Vilmar, Hessisches Idiotikon.

Unter Gramm. und W.-B. sind die Theile des vorliegenden Buches „Grammatik und Wörterbuch" zu verstehen.

Inhalt.

Grammatik.

Erster Abschnitt.

Lautlehre.

Zweiter Abschnitt.

Wörterbildung.

Dritter Abschnitt.

Wortbiegung.

Vierter Abschnitt.

Zur Satzlehre.

Wörterbuch

GRAMMATIK

DER

LEIPZIGER MUNDART.

Erster Abschnitt.

Lautlehre.

A. Die Vokallaute im Allgemeinen.

Die Selbstlauter haben in der Leipziger Aussprache eine gewisse, der § 1. flachen Gegend entsprechende, weichliche Breite; sie kommen weniger aus der Kehle als nur aus dem Munde, sie haben keine Tiefe wie in Gebirgsgegenden, sie werden nicht so stark gehaucht, rasseln nicht so heftig an das Ohr wie z. B. beim Wiener, prickeln nicht so wie bei dem Hochtone des Berliners; sie haben aber auch wenig Metall, keine einschmeichelnde Abwechselung des Klanges, welche dem Ohre wohlthäte. Die verwandten Lautabstufungen, welche gleichsam um einen halben Ton von einander verschieden sind, werden in Eins zusammengeworfen; so klingen ai, eu, äu nur wie ei, ü und i haben gleichen Klang, ä und ö werden durch e vertreten u. s. w.; es ist z. B. kein Unterschied zwischen Feier und Feuer, heiser und Häuser, sie rieben und Rüben, legen, sie lägen und sie lögen. Für das Verständniss muss — wie ja so oft — der Zusammenhang sorgen; indess macht sich mitunter die Mundart auch ihre eigenen Hausmittelchen pfiffig zurecht, um gar deutliche Unterschiede herzustellen. Auf diese werden wir an verschiedenen Stellen zurückkommen.

Die Kürze und Länge der Vokale wird nicht immer richtig beobachtet, § 2. obschon wir im Dehnen der Silben nicht so weit gehen wie der Wiener, im scharfen Abstossen nicht so weit wie der Berliner in vielen Fällen (z. B. in: Gläs, Täg, Schläg, Jägd, Bäd).

1. Langes a statt eines kurzen sprechen wir z. B. in: Anis, Antlitz, Masche, § 3. Afrika; langes o für ö in Carolus (so selbst in Aachen, wo er so oft genannt wird) u. in Caröla. Das Verhältnisswort an wird kurz gesprochen, z. B. ân mich, die Vorsilbe an aber lang, z. B. in: ânkommen, er nahm es ân, lang selbst in Namen wie: Anschütz. Auch in den Zusammensetzungen: daran, hinan, heran, voran, nebenan, obenan, bergan u. s. w. spricht man es meist lang. Die Präposition nach ist kurz, das Adverb lang: „Er kam uns nâch Dresden nâch;" vgl. Nâchfolger u. Nâchbar; s. vor, § 32. — Die Bauern sagen lassen f. lassen (alte Form), ält, kält, Gärten, wärten; Sz.; manche Leute sprechen das ä in nachlässig lang. Schwankend ist die Quantität des ä in Städte, Städter, städtisch, und des a in der Nachsilbe sam, wie in langsam, sparsam.

2. Das e wird gedehnt in Ello (V., Fr., Jobs.), retour, lutherisch, in letz- § 4. terem Worte selbst auf der Kanzel, aber nur im Sinne: nach Luthers Lehre; dgg. die luthersche Bibel, Sprache, Zeit. Das i ist lang in Musik, Kölibri, das u in Schmutz (man schreibt auch: Schmuz), Kunze u. s. w. — Will Jemand aus Entrüstung recht nachdrücklich Etwas zurückweisen, so spricht er: „Das verbiet ich mir", verbidde wäre zu schwächlich für seinen Ernst. Ebenso: ich werde mir Urlaub erbeten (f. erbitten).

3. Verkürzung langer Silben tritt häufiger ein, weil man eben die § 5. Wörter flotter machen will; so spricht man:

ä in: aber (— äwr, V.), Ader, Athem (— addn), Fabel, gab (holl. gäf), Gabel, Grab, ich häbe (wie mhd.), ihr habt, Häselnüsse, Kasimir, Masern, Nabel,

Nadel, schmal, Schnabel, Tadel, diese jedoch meist nur in der Bspr.; der
Städter sagt z. B. nie: eine Gabbl, sondern eine Gäfel. In wahrlich ist die
Verkürzung zur allgemeinen Regel geworden, in wahrscheinlich ist sie auch
bei Gebildeten sehr beliebt; ebenso spricht man allgemein Chärfreitag neben
Chärwoche. Anstatt Bäzär sagt man Bäzĕr. — Die Zeitwörter auf-aden,
-athen werden verkürzt, wenn ein t in der Endung steht. z. B.: er bädt
sich, sie wädten durch, das schädt nischt, er rät't mir, uffgelädt; s. § 204.

§ 6.   4. ä wird verkürzt in: Schädel, schläfern, schmäler, zählen, erzählen,
(mhd. bezellen); s. auch § 3 E.

§ 7.   5. ĕ in: Feder, Leder (das Leddr ist — Leder, die Leddr — Leiter), ledig,
schwerlich, Predigt (ND.), jener, Eddelsteene (Schl. ädl f. edel), Ellefante,
Merrlinsen f. Meerlinsen. Zehn ist lang, aber in 13, 14, 15 u. s. w. klingt die
zweite Silbe nur wie z'n: — dreizn, verzn, fuffzn, neinzn u. s. w. — Leddern
ist: aus Leder, lĕdern aber ist: langweilig. — Die Zeitwörter auf eden und
eten haben dieselbe Verkürzung wie jene auf aden, athen (s. § 5): rēden:
er rĕdt; ebenso: er bätt f. betet, er rette mich f. rettete; sie hat gebätt f. ge-
betet; sie hat gebett f. gebettet; ihr wett gestern f. wettetet. — Ich sähe,
aber: ihr sett; sett'r'sch — seht ihr es.

§ 8.   6. ĭ ist kurz in: wider und wieder (Th.), Wiesel (Th.), sich f. sieh, in
Bspr. auch: ich blieb, rieb, schrieb, und im Munde vieler Gelehrten die
Grīchen und Grīchenland!! — Ich kriege, sieben, Spiess sind lang, aber er
kriegt, du kriegst, siebzehn, siebzig, Spiessruthen kurz. Der Schmied, die
Schmiede mit kurzem i; schmieden lang, er schmiedet aber — schmitt; mhd.
smitte, Schmiede. Der Positiv lieber ist lang, der Komparativ lieber kurz,
besonders in der Lieblingsredensart lieber gar! Die Fiedel ist bald kurz,
bald lang, fiedeln nur kurz (Th.). Du gibst, er gibt sind so kurz wie Gift,
Stiefel klingt Stiwwl und Stewwl; Zwiebel — Zwiefel und in Bspr. Zwiwl;
— sie schwankt je nach der Betonung zwischen sī, sĭ, sĕ und s'.

§ 9.   7. o wird verkürzt in: Polizei (— Bollezei), Bspr. in: Boden, er bot, ge-
boten, Honig (ND.), Kohlrabi, Cholera, fodern, Kolibri (— gollībri), Hof,
Odem (oddn), geloffen (gelaufen, V.), ich zog, er flog (dagegen der Flōk — Floh).
Ich hole ist lang, hohl kurz, z. B. eine holle Babbel (Pappel); vgl. Holländer.

§ 10.   8. ŏ ist kurz in: nöthigen (neddigen), Bspr.; in grösser, Th., schöner, Th.,
wenn sie Komparative sind (also wie bei lieber, § 8; ebenso heisst in Sdt. die
Steigerung von schien — schön: schinner). Von höch ist Komparativ höher und
höcher, der Superlativ der höchste.

§ 11.   9. u wird in Bspr. verkürzt nur in: Stube, Th. schlug; ü in über, hinüber, herüber, darüber.

Verflüchtigung der Vokale.

§ 12.   1. Für jeden kurzen Vokal tritt häufig e ein, namentlich in den unbetonten
Silben längerer Wörter, besonders Fremdwörter; z. B. e f. a: Parlement (wie
engl.), rebberiren (repariren), Reimediassen (Rheumatismus), Breid'chen f. Bräutigam, Sakrement, Desdement, Vagebund, Baregraf, auch Barrigraf für Para-
graf, Redischen, Bagetelle, strabbeziren (während das Hauptwort Strabazohe,
Strawäzche lautet), regommendiren (rekommandiren), Posementier, Re-
winzchen (Rapunzel), Rebundika, Megister (μέγιστος), Bebarber (dem
Rheum barbarum entsprechend), Gombenie (Kompagnie), Bäzer (f. Bäzär)! So
besonders auch in Endungen von Eigennamen (so wie: Rose, Amande f. Rosa,
Amanda) z. B : Borne, Tauche f. Borna, Taucha, Gode f. Gotha, Beiche f. Beucha;
Gorwēde f. Corbetha. Die Dörfer Gross- u. Klein-Pössna heissen: de grosse
un de gleene Bēse; erhalten wird das a z. B. in Eythra. (Das Städtchen
Rötha wird Rede ausgesprochen; nun lieh einmal Jemand einem Manne in
Borna Geld; der Affegade setzte eine Schuldverschreibung auf und las sie
den Betheiligten vor. Als er an die Worte kam: „zu verzinsen ist das in Rede
stehende Kapital“, unterbrachen sie ihn: „nee, in Borna steht's, nich in
Rede.) — Die Nachsilbe sam wird mitunter, bes. in Bspr., sen, s'n gesprochen:
das is was seltenes, das isst sich recht rathsn (rathsam, das heisst: man
braucht nicht viel davon); arbeits'ne Leute (auch arbeit'sche), sparsen f. sparsam,
Sdt.; s. dagegen § 3. — Bspr. auch erber f. ehrbar, sogar nur erbe; Eg. —

In der Vorsilbe g e wird das e oft ausgestossen: zur G'sundheet, g'segnete Mahlzeit; Wn.

ö f. i: Bollezei, delegat, Resedenz, Uneform, gorrechiren (korrigiron), fresiren f. Polizei, delikat, frisiren; — kulteviren, Mussekanten, Klarrenette, Milledär f. Militär.

e f. ie: Emile, Rosale, Jule.

e f. o: Hibbedek f. Hypothek, Jehanne oder Gehanne f. Johannis, Resteration, Gaddelicke f. Katholik (daneben aber gadölsch oder gardölsch f. katholisch). Citternat (so schreibt Johannes Falk, f. Citronat), Schockelade, Holefernes, Honerar, Fottegrafe, Liddegrafie, Ordegrafie, Advegate, reselvirt, resselut f. resolut, Baremeder, Dermemeder, resseniren (raisonniren), Gilchedine f. Guillotine, Reffelluzchon f. Revolution.

e f. u: Dokement, Mönement, spekeliren (auch spickeliren), Fakeltät, populär, titteliren, bokeliren (pokuliren), inseltiren, konseltiren, Gor'gemeh f. Kurkumae, Jesewite f. Jesuit; graddeliren, aggerade (accurat), Ackesativ, zefrieden, z'rletzt; de f. du; bes. nach dem Zeitwort, wie: haste, biste, f. hast du, bist du u. s. w.

e f. au in Endungen: Pege, Mucke, Zwenke, Zwicke, Glauche f. Pegau, Mockau u. s. w. Das Dorf Wachau klingt ganz wie eine Wage; erhalten bleibt au in: Lindenau, Schönau, Wiederau u. s. w.

e f. oi in karmesin.

2. In gleicher Weise werden untergeordnete, unbetonte Wörter im Satze § 13. mehr verkürzt als wichtigere; z. B. klingen der, mir, wir, ihr, ja, denn, ein, wenn sie nicht den Ton haben, wie: d'r, m'r, mr, 'r, jě, d'n, ě, während sie, mit Nachdruck gesprochen, lauten: där, mir, mir, ihr, jā, denn, een. Das Flickwort denn bekommt je nach der verschiedenen Aussprache und Betonung ganz verschiedene, sehr ausdrucksvolle Klänge, die man freilich durch die Schrift nicht recht wiedergeben kann; ärgerlich: was wollen Sie denn! — Gleichgiltig: was wollen Se d'n? — Nachlässig: was woll'n s'n? — Gemütlich: was wollen Sie denne? bäurisch: was wollen s'enne?

Ueber die Vertauschung der Vokale in betonten oder Stammsilben s. die einzelnen Vokale; ausserdem vgl. noch die Kapitel über die stummen Buchstaben, § 110—127.

B. Aussprache der einzelnen Vokallaute.

a.

1. Das lange a klingt nicht ganz rein, es hat einen Anklang von o, jedoch § 14. nicht so stark wie in Th., Eg. u. s. w. Vollkommen zu ō wird es, bes. in Bspr. z. B. in Dobak f. Tabak, ND., Pf.: Dubak; vgl. Wahn und Argwohn. ē tritt für a ein in: ich frege f. frage (mhd. vrāge — vrēge) aber auch „ich frā“, beides Bspr.; Schl.; vgl. hochdeutsch: Adel u. edel, mahlen u. Mehl, Hahn u. Henne, Vater u. Vetter. — Die Nachsilbe bar bleibt rein, ausser in: Nachb'r. Des Nachdrucks halber setzt man au für a in: infaum, auch imfaum, infamict; å f. a: der Rähm (Rahmen).

2. Das kurze a erleidet verschiedene Wandlungen; oft wird es zu e (vgl. § 15. § 12 u. die hochdeutschen: Hand — behend, nass — netzen): ich derf, werrlich — wahrlich, werrlichen Gott — beim wahrhaftigen Gott, Hellsche Strasse f. Hallesche, Schernier f. Scharnier, Schèrpi f. Charpie, elleene f. allein. Ueber einige Umlaute (ä f. a) s. noch § 182, 6; 187. — Für wann und dann sagt man immer wenn (selbst auf dem Schulkatheder!) und denn; umgekehrt kennt man in S. D. nur wann und dann, aber kein wenn und denn, so dass der Gebrauch dieser Wörter jetzt in der That als Unterschied zwischen den Mundarten von S. D. und N. D. betrachtet werden könnte. Indess sagen wir doch nicht „denn und wenn“, sondern dann und wann. — Das Adverb da bleibt unverändert; wird es aber als eine Art Zuruf angewendet, wenn man Jemand Etwas anbietet, hinhält, zureicht, so lautet es „dā“; s. da, 4, im W.-B. — Ja, wenn es nicht bejahend, sondern blos Flickwort ist, klingt jě, z. B. ich habb d'r'sch je ähm gegähm (ich habe dir's ja eben gegeben). — Aha wird oft ěhě ausgesprochen. —

Ĭ f. ă in: Suntig, sunt'g, f. Sonntag, Dorschtig (Donnerstag), zu Mittige
(mitt'ge — Mittag); auch Dobich f. Tabak; ebenso in Schw., Sdt., V., Eg.,
Th. — Jasmin klingt Schismi.

§ 16.   3. e f. ă: die Dorre, spottlahm (spathlahm), Solat, bolanciren, einen Sporn
(Sparren) zuviel haben; Korakter, ND.

§ 17.   4. ŭ f. ă Bspr.: Kurakter, Bulangs'che (Balance), Buldrian, ich hutte,
Lukrezchen f. Lakrizen (liquiritiae).

e.

Die verschiedenen Laute, welche das e im Hochdeutschen hat, die aber je
nach der Gegend sehr schwanken, wollen wir in folgender Weise bezeichnen:
     1) e — ĕ in Henne, Bett; wie im engl. hen, bed.
     2) ē — ē in jeder, weder; so wie ee in Beet, Thee, franz. thé, engl. eight.
     3) ĕ — kurzes ä in Rest, Fenster; so wie ä in März, franz. mettre.
     4) ê — langes ä in Leder; wie ä in Bär, franz. tête, engl. bear.

§ 18.   1. Wir sprechen z. B. e in Retter, Vetter, Wette, Kellner, Hesse, besser,
Tell, bellen, schnell, Schelle, Held, der Belt, Becken, setzen, wetzen, fest,
Schreck, wechseln, Zettel, Gespenster, Treppe;
     aber ĕ in Wetter, Keller, Messe, hell, Fell, Feld, Geld, die Welt, lecken,
Fetzen, Metzen, Rest, Speck, drechseln, Bettel, Schneppe.
     Vor r ist e stets — ĕ: gern, merken, Werk, Berg, Herr, derb, gerben (von
gar). Man unterscheidet ĕssen (speisen) und essen (Schornsteine, früher Oessen
genannt).
     ē in: heben, jeder, hegen, sich regen, sehr, bescheren, die Wehr.
     ē in: geben, Leder, Degen, der Regen, Ther, scheren, das Wehr (klingt
wie: wer, währ' und wär').
     Hier unterscheidet sich unsere Mundart schon ganz merklich von der
Dresdner und anderen sächsischen; wir sagen: Rēde, Kēgel, hēgen, lēgen,
begēhren, sēhnen, dēhnen, Beschwērde, entbēhren; die Dresdner sprechen: Rĕde,
Kĕgel, hĕgen, lĕgen, begĕhren, sĕhnen, dĕhnen, Beschwĕrde, entbĕhren; wir
sprechen ēhre, die Wiener ĕhre. Wenn man sagt, dass solche Wörter in Süddeutschland mit ē, im Norden mit ĕ gesprochen werden, so stehen wir hier mitten
inne, wir sprechen einige so, andere anders; manche schwanken, so: begehren,
befehden, hegen, entbehren, dehnen, sehnen, doch herrscht ē vor. — Meter
schwankt ebenfalls zwischen ē u. ĕ, während „Barometer, Thermometer" nur
ē haben. Unsere Bspr. setzt oft ĕ, wo der Städter e spricht, so: das Fĕst. —
e f. ĕ hört man manchmal in Schwert.

§ 19.   2. Unterscheidungen: Das Wēhr: die Wēhr, wēr; die Lēhne: das
Lēhen; — das Adjektiv ēben klingt ēhm; ebenso das Adverb ēben — soeben,
just; die Verbindung „ebenvoll" spricht man aber ĕhmvull; „der Weg, den wir
ēm (oder ēmd) gegangen sind, ist ganz ĕm; das Glas ist ēmvull (d. h. ganz
voll, fast zum Ueberlaufen). Nu ēm, Lieblingswort der Leipziger f. freilich,
ja wohl, so ist es u. s. w.
     Bei den Zeitwörtern, in welchen ē mit ä wechselt, klingt öfters e — ē und
dagegen ä — ē; z. B. ich nēhme: ich nähme — ich nēhme; ich gēbe: ich gäbe
— gēbe; gäng und gebe — geng und gäbe. Ich lese (ē): ich läse (ē); — so
auch: ich sehe (ē) — ich säe (— Seee); ich sprēche: ich spräche (ē). In: ich
äse, sie wären (klingt wie: wehren), ich käme klingt ä ebenfalls — ē. Ebenso
wechseln die kurzen Laute in ea erhellt (mit ĕ) und er erhält (mit e). Ueberlēgen, unterlēgen, erlēgen und verlēgen sind Zeitwörter, überlēgen,
unterlēgen, erlēgen und verlēgen Eigenschaftswörter; z. B.: „nur Ueberlēgen
macht überlēgen!" Gleicher Lautunterschied ist zwischen angelēgt und ange-
lēgen, gelēgt u. gelēgen; s. noch ä, § 41.

§ 20.   3. Das tonlose e in Endungen wie el, ea, er verschwindet fast ganz: Wed'l,
Lad'n, Räd'r; s. stumme Vokale, § 110 f.

§ 21.   4. ĭ f. ō Bspr.: gihn, stihn f. gehen, stehen, ihrscht f. erst; Sdt., V., Th.
Blutigel allgemein f. Blutegel, P. P.; Mielthau f. Mehlthau (mhd. nur mil-tou).
Ebenso ĭ f. ĕ: sticken f. stecken (§ 207), V.; spickeliren, eine Hinne f. Henne;

ND.; Linial, — Bidienter, bistellen f. Bedienter, bestellen; jizt, jitzig f. jetzt
u. s. w.; inzwei f. entzwei, s. § 22.

5. ä f. ö, bes. in Bspr.: Galender (Geländer), Bareiter, anzwee (Gebildetere § 22.
sagen inzwei, wie ND., der Ableitung ganz entsprechend), Lavkoi, Barong f.
Perron, labendig (Th. läwig, V. lämig, lämig), Marrettig (denkt man vielleicht
an Mähre, Pferd, wie engl. horse-radish?); Rabhuhn, B. Ropfhuhn, Rupfhuhn;
ND. Rapphuhn, schwed. Rapphöner. Im V. noch häufiger, z. B. gib's Gald
fer'sch Assen her! (das Geld für das Essen her).

6. u f. ö: — ganz Ungebildete sprechen zu für die Vorsilbe zer: zubrochen, § 23.
zurissen f. zerbrochen, zerrissen.

7. Für egal sagen Zieräffchen eingal (ND.), verähnlichen es so dem § 24.
einerlei; egal hat den Ton hinten, wenn es „gleichartig" bedeutet, aber meist
vorn, so bald es „einerlei" heisst; z. B. diese Handschuh sind nicht egal, das
ist mir aber ēgal; es ist ihm ganz egāl (nie: ganz ēgal); will man, im Scherze,
behaupten, dass Etwas nicht einerlei sei, so heisst es „das ist nicht ēgal, das
ist — zwegal!"

8. Die Silbe ent in Fremdwörtern klingt — wie anderwärts, auch bei uns — § 25
meist ent, z. B. Parlament; wie ang jedoch in: Appartemang, Departemang,
Meublemang, Commmang, Etablissemang, Gouvernemang, Avancemang, Regle-
mang (neben reglementarisch), Abonnemang (neben Abonnent), Sangtim. —
Accent, Fallissement, Transparent, Centimeter werden auf beide Arten ausgesprochen. — Der Moment (momang) ist der Augenblick, dagegen: ein wichtiges
Moment (moment), ein wichtiger Umstand.

i.

1. é oder ê, selten e f. 1: nur in Bspr.; schéf f. schief; Fréde bedeutet § 26.
Friede und Freude, dagegen heisst Friede nur Gottfried; zufréden, zufréden
f. zufrieden; ich bléb (bald kurz, bald lang) f. blieb, ebenso viele andere Imperfekte; s. § 212. Die Schmêle, schmêren f. Schmiele, schmieren; vêl, Spêl,
Wêse f. viel, Spiel, Wiese; — Reggl f. Riegel; vgl. û, 4.

2. ei f. 1 in einigen Wörtern, z. B. er leit, kreit f. liegt, kriegt, P., V.; so § 27.
in dem Kinderreime: „Schacke, schacke, Reiter! Wenn er fällt, da leit er"; ein
Waldweg, „die lange Linie" heisst allgemein „die lange Leine".

3. e f. 1 oder 1; z. B. Stebbeln f. Stiefel, rennen, Rennstein (ND. Rön- § 28.
stein). Spenat, Schennebein f. Schienbein; Bspr. mêt f. mit, V.; hen f. hin,
hengibn — hingehen; wêddr, nêddr f. wider, wieder, nieder. (So heisst in den
Kohlgärten bei Leipzig ein etwas tiefer liegendes Stück Acker das Nêddrstigge
— Niederstück.) Recholen oder reolen f. rigolen; — illuminiren wird durch die
Aussprache éluminiren, ölluminiren in Verbindung mit dem Brennstoff gebracht.
ir vor Konsonanten wird regelmässig zu er, ebenso irr—err; z. B. in Wirbel,
Kirche, Kirsche (mhd. Kirse u. Kêrse, von Kerasos), cirka, Zirkel (le cercle),
Bezirk, Hirt (mhd. hirte u. bêrte), Schmirgel, irgend, wirklich, Quirl, Schirm
(mhd. schirm u. schêrm), Zwirn, Birne, Birne (mhd. hirne u. hêrne), Wirth,
Myrthe, Hirsch, Hirse (sprich hêrsche); Pfirsich — fersche (mhd. phêrsich, von
persica), Geschirr, klirren, verwirren, irren; für Guirlande sagt man: Gerrlande,
Garlande (engl.) u. Galande. Bei mehreren weist die Ableitung auf e, wie bei
Gebirge, Gestirn, wirf, irden. — Kinder bis etwa zum dritten Jahre sind nicht
im Stande „Birne", zu sprechen; sie sagen entweder Berne oder, wenn sie das
1 erzwingen wollen „Bihrne"; Berne ist — Birne und Pirna. Man vergleiche
die englische Aussprache von Sir, girl, bird u. s. w. Ganz ebenso geht nun
kurzes ûr in er über, s. û, 3. — Dagegen bleibt ir rein, z. B. Zierde; studirt,
geschmiert (Bspr. geschmêrt, s. § 26). Mit der Länge und Kürze ändert sich
daher auch die Aussprache; man sagt: vier, der vierte, aber das Vertel, verz'n,
verz'g f. Viertel, vierzehn, vierzig; Pf. Vor Vokalen lautet ir nur ausnahmsweise — er, z. B. in Tiroler.

4. en f. 1 inmitten fremder Wörter: fissentiren, Bressendente, Bardendur, § 29.
Audentér, Spedentér, Bosendur, diffendiren, proffentiren f. visitiren, Präsident,
Partitur, Auditeur, Spediteur, Positur u. s. w.; aus radikal wird rattenkahl;
präsidiren und präsentiren fallen zusammen in bressendiren; vgl. § 146.

§ 30.   5. Vereinzelt steht a f. i: Gramassen f. Grimassen, Garlande oder Galande f. Guirlande (a garland, § 28); oder e f. i: Artollerie, Attollerie f. Artillerie; profat f. privat, profatum f. privatim. Der First des Hauses heisst Forscht; Forstenziegel kündigt man sogar in den Zeitungen an.

6. Die Endung ie (ia) wird oft zu ě verkürzt, so: Jule, Rosale, Emile; manchmal wird da das i auch zu j, wie überhaupt zwischen zwei Vokalen; z. B. Lilje (Rammler schreibt Lilge, schwed. Lilja), Familiche, Familche f. Familie; — Brémiche f. Prämie; orientalsch, Baldrijan, Karnalichenvogel, Spanichen; Bidderzilche f. Petersilie, Bspr.; ebenso Marjane f. Marianne (Ab. Marje f. Mario), Galfunichen f. Kolophonium; Spichon, spicheniren f. Spion u. s. w.; Ficheliue f. Violine; Gabberolichen u. Gabrijolichen f. Kapriolen; Gumfifchen f. Convivium, Eg.; Effengélichen (Ab.: Iffegilgeu) f. Evangelium; Laberatorichen, Judizchen, Konsistorichen f. Laboratorium, Judicium, Konsistorium. Das Dorf St. Egidien bei Glauchau wird allgemein Tillichen ausgesprochen.

7. û spricht für i Mancher in Hilfe, Sprichwort, giltig, Hifthorn, die man ja oft auch so verfehlt gedruckt sieht; desgleichen Pfeffermünze für Pfefferminze (mentha).

o.

§ 31.   1. ŏ bekommt in gezierter Sprechweise oft einen Anklang von a (wie im engl. God, not); so in: Morgen, Doktor, doch, noch, Gold, Gott u. a. Von Ungebildeten hört man meist: Saldate (Bsl.), Schassee, Matte, ab f. Soldat, Chaussee, Motte, ob; auch: Kanditer (was dem Kandiren entspricht) neben Kunditerei. Bspr. ich sall f. soll; na nich, na meh f. noch nicht, noch mehr; Karschett f. Korsett u. dgl.

§ 32.   2. ŏ wird seltener zu ü, so in Sooleier, Rogon (Fischeier; bei Rtr. Rägen). Vor heisst vōr, wenn es betont ist: er setzte sich vor mich; ich nahm mir's vor; sonst: vorr, farr, ferr oder f'r, was sämmtlich auch für bedeuten kann, Sdt.; z. B. vŏrzüglich; farr (ferr, f'r) ä Daler Gäffeh; f'r mir — meinetwegen! Vgl. nach, § 3.

§ 33.   3. ŏ oft — u, Bspr. in: Holz, Wolle, wir wollen, wir sollen, die Sonne, Sonntag (auch Suntig, Sunt'g), geschwommen, sonst, Koffer, Konsens, Kokarde, Kompliment, locker, pochen, Konditorei, von, Folge, soff, Molch, kolbig; Schl., V. Daher entspricht dem Unkenruf das Verslein: „Hätt'ch m'r liwwer ä Mann genumm, wér ich nich in Deich gegumm; unk!" (Vgl. die hochdeutschen Formen: Gold, Gulden.)

§ 34.   4. Seltener klingt ō — u; so in Mond, Montag (Bspr.), Hobel.

§ 35.   5. In Fremdwörtern lautet die Endung or — er: Pastor (wie: passt er), Kantor, Doktor, Professor; Konditerei; Mehrheit: die Pastersch, Doktersch.

§ 36.   6. Einzelnes. e f. o: ver — vor (s. § 32); ich sellte (auch sallte, sullte, Bspr., Sdt., V.); Sessies'chen f. Saucischen, spioniren wird spicheniren, § 30, 6. — i f. o: er gimmt (auch gömmt, f. kommt), Mö., Str.; Ehbillet f. Epaulette. — ö f. ŏ in: der Schlösser statt Schlosser. — ä f. ŏ: Dächt f. Docht.

u.

§ 37.   1. Das lange u erleidet nur wenige einzelne Veränderungen, z. B. Stawwe f. Stube, Bspr., Spok f. Spuk, ND. Kugel wird in der Kindersprache zu Kaule (Bö., PP.); das Dorf Grosskugel bei Schkeuditz nennen die Landleute Grosskaubel! (Vgl. au in Alaun mit dem u in alumen, au in Kapaun mit dem o in capo, χαπων, chapon.)

§ 38.   2. Das kurze u wird zu a in: Kouleur (Schl.; ND.: Kallür); Null ouvert (beim Skatspielen) — äwer; „Lawise sak de Stadenten mit Masike gumm" (Luise sah die Studenten mit Musik kommen); zaruck f. zurück, Bspr., Brl. — e f. u in Feberar f. Februar, dischkeriren f. diskuriren, disbetiren f. disputiren; s. noch § 146, 1; ferner in dem unbetonten du: de gehst; haste — hast du; biste — bist du; Eg. Ebenso in dem unbetonten zu, zur: ze lange, z'dumm, z'r Messe; auch in nur: was er n'r will? vgl. § 12 u. 146. Bspr. i f. u in 'rimm f. herum, worimm f. warum; V., auch jüdisch; gemüsst, gemiss

f. gemusst; seltener: gewisst f. gewusst. — e f. kurzes a in Tulpe, Tulipane (Dolbane), Kourage (Rtr. K'rasch), Kouleur (s. oben); kurios (— gorchos, Rtr. karjos), Patrouille (— Badrolle); kurzes ur vor Konsonanten, urr auch vor Vokalen klingt regelmässig wie orr: durch, Furcht (mhd. vorht, Ztw. vurhten, vührten), absurd, Wurf, gedurft, Burg, Chirurg, Gurgel (mhd. mit u und o), Schurke, Gurke, Sturm, Wurm, Thurm (mhd. turm, torm, torn). Kurkumae (— Gorgemeh), Urne, Durst, Wurst, kurz (mhd. mit u und o), Frankfurt, Gurt, Bursche, Urtheil, Sturz, Wurzel, purzeln, Gonggorsch f. Konkurs, Eg.; — murren, schnurren, knurren; Pf.; daraus ergibt sich für die Ableitung von Dialektwörtern mancher Wink. — Langes ur bleibt in der Regel rein: ihr fuhrt, Kur (dagegen: korriren); ausnahmsweise: Tambor, Gebörtstag. Vgl. ir, § 28.

3. u mit w vertauscht in: Edeward (engl. Edward), Jannewar, Aktewar, § 39. Menewett (Menuet), Jesewite (Rtr.); Luise wird zu Luwise, Lowise, Lawise, daher die Liebkosung Wis'chen, Wisel, bei Rtr. Wising. Umgekehrt spricht man u f. v in Ganua f. Canevas.

Anm. Ueber die Endung lum s. § 30, 6.

y

gilt richtig für i, nur einzelne Gelehrte sprechen es wie ü (in Mythe, Ty- § 40. pus, Cypern u. s. w.)!

ä.

1. Für langes ä tritt oft é ein, z. B. in Gräte, wählen, quälen, zählen § 41. nähren, ich thäte, grämen, Chaise, Gefäss, Aehre (— Ehre), säen (séen, dgg. ist sehen — sehen), spät, Späne, Gespräch, Palais (— Ralee); V., ND. Fähre; Gepräge, es bräche, schäkern; Schläge werden bald mit ä, bald mit é gesprochen. Die Zähne — zehne, dgg. zehn — zehne, Scene — zehne; die Nähe — nehe, aber ich nähe — nehe; vgl. § 19 und die hochdeutschen Formen: Adel, edel; mahlen, Mehl. Die Endungen tät, aeus und äer verwandeln ä auch in é: Majestät, Matthaeus, Europäer. In vielen Wörtern bleibt aber das ä unberührt, so in Bär, Käse, Säle, träge, lähmen.

2. Das kurze ä wird alter Lautregel gemäss meist e, so in: Hände, Männer, verständig, Bänke, Geschäft, die Mängel, Aepfel (eppl), ich hätte, ängsten — engsten, Hänschen, die Ställe — Stelle, Wälle — Welle, Bälle — belle, es fällt, ich kämme. Unterscheide: Fälle: Fälle (mit e). Vgl. die hochdeutschen: bebende von Hand, Stengel von Stange, schellen von Schall, krellen von Kralle, Henne und Hahn; stemmen, Stamm; Vater, Vetter; Satz, setzen; nass, netzen u. s. w.

3. a f. ä in Krah anstatt Krähe, der Stimme des Vogels entsprechender. § 42.

aö, aei.

1. Michaelis wird zu Michéle, Bspr. Michebéle; vgl. Michael und Michel; § 43. Israelit — Isrelite.

2. Die latein. Endung aei klingt wie eh, z. B. es is Matthē am letzten; so entstand auch Bartelmē (Name) aus dem Genit. von Bartholomaeus.

ö.

1. ö wird durchweg zu é oder è, so in Meubleur (méwlér), französisch § 44. (franzésch), Französin (fransés'n), König (génich), Rötha (— Rede, s. § 12), Goethe (géde), Söhne (séne, wie Sehne — séne); — Hörner, hören, Störche. Ausnahmsweise in Bspr. — è in Möhren (Moorrüben).

2. In einigen Wörtern wird ö zu i (Bspr.): — die Röhre (— ribre), hören, § 45. schwören, schön, bös, sömmern, Eg.; gönnen, N., Schl., Pf., V.; schwed. gynna, mhd. gunnen, günnen; — der Rittersporn wird Ritterspirchen genannt, das Dejeuner: déschiné.

ü.

§ 46. 1. ü wird allgemein durch i vertreten: lügen — liegen, betrügen — betriegen (mdh.), Züge — Ziege, Schüler — Schieler, kühn — Kien, Thür — Thier oder dir; rühmen — Riemen; Rüben und rieben klingen rihm. Süden — sieden; P., Schl.

§ 47. 2. In einzelnen Fällen wird in Bspr. ü zu u: pflücken — flucken, schwül — schwul, auch zu e, é und ê: ich müsste — meste, brüllen — brellen, überdrüssig — iwerdrése; „m'r gumm van drèmmrèwer un gihn oh wèdd'r nèwwr" — wir kommen von drüben herüber und gehen auch wieder hinüber. — Die Mühle — Mêle, ND., die Thüre — dêre, Stubenthüre — Stummsdêre; — für — ver, s. § 32.

§ 48. 3. ür steht dem ir gleich, wird mithin auch err gesprochen, s. § 28, so: fürchterlich, Würfel, dürfen, Bürger, Türke, Kürbiss, (spr. gèrbs, ND. Körbs), Würste, Stürze, mürbe; stürmen und sterben lauten stärm, Würmer — wärmer, Thürme — Därme; V., ND., Sdt.; vgl. engl. hurt, purr, furrow u. s. w. Eine Ausnahmestellung nimmt der Bürgermeister ein; er lautet nicht nur Bergeméster, sondern gewöhnlicher Borgeméster; s. § 122.

ui.

§ 49. 1. ui in pfui, hui lautet wie ol; mhd. pfi.

§ 50. 2. In unbekannteren Fremdwörtern wird das stumme u mitgesprochen, so in: Guido, Guitare; für Intrigue hört man intrigué und intrigü. — In ähnlicher Weise wird Queue — kwé gesprochen in der Redensart „Einem ein Kwé hineinlegen" — ihm ein Hinderniss in den Weg legen; dagegen heisst der Billardstock nur das Gé.

au.

§ 51. 1. au wird häufig wie o gesprochen, zum Theil der Abstammung gemäss, so: ich globe (von gelobe) f. glaube; in vielen Wörtern wird aber auch au beibehalten; man vergleiche folgende beiden Reihen: au (mhd. ou) wie o in: Laub, Urlaub, Erlaubniss, taub, der Rauch, Staub, schmauchen (to smoke), auch, Auge, Lauge, taugen, kaufen, laufen, raufen, taufen, Traufe, Baum, Traum, Zaum (mhd., meist auch allemannisch: loup, urloup — urlob, erlouben, toup, rouch, stoup, ouch — öch, ouge, louge, tougen — tugen, koufen, loufen, roufen, toufen, troufe, boum — bôm, trouin, zoum — zôm). au wie au: Laube, der Taube, rauch, Haube, Hauchen, saugen, Haufen, Raum (room), Schaum, Saum, Daumen, Flaum, Pflaumen, kaum, Gaumen, Zaun (diese haben mhd. und allemannisch û, z. Th. auch Nebenformen mit ou: tûbe, rûch, hûbe — hoube, hûchen, sûgen — sougen, hûfe — houfe, rûm — roum, schûm — schoum, dûme — doume, phlûme, kûme, zûn — zoun).

Man unterscheidet also: im Laube (o) und die Laube (au); der Taube (o, engl. deaf), die Taube (au, Vogel, engl. dove), der Rauch (o, engl. reek) rauch (au, Eigenschaftswort, engl. rough); Rauchwaaren sind also nur Pelze, aber Schinken oder Cigarren wären Röchwaaren; taugen (o), tauchen (au). Das Zeitw. rauben lautet mit au, mit o aber (roben) beim Spiele: den aufliegenden Trumpf mit der Sieben vertauschen; vgl Räuber in § 65. Das Ztw. gaukeln (Gaukelei treiben, mhd. goukeln), freilich wenig im Gebrauch, lautet mit au; es heisst aber gögeln i. S. v. mit Feuer, Licht spielen (mhd. gogelen — hin und her gaukeln, flattern). — Missverständniss führt nun auch zum umgekehrten Fehler, dass man gauscher f. koscher (hebräisch) sagt. — o f. au nur in Schnittlauch, Knoblauch, (Bsl. Knoblech, Rtr. Knuwwlock); vgl. er soff, Söffel von saufen. (Ein Knabe, den die Mutter „Gnobblochseide" (Knoplochseide) holen geheissen, verlangte vornehm: Knoblauchseide!)

§ 52. 2. Bspr. ô oder ó f. au, selten: dôfen, de Dôfte f. taufen, Taufe. (Rtr. döffen, mhd. toufen und töufen); du glébst f. du glaubst (deutet auf du gläubst); V. — s f. au: die Frâ f. Frau, V.; auch in der Stadt Frä, wenn der Name folgt: de Frä Meiern. Für Baccalaureus hört man: der Backelarichs; Paunedorf — Baansdorf. — u f. au nur in juchzen (Ob.-Oe.), auch jüksen, Bspr. Eg.: guksen, mhd. jûvezen; allgemein in auf, herauf, hinauf, darauf, Schl., V., alte Form. — Die Endung au s. § 11 E.

ei, ai, eu, äu

klingen alle wie ei oder ai, äussern also wie eisern, Häuser wie heiser, Räuber § 53. wie Reiber (s. aber § 65), Waise wie Weise und weisse. — In den Schulen, wo man den tiefen Laut eu erzwingen will, ward oft, und nicht immer nur von den Schülern, oi dafür gesagt: Moise, doitsch; Th.

ei.

1. Das ei bleibt rein in Wörtern, welche mhd. und jetzt noch im Alleman- § 54. nischen î haben; wo aber mhd. ei steht, wird es zu e; für letzteres ei steht im Engl. meist o, z. B. stone, no, most, alone, oak, bone, oath, both, clothes, own, whole (heil), holy. Man spricht z. B.

ei in: gleich, Teich, Deich, Reich, Leiche, Schleicher, Speichel, Deichsel, leicht, Bereich, seicht; beichten; — Leib, Weib, bleiben, treiben;

ē in: Eiche, Eichel, bleichen, Speiche, Zeichen, reichen (Ztw.), bereichern; — Bspr. bêchten;

ei in: Eid, Neid, Kreide, Schneide, Seide, leider, scheiden, beschneiden;

ē in: beide, Kleid, leidthun, Bescheid wissen;

ei in: greifen, pfeifen, kneifen, steif, Eifer, Zweifel, der Reif (Thau, Sz.: rif), reif (Adjekt.), Feige;

ē in: Seife, Streifen, Geifer, Schweif, geschweift, der Reif oder Reifen (am Fass), feig;

ei in: Geige, schweige, zeigen, Zweige;

ē in: eigen, Teig, Seiger (s. oben Eiche, Eichel u. s. w.);

ei in: Eile, Beil, geil, Keil, Pfeil, Pfeiler, steil, Meile, weil, Zeile;

ē in: Theil, vertheilen, Vortheil (Vortēl und Vortēl), Urtheil (wie Viertel, Fünftel, Urthel);

ei in: Keim, Reim, Feim, Leim, Schleim, Oheim;

ē in: heim, geheim, heimlich, Heimat — hēmde, Eimer (— émer, auch emmer, s. § 58);

ei in: fein, mein, dein, sein, Rhein, Lein, Pein, Schein, Schwein, Latein, Feind, verneinen, einst (was in Volkssprache nicht vorkommt);

ē in: einzeln (auch ēnzeln), allein, Bein, klein, kein (Schl.), gemein, rein, Rain, Stein, nein — nē;

ei in: kneipen, Heirat, Feier, Leier, Reiher, Geier, Schleie, Schleier; Eis, Fleiss, Geis, Greis, der und das Reis, Preis, leis, Eisen, speisen, Kreisel, beissen, schmeissen, Geist, dreist, leisten, Kleister, heischen, Zeisig (Eg. Zessig);

ē in: heiss, heissen, Gleis, Geschmeiss, Meise, Meisel (auch Mēstel); Schweiss, heiser (auch heesch, s. § 93); meist, Meister, der Leisten;

ei in: bereit, seit, gescheit, Scheit, Streit, weit, Zeit, eitel, Scheitel, leiten, reiten, schreiten, Eiter, heiter, Scheite, Peitsche, Geiz, Reiz, spreizen;

ē in: breit, Geleit, beizen, heizen, Weizen;

ei in: bei, Blei, drei, frei, Brei, Papagei, Schrei, Kinderei, Spielerei u. s. w.; gedeihen, leiben, reihen, verzeihen;

ē in: zwei, entzwei, Hahnrei; énerlē, vielerlē, allerlē u. s. w.

Die Bspr. geht hier manchmal noch weiter und sagt z. B.: schnéu f. schneien, Krés f. Kreis, Géat und féste f. Geist, feist; arbét, arbéten, sogar erbten f. arbeiten, Sdt.; bei Schkeuditz sagt man die Eēr f. die Eier, f. kreischen sagt man kréschen und krischen.

2. Die Nachsilben heit und keit werden stets mit ē gesprochen: Dumm- § 55. heit, Richtigkeit.

3. ein ist nach dem Sinne verschieden; der Artikel (s. § 185) wird ver- § 56. kürzt zu ä, e; die Zahl ein heisst é, éns, éner; Einback (Gegentheil von Zwieback)

beisst also éback; einfältig in Bspr. éfältig, éfell'g; éspänner f. Einspänner (Studentensprache auch éspuz). Das Anhängsel ein bleibt unverändert: feldein, herein, hinein u. s. w. — Einmal, betont — émal; uff émal gink d'r Deiwl los; das geht nich glei mit émal (mit einem Male); unbetont emal, 'mal: 's wird sich schon emal machen; gommal her — komm einmal her.

§ 57. Sinnesunterschied bei gleicher Form: der Heide (mit ei), die Heide (mit ē), heidnisch (mit ei), Heidelbeere (mit ē); die Eichen (mit ē, Bäume), die Eichen (mit ei, kleine Eier, gewöhnlicher: Eierchen); Reiche (mit ei, Länder oder wohlhabende Leute), reiche (mit ē, Ztw.); streich (ei, Ztw.), Streich (ē, Hauptwort); weichen (ei — nachgeben, ausweichen), weichen (ē — weichmachen, einweichen); der Reif (ei, Thau), der Reif (ē, Fassreif); Feige (ei — Frucht), feige (ē, muthlos); schleifen (ei, scharf machen, mhd. sleifen, Sz. schlife) schleifen (ē, schleppen, mhd. slépen neben sleifen; ebenso das Hauptwort: die Schleifen); Heil als (seltnes) Hptw. mit ei, als (gewöhnliches) Eigenschftw. mit ē; Feile (ei, Werkzeug), feile halten (ē); die Weine (ei), ich weine (ē); der Leisten (mit ē), leisten (ei, Ztw.); der Reis (ei): die Reise (ē); die Seite (ei): die Saite (ē), die Seide (ei); der Leiter (ei, z. B. der Blitzableiter): die Leiter (lödder, Bspr. léder); meinen (ei, Fürwort): meinen (ē, Ztw.); Rhein (ei): rein, Rain (ē). Ich weisse, die Weise, ich weise, Beweis, Wegweiser (alle mit ei): ich weiss, die Waise (mit ē, bes. in Zusammensetzgn. wie: Waisenkinder, Waisenhaus). Die Weide (ei, Baum): die Weide (ē, Trift). Der Teich (mit ei), der Teig (ē), zeigen (ei) und Zeichen (ē) unterscheiden sich so ganz klar, obschon sie im übrigen ganz gleich lauten; das Ztw. sein lautet sinn, das Fürwort bleibt unverändert, z. B. das Geld soll seine sinn. Vgl. der Steig und Steg, die Kreide und Kreta.

§ 58. 4. ö f. ei: einzeln, einander, Eimer (ND. Emmer und Ammer); Vortheil, bevortheilen (Wn., wie in Viertel, Urthel); Bschr. hēm und bēme. — Die Komparative kleiner, reiner klingen glénner, rénner, die Positive aber: glēner, rēner; z. B. „mei Glēner is noch glenner als Deiner." — s. noch den unbestimmten Artikel, § 185.

§ 59. 5. i f. ei im Infinitiv sein, s. § 57. Bspr. es schnitt f. schneidet (Sdt. schnedt). Die von Weidenzweigen geschnittenen Bänder zum Befestigen von Pflanzen heissen Wieden (mhd. wide, Weide), s. W.-B.

ai.

§ 60. 1. ai bleibt meist rein: Kaiser, Hai, Mai, Mais, Laib, Hain.

§ 61. 2. ö f. ai nur in: Waisen(kinder), Saite, Rain, maischen, s. § 54. 57.

§ 62. 3. Die Endung hain in Ortsnamen klingt meist bän: Knautbain, Fuchshain; das Dorf Hain bei Rötha heisst Hahne bei Réde; Albrechtshain — olwerts'n; Belgershain — belgersch'n.

eu.

§ 63. 1. Wenn eu oder äu hochdeutsch gesprochen werden soll, klingt es immer noch wie ei (s. § 53); im Dialekt wird eu mitunter zu ö, so in: Freude (V., Schl., Schw.), dgg. er freute sich — er freide sich; ferner in: scheuchen (ebenda), beugen, leugnen.

§ 64. 2. i f. eu, Bspr. nur in euch: ich baww ich's gesaht — ich habe es euch gesagt; hatt'r'ch denn gesēn — hat er euch denn geschen, Sdt.

äu.

§ 65. 1. ö f. äu, wenn äu von einem solchen au abgeleitet ist, welches wie o klingt, s. § 51, also z. B. in räuchern, Stäubchen, enégig (einäugig), Ogelchen (Aeuglein); Käufer, er läuft, Bäumchen, abergläubisch, träumen; seltner ein Héfchen f. Häufchen; der Röber anstatt Räuber bedeutet den „Räspel" am Lichte, die Schuuppe, dagegen heisst der Strassenräuber u. s. w.: Reiber; rein bleibt äu (d. h. ei) in: Säule — Seile, Häuser — heiser, er säuft (er séft heisst: er seift). Bspr. Frélen f. Fräulein, Sdt.

C. Die Konsonanten.

I. Harte und weiche Buchstaben.

1. Scharfe und sanfte Laute kennt der Leipziger nicht; auch von p und t § 66. ist keine Rede, sondern von einem weichen b und von einem harten b, von einem weichen d und einem harten d, oft sehr der Lautverschiebung gemäss und dem seit dem 14. J. H. herrschenden Schwanken der Schrift: belz u. pelz, bĕrle u. pĕrle, bochen u. puchen, bolster u. polster, dampf u. tampf, dunkel u. tunkel, drache u. trache, glbitz — Kiebitz, mücke u. mügge; — vgl. auch die regelmässige Erweichung in tac, tages; slac, slages; hant, hende; stap, stabes u. s. w. Unsere Unterscheidung zwischen „hart und weich" besteht aber auch nur für die Schrift und für das Buchstabiren, nicht für die Aussprache, welche alle scharfen Konsonanten im Anlaut zu sanften macht, was freilich höchst bequem ist. Eben so wenig wie die Vokale ō, ū, eu, äu, sind die scharfen Konsonanten vorhanden; für p, t, k (Tenuis) tritt im Anlaut überall b, d, g (Media) ein. So wird auch in der Sz. das anlautende t und p zu d und b, während k übertrieben hart gesprochen wird. Wörter wie Bein und Pein, du und thu, Garten und Karten, gönnen und können, gohr, Chor und Corps u. tausend andere lauten ganz gleich, man vertraut eben dem Zusammenhange. Will nun ein Ungebildeter „vornehme" (hochdeutsch) reden, so verwechselt der Unglückliche gewöhnlich „hart und weich" und bringt z. B. folgende Leistung fertig: „Ich kehe kern mit mein' Gleinen in den Guchenkarten vorm Krimm'schen Dore; ta setze ich mich ins Kartenhaus un gaufe mir für mein kutes Keld Kose un Gäseguchen un f'r de Ginder Gaffeeguchen un Dorde." Ich habe einmal deklamiren hören, wie folgt: „Die koldne Gedde kib mir nicht, die Gedde kib den Riddern, vor derem stolzen Angesicht die Feinde Landsen spliddern." — Im Zorn gibt man seiner Stimmung Ausdruck durch Verhärtung der Laute, z. B. „Sie Pauer! Kottvertammich!" — Dass unter solchen Verhältnissen z. B. Bagage in Package (das Pack) umgedeutet oder die Baste im Kartenspiel der Pastor genannt wird, ist sehr begreiflich.

2. Im Inlaut (in der Mitte der Wörter) lautet t ebenfalls wie d, k wie g § 67. in Gabe, p wie b in Baum; — d im Inlaute bleibt d, aber b wird zu w, g meist zu ch (j); z. B. Ridder, Beidel (Beutel), Libbe (Lippe), graubeln; in Acker, trocken, Rücken, Ekel lautet das k oder ck wie g in Gabe; lagen, legen, liegen, lügen u. s. w. klingen wie lächen, lĕjen, liejen.

3. Im Auslaut (am Ende des Wortes) lässt man dem Drucke der Lippen, § 68. dem Stosse des Gaumens, der Kraft des Hauches freien Lauf und spricht nicht nur p, t, k scharf genug, sondern macht aus b ein p, aus d ein t, seltner aus g ein k, oft ganz richtig nach mhd. Form; z. B. Trap, ap, op, Hunt f. Trab, ab, ob, Hund; der Gank, er fink an, ich wusste weder Wĕk noch Stĕk. — Bei g schwankt es; man sagt: Dag und Dak u. s. w.; mit Heftigkeit spricht man: geh wĕck! aber: „nimm diesen Wĕch oder Wĕk." Nach l u. r ist g meist — ch: — Balg, Berg, Orgel. Die Befehlsform auf g bleibt weich: leg, lieg, sag. Im übrigen s. b, p, d, t, g, k, q, ch einzeln a. i. O.

II. Die Hauch- und Gaumen-Laute

h, ch, g, j, k, q.

h. Auslautendes h wird öfters zu ch verstärkt: sich f. sieh, mhd.; P., V., § 69. Sdt.; sie sächen f. sahen (mhd. sach von sĕhen), Rl.; jach, zach (Nd. tag), rauch, (Eg.; mhd. rūch;) subtrachiren f. jäh, zäh, rauh, subtrahiren. — Die Form „hoh" ist nicht im Gebrauch; man sagt: „e hocher Berg, das hoche Haus, Eg." er wohnt schon hok, ich aber noch höcher; Sz., ND., Wn., E. Die Höhe — hée, Bspr.: die héchde; — vgl. geschehen: Geschichte; sehen: Gesicht, schlagen: Schlacht, tragen: Tracht u. s. w. SD.: Das Viech, die Viecher f. Vieh, Thiere.

ch.

§ 70. 1. Auslautendes **ch** hat den harten Laut nach **a, o, u, au**, den weichen nach allen anderen Vokalen und nach **l, n, r**, also richtig hochdeutsch. Vgl.: ach, Loch, Buch, Rauch mit: Pech, Schächte, Löcher, Bücher, räuchern, reich, mich, — welche, manche, durch. Das Gefühl wahrt so z. B. die verschiedenen Laute des **ch** in: brauchen u. Frauchen, in Sprachen u. Papachen, in Knochen u. Solo'chen, in wachsam u. wachsen. — Mit diesen beiden Lauten stimmt das inlautende **g** vollständig überein; **j** hat genau denselben weichen Laut wie **ch** in Pech; es würde für unsere Aussprache gleich sein, ob man schriebe: Chemie oder Jemie; légen, léjen oder léchen; Augen oder Auchen, balgen oder balchen; so schwankt ja auch die Schreibweise zwischen Wagen und Sprachen, zeigen und Zeichen, Speicher und Seiger, riechen und Riegen, deren Ausgang uns ganz gleich lautet. — In wenigen Wörtern setzen wir **k** statt des in- und auslautenden **ch**: kickern f. kichern, Eg.; schluxen, gräxen, jüxen f. schluchzen, krächzen, jauchzen (Eg.), während ächzen, lechzen richtig gesprochen werden. Ueber hoch s. § 69 u. vgl. § 78.

§ 71. 2. Anlautend klingt **ch** wie **k** oder **g** (Gaumenlaut) vor **a, o, u, l, r**: Charakter, Chor, Chur, Cholera, Chlor, Christ; — weich (Kehllaut, wie in Pech — j) vor **e** und **i**: Chemie, Cherub, China, Chirurg; Ausnahme: Chemnitz — Kemnitz. — In unbekannteren Fremdwörtern wird **ch** auch vor **a** oft weich gesprochen, selbst von Gelehrten, so in Chaos, Charon. Leute, welche ein wenig Französisch verstehen und sonst nichts von fremden Sprachen wissen, sprechen gern alle Fremdwörter nach französischer Art aus; von solchen hört man dann auch Orschester (auch Orjester) und Del Wettschio f. Orchester und Del Vecchio.

g.

§ 72. 1. Das **g** ist der wandelbarste von allen Lauten; man nennt ihn zwar **je**, nicht **ge**, er wird aber doch im Anlaut fast immer **g** (Gaumenlaut) gesprochen, nicht wie **j** (Kehllaut). In Leipzig sagt man: Gaben, geben, Gift, Gott, gut, gross, gleich, Gnade; bereits in der nächsten Nähe beginnt aber das Schwanken. In dem Dorfe Möckern, ein Stündchen von Leipzig, spricht man noch ebenso wie in der Stadt; eine Viertelstunde weiter, in Wahren, sagt man schon „jeben, jut;" in einzelnen Nachbarstädten heisst es: Gaben, jeben, jären, Jöthe, Jift, Gott, gut, gross, gleich (also ganz wie im Schwed.), in anderen aber durchweg „Jabe, jeben, Jift, Jott, jut, jross, jleich, Jnade", und selbst auf den „Jelehrtenschulen" redet man da von Jeojraphie und derjleichen; wir sagen von jenen Leuten: „Die sprechen mit dem **je**."

§ 73. 2. Ausnahmsweise spricht auch der Leipziger das **g** der Vorsilbe **ge** wie **j**, wenn der Stamm wieder mit einem Gaumenlaute beginnt; so: jegessen, jegangen, jekommen, jeklingelt, jequält; dann auch in manchen Eigennamen und Fremdwörtern, die er sich gleichsam schriftmässig vorbuchstabirt, und wo er dann das **g** eben **je** nennt; so in: Gera, Gössnitz (aber Goblis, nicht Johlis) Agathe (ganz wie Achate), Gehrmann, Genua, General, Gethsemane, Georg, Genitiv, Genus; so auch: Efan-jélium (selbst auf der Kanzel! während die Bauern dafür effengélichen sagen; s. § 30, 6). Vereinzelt hört man auch: die Jicht f. Gicht (Nd., Rl.); einen Jang gehen, Jose f. Gose; ich bin kochjar (erhitzt); vgl. § 107 E. Gäten und jäten schwankt; mhd. jëten, aber: ich gite.

§ 74. 3. Inlautendes **g** meist wie **ch**, und zwar wie **ch** in Bach nach **a, o, u** — aber wie **ch** in Pech nach **e, i** (s. § 70); so: Segen, sägen, sagen, siegen, sie lögen, trugen, Sago, Mahagoni, Ragout, egal. Ebenso klingt **gg** wie **ch** in Flagge (Fläche), Egge, Roggen, Dogge. Von Kegel (spr. géjel) bildet man ein Zeitwort umkegeln (spr. umgögeln — umfallen, umpurzeln.)

§ 75. 4. Auslautendes **g** klingt ebenso wie das inlautende; so in: frag, leg, lieg, log, trug, Dogma, phlegmatisch, Lorgnette (— lorchnette), Leipzig (spr. Leibz'ch); sogar das Städtchen Lausigk wird trotz des Lautversicherungs-k nur lause'ch gesprochen! — Mitunter hört man auch **g** am Ende (wie in Gabe); so in: Tag, Schlag, flog, der Weg; Bspr. selbst mit **k**, wie Brl. — Der Pfennig heisst Fenk, Mehrheit: die Fenche (aber nicht: 10 Pfennig, wie auf den neuesten Münzen zu lesen ist, während auf den Briefmarken 10 Pfennige steht!).

Die Verbindung **ng** s. § 106.

j.

1. **j** wird gewöhnlich zu stark gehaucht, ganz wie **ch** in Pech. §**76.**
2. Selten spricht man es wie **g**, so wohl nur in: Jerusalem, Johannis — Gohanne, Bö.; Bspr.: genner f. jener; gauxen f. jauchzen; im V. u. Eg. allgemein: güksen f. jauchzen, Gahr f. Jahr (in Sbg.: Gohr), Gahrmert f. Jahrmarkt, Gunge f. Junge; (im Eg.: „i hob ga ka Gack ah" — ich hab ja keine Jacke an.) Durch solche Aussprache entstand aus jählings: gelchen, aus jagen: gēchen. Majoran heisst Meiran, ND., Rl. Maierl. — Den Don Juan nennen Ungebildete Dóngschuang, Dongschewang; Jasmin heisst Schismi, ND. Schismič; s. § 71 E.

k, q.

1. Anlaut **k** — **g**: Kunst — Gunst, Karten — Garden, Kaistrasse sogar — §**77.** Gébstrasse! „Gleine Ginder gennen geine Girschgerne gnacken." Ebenso klingt **b** und **c** (wo es k vertritt): Gwal, Gwelle, Gado f. Qual, Quelle, Cato. Vgl. mhd. gaffen u. kaffen, garre u. karre, gripfen u. kripfen, gugel u. kugel. — Am beschwerlichsten findet man die Verbindung **kn**, sie wird entweder zu **gn** oder auch zu **dn**, so in: Knall, Knochen. — Vereinzelt tritt **d** f. k ein iu: Biddling, Basternade f. Pökling, Pastinake; Gelenderpuppe f. Gelenkpuppe; aus Missverständniss in: Goldrabe anstatt Kolkrabe; s. dgg. § 69.
2. Zwischen zwei Vokalen, auch nach l oder r, erweicht **k** manchmal zu **ch**: §**78.** das Stachet f. Staket, eine Rachete f. Rakete, Rh., die Gurkenlage f. Lake (dän: Lage); Kalch, Quarch, Marcht f. Kalk, Quark, Markt. — Werk klingt wie Werg (mhd. werch und werc); in Fuhrwerk, scharwerken, Werkstelle wird oft ch gesprochen. Auch in Tabak findet das mitunter statt; dies Wort kann überhaupt verschieden klingen: Dāwak, Dōwak, Dawach, Dowach, Dowich. Daraus erklärt sich der scherzweise Gebrauch von anno Dowak f. anno Domini. S. das Gegentheil § 70, 1 E.

III. Die Lippenlaute

w, b, p, pf, f, v.

w.

Das **w** ist an sich so sanft, dass es der Dialekt nicht gut noch mehr er- §**79.** weichen konnte; indess wird es zu **m** in wir — mir, m'r, wie mhd.; so in B., P., Fr., Schw., Tir., V., Hb., Sz.; in Rl. wird wir sogar zu mc, in Schl. dagg. zu ber; s. noch § 80 u. 87.

b.

1. **b** wird vollständig zu **w**: §**80.**
a) wenn es zwischen zwei Vokalen steht; so in: aber, Leber, lieber, Ober, Gabel, Kabale, laboriren, Debatte, Habit, sogar in Zusammensetzungen wie: Obacht, Hebamme, Rühöl, Reibeisen, und in Verbindungen wie: halb eins, ob ich, (klingt wie obig); selbst **bb** wird zu **w**: in meiner Gasse ist ěwe (Kasse, Ebbe).
b) seltener, wenn es nach einem Consonanten und vor einem Vokale steht: halbiren, balbiren, selbander, Schwalbe, Farbe, gerben (früher mit w geschrieben wie manche andere), Problem, Lorber, auch Halbabend (spr. halwām'd), was in der Bspr. f. Vesper gebraucht wird; es is halweens, balwachde f. halb eins, acht.
c) noc haeltner wird **b** zu **w**, wenn es zwischen zwei Konsonanten steht; so in Ulbricht, Albrecht, sterblich, weiblich, lieblich.
2. Wie **f** klingt **b** in: Gewölbe (— Gewelfe, nicht aber in wölben), Zwiebel, §**81.** Tir., Bö., Schw., und in Gabel, welche in der Stadt die Gāfel heisst, auf dem Lande aber die gūwl; vgl. Gaffelbaum, engl. gaff, dän., schwed. u. holl. gaffel. Das Umgekehrte s. § 87.
3. **ben** und **b'n** lauten wie **m**; so in: gaben (— gäm oder gǟm), wohl- §**82.** habend, Abend (— ahmd), Abenteuer, neben (— nehm), sioben, oben, Stuben,

stäuben, Scheiben, reiben (— Reim), gestorben, ergebenst, ergebener, erhabne, Rabener, Liebner. So auch bei Zusammenziehung: — das hamm'r — haben wir; so läbm'r = so leben wir. Der Graben klingt wie der Gram, dafür hat er aber seinen besonderen Plural: die Gräme! So wird aus eben mit angehängtem t: äbmt; V., Rl. „Es ist ein richtiger Klemenz" heisst es von Einem, der gern kleben (glähm) bleibt, nämlich in der Schenke. — Aehnlich sagt man f. Carbonade: garmenade (Rtr.), eine Traube heisst bei Hl. eine Traumel (ebenso im „Zittauer Hungertuch", 1472); s. noch § 103.

P.

§ 83. 1. Als Anlaut ist p — b: s. § 66; also: packen — backen, Gepäck — Gebäck, paar — bar, Pole — Bowle, Pomeranze — Bummeranzche, halb Part — halbárt; der Name eines Gehölzes „der Apitsch" wird zu ābsch; das Parthe-Flüsschen ist auf älteren Karten als Barde bezeichnet, auf dem Titelbilde von Weiz, Verbessertes Leipzig, 1728, u. in Baumgarten, Flora Lipsiensis, 1790, sogar als Bare, wie es auch allgemein ausgesprochen wird; die „Parthe" entspringt bei Bardau, einem Orte unweit Grimma, welchen Niemand mit P schreibt! s. noch § 86.

§ 84. 2. Selten wird p zu w erweicht, so in: Wildpret, stupid, Teppich, Trapez, Strapatze, Antwerpen, Stipendium — Willwert, stiwied, Dewich, Drawēz, Schtrawazche, Andwerwen, Schtiwendjum. Die Rippen — rimm. Gros de Naples — groddenäwl. Der Perpendikel wird zu Barmediggl, Di.: Parmetik, V.: das Bamberdeckl.

pf.

§ 85. 1. Anlautend wird pf zu f: Pfahl, Pfand, Pflicht, Pfeffer — fahl, fand, flicht, feffer; P., Schl.

§ 86. 2. Auslautend u. inlautend klingt pf wie p; so in: Kopf, daher Feifengopp f. Pfeifenkopf; Töpfer (— Debber), Kupfer, klopfen, Houfen, Pfropf (— Fropp), Th., P.; Schneppe und Schnepfe werden gleich; ebenso Topf und topp. — mpf klingt wie mf, in Bspr. wie mp; so in: Dampf, stampfen, Strumpf; Kampf — Gamf; in Bspr. aber: Damp, Strump. Missverständlich glaubt man nun, pf f. p oder f setzen zu müssen, um richtig hochdeutsch zu reden, z. B. in Trepfe, Kupfert f. Treppe, Koffer; so in Brl., wo auch „Apfrikosen" wachsen! In Wn. heisst der Klempner Klampferer, in Eger nennt er sich auf seinem Schilde „Klempfner."

f, v.

§ 87. 1. f und v klingen ganz gleich, wie f, so auch in Fremdwörtern meistens, z. B. in Venedig, Venus, Viktoria; auch Lateinisch wird auf diese Art gelesen. In einzelnen Fremdwörtern spricht man jedoch v — w, so in: Vase (dgg. ist eine Fase — Faser), Canevas (Gánewa, auch Gánua), Vanille, Vignette, Volontair, Pavillon, Villa. Schuhmacher sagen anstatt der Nerv: der Nerb'n — närm.
2. Einzelnes: f wird zu w in Schwefel (ebenso mit w-laut im schwed.: svafvel, dän.: svovel, holl. zwavel; mhd. swêbel u. swêvel; NS. Swebel). Hafer — Hawer (alt); der Deiwel — Teufel; Bspr.: Stiewel (auch Stêwl, P., ND.) Käwer, Huwe, im Howe (Bspr.) — Stiefel, Käfer, Hufe, im Hofe (mhd. hof, hoves). — Das Büwett oder sogar Büwä f. Buffet; s. § 81 u. vgl. schnauben und schnaufen, Körbel von Caerefolium. — Die Sphäre mitunter — Spähre (Metathesis!). — f — p nur in raffen; in ND. allgemein.

IV. Die Zahn- oder Zungen-Laute

d, t, s, z, c.

§ 88. 1. d und t klingen im Anlaut und Inlaut — d, im Auslaut — t, s. § 66; also ist Taube — Daube, Taxe — Dachse, Teich und Teig — Deich, Thier und Thür — dir, Thron — droh'n, Torf — Dorf, treu — drei, Tusche — Douche,

Thürme — Därme. — Der Hunt: die Hunde, das Lant: die Länder, wie mhd.
Sie hatte, Mitte, Mittel, reiten, Ruthe — hadde, Midde, Middel, reiden, Rude.
Somit werden gleich: Leiter (auch — Ledder) und leider; rathe und Rade; leite,
Leute, läute und leide; Miethe und müde u. s. w. Dies t zwischen zwei Vokalen
scharf zu sprechen vermögen nicht viele Leute. Vgl. den Wechsel im Schriftdeutschen bei Wade' und waten, Brod und Brot; engl. passed und past, learned
u. learnt; — had, middle, ride, rod; holl. hadden, middel, rijden, roede; dän.
middel, ride, rode; schwed. hade, medel, rida.

2. In einzelnen Wörtern tritt g oder k f. d oder t ein: — f. eitles Brod sagt § 89.
man „eikeles Brod" (dgg.: eitle Narren). Schlunk f. Schlund (Anklang an schlingen u. schlucken; holl. slok, Schluck u. Keble); der Veikstanz f. Veitstanz, Eg.
(ob man an feixen gedacht hat?) das Bingel oder Binkel f. Bündel, Oe., Schl.;
die Wolke schlagen f. Volte; die Hyacinthe wird abgekürzt in „die Zinke, das
Zinkchen"; — ins Dekrement gerathen anstatt: ins Detriment. Das Dorf
Lindenthal wird Linkel ausgesprochen; s. das Gegentheil § 77.

3. In den tonlosen Silben entlich wird das t zu g oder k; so in: eigentlich, § 90.
ordentlich (ordenglich od. orndlich, s. § 125), wöchentlich, gelegentlich; V., Schl.,
Sdt., Po.; in Bspr. wird nd, nt öfters zu ng, bes. nach e, i, u; z. B. Kinger,
gummt binger f. Kinder, kommt hinter; sie bingen, fingen, gefungen f.
binden, finden, fanden, gefunden; ungene f. unten, hingene f. hinten; nicht aber
in: Enden, Winde, blonde, runden, Hunden, Stunden, Gesunden; ähnlich in Has.,
Eg., Rh.; in Bal.: Häng'li, Ching'li f. Händlein, Kindlein. S. noch § 115 E. u.
über die Zeitwortendungen tet, tete u. s. w. § 204.

ſ, s.

1. Man spricht den S-laut durchweg scharf, gleichviel ob er zu Anfang oder § 91.
zu Ende steht, ob er s, fs oder ss geschrieben ist, also gleich in: so, sausen, das,
dass, Nase, Nässe; es fallen also in einen Laut zusammen: Weise, Waise und
Weisse; reisen und reissen, Busen und Bussen u. dgl. Nur gezierte Aussprache
bringt das weiche s (wie im franz. rose) zuwege, setzt es dann aber auch besonders gern an die verkehrteste Stelle, in den Anlaut, wie Plattdeutsche und
Holländer.

2. rs — rsch, z. B. in anders (V., Schl. anderscht; P. anderschter; Rl. an- § 92.
nerscher), Vers, Börse, Kours (— korsch), Person, Perser; Kommers (gummersch),
Gehorsam, Hirse (— heersche, P. hirsche), Universität, die Force (Lieblingswort
f. Stärke), Farce (Füllsel); — der erste, Fürst (— ferscht), du verlierst, du frorst,
das oberste, Gerste, garstig, Durst (dorscht), Rückmerschdorf f. Rückmarsdorf
(so in Baumgarten, Flora Lips., 1790) Bürsten und bersten (— berschten), Würste
(— wersche, ebenso klingt: wirstdu); du irrst; — die Pfirsich oder die Pfirsche
heisst ferrsche, der Mörser — meerschel (Schl.). So auch in den Zusammenziehungen: wie war's? Nimm dir's; gebt mir's; habt ihr's (— habt'rsch),
hat er's (hatt'rsch); da haben wir's (— hamm'rsch); wollt ihr's, da könnt
ihr's nehmen; — du heerscht f. hörst, aber heerschde und herrschde f.
hörst du?

Dagegen bleibt s rein nach den Vorsilben er-, ver-, her-, vor-; so: ersehen,
versuchen, hersetzen, vorsehen; ebenso in: sparsam, Arsenik und einigen anderen
weniger gebräuchlichen.

3. Einzelne Wörter, in denen s wie sch lautet: Gaze — gasche, wie: Gage, § 93.
dgg.: die Gass mit s; Muskete, Muskate, Rasen (Bspr.), Passage, Diskurs —
Dischgorsch, Eg. Sergeant klingt: scherschant, scherschante, schersant (bei
Grimmelshausen: Schergeant). Für heiser (mhd. heis, heise, heiser) sagt man
heischer, ND. Eg. So bei Uhland: „Welche Stimme, rauh und heischer? ist
es Klemens wohl, der Fleischer?" — Lessing, Fabeln: „Ich habe einen heischeren
Hals." — Nichts wird zu nischt verdreht; V., Schl. u. s. w., in P.P.: nuscht.

4. Für s tritt z ein in: Sellerie, (Ha., in Th. sogar: Zellderi;) auch in sammt,
(mit zammt den Sachen fiel er ins Wasser); namentlich in „allezammt, zammt
und sonders"; erinnert an zusammen; mhd. zamen neben zesamene. Anstatt
seciren (eine Leiche) sagt man zensiren; s. § 146.

sp, st.

§ 94. 1. **sp, st** klingen als Anlaute richtig hochdeutsch, wie sanftes schp, scht, also gehaucht, nicht geblasen, wie man in ND. spricht und für richtig ausgibt! Sächsische Zieräffchen, welche die plattdeutsche Aussprache nachahmen wollen, pflegen zu sagen: sdehen, sbrechen. Als Anlaut von Fremdwörtern wird selten der fremde Laut noch geachtet: Spiritus, Spektrum, studiren, Stil, Strapaze, Stuart, Stenographie sind eben eingebürgert (vor 25 Jahren sagte man noch Stenographie mit dem st wie in West); der Gelehrte sagt in stabat mater das st wie in Stab, aber spiritus asper = Schpiritus asper.

2. Als Inlaut oder Auslaut bleibt st und sp scharf, geblasen, also Wespe, Haspen, Last, Lust, Polster (nicht Weschpe, Luscht, Polschter wie in S.D.) — s. jedoch § 92. — In Fremdwörtern bleiben sp und st = sp und st: — Hospital, Knaster, Astronomie, justement, subhastiren, auch in dem davon gebildeten „versebastiren". So auch in Shakespeare, was der Leipz. Theaterzettel Shakespear druckt!

§ 95. 3. Die Endung sehest zieht man zusammen zu scht, z. B. du wünscht, du hascht. — Bspr.: In „du kannst, du sollst, du willst", noch gewöhnlicher in den Umkehrungen „kannst du, sollst du, willst du" spricht man für das st nur ein t (alte Schreibweise willtu, solltu); „das gannte m'r glöm" = das kannst du mir glauben; bäuerisch: was willte denn? städtisch: was willst'n; dgg. bleibt unverändert: du magst, du darfst, du brauchst und andere.

z, c.

§ 96. 1. z erleidet nur geringe Veränderungen; nach l und n ist es von s nicht zu unterscheiden: Gans und ganz, Falls, Falz und Pfalz, Franzen und Fransen, Plinsen und blinzen klingen uns gleich; Schreibweisen wie: Halz, Schmelsbutter sieht man auf Ladenschildern! Für zwischen und zwitschern sagt man oft schwischen, schwitschern; kurz wird in gemeinster Bspr. zu kortsch; schluchzen = schluxen s. § 70.

§ 97. 2. c in Fremdwörtern = z, z. B. Ceder, Cigarre; — placiren klingt bald plassiren, bald plaziren. In gezierter Aussprache wird — auch auf der Bühne! — aus einem Offizier ein Offisir, halb deutsch, halb welsch. Vielleicht soll dadurch das z in Sellerie (Zellerie) wieder wett gemacht werden. Ganz unvermeidlich ist diese gemischte Aussprache freilich bei „Ingenieur", dagegen, sprechen nur Ungebildete Engen wie eischeen.

V. Die Schmelzlaute l, m, n, r und der Nasenlaut ng.

l.

§ 98. 1. Für l tritt mitunter r ein; man sagt Escher f. Eschel, Franell f. Flanell Kristier f. Klystier (ital. cristero), Eg., Rh.; für vielleicht hört man oft verleicht; das Dorf Pristäblich wird Pristäbrich ausgesprochen. Anstatt stolpern, holprig heisst es storpeln, holkrig. Vgl. Hebel und Heber, Turban und Tulipane, boide vom türkischen Tulban; mhd. murmern neben murmeln, entsprechend der lat., franz., engl., ital., span., portug. Form; ferner: franz. Angola und Angora, rossignol von lusciniola. — Das Umgekehrte s. § 108.

§ 99. 2. Selten setzt man n f. l, so in: Nillje f. Lilie, s. § 30, 6; so entsteht Norbel f. Lorber im Sinne von Schafmist.

m.

§ 100. 1. Für m tritt n ein in der tonlosen Endung em, z. B. im Dativ: mit kalten Blut, von rothen Wein u. s. w., was die Verwechselung mit dem Accusativ wesentlich begünstigt. Aus Athem wird aten (Rtr.), äden, Bspr. addn, aus Odem: oden, oddn. Für Katechismus, Kollegium, Pantomime hört man gaddegisen, das gollegen, die bandomine (Sz.; man denkt an: Miene). So werden auch die Wörter im und am zu in und an, z. B. an Sonndage, an letzten

Male, in Bahnhofe; Wn.; s. noch § 104 c. Aus der Verwechslung von **m** und **n** erklärt sich auch der Kinderreim: „Schneckenhaus, kriech aus" anstatt Schneck im Haus.

2. Die Endung **s a m** verflüchtigt sich zu **s'n**, z. B. rats'n f. rathsam, ar- § 101. beits'ne Leide f. arbeitsame Leute; behuts'n f. behutsam; Eg.: arbsn, babutsn; ähnlich: der Breidch'n f. Bräutigam.

3. In einzelnen Fällen findet sich **nk** oder **ng** f. **m**, so: Hingbeere f. Him- § 102. beere, Eg.; (P.P. Hintbeere, wie mhd. bint-ber, die Beere, welche die hinte, die Hirschkuh, gern frisst; im Eg. ist Hirschbeere eine mildere Sorte von Brombeeren); Gingang f. Gingham.

n.

1. Für **w e n** sagt man **wem**, bes. wenn es betont werden soll: wem hast § 103. du gesehen? Das **m** lehnt sich an das **w** an. „Zum" tritt für die leider ver- lorene Zusammenziehung **z u n** (mhd. zen) ein: zum Kindern gehn, zum Leuten; auf Firmen: „zum drei Rosen."

2. Das auslautende **n** bequemt sich dem nachfolgenden Konsonanten an § 104. (Lautangleichung).

a) **n** vor **b, p, f, v, w** wird **m**, man sagt Ramft, samft, Semf, Hamf, Hämfling, Jemf (f. Genf), fümf, Zumft, Vernumft, Zukumft, f. Ranft, sanft u. s. w., was zum Theil der Abstammung entspricht (Zukunft von kommen, Vernunft von nehmen, ahd.: fimf, samft, ramft, vernumft; schwed.: femton, dän.: femten — 15; schwed.: hämpling — Hänfling. Hanf: schwed. hampa, dän. hamp; Zukunft schwed. ankomst, holl. toekomst.) ND., Sz. Aehnlich ist leidenamt f. Leutnant. Dieselbe Lautangleichung findet sich dann auch in Zusammen- setzungen: umbequem, umbefangen, umbedingt, ambinden, Amblick, ämfangen (gewöhnlicher aber: änfangen), ampassen, umpassend, ampacken, umparteiisch, Simbild (für Sinnbild, erinnert an Symbol), komfirmiren, Komfession, Komfusion, imfam (auch imfaum f. infam), umverschämt, umvernünftig, ummässig, um- möglich, ömecht'g (ohnmächtig); so auch Schwambci f. Schwanenboi. Ebenso, wenn nach Ausstossung eines Buchstaben das **n** und ein Lippenlaut zusammen- kommen, z. B. embinden f. entbinden, emberen f. entbehren (empören klingt ebenso). Hammbiechen, Hammichel f. hanebüchen (von Hainbuche), Hansmichel. Ferner im Satzzusammenhang: Sachsen um Bayern (f. und); er war im Böhmen; ich bimm'r (bin mir) Niecht bewusst (übrigens heisst es ahd.: ih pim); am mir liegt's nich, aber du hast ewig was amm'r (= an mir) zu tadeln; mam besieht's (f. man); mammuss (auch m'r muss) f. man muss; das kamm'r f. das kaun man; Bö.; wemm'r das verloren geht f. wenn mir; wemm'r'sche (= wenn wir sie) treffen; wemm'r'sch (= wenn man es) merkt. So in Pf., Eg. und anderwärts; vgl. die hochdeutschen Formen: empören, empfehlen, Im- biss und die gleiche Alliteration in den romanischen Sprachen.

b) Da wir und man oft gleich mir, mer, m'r, gesprochen werden (s. § 190), so kommt auch vor diesen Wörtern dieselbe Lautangleichung vor: wemm'r gehn, hamm'r imm'r schlechtes Wetter; gehm'r aw'r nich, simm'r drum (sind wir); was wolln'r nu duhn? das essm'r (essen wir); wenn gomm'r'n bin (kommen wir denn)? das gammer machen (kann man); wemm'r Unrecht gedan werd un wemm'r unsr Geld nich kriegn, da werd m'r'sch'n (man es ihnen) schone stecken; (wemm'r ist also — wenn mir, wenn man, wenn wir); Eg.; s. noch § 126 a.

c) Vor **g** und **k** wird das **n** zu **ng**, obschon es der vorhergehenden Silbe angehört, z. B. das ung-glück, unggeheuer, anggehn, hinggehn, angkommen, hinggegangen, unggeschickt, inggrimm, unggefähr, auch onggefähr (in Bozen: unggfär). Ebenso nach Ausstossung eines Buchstabens; z. B. Fenk f. Pfennig. Fangkuchen f. Pfannenkuchen (Bsl. Pfangkuche), Brungkresse f. Brunnenkresse, Zing-giesser f. Zinngiesser, Sanggallen f. Sankt Gallen, und im Zusammenhang der Worte: das kang komm'; wang kam er? ich bing gewesen; ich bin drang gewöhnt; ing guten Händen, vong guter Seite; es gang gar nich fehlen (kann gar); sie sing gelaufen (sind); eine Fabel vong Gellert. Dies erstreckt sich auch auf das für **m** eintretende **n**: er ist ang grössten, ang kleinsten, ing gleichen Falle. Vgl. die Aussprache von handkerchief.

§ 105.　3. Einzelnes: **n — r** in man (mar, mer, m'r, s. § 190); **n — l** in Ordels-band (ein Schmetterling); Bper. Zaum wird oft für Zaun gesprochen. — s. noch § 90 über **nd, nt**.

ng.

§ 106.　1. Es wird in einzelnen Fällen zu **n**, z. B. Bedinnung f. Bedingung (im Ztw. bedingen bleibt es aber richtig); es wird zu **m** in Jungfer — Jumfer, ND. Eg. (so in Richard Wagner's Meistersingern), jüngferlich — jümferlich, (lehnt sich gut an zimferlich f. zimperlich an).

§ 107.　2. Das auslautende **ng** klingt meist wie **nk**; so in Ring, Rang, Ding; den sanften Laut erhält es in der Mitte wieder: Ringe, Range, Ungarn, Dinge, englisch, länglich, Angler u. s. w.; ND. Der „ferein fon mennern, welher di einfurunc der rein fonetishen ortografi auf seine fäne geshriben hat," wünscht diesen Unterschied auch wieder in die Schrift einzuführen. Mit dem gleichen Laute **ng**, also mit zu offenem Munde spricht man auch französ. Wörter: Meublement, Nüance, Orleans, Jean (— Schang!).

In dem Adjektiv **lang** bleibt in der Bspr. durchweg das **k**, im Adverb das **g**; z. B. „ich habe lange auf den langen Kerl gewartet, aber nu wird mir die Zeit lank;" er is lank — hochgewachsen; er is lange, er bleibt lange aus. So an der Ruhr: du büss lang geblewen; de Bank üss lank.

3. In einigen Eigennamen und Fremdwörtern, bes. wo ein **o** oder **u** auf **ng** folgt, lautet **ng — ng-g**, z. B. Mangan, Mangold, Mongolen, Longo-barden, Känguru, evangelisch, — in andern wie **nj**, so in: Flamingo, Domingo, Angelika, Marengo, Fandango, Mungo Park, auch in: Diphthong; Manche sprechen auch Lonjobarden, Känjuru; vgl. § 73. Dagegen klingt **ng** in: Ingelheim, Ingolstadt wie in: zwingen

r.

§ 108.　1. **r** wird öfters zu **l** erweicht (Eg.), so: Balwier, Pf., Bal.; („der Dorf-balbierer" hiess eine Oper v. Chr. F. Weisse, 1777); Salvete f. Serviette, ND., Schw., ital. salvietta; Salfelatworscht, Wn., Karnalienvogel, Mörschel (Mörser), Ablikose (Aprikose, Ho. und Schw.: appelkose, ital. albicocca), malkern f. mar-tern; der Schlittschuh hat den Schrittschuh (ahd. scritescuoh), ND. Striedscho v. strieden, schreiten, fast ganz verdrängt. Für observiren sagt der Bauer „ob-selfirn", der Ungebildete „absolviren"; — ND. alifiren f. arriviren. Mhd. Kirche u. Kilche, Ruder u. Rudel, Körper u. Körpel, Koriander u. Koliander; tölpel ist — törper, dörper (Bauer, Tölpel). Vgl. schütteln und erschüttern, Faser und faseln, wandern und wandeln; ital. ciriégia und ciliégia, pellegrino und pere-grino von peregrinns, albero von arbor; s. § 98. Wie beweglich das **r** bei **l** ist, beweist, dass man nicht gar zu selten hört: „er hatte nichts Eileriges zu zu thun" f. Eiligeres.

§ 109.　2. **n** f. **r** tritt ein in dessentiren f. desertiren (vgl. § 146); missverständ-liche Verdrehung hört man in: Patritur f. Partitur.

D. Verkürzung der Wörter durch Ausstossung von Buch-staben oder Silben.

I. Ausstossung von Vokalen.

§ 110.　1. Die „Verflüchtigung der Vokale", namentlich in unbetonten Silben längerer Wörter ist schon besprochen (§ 12); hier erwähnen wir noch der Fälle, wo Vokale ganz weggelassen werden.*) Es ist stumm **a** in: Grimm'sche Strasse f. Grimma'sche, Jochensthal f. Joachimsthal (Name eines Gebäudes; vgl ND.

---

*) Mörikofer, schweiz. Mundart, S. 36: „Mit der nachlässigen und schonungs-losen Zerstörung der Wurzellaute gewinnt die Mundart eine fliessende, bequeme und kurze Ausdrucksweise, welche dem täglichen Leben zusagt und statt aus einer ge-heimen Lust am Verderben und Verunstalten hervorzugehen vielmehr einem tiefen und unbewussten Gefühle des Wohllautes folgt.

Jöchen), Gadrine f. Katharine, zu Mittche, Sunnd'ch f. Mittag, Sonntag; Isaak
und Kanaan lauten wie Isak und Kanan; Israeliten — Isreliten; Bräutigam —
Bräutchn, Eg.; über die Endung sam s. § 101.

e in: Gorch'nhaus f. Georgenhaus (wie Görge, Jörge); sperrangelweit wird
zu sprangelweit, Eg.; appliren, Ernstine; ferner ist e stumm in den meisten
tonlosen Endungen: Kummet, Grummet, Sammet, du schossest, (s. § 95), Damen,
Graben (— grahm), Leben (— lähm); ganz besonders zwischen zwei gleichen
oder ähnlichen Lauten: er redet; ihr rettet und ihr rettetet lauten — rett;
s. § 204.

i in: Leibz'ch, Ess'g, verz'g (40), sibbz'g u. s. w., ibb'g f. üppig; ew'ch,
led'ch, beir'sch f. bairisch und bäurisch, Fenk f. Pfennig, Dick'cht. Bspr.
Bredd'cht f. Predigt; Breidchen f. Bräutigam; die Schneider'n, die Göch'n
(Köchin), Werd'n f. Wirthin, die Frau Mei'rn; hösch f. hessisch, franseesch f.
französisch, rüsch f. russisch, bölsch f. polnisch, breisch f. preussisch, Kübsch
f. Kabisch (Name); 'r f. das persönliche Fürwort ihr; z. B. was wollt'r? Dagegen bleibt das Besitzwort ihr richtig, oder es wird zu ähr (Bspr.).
Die fremde Endung iem wird oft zu 'n: die Privilegen, die Kolleg'n (s.
Kollegien); s. § 30, 6.

o in: Jegrafie f. Geografie, Karline, Schoglade f. Schokolate; Dēdor f. Theodor.

u in: Reimedissen (Rheumatismus); Borpr f. Purpur. Das Bivouak, ausgesprochen biwak, erhält fast ganz sein ursprüngliches deutsches Kleid wieder
(Beiwacht). Februar wird Fewerar, Febrar, in Oe. Feber; Beifuss in Bspr.
Beiwes, Beibs, Th.: Bäbs. Für und wird zwar gewöhnlich un gesagt, aber in
den Zahlzusammensetzungen klingt es nur 'n; so in: ein'nzwanzig, zwei'n-
dreissig, drei'nvierzig u. s. w.; bei Zusammentreffen mit der sieben verschmilzt
es mit der Silbe en: 27 — siemzwanz'ch. — Du — de oder d', was suchste
denne, oder: was suchst'n? — was suchst du denn; hast'n — hast du ihn;
haste se — hast du sie; nimmste s'r — nimmst du sie ihr.

ei in: ich arbte f. arbeite, während die Grundform arbeiten — arbéten
ist, seltner arb'tn; Eg., Sdt.

2. In zusammenhängender Rede werden manche Vokale weggelassen; z. B. § 111.
was'ch'r gabb, hadd'ch ibrig; 'r hat nischt beis'ch, es bring'n nischt vors'ch,
'sis'n (es ist ihnen) aw'r schone recht; ob'ch's'n (ob ich es ihm oder ihnen);
wie'r'n verloren hatte (er ihn); ich hamm' oder ich habb'n (— ihn), Eg.
„Wemm'r'sch sieht, da lässt m'r'sch liegen, sieht m'r'sch nich, da hebt m'r'sch
uf" (das Loch in der Haselnuss). Wemm'rs'ch'n (wenn man sich den) Gaffee
selwr gocht.

II. Ausstossung von Konsonanten.

Allgemeiner Grundsatz: Wenn zwei gleiche oder zwei nah verwandte § 112.
Buchstaben zusammenstossen, bleibt der Bequemlichkeit halber der eine weg;
man wird z. B. in das Seil, mittheilen, Wilddieb niemals zwei deutliche s, t, d
hören. Abbrennen, abbrechen, abbeissen lauten fast ganz wie abrennen, ab-
rechen, abeisen; Filzschuh — Filtschn; Halsschmerz — Halschmerz; Holzstoss
— Hölschtoss; Holzschneider — Hollschneider; der älteste — ēlste; zum min-
desten — zuminsten; Trinkgeld — Tringgeld; plattdeutsch — blâdeitsch; es
schneit, was spielt er, ich muss sprochen, er geht durch, sie isst das, die
Schweiz steht gross da, klingen: e'schneit, wa'spielt'r, ich mu'sprechn, er geh-
durch, sie issdas, die Schweiz schtehd u. s. w. Das Dorf Pürtitz lautet: Bürz;
Schkeuditz — Schkeiz. Ebenso verkürzt man: „in Garten, an Nagel" f. in den
Garten, an den Nagel; s. noch § 204. Man vergleiche mit dieser bequemen
Aussprache Formen wie: den albern Mönch, den ledern Gurt, mit einer silbern
Zange (Lessing).

Beispiele mit stummen Konsonanten.

b, p: halwege, halpart, Simtom f. halbwegs (ND., Sdt. holbig), halbpart § 113.
Symptom; Bspr.: gehatt, se hann, ich hâß (P.), ich gä d'r 'was f. gehabt, sie
haben, ich habe, ich gebe dir Etwas; gäl f. gelb; V.

2*

d.

§ 114. 1. Zu Anfang in: das (—'s), des, dem, den, dessen, derer, P.; s. § 154; 'n und enne f. denn.

2. In der Mitte meist nach Konsonanten, bes. nach flüssigen: ich werde, V., P., Schl.; in Bspr. wird es ausgesprochen: ich wäre, dgg. heisst der Konjunktiv „ich wäre — ich wére. Kaldaunen, Wildpret (— wilb'rt, wilw'rt; Sdt., Rh.); die Mulde — Muhle; Abendbrot (spr. Ahmbrot); Dresden — Dräsen. — Die Bspr. geht weiter als die städtische; sie sagt: Affegade f. Advokat, Mächen f. Mädchen; wunnerbar, Aébern f. wunderbar, Erdbirnen. Ueber die Verbindung nd s. § 90.

3. Am Ende: un f. und, sinn f. sind; Bspr.: das fähr, die fähre (in der Stadt: Ferd, Fähre); das Färichen (f. Pferdchen, auch in der Stadt; Sdt. die Pfare); baal oder bnale f. bald (V. u. Rl. ball, Schwb. bal, Rh. boll); Marketender — markedäner.

t.

§ 115. 1. In der Mitte: Fasnacht, mhd. vasnaht neben vastnaht; B. Fosinacht, ND. Fasslabend; Sankt Gallen — Sanggallen; Nackfrosch f. Nacktfrosch (nacktes Kind); der Alte — ahle, Bspr., ND.; halen f. halten; der hunderschte f. hundertste. In der Vorsilbe ent verschweigt man das t bes. vor z, sch, f, g, b; man sagt: enziehn, cnzwei, enschieden, enschliessen, enschuldigen; auch enfliehn, enfübren, enstehen; für entgelten, entbehren sagt man: enggelten, embehren; dagegen wird empfinden zu entfinden. — Ueber die Parthe s. § 83. So erklären sich auch Fehler, wie: der dringenste, der bedeutenste, die sich z. B. auch in Hackländer's, Spielhagen's Schriften finden, jedenfalls infolge nachlässiger Korrektur. Ebenso erklärt sich das Gegentheil: § 139.

2. Am Ende: er is f. ist (aber nicht du bis f. du bist); nich f. nicht, P.; — in Drsd., L. ni, Sdt.: nĕ; Erzg., V. net; er biel, sie hielen f. hielt, hielten; der Habich f. Habicht; Daweldo und dé-a-dó f. Table d'hôte und tête-à-tête! Bspr.: er sulle gumm, aw'r e wulle nich, er sollte kommen, aber er wollte nicht.

Die Verbindungen nd, nt bleiben beim Städter rein, in einiger Entfernung von der Stadt klingen sie entweder wie ng, z. B. bingen, fingen, Kinger (s. § 90), oder auch nur wie nn: binnen, finnen, schwed. finna, Ginner — Kinder. Vgl. schott. bin, blin, fin, win, lan — binden, blind, finden, Wind, Land.

Die Silbe det, tet wird zusammengezogen zu blossem t: er redet; sie hätt heisst sie betet; dgg. sie bĕtt — sie bettet; s. § 204.

§ 116. 1. g fällt in manchen Fremdwörtern zwischen zwei Vokalen aus, man sagt z. B. Relion (feiner: Relichon), Real, Laterne meiga f. Religion, Regal, Laterna magica.

2. In der Bspr. ist g in der Endung -agen stumm, seltener in -agel und -egen; z. B. fräu, dräu, schlän, sän, klän (mhd. klân), der wän f. fragen, tragen, schlagen, sagen, klagen, der Wagen; Eg., P., Th., Sdt., Rh.; vgl. engl.: say, slay, day u. s. w. So in den Ableitungen drükorb (Tragkorb), es schlöt (auch schlett) f. schlägt, der Schlütot (Todtschläger), er leht f. liegt, se löhn — liegen, dagegen anlého — anlehnen; er fräte (auch fréte) f. fragte, er sat f. sagt, Schw. er sait, gesait; er kreit f. kriegt, von kreien f. kriegen. In manchen Wörtern wird aber das g erhalten, so in jagen (neben jechen — verscheuchen), Kragen, Magen, Tagen, wagen, sie lagen. Man sagt: der Hagel, aber der Näl (Nagel, mhd. nagel und nail, nâl, engl. nail), Degen, aber der Rähn (Regen, mhd. rein u. régen, engl. rain), es rähnt (regnet), Sbg. Aehnlich am Ende: zei' 'mal f. zeig 'mal; lëë d'ch f. lege dich (mhd. er leite u. legete, ligen u. lin); da leit's f. liegt es.

3. Vor Konsonanten fällt g selten aus. so in Mahd f. Magd, Meede für Mägde (vgl. Maid, Mädchen, Mädel); incognito lautet — ingõnido.

§ 117. h verschwindet (nebst r) in dem Blumennamen Hortensie, der Attens'che ausgesprochen wird, und nach ch: in Wachholder, Eichhörnchen.

ch. Der Auslaut **ch** wird manchmal, bes. in Bspr. abgeworfen; z. B. er is § 118.
oh na nich da f. auch noch nicht; er werd hernahn glei gumm (hernach gleich
kommen); 'ais donnich wahr (doch nicht); nammiddage (ND.) oder nammitt'che
f. Nachmittag, Reistrasse f. Reichsstrasse, büschtawe, büschtewiren f. Buchstabe,
buchstabiren; Aehnliches in Sdt., Di., V., Schw. Die Deichsel heist Deistel;
dgg. ist der Deixel der Teufel.

1. Das auslautende l wird häufig stumm in mal: „gomm ma 'runter"; § 119.
wi viel ma geht's? Rh.; — eine Mauschelle f. Maulschelle. Inlautend wird
es weggelassen in Tischler (Tischer, alte Form; bei Goethe öfters).

m ist stumm in athmen, so dass dies, wie auch das Hauptwort der § 120.
Athem, — ad'n klingt; s. § 100. Aus Omnibus wird ōnibus, auch ornibus, bei
Rtr. Anibus; vgl. franz. automne gegen engl. autumn.

n.

1. Für das Négligé sagt man oft das Eglisché; man hat wohl oft ge- § 121.
hört „im grössten Negligé, in Ne*'ligé" u. dgl. und weiss nun nicht, wohin
das n gehört! Aus ähnlichem Grunde sagt man: die Esteration f. Restauration.

2. In Mitte der Wörter verstummt **n** bei Konsonantenhäufung; so: Ohnmacht, ōmächtig [was übrigens die richtige alte Form ist, mhd. âmaht, worin
â verneinende Vorsilbe ist; Luther schreibt anmacht, ammacht; Eg.: Amocht],
bölsch f. polnisch, Derbedin f. Terpentin, Bal.; lammediren f. lamentiren, fufz'n,
fufz'g, der Gummedant f. Kommandant, regummediren f. rekommandiren;
Schorsteen f. Schornstein; Bspr. die Biesen f. Binsen, ND. Biesen und Beesen;
holl. bies. — die Zeitwörter auf **nen** nach einem Konsonanten werfen das eine
n ab: rechon, zeichen, begegen, regen; s. § 203.

3. Ferner ist **n** stumm in mein, dein, sein; z. B. mei Appel, dei Disch, sei
Loschir (Logis); meine, deine, seine werden vollständig ausgesprochen, nicht
wie in SD. mei Mutter. Meinen, deinen, seinen lauten mein, dein, sein. —
Für nein waltet die alte Form nee vor; dgg. bedeutet „nein" hinein, s. § 124;
kein wird zu gee (gee Geld; Bal. kä); das Neutrum kleines kürzt man zu
glee: e glee bischen, so e glee Mädchen (nicht aber: e glee Stuhl u.s.w.): in Zusammensetzungen: Gleeschochr f. Kleinzschocher. Gänseklein, Hasenklein heisst
Gänseglee, Hasenglee. Für nun sagt man immer nu; V. — Bspr. der Weeze für
Waizen; schee, auch schie, schiene f. schön; bei zeite; 'neifalln, reigumm f.
hineinfallen, bereinkommen; drei nei schlän f. dareinschlagen, Sdt.; eigeweecht,
Eigebinge f. eingeweicht, Eingebind (Pathengeschenk).

r.

1. Ueber Esteration f. Restauration s. § 121, 1.

2. Inmitten der Wörter fällt r aus bei Konsonantenhäufung, z. B. in Kar- § 122.
zer, Quartier (Bal.); Quartal, Vorderhaus (alt); aus Garderobe, Guirlande, Scharnier, Räucherkerzchen, Parterre, Artillerie, Hortensie, Sekretair, martern, mar-
schiren, exerziren, Cremortartari wird Gaderobe (so zu lesen auf einer Firma),
Gerlande oder Galande (s. § 28), Schenier, Räuchergätzchen, Paderre, Atollerie,
Attens'che (§ 117), Sekedär oder Seckldär, mattern (auch malkern), maschiren,
exeziren, Grēmēdaddēri; Sdt. Man sagt richtig der Akkord, aber verackodiren.
Die ursprüngliche Form Burgemeister (Meister der Burg, ausgesprochen
Borgemeester, mhd. burgermeister) hat noch immer das Uebergewicht über den
„Bürgermeister". (Goethes Faust: „Nein, er gefällt mir nicht der neue Burge-
meister".) Maurer, umgelautet in Mäurer, wird zusammengezogen in Mäur,
Meir. — Bspr. unse Knechte sinn uf unsen Felde; L., V., ND.

3. Am Ende wird r verschwiegen in meh f. mehr, nämeh f noch mehr;
e hat f. er hat, der Farre f. Pfarrer; Bspr.; — ferner in Plaisir; neben Faser,
Fäserchen sagt man auch: Fase, Fäschen.

s.

Die Verbindung **Sc** oder **Sz** spricht man nur wie z: Scene, Scepter (wird § 123.
auch Zepter geschrieben).

III. Ausstossung ganzer Silben.

§ 124. 1. Zu Anfang. Hin und her werden vor Vokalen zu n und r verkürzt, wie wohl auch in Schriftdeutsch: 'nunter, 'raus! — Oben hinaus und der Name Obenaus klingen beide ohln'naus. — Mal f. einmal steht ebenfalls der Schrift nahe. — Die Grüsse „'fehl mich Ihn, 'schamster Diener, 'n Tag, 'n Abend, 'n Morgen, 'Mahlzeit“ grenzen schon mehr an die Ellipse. — Dessen wird abgekürzt zu s'n, z. B. ich habe'n.

§ 125. 2. In Mitten längerer, unbequemer Wörter; man sagt z. B. arb'tn, Gaddrstrasse (so im „Galanten Leipzig,“ 1769), Schkeiz, Linkel, (so in „Baumgarten, Flora Lipsiensis,“ 1790), Ranscher Steenweg f. arbeiten, Katharinenstrasse, Schkeuditz, Lindenthal, Ranstädter Steinweg; Borkerschdorf ist sowol Burkersdorf als Burkhardsdorf; in Bspr.: die Wärt (Eg. Wört) f. Wahrheit, Mälst f. Mahlzeit. Borsdorfer Aepfel heissen börschter Eppel, es fällt aber Niemandem ein zu sagen: der borschter Bahnhof f. der Borsdorfer. Für ordentlich sagt man orndlich. V.; — Köln: öhntlich; Ndr. Oe. ordla; Schl.: urnär f. ordinair; Sz. ortlich, Ornig f. Ordnung; engl.: ordinary vulgär gesprochen — önery; s. § 90.

Natürlich betrifft solche Verkürzung bes. längere Fremdwörter, z. B. bremerando, Mächöni, Konsatorium, Konstution, Remeration f. pränumerando, Mahagoni, Konsistorium, Konstitution, Renumeration. Nickelsgerche f. Nikolaikirche; s. dgg. § 148, 2. Sehr selten gelangt der Superintendent zu seiner vollen Entfaltung; das Volk sagt Supperdent, der feinere Mann Superindent (in einem Erlass der sächs. Regierung von 1540 heisst er: Superattendent); vgl. Operment f. auripigmentum, engl.: orpiment.

§ 126. 3. Verkürzte Endungen: a. Die Endung en an Ztwt. bleibt vor mir und wir (— m'r) oft weg : — die gefall'm'r; das drink'm'r (trinken wir); den lass'm'r sitzen. Die Endung men schmilzt zu einem blossen m zusammen; so: Säm, Exam, die Nam, äm (amen), der Daum (mhd. doum), [So in dem Kinderreime: „Das is dr Daum, der schiddlt de Flaum.“], die Flamm, die Vornehm, die Muhm, zusammnehm, reim (— reimen, räumen, reiben), dreim (— träumen, treiben). Das Omen und oben lauten wie der Ohm. — Der Riemen heisst Riem, hat aber eine besondere Mehrheit: die Rieme; der Rahmen klingt Rahm (mhd. ram, also wie Rahm (Sahne) -und wie Raben, § 62), Mehrzahl ist: die Rahm' oder Rähme. — Vgl. die Endung ben — m, § 82.; ebenso wird in Bohrer, Nagelbohrer u. s. w. das er verschluckt; — mhd. nagebor; der Stänker f. Stänkerer (s. W.-B.) — heesch, heiesch f. heiser s. § 93.

b. Einzelne Beispiele: schleesch f. schlesisch, secksch f. sächsisch, breisch f. preussisch, franseesch f. französisch (mhd. franzoisisch, franzoisch, franzois, franzisch). Die Böst, Eg., Närscht f. Bosheit, Närrischheit; Freindscht f. Freundschaft, Werkscht f. Werkstatt, Mälst f. Mahlzeit, Hochz'ch f. Hochzeit, Heemde f. Heimat, Bardlmee f. Bartholomäus s. § 43, 2 (wie Horaz, Properz u. dgl.). Das am Liliensteín in der sächsischen Schweiz liegende Dorf „Ebenheit“, wird „d' Aehmt“ genannt; ein Ort bei Roda in Thüringen „Hochstedt“ wird dort „die Huscht“ (kurz) ausgesprochen. — „Ueber 14 Tage“ klingt in Bspr. iw'r verz' Tage, genau wie engl. fortnight.

§ 127. 4. Hieran liessen sich eine Menge von Vornamen reihen, welche aus Zärtlichkeit oder Tändelei verkürzt oder verstümmelt werden. Wir begnügen uns mit einigen wenigen: Dine f. Albertine, Ernestine; Trine f. Katharine; Wine f. Alwine; Gustel f. August und Auguste; Boldchen f. Leopoldine; Deele f. Adele; Ede f. Eduard; Hede f. Hedwig; Lude f. Ludwig; Lus f. Julius; Mile f. Emilie; Male f. Amalie; Nande f. Ferdinand; Sale f. Rosalie; Liese und Wiesel f. Luise; Trudel, Traudel f. Gertraud.

E. Verlängerung der Wörter durch Zufügung von Buchstaben oder Silben.

I. Zugesetzte Vokale.

§ 128. Es handelt sich hier hauptsächlich um die Laute e und i, welche aus Bequemlichkeit oder des Nachdruckes halber oder aus anderen Gründen an ungehöriger Stelle angebracht werden. Im Vorbeigehen sei erwähnt, dass e sich in dahero, hinfüro, numehro noch einigermassen erhalten hat, wie in desto, dero. Ueber das fälschlich ausgesprochene u in Guido u. dgl. s. § 50.

§ 129. 1. e wird vorn angesetzt, der Verstärkung halber, nur in ĕso f. so, wenn es allein steht; „das musst du ĕso machen"; V. asu; dgg. „so gross, so gut u. s. w."

§ 130. 2. Wo in Mitten der Wörter mehrere Konsonanten zusammentreffen, wird entweder einer ausgestossen (s. § 122—125), oder es wird ein e als Bindemittel eingeschoben; so: Kĕrel, Kărel, Citerone, Liwerée (so auf einer Firma; im Mittelalter: Liverey, Liberey, in Rondeau). Kaperolichen, Besalm (Psalm, Bspr. Basalm); das Singenal f. Signal; — Bspr., der mhd. Form entsprechend: Krĕbĕs, Obĕst, Herbest, Eg., V.; Erbesen. So verhalten sich auch die alten Formen Gelück, geleich, Genade f. Glück, gleich; V.; mhd. gelücke, gelich, genäde. In Zusammensetzungen, wo es ja oft auch im Schriftdeutsch steht (z. B. Badeplatz, Haltestelle): — innewendig (mhd.), Mittewoche, Schinnebein (mhd.) oder Schennebein, Stoppenadel, Leinewand, Strickenadel, Gewerbeschule, Malekasten, Fragezeichen, Tagewächter, Tagereise (dgg. im Eg.: Tökwachtr; Töchrăs'), Grossemutter, Grossemagd (aber nicht: Grosseknecht, Grossevater); die Festestellung, Geradebiegung; Grasemücke, Jungemagd. — er is reeneweg närrsch (reinweg — völlig); eisekalt.

§ 131. 3. Seltner tritt hier i als Bindemittel ein: Millich (mhd. milch u. milich), Männichen, Hannichen, Aennichen, Pfännichen (ganz wie Pfennig), welliches f. welches (mhd. wëlch u. wëlich); vgl. manch u. mannigfach; ähnlich: Strapazie, Depensie (Ausgabe), welche strapazche, depangĕje klingen, skandaliös f. skandalös. Im Leipz. Tageblatt war „Tünichsand" (Tünchsand) zu verkaufen.

§ 132. 4. Ans Ende der Wörter setzt man e nach Konsonanten, um einen sanfteren Schluss zu erzielen. a) So bei wenigen Hauptwörtern: Der Soldate, die Musike, der Musikante, Husare, die Bahne, die Eisenbahne; eine Federkiele (f. der Kiel); eine Haare, eine Kanariensiee, der Vorfahre, Elefante, Leoparde, Profete, Poete, Fritze, Präsidente, Studente, Assistente, Gummandante, enne Hibbedeke (Hypothek), Stenografe, der Gammerade (Kamrad); er kam gegen Abende. Über dieses e macht sich schon der Abenteuerliche Simplicissimus (I, 8, 7) lustig, insbes. über Formen wie: der Herre, Narre, Knechte, die Magde. Ziemlich regelmässig tritt e an die sächlichen Sammelnamen mit Ge-, wie: das Gelenke, Geschenke, Geschichte, Gedärme, Geleite, Geläute, Gelärme, Geschirre, Gemüthe, Geschreie, Gewürze, Ungeschicke, — so zum Theil auch mhd. u. neu-schriftdeutsch. Wo es zwei Formen gibt oder gab, nehmen wir nur die auf e ausgehende, z. B. die Thüre, die Finke, die Quelle, der Geselle, das Bette, der Ochse, der Falke, das Hemde, der Herre, die Madămĕ, der Narre, die Herze, der Husare, Ulane, der Christe; das Kreuz (Figur u. s. w.) und das Kreuze (am Körper, in Beinkleidern). Wir unterscheiden stets: das Mensche und der Mensch. (Der Mensch hat im Dat. u. Acc. sowie im Mehrheit: Menschen; das Mensche bleibt in der Einht. unverändert u. hat die Mehrht. Menscher; auch schriftdeutsch; ND. de Minsch und dat Minsch.) Auch an Eigennamen wird das e angeflickt, aus Schwarz, Dietz, Götz, Schulz, Falk, wird Schwarze, Dietze u. s. w. Während es im übrigen Sachsen sieben Dörfer „Schönfeld" gibt, heisst das bei Leipzig liegende „Schönefeld". —
Anmerkung. Sobald Herr vor Namen oder Titel tritt, heisst es nur Herr, nicht Herre: Herr Müller, der Herr Pastor; „der Herr von Erdmannsdorf" ist Eigenname, aber „der Herre von Erdmannsdorf" ist der Besitzer des Gutes oder

ein Herr aus dem Orte. Ebenso: ich war beim Hofrathe, aber: beim Hofrath Müller.

b) Bei den Eigenschaftswörtern herrscht ein Gebrauch, der sich zum Theil aus der älteren Sprache erklärt: man hängt das e an viele einsilbige Eigenschaftswörter, an andere selten. Man sagt: „Es ist böse, müde, weise, schöne, enge, zarte (mhd. bose, müede, wise, schoene, enge — aber: zart), reine, meine, deine, seine, unsere, tolle, dicke, kühne, feile, feige, harte, nahe, ferne, süsse, stille, kühle, schwüle, leichte, träge, heile, feste, feuchte, helle, strenge; — es is recht schöne kühle heute; niche?" Man setzt dieses e aber nicht an bei: es ist hübsch, gut, dumm, klug, jung, alt, faul, fein, klein, matt, satt, roth, grün, blau, schwarz, weiss, weich, rund, fett, nett, scharf, schwer, schroff, breit, blass, fromm, klar, wahr, lahm, leer, reif, steif, stolz, tief, taub, voll, weit, zahm u. s. w. Unterscheide: er ist lang und: er ist lange, s. § 107. Das Alles soll seine sein.

Bei mehrsilbigen Eigenschaftswörtern wird das e ganz selten angesetzt, wenn der Ton auf der Endsilbe ruht: er ist alleine, bequeme, gefüge (gefügig), recht gelenke, sogar: ich bin's gewohne (gewohnt), aber nie: gewöhne f. gewöhnt; er macht sich gemeine; aber nicht bei lustig, langsam, albern, verstockt u. s. w.

c) Bei den Adverbien, welche den Adjektiven gleich lauten, gilt dasselbe; bekanntlich ist im Mhd. das e charakteristisch für das Adverb und es hat sich bei uns in vielen Formen erhalten; aber auch die Grundadverbien nehmen häufig das e an; z. B.: Geh sachte, er schreibt enge, aber dicke; geh heeme (alt f. heim); das lag mir ferne; 's wird balde Zeit; er hält feste, auch: er is schöne raus, dicke durch; sie is böse angekommen; er is schone widdr da; lauf geschwinde; wir sitzen recht enge, was willste denne (alt); er gommt zu ofte; der gömmt so leichte nich wieder; er stand dichte vor mir; Eg., es regnet sehre, er wäre heute sehre gerne drinne"; mit besonderem Nachdruck oder im Scherze: „es is Sie werklich sehre schoene". — Recht bleibt als Adjektiv unverändert: „das ist recht"; als Adverb nimmt es Flexionen an: eine rechte gute Madame; rechte schöne Bilder; ein rechter guter Mann, so auch wol: ein sehrer guter Herre; Brl. Ganz unvermeidlich ist das e an den als Bestimmung gebrauchten Participien: es ist gedrängte voll, gedrückte voll, gepfropfte voll, gerappelte voll (in einem Zimmer); das Fass war gehäufte voll, geschwepperte voll; in Th.: gekeilte voll, gepommerte voll.

d) Den Zahlen 2, 3, 4, 5, 6, 8, 9, 10, 11, 12 wird das e angehängt, wenn sie allein stehen; „es ist um zweie (zweie noch bei Dichtern); halb dreie, er kam Punkte viere; wenn nur erst emal die elfe 'ran wäre; V. Da begreift sich der berühmte Rebus: 8 3 — achte Treue! Man sagt aber „zwee Mark, drei Herren u. s. w. — 7 heisst siem, Bapr. siem'ne, auch semm'ne (alleinstehend).

e) An einsilbige Zeitwörter kommt das e selten: „Ich habe viel zu thune; hier gab's was zu sehne"; Th. Die alten Formen „ich ritte, ich sahe" hört man noch mitunter.

f) Mit Bewusstsein, um nachdrücklich zu reden, hängt man das e in verschiedenen Fällen an; z. B. unterscheidet man so: ich und iche, mich und miche, dich und diche, sich und siche, was und wasse, doch und doche, denn und denne, d'ran und d'rane. — Man sagt: „es kam ganz nach un nache", um eben das Langsame, Sanfte auszudrücken, ungefähr wie: „balde schlummerst du auch".

g) Bei dieser grossen Vorliebe für das e ist es natürlich, dass es überall, wo es als Biegungslaut dient, gern beibehalten wird, also im Dativ. Dadurch wird dem Uebelstande abgeholfen, dass der Dativ weder am Artikel noch an einem Eigenschaftsworte zu erkennen ist, da man für dem nur 'n sagt, f. einem nur e, und das m des Dativ überall zu n abschleift. Man wird nie sagen: im Haus, im Nest, im Bett, im Loch, am Thor, nach Geld, sondern: „in Hause, in Neste, in Bette, in Loche, an Thore, nach Gelde; so auch: im (in) Aprille, im März, im Maie; ich sprach mit dem Fisikusse vom Spiritusse; zum Dée (Thee); beim Káffee; in dem Etuie; von dem Echoe; von a Gakedue (Kakadu); ich fuhr den Sack uff e Schubkarne; es stund am Grane (Graben); hâst du mit Jemande d'rvon geredt? (Bapr.) Ich bin noch bei Niemande gewesen; bei Nachte; er lud uns zu heut Abende ein; es steht auf dem Firmae; es liegt am Loschîe

(oder am Loschire — Logis); man schreibt es mit dem Cĕĕ, nicht mit dem Zette;
de beeden Bĕĕ; mit deinem ewigen Ohŏĕ richtest du nischt aus; er war uf
den Birŏĕ (Bureau); mit so e Filoue; im Niveaue, neben' Perronge (dem Perron);
im Hotelle (aber nicht: im Hotelle de Prusse). So behandelt die Bspr. auch
viele Eigennamen: ich war bei Herrmanne, bei Koche, bei Schmidte, bei Albrechte.
Ueber das e im Plural s. § 182, 1.

II. Zugesetzte Konsonanten.

a. Hauchlaute:

h.

h wird nur selten einem Worte vorgesetzt, bes. in Bspr.: h'rsaufen (neben: §133
d'rsaufn), Hedexe (Bsl. das Heudäxli), hadjē, hir Diener, Hulane f. ersaufen,
Eidechse, adieu, Ihr Diener, Ulan; so auch hĕ, hä f. er; L., V.; Holl. herinneren
— erinnern. Vgl. § 138. So ist heischen aus mhd. eiscòn, eischen entstanden,
wohl durch Einfluss von heissen. (ND. eschen, holl. eischen, schwed. äska, dän.
æske, engl. to ask). So bildet die Bspr. ein Zeitwort „heizen" für „ei ei
machen" (von Kinderliebkosungen). Vgl. auch ekel und heikel. — Manchmal
wird h zwischen zwei Vokale eingeschoben, z. B. Michehele f. Michaeli.

ch.

1. Zwischen zwei Vokale eingeschoben (s. § 30, 6.): Nabŏlichŏn f. Napoleon, § 134.
Fickdrichol f. Vitriol; Baggelärichus, Baggelärichs, f. Baccalaureus; die Viecher,
Mehrheit von Vieh; rěchēl f. reell; sie schriechen f. schrien.
2. Nach einem Konsonanten vor der Endung eingeflickt: Wanzche, Balans'che,
Pommeranzche, Spaz'ch (f. Spaz); Warzche (Ho. Wortje), Strawaz'che f. Strapaze,
einmarchiniren f. mariniren; Bspr. Pappliche, Berchemidde f. Pappel, Pyramide;
so auch volgends, vulgends f. vollends.
3. Zwischen zwei Wörter nur bei: mitch'r f. mit ihr; „ich bin mitch'er hin-
gegangen."

k oder g.

1. In der Mitte eingeflickt: Fickdriol oder Fickdrichol, s. § 134, 1. § 135.
2. Am Ende nach Vokalen angesetzt: der Flok f. Floh, Hi.; dgg. sagt man
ich flŏk f. flog; der Schük f. Schuh, davon: Schükelchen (vgl. das Zeitw. zekeln
von Zehe); das Geschücke f. Schuhwerk; schreik nich so! Freik dich! Gehk;
duck's weck — thu es weg; er schriek; ich sak es; das seeke ich schon (f. sähe),
P., Rl., Eg., Schl. In der Mehrheit heisst es dann: sie schrieken oder schriechen,
sie säken oder sächen; s. 134, 1; ND.: ik seeg, wi seegen. — Hinkbeere
s. § 102.

b. Lippenlaute.

b, w.

1. Das w wird zwischen zwei Vokalen eingeschoben, um deren Zusammen- § 136.
stoss zu beseitigen: die Küwe f. Kühe (ahd. chuowi, mhd. Küewe, im „Strassburger Räthselbuch" v. 1505: eine Küw, die Kuwzunge, engl. cow), das Küwichen
— kleine Kuh; Menuwett, Rtr.; Januwar, (in Po. auch: Fewerwari f. Februar),
Aktuwar, Droddewarsch (Trottoirs), Kasewar, Jesuwite, Alowe od. Alewe — Aloe;
Luwwi f. Louis; Luwise, Löwise (Rtr.), Lawise (Bspr.) f. Luise, s. § 39. — Bspr.:
die Ziwe f. Zehe. Vgl. noch mhd. rnowe, Reue, (in den „Hamborger Scholge-
setzen" v. 1537: gerüwen f. gereuen) Kliwe, Kleie; Krawe, Krähe; kniewen,
knien u. s. w.; im „Strassb. Räthselbuch": unriebig — unrüwig f. unruhig,
Auwer f. Uhr.

§ 137.   2. **b** am Ende nach **m** angesetzt: ich kamb, er nahmb, nimmb es, er schwumb f. schwamm; Hl. — In Wn.: das Lambl f. Lämmchen, engl. lamb, Kammbl f. Kamm, engl. comb. In alter Sprache: herumb, Reichthumb; mhd. tum, tumb, tump, dumm, umb, ump, umbe, ûmbe neben um; warumb, nimb, Wambs. — Bei Schandau hörte ich den Röthelweih „das Rüttelweib" nennen. — **b** od. **p** in der Mitte: der Stumpel, deutet zugleich auf „der Stumpf" (neben Stummel); mhd. Adj. stumbel.

c. Zahn- und Zungen-Laute.

d, t.

§ 138.   1. **d** wird Wörtern mit der Vorsilbe **er** manchmal vorgesetzt: ich will dir was drzeelen (erzählen, seltner verzählen, wie in Str., Pf.); ich kann es kaum d'rmachen (zu Stande bringen); er is hier d'rzogen; er kann se nich d'rsehen; er hat sich d'rhängt; die wär'n drfrieren; das kann m'r doch kaum d'rbeissen; d'rsoffen; d'rstechen. Eg., Th., Schl. Hb., Ti., Str., V.; vgl. § 133 u. s. Grimm II, 1011. Aehnlich erklärt sich das Versehen: „der Saal war zum Erbrechen voll f. „zum Brechen." — Aus dem Fürworte der zweiten Person, ihr, wird häufig „d'r" (Bsl. dir): macht, was d'r wollt, wenn d'r uf mich nich hört; d'r sidd nich bei Droste; s. § 190.

§ 139.   2. **d** oder **t** treten oft in Mitten der Wörter vor Endungen (das Gegentheil s. § 115, 2); z. B. rendlich f. reinlich, Rtr. Eg; das Begräbdniss, Erlebtniss, die Döfde f. Taufe (mhd. toufät), Geheimderath, vordhin (oder vordhind, vorhint, vorhins, vorhins'chen) f. vorhin; der jetsigte, der damaligte, der vorigte, das ihrigte, seltner der meinigte; eigends f. eigens; der nämlichte, der selbigte, derjenigte (mit besonderem Nachdruck); zweibeinigte Thiere; rusterig f. russig; das is noch theuerter; das wär noch schönder (schöner); namentlich nach **s** und **z**: der Meistel, die Mauster, das Kasterol, die Arztenei; Fudderasche f. Fourage; — Bspr.: Die Drustel f. Drossel; die Deistel f. Deichsel (§ 118), in die Höchde heben, Di. Auch der Desteldatör f. Destillateur. So entsteht Hinterblind aus Hühnerblind (s. d.) In der Sz: der einte oder andre; vgl. „anderthalb"; — dän. erindre = erinnern. Ueber „die Dickde" u. dgl s. § 157, 3.*)

§ 140.   3. **d** oder **t** am Ende angesetzt: vorhind (§ 139), mittend, schond (V., Schl. schünd), hernachend, d'rvond f. davon; das ist ganz eegend, eigend; ebend, s. § 19; überall, anderscht f. anders, Schl. (mhd. anderst); der Koffert (Rtr.), der Rust, das Erzt, Eg., das Harzt, der Löft (der Flinte), die Leefte (des Hasen), Eg., mhd. louf u. louft; Goethe, Faust: „in jenen Schreckensläuften"; — zwart, ringsdrum f. rings herum; verliebt nehmen f. vorlieb; bes. nach der Endung **ig** oder **ich** wird **t** angeflickt, der Teppicht oder Dêwicht, lumpigt, fleckigt, dreckigt, länglicht, grünlicht. — Auf gleiche Weise ist entstanden: Niemand, Jemand von Mann, Mond von môn, Mailand von Milano; weitläuftig steht neben weitläufig; — s. noch **st**, § 142.

s.

§ 141.   1. Als Bindemittel wird **s** oft in Zusammensetzungen eingefügt: Zwirnsfaden, Zaunskönig, Zaunspfahl, Nebensgeselle, Rh.; Blümchenskaffee, seelensvergnügt, seelensgut (wie herzensgut), Schafskopp (wie Kalbskopf u. s. w.), Springsbrunnen, Gesundsbrunnen, meintswegen, Sparschbüchse, Hemdsärmel, die Stumsdiere f. Stubenthüre; Schnörksel f. Schnörkel; so auch: auswärtsige Zeitungen; s. noch die Wortbildungen mit **s** § 164.

2. Angeflickt wird **s** an einigen Wörtern: der Korks, der Korkszieher, korksen (f. stöpseln, zu lesen in der Hildburghauser Dorfzeitung), das Marks, die Rindsmarkspomade, vorhins (§ 139), hernachens u. s. w. Für statt wird immer

---

*) Ueber die Form Liebden sagt Niklas von Wyle (1478): „Item vnd als die fürsten vnser landen bisher pflegen haben ain andern seschryben vnd noch des mehren taile tunt, vwr lieb. heben yets etlich schriber an flemisch dar für seschriben ûwer liebde." (Holl. ist die Liebe = liefde.)

nur statts gesagt; Schl., Ob.-Oe.; (statts den Appel, statts mir, statts Gelde);
s. noch § 161.

3. An einige auf Konsonanten endigende Bindewörter wird s angesetzt,
aber nur, wenn du darauf folgt: Wenns du willst, so auch im „Messing" von
ND.: wenns ich die Wahrheit sprechen soll; (aber nicht: wenns ich will, wenns
er will, wenns wir wollen u. s. w.); weils du dumm bist; obs du gehst; warums
de n'r das thust; seits de hier bist; auch: wie's de nur so fragen kannst! wie's
de nu widdr aussieht! wo's de m'r das nimmst! — Aehnlich in Holtei's schlesi-
schen Gedichten: „Nus du todt bist"; vgl. engl. while, whilst, amid, amidst,
among, amongst, again, against; franz. entre quatre-z-yeux; s. auch § 225.

st wird in ähnlicher Weise angeflickt, namentlich an Partikeln, z. B. zwarst, § 142.
auch zwart, aberst (ND.), schonst, auch schont; neulichst neben neulich, aber
ganz besonders da neulichst, gewissermassen als Superlativ.

sch wird manchen mit Schmelzlauten beginnenden Wörtern vorgesetzt: so § 143.
sagt man: Mäsche und Schmasche (Bspr. Schmarsche) f. Mäsche, lawern und
schlawern, wippen und schwippen, Lottich und Schlottich, loddrich und schlot-
trich, nippernäppsch und schnippernäppsch, lecken und schlecken, Uhu u. Schuhu,
lumpen und schlumpen, Wamse und Schwumse; hochdtsch.: ahnen u. schwanen.
wanken und schwanken, wallen u. Schwall, weben u. schweben, Malz u. schmelzen
($\mu\epsilon\lambda\delta\epsilon\iota\nu$, to melt); — Schwinge, wing; schwingen, to winnow; schwabbeln, to
wabble, schwach, weak; Schwiele, weal.

d. Schmelzlaute.

l in der Mitte eingesetzt: die Plumpe (s. W.-B.), Eklipasche f. Equipage, § 144.
Flederwisch f. Federwisch (Anlehnung an flattern, wie in Fledermaus), ähnlich
in Flittich (f. Fittig, mit Anlehnung an Flügel: 1) Vogelflügel, 2) Rockschoss);
Schlampatjer (Anlehnung an schlampen = schwelgen). — Bspr.: Sägelspäne f.
Sägespäne; als Bindemittel in Krümelchen (wie l in Heidelbeere, Büchelchen,
Bächelchen); ähnlich: schrumpeln f. schrumpfen; drängeln f. drängen, das Ge-
drängele; umringeln, wie umzingeln. — Am Ende angeflickt wird es immer in
Scherbel (f. Scherbe), Blumenscherbel (Blumentopf).

m in Fremdwörtern eingesetzt: Bambuschen f. Babuschen, ND. Pampuschen; § 145.
Barmemeter f. Barometer, Lumpiue f. Lupine, amparte f. aparte, Noth am Beene
f. Nota bene! Bermemidde f. Pyramide (bes. für eine Art künstlicher Christbäume).

1. n in der Mitte, zur Verstärkung des Wortkörpers eingeflickt: eine Drune § 146.
f. Truhe, sich munkiren f. moquiren (Mb. monkiren), kunjeniren f. kujoniren,
rungeniren f. ruiniren; der Todte wurde zensirt f. secirt; Konkarde, Kunkarde
f. Kokarde, Zindadelle f. Citadelle, Sankristei f. Sakristei (man denkt an Sankt),
der Neffschandeller Käse (Brl.) f. Neufchateller; eine Jalusine f. Jalousie; ihrent-
wegen, meinentwegen, eurentwegen; unterwegens (bei Rollenhagen); profenzeien.
Mb. Importenirt f. importirt nach Aehnlichkeit von impertinent; spendiren f.
spediren; Rundine f. Routine (manchmal mit Bewusstsein gesagt: „Er hat viel
Rundine, weil er sich viel in der Runde, um die Stadt, bewegt.) — In einigen
Fremdwörtern steht en f. u: Debendat, Depentation, repentirlich f. Deputat,
Deputation, reputirlich. — Ueber die Einsetzung von en f. l s. § 29.

Als Bindemittel dient m in: rosane, lilane Bänder f. rosa, lila; die Augen-
braune, Mehrheit: Augenbraunen f. Augenbrauen, Sz., Todtenangst f. Todesangst.

2. n am Ende angeflickt: etwan (daher etwanig); vor du, Sie und wir
sagt man obb'n statt ob: „ich wollte sehen, obb'n Se gegessen hätten; obb'n
m'rn wohl kriegen" (ob wir ihn wohl bekommen); obb'n de weg gehst! (gewöhnlicher „ob's de", § 141, 3.) — Das is zuviel, wass'n Sie da verzehren;
s. § 148. — Ganz vereinzelt steht die sonderbare dritte Person schadd'n f.
schadet: — das schadd'n niecht; du denkst wohl, das schadd'n? wobei nicht
etwa an 'n für ihn zu denken ist.

r ein- oder angesetzt: Scharlottenzwiefel f. Schalottenzwiebel (was aus allium § 147.
scalonicum „verdeutscht" ist); Pasternaten f. Pastinaken, Partaschier f. Passa-

gier, obsternat f. obstinat, Kartun (polnische Form), kartholisch, L., Karnalien-vogel (Rtr.), Karnaille, auch Kurnaille f. Kanaille, ND., degradiren f. dekatiren, auch wol f. dekretiren; das Loschier, das Loschierichen. — Für zuerst hört man oft zur Erst, wo dann erst substantivisch genommen ist, wie letzt in: zu guter Letzt! — „Mit Strumpf (st. Stumpf) und Stiel"; schon mhd. steht strumpf f. stumpf.

Erhalten hat sich das alte r (von dar, engl. there) in dervor, dermit, der-gegen, derhinter, derbei, dervon, derzu u. s. w., wie im Dän., Schwed., Holl. —

III. Zugesetzte Silben.

§ 148. 1. Vorgesetzte Silben. Vor Fremdwörter wird oft noch eine anheimelnde deutsche Vorsilbe gesetzt, z. B. verassekriren, versebastiren f. assekuriren, sub-hastiren; veralimentiren, verästimiren, ND., SD., veranimiren, veridealisiren, verdeffendiren (Ukermark, von défendre), verdemonstriren; Eg.; es verrentirt sich nicht.

Besonders gern setzt man die Vorsilbe ge vor Partizipien von Fremd-wörtern: gebroschirt, gekartonnirt, gerebellirt, gekorrigirt, geraisonnirt, geinteres-sirt, geamisirt, geexercirt, geduellirt, gedeklinirt, getournirt, gemarschirt, her-gedeklamirt, vorgedemonstrirt, eingemarchinirt f. marinirt, eingebalsamirt; das Bier hat recht gemussirt; es hat sich nich gerentirt, sogar: geverinteressirt; auch: sie haben sich geempört!

2. Eingeflickte Silben. Für deswegen sagt man dessertwegen, des-sentwegen, desderwegen, desterwegen, desdewegen; ebenso: diesert-wegen, desserthalben, dessenthalben (wie meinetwegen); — speditiren f. spediren (von Spediteur); kostenspielig (erinnert an die Kosten); der Ellen-bogen, auch Ellebogen; das Strumpenband, ND.; die Messenszeit f. Messzeit. Für Thomaskirchhof sagt man Domassrgerchhof, lässt aber Thomas in Thomas-kirche, Thomasgässchen unverlängert (s. das Gegentheil „Nickelsgerche, Gadder-strasse in § 125). — Bei Verkleinerungswörtern wird die Mehrheitsendung er vor die Nachsilbe eben gesetzt: die Häuserchen, Männerchen, Kinderchen, Bl.; zum Theil schriftdeutsch. — So unterscheidet man klar: die Eierchen (kleine Eier) und die Eichen (Bäume). Bspr. die vieligen Maikäfer f. vielen.

3. Angeflickte Silben. a) an deutsche Wörter: sonsten, dorten, unter-wegens, s. § 146, 1, 2; deshalben, weshalben (V. worholm); ebenso: hernachens, Bspr. hernahnste; vorhinschen (§ 139). — Zur Verstärkung setzt man ig oder lebt an, bes. an manche Adjektive und Partizipien: mattig, glattig, eine ver-dammtiche Geschichte, der verrücktiche Kerl, der verfluchtige Hund, eine infa-migte Lüge; Th.; ähnlich: die Benehmige oder Benehmigung f. das Benehmen; der Spazich oder Spaz'ch f. Spaz; die Pappliche f. Pappel.
b) An Fremdwörter: Vicholiche f. Viole (Blume), bigottsch (bigott), ein miserabliger Kerl (Bsl.), ein liberalscher Mann.
c) Scherzhafter Weise sagt man: „Fisionomasche" (gebildet aus Physiognomie und Visage), spazificiren, rettigen, warnigen (Bsl., Eg.), kuhlbaftig, sofortio.

F. Verschiebung des Tones.

§ 149. 1. Mitunter bekommt ein Wort dadurch eine andere Gestalt, dass eine falsche Silbe betont, eine kurze verlängert, eine lange verkürzt wird; s. schon § 12, 13 und unter den einzelnen Vokalen. Beispiele: Bureau, Bazar, Cacao, Papa, Mama, Poppo bekommen den Ton auf der ersten Silbe: biéro, bázer, gágau u. s. w. Kolibri wird zu gollíbri; Pauline und Emilie werden, bes. beim kräftigen Rufen, auf der ersten Silbe betont. Die „Kompagnie" wird richtig betont, bei Firmen aber, wie „Becker & Co." betont man die erste Silbe von Kompagnie. Die Fremdwörter auf ik ziehen den Ton nach französischer Art auf die Endung (wie Politik), z. B. Botanik. Die Mechānik ist die Wissen-schaft, aber eine Mechánik ist eine mechanische Vorrichtung an irgend Etwas.

— Auch die Wörter auf **iker** nehmen den Ton aufs **i**: Botaniker, Mechaniker, Logiker, Statistiker, Mathematiker. **Rīcīnusöl** f. Rīcīnusöl. Aus **Spital** machen wir zwei Wörter: Spitāl ist das Krankenhaus, Spittel das Stift für Alte. — **Altan** und **Altar** werden nie am Ende betont; in **Norwegen, Weihnachten** hört man mitunter die zweite Silbe betonen, in allgemein die erste. Man spricht: Sédang häufiger als Sedán; in **Grammatik** wird bald die erste, bald die zweite, bald die letzte Silbe betont.

G. Umdeutschung unverstandener Wörter.

(Volksetymologie.)

1. Je weniger ein Deutscher mit dem Reichthume seiner Muttersprache vertraut ist, desto mehr liebt er es, mit Fremdwörtern um sich zu werfen; so nicht blos der „gebildete Hausknecht", dem „so ein bischen Französisch wunderschön" klingt, so auch der Zopfgelehrte, dem es noch als Wahrheit gilt: „Ein Wörtlein Latein ziert den Mann", so auch so mancher Tagesschriftsteller und Zeitungsschreiber, dem das Fremdwort bequemer ist als das deutsche und dessen Kauderwelsch dann in der That den bedauernswerthen Leser zum Ankauf eines Fremdwörterbuches nötbigt. Am ersten ist noch der Ungebildete zu entschuldigen, der sich durch Verwendung von fremden Flicken einen Anstrich geben will*), sich dabei freilich auch oft genug bloss stellt, so dass die Misshandlung, die er seiner Muttersprache gedankenlos anthut, sich an ihm selbst rächt. Wir hörten z. B. bei öffentlichen Sitzungen: „Wir wollen nicht blos zur Folio dienen; ich gebe nicht spezifisch auf die Sache ein (f. speziell); wir waren in corpōrua da; er hat es verbotene geschrieben (f. verbotenus)." Sehr häufig wird gesagt: Ich bin nicht so interessant f. interessirt, eigennützig; — es gehört nicht in diese Kategorīē (gesprochen wie Cichorie). Man wird zuverlässig tausend Mal hören: egal, eschaffiren, Etage, estemiren, Pläsir, amisiren, annichiren (ennuyer), Logis, Etage, Entresol, partout, Kurasche, kuraschirt, Forsche, Krawall, Krakehl, Skandal, Krambol und dergleichen Zeug, ehe man ein Mal das deutsche Wort dafür vernimmt!

Oft genug fühlt der Redende auch das Bedürfniss, das oft gehörte, oft nachgesagte Wort seinem eigenen Verständniss näher zu bringen — er legt daher eine Deutung hinein, wie sie dem Kreise seines Wortreichthums eben entspricht; er lehnt das Unbekannte an das Bekannte an und erzeugt so eine neue Form, bei welcher er sich, wenigstens nach seiner Art, Etwas denken kann. Ein Mann im Eg., dem ich den Namen lycopodium nannte, erwiderte sehr geistesgegenwärtig: „Na freilich, griechisch heisst lyc das Gewächs, o podium, am Boden 'rum!" — Aehnliches hat ja die Schriftsprache mit einer ganzen Anzahl von Wortformen gethan; so Sündfluth satt Sintfluth (grosse, lange Fluth), Lewerstock oder Liebstöckel aus levisticum gebildet, was seinerseits wieder ans libysticum entstanden ist! Maulwurf statt Mullwurf (s. Melmte im W.-B.), so bei Schlittschuh (abd. scritescnoh), Polier, Vielfrass, Friedhof; aus Moslemin werden Muselmanen u. Muselmänner, zu denen sich wohl noch die Muselweiber gesellen werden! (Diese „Anlehnung, Umbildung, Zurechtlegung, Umdeutung, Umdeutschung" hat K. G. Andresen kürzlich zum Gegenstande einer besonderen, höchst anziehenden Schrift gemacht: „Ueber deutsche Volksetymologie", 2. Aufl., Heilbronn, Henninger).

---

*) Bis vor wenigen Jahren war das Billardspiel mit fünf Bällen (Karoline) Mode, und dabei zählte man regelmässig französisch, etwa in folgender Art: „eng, de, dröa, gaddr, säng, sice, sett, witt, neff, dies; — 14 hiess gardors, 21 veng ün, 31 drang ün; 3 zu 18: dröa a wengwitt. Davon ging sogar die Redensart aus „mit dem siebts garangiett (47)", — er ist dem Untergange nahe! Bald nach Einführung des jetzigen Carambolagespiels hat das aufgehört. Ebenso sind einzelne Fremdwörter aus der Mode gekommen — die Mode ist ja das Einzige, was in solchen Dingen entscheidet. Madame, Mademoiselle s. B. sind zurückgetreten, ersteres wird bei Namen gar nicht mehr gesetzt, leisteres, in der Form von „Mamsell" nur für eine dienstliche Stellung verwendet, während der Monsieur (= Musje) noch weiter heruntergekommen ist. — Für Droguenhandlung kommt das längst im Volksmunde übliche, sonst aber verachtete, „Kräutergewölbe" jetzt zu Ehren.

§ 150.

§ 151. 2. Einzelne Beispiele der **Umdeutschung** aus unserer Gegend: Peteröl, auch Petroöl u. Petroleum, f. Petroleum (wie Petersilie von petroselinum); die Oellumination f. Illumination; spanischer (f.- panischer) Schrecken (in vielen Gegenden); ungewandter Napulium (auch blauer Umwand) f. unguentum neapolitanum; Ochsenkreuzpflaster, auch Rekrutenpflaster f. emplastrum oxycroceum; Archebussade f. Arquebusade; flüchtiges Element f. flüchtiges Liniment (hier muss das bekannte Fremdwort für das unbekanntere eintreten); Rosemarie f. Rosmarin; Berne blank und Berne gries f. beurré blanc und beurré gris; Eberreis v. Abrotanum, s. W.-B.; Blankscheit f. planchette; die Bandomine f. Pantomime (wobei man an Miene denkt), Malast (an Last angelehnt) f. Molestia, mordsakriren und mordialsch, morzialisch, f. massakriren und martialisch; futtraschiren f. fouragiren (so im Liede „Prinz Eugen"); vermoat f. famos; ein Brüllade f. Prälat („schreien wie ein Brüllade"); Tränksoldat f. Trainsoldat (scherzweise: „er dient beim schweren Getränk"); rattenkahl f. radikal; reenefiren, auch sogar reinefiren ausgesprochen, steht f. renoviren und bedeutet rein machen; eine gerupfte Idee (corrupte); bekannter Geschmack f. pikanter; respektive zu melden f. mit Respekt zu sagen; er that es nur privatum; das ist nicht stylum; Stillenzium f. Silencium, stande Beene f. stante Pede, der Kuhfist f. Bovist (auch Bufist, in L.: Bumfuss); das Rundtheil f. Rundeel (holl. Rondeel), eingal f. egal, die Wolke schlagen f. Volte; ich hatte geene Magneten f. Moneten; ich habe es in der delikaten Essenhandlung gekauft; es passt mir nicht in meine Dibbeldabbeldur (f. Tabulatur, Eg.; Erinnerung an die Meistersänger). Aus dem polnischen Wort pomale (langsam, zögernd, Schl. pomale, L. pomalig) wird pomadig, f. poil de chèvre (Zeug) sagt man „bald e Schäfer", f. Godwie Castle (Roman): Gott, wie köstlich! Die Hochzeit von Cana wird zu einer Hochzeit von Canaan (weil das Land bekannter ist als das Städtchen). Die Bauern sagen: „das ist Pastorart" und meinen „er ist ein Bastard"! Die Hyazinthen verkürzt man in Zinken (Bsl. Zinggli). Irritiren wird sehr oft f. irre machen, beirren gebraucht, nicht blos von Landleuten, sondern z. B. auch in der Kreuzzeitung, den Leipz. Nachrichten und in der Kölnischen Zeitung! Man sieht geschrieben und gedruckt „er gibt sich ein rechtes Er" (f. air), und ein Leipziger Kaufmann, der jedenfalls von gleicher Schreibweise ausging, vorsicherte einst: „Mein 15jähriger Sohn gibt sich schon ein rechtes Ich". — Vor langen Jahren hiess der Besitzer eines Gutes bei Leipzig Agricola, — das Volk nannte ihn schlechtweg Krikelkrakel; ein Leipziger Grundstück heisst nach seinem ehemaligen Besitzer Scipio „Schippchens Gut"! Kinder nennen jeden Hund Bello, weil er bellt. — In engagiren hält man die erste Silbe für die Vorsilbe an, und spricht daher z. B.: „er scheint Niemanden anzugagiren". — Der Unsitte, alle möglichen Fremdwörter oder selbst Wörter, die fremdartig ausschauen, gleichviel welches Stammes sie sind, nach französischer Art auszusprechen, fallen verschiedene Opfer; man spricht z. B. Befsteck, Rossbef, Congför (statt Comfort'; nong possumus; wer in einer Apotheke „Göldkräm" verlangt, wird leichter verstanden, als wenn er Cöld Cream fordert; bei richtiger Aussprache des englischen Wortes wird man wol gar von einem Naseweis „gorrischirt". Wir geben noch einige Beispiele, wie auch deutsche Wörter durch Missverstand umgestaltet werden. — Für Hagebutten, Hagebuche sagt man Hahnebutten, Hahnebuche, Hambuche, weil das Wort Hag nicht mehr im Volke lebt. — Aus Kolkrabe wird fasslicher: Goldrabe. — Das Rothkehlchen verzärtelt man zu einem Rothkäthchen und ruft es dann: Käthchen. Da der Rohrsperling bei uns nicht mehr vorkommt, sagt man „er schimpft wie ein roher Sperling! „Pommer haben" (Glück im Spiele haben) wird umgestaltet in „Brummer haben". — Das Wort Kai erkennt man nicht als deutsches, französirt es zu Quai u. spricht: kä, gä, keh, geh; die Kaistrasse wird so einfach zu einer Gehstrasse! — Eine verkehrt gelehrte Umdeutung bietet der Name der Theklakirche (1 Stunde nordöstlich von Leipzig); er ist verdorben aus Tegeln, einem ehemaligen Dorfe; in alten Urkunden heisst die Kirche „zur hohen Digen, auch Hohentigel" und im Volksmunde noch heut Tigelkirche.

H. Sammlung besonders auffälliger Beispiele,

zum Theil aus der Bauernsprache.

Mundart.	Richtig.
Abschkor't, abaelfiren, Addannemie, Addensje, Addolleriste, Aehbern, agräde, Ahmdeir, Alberts'n, Ang-gumft.	absurd, observiren, Anatomie, Hortensie, Artillerist, Erdbirnen, accurat, Abenteuer, Albrechtsbain, Ankunft.
Badrolle, Bangenétter, barbs, Bardelmee, Bärschibbe, Bardaschir, Basseldant, Basternade, Beiatz, Beöniche, Bówel, Berchemidde, Biddlink, Bidderzilche, blimmerant, Borberréde, Börster, Bosendur, Breidchen, brissiddchenheess, Buden'niche, Buldrichan, Bullansje, buschdewiren, Biwett.	Patrouille, Bayonnette, barfuss, Bartholomäus, Pairschübe, Passagier, passe-temps, Pastinake, Bajazzo, Päonie, Pöbel, Pyramide, Pökling, Petersilie, bleu mourant, Purpurröthe, Borsdorfer, Positur, Bräutigam, brühsiedendheiss, Päonie, Baldrian, Balance, buchstabiren, Büffet.
Dawledo, deir, Deistl, Dewicht, Donggischott, Dong Schuang, Dowach.	Table d'hôte, theuer, Deichsel, Teppich, Don Quixote, Don Juan, Tabak.
Eebillet, éfellch, Effegélichen, eikel, erbe,	Epaulette, einfältig, Evangelium, eitel, ehrbar.
Fenk, Ferlebock, Ferns, Fersche, Forscht, franséech.	Pfennig, Fernambuk, Firniss, Pfirsich, First, französisch.
Gabberolichen, Gaddegissn, Gadderstrasse, Gägau, Galande, Galch, Galfünichen, Gandíder, Gerbsgerne, er gimmt, Gorgémé, Göweld, Gremedadderie, Gummērsch, gunterher.	Kapriolen, Katechismus, Katharinenstrasse, Kakao, Guirlande, Kalk, Kolophonium, Konditor, Kürbisskerne, er kommt, Kurkumae, Kobold, Cremor tartari, Commerce, contraire.
Heemde, Heersche, heesch, Hemmeridden, hiem, Huchz'ch.	Heimat, Hirse, heiser, Hämorrhoiden, hüben, Hochzeit.
Illent, Indefīdchen, ingōnido, Inselt.	Inlet, Individuum, incognito, Unschlitt.
Linkel, Lumpine.	Lindenthal, Lupine.
Mächōnĭ, Margliewrich, Meier, Mertenzernchen, Mule, munkiren.	Mahagoni, Markkleeberg, Maurer, Martinsbörnchen, Mulde, mokiren.
Nerm, Niggelsgerche, Nilge.	Nerv, Nikolaikirche, Lilie.
Orndlich.	ordentlich.
Ränscher Sténweg, raddenkahl, Refermande, regummediren, resseniren, rungeniren.	Ranstädter Steinweg, radikal, Reprimande, rekommandiren, raisonniren, ruiniren.
Salfēte, Scharschebri, Schenir, Schierscht, Schismi, Sebaste, Sperrfektif, sprangelweit, stächeniren, stiwied, storpeln, Stummsdiero.	Serviette, serge de Brie, Scharnier, Schönerstädt, Jasmin, Subhastation, Perspectiv, sperrangelweit, stagniren, stupid, stolpern, Stubenthür.
Ummesist.	umsonst.
Vulgends — vult.	vollends.
Werkscht, Wermde, Wulx.	Werkstatt, Wermuth, Wolkwitz.
Zwēmersch.	Zweenfurth.

Gleichlautende Wörter:

§ 153.   Daumen, Dauben, Tauben (Vögel) — daum; aber die Tauben — Nichthören-
den sind die Döm (Döben), also — toben. — Dornen, Dorn und turnen — dorn.
— Därme und Thürme — därme. — drüben, (im) Trüben, (sie) trieben — driem';
— geben, gäben, kämen — gêm; morgen gêm'r — morgen gehen wir od. käme
er. — Geländer, Kalender — galender. Die Geïte, es gelte, es gellte, es gölte,
die Kälte; — Gram, Kram, Graben, kramen — gram'. — Gréte ist — Gräte,
Kröte, Grete. Lém — Lehm, Löwen, dagg. leben — lében, lähmen. — Rüben,
rühmen, Riemen, sie rieben — riem'. Wirthin, Würden, würden, wird ihn —
werd'n: — Die Wärdn wird'n schon zu kriechen wissen (die Wirthin wird ihn
kriegen), wenn er glei in Amt un Wärden steht; dgg. heisst werden: wär'n.
     ihm, ihn, ihnen, den, denen klingen im Zusammenhang, wenn sie nicht be-
tont sind — 'n; dgg. lautet dehnen — dähn.

Zusammenziehungen im Satz:

§ 154.   Wemm'r'ach f. wenn wir es oder: wenn man es; hamms's f. haben sie es;
hammer'ach f. haben wir es; habd'r'ach, Bspr. hadd'r'ach, f..habt ihr es; was'ch'r
säte f. was ich ihr sagte; wennd'rach'r no nich niewer geschickt habbt — wenn
ihr es ihr noch nicht hinübergeschickt habt; wo simm'r'n gewest — wo sind
wir denn gewesen? herrschd's'n oh — hörst du es denn auch? wieviel is'n —
ist es denn?

Zweiter Abschnitt.

Wörterbildung.

Vorbemerkung.

1. Es ist zu unterscheiden zwischen feststehenden, allgemein gebräuchlichen Wortformen — und nur mit diesen beschäftigen wir uns im Folgenden — und Augenblicksbildungen, welche der Sprechende je nach seinem Bedarfe für den Moment schafft, vielleicht im Scherze oder in kindlicher Sprechweise („dahlend"), oder auch, um seinen Worten mehr Nachdruck zu geben. Gar nicht selten hört man z. B.: meine Sonntagsnachmittagsausgeheweste, ein Gevatterbittersträusschen (auffallend bunter Strauss); Jemand erzählte von einer überspannten Engländerin, welche statt eines Schosshundes ein Schweinchen hielt, das sie täglich mit Mandelkleienseife wusch; er fuhr dann fort: „nu war eines schönen Morgens mein Mandelkleienseifenschweinchen fortgelofen!"

2. Den Stabreim wendet man bei der Zusammensetzung von Wörtern gern an: — Klapperkasten (Klavier); nipperneppisch, schnipperschneppisch (s. W-B.); eine Schandschnauze, Wegwurf, Himmelhund (wie Höllenhund), Wauwau, Haubau, Schneeschipper, Dummdussel, Fickfackerei, Gigak, Gakgans, Gigelgakel, Krikelkrakel, Strickstrumpf (s. W.-B.); Mengemus (Uebersetzung von ragoût fin!). Auch in Redensarten tritt der Stabreim oft auf: — dumm und dämisch; Sack und Seele verspielen; da muss ene alte Wand wackeln; es wird mir ganz weech und wabblich; wer den Kerl kennt, koft'n nich; warme Weeche (Brezeln); er hat alle Scham un Schande verloren; mit Ach und Krach durchs Examen kommen, s. § 242, 2.

I. Hauptwörter.

1. Mit der Endung e bildet man Hauptwörter (Abstrakta) von Eigen- §155. schaftswörtern: eine angenehme Bittere (Bitterkeit), eine widerliche Süsse; die zum „Weissen" der Wände bestimmte Farbe heisst die Weisse, wenn sie auch nicht weiss ist; z. B. man muss Etwas in die Weisse thun; hier ist aber eine Finstere (Finsterniss), Wn.; von der Hübsche wird man nicht satt (Schönheit); die Theure der Lebensmittel (Theuerung); also so wie: Schwere, Dicke, Härte, vgl. mhd. tiure, blinde, blöde, brûne, traege, trüebe f. Theuerung, Blindheit, Blödigkeit, braune Farbe u. s. w. Ausserdem s. § 181.

2. Desgleichen leitet man Hauptwörter auf e von Zeitwörtern ab: — §156. Er hat gar keine Fühle und keine Schäme (Gefühl, mhd. vüele, f., und Scham); er hat eine kräftige, eine helle Lache (die Art zu lachen); die Rieche ist gut, aber die Schmecke taugt nichts; so eine kräftige Niese (Art zu niesen) hat nicht Jeder; ich habe die Säge in die Schärfe (zum Schärfen) gegeben; er hatte keine Barme mit uns (kein Erbarmen; mhd. barme, barmde, erbarme, Barmherzigkeit); es setzt Dresche, Holze, Haue, Keile, Klopfe, Lädere (Prügel); die Sehe ist die Pupille, z. B. in der stehenden

Redensart „Patsch ins Oge, gerade in die Sehe" — richtig, scharf getroffen; das Gethue, die Manieren, das Wesen, das Benehmen, die Bewegungen einer Person; die Speie f. Speichel; eine Fehle ist eine Fehlkarte; eine Todtschiesse f. Flinte; das Eingebinde, Pathengeschenk; „du kriegst eine Hinhorche, dass du wieder herhorchst" — eine derbe Ohrfeige; eine Hosenhebe f. Hosenträger; die Putze, Material zum Putzen; daher: die Zahnputze; dagegen bezeichnet: Messerputze ein Werkzeug, wie Lichtputze; — die Impfe (von impfen) f. Lymphe; ein Bahnhofsinspektor nannte die zum Imprägniren dienende Salzlösung kurzweg: die Imprägnire! — „Das ist eine grosse Blame für ihn," er hat sich sehr blossgestellt, blamirt; sonst auch Blamasche, Blamirung. Vgl. im Schriftdeutschen: die Mache, eine Lache aufschlagen, die Lichtputze, die Anrichte, die Anhalte, das Angebinde. Kuno Fischer: „eine Schmetterlingsfange". —

Aehnlich die Sammelwörter: Das Genecke, Gelache, Gebarme, Gestreite, Gerenne — Gelofe, Gefingere, das Dranrumgegreife, Gewette, Gesaufe, welche einen Tadel wegen der häufigen Wiederholung der betreffenden Handlung enthalten, also soviel wie: das unaufhörliche Necken, das ewige Lachen, Klagen, das fortwährende Rennen, das endlose Wetten, das unermüdliche Saufen u. s. w.; mhd. gelach, gestrite, gerenne. Das Gedehne beim Reden, Gezerre (Zänkerei).

§ 157. 3. Hauptwörter mit der Endung de oder te statt des blossen e: die Längde, mhd. lengede, die Wärmde; ND., Eg., mhd. wermede; in Drucken des 17. Jahrb. findet sich noch: die Wärmbde, Krümbde; — die Döfde f. Taufe, mhd. toufât, Eg. Täft; sprichwörtlich: „Hochz'ch un Deefde uf ee Geleefde (Lauferei)", sagt man, wenn der Hochzeit die Taufe allzuschnell folgt; — die Heemde f. Heimat (ganz wie: die Fremde von ahd. u. engl.: from, dän.: frem); V. — die Mährde (s. W.-B.); die Dickde f. Dicke (ist Kunstausdruck bei Glockengiessern: das zwischen Kern und Mantel Befindliche); die Höchde, mhd. hœhede f. Höhe; auf die Freide gehen (freien), Th., ND. vgl. ostfries.: hœgt (Höhe); engl.: length, height, breadth, warmth; holl.: lengte, hoogte, dikte, warmte; dän.: längde, hoide; schwed.: längd, höjd. Vgl. die Formen: Zierde, Geberde, Gemälde, Freude, Bürde, Würde, Beschwerde, Geschmeide, Gelübde, Gefährde (veraltet f. Gefahr), welche alle ebenso wie obige mhd., engl., schwed. u. dän. Beispiele dafür sprechen, jene Dialektwörter mit de, nicht mit te zu schreiben, so auch Freide, während sich Freite festgesetzt hat.

§ 158. 4. Hauptwörter auf er, meist abgekürzte Personenbezeichnungen, gebildet wie Kutscher, Gärtner u. s. w.: der Polizeier, der Eisenbahner, Oebster, Sortimenter, Sandgässer (Bewohner der ehemaligen, ziemlich verrufenen Sandgasse), Marsttäller (Marstallknecht), Schnapser (Schnapstrinker); der Haupter oder Häupter (Anführer), der Geburtstäger (Jemand, der eben seinen Geburtstag hat); — ein Wackler, Rupfer, Zappler, Skater; ein Dürrlender, s. W.-B.; ein Rückenmärker, der an Rückenmarkskrankheit leidet; ein gewaltiger Keiler, Holzer, Zuschmeisser, Einer, der derb zuschlägt; — so auch der Exequier f. Exekutor. Der Schnauzer f. Schnauzbart; der Abtreter (zum Schuhreinigen); der Aufhenker (an Kleidern), der Brummer (Schmeissfliege).

Aehnlich sind manche Dialektformen auf el: — der Süffel, Tappel, Dämel, Dummdussel, Storzel, Knorzel, Schnippsel, Eg.; Zieropel, s. W.-B.

§ 159. 5. Die Endungen ich, rich bilden je nach Bedarf des Redenden männliche Namen (wie ein Gänserich, Fähnrich); ein Knabe, der (vor Zeiten) in der Rathsfreischule als Ordner ein „Aemtchen" zu verwalten hatte, hiess Aemterich; einen allzu beweglichen Burschen nennt man einen „alten Zappelich," einen täppischen: Tappelich; einen Zughund, der sein Kummet abschütteln wollte, schalt sein Herr „du alter Schüttlich"; ein „Dingrich", Eg., ist ein unangenehmer Mensch; Stänkrich f. Störenfried; der Lüderlich (vom Adjektiv); ein Dorkelich — ein häufig Taumelnder; ein Affenbuderich, Inhaber einer Affenbude; Sterlich, s. W.-B.: sterlen; Sabberich, s. sabbern, Datterich, s. dattern, u. s. m.

§ 160. 6. Die Endung rich gibt auch Abstrakta von Zeitwörtern: Einem einen Rennerich (Stoss) geben; einen Prellerich kriegen (Prellschlag); einen

Schlenkerich geben (wegschleudern, to jerk); der Fisch gab sich einen
Schnellerich, schnellte sich durch einen Ruck in die Höhe (engl.: a jerk)
7. Die Endung **ich** oder **icht** bildet einige Sammelnamen (wie Kräuterich, § 161.
Röhricht): das Tännicht (kleines Tannengehölz; Th.); Ellerich; — ähnlich
auch: die Bescherige f. Bescherung; die Benehmige, die Benehmigung
f. das Benehmen.
Sammelnamen auf **asche**, nach französ. Art: — Stellasche (auch gedruckt), Kledasche, Eg.
8. Die Endung **ei** wie die Vorsilbe **ge** (§ 156 E.) in Sammelwörtern bedeutet § 162.
oft etwas Schlechtes, Verächtliches: — Questerei, Dorbirerei, s. W.-B.; Eg.;
Vagabunderei, Umhertreiberei; die Backerei ist ein schlechtes oder zu oft
wiederholtes Backen oder auch Packen (dgg. Bäckerei), ebenso: das ewige Ge-
backe; die Esserei, die er angeschafft hatte, ist alle verdorben (die verschiedenen
Esswaaren). Luderei, Alberei, Hohnipelei, Hänselei treiben (Unsinn,
Schabernack u. s. w.); Quergeleien machen (unnütze Belästigungen); Ramme-
lei f. Prügelei; die Armetei f. Armuth, Aermlichkeit; dgg. ist das Armuth die
Armen; ebenso im Eg. — Den allgemeinen „Krach" der 70. Jahre nannte man „die
grosse Umschmeisserei."
9. Die Endung **ian** bildet Personenbezeichnung in verächtlichem Sinne (viel- § 163.
leicht aus Jahn entstanden, schriftdeutsch: Dummrian, Grobian): so Ludrian,
Schnudrian, Schludrian, Lumprian; Stänkrian, Stottrian, Schmie-
rian, Plumprian, Stolprian. Die deutschen Soldaten nannten 1871 den
Mont valérien bei Paris, weil seine Kanonen immer polterten: „Buldrian",
vielleicht auch im Gedanken daran, dass valériane Baldrian heisst.
10. Verächtlichen Sinn hat meist auch das an gewöhnliche Hauptwörter § 164.
angesetzte s (s. § 141, 2): das Dings (verächtlich, Mehrheit: die Dingser), das
Zeugs (Rtr. Tugs). Manchmal verstärkt es den Sinn des Wortes: enen derben Drucks geben (P.P.); Einem einen Klapps, Schupps, Gunks, Treffs versetzen; Einem einen Schnips an die Nase geben (Nasenstüber); Fingerknipse;
keinen Mucks sagen oder thun; der Stock hat einen Knicks gekriegt; er hat
einen Knacks (s. d.) weg (seine Gesundheit ist bedenklich erschüttert); ein
Hupps od. Hoppas von hüpfen; er hat keenen Merks (Gedächtniss); s. im
W.-B.: Lapps, Schlapps, Hans Tapps; Bums, Plumps; Sums; Schwapps,
Teebs, Rapps, Lumps, Stamms, Fipps, Schlunks u. s. w.; vgl. Häcksel
von hacken.
11. Einzelne Bildungen: **e** angesetzt (s. § 132 u. 181): eine Haare, die § 165.
Alaune, eine Federkiele, die Wagontheere; so auch eine Brocke, bes. im
Sinne von Stichelei: „Einem eine Brocke anhängen". — **n** angesetzt: eine
Lügen, Bspr. — Die Wohligkeit (s. W.-B.) f. das Wohlbefinden; die Fixigkeit, Raschigkeit f. Schnelligkeit, Raschheit; die Närrschheit für Narrheit; die Volligkeit f. Fülle, Gedränge in einem Saale u. s. w.; die Engigkeit (gebraucht Prof. Woldemar Wenck in: „Lose Blätter und leichte Waare"),
auch die Enge f. die Enge; die Trübigkeit (vom Wetter); die Rüdigkeit
f. Rohheit; die Neugierigkeit (Brem. Beiträge); Interessantigkeiten f.
interessante Mittheilungen; die Vorspannige f. der Vorspann, Bspr. — Die
Steckelitzche, s. W.-B. — Die weibliche Endung **in, innen** wird zu en oder 'n:
Die Ferschden — Fürsten, Fürstin, Fürstinnen; meine Freinden (Einheit und
Mehrheit); anstatt Nachbarinnen sagt man lieber die Nachbarschweiber, um
es von Nachbarn zu unterscheiden, Bspr. — Das weibliche **in — 'n** setzt man immer auch an Eigennamen und Titel: Frau Wernern, die Schulzen, die Leidenandn,
die Frau Professern; kommt der Name zum Titel, so nimmt ersterer das in:
de Doctor Müllern.
12. Als Hauptwort gebrauchte Eigenschaftswörter. a) das Neu- § 166 a.
trum mit dem unbestimmten Artikel ein bedeutet eine Person, männlich oder
weiblich: Es ist ein Krankes im Haus (Jemand); es liegt ein Todtes hier;
wenn ein Junges stirbt, so klagt man noch mehr, als wenn's ein Altes ist;
es war kein Erwachsenes bei den Kleinen; wenn das doch Manches hätte
(auch manches Arme); — Anzeige aus dem Tageblatt: „Verloren wurde ein
Taschentuch; sollte es ein Ehrliches gefunden haben, so wird gebeten . . .".
Ebenso: ein Reiches, ein Grosses; das ist was Vornehmes; Auerbach,

3*

Barfüssle: „zu einem Fremden wie ich, das Ihr nicht kennt"; vgl. jemand Vornehmes. Bezüglich des Geschlechtes stimmt der Gebrauch überein mit „unsereins, keines von euch" u. s. w.

b) Einzelne Partizipien werden im Neutrum als Abstrakta eigenthümlich gebraucht; z. B. „es ist 'was Erstanntes" f. Wunderliches, Erstaunliches; es lag Gespienes vor dem Bette des Kranken (das Erbrochene); Gezanktes oder Ausgezanktes, Aufgebündeltes kriegen (Schelte), Hl., V.; im V. auch: Ausgebissenes kriegen; in P., B., L., Schl.: Ausgemachtes kriegen, in gleichem Sinne.

13. Abstrakte Hauptwörter werden mit dem betonten unbestimmten Artikel wie Eigenschaftswörter angewandt: — er is eene Liebe un Güde; er is Sie immer glei eene Ungeduld; sie war eene Boost (Bosheit); sie war heide eene Gefälligkeit; sie sind eene Wuth (= eene Räsche); du warscht jé eene Närschheet (ja ganz toll); er war eene Freede (hoch erfreut); ich bin D'r eene Rache uf den Gerl (wüthend); von Lenten, die entzweit waren, heisst es: die sinn jé widder eene Liebe mit enander. ·Schw.: er is a Güte, a Brave, a Schnelle (sehr brav, schnell); hochd.: er ist die Güte selber; sie sind ein Herz und eine Seele u. s. w.

Eigennamen als Gattungsnamen.

§166b. 14. Einer ganzen Reihe von Taufnamen hat man bestimmte Deutung beigelegt, so dass sie gewissermassen zu Gattungsnamen geworden sind. Es sind meist solche, die unterm Volke sehr häufig vorkommen oder vorkamen, bei den Vornehmeren unsrer Gegend aber zufällig als altväterisch gelten, wie: Gottlieb, Gottlob, Michel, Kaspar, Sabine, Beate, ebenso die Koseformen: Fritze, Friede, Toffel, — Hanne, Trine, Suse, Mieke. Andre, nicht so vulgäre Namen wie Adolf, Alfons, Alfred, Arthur, Edmund, Emil, Franz, Gustav, Max, Theodor, — Alwine, Bertha, Ida, Klara, Mathilde sind nie zu solcher Verwendung gelangt. In manchem Falle mag allerdings eine längst vergessene Veranlassung diesem Gebrauch zu Grunde liegen, in den meisten Fällen ist wohl Zufall, manchmal der besondre Klang des Namens der Grund zu seiner Deutung gewesen, — auf der Hand liegt der Zusammenhang nur bei vereinzelten Fällen; so stammt der „dumme Anjust," aus der Kunstreiterbude von Renz, und „der Knabe Karl fängt an und wird fürchterlich" ist aus Don Carlos verdreht. — Dass auch einzelne Familiennamen in gleicher Weise verwendet werden, zeigen die Artikel: Lehmann, Meier, Reimann, Mehlborn im W.-B.

15. Die allergewöhnlichsten Rufnamen wendet man als Kosenamen bes. Kindern gegenüber an, wenn man den wirklichen Namen nicht weiss; „mei Fritze, Steffen, kleiner Peter, Hänschen, — meine Lotte, mei Lieschen" sind allgemeine Anrede wie: mein Söhnchen oder Töchterchen, wie Hinz und Kunz (beinah auch Müller und Schulze) für Jedermann stehen, oder wie man etwa einen beliebigen Hund als Ami, Bello, Karo anspricht oder jede Katze Miez ruft, jeden Vogel: Matz, Mätzchen. Verschiedene Taufnamen braucht man auch als gemüthliche Scheltworte, so: Friede, Fritze, Gottlob, Hans, Peter, Toffel, — Jule, Lise, Lotte. Dabei kommt es uns auch nicht darauf an, einen läppischen, „spieligen" oder einen weinerlichen Knaben eine Spielliese, eine Nählsuse, einen Schwätzer eine Mährlotte, einen Säufer eine Saufjule zu nennen (franz. Jeannette f. einen schlafmützigen Mann). Man vergleiche damit den Sinn, welchen man mit: Jude, Russe, Kümmeltürke, preussisch werden, Schwabe, mit Kaffer, Hottentott u. dgl. verbindet.

16. Manche dieser Namen tragen schon für sich allein einen gewissen Sinn; so bezeichnen ein Toffel, Hans, Peter, Stoffel einen Dummen, Bartel einen Schmutzigen, Mieke eine widrige Person. Oft paart man auch zwei Namen: Hans-Jörge, Hans-Kaspar, Hammichel (f. Hans-Michel), Han-Toffel, — Annemarie, oder man setzt ein Wörtchen zur Bestätigung hinzu: ein rechter Bartel, ein richtiger Gottlieb, ein wahrer Jeremias, ein gehöriger Hansjörge, ein echter Clemens (s. klämsen im W.-B.), Hans-

jörge von Rückmerschdorf, eine richtige Mieke, eine schöne Beate (steife Person).

17. Die in der Schriftsprache als Gattungsnamen verwendeten geschichtlichen Namen drücken theils Ruhm aus, wie Demosthenes, Cicero, der alte Fritze, theils Schmach, wie Judas, Nero, Xantippe, theils knüpfen sich an ihre Träger gewisse besondere Vorstellungen, wie an: Hiob, Urias, Krösus, Lukull; — unsere betreffenden Vornamen sind stets voll Tadel oder voll Spott und Hohn, ausgenommen die Kosenamen (s. oben 15). Am besten kommen diejenigen weg, welche geradezu als berufene Vertreter ihres Standes dastehen oder Jemandes Liebhaberei bezeichnen. Jöhann gilt für jeden Hausknecht (s. W.-B. u. vgl. Jockey von Jock — Jack, John, engl.); — auf: Rieke, Miene, Hanne, Christel, Röse hört so ziemlich jedes Dienstmädchen (franz. Jeanneton f. Hausmädchen). Die im Herzogthum Altenburg sehr verbreiteten Melchior und Marie bezeichnen in der Form „Malcher und seine Marje“ jeden Altenburger Bauer und seine Frau, ungefähr so, wie frühere Dichter jeden biedern Landmann Jürge, Jochen, Jokel, Hans, Merten, Michel, Töffel, Velten zu nennen pflegten. Engl. ist Jockey Spitzname der Schotten, wie Paddy der Iren, Uncle Sam und Brother Jonathan der Yankees, John Bull der Engländer. Aehnlich bezeichnen wir einen Juden einfach durch Levi, Moses (Mauschel), Isaak, Itzig. — Pferdejokel, Hundejokel, Taubenjokel, Vogelfritze, Vogeltobies, Rosengottlob, Pfeifengottlieb, Büchermichel, Karnickelpeter, Mädchenpeter, Katzenliese, Kaffeejule erklären sich von selbst; der verrufene Louis ist aus Berlin bekannt.

18. Bedenklicher steht es schon um jene Namen, welche als Bilder für gewisse Dinge oder Zustände dienen müssen: — mein alter Gottfried f. Kittel, Rock; Karline f. Schnapsflasche; er krichte Eens uff'n Jakob (Kopf); bei der Sorte wollen wir bleiben, das ist der wahre Jakob (das Richtige, Beste). Wenn Lottchen ein einsames Oertchen bezeichnet, so theilt sie diese Ehre mit manch Hochgestelltem, mit dem Papst z. B. und dem Bürgermeister, auch das Oberhofgericht steht ihr zur Seite, und sie mag sich mit der schnell'n Katrine trösten (s. W.-B.). Der Ziegenpeter ist eine Entzündung der Ohrspeicheldrüsen (s. Bock, „Buch vom gesunden und kranken Menschen“).

19. Eigenschaftswörter, vorgesetzte Bestimmungen u. dgl. prägen vielen Taufnamen ein Brandmal auf, den Stempel der Kinderei, des läppischen, tändelnden, „spielerigen“ Wesens, — der Dummheit, des Ungeschickes, der Unbeholfenheit, des steifen Benehmens, des bäurischen, groben Verhaltens, der Ungeschliffenheit, wie auch der Zimperlichkeit; — der Langsamkeit, Saumseligkeit, der Langweiligkeit, — des haltlosen, unentschlossenen Karakters, der Unzuverlässigkeit, — der Liederlichkeit, Unsauberkeit, — der Geschwätzigkeit, der Naschhaftigkeit, der Neigung zu Diebereien, zum Trunk, der Frömmelei und was dergleichen mehr ist. — Am schlimmsten unter allen wohl ergeht's dem Hans, der Liese und der Suse. Wie die klangvolle Singweise eines Tonmeisters zum Gassenhauer herabgezogen wird, so ist Johannes (vom hebräisch. Yebôkhânân — der Gottgesegnete) von dem beneideten Namen des Lieblingsjüngers Jesu herabgesunken, selbst in der Schriftsprache, bis zur Bezeichnung eines läppischen, täppischen, tölpelhaften Bauers! Nicht nur, dass man den ersten besten Pinsel oder Schwätzer einen Hans nennt, einen rechten Hans, einen dummen, albernen Hans, Hans Dumm, einen Hansjörge, Hansgörge von Rückmerschdorf, Hans Kaspar, Hammichel, Hantoffel, Hans Narr, Hans Tapps, Hans Tapps ins Mus (PP., e Tapps in de Grött d. h. in die Grütze), — es giebt auch einen Faselhans, Papel-, Schwafel-, Schwatzu. Klatschhans, einen Mährhans, Spielhans, Trödelhans, Hans Liederlich, Hans Dampf, Hans in allen Gassen, Hans ohne Sorge, einen Allerweltshanswurst. Weitere schmeichelhafte Verschmelzungen mit dem armen Hans kann man bei Grimm IV, 2, 459 ff. seitenlang finden. Seit einer Reihe von Jahren kommt übrigens Hans sowohl als Johannes bei uns wieder zu Ehren, und allzeit hat ein angehender Vater gern das „Hänschen im Keller“ hoch leben lassen (Jack in the low cellar). Die Schweizer kennen einen Hans Joggeli, der ein „chline Dieb“ ist, ihr Hanselima „het's Ross verchauft und's Gält verspielt“; eine derbe, wohlbeleibte Frau nennen sie „e feste

Hans". Verfolgen wir das Schicksal des armen Hans weiter, wenn schon das nicht in ganz engem Zusammenhange mit dieser Darstellung stehen mag. Auch bei manch anderem Volke spielt der Hans eine traurige Rolle. Die Engländer nennen jeden Matrosen schlechthin Jack, oder Jack-tar, Jack bedeutet aber auch einen Narren (bei Shakespeare), eine gemeine Dirne, den Stiefelknecht, einen Holzbock, Sägebock; Jack by the hedge ist das aufdringliche Knoblauchskraut (Alliaria), Jack-a-lantern ein Irrwisch, Jack Adams Hans Narr, Jack-anapes Maulaffe, Schlingel (Shakesp.), Jack-a-dandy Laffe, Jack-a-lent Pinsel, Jack at a pinch armer Pfarrer, Jack of all sides Achselträger, Jackass Esel (vier- u. zweibeiniger), Jack Friar ein Pfaffe, Jack Ketch der Henker, Jackpudding Hanswurst, Jack Rake Hans Liederlich, Jacksauce (Shakesp.), Jack-sprat, Laffe, Naseweis, Jackslave ein Lumpenkerl (Shakesp.), Jack-straw niedriger Knecht (Milton), a bragging Jack Prahlhans; to play the Jack with one, hänseln; every Jack has his Jenny, jeder Hans hat seine Grete; — jacked up, angeführt. A country John ist ein Bauernjokel, poor John der Stockfisch, John-a-dreams (Hamlet, II) ein Traumfritze; Johnny Raw ein dummdreister Bauertoffel, John-hold-my-staff Schmarotzer; John ape Hansnarr; Apple-John arme Ritter (Speise); Johnny bum Esel u. s. w. — Holländisch: Jangat Pinsel (genau so zusammengesetzt wie das engl. Johnny bum); denselben Sinn hat Janhen, in Janhagel ist Jan wohl gleichfalls enthalten. — In welchem Geruche Jean bei den Franzosen steht, zeigt schon der Vers von Frau Deshoulières: „Jean — que dire sur Jean? C'est un terrible nom Que jamais n'accompagne une épithète honnête." Verbindungen : Jean doucet süsses Herrchen; Jean farine Hauswurst: Jean guêtré Bauernvolk; Jean lapin od. janot Kaninchen; Jean lorgneur Maulaff; Jean de la suie Essenkehrer; Jean des vignes Hans Tapps; jean-bête Hans Dampf; jean fesse Hundsfott; Jean-Jean Dummkopf; Jeannin Hahnrei, Simplex; Jeannot Gimpel. — Spanisch: Juan lanas Schwachkopf; buen Juan Pinsel; Juan de Garona die Laus. — Portugiesisch: João mijão Rüpel; João panão Lumpenkerl; João Fernandez Proletarierkind; João trapento Hans Liederlich.

20. Die gute Liese ist fast ebenso schlimm gefahren wie Hans: — „so eine Liese" ist eine sehr unliebenswürdige Person; alle erdenklichen Schwächen und Mängel heften sich wie selbstverständlich gerade an diesen Namen, so selbstverständlich, dass ein Mädchen, welches selbst Luise heisst, ohne Bedenken eine andere „Zierliese" u. dgl. titulirt! „Alte, dumme Liese, eklige, langweilige, neunmalkluge, spielige Liese, Spielliese, Tändelliese, Neckliese, Plapper- Papel-, Schwafel-, Schwatz-, Klatschliese, Plauderliese, Mähr- und Nähliese, Schreiliese, Reissliese, Naschliese, Fressliese, Saufliese, Leckerlieschen, Gokelliese, Matschliese, Sabberliese, Thranliese, Zerrliese, Trödelliese, Zierliese, und — schlimmer! — sogar Schmierliese, Dreckliese, Lügenliese, Mauseliese" — welch ein Album! Trotz alle dem bleibt „Jungfer Lieschen" (was jegliches Mägdlein bezeichnet) die einzig Auserlesene, der man zutraut, dass sie uns das Leben erheitern könnte; nur von ihr verlangt man: „Liese, mach's süsse!" Und um alle Unbill in etwas wett zu machen, nennt man eine nette, zierliche, „adretto", geschmackvoll gekleidete Gestalt: Schachtellieschen (seltner Schachtelhannchen), denkt aber freilich auch dabei gleich wieder an das Hinfällige eines solchen Wesens.

21. Sehr nah steht der Liese die Suse: auch sie wird bes. als „dumm, ungeschickt, alt, spielig, tändelnd, trödelig, pumpelig, papelig, geschwätzig, klätschig, nählig" hingestellt, man redet von Zappelsusen, Dreck- und Schmiersusen und nennt sogar eine männliche Waschfrau eine Kusesuse, bes. in Ab. So ergiesst sich ein Füllhorn von Schmähung über einen bei uns ziemlich seltenen, weil ausser Gebrauch gekommenen Namen, ein deutlicher Beweis, dass diese Liebkosungen schon alten Datums sind.

22. Bei den übrigen Namen können wir kürzer sein — immerhin bleiben Verleumdungen genug übrig!

Andreas tritt als Kümmelandres auf, er liebt den Trunk. — Anton scheint es mit leeren Drohungen zu halten, denn ihm ruft man geringschätzig zu: „Anton, steck den Degen ein!" Heiliger Anton! ein Ausruf der Entrüstung, des Staunens, bei etwas Unerhörtem u. dgl. — Annamarie guguk!

Neckruf gegenüber einer Anna oder Marie. — Der dumme Aujust ist erwähnt (Nr. 14); warum man ihn aber so oft ersucht, „er solle 'mal 'runterkommen," werden die Berliner eher zu sagen wissen als wir.

Bartel, der sonst überall „Most holt", in P.P. aber einen beschränkten Kopf bezeichnet, ist bei uns ein Schmutzfink, ein Dreckbartel, Schweinebartel, Saubartel. In Schw. gilt der Appel (Apollonia) bes. für eine schmutzige Person; in der Riedlinger Gegend sagt man z. B.: Du Schmutzappel, die Rotzappel. — Eine Beate ist eine steife, förmliche, auch eine frömmelnde Person; ähnlich, aber seltener braucht man: Brigitta, Sybille.

Christel wird zum Schepschristel (Schl. Schöpsechristel). — Ueber Clemens s. klämsen im W.-B.

Dieterich ist entweder ein Hampedittrich (karakterlos, weibisch) oder ein Lappendittrich (zerlumpt, armselig.)

Elias bedeutet als Elies (sprich ē'-lis) einen Pinsel.

Ferdinand muss höflich Jemandes angezweifelten „Verstand" in der Redensart verschleiern: Du hast mehr Glück als Ferdinand. — Friede und Fritze sind unerfahrene, noch nicht gewitzte Herren, es gibt aber auch Klatsch- und Schwatz-, oder Kohl- und Gärfrieden, Klämsfrieden (s. klämsen), Matschfrieden, Naschfrieden, Schnapsfrieden, Stänkerfrieden, Thranfrieden (Schlafmützen), Mause- oder Kazfrieden. Der Unsaubere oder schlecht Schreibende ist ein Schmierfriede, verstärkt: Schmierfriede von der Post (Wagenschmierer); der Dumme heisst Friede von Mutschen; endlich: Gokelfritze, Windfritze (Aufschneider).

Gottfried, Gottlieb, Gottlob sind sämmtliche Fritzens Vettern. Neben den alten, dummen Gottlob und den Schnapsgottlob stellt der Spott auch einen frommen Gottlob. — Grete dient schlechthin als Schimpfname, weil es wie Kröte klingt.

Hanne ist Klatsch- und Mährhanne, Strampelhanne, Zappelhanne, aber auch Schachtelhannchen (Nr. 20). Fresshanne kann auch einen Mann bezeichnen. Bei einem Schlag, Wurf, auch bei kräftigem Ausspielen einer Karte, beim Kegelschieben u. s. w. ruft man: Puff, Hanne! — „Hildebrand hat's Loch verbrannt hinterm Ofen an der Wand".

Jahn s. § 163, 9. Der wahre Jakob ist der richtige Mann (Nr. 18), aber ein richtiger Jakob gilt oft für einen Dummhut. — Jeremies ist ein „Leimsieder, ein unglücklicher Lobgerber, ein Jammerlappen". — Jörge, Jürge, Jerche, Gerge (Georg), auch Hansgörge (von Rückmerschdorf) ist wiederum ein Simplex. — Jule klatscht u. mährt, säuft wohl auch (Nr. 15). Ausruf beim Springen u. s. w.: Hopp, Jule.

Karl wird sehr schonend behandelt; was man ihm hätte anthun können, ist in reichstem Masse auf seinen Zwillingsbruder, den Kerl, „abgeladen" worden. Dafür muss sich Karlichen gefallen lassen mit einem ultramontanen C herumzulaufen, namentlich zeichnen bei uns fast alle Kaufleute, welche den echt deutschen Namen Karl führen, in sehr undeutscher Weise Carl. Wenn sie nur auch den Kerl zu einem Cerl machten! Im Mbd. ist Karl, Karle, auch Kerl, ein Mann, also „ein rechter, tüchtiger Kerl"; mhd. Kerlin = Karlchen. In manchen Gegenden findet auch der richtige Karl häufiger als hier. (Ebenso lieben es bes. ältere Herren, Adolph und Rudolph zu schreiben; stammen wahrscheinlich von den Grīchen ab!) — Karlemann wird gemüthlich statt Karl gesagt, es meint einen gutmüthigen, auch einen drolligen Kameraden. Der Volksmund fordert ihn auf: „Karlemann zieh Hosen än, steck' den blanken Degen än, lauf die lange Treppe 'nän!" — Kaspar, auch Hanskaspar, meist für einen Possenreisser, nach der volksbeliebten Person des Puppentheaters. — „Seine Käthe", seine Ehefrau oder Liebste.

Von Lotte: Drecklotte, Klatschlotte, Sauflotte, Fresslotte, Spiellotte. — „Hau ihn, Lukas!" Ausruf.

Mariane, wie Jule, im Ausruf: Hopp, Marjane. Man singt ihr auch nach: „Hopp, Marjane, Schlenkerbeen, gimmt de ganze Nacht nich heem. Draussen uf der Funkenborg danzt se de ganze Nacht hindorch, hat gedanzt un hat gesprungen mit den lust'gen Schusterjungen". Ausserdem: Klatschmarjane, Spielmarjane. Martin wird zu Merten, Spielmerten. — Matthes (selten als Vorname, häufiger als Familienname) wird geneckt: „Mathes, mach de Glesser heesal!" (die Klösse.) Verkürzt gibt er den Hemdenmatz, Stapelmatz, Stottermatz (s. Matz im W.-B.) — Von Michel haben wir: Hammichel, Dreck-, Klatsch-, Fress- und Saufmichel. — Eine Mieke ist ein anspruchsvolles, maliziöses, widerwärtiges Frauenzimmer.

Peter, ein dummer, steifer Bursch; Spielarten: Klatsch-, Mähr-, Nähl-, Lätschpeter, Katzenpeter.

Rebecca, nur in der Zusammensetzung: eine Zwiebelrebecke.

Sabine ist der Mieke verwandt, dummstolz, steif, zierig, auch Eine, die recht ehrbar thut. — Steffen: ein guter Kerl, oft etwas einfältig, oft auch „dummpfiffig", Einer, der es hinter den Ohren hat. — Stoffel, ein „Plumprian" — Sybille s. Beate.

Toffel, Töffel, Deffel, Bauertoffel, ein ungeschlachter Kerl, Schotentoffel: ein· liederlich, geschmacklos gekleideter Tölpel; Klosstoffel — Mährtoffel.

Ulrich (s. W.-B.) wird nur beim Katzenjammer angerufen.

Wenzel, Name des Unters oder Buben in der Karte, verwirft sich zum Lausewenzel.

23. Gewiss läuft bei diesem unfreundlichen Gebrauch von Taufnamen, dessen Vielseitigkeit wir keineswegs erschöpft haben, viel Willkürliches unter; indess ist doch nicht jedem Belieben Thür und Thor geöffnet, es gehört vielmehr ein gewisses Gefühl dazu, über solche Verwendung angemessen zu verfügen. Ausgelacht würde Jeder, der etwa von einem „Spielbartel" reden wollte, oder von einem „Schweinehans, Katzenbernhard, Schwatzanton, einem Dreckelies, Saufgottfried, einer Mausebeate, einer steifen Jule!" Wer einen „heiligen Mathes, eine heilige Mieke" anriefe, würde sicher nach seiner Heimat befragt werden. Nur die allergebräuchlichsten Namen, also z. B. Hans, Peter, Friede, Fritze, Toffel, — Liese, Suse geben sich zu allerlei beliebigen Neubildungen her, doch auch diese nicht unterschiedslos: Friede, Fritze, Liese sind gemüthlicher, sanfter, Toffel und Suse entschiedener, gröber, Hans und Peter stehen mitten inne; Fritze ist oft freundlich, wohlwollend, Gottlob immer geringschätzig. Will man z. B. Jemandem Etwas anhängen wegen seines Blinzelns oder Schielens, seines trippelnden Ganges, des Schwatzens oder Schlürfens beim Essen, wegen seines starken Appetites, seines unvorsichtigen Stolperns, Polterns, Schreiens, seines häufigen Hinundherlaufens oder Herumtreibens, wegen seiner Neigung zum Necken, Kratzen, Klettern, Wackeln, Spucken, Klexen — so wird man die betreffende Bestimmung mit einem der eben angeführten gebräuchlichsten Namen verbinden, z. B. Blinzelfriede, Schielpeter, Schielliese (Schielsuse ist schärfer), Täppelfritze, Trippelliese, Schmatzpeter, Schlürftoffel, Schlürfsuse, Fressetoffel, Fressmichel, Fresshanne, Fressliese, Fresslotte, Storpelhans, Polterfriede, Schreifritze, Schreiliese, Quäkpeter, Questpeter, Quergelfritze, Quengelfriede, Ranzpeter, Neckfritze, Neckpeter, Neckhans, Neckliese, Kratzfriede (Kratzmichel), Kletterfritze, Höckerliese, Wackelhans, Spuckpeter, Klexfriede, Klexpeter u. dgl.

24. Von einigen Namen hat man nun auch Zeitwörter und Eigenschaftswörter gebildet, wie schriftdeutsch: hänseln, englisiren, verdeutschen, z. B. Einen abtoffeln, sich anvettermicheln (s. W.-B.); man hat ihn betobiast (in Th. ist Dowies und Hanndowies ein dummer Kerl); der lässt sich so leichte nich meiern, aber dasmal ist er doch der Gefritzte (wie jacked up, engl.); kaspern, den Hanswurst spielen; ein steifpetriges Gethue; der Junge hat sich scheene eingebartelt (beschmutzt).

II. Verkleinerungswörter.

§ 167.   1. Die Diminutive haben bei uns immer die Endung chen, welche sich überhaupt auf einen Theil Norddeutschlands beschränkt, sonst aber überall durch lein (le, 'l, lng und ling) vertreten wird. In Sachsen ist chen nur in und bei Leipzig gäng und gäbe; in Wurzen (drei Meilen östlich von Leipzig) herrscht bereits el vor und geht dann ostwärts bis Schlesien; ebenso ist im Erzgebirge und im Vogtland 'l gebräuchlicher. Wir haben el nur bei einzelnen Namen: Christel, Gustel, Trudel (Gertrud); selten hört man auch Mädel, Ringel, Ohrringel. Für Vergissmeinnicht sagt man tändelnd „Blümelein Vergissnichtmein" (bei Musäus: Blümelein Vergissmeinnicht). Dgg. tritt el als Bindemittel ein (wie in Büchelchen, Bächelchen): das Schükelchen (von Schuh).

2. Häufig wird bei Bildung von Verkleinerungswörtern der Umlaut nicht gesetzt; wir sagen: Hundchen (vgl. mhd. hundinne, Hündin), Pfundchen, Brodchen, Pfotchen; — Mutterchen ist viel gebräuchlicher als Mütterchen (vgl. Frauchen und Fräulein).

3. In scherzender oder tändelnder Weise bildet man ganz drollige Verkleinerungswörter: das ist ein gutes Kaffeechen, ein famoses Bierchen, sich ein Bewerbchen machen; das war aber ein Wetterchen (schlimmes Wetter); ein Gängelchen machen; der Handwerker „erlaubt sich, sein Notchen zu bringen"; sehr kühn: Kochchen oder Kuchchen f. liebe Köchin; gib Achtchen! Ein hübsches Loschirichen; ein Loterielooschen; wir machten ein Ständerchen (blieben schwatzend ein wenig bei einander auf der Strasse stehen); ein Paar Zeilchen schreiben (sehr beliebte Redensart); das Stehauffchen, auch missverständlich Stehäffchen (ein kleiner Stehauf, Spielzeug). Ach Gottchen! Herr Jeechen (Herr Jee f. Jesus; s. W.-B.). Als scherzhafter Gruss: „Ihr Dienerchen!" S. im W.-B.: Habchen, Versehrchen, Unthätchen, Hänschchen.

III. Zusammengesetzte Hauptwörter.

1. Namentlich die Kindersprache hat eine Menge erklärender Zusammensetzungen; so: Mötschekub, Mähschaf, Miaukatze, Hauhaubund, Hottopferd, Kikerihahn, Hulegans, Gakgans, die Putthinne, Putttaube, Piepvogel, Piepematz, Sauhaksch (bes. als Schimpfwort wie Ferkel); Kuschschweinchen, Gukelicht, Gukauge, Piepauge, Patschhand, Gackei, Mausedieb, Lügenmaul (f. Lügner, wie mhd. lüge-vaz); Eg., Vielmaul, Hippauf, Kauermätzchen. § 168.

2. Die Volkssprache hat unter zahllosen anderen folgende bezeichnende Namen für Personen: Blauauge, Grauauge, Schlauauge, Glotzauge, Schielauge, Triefauge; Dicknase, Zottelkopf, Taub-ohr; Dürrbein, Schlenkerbein, Langbein, Grosstalpe, Linkstatsche; Mausefinger, Mausehaken; — Remmelspeller, Hundekerl; Pflaumenschmeisser, Schlagtodt; Seelenverkäufer; Fresssack, Saumagen, Saufaus; Kümmeltürke, Trödelschuster; Himmelhund; der Rumlöft f. Herumtreiber. — Zu genauerer Bezeichnung der Verwandtschaft bildet man: Vatersbrudersohn u. dgl.

Weiter für Sachen: Hölzerbette, Hölzerpantoffel (Bettstelle, Holzpantoffel); Huckufidemahd od. Kuffdemahd f. Fliederblüthe; Messenszeit (die Zeit der Messen; s. 148, 2). Die Wachsbleiche oder Wichsbleiche ist der Wachstuchbleichplatz; daher heist ein Wachstuchfabrikant im Scherze: Wichsier.

Uebrigens s. noch die Vorbemerkungen vor § 155.

3. Falschgebildete Zusammensetzungen, die man sogar gedruckt findet: — Speisenkarte; diese Missgeburt erzeugte etwa 1843 ein pfiffiger Buchdrucker, würdiger Genosse des verdienten Ballhorn, und sie findet sich jetzt in der That häufiger als die richtige Form Speisekarte; als Grund führt man schlagfertig an, dass doch nicht blos eine Speise auf so einem Blatte steht!! Trotz dieser Schlauheit hat sich aber noch Niemand zu „Weinekarten, Preisecouranten, Hütemachern" u. s. w. verstiegen; nur ein „Uhrenmacher" hat sich einmal sehen lassen, der sich wohl auf „Uhrenfabrik, Uhrenlager" berufen mochte.

Die sprachwidrigen Formen: Rechmenbuch; Zeichmenlehrer sind auch nicht unerhört, obschon selbst Spielmarken die richtige Aufschrift „Rechenpfennig" tragen; sogar zum „Zeichnungslehrer" hat man es gebracht!

IV. Eigenschaftswörter.

§ 169.　1. Mit der Endung **ig**, seltner **icht, lich** und **isch** bildet man, meist von Zeitwörtern, eine grosse Menge Eigenschaftswörter, die in der Schriftsprache zum Theil eine andere Endung haben, zum grossen Theil aber gar nicht vorhanden sind; so: naschig f. naschhaft, genäschig (in „Lumpenmüllers Lieschen" v. W. Heimburg: „die naschigen Sperlinge"); fahrig f. hastig (zufahrend); wählisch f. wählerisch; schämerig, verschämt; schnepperig f. schnippisch; streiflig f. gestreift; glänzig (V.), wuthig oder wüthig f. glänzend u. s. w. (Leipz. Nachrichten: der wüthigste Sturmlauf); lügnig, lügenicht f. lügenhaft, stutzerig f. stutzerhaft. Der Junge ist recht spielig oder auch spielerig, er liebt Spielereien; ein putziger Kerl — drollig; ein zieriges Mädchen — Zierpuppe; heulige Kinder, oft weinende; bellige, kläffige Hunde, solche, die zuviel bellen, kläffen; eine lärmige Strasse f. geräuschvolle; ein sengericher od. brennericher Geruch (P.P.: sangericht); uninteressirlich f. uneigennützig; grossthuichte Leute (— „grossbrotig", grossthuerisch); hätschelig für verhätschelt (s. auch schatschig, W.-B.); fressig f. gefrässig (Th. der fressne Kerl); Eg.: frass'g; wie ahd. vilo-vrâzic, mhd. vraezic; wurmfressig f. wurmstichig, Eg.; rachig auf Jemand sein, Jemandem Etwas nachtragen; ein rutschiger, schusseliger, glitscheriger Weg, schlüpfriger Weg, auf welchem man leicht rutscht, ausgleitet (glitschig a. d. Ruhr). Eine dehnige Sprache, schleppende, ziehende, die Worte übermässig dehnende. S. einbällig, dobrig, flatterig, strakelig, winterig, stinkig, staatisch, plumpsch, übelnehmisch, versucherisch, angreifisch, anhängisch, anschlägisch, arbeitisch u. v. a. im W.-B. Klagt Jemand schon bei leidlicher Temperatur über Frost, so heisst es: „Ach, Sie frieriger Mann!" gewöhnlicher: frostig, frostern. Vgl. im Schriftdeutsch stinkig, was mehr besagt als stinkend. Unter Dienstboten ist es sehr gewöhnlich, dass sie die Leute, welche im ersten, zweiten, dritten Stock wohnen, als die eintreppige, zweitreppige, dreitreppige Herrschaft bezeichnen; die zweitreppige Köchin dient im zweiten Stock. — Es ist mir genirlich (v. gênant). — Eine recht pläsirliche Gesellschaft (Köln: pläseerlich).

Die Endung **haft** verlängert man gern zu **haftig**: — ene spasshaftche Geschichte, kuhlhaftges Wetter, ein stammhaftcher Bursche, ein boshaftcher Mensch; Eg. — Bigottisch, liberalisch s. § 149 E.

Von Eigennamen, bes. von Ortsnamen, bildet man häufig zwei Adjektive, z. B. Glauchauer und Glauchisch, Lindenauer und Lindenauisch, Peganer und Pēg'sch, Altenburger und Altenburgisch (auch schriftdeutsch), Wahr'ner und Wahrn'sch, Tauch'sch und Taucher f. Tauchaer. (Ein Schulmädchen hielt eine Taucherglocke für eine Glocke aus Taucha!) Die Form auf **er** gilt für anständiger, die andere hat so etwas Verächtliches an sich, namentlich als Hauptwort gebraucht: die Peg'schen Schuster, die Zwick'schen. — Ebenso leitet man von einigen andern Eigennamen Adjektive ab: — die Rosenthäler od. Rosenthäler Wiesen (Baumgarten, Flora Lips.), die Funkenburger Häuser (die zu dem Grundstücke „grosse Funkenburg" gehören).

§ 170.　2. Einige Partizipien braucht man in eigenthümlicher Form als Adjektive; so: eine neuwaschene Jacke, frischwaschene Strümpfe, weisswaschene Kleider; daher scherzweise „weisswaschene Jumfern" f. Ehrenjungfrauen in weissen Kleidern. Hausschlachtene Wurst (wie hausbacknes Brot). Ein altfressener Mensch für ein altbärtiger, mürrischer u. s. w.; ein dreckfressener Kerl ein schmutzig geiziger (s. § 169); eine neumelkene Kuh, Th., Eg.: neumalk; mhd. mëlch, milchgebend. Essende Waaren f. Esswaaren stehen schon in der Leipz. Trinkstubenordnung von 1621. — Während, weizen s. im W.-B.

§ 171.　3. Manche Adverbien, welche kein Eigenschaftswort haben, auch sogar blosse Determinativa, brauchen wir ohne Weiteres als solches: — ein zuer Wagen (ND. en toigen Wagen); die zue Thüre, die zuen Fenster; früher war der Wald hier viel zuer (mehr geschlossen); eine zuene Tulpe; ein entzweies

Glas, die entzweien Stiefeln, Eg., ND.: den intweligen Pott; ein sehrer Wind; hier gibt's rechten Knöterich; du wirst rechtes Geld haben (ironisch)! — ich habe lauter zusammene Blumen (unentfaltete); ein extraes Gericht (wie: apartes); ein ofter Besuch, sein zu oftes Fragen; ich kriege heide keenen richtigen warmen Fuss; er hatte einen halwegen Platz (leidlichen); ein durcher Käse (s. W.-B.). So gibt man auch den Adverbien vor Adjektiven Endungen: ein rechter guter Mensch, ein ganzer ehrlicher Mann; ein ausserordentlicher grosser Gefalle; einen ungeheuern grossen Kerl; es machte mir ungeheuern vielen Spass; Brl.; Köln: et es 'n ganzen andre Mann. S. noch § 187. — Mitunter setzen wir auch die Endung ig an solche Adverbien, z. B. die rückwärtsige und seitwärtsige Bewegung; der rückwärtsige Sitz; die hinterrücksigen Stuben (nach hinten gelegenen); so auch auswärtsig f. auswärtig (s. W.-B.); das vorhinnige Spiel ist noch zu berappen. Vgl.: the now king, the then bishop u. s. w., die an Gelenkigkeit noch dahinter zurückbleiben.

4. Einzelne Bildungen von Adjektiven bietet noch das W.-B.; s. z. B. zeitlich, sapperlotscht, gespräche, gedesche, gefüge, mässig, verführerisch, Paar.

Ueber die Verlängerungen wie „verdammtig, bigottsch, die vieligen" s. § 148, 3.

V. Umstandswörter.

§ 172. 1. Aus etlichen Partizipien macht man ein Adverb durch Ansetzung von s: — liegends kann ich nicht gut trinken — im Liegen; er ist stehends eingeschlafen (alt: stendlings, ständlings); ich musste die Arbeit knieends verrichten; ich muss umgehends antworten; er verdient das Geld schlafends; das lernt' ich spielends; mein Rock geht reissends weg (Wortspiel, wenn er entzwei geht); ich will verlorens einmal mit hingehen (anfragen, nachsehen u. s. w.), d. h. die Mühe wird aber wohl verloren sein; gebildet wie: unversehens.

§ 173. 2. Die sehr beliebten Adverben hinne, haussen, hunten f. hier innen, hier aussen, hier unten werden oft durch vorgesetztes hier verstärkt, weil man den Sinn des Buchstabens h nicht mehr versteht: hier haussen, hier hinne, hier hunten; auch hier hoben (neben dem blossen hoben — hier oben).

§ 174. 3. Mit den Redensarten „es ist mir . . oder: es ist mir zu Muthe" (z. B. es ist mir komisch, sonderbar zu Muth) verbindet man verschiedene, augenblicklich je nach Bedarf gebildete Adverbien: — Es ist mir gar nicht singerig (BsL), tanzerig, biertrinkerisch (—ich mag nicht, habe keine Lust dazu); „es ist mir nicht lächerig" heisst: ich bin nicht zum Lachen aufgelegt, wohl zu unterscheiden von: es ist mir lächerlich.

§ 175. 4. Sogar von manchen Umstandswörtern werden Verkleinerungsformen gebildet. Er war vorhins'chen da und ging sachtchen wieder fort (ND. sachting); sie rückte ganz successivchen heraus damit; hast du sonstchen noch was? Er nahm's ganz behuts'chen (behutsam); so besonders, wenn man mit Kindern „dahlt": Steh 'mal ganz alleinichen! Das ist hübschchen, schönechen; auch zum Hunde: Na, mach schönichen; Brl. schönigen — ja wohl; gleiche Tändelformen im ND.: fixing f. fix, wassing, Adjessing f. was, adieu.

Ueber Verlängerungen wie „ebend, hernachend, hernachens" s. § 140 f., vergangen, verwichen s. W.-B.

VI. Zeitwörter.

§ 176. 1. Von schriftdeutschen Zeitwörtern werden oft mehrere Nebenformen (durch Ablaut, durch Einsetzung eines Konsonanten, durch die Endung eln u. s. w.) gebildet, welche Schattirungen des Sinnes andeuten; hüpfen wird hüppen, hippen ausgesprochen; daneben sagt man auch hoppen und huppen (kräftiger als hüpfen); hippeln, hoppeln, huppeln bedeutet kleine, oft wieder-

holte Sprünge, hoppsen, stärkere; hapeln, humpeln ist das müheselige, ungeschickte Gehen; schwed.: hoppa, dän.: hoppe, holl.: huppelen — hüpfen. Neben hinken steht noch hicksen, neben summen: sumsen; ferner: schwitzen und schweissen; spenden und spendiren; rücken: rucken, ruckeln; streifen: streifeln und striffeln; drängen: drängeln, drangsalen, drangsaliren; benennen: benamen, benamsen, beniemen, beniemsen; jauchzen: juchzen, jüksen, jauxen, gauxen; zu knacken und knicken: knacksen und knicksen; zu kneten: knötschen, knētschen, knietschen, knütschen; — Für träufeln sagt man tröpfeln, tröppeln, troppeln, tropfen, tröpfen, troppen, tröppen, und wenn die Tropfen klein sind: trippen; wenn sie klein sind, aber schnell und häufig fallen: trippeln, was auch von schnellen, kleinen Schritten gesagt wird. — Neben tappen: teppeln, tappeln, tippen, tippeln; drucken und drucksen, mucken und mucksen (auch schriftdeutsch), vgl. auch schnappen und schnippen, schnippeln, schnippsen; schneiden, schnitzen, schnitzeln; schwabbeln, schwäppern; krübeln und krübbeln; knarren und knirschen, schrumpfen und schrumpeln, schnaufen und schnüffeln; pimpeln, pumpeln; stampfen, strampeln; s. überall das W.-B.
Ueber warnigen, rettigen s. § 148, 3 c.

§ 177.   2. Ueber die Dialektverben mit den Vorsilben: ab, an, auf, aus, be, durch, ein, ent, er, her, hin, los, mit, nach, nieder, um, unter, ver, vor, wegen, zer, zusammen s. die Zusammensetzungen im W.-B. Ausserdem bilden wir von beliebigen Wörtern, bes. Hauptwörtern, für das augenblickliche Bedürfniss Zeitwörter mit gewissen Vorsilben, namentlich mit be-, ver- und aus-, und erzielen so stets eine ausdrucksvolle Kürze.
be- bildet Zeitwörter, die man mit „ich will dich . . .“ oder „ich werde euch . . .“ verbindet, um ein Verbot einzuschärfen, so wie: ich will dich (schiessen, schimpfen, lügen) lehren. Hans macht sich z. B. unbefugt mit dem Kalender, dem Thermometer zu schaffen; dann heisst es: „Warte, ich will dich bekalendern; ich werde dich gleich bethermometern.“ Oder wenn er sich mit seinem Blaserohr, seiner Knallbüchse „unnütz“ macht: „ich will dich bald beblaserohren, beknallbüchsen.“ Er soll nicht mehr klimpern, ein ander Mal nicht radiren: „ich werde dich beklimpern, beradiren.“ Er will Chokolade haben, oder Klavier spielen, die Mutter weist ihn aber kurz ab: „ich will dich gleich beschokoladen, beklaffiren.“ Darin liegt zugleich eine Drohung für den Fall der Wiederholung der Unart oder des Verlangens. — Einem Kaufmanne hatte man den Spitznamen Bumfidel beigelegt; er drohte mit Verklagen: „da werden sie Sie schon bebumfideln.“ Ein Gymnasiallehrer wurde beim Diktiren häufig mit: Wie war’sch? von seinen Quintanern unterbrochen; ungeduldig rief er: „ich werde euch gleich bewiewärschen!“ — Wer fälschlich nach Gulden statt nach Mark rechnen wollte, würde belehrt werden: „ich will Sie begulden.“ — Wen man spöttisch Doktor, Magister, Pastor, Leutenant nennt, oder wen man einen Quacksalber, Schwindler, Hanswurst schilt, erwidert: „ich will Sie schon bedoktern, bemagistern, bebastern, beleidenamden, begwagsalwern, beschwindlern, behanswursten.—
ver- bildet Zeitwörter vom Namen einer Sache, welche das Mittel zum Vernichten, Verderben, Verschwenden, Verbauen u. s. w. bezeichnet. So: „Er hat sein ganzes Geld verstaatet, verschampanchert, verbildert, verfiakert, verballt, verinserirt, verluftballongt, verstroussbergt, verpragduxert, — er hat die ganze rothe Tinte verkorrigirt“ d. h. sein Geld für Staat, Bälle, Anzeigen u. s. w. ausgegeben, an verunglückten Unternehmungen verloren, die Tinte verbraucht. Vgl. vertanzen, verspielen, vertrinken, verkümmeln u. s. w. — Der Förster hat den ganzen Weg verpflanzt d. h. durch neue Anpflanzung versperrt, also wie: verriegeln, verrammeln. — Da kannste viel Zeit verdeklamiren, ehr du Der ’was begreifen thut; — wie verwüsten, verspekuliren, Tinte verklexen, Papier verschreiben.
Aehnliche Bildungen: Es hat die ganzen Zwiebeln ’rausgeregnet f. blossgelegt, aus dem Boden gespült, wie: herausgewaschen, nur das gleich die bewirkende Ursache mitgenannt ist, wie in: herausbohren, durchmeiseln u. s. w. — Die Wiese war scheene zermaulwurft (wie zertreten, zerstampft).

§ 178.   3. aus- gibt Partizipien, welche, verbunden mit „es hat sich . . .“ angeben, das Etwas aus, vorbei, nicht mehr vorhanden ist; z. B. Nu hat sich's **ausgekirmst, ausgetanzt, ausgeschnapst, ausgeschampanchert, ausgeheedelbeert** (weil die genannte Sache oder das nöthige Geld zu Ende ist). In Baiern hat sich's nun auch **ausgekreuzert.** Es hat sich **ausgebürgermeistert** (er ist es nicht mehr). Es hatte sich **ausgenachtigallt** (sie sangen nicht mehr). Er ist alt geworden, da hat sich's **ausgestutzert.** Es hat sich **ausgefahren** (wenn der Wagen zerbrochen oder verkauft ist). Es hat sich **ausgebräutigamt** (weil er getraut ist). Es hat sich **ausgefräuleint** (weil sie verheiratet ist). — Eine Frau **Schubert,** die man irrig noch mit ihrem Mädchennamen **Meyer** nannte, versetzte: Es hat sich **ausgemeyert,** jetzt wird geschubert. Vgl. **austrauern** u. s. w.

4. Die blosse Endung von **Ortsnamen** dient als **reflexives Zeitwort,** wenn   § 179. man des Namens selbst sich nicht entsinnt: — „Ich weiss nicht, ob es Gaschwitz war oder Raschwitz, aber — es **itzte** sich; ja, ja, **itzen** thut sich's. Er ist entweder von Seehausen oder von Sellerhausen, **hausen** thut sich's. Im Vogtlande **grünen** sich die Dörfer alle d. h. es endigen sehr viele auf **-grün.**

5. Einzelne **intransitive Zeitwörter** werden zu **reflexiven** umgestaltet: § 180. — Hier **fängt** sich mein Feld an; die Krankheit **fängte** sich mit Bauchkneipen an; das Buch **fängt** sich recht hübsch an; dorten, wo sich die vieligen Pappeln **anfangen** (wo ihre lange Reihe beginnt). **Sich anfangen** in Wn., bei Claudius, Knebel, Lichtwer, Gruber in den Anmerkungen zu Wieland. — Die Jungen **turnen** sich, sie **balgen** sich, **ringen** sich, **kahnen** sich, **schlafen** sich aus. Er **klagt** sich immer (hat ewig über Unwohlsein zu klagen). Es (er) **passt** sich gut dazu (Brl.). Das Gewitter hat sich lange 'rumgezogen, wie: sich herumtreiben. Sie blieb sich dabei ganz gleichgiltig. — Bspr.: sich vor Jemanden **grüssen** f. ihn grüssen. — Sich mit Einem herumstreiten, herumdisputiren. Ich treffe mich dort mit euch. Aehnlicher Pleonasmus: Sie zanken sich mit einander (Zeitschrift „Cornelia"). — Ein Leipziger zeigte einer Fremden die bei Nacht beleuchtete Uhr des Johannisthurmes und sagte: „Sähn Se, Heernse, das is Sie de Spiddelgerche (Hospitalkirche), un die Uhr, die **brennt** sich alleene an un **löscht** sich och selber aus.

6. Zu einem selbsterzeugten **unpersönlichen reflexiven Zeitworte** greift man auch, um Etwas zurückzuweisen. Wenn uns Jemand „anborgen" will, erwidern wir wohl: „Es **borgt** sich was, ich haw' alleene nischt". Auf die Ermahnung: „Mache fix!" wird entgegnet: „i ja doch, es **fixt** sich was". Ein Hausknecht, dem man seine erklecklichen Trinkgelder vorhielt, versetzte: „Ae, es **trinkgeldt** sich was zusammen". Eine äusserst bescheidene Magd wies die Anrede „Fräulein" so ab: „Es **freuleint** sich was, Stiwwln wichsen muss'ch".

7. Schliesslich sei erwähnt, dass, wie an andern Orten, auch bei uns die Umschreibungen von **Zeitwörtern** in vielen Fällen im Volksmunde sind, z. B. **lieb haben** (lieben ist zu vornehm), **todt machen** oder **todt schlagen** (tödten gehört nur in die Bücher), **aufmachen, zumachen** (öffnen und schliessen sind geziert), **sich vollmachen, sich schmutzig machen** f. beschmutzen; s. **machen.**

Dritter Abschnitt.

Wortbiegung.

I. Das Hauptwort.

§ 181. I. Hauptwörter, welche im Geschlecht, zum Theil auch in der Endung, vom Schriftdeutsch abweichen:

Die Abscheu, die Alaune, das Armuth (Eg., s. W.-B.) — die Backe (alt) und der Backen, der und das Bast, der und das Barometer, die Brocke (mhd. brocke, m.) — der und das Compromiss — der Datum, das Dotter, der und die Duft, die Dunst (s. W.-B.) — der Examen (ND., Bsl.) — die und das Firma, der und die Flur f. Hausflur, die Funke — der Gas, der und die Gedanke (s. W.-B.), der Gedrang f. Gedränge, das Geschwister, kollektiv, der und das Gift — eine Haare (Th., Eg.), die Harke f. Rechen (P.P.), der und die Hirse, — die und das Interesse — das Kahn (selten), die Kiele, eine Federkiele, der und das Knaul (V.) f. Knäuel, ein Knie und eine Knieë, s. § 182, 3; — der und das Lohn, wie Gehalt. — das Mard f. Marder, der und die Mark, der und das Meter, der Mittwoch, gewöhnlicher: die Mittewoche — der und das Siegellack, der und das Solo, der Spann (Schuhmacherausdruck) und die Spanne, der und das Stock f. Stockwerk — der und das Thermometer, der und das Thorweg, der und das Tornister — der und das Vortheil — die Wagentheere, aber: der Theer, der und das Wechsel, der Wohlgefallen, der Zepter (N.)

Anmerkung. Das Bast ist der Pflanzenstoff, der Bast „löst sich mir von den Händen". Der Datum bedeutet einen Monatstag, das Datum eine geschichtliche Einzelheit. — Der Examen, in der Schule; ein Student macht den oder das Examen. — Die Firma bezeichnet sowohl ein Handelshaus (ich reise für die Firma N.N.) als das Aushängeschild, das Firma nur das Schild; man spaltet also ein Wort in zwei, so wie man aus la carrière die Karriere (Laufbahn) und der Karrier (des Pferdes) bildet. — Gift, männlich bei Goethe: „Ich habe selbst den Gift an Tausende gegeben"; weiblich bei Martin Opitz: „die süsse Gift der Eitelkeit". — Interesse, weiblich im Sinne von Theilnahme, z. B. aus persönlicher Interesse. — Die Mark ist ziemlich allgemein, doch hört man nicht selten: einen halben Mark, anderthalben Mark; kommt von alter Gewöhnung, denn fast alle Münzen waren sonst männlich: der Thaler, Groschen, Pfennig, Heller; Grot, Schilling; Gulden, Florin, Kreuzer; Dukaten, Louisdor; Dollar, Penny, Frank, Sou, Centime, Rappen; Rubel, Real, Piaster, Skudo; Ausnahmen: die Krone, Guinee, Zechine, Unze, Drachme. — Meter, Barometer, Thermometer schwanken zwischen der und das, Centimeter, bald Zendiméder, bald Sangtimédr gesprochen, ist fast immer männlich: — einen halben Centimeter. — Der Solo im Kartenspiel: ein grüner, haushoher, siebentrümpfiger Solo; das Solo bei Musik und Gesang: ein schönes Geigensolo, das zweite Solo singen. — Das Vortheil (bei Luther), bes. in der Redensart: das Vort'l wahrnehmen f. den günstigen Augenblick benutzen; das Vort'l bei einer Arbeit wegkriegen f. die geschickte Handhabung, den Kunstgriff. — Der Wechsel hat die gewöhnlichen Bedeutungen des Wortes, also: Abwechslung, Verschreibung; das Wechsel ist nur die Möglichkeit, zu wechseln, das Wechseln; z. B. Nimm zwee Hosen mit uf de Reese, dass de 's Wechsel hast; Eg.

II. Bildung der Mehrheit.

1. Auf e: — die Spaze, Prinze, Vagabunde, Kukuke, Uhue, die Kakadue (auch Kukuks, Uhus, Kakadus) u. s. w.; — die Rieme, von der Einheit: der Riem; die Näme und die Namen; die Gräme (Gräben) von der Einheit: der Gram; s. § 82; die Däume von der Daum. — Die Exame von der Exam, auch durch einander: die Examen, Examens, Examina; in einer öffentlichen Sitzung hörte ich: „Es ist heute Examina in der Klasse!" Die Fasse, auch die Fass f. Fässer, in Küfersprache.

Die Wörter auf us endet der Volksmund auf usse in der Mehrheit: die Omnibusse, Fidebusse, Optikusse, Schwachmatikusse, Diakonusse, Aktuariusse, Emeritusse; die Musikusse, daneben auch: Musiker (gebildet), Musici (gelehrt), Musicis (verkehrt), am beliebtesten bleiben aber die Musikanten.

Buchstabennamen nehmen in der Mehrheit sowol e als s: die kleinen ī ĕ, ein Paar īs, die kās, kās; die beiden e, e, g, l, s, t klingen wie Zebe, Ehe, gehe, Elle, Esse, Theēĕ. Von s und x bildet man natürlich keine Mehrheit auf s.

Die Seēĕ ist die Mehrheit von der See, die See'n von die See.

2. Auf n: — die Stiefeln, Pantoffeln; Eg. (Bogumil Goltz schreibt stets: die Ziegeln). —

3. Auf en: — die Stacheten, der Gasthof „Zum drei Schwanen". Von der Einheit: eine Kneĕ ist die Mehrheit: die Kneēn.

Stück hat einen fünffachen Plural: gewöhnlich: die Stücke, daneben die Stücken — von der Einheit: das Stücke, ahd.: stucchi, mhd.: stück und stücke, dän.: stykke, schwed.: stycke — seltner: die Stücker, dann — in bes. Verwendung — die Stück und die Stücks (auszusprechen: schtigg, schtigge, schtigger, schtix). Oft unterscheidet man wie folgt: Stücke f. mehrere Ganze (pièces), Stücken, auch Stücker, für Bruchtheile (morceaux). Goldstücke, Silber-, Kupfer-, Zink-, Mark-, Thaler, Zweipfennigstücke sind geprägte Münzen, der Sing. davon ist: Goldstück, Markstück u. s. w.; — Goldstücken, Silber-, Kupfer-, Zink-, Mark-, Thaler-, Pfennigstücken sind das Eine: rohe Klumpen, unbearbeitete Brocken des Metalls, das Andre: die Theile einer zerbrochenen Münze, und im Sing. würde man sagen: e Stücke Silber, e Stücke von enner Mark. Schiefer-, Baum-, Holzstücke sind regelmässige, zur Bearbeitung zugerichtete Abschnitte — Sing. Holzstück u. s. w.; — Schiefer-, Baum- Holzstücken sind die Trümmer einer Schieferplatte, eines zerstückelten, nicht blos zerstückten Baumes, gehacktes Brennholz, Schnitzel, Splitter u. s. w., — Sing. ein Holzstücke u. s. w. — Kompositionen sind z. B. Geigen-, Flöten-, Klavierstücke; Geigen-, Flöten- Klavierstücken wären die Ueberreste eines verunglückten Instrumentes. — Zu einer Telegrafenleitung braucht man viele Drahtstücke; wird eines davon kleingeschnitten, so bleiben nur Drahtstücken übrig, von denen sich Jeder ä Stigge mitnehmen kann. — Aktenstücke sind Urkunden, die Stücke einer Zeitschrift ihre einzelnen Nummern, die Stücken beider sind zerrissene Makulatur. — Mantel, Rock, Hut sind Kleidungsstücke, Kleidungsstücken aber die Lumpen, Fetzen einer verbrannten, vermoderten Kleidung u. s. w. — Altarstücke, Deckenstücke, Fruchtstücke sind Gemälde, Altarstücken Trümmer eines zerfallenen Altars, Deckenstücken die Fragmente einer eingestürzten Zimmerdecke oder auch die Lappen einer ausgedienten Tischdecke, und Fruchtstücken Schnitze von Aepfeln, Apfelsinen u. s. w. Tuchstücke, Leinwandstücke, ganze Stücke Spitzen enthalten ein bestimmtes Mass von Ellen, Metern, Yards, — Tuch-, Leinwand- Spitzenstücken sind abgeschnittene Theile, auch Hadern davon. — Der Katechismus enthält die Hauptstücke. Schlägt man auf einen grossen Spiegel los, so geht er in Stücke (nicht in Stücken!), die Stücken fliegen drum rum; der weise Hausvater kann dann die grössten davon, die Hauptstücken, noch zu kleineren

Spiegeln verwenden. Wer an verschiedenen Orten Weinberge hat, besitzt Weinbergsstücke, theilt er einen davon in einzelne Abtheilungen, so sind das die Weinbergsstücken. Mit gleicher Unterscheidung steht Stücken auch oft im Schriftdeutsch. — „Grosse Stücke auf Einen halten" hört man häufiger als: grosse Stücken, was bei Varnhagen von Ense zu lesen ist.

Häufig braucht man Stücke und Stücken ohne Unterschied; so: Grundstücke und Grundstücken, Bruchstücke und Bruchstücken, sogar: Thalerstücken f. die Münze (Lpz. Intellig.-Blatt). Bei manchen Wörtern, welche den Begriff einer Zerstückelung von selbst ausschliessen, sagt man nur Stücke; so: Bubenstücke, Erbstücke, Familien-, Früh-, Lese-, Meisterstücke, Montirungs-, Mund-, Muster-, Satz-, Schelm-, Theater-, Wagstücke; Schillers, Lessings Stücke. — Jemand hat vier Kühe verloren; er seufzt: „Es waren vier schöne Stücke". Will man aber Semmeln, Eier, Früchte, Cigarren, Krebse, Klösse u. dgl. wegen ihrer besonderen Grösse preisen, so heisst es: „das sind tüchtige, schöne, derbe, gehörige Stücken"; der Sing. ist dann wieder: das Stücke, z. B.: „Es war Sie e Stigge wie meine Faust; ein dichtiges Stigge von einem Weibsen, ein derbes Weibsstigge. Dem Toffel seine Finger, das sin Sie Stücken wie die Samengorken".

Das unveränderte Stück als Mehrheit steht nach Zahlen, wie in der Schrift: hundert Stück Schafe, Stüble. Dafür braucht man mitunter Stücks: — „Wir krichten heide e Ballen Duch mit 20 Stigg; wir verkofen die enzeln Stix weiter, m'r gäm aw'r nur ganze Stigg ab; Stigge von so e bar Ehlen is nich. Das eene Stigg is uns verbrennt, da liegen de Stiggen; sin lauder lumpiche Stiggerchen". Vier Stück Brot sind Laibe, vier Stücke oder Stücken Brot sind Abschnitte; sind es nun „orntliche Keile, geheerige Runksen", dann sind es „hübsche Stücken".

Stücker hat den Sinn wie Stücken und gehört mehr der Bspr. an: Steinstücker, Holzstücker, die Stücker von einem alten Tische; ä bar rammassirte Weibsstücker. Davon auch: stückerweise f. stückweise.

4. Auf s: — die Kerls, die Herrens, die Bräutigams, die Jungens, die Kukuks (auch: Kukuke), Ofens, Schwagers, bes. gern bei Wörtern, die sonst Einheit und Mehrheit nicht unterscheiden: — die Dreiers, Thalers, Lämpchens, Damens, Mädchens, Kinderchens, Fräuleins (im Faust: „Fräuleins alle Höflichkeit erweist;" ND.: Frölens).

s dient bes. auch bei Fremdwörtern: — die Notas, die beiden Klaras, Annas, Firmas, — auch Firmen, Firma, Firmäe, Firmäen; die Examinas (§ 182, 1); die Billards (auch Billard's geschrieben, neben die Billard, Billarde); die Museums, Datums, die Meubels, auch Möbeln, die Doktersch, Pastersch, Offiziers, Majors, Professors.

Dieses Mehrheitszeichen s setzt man an Familiennamen, wenn von der gesammten Familie oder dem Haushalte die Rede ist: Werners sin mit Wolfs verreist (auch hochdeutsch); ich gehe morgen bei Bonorands oder Kintschis (Kaffeehäuser). Daher auch schlechthin: „Wir waren zu Besuche bei Doktersch", in der Familie eines als bekannt angenommenen Doktors; ND.

5. Auf er statt des schriftdeutschen e: Die Aexter, Bälger, Bangenetter, auch Bangenette, Bangenetts; die Biester, Dinger, bes. im verächtlichen Sinne, also als Mehrheit von das Dings (s. § 164); Flecker (davon: fleckerweise f. stellenweise), Gebeter, Gedärmer, Gelenker, daher: eine Gelenkerpuppe; die Geschäfter d. h. die Geschäfteräume, Läden; dgg.: die Geschäfte f. Geschäftsabschlüsse: — „Sonntags haben die meisten Geschäfter zu, weil doch nicht viel Geschäfte gemacht werden"; die Geschmäcker, die Gewölber (Wn., Brem. Beitrg.) oder Gewölfer, die Hälmer, auch Hälme, die Hälser, die Klösser, Gleeser (Eg.), die Klötzer, Kränzer, die Lichter f. Lichte (s. W.-B, daher auch Lichterfabrikant B.), die Oerter, auch Orte, die Pflöcker (klingt wie Flecker), Präsenter (Bressender), die Reste beim Rechnen, die Rester von Tuch, Seide, Tapeten u. s. w.; — Scheiter (so bei Immermann; davon: Scheiterhaufen); die Steiner; die Stöcker, Hl., die Stücker, Sträusser (HL); die Viecher (Wn.), die Zelter f. Zelte.

6. Mit Umlaut: Aerme f. Arme (Hss., Bsl., bei Lessing, Rückert, Hippel; daher: „die Arme hat beede Aerme gebrochen); die Däume, s. Nr. 1; die

Gehälter, BrL; Hälme, Nr. 5, Bsl.; die Kameráde, männl. und weiblich, also auch für: Genossinnen; selten: die Näme, BsL; die Prinzipäle.
Mit Umlaut und auch ohne Umlaut bilden wir die Mehrheit von: Alkoven, Boden, Faden, Graben, Kasten, Kragen, Laden, Lager, Wasser u. s. w.
7. Mehrheit gleich Einheit bes. in Bspr.: die Nagel, die Beet, die Schaf, die Fass; s. Nr. 1.
Anmerkung. Ueber die Mehrheit: Männerchen, Häuserchen u. s. w. s. § 148, 2; über die Freinden u. s. w. § 165 E; über Küwe s. 136.

Deklination der Hauptwörter.

Ueber die Kasusendungen bemerken wir nur, dass das s des starken Genitiv § 183. oft an ungebürlicher Stelle angesetzt wird; so: des Rabens, Finkens, Bärens, des Hirtens, des Gesellens, des Ochsens, des Herrns; fremder Leutens Kind; vgl. § 224. Indess ist der Genitiv überhaupt wenig im Gebrauch; s. § 216 u. 223 ff. — Von der Vorliebe für das e des Dativ Singular haben wir schon gesprochen (§ 132 g).
Die Abwandlung von der Mensch und das Mensch s. § 132 a. — Was die Eigennamen betrifft, so gibt ihnen die alltägliche Sprache auch gern Kasusendungen; man hält es aber für feiner, das nicht zu thun. Der Dialekt sagt stets „ich traf Karln, Otton, Ferdinanden, Lehmannen, Schmidten, ich gab Klaran, Theklan, Marien, ich sah Herr Schmidtn. Die Bspr. unterscheidet hier sogar den Dativ vom Accusativ: Ich war bei Koche; das ist für Kochen; ich gab's Wilhelme, ich traf Wilhelmen. — Vermischung der Fälle: — Ein Kind wollte von seinem grösseren Bruder getragen sein; der aber erwiderte: „Ei, wär' ich dich tragen, du grossen Jungen!"

II. Die Artikel.

1. Die Formen des bestimmten Artikels werden so verkürzt: der — dr, § 184. die — de, des — 's, dem und den — 'n, oder, wenn es deutlich ausgesprochen werden soll: in; der Genitiv des, wenn er vorkommt, lautet dann ebenfalls 's. Die vollen Formen der, die, das, den dienen nur als Fürwörter. Beispiele: dr Esel, de Ziege un's Färd; 's neie Haus; ich geb's 'n Vetter oder 'n Kindern; hast'n Garden gesehen? Hast'n 'n Wein geholt (hast du denn den Wein); er kam's Nachts; es war kalt 's Morgens (mhd. smorgens, was sich an der Ruhr als: schmorgen wiederfindet); bist'n 's Nachbarsch Haus; bist'n 's Deifels? (bist du denn des Teufels?). Er legte sich vorsch Haus; das ist fersch Weib; das Haus is untersch Dach (fertig gedeckt); se war vor d'r Stunde hier (vor einer Stunde, also wie: vorm Jahre). Ein „Scharwerksmeier" schrieb auf seine Rechnung: „in Ofen gekehrt." — Die Unterscheidung von dem und den wird dem Leipziger ziemlich schwer; es wird ihm zwar nie einfallen, nach Berliner Art zu sagen „mit die Frau, es liegt ins Pult", wohl aber „mit den Stiefel, es liegt in'n Ofen oder in Ofen, uff'n Pflaster" u. s. w. Wo sich indess das e des Dativ anbringen lässt, wird es gern gesetzt: ich gebe es den Manne, in den Weine, von den Biere. Umgekehrt wird „zum" für die leider fehlende Zusammensetzung zum (mhd. zen) gebraucht, der Kürze halber; an einem Hause stand viele Jahre lang der Name „Zum drei Rosen" und in Dresden „Zum drei Palmzweigen". So auch im Horaz v. Böhme.
2. Die Formen des unbestimmten Artikels: ein — e, ä; eine — eene, § 185. enne; einer — enner, seltner 'n'r; eines — ennes, enes; einem und einen — e, ä; die vollen Formen: een, eene, eens, eenen sind Zahl- und Fürwort. Beispiele: e Herre, enne Gasse, mit enner Feder; vor 'nr Stunde; von e Buche, durch e Garden; — e Mann sahk an e Hause e Wagen mit e Fähre (Pferde); Eener von euch kam doch mit enner Dame; hier lassen se Eenen gar nich gehen; enne Frau gab'n (ihm) Eene hinter de Leffel; der Gerl behandelt Een schlecht, er geht mit Een' um wie mit e Hunde; wenn Een'r Een'r Eens anhängen kann,

dut'r'sch (thut er es) nich mehr wie gerne, s. noch „Eene" im W.-B. Die schriftmässigen Formen ein, einen werden im Affekt gebraucht, um der Sache mehr Nachdruck zu geben: „Ne, so ein dämliches Gerede; den will ich aber einen Brief schreiben" (d. h. einen entschiedenen, groben u. s. w.).

III. Eigenschaftswörter und Umstandswörter.

§ 186. 1. Voll nach einem Hauptworte wird fast immer zu voller, wenn die Sache darauf folgt, welche den Raum füllt: — Ein Baum voller Aepfel, eine Stube voller Menschen; die Scheune ist voller Mäuse; er hatte die Tasse halb voller Gulden; die ganze Hand war voller Blut (besudelt); dgg.: ich hatte nur eine Handvoll Leute um mich. Im Eg. gebraucht man vuller auch ohne darauf folgendes Hauptwort: — der Tup is vullr — (Topf ist voll). — Ueber die angesetzte Endung e s. § 132; die Formen von hoch und zäh § 69; die substantivisch gesetzten Eigenschaftswörter § 166.

§ 187. 2. In der Steigerung wird mitunter der Umlaut abweichend vom Schriftdeutschen gesetzt: — räscher, schmäler, blänker, töller (bei Luther), krümmer; der gerädeste Weg; Eg.; Sz.: völler, wöbler f. voller, wohler.
Mehr bildeten den Superlativ: die mehrsten (so mhd., auch bei Musäus, Goethe, Voss, Rückert u. s. w.), in Bspr.: die mäsen, auch mästen; daher: mehrschtendēls, mēstendēls, mēstendēls f. meistens. Von gern bildet man: gerner, am gernsten f. lieber; Bsl., mhd. allergērnest; von sehr in Bspr. setter, das setterschte, am setterschten; im Eg.: serner, sernst; z. B. ich kann noch setter rennen (schneller, stärker); der Sprunk, das war mei Setterschtes noch lange nich; — von leid: du thust mir noch leider als dein Bruder. Ueber höcher s. § 69, theuerter § 139.

§ 188. 3. Von einzig hat man zur Bezeichnung noch grösserer (!) Ausschliesslichkeit nicht nur die Zusammensetzungen allereinzig, aussereinzig, sondern auch, wo das immer noch nicht hinreicht, die Superlative: der einzigste (ND.; so in Bekanntmachungen der Hamburger Gerichte), der aussereinzigste, allereinzigste (ähnlich in Wf. der alleinigste). So: „das wäre mein einzigster Wunsch; der einzigste Tag, wo ich mich losmachen konnte d. h. es ging schlechterdings an keinem anderen; mein aussereinzigstes Vergnügen ist das Theater; mein allereinziger oder allereinzigster Freund". — So steigert man auch einzeln zu: noch einzelner d. h. noch mehr zerlegt. Ein Herr verlangte vom Kellner „fr e Mark ēnzelnes Geld;" er bekam lauter Zehnpfenniger, wünschte aber noch kleinere Münzen; sprach daher: „Hamm Se's nich noch einzelner?"
4. Uebrigens verwendet man immer den Superlativ statt des von der strengen Regel gebotenen Komparativs, wo nur von zwei Dingen die Rede ist; z. B.: Meine Gommode hat zwee Gasten, im oberschten haw' ich Babiere, im unterschten Wäsche.
Die flektirten Adverbien s. § 171.

IV. Die Zahlwörter.

§ 189. 1. Bei Angabe der Stunde werden nach Präpositionen die Zahlen oft deklinirt: — Er kam nach vieren, ich vor vieren, ihr zwischen fünfen und sechsen; es ist schon über viere; von elfen bis nach zwölfen. Nach gegen folgt dann der Dativ: Gegen einsen war er hier; sie ging gegen dreien hin (vgl. § 215). Nach um setzt man e oder ā vor die Zahl: er kam um e viere, auch: um en Uhrer viere d. h. nicht pünktlich um vier, sondern gegen vier Uhr; vgl. „ein Stücker zehne" § 227. — Ueber das angesetzte e s. § 132 d, über das verkürzte oder weggelassene und § 110 E.
2. Tausend ist eine Art Adj. i. S. v. „gross, selten, unerhört, was unter tausend Fällen einmal vorkommt": — Wir waren alle spazieren, un es war nur e tausendes Glück, dass meine Mutter zu Hause war, wie der Klapperstorch kam!

V. Fürwörter.

1. Personenwörter.

1. Diese vielgebrauchten Wörter werden natürlich stark verkürzt, wie § 190. die Artikel, aber nur, sobald sie tonlos sind; sollen sie betont werden, so klingen sie wie im Hochdeutschen; ich und mich werden dann sogar durch das bekannte e verlängert: — Wer soll das gethan haben? iche?! na, iche nich (sondern ganz gewiss ein Andrer). „Rufe mich", heisst: ungerufen komme ich nicht; dgg.: ruf' miche: — ruf keinen Andern, als gerade mich. Wenn man unpersönlichen Zeitwörtern einen Nachdruck geben will, sagt man das f. es: das schneit aber! das regnet emal! das geht sich schlecht hier; das gibt emal Nüsse bei uns (sehr viel); — „hier zieht's" ist viel schwächer, als das unwillige: das zieht hier (vom Luftzug); vgl. im W.-B. da, 3 und § 191, 3. —

Formen: ich — 'ch; du — de; er — 'r, Bspr. auch e, he; sie — se; es — 's; man — m'r; wir — mir, m'r, aber betont mir, Schw. me; ihr — 'r, auch d'r; mir — m'r (mhd.), betont aber mir; dir — d'r; dich — d'ch; sich — s'ch; euch in Bspr. — ich, 'ch, s. § 64; ihm, ihn, ihnen — 'n, wie der Artikel den und dem; ihrer — 'r'r. Für die Genitive unser, euer sagt man, wenn sie ja einmal vorkommen: unserer, eurer, doch nicht in: Vater unser, was richtig nach dem Schriftdeutschen gesprochen wird. Alles dies auch in Th., Eg., z. Th. in Schl. u. s. w. — Ueber die Verwechselung von Sie und Ihnen s. § 230, 2.

Beispiele: 'ch habb'a'n gegäm (ich habe es ihm oder ihnen gegeben); de haast's'r no nich geschrie'm (es ihr noch nicht geschrieben); m'r gann d'r sagen, was m'r will (man kann dir sagen, was man will); m'r hat m'r zu wenig gegeben; woll' m'r das leiden (§ 104)? hadd'r'sch (— hat er es); nimb d'ch in Acht! Habbd'r ich (sprich: habdrich — habt ihr euch) widder emal gezankt? m'r hamm 'n nich (wir haben ihn nicht); ihr sidd'r'r siem (ihr seid ihrer sieben); er hadda'ch unsrer angenomm; hamse'a'n (haben sie es ihm oder ihnen) geschickt? nimste'a'r — nimmst du es ihr; gibstes'n — gibst du es ihm, gibst du sie ihnen u. s. w.

2. Für den Plural der zweiten Person, ihr, sagt die Bspr. d'r, bes. zu Anfang § 191. des Satzes und nach manchen Bindewörtern: — D'r sidd nich recht bei Troste, wenn d'r das dubt; wenn d'r könnt; ob d'r wollt; weil d'r nisch habt; wo d'r'sch anrührt! V., Th., vgl. § 141, 3. Dagegen bleibt der Dativ ihr unverändert, oder er wird zu 'r verkürzt, und das Besitzwort lautet richtig ihr, in Bspr. äbr; der Dialekt hat also für diese eine Schriftform vier verschiedene: ihr, 'r, d'r, ähr, z. B.: Ich geb 'r ihr Buch; wennd'r'r ihr Geld schickt (wenn ihr ihr ihr).

3. Die Einheit und die Mehrheit sie wird durch das kräftigere hinzeigende § 191. die ersetzt: Wo is denn de Mutter? Die kommt eben; sinn de Ginder da? Die sinn hinne; vgl. „das zieht" in § 190.

4. Anstatt „einer von" setzt man eins hinter den Nominativ des Fürwortes: — Wenn ihr oens hinkommt; wenn wir nu eens zu ihm gingen; wenn die sich eens 'neinmengen (eines von ihnen).

5. Das reflexive Zeitwort im Infinitiv bekommt — in Bspr. — sich, auch § 192. wo uns stehen sollte: — Wir sitzen zusammen, um sich zu unterhalten; wir versprachen einander, sich dort zu versammeln; Sz.; Simplicissimus, im Eg. ganz regelmässig bei jeder Form des Verb: Wir wollen sich hersetzen u. s. w.; vgl. Göpfert, Mundart der Sächs. Erzgeb., S. 75; s. noch § 160.

6. Zur Bezeichnung des reciproken Verhältnisses braucht man einander nebst dem persönlichen Fürwort (nach französischer Art: ils se donnent l'un à l'autre): — sie geben sich einander schene Diddel, sie lern' sich dorch einandr besser gennen, wenn se alle an een' Dische sitzen; die duhn sich under enander Nischt; wir zerren uns einander herum; ihr zankt euch scheene mit einander; gebt euch doch einander lieber gleich Schellen; sie lieben sich einander; auch: sie bereden sich mit einander; wir verschworen uns zusammen u. dgl.

4*

2. Besitzwörter.

§ 193. **a) Formen.** Für mein, dein, sein sagt man moi, dei, sei, — nicht aber für meine, deine, seine, wie es in Süddeutschland geschieht. Meinem und meinen sind — mein: — Ich gehe mit mein' Bruder; ich habe dein' Stock nich. — Der meinige, deinige, seinige u. s. w. sind nicht gebräuchlich; man sagt stets „meiner, deiner, seiner" (Pf.), was jedoch Halbgebildete für unrichtig halten! vgl. 193 c. Für „die Meinigen" im Sinne von „meine Familie", sagt man „meine Leite," vulgär: „meine Blase, Bagage, Bande, mei Volk".

b) Gebrauch. Dass für ihr, namentlich wenn es etwas entfernt von dem betreffenden Hauptwort steht, gern sein genommen wird, darf wohl nicht dem Dialekt angerechnet werden; folgende Beispiele haben wir wenigstens in öffentlichen Vorträgen Gelehrter gehört: „Die Sache ist vollständig und in jeder Beziehung in seiner Ordnung; — die kleine Stadt Dessau gab der Judenheit seinen Mendelssohn". Im Leipz. Tagblatt empfahl „die Vereinsbrauerei seine Lokalitäten".

Ein, wir möchten sagen, gemüthlicher Gebrauch, liegt (ähnlich wie dem Dativus familiaris, § 231) folgenden Ausdrücken zu Grunde: Die Suppe hat ihre gehörige Hitze; das Wasser hat heute seine 20 Grad; Anton trinkt immer seine drei Deppchen. — Sehr ungemüthlich ist dagegen mein, mit eigenthümlichem, gedehntem Tone, wo es ein böhmisches Bedauern ausdrücken soll; es steht dann bei einem Vornamen: „Na, mei Fritzel" d. h. dir wird's schlecht gehen; „ei, meine Mine!" d. h. warte nur, wenn das die Mutter sieht u. s. w. — Ebenso mit kräftiger Betonung und gewaltigem Nachdruck: „Junge, lauf mir nur noch emal uf de Gasse — aber deine Hauel"

c) Die gewöhnliche Sprache sagt ganz richtig: „das Buch ist mein, dein, sein;" Halbgebildete halten dies für falsch (vgl. 193 a) und wagen nur zu sprechen: „es ist mir, dir, ihm". Andernseits sagt die Volkssprache aber freilich, im übergrossen Streben nach Deutlichkeit, auch: „es gehört meine, deine, seine, unsre, eure" u. s. w., was Friedrich Bauer (Grammatik der deutschen Sprache) nicht ganz verwirft; ND.: das Buch hört mir.

d) die Besitzwörter sein und ihr, hinter den Dativ eines Hauptwortes gesetzt, müssen den zu gelehrt klingenden Genitiv — eines Besitzers, einer Besitzerin — vertreten: „mein' Vater sei Haus, meiner Mutter ihr Hut; meine Stube ist grösser als mein' Bruder seine;" s. § 223; Grimm II, 968 oben.

e) Absolut stehen die Besitzwörter für: meine Frau, sein Sohn, seine Tochter u. s. w., namentlich in Bspr.: — Das ist dem Pastor Seiner, dem Richter Seine; ich ging mit Meiner zu Tanze; so ND.: Burmesters Sin (des Bürgermeisters Sohn); s. § 241.

3. Hinzeigende Fürwörter.

§ 194. **a) Dieser und jener** werden äusserst selten angewendet; man sagt lieber „der Mann hier, das Haus da, der Hund dort (Bspr.: der Ochse selt). Ungebildete wenden „dieser" gern als ein „feines" Wort für ein persönliches Pronomen an, oder wo sie meinen: der schon Genannte, Bewusste, Betreffende; z. B.: „Da steht eine Frau, diese ist wohl deine Mutter? ich wanderte mit zwei Gesellen, diese waren Schneider". In gleicher Weise bevorzugt man die Verbindungen „auf dieses, nach diesen" (anstatt: darauf, nachher): — Seine Tochter starb, und auf dieses zog er fort von hier; — ebenso dieserhalb, dieserwegen. — Mit Betonung steht dieser im Ausruf für etwas Unangenehmes: „nee, diese Hitze, dieser Staub". — Häufige Redensart „hol' dich Dieser und Jener". — S. noch derjenige im W.-B. — Das für ein Adverb gebraucht: A spricht: „Ich dachte, du bliebst nich dort"; B erwidert: „Das bleib ich auch nicht".

b) Der erstere und der letztere werden in gezierter Sprache oft für der erste und der letzte gebraucht.

c) Zur Verstärkung setzt man hinter ein Hauptwort der, die, das. „Der Mann, der ging hin; das Kind, das sprach; das Haus, das er gekauft hatte, das brannte ab; nun müssen aber die Bauunternehmer — die müssen viel Geld haben; den Manne, den gab ich Nischt; man denkt: „was den Mann betrifft, dem geb ich Nichts". So auch: „die vom Gerichte draussen, haben denn da die Witwen och was, wenn de Männer sterben (— bekommen die Witwen der Gerichtsbeamten Pension)? Vgl. die verstärkende Nachsetzung des persönlichen Fürwortes: „Die Tugend, sie ist kein leerer Schall"; „the night it was dark and the wind it was high". So schon ahd., oft bei Goethe. S. § 195; Grimm II, 968 f. Vgl. auch die verstärkten Ausrufe: ich Esel, ich! du Range, du! Sie Luderchen, Sie! der Gauner, der! die Klatsche, die! das Kamel, das!

4. Rückbezügliche Fürwörter.

a) **Welcher** wird fast immer durch der, die, das vertreten, dieses aber § 195. im Nominativ sehr gern durch angehängtes de (da) verstärkt: Der Herre, der de kam; die Weiber, die dĕ dā standen; nicht aber: der Herr, den de man sucht, und nur sehr selten: der Mann, dem de das Haus gehört; das Buch, das de meine Brüder haben. So Ev. Joh. 12, 13: Gelobt sei, der da kommt. Ebenso nach wer und wo: — Wer de Geld hat, kann 'rein; das eenzge Haus in der ganzen Strasse, wo de keene Kneipe drinne is; Sdt. b) **Was** anstatt welches nach sächlichen Hauptwörtern: Das Geld, was er verlor; das Blatt, was dorten liegt; die Hauptsache, was ich esse, is Abends; Eg.; auch: das Thier, was de da rennt! der Sprosser und der Karnalchenvogel, was de de schönsten Singvegel sin. — Was für derjenige, welcher, was betrifft: Der Vetter is ganz gut, aber was sie is, die is geizig (seine Frau); was der Meester is, der arbeit nich hier; was de Ginder sein, die sinn alle todt; was seine verheirathete Tochter ist, die wohnt in Halle (— diejenige seiner Töchter, welche u. s. w.); die Burg im Schützenhause, was die Ruine is (ich meine nämlich die bekannte Ruine); so bei Rtr.; s. noch was im W.-B. c) Statt eines Relativsatzes wendet man lieber einen Schaltsatz an: — Die Tochter war in Noth, und da kam nun der Alte zu mir — den kenn' ich schon lange — und verlangte Geld.

5. Fragende Fürwörter.

Was wird nach allen Verhältnisswörtern angewendet: zu was, mit § 196a. was, von was, an was, in was, um was, während die Verbindungen wozu, womit, wofür u. s. w., wenig gebraucht werden; z. B. durch was is er denn was geworden? — Was für ein wird meist getrennt. „Was is denn das für e Haus? Was is denn das heute hier wieder emal für e Krakehl?" vgl. § 236. — Wess für welches besteht noch in der Redensart: Wess Zeichens ist er? — welches Gewerbe hat er; ebenso: wess Standes; wess Wegs seid'r gegangen?

6. Unbestimmte Fürwörter.

Die Form **alles** wird oft mit der Mehrheit eines Hauptwortes verbunden: § 196b. — Die Cigarren sin alles keene guten; die Häuser sin alles Kasernen; alles die Restaurationen heissen jetzt Kafés; s. alle und alles im W.-B. u. vgl. § 237. Etwas verkürzt man stets zu was, s. dieses im W.-B.

VI. Hilfszeitwörter.

Haben heisst hām, nachlässiger hamm, Bspr. hann. Ich habe — ich § 197. hawe, wir haben — mer hamm (St., B.); ihr hatt f. ihr habt und ihr hattet; Bspr. ich hotte oder hutte. Rl. Gehabt — gehatt, mhd. gehāt; Eg.: kōt, Zusammenziehung von gehot. Sein — sinn, mhd. sin; er is; m'r sinn, mhd. sin; se sinn, ihr seid § 198.

oder sidd, mhd. sit; vornehmer auch: wir sein, sie sein; Schl., Eg., Rh., MU. u. s. w. In einer Generalversammlung von Aktionären der Leipzig-Dresdener Eisenbahn sagte ein Leipziger Bürger laut stenografischer Niederschrift: „Mir alle hier, die de mir hier beisammen sein, mir sein gewiss überzeugt, dass de unser Direktorium alles Vertrauen verdient". — Sind wir, seid ihr — simm'r, seid'r oder sidd'r. — Für gewesen hört man auch die alte Form gewest; P., Schw., Eg., L., Wn.; holl.: geweest. — Der Imperativ heisst nach alter Art: bis; bis so gut, engl. be so good; bis nich so dumm; Eg.; — Köln: bess; Sdt.: bIs u. bis.

Mitunter werden die Hilfszeitwörter haben und sein vertauscht: — Ich habe ihm begegnet (wie: ihn getroffen; so bei Goethe, Schiller, Heine). Sie hatte fast verzweifelt. Er hat gereist, z. B. für das Haus N. & Comp., ist bei Kaufleuten beliebt. Ich habe geritten, geklettert, geschusselt, — aber: ich bin lange auf dem Eise 'rumgeschusselt. — Ich bin viel mit ihm verkehrt; wir sind da übernachtet. Der Blitz ist in das Haus eingeschlagen (wie: gefahren). Ich bin an ihn angerennt, wie: ich bin an ihn angestossen.

§ 199.   Werden — wärn (sprich währn). Präsens: ich wäre, du wärscht, er wärd, m'r wärn, ihr wärt, se wärn; — Imperf. ich worde, Bspr.: ich wurre. Auch eine Mehrheit von „ich ward" wird von Landleuten gebildet: wir warden, sie warden. Für „worden" im Passiv sagt man manchmal „geworden:" — Das ist lange bezahlt geworden.

§ 200.   Dürfen — derfen: ich derf, du derfst, er derf, wir derfen, ihr derft, sie derfen; Eg.; — in gezierter Sprache: ich dürf, er dürf, wir darfen; — ich dorfte f. durfte; — ich dörfte, ich derfte f. dürfte; gedorft u. s. w. Rl. —

    Können — genn': ich gennte f. könnte; Bspr. ich gunte f. konnte. — Sollen: Bspr. ich sall, ich sallte.

    Wollen: Bspr. ich wullte, gewullt; mhd. wullen, wellen.

§ 201.   Die Partizipien: gekonnt, gewollt, gesollt, gedurft, gemocht, gebraucht, gelassen, gemusst stehen auch neben Infinitiven: er hat nicht kommen gemocht, aber er hat kommen gemusst; das hättest du nicht zu thun gebraucht; ihr habt mich nicht gehen gelassen; wir haben das Bier stehn gelassen; nach dem Eg. zu und in Th.: er hat geben musst; er hatte fahren wollt. Dgg. hörten wir von einem hiesigen Schulmanne die entgegengesetzte Konfusion: „Ich habe die verschiedenen Uebertretungen suchen heraus zu bekommen; der eine Schüler hat sogar suchen, Geld zu erpressen".

§ 202.   Thun wird nicht selten als überflüssiges Hilfszeitwort gebraucht (nach englischer Art): Thut er denn mitspielen? Er thut nich schreiben; manchmal sogar doppelt: Wenn ich hier naussteigen thun thue, thu ich nuntersterzen; V.

VII. Zeitwörter.

Schwache Konjugation.

§ 203.   1. Die Zeitwörter, welche die Endung nen nach einem Konsonanten haben (z. B. regnen, begegnen, zeichnen, rechnen, welche règen, begègen, zéchen, rechen ausgesprochen werden, s. § 121, 2), setzen statt der Endungen net, nete immer ent, ente: er zeichent, zeichente, gezeichent; es regent, regente, geregent; er rechent, rechente, gerechent; sie begegente uns. Sie nehmen also statt des Biegungs-e das Bildungs-e wieder an, wie im Hochdeutschen: er lächelt, sammelt, hämmert; dsgl. in ND. So wird auch atbmen konjugirt: er athent, ich athente, geathent; auch: ich athne, wir athen. Oft hört und sieht man auch den entgegengesetzten Fehler: Zeichnenlehrer, Rechnenheft.

§ 204.   2. Die Bequemlichkeit und der Verkürzungstrieb machen sich in ausgedehnter und folgerichtiger Weise bei den Zeitwörtern auf — den, — ten, — then geltend; deren Formen werden so zusammengezogen, dass immer nur ein d oder t gehört wird, und gleichzeitig wird die betreffende Silbe kurz, so wie bei treten: tritt, reiten: ritt. Ebenso im Eg., so auch schon mhd. warte, kleite, båte und batte als Imperfekte. Man vgl. die englischen Formen it costs, it cost, he hurts, he hurt, u. s. w.; die gleiche Verkürzung findet sich auch im Schwedischen bei Zeitwörtern auf -ta und -da: heta, Imperfekt: hette oder het, hiess; sprida: spred, verbreitete; dän. und holländ. ähnlich.

Beispiele:

Waten: Präs. ich wäte, du wattst, er watt, wir wäten, ihr watt; — Imperfekt: ich wätte, du wattst, er (ihr) watt; — gewatt und gewäden; ebenso gehen braten: es brätt, es bratte, gebratt und gebraden; — rathen: er ratt, er ratte (= rieth); gerathen, heirathen.

Schaden: es schatt, es schatte, es hat geschatt; so baden, laden; über gelatt und geladen s. 207 e.

Beten: ich bête, du bättst, er bätt; er bätte, gebätt; ebenso: knêten, brêten (fertig bringen), lauten (f. läuten, s. auch § 206), arbeiten, reden, retten, ketten, betten; kleeden (kleiden): er gledds'eb än f. er kleidet sich an; er gledde sich, er kleidete sich. Aehnlich die Einzelform „das Messer schnitt" anstatt schneidet. Bspr.; s. § 59; treten wird stark konjugirt, wie schriftdeutsch.

Miethen: du mittst, er mitt; — er mitte (miethete); gemitt. Ebenso nieten, schmieden; auch: es sidd f. siedet; er bott, gebotten, in Bspr. f. bot geboten; du bietest und du bittest klingen gleich: du bittst.

Bluten: es blutt, er blutte, geblutt; ebenso: vermuthen, sputen; rosten, mästen, misten, fasten, husten, achten, trachten; fürchten: Präs. er fercht, Imperfekt er ferchte oder forchte (Uhland: Der wackre Schwabe forcht sich nit). — Antworten: er antwort, er antworte, geantwort; sie antworten ist also Gegenwart und Vergangenheit. In gleicher Weise werden landen, ernten, wenden, senden gebildet: er wend' sich, er wennde sich; der Umlaut a bei wenden und senden ist ungebräuchlich; s. § 205.

3. Kennen, nennen, rennen, brennen, nehmen den Umlaut a nicht §205. an (s. 204 E.): ich kennte, sie nennten, wir rennten, sie brennten, er hat mich gekennt, genennt, benennt (neben: beniemt), er ist gerennt, es hat gebrennt; — bei Rammler: gebrennet; mhd. brante und brennete, gebrant und gebrennet; holl. gekend; schott. kend; so auch: meine Bekennten f. Bekannten; Eg. — Umgekehrt lautet man ab: es schmeckte — es schmäckte (Bspr.); Sdt.; anderwärts auch: es schmak, es schmok.

4. Manche Zeitwörter der starken Konjugation werden im Dialekt schwach §206. konjugirt (wie in engl. Dialekt: I seed, he comed, we telled f. saw, came, told); so: er befehlt; er fechtet, sie fechteten, sie flechtet, er scheltet, ich leihte, er scherte, er speite, es gleitete, es gedeihte.

Anfangen: er fangte an, aber auch stark, s. § 210.

Hauen (mhd. houwen): er haute (bei Voss), er hat gehaut; bei Hl.: er höb f. hieb; heisst hauen Heu machen, heuen (mhd. höuwen), so bildet es die Vergangenheit schwach: — sie hauten, das Partiz. aber stark: die Wiese ist gehauen (gemäht).

Scheinen: die Sonne scheinte, der Mond hat gescheint; seltener.

Weisen: ich weiste f. wies; man hat ihm die Wege geweist (bei Logau), daher: „das hat seine geweisten Schubsäcke" d. h. seine gewissen, bestimmten Gründe; Eg.; „geweiste Gründe"; auch schriftdeutsch.

Rufen: ich rufte neben ich rief; er hat mich geruft, auch gerufen.

Backen: er backte f. buk, aber nur: er hat gebacken; ist im holl., dän., schwed. auch regelmässig geworden.

Biegen: Bspr. beegen; ich beege, ich beegte, es hat sich gebeegt.

Ueber gewest s. § 198; gebatt, gebratt u. s. w. § 204. Von salzen bildet man gesalzen, seltner: gesalzt. Von falten gefaltet, seltner: gefalten; von spalten gespaltet, — gespalten aber dient als Adjektiv: er hat Holz gespalt (auch gespellt); der Tisch ist gespalten. — Von lauten, welches für läuten gebraucht wird, sagt man: es laut, s. § 204; es hat gelauten; Bspr. es litt f. läutet; es hat gelitten; Eg. — Bspr.: gewisst f. gewusst, wie mhd.

Im Scherz bildet man Formen wie: genossen f. geniest, der Ungebildete
verwechselt aber auch beide; ferner: gemorken f. gemerkt, gewunschen (Sz.),
blamoren (Brl.), gewunken (Eg., Sz., ist alt;), geschonken (holl.), gebrungen,
vulgäres engl. brong f. brought. — Ausserdem s. noch § 148, 1.

§ 207.　　5. a) Die Zeitwörter: verderben, löschen, schmelzen, quellen,
schwellen haben ihre Doppelformen (stark f. Intransitiv und schwach f. Transitiv) eingebüst; man sagt: Das böse Beispiel verdirbt gute Sitten; die Milch
verdirbt; das verdarb Alles (ist auch schriftdeutsch geworden; s. noch § 206).
— Er löscht das Licht aus, es löscht von selbst aus; es löschte aus, es ist
ausgelöscht, verlöscht; er hat es ausgelöscht; — er schmilzt das Blei; der
Schnee schmilzt; ich schmolz das Blei; es zerschmolz leichte; man hat es ein-
geschmolzen; die Gerste wird gequollen (f. gequellt); die Hand schwellt an,
die Füsse schwellten mir an. — Hangen und hängen werden überall ver-
mischt, wie auch in der Schriftsprache sehr oft: — Ich hing das Bild auf; es
hing oder hang (Bspr. hung) an der Wand; er hat sich gehangen; es hat dort
gehangen; ich habe den Rock an den Nagel gehängt oder gehangen.
　　b) Bei erschrecken ist im Präsens der Unterschied auch verwischt: Du
erschreckst darüber, er erschreckt davor, wie: du erschreckst mich, er erschreckt uns. Dagegen bleibt im Imperfekt und Partizip der Unterschied ge-
wahrt: — Ich erschrak darüber, er erschreckte mich; ich habe euch wohl erschreckt? Ich bin erschrocken (Magdeburg: ich habe mich erschrocken).
　　c) Richtig beachtet wird die Unterscheidung bei: schleifen, weichen,
wiegen, bescheren; z. B.: Er schliff das Messer; er schleifte den Rock an der
Erde herum. Er weechte die Bräzeln ins Bier; er wich mir aus. Wir haben
Wäsche gebleicht; das Zeug ist ganz verblichen. Ich wiegte das Kind; Rieke
wiegte den Kohl; ich wog den Ballen. Wir bescherten uns zum Geburtstage
(der Infinitiv heisst bescheren); er hat sich den ganzen Bart beschoren (Infinitiv bescheren).
　　d) Bei stecken machen wir zwischen er steckt und er stickt denselben
Unterschied, welcher im Schriftdeutschen nur in der Vergangenheit zwischen
steckte und stak vorhanden ist: Er steckt den Schlüssel an; der Schlüssel
stickt. Wo stickt denn nur der Junge? ND. Der steckt es ihm gehörig (liest
ihm den Text). Der Infinitiv heisst auch sticken (Frankf. a/M.): — Wo er nur
sticken mak? aber: wo soll ich's denn hinstecken; so unterscheiden wir auch
senken und sinken u. dgl. — In der Provinz Sachsen sagt man dgg.: Er stach
es in die Tasche; wo hast du gestochen? Auch mhd. ist stēchen = stecken.
　　e) Laden hat zwei Partizipien: er hat das Holz geladt ist das einfache Perfekt im Sinne von: er hat das Holz auf den Wagen geschafft; dagegen heisst:
„er hat Holz geladen," seine Ladung, Fracht besteht aus Holz; „er hat
(schwer) geladen," ist betrunken.

Starke Konjugation.

§ 208.　　Imperfekt mit o statt des schriftdeutschen a: Ich befohl, begonn,
besonn mich, gewonn, golt, holf, es ronn (geronn), ich scholt, ich sponn,
schwomm, stohl, storb, verdorb, worf; Eg.; der Vokal des Imperfekt stimmt
dann also mit dem des Partizips überein: befohlen, begonnen, besonnen u. s. w.
Viele dieser Dialektformen entsprechen den alten deutschen Formen, goth.
halp, Plural hulpum; ahd. half, hulfumēs; mhd. half, hulfen. Manche
davon dienen jetzt noch zur Bildung des Konjunktives: Ich beföhle, es
begönne, er gewönne, es hülfe (deutlicher als hälfe), er stöhle, ich
stürbe, er würfe. Gleiches gilt von den Formen der folgenden §§. — In
Bspr. auch: ich begunn, auch begunnte, ich besunn mich, ich gewunn, hulf,
spunn, schwumm oder schwumb, geschwummen (alt), sturb, verdurb. Holl.:
begonn, zon, won, gold, schold, spon, zwom; engl.: begun, won, holp (vulgär), spun,
swum, stole; schwed.: halp, Plur. hulpe; ran, runno; stal, stulo; van, vunno;
sam, summo (schwimmen); span, spunno. — Von stossen gibt es neben ich
stiess auch noch: ich stöss und ich stösste.

§ 209.　　Imperfekt mit u statt a, ablautend von i, vor nd, ng, nk: Ich bund,
drung, fund, es gelung, er gung (Bspr.), hung (Bspr.), klung, ich

rung, ich schlung, schwund, schwung, sung, sunk, sprung, stund, stunk, trunk, verschwund, wund, zwung. — Holl.: ich bond, drong, vond, klong, wrong, zong, zonk, sprong, verstond, stonk, dronk, verzwond, wond, dwong; — engl.: bound, found, rung, wrung u. s. w.; schwed.: band, Plur. bundo; fann, funno; sprang, sprungo; stank, stunko; drack, drucko; förswann, förswunno; tvang, tvungo.

Imperfekt mit u f. i, von a abgelautet: Bspr.: ich blus (engl. I blew), § 210. es fung an, er ful; Eg.; selten: ich jug f. jagte; die Partizipien sind wie hochdeutsch: geblasen, gejagt u. s. w. Von anfangen bildet man auch schwache Formen: er fangte an, es hat angefangt; auch einen Konjunktiv: es fänge an. Holl.: ik ving und vong — ich fing; schwed.: föll von falla, fallen; holl.: ik joeg und jagde von jagen; dän.: jog von juger.

Imperfekt mit u f. i, von e abgelautet: Gehen, Bspr. ich gung; ost- § 211. fries.; im V.: ich geng, ich gang, ich gong, ich gung. Den Konjunktiv: es gänge wohl, hört man auch von „Gebildeten“ sehr oft, sogar in öffentlichen Reden, bei Schulprüfungen u. s. w. Die Bspr. bildet übrigens auch das Präsens: es gieht: ebenso von stehen: er stieht, auch: er stitt.

Stehen: ich stund; holl.: stond; dän. und schwed.: stod.; engl.: stood; — s. gehen.

Hängen: es hang, Bspr. hung; holl.: hong; schwed. und dän.: hang.

Imperfekt mit ö f. i̅, ī, Bspr.   § 212.

Beissen: ich beess f. biss; a. d. Ruhr: he beet; holl.: beet; schwed.: bet; dän.: bed (in diesen drei Sprachen ist diese Art des Ablauts häufiger als im Deutschen; im Holl. hat hier der Infinitiv überall den Laut ij, z. B. bijten, blijven, zwijgen; engl. bate f. bit, veraltet.

Bleiben: Imperf: ich bleeb, blĕb; se bleben, a. d. Ruhr; ostfries.: blēv; holl.: bleef; schwed.: blef; dän.: blev.

Bleichen: es bleech anstatt es verbleichte.

Blitzen: es bleez f. blitzte; selten.

Greifen: ich greef f. griff; ostfries. und holl.: greep; schwed.: grep; dän.: greb (mhd.: greif, reip, schreib f. griff, rieb, schrieb).

Heissen: er heess, selten, f. hiess; schwed.: hette, dän.: hed; das Partizip gehiessen hört man selbst von Professoren; Eg., Th., auch in Volksliedern gebraucht.

Kneipen: ich kneep anstatt knipp; holl.: neep; schwed.: knep, nöp; dän.: kneb.

Schreiben: er schrĕb f. schrieb; s. greifen, oben.

Schreien: ich schrēk, auch schriek; geschriechen; Eg.; schwed.: skrek; dän.: skreg.

Schweigen: ich schweeg; a. d. Ruhr; holl.: zweeg.

Einzelnes. Kommen hat sehr verschiedene Formen: ich gomme, gumme; § 213. du gommst, gummst, gömmst, gimmst (ND. u. Eg. kümmst); er gommt, gummt, gömmt, gimmt (kimmt in Schl., Köln); die Formen mit o sind die gewöhnlichsten in der Stadt, die mit u und i liebt der Bauer, die mit ö (alte Form), Leute, die sich zieren; letztere sagen auch mit Vorliebe „er frägt oder freegt“. Dieselben Formen in Bö., B., V.; in B. hier und da noch quimmen, Köln: quomen f. kommen (ahd. quimu, er quam). Das Imperfekt heisst: ich gam, ich gamp; der Konjunktiv dazu: ich geeme. — Fechten und flechten s. § 206, fürchten § 204.

Bspr.: von thun es dit — thut, das dite f. that; — von loofen — laufen: ich loff, geloffen; Bsl.; — von saufen: er suff f. soff.

VIII. Verhältnisswörter.

Bei bezeichnet die Ruhe, und regiert dann den Dativ, wie im Schriftdeut- § 214. schen: — bleib bei mir; es drückt aber auch Bewegung aus und regiert dann den Accusativ; es nimmt also beide Kasus, gerade so wie hochdeutsch: in, an, auf, hinter, vor, zwischen u. s. w. — Komm ä bischen bei mich; ich kam bei die Herren zu stehen; geh nich bei die Färe (komm den Pferden nicht zu nahe); ND.: bi; — auch das ahd. bi regiert Dat. u. Accus. Köln: „sätz dich her bei mich"; — Luther: „Saulus versuchte, sich bei die Jünger zu machen"; „tritt bei dein Brandopfer"; „da traten bei sie zween Männer". — vgl. zu Hause im W.-B.

§ 215. Gegen im Sinne von „verglichen mit oder neben" wird oft mit Dativ verbunden: — gegen mir ist der gar nischt; aber: er ist immer gegen mich; Luther: ich achte es Alles für Schaden gegen der Erkenntniss; auch: er wird gegen allen seinen Brüdern wohnen; Goethe: mein Blut darf sich gegen dem Eurigen nicht schämen; so auch bei Uhland, Lichtwer u. s. w.; s. § 189.

§ 216. Die Präpositionen, welche hochdeutsch den Genitiv regieren, werden mit dem Dativ, seltner mit dem Accusativ verbunden, soweit sie überhaupt gebraucht werden, denn gegen den Genitiv hat man eine Abneigung (s. § 223 ff). So bes. bei: wegen, halber, statt: — Er kam wegen dir in Ungelegenheiten; wegen mir (meinetwegen) kannst du es thun; noch lieber sagt man: vor mir f. meinetwegen; hingehen will ich schon, dem albern Kerle aber nicht wegen (aus dem Munde eines Fabrikanten); wem seintwegen thut ihr denn das? Th. — Wegen was kam er denn bei Dich? Ebenso schreiben Kaufleute: wegen Mangel Zahlung! — Dem seinethalben geht's noch fort. Den ihrenthalber warten wir nich, aber 'n Gelde halber. „Einem starken Schnupfen halber konnte mein Sohn die Schule nicht besuchen". In Sz.: unterhalb dem Bahnhofe. — Statts Geld gab er mir Waare. — Da wir nun gern Sie für Ihnen setzen, sagen wir auch: „wegen Sie hab ich keine Angst!" Indess sind auch die Formen „meinethalben, deinethalben" u. s. w. in Gebrauch; auch sagt man „schandehalber, ehrenhalber". — Bei Anwendung des Genitiv verirrt sich mitunter das s: — Ich ging's Vergnügen wegens hin; Ehren halbersch; den Gelde halbersch haben sie sich gezankt. — Wegen mit Dativ findet sich bei den verschiedensten Schriftstellern; bei Freytag in der „Verlorenen Handschrift" drei Mal; ferner in der Jobsiade, bei Castelli, Lessing, Heine, Gutzkow, Schiller; sogar Genitiv und Dativ neben einander bei Goethe: „Wegen der Furien und dem Gespenst".

Wegen mit dem Dativ gestattet auch ganz hübsche Verkürzungen der Rede: Wegen dir Esel (deinetwegen, du Esel), wegen euch Dummhüten; bei der Anrede Sie geht es aber nicht, und wir sagen: Wegen Ihnen, Sie fauler Mensch.

§ 217. Zwischen wird meist doppelt gesetzt, auch von Gelehrten bei öffentlichen Reden: Zwischen der Pleisse und zwischen dem Walde; Sz. — Bei Freytag „die Brüder vom deutschen Hause", S. 3: „Zwischen dem Hofe von Ingersleben und zwischen der Hofburg." So auch: Der Unterschied von jetzt und von früher.

§ 218. Vor und für sind gleich: — Er thuts fr mich, er stellt sich v'r mich hin; so in Musäus' Märchen: „es ekelt ihm für der losen Speise; Furcht für den Sarazenen; davor bin ich Mutter". Vgl. fürlieb und vorlieb nehmen, denen der Leipziger noch zugesellt „verliebt nehmen". — vor eher er nich bezahlt, kriegt er Nichts (bevor).

§ 219. Einzelnes: Auf bildet einige besondere Redensarten: — Er spielt auf Teufelhole (sehr verwegen); sie arbeiten auf Mord (sehr angestrengt, in der Form wie „aufs Gerathewohl"). — Der Eene studirt uff'n Pastor, der Andre uff'n Advegaten. — Er wohnt auf dem Markt, auf dem Fleischerplatze, statt am. — Sie ist Braut mit ihm (Schw.; so schreibt auch Gerstäcker); er liess sich mit seiner Frau scheiden; er ist böse mit mir; — er ist der Vater, Pathe zu dem Kind (god-father to the child); er sagte gar nicht adieu von mir (er verabschiedete sich nicht von mir). — So e Schafgopp von e Jungen! (= ein so dummer Bursch.) — Er kricht's mit der Angst (er bekommt Angst, s. kriegen im W.-B.); auch: er hat's mit der Angst (ist ängstlich).

Wenn ein Wort von zwe iPräpositionen abhängig ist, setzt man es oft nur einmal, wenn gleich zwei verschiedene Kasus erforderlich wären: — mit oder ohne Fell; mit oder ohne Eier.

IX. Bindewörter.

Eigenthümlicher Gebrauch. Gegen die strenge Regel der Grammatik § 220. steht **wie** fast immer für **als** sowohl von der Zeit, wie nach einem Komparativ: Wie ich ausging. regnete es; er ist **grösser wie ich**, noch lieber: „**grösser als wie ich**"; V., Eg.; so bei den besten Schriftstellern und unabänderlich in allen Brl. Zeitungen. — Die Karte sitzt verkehrt, als wie de denkst (ganz anders als —). — Wie in bes. Sinne: „das redst du **wie schlecht**" d. h. gegen deine Ueberzeugung.

Da (seltener: **denn**) beginnt gern den Nachsatz: Wenn's regnet, da bleiben wir heim; ehr das zu Ende gommt, da dauert das lange; wenn der redt, da bin ich stille; weil er nich kam, da wurde ich böse; ebenso im Schwed. — Ferner steht **da** überflüssig nach Bestimmungen, die den Satz anfangen, also ungefähr einem Vordersatze gleichkommen: — Vorigte Woche, da war er hier; für so e Spiel, da lieber gar Nischt (Adv. und Konj. mischen sich hier; vgl. das verstärkende Adv. **da** nach Relativen, § 195). Da ist überhaupt die Lieblingskonjunktion; ein Knabe sagte: „Da verlor Eener fünf Groschen, da guckte ich hin, da glänzte was, da loff ich hin, da lagen sie da." Das erste Adverb **da** heisst hier „es geschah, trug sich zu"; so pflegen auch Märchen und Geschichten zu beginnen: Da war emal e Mann f. es war; vgl. engl. there is, was u. s. w." Seltener wird **nu** so gebraucht: Nu, nu's schneit, is es gleich milder (jetzt da); warum geht's denn nu, nu ich dir helfe?

und statt eines Infinitiv mit **zu**, welcher viel zu gelehrt erscheinen würde (so auch oft in Hochdeutsch): — Sei so gut und gib mir das; bis nich so dumm und gehe hin (du wärst dumm, wenn du hingingst); nu fung's an un schneite; jetzt fängt's an un werd (es beginnt zu werden, sich zu gestalten u. s. w.); er fangte an un lachte; untersteek dich und nimm das (untersteh dich, das zu nehmen); er wagde sich's un gletterde iw'r'sch Stachet.

derweile f. **während** (im Sinne von: statt dessen, tandis que): Ich dachte, er wäre fort, derweile ist der noch hier.

ehe, etwas konfus gesetzt: Ich will das machen, ehe es zu lange dauert (damit nicht).

So f. **wenn** erhalten iu: „so Gott will".

Bis f. **dass**: — er gann's nich erwarten, bis er sei Geld kricht.

Ob f. **wenn**: — mich wundert nur, ob der Zug schon da ist (soll heissen: es würde mich wundern, wenn der Zug schon angekommen wäre).

Ueberflüssige Bindewörter. — **Dass**, vor dem ersten Nebensatze § 221. weggelassen, wird doch vor dem zweiten eingeflickt, nach engl. Art: — Sie dachte, wir wären schon lange fort, und **dass** wir gar nicht wiederkämen. Er sagte, es würde schon richtig sein, und **dass** er's gar nicht erst nachrechnen wollte. — **Dass** steht gern nach anderen Bindewörtern: — Er kann es nicht versprechen, **indem dass** er schon etwas andersch vorhat (indem dass gilt im Volke für „feiner" als das blosse indem; so auch bei Rtr.). Je mehr **dass** er trinkt, je mehr **dass** er Durst kriegt; seitdem **dass** ich das Fieber gehatt hadde; während **dass** ich noch so dastand; obschon **dass** der Omnibus ganz voll war; ich möchte sehen, wieviel Pfund **dass** er gekauft hat; ich weiss nicht, wielange **dass** er dableiben will; wissen Sie, wieweit **dass** das ist? wie dumm **dass** du redst! — Es kommt darauf an, was für einen Einband **dass** die Bücher kriegen; — statt **dass** die Laterne, **dass** die so stellt, stund sie so 'rum; — er hat geglaubt, wunderwieviel Jahre er kriegt; ne, die vielen Schulen, **dass** es hier gibt! — der Mann, in dessen Hause **dass** er wohnt. Meine Tanten blieben nich lange da un da dacht'ch: da willste wenigstens **dass** de etliche Partien mit'n machst. — An unsern Schulen flanzen se jetzt iwerald (überall) Waldbeeme; na, wer das emal erlebt und **dass** die gross wer'n, da werd's scheene.

Dass dient auch als Stellvertreter einer vorhergehenden Konjunktion, die man nicht wiederholen will (ganz wie das französische que): — Wenn er kom-

men sollte und dass ich nicht zu Hause bin; weil du gestohlen hast und dass
du ooch noch lügst, sollste tüchtige Prügel kriegen. — Endlich dient dass
auch zu Vermeidung des minder gefügigen Infinitivs: — Das is enne scheene
Stelle, die muss ich sehen, dass ich (sie) kriege. — Hier is e Gnopp los, den
muss ich sehen, dass ich wieder feste mache; — das Fährd muss ich machen,
dass ich los wäre (ich muss mich beeilen, es loszuwerden).

denn weil: — Das Essen hält sich nicht, denn weil Petersilie daran ist
(aus dem Grunde, dass); ebenso ND.: wil dat.

je desto:— Je ehr de gehst, je desto schneller biste dort. Eine Obstfrau
soll gesagt haben: „Je deste bohmfleektichter (baumfleckiger) dass de de Flaum'
sin, je deste besser dassen se schmecken".

um damit: — Ich kaufe es nur, um damit ich von allen Arten habe; er
schrieb ihm, um damit er nicht etwa kommen sollte.

Ueber als wie s. § 220; so auch: „Es schmeckt so ähnlich als wie
Muschgade" (fast wie Muskate).

Ferner: Ich erwarte Briefe, alleene abr's gommen geene; so auch: indess aber, jedoch aber.

Weggelassen wird um zu nach gehen wie bei: ich gehe baden, betteln u. s. w.
— sie gingen Holzholen; ich ging nach dem Feuer sehen; Schl.

Vierter Abschnitt.

Zur Satzlehre.

A. Gebrauch der Kasus.

I. Genitiv.

1. Der Genitiv ist, wie schon mehrfach erwähnt, fast ganz erloschen, § 223. sowol bei Hauptwörtern als bei Fürwörtern. Ausdrücke wie „meines Vaters Haus, der Preis meiner Uhr, sie erbarmten sich seiner, ich war dessen überdrüssig" gelten für gelehrte Ziererei; man ersetzt den Genitiv, wie in Schl., B., Eg. u. vielen anderen Gegenden durch einen anderen Kasus, z. B. bei den Präpositionen, s. § 216, durch Besitzwörter, § 193 d, durch ein Verhältniswort, bes. durch von, durch besondere Wendungen u. s. w.

Beispiele mit Zeitwörtern: — Rühme dich was Bessers. Was beschuldigt er mich? Ich bin mir das nicht bewusst. Man wird es ganz entwöhnt (wie: gewöhnt). Wie kannst Du Dir das erdreisten? Das kann er versichert sein. Dies war er überzeugt. Ich kann mir den Schlaf kaum erwehren (wie: abhalten). Sie konnte sich das Lachen nicht enthalten. Was ich gethan habe, da schäm' ich mich gar nicht. Das hatt' ich mir nicht versehen. Ich kann mich noch darauf (daran) entsinnen. Das besinne ich mich genau. Den Mann erinnere ich mich noch. Ich hatte ganz daran (darauf) vergessen. Wir erbarmten uns über den Braten (d. h. assen ihn eifrigst, vielleicht auch heimlich auf). Ein Gastwirth schloss seine Einladung im Tageblatt also: „Einem zahlreichen Besuche hält sich versichert H. M." — Bei Eigenschaftswörtern: — Ich bin ihn habhaft geworden. Ich wurde ihn ansichtig. Ich bin es überdrüsse, satt, müde. Das ist der fähig! — So Etwas ist den Eltern nicht würdig. Dieser Zustand war dem jetzigen Leipzig nicht mehr würdig. (Letztere beiden Sätze flossen von einem Katheder!) — Bei Hauptwörtern: — der Bau von dem Hause; die Liebe von den Kindern; der Griff von (an) dem Stock; eine Tante von mir (franz.: une tante à moi).

2. Am häufigsten kommt die Umschreibung des Genitiv vor, welcher einen Besitz ausdrückt; s. § 193 d. — So: Der Mann, von dem ich die Kinder in Pension habe. Meiner Mutter ihr Haus und meinem Onkel seins (wie franz.: une maison à moi). Dort kommt dem Förster Seiner (f. des Försters Sohn). Das ist dem seine Sache. Der ihre Eltern kenn ich. Wir suchen nach Meyern seinen Hute. Ich setze meinen Namen nicht unter den zweien Leuten ihren. „Dem Einen sein Tod ist den Andern sei Brot." „Man muss das Seine zusammennehmen und wo möglich andern Leuten ihrs mit!" — Das Pronomen hinter dem Genitiv findet sich bei den besten Schriftstellern, bei Lessing, Bürger, Wieland, Jean Paul, Gellert, Schiller, Goethe, B. Auerbach; z. B. bei Goethe: „Wenn Dein Herz nicht grösser ist als Andrer ihrs. — Euere Alceste mag gut sein, ... des Euripides seine habe ich doch ganz ausge-

hört". J. Paul: „Ich nahm mit heisser Hand Carlsons seine". Vgl. engl.:
Bill Stump's his mark, — Pickwick.

§ 224.   2. Erhalten hat sich der Genitiv in verschiedenen Fällen, unter Anderem gerade auch zur Angabe eines Besitzes, besonders an Eigennamen,
Verwandtschaftsbezeichnungen, Titeln und an persönlichen Bezeichnungen, welche den Namen gleich geachtet und daher ohne Artikel gebraucht
werden; dann aber schickt man den Genitiv immer dem Hauptworte voraus:
— Das ist Winter's Gut; ich gehe durch Meier's Hof; er war in Pastor's Garten;
uf Farrer'sch Felde; in Nachbar's Hause; der Gärtner is Brudersch Sohn mit
ihm; Mutters Bruder. Alles Dies aber mehr in Bspr.; in der Stadt sagt man
lieber: Im Pastor seinen Garten, Winters ihr Gut u. s. w. Und dem Landmanne,
der eben gesagt hat: Pfarrers Hund, Schulmeisters Kuh, fällt es gar
nicht ein zu sagen: unsers Pfarrers Garten, des Schulmeisters Wohnung u. dgl.
Allgemein gebräuchlich sind u. A. folgende Redensarten: Fremder Leutens
(auch fremder Leute) Brot essen; in reicher Leutens Dienste; in ander Leutens
Hause; ander Leutens Geld; fremder Menschens Sachen; „er ist armer Leutens
Ochse, er hat nur ein Horn"; hier liegt noch Jemands Geld; ich habe Nie-
mands Hut genommen; er reitet auf Schusters Rappen; man möchte des
Kukuks werden; Bsl.; bist du denn ganz und gar des Teufels! was zum
Theil auch schriftdeutsch ist. — Aehnlich: Ich bin ein Hundsfott meines Na-
mens, wenn's nich wahr is (= Schänder meines Namens); „Es ist wahrhaf-
tigen Gottes nicht so" hört man neben „wahrhaftigen Gotte;" vgl. noch § 228.
Auch in Wortzusammensetzungen ist der Genitiv noch in Aller Munde:
— Vergissmeinnicht, Gedenkemein; auch: Kalbsleder, Stubensthüre,
Schwerenothskerl.

§ 225.   3. Sehr gebräuchlich ist der Genitiv als Zeitangabe, wie in der Schrift:
— Morgens, Mittags, Abends, Nachts, Sonntags, Feiertags, 's Jahrsch eemal.
Ebenso auch: den Hut trage ich nur der Woche, nicht Sonntags; ich habe sogar der Nacht keine Ruhe; — Bspr.: Gestern Abends war er da, aber nicht:
morgen Abends, auch nicht heute Abends, wofür: hinte Abend oder hint Abende
gesagt wird. Jakobi zog er aus (elliptisch); ähnlich wird sogar gebildet: zu
Palmari.
     Als Ortsbezeichnung ist der Genitiv selten; ein Mann im Dorfe Lösnig
antwortete mir auf die Frage, auf welchem von zwei Wegen man in die Stadt
käme: „beederwegs" (adverbial; mhd. beider wege = auf beiden Seiten).

§ 226.   4. Zur Angabe eines Theiles wird besonders der Genitiv der persönlichen Fürwörter gebraucht: — Wir sind unserer sieben; ihr seid ihrer acht;
es sin'r'r viel; wieviel seid'r'r (seid ihr ihrer) denn? de Eppel sin nich deier,
's gibbt'r'r hei'r viel; Ihrer wird sogar überflüssig hinzugesetzt: m'r sin'r
unser viere; oder auch: m'r sin'r ihre viere; es sein'rer ihrer viele; Th., F., Hb.,
Eg., a. d. Ruhr.
     Die Formen: dessen und derer, verkürzt zu 's'n und 'r'r stehen zu Ver-
tretung eines vorhergehenden oder eines selbstverständlichen, leicht zu ergän-
zenden Hauptwortes, auch eines ganzen Gedankens: — Er hat kein Moos, aber
ich hab'n genung (j'en ai assez). Du machst e ewigen Kohl, mer ham e'n nu
balde satt. Wenn du's Maul nich hältst, ganst'r'r noch mehr besehn (kannst
du ihrer, nämlich der Prügel, noch mehr bekommen). Th., F., Hb.

§ 227.   5. Zu Angabe einer ungefähren Zahl, eines Masses, Gewichtes,
Preises, einer Zeit hängt man er an Hauptwörter: — Es gost e Dalerer fünfe
(kostet ungefähr 5 Thaler); e Guldener zehne; es sin e Hunderder dreie; ä Stücker
etliche; ä Zoller sechse; e Lother neine; ein Meilner siem (7); e Lachs von e
Pfunder sechse; än Ellner neine; e Schocker zwelfe; von de Gaffee drunk ich
so e Dassener viere (4 bis 5 Tassen); er war e Maler dreie hier (etwa drei Mal);
e Tager achde; e Wocher siem (7); e Stundner viere; e Monater zwëë; e Jahrer
elfe; es konnte um en Uhrer viere sinn; — es waren e Manner sechzehn, die
ausgehoben wurden; so bei Voss, Prutz, H. Kleist, Gutzkow. Eg., Bsl. — Di:
Dalerer, Jahrner, Pundner (Pfund), Fautner (Fuss), Stückerne.

§ 228.   6. Endlich sind noch stehende Redensarten mit dem Genitiv zu erwähnen:
sich seiner Haut wehren (hochdeutsch); sich keiner Arbeit scheuen; er
ist seines Handwerks ein Schneider; viel Wesens von Etwas machen, viel

Aufhebens, viel Geredes, gross Redens, wenig Federlesens, viel Rühmens, Lobens machen; P.P.; und die Ausdrücke der Kindersprache: Pferds spielen, Haschens, Versteckens, Räubersch, Schulens, Doktersch spielen; auch wohl: wir machen Pferds, Räubersch; Bsl.: Reuberlis mache; vgl. § 224 und das „wess" in § 196 a.

7. Da der Genitiv dem Volke nicht recht geläufig ist, so wird er natürlich § 229. auch leicht in konfuser Weise verwendet; so schreibt ein „Original-Weinbericht" im Lpz. Tageblatte: „Die Vegetation hat den übertriebenen Befürchtungen der erfrorenen Weinstöcke (!) ein Ende gemacht." — Vgl. auch die verdrehten Formen in § 216, wie: Vergnügen wegens, Ehren halbersch. Ferner die Verbindungen: aus Spasses halber, aus Unversehens, mit Namens Müller, § 242.

Eine missbräuchliche Anwendung des Genitivs, welche man selbst von Gebildeten oft genug hört, ist: „ich habe mich dessen unterzogen (nach Analogie von unterfangen); so in P. Lindau's „Gegenwart": wenn ich mich dieses Auftrags unterzöge.

II. Dativ.

1. Wo die Dative und Accusative „dem, den" durch nachlässige Aussprache § 230. zusammenschmelzen, fällt es dem Leipziger schwer, sie zu unterscheiden; er wird sagen: „mit den gehe ich nicht um" ansatt „mit dem oder denen"; „gibs'n" kann heissen „gib es ihm oder ihnen". Dagegen wird „die, das" äusserst selten mit „der, den" verwechselt, weil die gewöhnlichste Aussprache sie auseinander hält. Man unterscheidet stets „der Frau und die Frau, die Weiber und den Weibern, das Haus und dem Hause, die Häuser und den Häusern"; bei diesen Formen kommen Irrthümer nur bei Eingewanderten vor, bes. bei Norddeutschen und deren Kindern. Diese Zugezogenen brauchen indess gar nicht weit her zu sein, die betreffende Verwechslung ist schon in Halle s. S. zu Hause.

Bei „lassen" hat sich die früher allgemein übliche Verbindung mit dem Dativ erhalten, sobald zwei Objekte dazukommen; also nach französischer Art (s. Herrig, Archiv 27, 233). Man sagt zwar nie nach Berliner Weise: „lass mir jehen", wol aber „lass mir das Bild besehen"; lass deiner Mutter Nichts merken".

Einzelne Zeitwörter verbindet auch der Leipziger gern mit dem Dativ; so: ärgern, angehen, dauern, heissen, auch sich trauen, wenn noch ein Accusativ dabei steht: — Den Leuten ärgerte es allen gewaltig; das geht dir gar nichts an; ich traute mir das nich zu thun; er dauerte uns allen; wer hat ihr hingehen heissen? (Wie: wer hat dir das geheissen?) Umgekehrt wird widerstreiten gern mit dem Accusativ verbunden: „Das will ich nicht widerstreiten" (wie bestreiten, widerlegen), sagte ein Landtagsabgeordneter. Aehnlich: „ich habe das vorbeugen wollen". Bei kleiden, versichern, kosten (von Geld) streitet der Eine heftig für den Dativ, der Andere für den Accusativ als allein richtig; Zweierlei darf nicht erlaubt sein! vermeinen die Engherzigen.

2) Während mir und mich, dir und dich, ihr und sie fast immer richtig gebraucht werden, ist die Vertauschung von Sie und Ihnen bei den Ungebildeten fast Regel. Dieser Fehler und der Gebrauch von sein für sind verrathen bei uns geradezu den Standpunkt der sprachlichen Bildung, zugleich aber auch der Ungezwungenheit eines Menschen. Wenn die Leute sich nicht zieren, sondern natürlich reden, sagen sie nie sein, sondern immer sin für sein und sind; sie wenden dann auch die Form Ihnen nie an, sondern setzen durchweg Sie: — ich habe Sie ja gar nischt gesahn. Sobald aber der Laufbursche oder das Kindermädchen den „Sonntagsstaat" anhaben, wollen sie auch ihrer Sprache ein vornehmes Mäntelchen umhängen, und nun beginnt die Mengerei. Sein gilt geradezu und in jedem Falle für gebildeter als sind, und dass Ihnen höflicher ist als Sie, diese Anstandsregel wurde mir 1830 in Leipzig eingeimpft und vor kurzem hörte ich sie aus dem Munde einer Schweizerin an der Gotthardstrasse. Die Köchin sagt zu ihrer „Kamerädin": Wo sin se denn gewesen, ich hawe se ja ewig nich gesehen? ich wollte Sie immer 'was sagen; den Augenblick darauf aber spricht dieselbe zu einem fremden Herrn: „Sein

Sie schon lange hier? Ich habe Ihnen noch nicht gesehen"; und wenn er sie neckt, wehrt sie ab: „Nein, über Ihnen aber auch!" —
Diese Verwechselung von Sie und Ihnen tritt indess nur bei der Anrede ein, nicht bei der dritten Person: „Wo sin denn de Kinder; ich habe se vorhin gesehen; ich hab'n (ihnen) doch ihr Brot gegeben". Die gleiche Verwechselung findet man in Bö., L., Eg., Sz. u. s. w. Am Rhein ist Ihne für Dativ und Accusativ fast ausschliesslich im Gebrauch. In dem 1781 hier erschienen „Spaziergang im Küchengarten" steht: „Ich wünsche Sie sehr sanft zu ruhen".

§ 231.   3. Sehr beliebt ist in gemüthlicher oder nachdrücklicher Rede der Dativus familiaris von Fürwörtern erster und zweiter Person, der vertrauliche Dativ, welcher dem Angeredeten das Erzählte recht nahe bringen, ihn zur regeren Theilnahme, zur Zustimmung u. s. w. veranlassen will: — Damals war dir aber eine ekelige Kälte, un Gohlen hadd'n m'r d'r öch nich; hier is d'rsch scheene heess; das war euch eine Komödie; dem hab ich Sie aber eine Schelle gegeben, hernach bin ich Sie aber sehre ausgekratzt; mei Finger war dir aber emal geschwollen; geh mir nich in den Garten. — „Ich kann dir jetzt nicht" ist viel milder, sanfter, als: ich kann jetzt nicht. Ebenso in ND., Bö. und anderwärts.

§ 232.   4. Einzelnes: Das is wahrhaftigen Gotte stark, vielleicht: wahrhaftig in (— bei) Gott? Sinn: das ist eine starke Lüge, freche Zumuthung, Unverschämtheit u. s. w., vgl. „es ist warrlichen (auch: werrlichen) Gott wahr;" s. auch § 224 E.; — Uff der letzt kam's noch zu Streit (wie „zu guter Letzt;" s. letzt im W.-B.) — Geh mir aus der Wege, du stehst mir in der Lichte; s. Weg und Licht, 4 im W.-B. — Gescheit dem Dinge (— du handelst ganz recht). Es wird mir ömächtct f. ohnmächtig, wie: es wird mir schlimm, übel; Dat. u. Acc. gleich gebräuchlich: ich fuhr dritte Klasse (auch: dritter); ebenso: ich gehe zweite Rangloge; er sass ersten Rang. — S. noch § 223, 1.

B. Gebrauch der Zeitwortsformen.

§ 233.   1. Verwechselung von Einheit und Mehrheit der Personen: Es geben viele Leute dort (f. es gibt, wie: es sind, wohnen, leben, weil man nicht fühlt, dass bei geben der Accusativ steht). — Es sind drei Jahre her (aus der Rede eines Reichstagsabgeordneten und ebenso buchstäblich aus den Abschiedsworten einer Schauspielerin im „Tageblatt"); man denkt an: vergangen, verstrichen u. s. w.
2. Die Zeitformen werden meist sehr richtig gebraucht, namentlich erzählen wir nicht im Imperfekt, wie der Schlesier, wenn wir nicht dabei gewesen sind, setzen auch nicht das Perfekt für das Imperfekt, wie es in Oe. und B. geschieht bes. aber in der Sz., wo das Imperfekt überhaupt ungebräuchlich ist. — Nach als wenn setzt man manchmal die Gegenwart statt der einfachen Vergangenheit: Es war mir gerade, als wenn das Wasser läuft (f. liefe).
3. Eine besonders deutliche Form für die Vorvergangenheit bildet man durch Häufung der Partizipien gehabt, gewesen nach einem andern Partizip der Vergangenheit; z. B. ich hatt' es schon geschrieben gehabt, aber es taugte nichts; ich habe das Buch lange verloren gehabt, jetzt hab' ich's wieder; ich habe schon einmal davon gehört gehabt (d. h. es war mir aber wieder aus dem Gedächtniss gekommen, jetzt fällt mir's wieder ein, weil ich aufs neue davon höre). Sie waren schon dort untergekommen gewesen, waren aber wieder fortgegangen. Das Fleisch ist schon gestern abgeschnitten gewesen un hingestellt gewesen, un nu kriegen mir'sch. „Als er hingekommen ist, ist das Feuer schon gelöscht gewesen" würde im Imperfekt heissen: „als er hinkam, war das Feuer schon gelöscht gewesen". So auch in Schw., bei Lessing, Gutzkow, Spielhagen u. A.
4. Dass aktives wie passives Partizip in Wort und Schrift falsch gebraucht wird, ist nicht Folge des Dialektes; so in: die mich aufs neue getroffene Wahl; ein sich verborgen gehaltener Anonymus; die sich täglich mehr

kund gegebene Beliebtheit dieser Aktien (Leipz. Tageblatt); der mir begeg-
nete Herr (ebenda); das uns betroffene Unglück. Aehnliche Verwirrung:
„Die Herren Musiker werden ersucht, um Angabe ihrer Adresse und des spielenden oder blasenden Instruments"; also blasen f. ertönen, wie in:
„Was blasen die Trompeten?" — „Die in Händen haltende Axt; die bereits
besitzenden Bücher; die jetzt noch innehabende Wohnung;" vergl. „der
betreffende Mann". S. gelernt im W.-B.
Ueber die Verwechslung von sein und haben s. § 197 E.

C. Wortfolge im Satze.

1. Von der regelrechten Stellung weichen namentlich die Adverbien ab, §234.
welche oft ans Ende des Satzes gestellt werden, als ob man sich erst nachträg-
lich darauf besönne: — Kommt er denn her heute? Nimm das Buch weg hier.
Sie können's ja lassen sonst (wenn es Ihnen nicht recht gelegen ist, wenn Sie
nicht Lust haben u. s. w.). War er denn dort vorgestern? Wird er denn da
sin morgen?

2. Bei einer Anzahl Bestimmungswörter tritt in der Regel verkehrte
Stellung ein, so bes. bei ganz, zu, sehr, noch, auch bei doch, bloss, nur,
einmal, wenigstens, genug, wie, so u. s. w.: — Das ist ganz 'was
Neues; ganz ein junger Mann (quite a young man); ganz aus einem einfachen
Grunde (Goethe:" Wenn ganz was Unerwartetes begegnet"). Das ist zu was
Dummes; zu eine dumme Geschichte; Wn.; sehr ein ordentlicher Mensch;
Sz.; er hat noch einen grösseren Garten f. einen noch grösseren; — das ist
die erste Frage, die wir doch an ihn thun müssen für; das ist doch die erste
Frage. — Ich sage es, um blos unparteiisch zu sein (f. blos um); — ich habe
blos gedacht, die Hälfte wäre sein (blos die Hälfte). Von da oben sieht der
Mensch wie nur à Bingdchen (nur wie ein Pünktchen aus). Um nur dem
Manne ein Vergnügen zu machen (nur um). Warte, bis sie wenigstens mit-
kommt (— warte wenigstens); du hast ja ein grosses Maul genug (a great
mouth enough). Das wollen ja wir auch. Aehnliche Verkehrungen:
Wemm'r nadirlich sei Geld nich gricht, gamm'r och nich bezahln (wenn man
sein Geld nicht bekommt, kann man natürlich — freilich). Wenn allemal der
Vorhang aufgeht (alle Mal, jedes Mal wenn). Wenn er allemal dahin gimmt, is
es schon zu späte. Kannst du dich denn emal besinnen, wie das Bild auf der
Anstellung war (als das Bild einmal). Und wer wahrscheinlich zuerst
kommt, gricht den besten Platz (bekommt wahrscheinlich). Ach, du meinst den
Mann, der wohl gestern da war (du meinst wohl); wie der dumm ist (wie
dumm); ich dachte nicht, dass er so furchtbar ein reicher Mann geworden
wäre. Das is doch, als wären wir gerade in Deader (es ist doch gerade —).
Da brauchen wir erst gar nich danach zu fragen (gar nicht erst).

3. Der unbestimmte Artikel wird bei so immer nachgesetzt: so e schönes §235.
Wetter, so enne lange Latte.

4. Eigenschaftswörter werden beim Schimpfen und Fluchen, mehre- §236.
ren Nachdruckes halber, hinter das Hauptwort gesetzt, gleichsam als nachträg-
liche Zugabe. — Du Esel, dummer; so e Hund verdammter; wo willst du
hin, Mensch, verrückter? B.

5. Alle wird bald zu weit hinter, bald zu weit vor gesetzt: — Den Leu- §237.
ten scheint das Bier allen nich zu schmecken; — aus Denen wird allen
nischt. Solche Dinge kommen alle vor (sind nicht unerhört); sprich allen mit
den Leuten; — es liegt in deren Sinne allen; den Menschen muss m'r allen
reden lassen, für: alle diese Leute; den Herren muss m'r allen Recht geben.
— Das (oder dessen) ist er alles fähig; ich schrieb ihr mehrere Briefe, auf
welche sie alle nich antworte.

6. Wieviel, wievielmal, wunderwieviel u. dgl. werden aus einander §238.
gerissen wie „was für ein", § 196: — Wie der viel essen kann. Wer weiss,
wieviel sie mal schon sind erwähnt worden! Er hat Wunder gedacht,

wieviel er erbt, auch: er hat Wunder gedacht, dass er wer weiss wieviel erbt.

§ 239.   7. In ähnlicher Weise reisst man trennbare Vorsilben zusammengesetzter Zeitwörter los: — Wenn es an zu schneien fängt; wenn wir an wollen fangen; er fängt sich wieder recht hübsch an zu erholen; Po.; wenn sie ihn an sehen kommen; was er uns zu hat kommen lassen; aus Missverstand sogar: gagiren Sie doch die Blaue an (engagiren Sie doch die Dame im blauen Kleide).

§ 240.   8. In längeren Nebensätzen zieht man gern das Hilfszeitwort vor oder stellt es um: — Wenn du willst dich sehen lassen; wenn Sie wollen was Gutes haben; wenn du die einmal solltest hören reden; es ist eben nicht Recht, dass du hast Nichts gesagt; der, welcher mit diesen sich wird einlassen; es geschah, weil Nichts entbehrt konnte werden; wenn er die Briefe alle mit wird bringen; ich glaube, dass er dort wird sein; ich will mich nicht lassen zu Tode quälen; da hat er können lange warten. — Die freilich schon sehr alte, verdrehte Stellung des Subjekts nach und ist weit weniger im Dialekt zu Hause als im schlechten Stile der Gerichte und Zeitungen, wo sie sich eben jetzt immer mehr breit macht — in jeglicher Zeitungsnummer! — so dass sie sich wohl noch lange halten wird: — Das Haus ist auf 21,000 M. gewürdigt, und soll es am 27. Oktober versteigert werden; Weizen ist nicht besonders gerathen, und gibt es dessen weniger als im Vorjahre, — also wird und wie auch verbunden.

9. Einzelne Verwirrungen: Der alte Schneider's kläffige Hund bellt in ene fort (der alte kläffige Hund der Familie Schneider). Da hätten se gar nich gehn zu brauchen. Es verhält sich so, dass wir nicht als Rebeller brauchen zu bezeichnet werden (ein Volksredner); das brauchen m'r sich nich zu gefallen zu gelassen! (verheddert) ebenso: er hat mich versuchen lächerlich zu machen. Er hat an mich stets eine grosse Anhänglichkeit gehabt. Hast'u schon emal ene Ringelnatter sehen ä Frosch verschlingen? — Anschlagzettel: „Verbotener Weg für Kinderwagen". — Das ist eine Frage, die ich nicht weiss, wie ich sie beantworten soll. Die Leute, die da da waren, da hatte keiner das Luftschiff gesehen.

D. Weglassung von Wörtern im Satze.

§ 241.   1. Hauptwörter, die sich aus dem Zusammenhange von selbst ergeben, werden häufig unterdrückt; ein Kind, das man nach seinem Alter fragt, erwiedert: „ich bin achte" (I am eight); bei Preisangaben wird die zweite Münzsorte nicht genannt: Es kost' 2 Thaler 10; 4 Mark 50; 3 Gulden 30. Gleiches ist in anderen Sprachen üblich. Unsere „Holzbauern" pflegten sogar beim Preise einer Klafter die Worte „einen Thaler" wegzulassen und — bequem genug — nur die Groschen zu nennen: „Ich verkaufe es für 11 Groschen" hiess für „1 Thaler 11 Groschen"; ganz ebenso sagt man ja von einem Pferde „es misst 2, 3 Zoll", wo die Angabe der Fuss als selbstverständlich unterbleibt. — Ein Mann sagt von seiner Frau: „Meine ist zu Balle"; so lässt Freytag im Marcus König (S. 74) die Frau des Polizeidieners reden. Desgleichen spricht ein Diener: „Meiner ist verreist" (mein Herr), s. § 193 E. Bei den französisch benannten Gasthäusern wird „hôtel" regelmässig weggelassen: — Er wohnt im Russie; der Kellner aus'n Polonche (hôtel de Pologne); der Portier von Bavière; wir gehen ins Prusse. Aehnlich: Eine Flasche Cologne (eau de —). Ein Bauer sagt von seinem Nachbar: Ja, der hat sechse aus dem Hofe gehen (nämlich Pferde; s. Hof im W.-B.). Wir assen warme weeche (Brezeln). Geh weg oder ich geb Dir Eine; er baute ihm Eene hinein (Ohrfeige u. s. w.); das is so Eene (Dirne). Sich Eenen kofen, sich Eens andudeln; sich eene ins Gesichte stecken. (Zigarre, Pfeife); gib mir emal so wie enne Schale (so etwas Aehnliches), ein Glas Bairisch, eine Flasche Mosel, eine Havanna, und in unzähligen andern Fällen der Volkssprache aller Orte.

2. **Artikel, Fürwort, Eigenschaftswort weggelassen:** — Ich will erst
sehen, wie Hase läuft; bei eenz'cher Haare wär's runtergefallen; ähnlich in
der Anschrift: „Eingang zum Garten und Kegelbahn"; — das is gerade so
einer, wie den ich gestern hatte; ich bin ganz einverstanden, was Sie sagen;
ich wünsche (Ihnen), wohl zu speisen, wohl zu ruhen; er gimmt auf die
Woche wieder (nächste). Ebenso: er will erst aufs Jahr bezahlen. — Er wird
nich wieder (nämlich gesund), sagt man von einem Kranken, an dessen Herstellung man zweifelt; „es ist mir, es wäre noch Einer da (so, als ob). — Sie
ist als Wirthschafterin (angestellt, im Dienst); darauf braucht nicht etwa zn
folgen „bei ihm" oder dgl. Bei dem Regen gestern war ich dir ganz durch
(durchnässt); s. durch im W.-B. — Weglassung von Adverbien: — Du bleibst
hier? Gehe ich! (Dann gebe ich). Er hat gegeben, — bist du vorne (somit). —
Er wohnt drei Treppen (hoch wird fast nie dazugesetzt); daher der doppelsinnige
Anschlag: „Das Billard ist eine Treppe" (im ersten Stock).

3. **Zeitwörter weggelassen:** — Von hier bin ich nach Weissenfels (gegangen, gefahren); er ist aufs Feld, in den Wald, nach Dräsen (wie engl. I was
to a ball); um viere war Niemand heeme, da bin ich hernachens noch emal
bin un ham 'n getroffen; eh'r ich in de Gerche bin, hab ich erst meine Madame
angehost. — So besonders bei Ausrufen, welche die Aufmerksamkeit auf Etwas
lenken sollen: Den dicken Zopp, den Die hat! (schau) ach, den scheenen Regenschirm; ei, den grossen Strauss, den du hast.

4. **Ganze Satztheile fehlen** in Redensarten wie folgende: — Er lernt
Kaufmann, nich Schneider; das Kissen is gewiss nich billig, denn schon die
rothe Wolle (ergänze: macht das, ist thener); dass er ja oder nee sagte, aber
Gott bewahre (ich wollte nur); — ich habe einen Hut zu Sonntags und einen
zu der Woche; den neuen setze ich in die Kirche auf, den alten ins Geschäft
(wenn ich . . . . gehe); ich muss in die Küche, ich habe eben das Essen über (es
steht über dem Fener; Bsl.: 's Aessen op ha). Zu Jemand, der um Feuer für
die Zigarre bittet, pflegt man zu sagen: „I ja, rauchen und kein Feuerzeug
haben". — Auf die Frage „wie geht's?" erwidert man bei Wohlbefinden nur „ich
danke"; das „gut" versteht sich von selbst; wollte man einmal entgegnen „ich
danke, es geht schlecht", würde man ausgelacht.

E. Ueberflüssige Worte.

(Pleonasmen.)

1. Der Ungebildete, auch schon der nur im Ausdruck nicht recht Bewan- § 242.
derte, sagt gern Alles doppelt; er glaubt, sonst nicht deutlich genug
verstanden zn werden oder seinen Worten nicht den gehörigen Nachdruck
zu geben. So liebt man überall in deutschen Landen die mehrfachen Verneinungen, schickt den Verkleinerungswörtern noch klein vorher, verstärkt
ein Wort durch ein sinnverwandtes, setzt auch ein und dasselbe zweimal u. s. w.
Z. B.: Es hat mir Niemand Nischt zu sagen; er hatte niemals kein Geld;
sie können's nich thun, ohne dass es die Leute nich merken. — „Was haste
nu hier eegendlich zugeschnitten, Fritze? das is geene Jacke un geene Weste
un ge gar nischt". So auch: er hat's verboten, dass ich nich hingehen
soll, — ich warne Jedermann, meiner Frau Nichts zu borgen, ich schere
mich den Teufel nich drum. Es steht da hoben (= dort, hier oben; Sz., am
Neckar). Warte nur ein ganz kleines Augenblickchen, ich habe nur ein
kleines Geschäftchen hier. Das ist eine grosse Hauptsache (einer der
wichtigsten Punkte). Sie kamen alle zwei beide; sie haben sich zusammen
beredt; ihr habt euch wohl zusammen gegen den armen Oberlausnitzer verschworen? (§ 192, 6). Sie wollen sich aus einander separiren; eins der best-
renommirtesten Geschäfter; komm mal her hier! In's Blaue drein nein
schwatzen, ins Gelag drein 'nein reden, drein 'nein hauen; da reden wir nich
dervon; da sind wir eben drüber; morgen, da kann ich nich gomm'; bei hel-
len lichten Tage (ND.: bi helligen Dag); das ist der reine, pure, helle,

blanke Schwindel; ich habe satt und genug; kohlpechrabenschwarz; fix und
fertig; flink, hurtig und geschwinde; nimm den Zwern zweedoppelt;
er gibt doppelt und dreifach (für: reichlich); er gibt druff und drein
(ebenso); es sein 'rer ihrer viere; er hat allerleihand Bücher (mhd.
keiner leie hendlin nôt, keinerlei Noth). „Geh loof marsch, mach, dass du
fortgimmst!" (in einem Athem ausgesprochen). Sie bringen den Todten gebracht; es wird mir ganz schlimm und übel; grade eben jetzt alleweile
kam er; es ist alleinigst nur bei uns zu haben; der allereinzigste, s.
§ 188; ich kann mir das sehr gut begreifen (wie: vorstellen); er nahm sich
ene Priese; ich wünsche mir gern ein solches Buch; das liebe ich gern;
er geht lahm un hinkt ooch; das kriegen wir schon zu erfahren (oder zu wissen); muss mir's denn jedesmal un allemal so gehen?! den Wein zieh ich
vor jeden andern vor. — „Diese Nacht hat es Eis gefroren" will sagen: es
hat nicht nur gereift, das Wasser ist nicht nur „geliwert", sondern der Frost
hat wirkliches, derbes Eis gebildet. Er ist reicher, als man gar nicht denkt,
nach französ. Art: il est plus riche qu'on ne croit.

So die Zusammensetzungen: zusammenaddiren, die Unterziehjacke, die
Unterziehhose, ein Depotlager, ein Schaltuch. Der Mausedieb (s. W.-B.);
scherzhaft: ich spiele Eichel-Eckern. S. auch noch die überflüssigen Besitzwörter, § 223, 2, die verdoppelten Bindewörter, § 221, die verdoppelten Verhältnisswörter, § 217, die Verstärkung der rückbezüglichen
Fürwörter § 195, die Anwendung der hinzeigenden § 194 c, des Zeitwortes
„thun" § 202. Das W.-B. gibt noch vielerlei Beispiele von Pleonasmen, welche
unserem Dialekte spezieller angehören als Manches von dem hier Erwähnten. —
Dass „aus dem tiefen Grunde des schaffenden Sprachlebens" genug derartige
Erscheinungen zu Tage treten, zeigt Rudolf Hildebrand in seinem für die
weitesten Kreise der Gebildeten fesselnden und anregenden Buche: Vom deutschen Sprachunterricht in der Schule u. s. w., S. 125 ff. Er führt u. A.
an: die Examenprüfungen, die mögliche Eventualität, eine Ver-
öffentlichung publiziren; ostentativ zur Schau tragen, decorativ
schmücken, defensive Abwehr, die persönliche Individualität und
die individuelle Persönlichkeit, die numerisch geringe Anzahl, eine
falsche Illusion, ein akustisch verschiedener Laut, das treibende
Agens, die ganze Integrität, das Grundprinzip — lauter Wunderblumen
aus dem Garten von Zeitungsschreibern und — Philologen, entsprossen dem
Streben nach „klarer, deutlicher Verständlichkeit".

Es ist ganz dem Geiste der Volkssprache angemessen, dass die Gesellen
in Angely's „Fest der Handwerker" den Kameraden, welcher geziert fragt: „hat
Keiner Schwamm?" keiner Erwiderung würdigen, er fragt zum zweiten Male
„hat Keiner keinen Schwamm", aber Alles stumm bleibt, wie zuvor, und als er
das dritte Mal endlich sagt: „Hat denn keener keenen Schwamm nich?" drückt
ein Anderer seine Verwunderung aus, „warum er denn nicht gleich ordentlich
deutsch geredet habe." Ziererei dagegen ist meist der Grund zu Häufungen
wie: das haben wir stets immer so gemacht; es ist immer gewöhnlich
so gehalten worden; er war immer gewöhnt, zeitig zu Bette zu gehn; das
haben wir bereits schon erledigt; ich liebe gern, spazieren zu gehn; ich
habe nur blos noch zwei Thaler. Es ist einzig und alleine bloss seine
Dummheit dran schuld. Auch Gebildetere verfallen aus Ziererei, aus übertrie-
bener Zartheit, aus Zimperlichkeit in solche Fehler; da hört man allgemein
sagen: „erlauben Sie, dass ich das nehmen darf; ich habe ihn veranlasst,
hierher gehen zu wollen;" ein Advokat, der überhaupt den Redeschwulst sehr
liebte, brachte es eines Abends im „Städtischen Vereine" zu der schönen Phrase:
„die Sache ist nicht ohne Unwichtigkeit."

2. Auch dem Reim oder dem Stabreim zu Liebe wendet man manche
Pleonasmen an, wie das Schriftdeutsch es auch thut: — Wie: Biegen und
schmiegen, weit und breit, frank und frei, null und nichtig, Schimpf und Schande,
verbindet man: Habchen und Babchen, schieben und schergen, knistern
und knastern, zittern und bewern, krïweln und wïweln, krïweln und
kraweln, einem allen Tort und Dampf anthun, de- und wehmüthig, dumm
un dämisch, dumm und dutten, schipperscheckig, schlumpern und

schlottern, mit den Aermen schleudern und schlenkern. Vgl. die 2. Vorbemerkung vor § 155.

3. Ein anderer Grund, aus welchem Pleonasmen hervorgehen, ist der Mangel §243. an Verständniss eines Wortes oder einer Form; daher sagen die Leute: aus Spasses halber, auch: zum Spasse halber (Vermischung zweier Wendungen); zum wenigstens; vor meinswegen; aus unversehens; ein Mann mit Namens Schulze; hier hinne, hier hunten, hier haussen; „selten verliess Jemand das Lokal, ohne nicht wenigstens einen Gegenstand gekauft zu haben" (Leipz. Tagebl.); sie fingen keinen Morgen an, ohne nicht erst zu beten; sie kriegens für umsonst (Schl. für sunste); er verkauft nur im en gros; er ist auf lebenslang angestellt; die sich im Hinterhause des Nachbars befindlichen Fenster (so oft in den Tageblättern); das sich auf die Geschichte bezügliche Material (aus dem Vortrage eines Dr. ph.); sie ist wohl gewiss zehn Jahre alt (f. ich glaube wohl); im verhältnissmässig ist es noch ganz leidlich; meines Erachtens nach; er fand ihn immer mehr stumpfer (letztere beiden Beispiele rühren von Professoren her); so ist es nicht, au contraire, im Gegentheil! er wohnt unten parterre. Bei Zöblitz is Sie de Eisenbahn in lauter Serpentinschlangen erbaut (gemeint sind Serpentinen, Schlangenlinien, der Zöblitzer Serpentin ist aber bekannter). Er geht mir nicht von abhanden (weicht mir nicht von der Seite). Eine der besterhaltensten Kirchen (Otto Moser, Wanderbuch). Es kostet fast ungefähr gegen 100 Thaler. In einem „Fremdenführer durch Weimar" ist buchstäblich die scharfbestimmte Angabe zu lesen, dass ein Stift „wohl gegen circa 260 Schülerinnen" zählt!

WÖRTERBUCH

DER

LEIPZIGER MUNDART.

———

A.

A, Bspr., in der Stadt **á** oder **ě**, f. verschiedene Formen des unbestimmten Artikels; s. Gramm. §. 185.

Ae, 1. Ausruf f. i, ei, ach, oh etc., je nach dem Tone, in welchem es gesprochen wird; kann kurz u. lang, fragend, verwundernd, zornig, boshaft, gleichgiltig klingen; 2. **á** f. er in Bspr.; **á** gimmt f. er kommt; Th.; s. noch **äh**.

Ab f. ob.

Abbatzen s. Batz, abmucken.

Abbeeren, Beeren abklauben, dann auch andre Früchte vom Stiel lösen; s. Grimm.

Abblatten, einzelne Blätter (von Kräutern) zu Futter etc. abnehmen; Eg.

Abblitzen s. abfallen, 2. 3.; Brl.

Abbuden, die Verkaufsbuden (auf Märkten, Messen) abbrechen, gebildet nach Aehnlichkeit von: abprotzen, abtakeln; daher: Abbudetag, letzter Tag einer Messe; Gegentheil: aufbuden.

Abé, der, verschleiernd f. Abtritt; Bsl.: der Abc.

Abends s. §. 225.

Aber (spr. üwer, äwr), 1. zur Verstärkung in Ausrufen, wie: nein aber, nu aber, aber nein! welche je nach Betonung das Verschiedenste heissen; 2. Äwr f. oder: Du awr ich; „Bast awr Don (Thon), meine gute Gechnl!" (Köchin) rufen gewisse Markthändler; umgekehrt steht oder, oddr, addr f. aber; B., P., Schl.; so steht mhd. ader f. aber u. f. oder.

Aéberne, Mehrb. Aóbern, f. Erdbirne (s. d.), Kartoffel; L., auch bei Hl., wo man die Erdbeeren Erbern nennt.

Abeschern, sich, durch Arbeit, Laufen etc. ermüden, ausser Athem kommen; eigentlich: sich in Staub und Asche abarbeiten (Grimm); L., Schw., Wn.; in ND. afextern, afbaspern; s. eschern, abrackern, abmarachen.

Abfahren, 1. sterben; bei Jean Paul, Goethe u. A.; mhd. hinvart f. Tod;

dafür auch: abkutschiren, abrutschen, absegeln; 2. im Wortwechsel unterliegen; s. abblitzen, abfallen; Jemanden abfahren lassen, schnippisch, höhnisch abweisen; Goethe.

Abfallen, 1. in einer Prüfung nicht bestehen, durchfallen; 2. im Wortwechsel den Kürzern ziehen, wie abfahren, 2.; 3. sich Etwas verweigert sehen; auch abblitzen; Rtr. afblucken; bes. häufig: Einen abfallen lassen, ihn abweisen; Brl.; 4. das Mittrinken bei einer Zecherei aufgeben, weil man vollständig genug hat.

Abfassen, 1. verhalten; 2. Jemand bei einem Vergehen ertappen, z. B. beim „Schwänzen" der Schule; daher: 3. einem Zecher, der sein bereits angetrunkenes Deckelglas offen lässt, es zur Strafe austrinken (studentisch).

Abfingern, eigentlich an den Fingern abzählen; so bei Voss; — „Das kann man sich am Hintern abfingern" (oder: abklavieren), für: das ist selbstverständlich, leichtbegreiflich; Sz.: am Fidéla abfingern.

Abfressen, — ich kann den Radieschen Nichts abfressen, keinen besonderen Geschmack daran finden.

Abführen, s. abmucken; ad absurdum führen; 2. im Studentenzweikampf: den Gegner durch einen genügenden Hieb zum Abtreten bewegen.

Abgehen, 1. sich zufrieden geben; Geh ab! — jetzt hast Du genug, bekommst Nichts mehr; 2. ausgehen (vom Feuer gebraucht).

Abhalten, 1. ein Kind abhalten, im Freien, es so halten, dass es ein Bedürfniss verrichten kann; 2. „das halt ich nicht ab", f. aushalten, ertragen.

Abhanden, — „Einem nicht von abhanden gehen," ihm nicht von der Seite weichen, immer auf dem Halse liegen; Th.

Abhängig f. abschüssig, von einem Wege; von „Abhang;" Wieland, Goethe.

Abhucken, fortgehen, besonders beschämt davon gehen; 1. abhuppen, absocken, abtrappen, abwackeln, absegeln, abstiefeln, abschieben, abziehen; Rtr.

Abhuppen wie abhucken; auch: unbescheidene Ansprüche aufgeben.

Abkatern, eigentlich von Katzen, dann auch bildlich: sich durch geschlechtliche Ausschweifung erschöpfen; „der Kerl ist ganz abgekatert."

Abkippen (eine Gänsefeder), bezeichnete den scharfen Querschnitt, der dem Schnabel eine gerade Spitze gab; kippen verwandt mit kappen, Kuppe.

Abklavieren s. abfingern.

Abklopfen (eine Strasse, ein Dorf etc.), Haus für Haus betteln gehen.

Abknappsen, am Lohne, Preise Etwas abkneipen, kleinlich abziehen; gewöhnlicher: abzwacken; Hl. P.; s. abknippsen.

Abknippsen, abkneipen, besonders mit einem leichten Geräusch, z. B. die Fingernägel mit der Schere in kleinen, wiederholten Schnitten; verstärkt: abknappsen, s. d.

Abkratzen, fortgehen, wie „sich drücken;" s. auskratzen. P.

Abkutschiren, sterben; s. abfahren.

Abladen auf Jemanden, die Schuld auf ihn wälzen; „es wird allemal auf mich abgeladen."

Ablaufen lassen s. abmucken; Brl.

Ablegen, 1. (heimlich, unehelich) gebären; s. Grimm; 2. elliptisch: „Legen Sie doch ab!" nämlich Hut, Mantel, Stock etc. 3. „Sie legt recht ab" (nämlich die Schönheit), sie altert; Hl.; auch: sie nimmt an Fülle ab; 4. Jemandem ablegen, ihm Unrecht geben (bei Rabener); Sudt.; Gegentheil: ihm beilegen.

Ablockern, abluckern, f. ablocken, abschwindeln, bes. Geld od. Geheimnisse.

Abluxen wie ablockern; P. auch: „abluchern;" Brl., Hb.; von lugen, wie beluchsen.

Abmachen, Jemanden, ihm Staub u. dgl. von den Kleidern klopfen, bürsten etc.; „mach mich einmal ein bischen ab!" s. vollmachen.

Abmarachen, sich abarbeiten bis zur Erschöpfung; „ich bin ganz abmaracht;" H., P., Rw.: abrachmenen; Nd. marachen, schwer, geräuschvoll arbeiten: he maracht de Husdör apen

(rammelt die Hausthür ein); Hb. omaracks; kommt wie abmergeln, ausmergeln wohl von Mark; vgl. abrackern.

Abmergeln s. mergeln (Grimm).

Abmorksen s. morksen; Brl.; Rtr.

Abmucken, 1. eine Anmassung zurückweisen; ebenso: abtrumpfen, ablaufen lassen, abfahren, abtoffeln. Der Sieger spricht dann wohl: „abgemuckt, auf den Zopf gespuckt;" Rtr. afmeiern; Wn. anschnalzen; 2. überhaupt: ausschelten.

Abnehmen, photographiren; daher: sich abnehmen lassen.

Abrackern, sich, sich mit Arbeit plagen, abschinden; vergl. abeschern, B., J., Pf., P. — Tieck; — Sudt.: sich rackern.

Abrindig, 1. vom Brote: abgebacken, so dass zwischen Rinde und Krume eine Lücke ist; Schw.: geschupfts Brot; das Brot ist der Dahn; 2. sich abrindig sitzen, Gefühl, als wäre durch langes Sitzen das Fleisch von den Knochen gelöst; 3. abrindig werden, sich vor Aerger, Langeweile etc. nicht mehr lassen können; Hl.

Abrumpeln, abwaschen, abscheuern, „sich die Labusche abrumpeln," das Gesicht waschen, bes. mit dem Waschlappen.

Abrunksen s. abmucken, 2.

Abrutschen, sterben, s. abfahren.

Abschieben wie abhucken. P.

Abschkort f. absurd; Bspr.

Abschrecken s. schrecken.

Absegeln sterben; Bsl., P., Wn. (Di. afseilen — einschlafen); s. abfahren.

Abselviren f. observiren, beobachten; s. Graum. § 108.

Absocken s. abhucken. Th.

Abspannen, Einen, entfremden; abwendig machen (Luther, Lessing); vom ahd.: spanan — locken, Stamm zu „abspänstig"; ebenso ausspannen.

Abspeisen, Einen, ihm auf dem Krankenlager das Abendmahl reichen. Hl.; ebenso: berichten.

Abstiefeln wie abhucken.

Abstinken wie abfallen, 2. 3, aber gröber; Brl.

Abstossen, 1. eine Schuld abzahlen; 2. s. stossen.

Abtoffeln, 1. ausschelten wie einen Toffel;" s. abbatzen; 2. s. abmucken.

Abtrappen wie abhucken.

Abtreten, „sie tritt es recht ab," ziert sich im Gange, geht recht abgemessen zimperlich.

Abtreter, Bret, Eisen, Strohmatte zum Reinigen des Schuhwerks vor der Thür.

Abtrumpfen s. abmucken.

Ab und ein Walzer (ausgesprochen: abunnewalzer), damit ist die Sache aus! Damit Punktum! Basta! s. ab Seefe.

Abwackeln, 1. wie abhucken; 2. durchprügeln; s. wackeln, abwichsen.

Abwällen, mit Etwas abkochen; „eine Suppe mit Eiern abgewällt." Mb.

Abwarten, Thee trinken! 1. jubele nicht zu früh; warte das Ende ab; P. P.; 2. da kannst Du lange warten; s. Kuchen, Quarkspitzen, Dreckchen u. s. w.

Abweichen, das, Durchfall, Laxiren; Wn., ND.; s. Grimm.

Abwichsen, durchprügeln; P.; Tieck; s. abwackeln, 2.

Abwinken, Einem, Jemanden durch einen Wink bedeuten, dass er Etwas unterlassen soll, z. B. den Kellner, dass er nicht wiedergeben soll.

Abziehen, 1. wie abhucken; 2. aus dem Dienste gehen (vom Gesinde); Goethe; Gegentheil: anziehen, Brl. uffziehen.

Accise, „es geht wie auf der Accise", wo lebhafter Verkehr, Besuch ist.

Ach! s. ä; 2. ach verflucht, ganz harmlos f.: ach, so ist es? oder: nun wird mir's klar, ach, da hast du Recht, oder: das hab' ich ganz vergessen; 3. ach Herrje! Ausruf des Bedauerns.

Achel, die Mehrheit: Acheln, die Grannen der Gräser, besonders des Getreides; (Voss); ebenso Spalze; SD.: Achel, Hächel — Strohabfall; bei Schubart — Flachsabfall.

Acheln, essen, hebr.; bei Fischart.

Achsmutter, die, hoher Hut (Schlosserausdruck); s. Angströhre.

Achtchen geben f. Achtung geben; auch Achtchen passen statt aufpassen; Sudt.: Achtung possa.

Achtzehnpfennigforkel, das, scherzhaft: kleines, dürres Schwein.

Acker; eine weitläufige Verwandtschaft bezeichnet man: „wir sind verwandt, aber nur von sieben (od. von tausend) Aeckern ä Kloss;" in Schw. in sieben Suppen ä Schnittele; Eg. aus sieben Suppen a Schnippsel 'raus.

Ackern, schreiben (viel und mühsam).

Adamsgrebs (Adamskröbs bei Grimm), s. Griebs.

Addallerie, Addollerie f. Artillerie; Rtr.

Addannemie, verdreht aus Anatomie; dsgl. in Königsberg: Antonomie.

Adder, aber, Bspr.; Pf., Schl.; in N. odder — aber.

Affe, 1. sich einen Affen kaufen, sich betrinken; 2. seinen Affen füttern, essen; 3. ich denke, der Affe kratzt (laust) mich, ich hielt es für ein besonderes Glück; s. Häschen.

Affokate, f. Advokat; Bspr.; Schw. Avikat.

Affenschande, 1. entsetzliche Schmach; „eine wahre Affenschande," auch etwas sehr Dummes, Abgeschmacktes, Gemeines; 2. Affenschande (oder Schafmist) mit Jemand treiben, ihn übertrieben hänseln, zum Mirakel machen, Schindluder spielen; s. Zachochersch.

Affenschwanz, Geck, läppischer Mensch, s. Alpschwanz; bei Luther f. Affenspiel.

Agrade, 1. accurat; Sudt.: akrät; 2. für eben, just, grade; „er kam agrade, wie es schlug."

Aeh, das, Koth, Unrath; auch Ausruf des Ekels, Abscheues; Bal.; „äh oder äx! das ist Aeh!" ruft man Kindern zu, um sie vom Berühren einer unsaubern Sache abzuhalten. Daher „Aeb machen", zu Stuhle gehen. E., J., P., NS.; in Hb. öcks; in Ab. Aeke f. Excremente; sonst auch: Aa (Goethe: das ist ein ä-Geschmack).

Ahnde, es thut mir ahnde (nach), ich sehne mich; „dem wird's schon ahnde thun, wenn er 'naus unter de Leide muss," er wird sich wieder beim wünschen; Ab., Hb., Pf., Wb., Sbg.; in B. Ahd — Schmerz; bei H. Sachs, Fischart, dann bei Uhland, B. Auerbach; v. mhd. ande, schmerzlich; s. Grimm.

Akazie gilt nicht nur f. Kugelakazie, sondern auch f. Schotendorn (Robinie, Pseudoakazie). Vgl Flieder, Tanne, Korn.

Albern, 1. Adv., „wie albern", sehr stark, übertrieben, nicht nur „lachen wie albern", sondern auch rennen, fahren, einheizen, suchen u. s. w.; so auch „wie dumm, wie närrsch, wie kleennärrsch, wie verrückt, wie nicht recht gescheit, wie verdreht, wie toll; s. bös; 2. als Zeitwt. „er albert immer," treibt Narretheien u. s. w. V.; Einen veralbern, zum besten haben.

Ale, Aler, f. Alte, Alter, s. Alte.

Älen, aalen, herumaalen, (selten) träg herumlungern, im Geschäft der Arbeit aus dem Wege gehen, sich darum herumwinden (wie ein Aal?).

Alex, (liebkosende) Abkürzung für Alexander.

Alle, 1. „Es ist alle", es ist aus, vorüber (vom Theater, Stunde, Konzert u. s. w.); „das Bier ist alle", es ist keines mehr da; so auch schriftdeutsch, s. Grimm; jetzt wird es in der Schrift vermieden. „Er is reene alle" — erschöpft; „es wird alle mit mir", ich sterbe bald. SD.: das Theater ist gar — aus; „die Dummen werden nicht alle" f. Dumme finden sich immer. Sz., NS., Bö. Ganz so das amerikanische: all any more — not any more. Vgl. Judith, 12, 3: es ist auf — aufgezehrt; „. . . . bis wir endlich alle seyn", Inschrift des Dresdner Todtentanzes, 16. J.-H. 2. „Er ist alle geworden" f. fortgegangen, auch im Sinne von abfallen, 4. 3. „Alles war dort, Alles sagt, es ist so", f. Jedermann. Aehnlich: 4. „und Alles", zum Schluss einer Aufzählung für: u. s. w., alles Mögliche; „in der Dierbude sein Affen, Schlangen, Bären — un Alles"; „den Bömen in der Allee hamse gute Erde gegäm (gegeben) un Alles" (näml. alles Mögliche für ihr Gedeihen gethan). „Der Bursche is ehrlich, fleissig un Alles (er hat alle guten Eigenschaften); 5. „Alles so was" f. alles derartige: — ich gebe auf Alles so was nicht viel; ich will gerne auf Alles so was verzichten; s. Gramm. §. 237; 6. nachgesetzt — viel: „gucke nur, die Leute alle!" 7. „von Allem was und von Keenem nischt" (haben oder wissen), nichts Rechtes. S. noch Alles.

Alleemenscher f. Dirnen. Auch „Neukirchhofsmamsell" oder „Eine aus dem Gässchen," nach ihrem Wohnorte.

Alleine, das weiss ich alleene, f.: das weiss ich schon selbst (ohne fremde Hilfe); „ich werde mich schon von alleene hüten;" — „der Finger ist von alleene böse geworden," ohne ersichtliche Veranlassung; „die Blumen wachsen von alleene," wild, ohne Aussaat und Pflege; Schl.

Allemal, in jedem Fall, sicherlich; „so gut wie dein Rock ist meiner allemal; bis nach Eidritsch (Eutritzsch, Dorf) komm'r allemal. — Gehst du mit? — Na, allemal;" — „allemal macht die Katze e Buckel" — das versteht sich; P.P.

Alle Neune! (Ausruf des Kegeljungen) ruft man, wenn Jemand ein Glas oder dergl. geräuschvoll zerbricht; wie pardauz u. dergl.

Allerlei, das, Leipziger Allerlei, Lieblingsspeise aus Spargel, Blumenkohl, Schoten, Möhren, Kohlrabi, jungen Bohnen, Klösschen, Krebsnasen u. s. w.

Allerleihand, allerlei, P.; z. B.: allerleehand Geschichten; Waaren von allerleehand; s. § 242.

Alles als Adverb f. immer, regelmässig (wie mhd.): „ich gehe alles ins Schützenhaus; ich lese die Zeitungen alles aufm Kaffeehause."

Alleweile, viel beliebter als jetzt (Brl., Hl., Sch., Pf., in Th.: allewil). „Jetzt" braucht man, wo es heisst „zur Zeit," alleweile aber bedeutet „in diesem Augenblick, jetzt eben;" so bei Gellert, Lessing.

Allgemein, manchmal f. gemein, gewöhnlich, ordinär; auch als Gegensatz zu anständig, gebildet, vornehm.

Alloh! frisch, munter! fort! von allons oder Hallo. P.

Alpschwanz wie Affenschwanz; Rtr.: Alf, alberner Mensch.

Als, 1. f. wie, z. B. eben so gross als ich; 2. als wie, f. als oder f. wie; z. B. grösser, als wie Du; er diente lieber als Kellner, als wie als Hausknecht; s. Grimm: als; Gramm. §. 220; vgl. wie; 3. „als wie ich?" f. „soll ich gemeint sein?"

Alt f. hässlich, garstig, alltäglich; P.; z. B. der alte, dumme Ofen (er ist vielleicht ganz neu); die alte Katze (kann aber jung sein); „die alten Jungen," „die alten Flegel," sagen die Mädchen, wenn jene nicht mit ihnen spielen wollen; „die alte Seefe!" jammert ein Kind, dem beim Waschen Seife ins Auge kommt; Bspr.: „nimb doch nich die alen grussen Gänseblumen; es is heide so alt nass; die alte Singstunde; es is so alt weit bis uffn Marcht; der Kerl is so alt lang." Di.: old. S. noch Alte.

Altbärtig f. altklug; s. altfressen, 2.

Alte, der, 1. Vater, Gatte, Meister (Bspr.: der Ahle); die Alte, Mutter, Frau, Meisterin u. s. w. Br., Di. der Ole, die Olsch. Im Skatspiel heisst „der Alte" der Eichelunter, im Schafkopf u. s. w. der Eichelober. 2. Den

Alten vom Nest fliegen lassen, fluchen: der „Alte" mag der Teufel sein, wie engl. old Nick, the old gentleman.

Altfressen, 1. auf Kleinigkeiten interessirt, geizig; 2. von Kindern: altbärtig, altklug, unnatürlich ernst u. s. w.; eigentlich: vom Alter zerfressen; s. Grimm; schott. auld farrent.

Altvernefft wie altfressen.

Altweibersommers. Weibersommer.

Amen, „das ist wie Amen in der Kirche." sicher, zuverlässig, unausbleiblich; abgemacht.

Ami, Hundename; daher „fidel wie Ami," sehr lustig; bes. wenn Jemand sich schnell von seinem Schmerz erholt.

Ampeln s. angeln.

Amtmann nennt man aus Höflichkeit jeden Pächter eines grösseren Guts, wie jeden „Studirten" und Barbier: Doktor.

An, 1. Das Verhältnisswort heisst ün, die Vorsilbe aber än; z. B. ünnehmen, fahre mich nicht so ñu! sie klammern sich alle än'n äu — an ihn an. 2. „es ist nicht än dém" höflich f. es ist nicht wahr.

Anbären s. bären.

Anbei für daneben, nebenbei, z. B.: „ich habe es so anbei mit weg gearbeitet;" wie: beian, beiher.

Anbohren, Einen, für: ein Ansinnen, eine Zumuthung an Einen stellen, bes.: ein Darlehen verlangen.

Anbrennen, Gemüse: geröstetes Mehl (welches die Anbrenne heisst) daran thun, z. B. an grüne Bohnen; „eine angebrannte Suppe" besteht aus solchem Mehl und Wasser; auch „eingebrannte Suppe".

Andippen, leise berühren, s. dippen.

Andonnern, sich, übertrieben putzen; s. aufdonnern.

Andrechseln, 1. Jemandem Etwas andrechseln, ihm Etwas auf schlaue Weise anhaben, ihm einen Possen spielen; 2. Einer Eins andrechseln, sie zur Mutter machen.

Andudeln, sich Einen (oder Eins) andudeln, betrinken; Brl.

Anecken, beim Kegeln: die Kugel den Rand der Bahn berühren lassen; Wn.: anwandeln.

Anewende, die, das Ende des Ackers, wo beim Pflügen umgewendet wird; Eg.; auch das Vorende; Di.: die Värwenn; mhd. anwende, Grenze, Acker; Bsl. 's Anthaut, auch: A'wang (f. A—wand).

Anfangen, 1. ohne weiteres für: „Streit beginnen;" Kinder besonders sagen: „er hat mit mir angefangen; er will mit mir anfangen". 2. „Nun fängt's an und wird", es entwickelt sich; Schl. 3. sich anfangen für anfangen: z. B. es fing sich ein Streit an; s. Gramm § 150 und beginnen, 1:

Anfarzen, Verstärkung von anfahren; s. anfauzen, anlappen, anranzen, anrazen, anschnarchen, anschnauzen, anschnorzen.

Anfauzen, Einen heftig anfahren (vom Fauchen, Fauzen, Pfauzen der Katze); s. anfarzen.

Anfliegen, 1. angesteckt werden, bes. von galanten Krankheiten; 2. im Spiel: einen schlechten Skat finden, also soviel wie „reinfallen;" vgl. anlaufen. 3. wie abfallen 1.

Anführen: Kinder jubeln, wenn sie Jemand überlistet haben: „angeführt, mit Butter geschmiert!"

Angeben, 1. vorschlagen, anordnen (wie den Ton angeben, Angaben zu Etwas machen). Wenn die Unterhaltung in einer Gesellschaft stockt, will der oder jener 'was angäm; 2. beginnen; „er weess vor Angst (vor lieber Langerweile) nich, was er angäm soll."

Angefragte, der, heisst im kaufm. Kauderwelsch eine Person, über welche man um Auskunft gebeten hat.

Angehen, „die geht mich gar nicht an," sie geht nicht mit mir verwandt; Eg.

Angeln, begierig, hastig, wiederholt nach Etwas greifen, es zu erhaschen suchen; „das Kind angelt nach der Puppe;" seltner sagt man ankern u. ampeln; letzteres ist ND. in gleichem Sinne, bedeutet aber zunächst: mit Armen und Beinen zappeln (daher Hampelmann, Ziehpuppe).

Angeraucht, ein wenig betrunken; Brl., gebräuchlicher ist: angerissen.

Angerissen s. angeraucht.

Angreiflsch ist eine Sache, die leicht zum Zugreifen, Naschen verlockt, wie Geld, Kuchen u. s. w.; in PP. greepisch.

Angst, Hitze, Pochen, Schmerz in einer Wunde oder Entzündung; „ich habe rechte Angst in dem bösen Finger;" Bspr.: „er hat's mit der Angst", hat Fieber und dgl.; auch Kopfangst. Zahnangst; V.

Angströhre, auch Angstrohr, für: hoher Hut; Brl.; — ND.: Angstcilinner; vgl. Achsmutter. Bibi, Cylinder, Dohle, Hoppdohle,

Schweppdohle, Esse, Feueresse, Sturmfass. Von allen Kleidungsstücken haben der hohe Hut und der Frack (s. Klinke), die meisten Ekelnamen; ND. heisst der Hut auch die Almosenkiepe; in Brl. Dunstkiepe.

Anhalte, die, eine Stange an der Mauer längs der Treppen, welche zum Anhalten dient; s. Gramm. § 156.

Anhängen, ein Haus, Gut u. s. w., es zur Zwangsversteigerung bringen; von dem Anheften der Bekanntmachung am Gerichtsbret, in der Schenke u. s. w. hergenommen.

Anhängisch sein, überall hängen bleiben und sich so die Kleider zerreissen; s. Schackeflitt'ch.

Anhosen für ankleiden; auch Frauen sagen es von sich; s. anhübschen, anthun; in Schw., wo Häs die Kleider bedeutet: anhäsen.

Anhübschen, 1. sich zierlich ankleiden, s'enjoliver, s'endimancher; to titivate; 2. ankleiden überhaupt, wie anhosen.

Ankern, nach Etwas, s. angeln; P.

Ankratz; ein Mädchen „hat viel Ankratz", wenn sie viel Freier, ein Krämer, wenn er viel Zulauf hat. Drsd.

Anlappen wie anfauzen; Hl. gleichsam einen Lappen an den Kopf werfen oder: wie einen Laps behandeln.

Anlauf: recht am Anloof, gleich am ersten Anloofe wohnen, an einer sehr belebten Stelle des Orts; s. dgg. Katze 4, Bettelmanns Umkehr.

Anlaufen, 1. sich eine Zurechtweisung zuziehen; 2. bei Spielen: schlechten Skat u. s. w. finden; vgl. anfliegen 2.

Anlernen, 1. Einen, ihn in einer Fertigkeit unterweisen; auch zulernen; einen Hund, Vogel und dgl. dressiren; 2. Einem Etwas anlernen, es ihm beibringen; „der Arbeiter bekommt es in vierzehn Tagen angelernt".

Annageln, einen Stich im Spiele, heisst: ihn so sicher nehmen, dass der Nachmann nicht überstechen kann; auch „festemachen".

Anniesen wie anfauzen.

Anputzen s. putzen.

Anranzen wie anfauzen; von Rand — Mund? oder für: anrangsen, also: Einen wie eine Range behandeln? Brl., Bsl.

Anräuchern, betrügen, z. B. „der hat mich scheene angereechert!"

Anrazen wie anfauzen; vgl. Raz.

Anreissen; das Schriftdeutsche: anreissen (z. B. „ein Fass, einen Thaler anreissen) wird auch in weiteren Verbindungen gebraucht, z. B. ein Gericht bei Tische anreissen — zuerst davon nehmen. Als auf einem Dorftanzboden zwei ganze Bänke mit Tänzerinnen, aber nur 2 Tänzer vorhanden waren, sagte der eine zum andern: „Reiss du die Bank an, ich will die andere anreissen!"

Anrichte, die, der Tisch in der Küche, auf welchem Speisen angerichtet werden; s. Gramm. § 156; Schw., mhd. anrihte.

Anrühren; „nich rühran!" ich rühre keine Hand (wenn nicht erst gewisse Bedingungen erfüllt worden sind u. s. w.); „ich hiess ihn mitspielen, er aw'r nich rühran". P.

Ansäuseln, sich, für betrinken; angesäuselt wie angerissen.

Anschiss, bei Studentenzweikampf: Verwundung; s. abführen, 2.

Anschlagen, Kinderspiel mit Rechenpfennigen, die man von einer Mauer abprallen lässt; nur im Frühjahr betrieben (wie das Einhullern). Hl., in P.: anschmeissen.

Anschlägisch; „er ist ein anschlägischer Kopf" (auch mit dem höhnischen Zusatze: „wenn er die Treppe hinunterfällt, verfehlt er keine Stufe",) versteht Anschläge zu machen, Pläne durchzuführen; Rtr.; minder gebräuchlich sind: anschlägig, anschläglich; ND.: „er hat einen verschlagenen Kopf, wenn er die Treppe hinunterfällt".

Anschmieren, sich, 1. einschmeicheln (in aufdringlicher Weise); 2. Jemand anschmieren für betrügen; Brl.; 3. Einen anschmieren wie andrechseln 2.

Anschnallen, sich Eine, f.: zu seiner „Liebsten" wählen.

Anschnarchen wie anfauzen.

Anschnauzen s. anfauzen; Schw.; vgl. schnauzen; Bspr.: „begrobsen".

Anschnorzen wie anfauzen.

Anspänner, ein kleiner Bauer, welcher nur ein Pferd hat; vgl. Hof; Th.

Ansprung, der, feiner Gesichtsausschlag; vgl. mhd. sprunc, das Hervorspriessen.

Anständig f. sehr, stark u. s. w.; z. B.: es regnet anständig; eine anständige Kälte; er ist anständig grob, dumm u. s. w. vgl. böse, scheene.

Anstellung; „er hat eine Anstellung mit dem — Rücken an der Wand", spöttisch: er hat Nichts zu thun.

Anstreichen, Einem Etwas, für: ihn bestrafen. „Ich will es ihm schon anstreichen", ich werde ihn schon daran zu verhindern wissen; in Bsl. i'-striche, wie eintränken.

Anthun wie anhübschen. (Faust: In Sammet und in Seide war er nun angethan.)

Antvogel, der, Bspr. Ente; bei Fischart, Voss; B.; Ente ist ahd. anut, lat. anas, anatis.

Anvettermicheln, anvettern, sich, wie: sich anschmieren; Brl.; — Rtr.: sich anmicheln.

Anwerden, loswerden, an den Mann bringen, z. B. Geld, Waaren, eine Tochter u. s. w.; Verschmelzung von anbringen und mhd. âne = ohne (man kann da schon Geld ohne werden = los werden).

Anziehen, 1. einen Dienst antreten; s. abziehen; 2. übrigens ist anziehen, sich anziehen, weit beliebter als (sich) ankleiden.

Anzwei, anzwee, inzwee f. entzwei; P.; Sndt.: azwee; ahd. in zuei, mhd. enzwei; engl.: to break in two.

Aparte thun, sich nicht mit Jedermann gemein machen, zurückhaltend sein; „sich recht ambarde halten".

Aepfeln, vom Pferde, f. misten (von Pferdeapfel, Rossapfel, bei Lessing, Heine); mdh. ist Rossapfel ros-vige (Feige).

Appeldegose f. Aprikose; s. Appeldesine; beiden werden mit einem Apfel verglichen.

Appeldesine f. Apfelsine, wohl: Apfel von Sina (= China); s. Appeldegose.

Appelliren, sich erbrechen, besonders von Betrunkenen; abgekürzt aus der Redensart: sich ans Appellationsgericht in Speier wenden.

Arbeitsch f. arbeitsam; s. das gebräuchlichere arbeitsen.

Arbeitsène Leute (von arbeitsam) nennt man bès. Taglöhner u. a. Leute, die „auf Arbeit gehen", wenn sie auch nicht besonders arbeitsam sind.

Archebussade, die, f. Arquebusade, Wundwasser.

Aergern; „ich werde mich nicht ärgern;" fällt mir nicht ein, das zu thun, denn es könnte mir Aerger bereiten. In kühnem Bild: „es wird sich nicht ärgern und beide schon thauen!" Mitunter steht ärgern mit Dativ: „dèn ärgert's allen (= denen).

Arm; — armer Kerll oder armes Thierl sagt man in mitleidigem Tone

(wie: du kannst mir leid thun), wenn Jemand alte Anekdoten und dergl. als neu auftischt oder sich „gross aufspielen" will.

Aerme, Mehrheit von: der Arm, s. Gramm. § 182, 6.

Armetei, die, Armuth; „im Erzgebirge ist rechte Armetei"; mhd. ermede, ermde; H. Sachs: Armutei; Fischart: Armedei; S. Frank: Armathei; J. Paul, Auerbach u. A.: Armathei; s. Armuth.

Armuth, 1. das, die armen Leute (Lessing, Nathan IV, 3); dgg. sagt man f. die Armuth: Armutei, s. d.; Eg.; 2. die Armuth, der geringe Besitz: — ich habe mei bischen Armuth hingegeben; er hat seine ganze Armuth vollends verloren; ebenso mhd. armuot.

Arsch wird, als pöbelhaft, vermieden und meist durch Böbö oder Pö'pö ersetzt; minder bedenklich ist man mit manchen Zusammensetzungen, wie: Kaularsch, Arschpauker, Klugarsch; im Aerger nennt auch eine Mutter ihr weinerliches Kind einen „Heularsch", was auch Goethe anwendet; s. Quälarsch.

Aerschlings, mit dem Hintern voran; „er wurde ärschlings zur Thüre naus geschmissen"; auch im Faust II, 2.; überhaupt: verkehrt.

Arschmarter, die, unnütze, unbegründete Angst.

Arschpauker, Spitzname für Schulmeister, wie fesseur; s. pauken; — P.: Hosenpauker.

Art. 1. „das ist keine Art" d. h. nicht das rechte Benehmen. 2. „es hat keine Art", es ist nicht passend. Wn.; — „Es hat keine rechte Art zum Schneien", es sieht nicht so recht aus, als wollte es schneien. Rtr.: So het 't Ort; Aehnliches auch schriftdeutsch.

Artlich, sonderbar, eigenartig, wunderlich, es soll aber nicht beleidigen; z. B.: „bis nur nicht so artlich;" V., Wn., Eg., L.; Schl.: ätlich; vgl. komisch, kurios.

Asch, Mehrh. Aesche, f. Napf, bes. für einen grossen. Hl., Schl.; D.: die Sett (von setzen). Bei Goethe: Blumenäsche; mhd. asch; daher Aschkuchen wie Scherbelkuchen.

Aschenruthe, Fichtenzweig zum Ascheabkehren (am Aschermittwoch), das den Kindern mit Pfannkuchen gelohnt wird.

Aeschern, eschern, s. abeschern, eschbern.

Ast, Höker, Buckel; s. Kriegskasse; sich einen Ast lachen, unbändig, sich „bucklig" lachen; auch schriftdeutsch.

Aetsch! ruft man frohlockend, schadenfroh, auch gutmüthig, wenn man Jemand auszischt, ihm „Rübchen schabt", weil ihm Etwas misslingt, z. B. wenn Einer den Andern mit einem Schlage oder Wurfe nicht trifft, einen Ball beim Billard nicht macht u. s. w.; bei Wieland; E., F., J., NS., Pf. In P. hat man davon: ätschen — unserm hitschen. Vgl. Dreckchen, hitsch!

Attensie f. Hortensie (Blume).

Auf (sprich uff, auch in den Zusammensetzungen, wie drauf, hinauf); 1. für offen; z. B. die Thür steht auf (bei Holtei); wir haben Alles auf, Thür und Fenster stehen offen; Sonntags hat er nicht auf, sein Verkauf ist geschlossen; umgekehrt sagt man in ND.: „Mach das Fenster offen"; 2. „der is blos auf sich", nämlich: bedacht, sieht nur auf seinen Vortheil, eigennützig; Rtr.: nah sik sin; 3. „der Kranke ist auf," ausser Bett; in Th.: er ist offen; 4. „auf die Woche", nächste Woche; „aufs Jahr", übers Jahr. — Viele Zusammensetzungen mit auf sind unter den betr. Stammwörtern angegeben.

Aufbahren, einen Todten im Sarge auf die Bahre setzen u. s. w.; Gellert, Musäus, Rückert; mhd. bâren.

Aufbegehren f. begehren; B., Wb., Bsl.; Schiller, Auerbach.

Aufbrummen, z. B.: Einem einen dummen Jungen aufbrummen, für schimpfen; bei B. Auerbach.

Aufbuden, Buden aufbauen, Gegensatz: abbuden, s. d.

Aufbambsen, wie „hereinfallen," ins Unglück stürzen; bes. bei Kartenspiel; Stm. anpumpsen; s. bums; Wn. anbrummen;

Aufbündeln, übermässig aufladen; „dem wird alles Mögliche aufgebündelt", zur Last gelegt, zugeschoben; vgl. abladen und aufgebündelt.

Aufdonnern, übertrieben aufputzen; Brl., Bsl.; Immermann; — Rtr.: upvijolen, upfidumen; auch: andonnern.

Aufdrieseln, aufdröseln (von drehen), einen Faden, etwas Gestricktes in seine Fasern auflösen; Eg.; Goethe: aufdröseln.

Aufführen; sich unhöflich aufführen, für auslassen (von Blähungen).

Aufgabeln, uffgüweln, ausstöbern,

ergattern, auftreiben, ausfindig machen; Ab., Eg., Schw., Bsl.; b. Tieck.

Aufgattern, ergattern, listig, mühsam aufspüren; auch ausgattern, ergattern; Th.; Vgl. Regel, Ruhlaer Mundart, S. 188 unter gätter.

Aufgebündelt (oder Aufgebündeltes) kriegen, ausgescholten werden; s. Gramm. § 166a.

Aufgehen, im Spiel, einen Stich nehmen, ihn nicht vorüberlassen; „ich ging uff, äwr du gingst iwr" (stachst höher).

Aufgekratzt, heiter, guter Laune, aufgeräumt, gut aufgelegt.

Aufhasseln, das Feld mit der Egge auflockern; Bspr.

Aufhenker, der, Henkel (von Band, Schnure u. s. w.) an einem Rocke, Mantel; s. Gramm. § 158.

Aufhüpfen (uffhippen), aufhuppen; „man soll ihm gleich aufhüpfen", schnell und willig bedienen, ihm aufwarten; Luther; L.: Er denkt, man soll ihm gleich aufplatzen.

Aufknippeln f. aufknüpfen, s. knippeln.

Auflader, der, Mann, der sich mit kunstgerechtem Beladen von Frachtwagen beschäftigte: durch die Eisenbahnen fast ausgestorben.

Auflegen, sich, in Streit einlassen; „lege dich nur nicht mit Jedem auf".

Aufliegen, arbeitslos, dienstlos sein, auf der faulen Haut liegen, bes. von Frauenzimmern (Pf.: aufliegen f. Schulden haben).

Aufmucken, seinem Unwillen Ausdruck geben, murren; Brl.; s. mucken.

Aufmutzen, einem Etwas, einen Fehler aufstechen; V., Th., Schw.; alt: mutzen für anklagen, beschuldigen; s. Grimm: aufmutzen.

Aufpacken, Einen, auch: Einem; auszanken, Vorwürfe machen; wie: aufschütteln, vermöbeln, die Wahrheit zeigen, ausfenstern u. s. w.

Aufpäppeln, ein Kind ohne Mutterbrust, mit Kuhmilch, Brei u.s.w. aufziehen; s. Pappe; auch von Thieren gesagt. Brl.; mhd. pepelen, füttern, zärtlich pflegen.

Aufpöpeln wie aufpäppeln.

Aufsacken s. sacken.

Aufsagen, ohne allen Zusatz: den Dienst oder die Miethe kündigen; wie den Gehorsam, die Freundschaft aufsagen: — ich habe meinem Wirthe für Ostern aufgesagt; der Diener hat seiner Madam aufgesagt.

Aufschütteln, Einen, ausschelten; s. aufpacken.

Aufslagen, Jemand ausfindig machen,

ihn zu Etwas bewegen; Wn. Einen um Etwas ansingen.

Aufspielen, sich, sich hervordrängen, grosse Ansprüche machen, wie „sich e Fleck machen, sich thun.

Aufspitteln, Einem Etwas, aufschwatzen, ihn durch Zureden bewegen, Etwas zu nehmen (eine Ware, Wohnung, falsches Geld, eine Frau).

Aufstecken, etwas Begonnenes, ein Unternehmen, Geschäft wieder aufgeben; Bsl.

Aufstreifeln, uffstrēfeln, uffstriffeln, die Aermel oder die Beinkleider emporstreifen, „er stand in uffgestriffelten Hemdsärmeln da;" s. striffeln.

Aufthauen, aus Schweigen, Einsilbigkeit in Gesprächigkeit übergehen, gemüthlich werden.

Auftrumpfen, Einem, seine Behauptungen oder Vorwürfe durch noch stärkere überbieten; P.

Aufwaschen, es ist ein Aufwaschen, es kann Mehreres auf einmal gethan werden (zwei Fliegen mit Einer Klappe todtschlagen); Hippel.

Aufwecken, intransitiv für aufwachen; „ich weckte von alleene uf".

Aufzug, geschmackloser, auffälliger Anzug; „die macht e scheenen A.".

Auge, 1. „vor sichtlichen Ogen", dicht vor meinen (sehenden) Augen (that der Unverschämte es); Rtr. 2. „Was schadet dem Kurfürsten ein Auge," für: „das ist eine Kleinigkeit für dich u. s. w.;" Redensart aus Kur-Sachsen. 3. „auf seinen 14 A. sitzen bleiben," bei einer Meinung hartnäckig beharren; Eg. „dar bleibt uff sen ochzn Agn stihn"; 4. sich die A. aus dem Kopfe guken, angestrengt sehen, suchen; 5. Einem die Ogen auswischen — ihm Eins auswischen, Etwas anhängen; ihn übervortheilen P.P., Eg.; wer sich davor hüten will, muss die Ogen in de Hand nehm; PP.; 6. s. Blind.

Aeuglein, scherzweise f. eicheln, beim Kartenspiel; s. eicheleckern.

Aus, auf Etwas aus sein (auch aussen sein), es im Sinne haben; „ach so, du redest von Wernern, nu ich bin in eene weg uff Müllern aus".

Ausditschen, austitschen, Etw. lang und breit auseinandersetzen, es breitspurig behandeln.

Ausfedern s. Feder.

Ausfenstern für ausschelten, s. aufpacken; Lessing.

Ausflöhen, im Spiel, oder sonst, Einem

alles Geld abnehmen, ebenso: ausmästen, aussäckeln, ausnehmen, ausschälen, lausen; in Wn. Einen ablausen.

Ausfressen, Etwas verschulden, Etwas begehen; bes. im Partizip, z. B. „was hadd'r denn nu widdr ausgefressen ?"

Ausführen, entwenden, bes. einem guten Freunde eine Kleinigkeit mitnehmen, so halb scherzweise; Wn.

Ausgang, ein Ort, den man häufig besucht; „das Rosenthal ist mein einziger (gewöhnlicher) Ausgang".

Ausgattern, s. aufgattern; Lessing, Nathan I, 5.

Ausgehen, „mein Traum, meine Ahnung geht aus," erfüllt sich; Wn.; bei Blumauer, Goethe.

Ausgeknaupelt, elend, schwindsüchtig aussehend; ausgeknaupeltes Kirschkuchengesichte, gemeines Schimpfwort für einen Menschen mit dürftigem, verhungertem Gesicht; s. knaupeln.

Ausgelernte, der, junger Gesell, solange er noch bei seinem Lehrmeister arbeitet; N.

Ausgezanktes kriegen für ausgezankt werden, s. Zank; Gramm. § 168a, 12.

Aushauen, reden, sich auslassen, ausdrücken, ausholen; „die wären ganz andersch aushauen", eine andere Sprache mit ihm führen.

Aushitschen s. hitschen; Di. uteken; Ob. — Oe. aushienzen.

Auskehricht, der, Kehricht; „das findt sich im Auskehricht", es erledigt sich zuletzt von selbst; Hb.: „im Kehricht werd sich's fenne".

Ausknētschen, ausknietschen, ausdrücken, auspressen. P., Schl.; bildlich „eine Sache ausk.", weitläufig ausspinnen; s. knētschen.

Auskrabbeln, ein Kartenspiel: wer eine vorher bestimmte Karte aufhebt, verliert.

Auskratzen, ausreissen, entfliehen; Brl.; bei Droysen u. A.; s. abkratzen.

Auskuddeln, ein Kleid u. s. w. oberflächlich auswaschen, s. Kuddeln.

Auslätschen, eheliche Untreue begehen.

Auslütschen, 1. geschwätzig über Etwas verhandeln; 2. etwas Anvertrautes weiter klatschen; s. Lātsch.

Auslaufen s. Messe 4.

Ausmachen, 1. Kartoffeln, sie aus dem Boden nehmen; 2. Hülsenfrüchte, aus den Schalen nehmen.

Ausmästen wie ausflöhen.

Ausmergeln s. mergeln; Wn.

Ausmiethen, 1. Jemanden, ihn durch Höhergebot der Miethe aus seiner Wohnung vertreiben; 2. Jemandem einen Dienstboten ausm., durch höheren Lohn abwendig machen, s. ausspannen.

Ausnehmen, Einen, 1. wie ausflöhen. 2. alle Trümpfe abfordern.

Auspacken, seine ganze Weisheit über Etwas zum besten geben (ähnlich: ausknitschen); dann durch anhaltendes Schelten allen verhaltenen Groll von sich geben. P.

Auspackewoche s. **Messe, 2.**

Ausriechen, mit Geruch erfüllen: — die Hyazinthen riechen die ganze Stube aus.

Aussäckeln wie **ausflöhen**, s. säckeln; Wn.

Ausschälen, 1. auskleiden. 2. wie ausflöhen, auch berauben.

Ausschnitter, der, Ausschnittwaarenhändler, Kaufmann, der Stoffe nach der Elle (im Ausschnitt) verkauft; mhd. ist: gewant oder tuoch sniden, es nach der Elle verkaufen, ausschneiden.

Aussen, 1. steht öfters f. aus; s. d.; „das bleibt nicht aussen;" 2. auf Etwas aussen sein, im Sinne haben: ich war auf etwas Andres a.; du redst von meinem Bruder, du bist aber wohl auf meinen Vetter aussen; Bsl. i bin jez an imme g'si, hatte ihn im Sinn.

Ausser, 1. aus: ich bin ganz ausser der Uebung; 2. ausser nur, ausgenommen: „es war Niemand da, ausser nur der Küster", wie engl. but; 3. ausser dass für ausgenommen dass: ich bin es ganz gerne zufrieden, ausser dass es e bischen theuer ist; 4. ausser dem Hause für: in fremden Wohnungen; es wird angekündigt, dass Jemand ausser dem Hause wäscht, schneidert, tapezirt, Sprach- oder Musik-Unterricht ertheilt; 5. ausser Markttags, adv., d. h. Montags, Mittwochs, Freitags, wo kein Wochenmarkt gehalten wird.

Aussereinzig f. nur eins; „Ich habe nur ein aussereinziges Buch"; ND.: „das ist mein einzigster Trost".

Ausspann, der, auch: die Ausspannung, Gasthof niederen Ranges mit Stallungen, in welchem bes. Fuhrleute, Boten u. s. w. verkehren.

Ausspannen wie **abspannen**; z. B. Jemandem einen Kunden, Diener ausspannen; vgl. ausmiethen.

Auster, die, Schleimauswurf; sehr gemein.

Austhun, Jemanden im Buche austhun, vormerken, dass er bezahlt hat, also seine Schuld streichen.

Austopfen, einen Blumenstock aus seinem „Scherbel" ins freie Land setzen; versetzt man ihn in einen andern, grössern Asch, so wird er „umgetopft". Das Umgekehrte, die Versetzung einer im Boden gewachsenen Pflanze in einen Blumentopf, heisst „einsetzen".

Austrauer, graue Tracht, zu Ende der Trauer um einen Todten. „Um Dich ist ausgetrauert" f.: nach Dir kräht kein Hahn.

Ausverschämt, stärker als unverschämt, es ist mit seinem Schamgefühl ganz aus; Eg.; — ND.: er hat sich utschoamt.

Auswachsen, „es ist zum A.", zum Verzweifeln, zum Teufelholen.

Auswärtsig für auswärtig; „auswärzige Zeitungen;" auch für auswärts: „hübsch auswärzig gehen", die Füsse auswärts setzen.

Auswischen, Jemandem Eins, ihm einen Schlag versetzen, einen Streich spielen; s. **Auge, 5.**

Auweh, das; im Auweh sitzen, in Noth sein; jüd.: Dalles.

Auweh geschrieen! f. Auweh! Den Juden nachgeäfft.

Aex s. **äh.**

Azen, scherzweise f. essen, zu essen geben; im V. „fräzen", Jemanden gut bewirthen; erinnert an Azung, äzen und fressen zugleich.

B.

Siehe auch P und Gramm. § 66.

Bäbbäh f. Excremente (Kindersprache); Verstärkung von: Aeh; daher: Bäbhäbmachen oder bäbbähen. E.

Babbel, der, dummer Mensch; s. bapeln, Baps.

Babbelätschke, Popelätschke, Bubbelätsche, die, Verschlag an der Decke einer Tischlerwerkstatt zum Aufbewahren des Nutzholzes; Eg.: Buwlätsch, Gerüst, Aufbau von Ge-

genständen; Schl.: Boblatsch, Schau-
gerüst; Wn. Baweladschen, erhöhte
Zwischenabtheilung in einem Zimmer;
Rüdiger bezeichnet Popelätsche (Ge-
stell, Gerüst) als wendisches Ur-
sprungs, von poliza — Schüsselbret;
s. noch Bummellätschche.
Bäbchen s. Habchen.
Babusch, der, eine Art Hausschuh;
soll aus dem Oriente stammen.
Bachömer, der, f. Schwein überhaupt,
bes. mit Adjektiven: ein tüchtiger
Bachomer u. dgl.; eigentlich eines aus
dem Bakonyer Walde (Ungarn).
Bachülke, der, ungeschlachter, wilder,
unbändiger Mensch.
Backe, die, gebräuchlicher als der
Backen.
Bäcke, Becke, (mhd.) Mehrbt. die
Becken, f. Bäcker; Wn., Eg.; in
Wagners Meistersingern „der Beck,"
wie in Sz.; „beim Becken!" für
weit gefehlt! s. Kuchen, abwar-
ten, Dreck. Als Name kommt vor:
Beck, von der Becke, van der Becke
(sprich Vanderbecke).
Backen, bildlich f.: anfangen zu ge-
frieren, bes. auf Weg und Steg;
„hinte beckt's," heut Nacht tritt
Frost ein.
Backenbirnmännchen, sehr „verhuzel-
tes" dürftiges Männchen.
Bäckerjunge; ist im Gebäck ein grösseres
Luftloch, so sagt man: „da hat der
B. dringesteckt;" vgl. Hemd, 2.
Bäckerknecht, Beckenknecht, im Gebäck ein Klümpchen trocken gebliebenes Mehl; vgl. Hemd, 2.
Backofen, einen Backofen machen,
die Beine auf die Brust gezogen im
Bette liegen; Ho.: 'n Hennenhus bu'n
(— bauen).
Bäddeln, in Schlamm, Staub, Erde
wühlen; die Hühner z. B. baddeln
sich gern in den Sand; Ho.; Etwas
verbaddeln, in Sand, Erde, unter
Wäsche, Papieren u. s. w. vergraben;
to paddle; s. butteln.
Bademutter für Hebamme; alt; Sudt.:
Bädeäle (— Badealte).
Badewarm, Tadel eines Getränks, das
frisch sein sollte, wie Weisswein, Bier;
auch: „hier is es wie im Badestüb-
chen," übertrieben eingeheizt.
Bäffern s. bläffen.
Bagage, die, 1. Gepäck, le bagage;
dann überhaupt: Habseligkeiten, Lum-
penkram; 2. Gesindel, gemeines Volk,
man denkt an Pack; also wohl Pack-
asche wie Kledäsche.

Bäh! für: fehlgeschossen; überhaupt
Verhöhnung bei Misslingen, wie
ätsch!
Bahn, die, das „Blatt" (die Breite)
eines Stoffes für Frauenkleider. Pf., J.
(Wander: „drum schnitt man eine
Bahn heraus").
Bahngeld, 1. Zahlung für Benutzung
der Eisbahn; 2. B. zahlen, auf der
Eisbahn fallon (Verhöhnung).
Bahre, das Flüsschen „Parthe"; s.
Gramm. § 83.
Bal'-äs, Bal'atz, der, Hanswurst, Bajaz-
zo; Bsl.; ostfries. Peiatz; vom franz.
paillasse; it. bajaccia, Possen.
Balbieren, 1. barbieren (der Balwier);
s. Gramm. § 108; 2. betrügen; auch
„über den Löffel balbieren;"
PP.
Bäle f. bald; Bspr.; Rl.: ball; Rh.:
boll; V.: balle.
Balg, der, seltner das, Schimpfwort
(mhd. balc), 1. Kind, bes. ein unge-
zogenes; 2. unangenehme Person, bes.
Frauenzimmer.
Balgen, Etwas grob anfassen, z. B.
Einen 'rumbalgen; die Kisten vom
Wagen herunterbalgen; Fässer aus
dem Keller herausbalgen; s. batalljen.
Balletspuz f. Ballettänzerin, s. Spuz.
Bambelbeine f. Beine (Kindersprache),
s. bammeln.
Bamsen, schmausen, in Saus und Braus
leben, bes. wenn es im Stillen geschieht; Hl.; — Schw. bampfen, mit
vollen Backen kauen, übermässig
essen; engl. to pamper, reichlich füttern; s. schlampampen.
Bammeln, schlaff herunterhängen; auch
baumeln; Schl., Rtr.; — sich bammeln, sich baumeln, sich auf-
bummeln, sich aufhängen; Hb.
und Hss.: bampeln, s. Grimm.
Bange, „es ist recht bange," f.
schwül, gewitterschwer.
Bangenett (Bang-e-nett) f. Bayonnett;
s. Gramm. § 182, 5.
Bank, 1. zur Bank hauen, nieder-
schmettern (gleichsam zur Schlacht-
bank führen); auch wie: abführen;
2. die Bank scheuern, sagt man
von Damen, welche beim Tanz wiederholt sitzen bleiben; Hb.: se bott bloe
Zwern fähl; Di.: se hett Block sëten
(festsitzen, wie ein Block); faire tapisserie; sortir brédouille du bal;
Mauerblümchen, schimmeln;
Petersilie pflücken, Peitersillan
pflücken (Rtr.).

6*

Bankblei, ein Höker, in Folge angestrengter Arbeit entstanden (Schlosserausdruck).

Banse, Banze, die, der neben der Tenne befindliche (grössere) Raum der Scheune, in welchem die Garben aufgespeichert werden, bis sie zum Ausdreschen gelangen; Schl.; Hb.; s. Grimm; der **Bansen** ist dagegen der erste Magen der Wiederkäuer, in welchem das verschluckte Gras gleichsam auf- oder eingebanzt wird.

Bansen, banzen, v., die Getreidegarben in die „Banze" bringen und daselbst aufschichten. Wird übrigens auch im weiteren Sinne gebraucht, namentlich als auf- oder einpanzen, von Heu, gehacktem Holze, Reissig u. s. w., wenn man es in Haufen aufschichtet.

Bapeln, albern schwatzen, auch: gemüthlich plaudern; A., Hl., Eg., Hb., X., J., Wb., Bel.; engl. to babble; Rw. heisst pappeln: stammeln; davon: Bapelhans, -liese, -suse, -fritze; die Bapelei, das Gebapel; s. **bappern**.

Bappern, Verstärkung von **bapeln**, schnell, viel schwatzen und bebbern; Sdt.: pappern; s. Grimm; davon: Papperich, Schwätzer.

Baps, der, dummer Mensch; wie **Flaps**.

Bär, 1. verstärkende Vorsetzung, z. B. Bärenkälte, bärenmässige Hitze; so auch: schwitzen wie ein Bär; vgl. Hund, Sau, Heide; 2. hat man Jemand ausführlich berichtet (bes. einen neugierigen Frager), so schliesst man: „Na, nu weesst Alles, blos das vom schwarzen Bäre noch nich!" fragt er nun, was das sei, so heisst es: „der hat ein schwarzes Loch, weil er adelig ist!"

Bärbes, bärwes, bärbs, barfuss; Sdt. borss; Eg. borbch; Hob. barbas; scherzweise: er leeft in barbsen Aermen, mit barfussigen Kopfe; barbes bis an Hals, ganz nackt; PP.; barbes un e Degen, auch: barbs un e Strohhut, von Widerspruch im Auftreten, im Anzug, halb bettelhaft, halb prahlerisch (shabby-genteel); Ulm: im Bareit (Barett) un barfuss.

Barbs s. barbes.

Bärbsbeenig (bärbeenig) wie barbes, Schl.

Barbuz f. Barbier.

Barchent reissen, schnarchen (dem Laute nachahmend).

Bardauz s. bauz; L., P.

Barometer, Barremeder, Barmemeder, der, f. Barometer; s. Gramm. § 145.

Bären, ungeberdig, unwillig reden; „bäre doch nur nicht immer so!" auch: Einen anbären; ist der Stamm zu Gebahren, Geberde; vgl. anfauzen. ND.; in Sbg.: bären — schreien, lärmen.

Bärenkälte, starker Frost, s. Bär.

Bärlätsch, der, plumper, weicher Hausschuh, bes. von Filz; s. Grimm; auf Bärlatschen gehen, für: sanft, behutsam auftreten; daher beim Spiel: nicht keck fordern, sondern vorsichtig abwarten; s. Dörfer.

Bärloch, „so finster, wie in einem Bärloche," sehr düster.

Bärmedickel, der, Perpendikel; V. das Bamberdeckl; D. der Parmtkl.

Barmen, klagen, kläglich thun, besonders auch ohne Noth; also erbärmlich thun, das Erbarmen wach rufen; „de Koofleide uff der Messe barmen immer und ewig;" mhd. barmen f. sich erbarmen und Mitleid erregen; barme, Barmherzigkeit; auch „keine Barme haben" st. Erbarmen; V.; davon bärmeln, oft klagen, lamentiren.

Bartel, schmutziger Mensch, eines der Lieblingswörter keifender Kinderwärterinnen; s. Gramm. § 166 b; in PP. ist B. ein beschränkter Mensch, in Ab. eine Mütze.

Bärthelmee, Bartholomäus, s. Matthäus.

Bartkratzer (bei Chamisso), auch **Bartschaber**, wie Barbuz; sdt. Rüsselschaber.

Bassekel, Possekel, der, grosser eiserner Hammer der Zimmerleute u. s. w.; Kaltschmidt, Gesammtwörterb. der dtschn. Spr., gibt: Possekel, schwerer Schmiedehammer; Sachs, franz.-dtsch. Wörterbuch, übersetzt marteau à devant: Posseckel, Vorschlaghammer; davon (?): 'nunterbossekeln — purzeln, stürzen. — Possögel, Eigenname.

Bast, das, Oberhaut der Hände; sich das Bast von den Händen ringen, arbeiten, graben, waschen u. s. w.; s. Grimm, Bast, 2.

Baste, die, der grüne Ober (Schafkopfspiel); Hb.

Basteln, allerlei kleine Handarbeiten vornehmen, namentlich aus Liebhaberei; G. Freytag in „Marcus König," S. 97: ich muss mir's zurecht basteln;

Pf., Schw., Eg.; davon herumbästeln, Bästelei; B.: posteln, pästeln; Sbg.: passern.

Bataille, die Battalche, steht schlechthin für die Völkerschlacht von 1813. „Er ist seit der B. hier; zur Zeit der B."

Batalljen, auch **battallern,** angestrengt, einem Widerstand entgegen arbeiten, sich mit Etwas herumschlagen, es fortschaffen; „m'r missn de Aerdebblsäcke in'n Keller b., er hat sich mit Kisten und Kasten herumgebaddalcht"; von batailler; vgl. **trawalchen, balgen.**

Bätschen wie **bapeln;** Schw.; in Th. auch **pütschig,** als Adj.

Batten, flecken, vorwärts gehen, Gewinn abwerfen; bes. „es batt nicht", wie: es fluscht nicht; Pf., N., Ha., Bsl.; „te baten ende te fromen" — zu Nutz und Frommen (Flandrische Reimkr., 1200), „alle Hölpe batt", es hilft Alles wirthschaften; am Niederrhein; s. Grimm **batten.**

Bätz, der, Verweis, wie **Wischer.** Daher **abbatzen,** in spitzem, herbem Tone zurechtweisen.

Batzig, patzig, protzig, spitz, herb, kurz angebunden, schneidend in Worten und Wesen; J., Pf., Brl., Schw., Hb.; — Rtr.: **patzig** — verwegen, stolz; s. Grimm.

Bauchkneipen, das, beliebter als Leibschmerzen, Leibschneiden u. s. w.

Bauer, 1. allgemeine Bezeichnung für jeden Landbewohner; einer der Korn, Holz, Sand, Torf, Kohlen zu Markte führt ist: **Korn-, Holz-, Sand-, Torf-, Kohlenbauer;** fährt er den Inhalt der Senkgruben ab: **Mistbauer;** bringt er Butter: **Buttermilchbauer;** fährt er mit Hornvieh: **Küh-** oder **Ochsenbauer;** 2. „das kann mir der Bauer selber sagen, da braucht er seinen Ochsen nicht zu schicken", sagt man, um eine unziemliche Antwort „abzutrumpfen". 3. Aehnlich weist man zudringliche Frager ab: „So fragt man die Bauern aus!" 4. „das hat er beim B. im Fenster gefunden", angeblich gefunden, aber eigentlich — gestohlen.

Bauerflinte, „er schiesst mit der Bauerflinte", er spricht sehr deutlich, fällt mit der Thür ins Haus.

Bauerjungen, „ich gehe hin und wenn's B. regnet" (auch „Betteljungen") für: sehr stark; Rtr.: Es regnet Bummskülen (Hinterbacken); Bö. „es regnet Schindelnägel;" and if it rain dogs and cats.

Bauerluder, ein flegelhafter oder betrügerischer Bauer.

Bauermandel, die, 16 Stück statt 15 auf die Mandel (Eier, Früchte u. s. w.).

Bauerrettig für ungeschliffner Mensch, Tölpel; s. Rettig.

Bauerwezel, der, Ziegenpeter, angina parotidea; Krankheit.

Baumeln, 1. wie **bammeln;** 2. hinund her geben wie ein Pendel.

Baumwolle in den Ohren haben, schwer hören, Schw.; ebenso: Dreck in den Ohren haben, dicke Strümpfe anhaben.

Bauz! 1. Ausruf, wenn Etwas fällt, verstärkt: **blauz; plauz; bardauz;** davon: **hinbauzen,** derb fallen; verstärkt: **plauzen;** 2. **bauz machen** wie **Buz machen.**

Bebbern, bewern, stark beben, bes. in der Verbindung zittern und bewern; in ND., Eg., Sbg., Sz.; R.: bibbern — frieren. Brl.: vor Freude bibbern — zittern. Rw. bibbern — frieren.

Bebohmölen, sich; (von Baumöl) vor allzugrosser Angst oder Freude, vor Lachen ausser sich sein, eigentlich: sich dabei bepissen (P.: sich beölen); „du kriegst Keile, dass de dich bebohmelst;" „na, bebohmöle dich nur nicht gar!" — sei nicht ausgelassen lustig; Th.; „es ist zum Beb." zum Todtlachen, sich einen Buckel zu lachen; s. bekegeln.

Bedestend, im Scherz f. bedeutend; D.: defti, derb, tüchtig.

Bedenken, das, f. Nachsinnen, Simuliren: — Sie stehen ja recht im B., in Gedanken versunken.

Bedinnung f. Bedingung.

Bedippeln, bedüppeln, 1. mit Dippeln versehen; s. d.; 2. betrügen; in Schw. dippel — blöd, dumm; 3. sich b., betrinken.

Bedudeln, betrinken; Hb.; s. andudeln.

Beduseln, sich, ein wenig betrinken, s. Dusel; davon bildete Uhland scherzweise: bedinduselt; Schl.: bedüseln; s. Grimm: bedusseln.

Beest, das, Bestie, seltner Biest; Di.

Beffchen, Bäffchen, 1. weisser Halskragen, sogenannte Vatermörder (auch Kreditläppchen). 2. derselbe, nebst daran hängenden Zipfeln, bei Geistlichen; S., Hl. — Rtr.: Böffken;

Grimm I, 1250; Immermann; auch Butterbemmchen.

Befohl, ich, f. befahl; s. Gramm. § 208.

Begebenheit; „eine B. von Etwas machen", eine Sache aufbauschen, viel Aufhebens davon machen; Eg.

Begehren f. auffahren; „er begehrt seiner wie nicht gescheit!" Auch: aufbegehren. Heilbronn.

Bëgen f. beugen, biegen; s. Gramm. § 206.

Beginnen, 1. „es beginnt sich", f. fängt an; s. anfangen, 3; — 2. „er beginnt seiner", er fängt ungebärdig an zu schreien, toben (nur in der 3. Person üblich); „er hat sich gefährlich, er thut Wunder wie; er begehrt schrecklich auf.

Begonn f. begann, Gramm. § 208.

Begrüssstützig, schwer von Begriffen, schwer lernend. Brl

Begröbsen, grob behandeln, s. anfauzen.

Begunn f. begann; s. Gramm. § 208.

Behämmeln, sich, Schuhe, Stiefel, Beinkleider, Röcke unten schmutzig machen. Der dadurch entstehende Schmutzrand an Frauenkleidern heisst im Hz. und Mb. „Hammel," in Lpz. „Dengel".

Behumsen, behumpsen, bevortheilen, betrügen; wie beschummeln; ND.

Behuts'chen f. behutsam; Gramm. § 175.

Bei mit Accusativ f. zu, s. Gramm. § 214; — bei an s. beiher.

Beibs, der, Beifuss, Bspr.; in Th. Biewis, Biebs, Bäbs; mhd. bibôz.

Beide, die, s. Starbeide.

Beiern, eine Kirchenglocke mit dem Klöppel anschlagen; Bspr., ND., PP.

Beifrau, Gehülfin der Hebamme; auch Wickelfrau (vom Wickel des Kindes).

Beiher, auch beian, nebenbei, nebenher, als Nebensache; „das Geschäft kann er beiher mit versehen;" Jägerausdruck: beiherziehen—einen jüngerenLeithund neben einem älteren nebenher mit abrichten; s. anbei. Rtr.: bian. biber.

Bein, 1. f. Fuss, z. B. „er hat mich uff's Been getreten", was bildlich bedeutet: ist mir zu nah getreten; in andern bildlichen Ausdrücken bleibt man aber bei Fuss: auf gespanntem Fusse, auf grossem Fusse, unter den Fuss geben u. s. w.; Zimperliche vermeiden Bein (wie Engländerinnen leg) und nennen es Fuss! 2. das eigentliche Bein, vom Fusse bis zum Knie; 3. f. Schenkel, welcher auch das dicke

B. (Dickbein) heisst; mhd. diech, diech-schenkel; Sz. die Dicke f. Lende (auch in den Nibelungen); Redensart: „ne, was das Kind für dicke Beene hat", f.: wie überklug, naseweis du bist u. s. w. 4. Bein ist auch Schenkel, Bein und Fuss zusammen. 5. „Er ist heute mit dem linken Beine zuerst aufgestanden", stellt sich verkehrt, täppisch an. 6. „Uff eenen Beene gamm'r (kann man) nich lofen", scherzhafte Nöthigung zum Trinken eines zweiten Glases. 7. Etwas ans Bein binden, einbüssen, verloren geben; PP.; 8. „ich habe mit keinem Beine drangedacht," es durchaus vergessen.

Beisskorb, mit dem B. herumlaufen, mit einem Tuch ums Gesicht, wegen Zahnschmerz u. s. w.

Bekannt, 1. verkehrt verbunden: „ich war bei einem bekannten Bauer" d. h. einer, mit dem ich bekannt bin, nicht etwa ein allgemein bekannter; „ich habe einen bekannten Uhrmacher", für: ich bin mit einem Uhrmacher bekannt, oder: mein Uhrmacher ist ein näherer Bekannter, nicht blosser Geschäftsfreund von mir; s. bekennt; 2. f. pikant; „der Wein hat so ä bekannten Geschmack".

Bekegeln, sich, auch bokékeln, vor Freude ausser sich sein; „es is reene zum B.", zum Todtlachen, Schwarzwerden vor Aerger u. s. w.; s. kekeln.

Bekennt f. bekannt; Wn.; ich bin hier nicht bekennt; ich habe kene Bekennte (Bekannten) hier; Gramm. § 205.

Beklecken, bekleckern, (verwandt mit Klecks) mit einigen Tropfen (Wein, Suppe u. s. w) begiessen; s. klecken.

Beknelpen, sich, 1. betrinken. 2. Einen b., ihn besuchen; s. Kneipe.

Bekümmeln, sich, betrinken.

Belämmern, 1. anführen, betrügen; Brl., PP.; — holl.: belemmeren, beschweren, hindern, hemmen; 2. „die Sache ist belämmert," verfehlt, falsch, schlecht, unbrauchbar; 3. „ein belämmerter Kerl", ein unpraktischer Mensch, dem Nichts gelingt.

Belaufen — beloofen; „ich muss Alles alleene b.", alle Wege, Einkäufe, Bestellungen besorgen.

Belfern, zanken, polternd keifen; davon: das Gebelfer; wiederbelfern — sich vermauliren; Th.; B.: pelfern; Hb. gelfer; — von bellen? von balafrer?? oder von a palaver, Geschwätz? s. Titus 2, 9: wiederbellen.

Beluchsen, belugsen, beluxen, betrügen. Sch., H., Wn.; s. abluxen.

Bemachen, sich verunreinigen, bekacken; ebenso: „sich (ganz) vollmachen".

Bemme, Bämme, die, ein Schnitt Brot: eine trockne Bemme, eine Salzbemme (nur mit Salz bestreut), Fettbemme, Butterbemme, Käsebemme, Honig-Sirupsbemme, Pflaumenmus-, Quark-, Wurstbemme, ja sogar eine Fernsbemme (mit heissem Firniss); also weiter als Grimm angibt; Hl., ND.: Bamme, Pumme; Köln: Butterämmchen; Rtr. Botting; Meining.: Wäche; Sz. Bräutli.

Bemögeln, bemokeln, betrügen; Sbg.; s. mogeln.

Bemuttern, mütterlich pflegen, Jemandes Mutter spielen.

Benehmige, die, Pensionat f. Kinder. Br.; im Scherze f. das Benehmen, so auch „die Benehmigung;" Gramm. § 161.

Beniemen, beniemsen f. benennen; Eg.

Benne, die, Bordell; a pen — Pferch; Rw. Gasthof; s. Grimm.

Benuffelt, wie belemmert.

Béoh f. Dummhut; „ä richtiges Beoh".

Beramseln, bezahlen, wohl von berappen; s. d.

Berappen, 1. einer Mauer den Bewurf, Putz geben; 2. bezahlen, von der Schweizermünze: Rappen, zuerst in Freiburg i. B. geprägt, mit einem Vogelkopfe (Raben) versehen; Bsl.; — scherzweise: sofortio Berappio; berappen ist bei uns jünger, als blechen; s. beramseln, berohren.

Berblie, Berbelle, Berreblie, das, Regenschirm, parapluie.

Beresseniren, Jemanden oder Etwas, tadeln, bereden, heruntersetzen, „schlecht machen"; s. resseniren.

Berg heisst in unserer Ebene schon jede Erhöhung von einigen Fuss; so der Kickerlingsberg an der Pleisse, der Thonberg im Osten; Sperlingsberg hiess das sonst um einige Zoll ansteigende Ende der Universitätsstrasse nach der Promenade zu; das neue Theater steht auf dem ehemaligen Schneckenberg; ein im Park am Museum aufgefahrenes Hügelchen nannte man sofort Musenberg, der Volkswitz aber Promenadenwarzel! — „Berg is meine, Dreck is deine!" rufen Kinder bei einem Spiele, wo die eine Hälfte einen um einige Spannen höhern Standpunkt eingenommen hat, von welchem die andere Hälfte sie herabzuziehen sucht.

Bergleute s. Messmusik.

Bergmännchen, „da liegt ein Bergmännchen (auch: ein Musikante) begraben, will ein Semmelchen haben," sagt man, wenn Jemand über einen Stein u. s. w. stolpert; PP.

Berichten, einen Kranken, ihm das Abendmahl reichen; Bapr., wie abspeisen. P., Sbg.; Luther.

Berlicke, Berlocke! die Zauberworte, durch welche der Teufel im Kaspertheater zum Erscheinen und Verschwinden gezwungen wird; so im „Puppenspiel vom Dr. Faust;" Kladderadatsch schreibt: Berlicko, Berlocko!

Berliner, 1. Ein richtiger Berliner, ein echtes berliner Kind, für einen Geschäftsmann, welcher übertriebene Anpreisungen (Reklame) liebt u. s. w. 2. Berliner Schwindel für Schwindel im Handel überhaupt, besonders bei übertriebenen Versprechungen. 3. Berliner Wind für Windbeutelei (Deutsche Allg. Zeitung); s. Preussen.

Berlock, das, für breloque, allerlei Anhängsel an der Uhrkette; ist Schriftdeutsch geworden; auch schwedisch.

Berohren, bezahlen; s. beramseln, berappen; berohren und berappen sind beide vom Maurerhandwerk hergenommen.

Bescheissen, betrügen; Pf., E., Wb., B., mhd. beschizen; holl.: beschieten; im Harze sagt man dafür zarter „Jemanden bestuhlgängeln!" „ein beschissener Kerl" ist ein betrügerischer Mensch, also passive Form in aktivem Sinne, wie hochdtsch: verlogen, verschwiegen, lat. tacitus u. s. w. Dagegen würde man z. B. von behumsen, beschummeln, beluxen, das passen. Partizip nicht im aktiven Sinne brauchen, sondern dafür eher ein Eigenschaftswort bilden, wie „beschummlich, behumserig".

Beschicken, das Vieh, ihm Futter und Streu geben; V.

Beschiss, der, Betrug; mhd. beschiz.

Beschummeln, betrügen. K., Pf., R., Brl., Hb.

Beschuppen, betrügen. R. (Wortspiel: Die Fische sind bei der Schöpfung bevortheilt worden, denn sie sind beschuppt.) Rw. schuppen f. stehlen.

Besehen, bekommen; „Du kannst Nichts besehen; einen Verweis besehen".

Besen, 1. Magd. 2. Schimpfwort für Frauenzimmer überhaupt; Damen

nannten wir als Studenten ganz wohlmeinend:. Florbesen; 3. eine zu
grosse Flamme des Lichtes.

Besessen, „lesen, schreiben, rennen wie
besessen," sehr eifrig u. s. w.; s. albern, böse.

Besonn, ich, ich besonn (mich), f. be-
sann; s. Gramm. § 208.

Besteck, mildes Schimpfwort, z. B. ein
schönes Besteck von einem Kerle!
Könnte wohl vom hess. Gesticke herkommen (schmähende Bezeichnung
einer Frauensperson), s. Vilmar 125.

Bet, das, der Betrag, welchen man für
ein verlorenes Spiel als Einsatz zum
neuen zahlen muss; dann als Adjektiv „er ist bet", hat keinen Stich erhalten; dafür auch „Labet", s. dies.
Vielleicht hat sich hier das alte „Bete,
Bethe" — Steuer mit dem französischen la bête verschmolzen.

Beten, 1. „du hast heide frih 's Betn
vergessen," wenn Jemand eine Thür
nicht recht zumachen kann; 2. boten
gehen, auf dem Lande: in den Kon-
firmandenunterricht gehen; Rtr.: taum
Beden gahn.

Bethlehem, nach Bethlehem gehen,
scherzweise: zu Bett gehen; in Schw.
ge Bettlezhause gan; vgl. Federhausen.

Bethullich, 1. geschickt in einer Arbeit;
2. dienstfertig, willig, Jemand zur
Hand zu gehen; Eg.

Bethun, „sich gar nicht b. können",
z. B. in einem neuen, engen Rocke, in
einem überfüllten Wagen an der freien
Bewegung gehindert sein; Eg.

Betöbiesen (von Tobias), betrügen, in
ND. f. belehren, zureden; § 166 b, E.

Betöppert, verblüfft, bestürzt, V.; be-
tippert; Th. gedöffelt — gerührt, erfreut.

Betteljunge s. Bauerjunge.

Bettelmadame ist keine Bettelfrau
(Bettlerin), sondern eine Frau, die sich
über ihren Stand und ihre Mittel her-
ausputzt („aufdonnert"); ähnlich:
Bettelstaat f. unechter Schmuck
u. s. w.

Bettelmannssuppe, eine Suppe von
Bier (mit Eiern), in welchem man die
im Haushalt aufgesammelten harten
Brodrinden gekocht hat.

Bettelmanns Umkehr, das Ende der
Stadt; s. Gigak.

Bettelmusik s. Messmusik.

Betteln, Kinderwort, anhaltend, immer
wieder bitten; „wenn ich meine Mutter recht bettle, lässt sie mich schon

nunter (d. h. auf die Strasse)". Ebenso drangsalen, brankeln.

Bettelsack, „nu wird Leben im B.",
pöbelhaft für: jetzt wird's lebhaft.

Bettenseeeher, 1. Hirtentäschchen
(bursa pastoris). Kindermädchen
sagen zu den Kleinen, welche diese
Pflanze pflücken wollen: „greif das
nicht an, sonst bullst Du ins Bett!"
2. dastehen wie ein B. — wie ein begossener Pudel.

Bettstelle, in der Bettstelle liegen,
für: seine Schlafstelle bei Jemand
haben.

Bettzieche s. Zieche.

Bettzipfel, „er schnappt nach dem B.",
ist schläfrig.

Betze, die, (eigtl. Hündin, im Gegensatz
zu Rette) 1. Klätscher, Klätscherin;
Ab.; in NS. Tiffe, Täwe; 2. auch f.
Dirne; Tb.; davon betzen für klatschen, angeben, verrathen; Brl.

Beutel, — wer Etwas darin sucht, angeblich immer recht billig gekauft zu
haben, schliesslich wohl selbst daran
glaubt, der „lügt sich in den B."

Bewerbchen, sich ein B. machen, einen
Vorwand suchen, um in Jemandes
Nähe zu gelangen.

Böwern s. bebbern.

Bibelhusar, Geistlicher, der mit gar
zu viel biblischen Sprüchen um sich
wirft.

Bibi, der, hoher Herrenhut; in Brl. häss-
licher Frauenhut; s. Angströhr.

Bickling s. Bittling.

Biegolumpe, die, schwankender (beras-
ter) Moorboden, dann auch die Eis-
decke einer Lache, eines Baches, wenn
sie anfängt, sich zu erweichen und
unter dem Gewicht der Daraufstehen-
den sich elastisch zu bewegen.

Bienenstock, den Bienenstock
schneiden, die Abtrittgrube räumen; ebenso: Honig schneiden.

Bier. — Das gute Bier ist alle,
sagt man von Kindern, die eben noch
ganz artig waren, nun aber plötzlich
unleidlich werden, nicht mehr gut
thun wollen.

Bierfisch, das mit eingeschenkte Pech
im Bier.

Bierhobel, der, Wischlappen in einer
Bierstube; Schw.

Biermährde, die, 1. Bier mit geriebenem
und klein geschnittenem Brode u.s.w.;
s. Mährde; 2. „er stoht (sitzt) da,
(so steif) wie ene B.", recht pathe-
tisch, mit lächerlich würdigem Au-
stande. Hl.

Bierreise machen, von einer Schenk-stätte zur andern ziehen, um die ver-schiedenen Biere zu probiren.

Bierspritze, Ausflug anfs Land zu ge-selligem Zwecke, besonders zur „Bier-vertilgung".

Bierzeichen, Orden; s. Hundezei-chen, Knopfloch, Piepvogel, Spuckfleck, Schmetterling.

Biesacken, piesacken, peinigen, belä-stigen, langweilen; Brl., Rtr.; ND. auch f. kneipen; Rw. knebeln.

Biese, die, Bspr. f. Binse, juncus; ND.; auch Binsen (Baumgarten, Flora Lips.); Gramm. § 121.

Biest wie Beest.

Biez, der, die dem Säugling zum Trin-ken (biezen) gereichte Brust; Eg.

Bigottisch, bigott'sch, bigott, fröm-melnd; s. Gramm. § 148, 3.

Bild, verächtlich für Mädchen, Frau; bes. „das grosse Bild; das dumme Bild!" Komisch wirkt daher auf uns „das theure B." im Ritter Toggen-burg; — mhd. bilde, Gestalt; mannes bilde, wibes bilde, Mannsbild, Weibs-bild.

Bimmel, die, Schelle, Klingel, kleine Glocke; Hl.; bimmeln, läuten, bes. mit der kleineren Glocke, während die grössere „bummelt" (Bspr.); das mehr-stimmige Geläut sagt: bimbambum; die grosse Glocke: bumbaum; Rtr.; Bimmelei, Gebimmel, Geläut.

Bimpeln, pimpeln, immer kränkeln oder krank thun; davon bimplig, Bimpelfritze u. s. w.

Bims, das, Geld; s. Kies, Moos, Rad, Rothbuchnes, Silbermorgen, Neukrüpel, Spiesse, Nieten, Boschor.

Binde. — Einen hinter die Binde giessen für trinken, sich betrinken.

Binderich, der, Kinderwort für Bind-faden.

Bindfaden, in eenen B. fort (schwat-zen, regnen u. s. w.), ununterbrochen, fortwährend; = in eene weg. egal fort.

Binne, die, das hintere, scharfe, der zum Klopfen dienenden Platte entgegenge-setzte Ende des Schuhmacherhammers; in Hss. ist Pinne ein eiserner Schuh-nagel, mit kurzer Spitze und rundem Kopf, den unsere Schuhmacher Pari-ser nennen.

Birkenhänschen, Ruthe aus Birkenreis zur Züchtigung der Kinder.

Birne, „Nimm deine sieben gebacknen (oder auch nur: deine backen)

Bern'n und geh" — nimm deine armselige Habe; Schl.; E.: bak und beer. Rtr.: Packeneelken; ND. de ganze säben Backbeeren. Ebenso: „sein Habchen und Babchen, das Hopphch, seine sieben Sachen".

Birneblank, verdorben aus beurré blanc, Butterbirne, so dass die Aussprache „Berne blank" eigentlich dem Ur-sprünglichen noch näher steht; eben-so: Berne Gries f. beurré gris.

Bis f. sei; s. Gramm. § 198.

Bischen, 1. wenig; Hl., M.; Zch.: ä Bitzeli; dgg. in Schl. u. L.: Brünkel, Brinkel, z. B. Brodbrünkel, Brosamen u. s. w.; „wart' e bischen, hier ist e bis-chen Dinte". „Das schmeckt nicht e bischen gut" heisst: gar nicht gut; dagegen: „das schmeckt nicht wenig gut" = sehr gut. 2. „Ihr enziges Bischen", ihr einziges Kind, auch: ihr ganzer kleiner Besitz.

Bischen (bi-schen), das Kind bischen oder einbischen, es durch Wiegen auf den Armen und leises Singen ein schläfern. Das Kind selbst heisst „Bischekind", SD.: Fatschenkind.

Bischpern, flüstern; Ab., Eg., Hb., E., auch fischpern, wispern; Di.: pisseln; engl. to whisper.

Bisseln, wisseln, erpicht sein, vor Un-geduld zappeln; hastig, ängstlich her-umhantiren; Schw. biscrn, rennen; Eg.: bisen, von Rindern, wild umher-laufen (mhd. bisen); s. Grimm: biesen; davon bisselig, wisselig.

Bissen, „mir schmeckt ke kleener B." (also nur ein grosser), ich habe sehr guten Appetit.

Bisslich, „er ist ein alter Bisslich", ein Pedant, Kleinigkeitskrämer; s. wisslich und bisseln.

Bitschel, der, Bitschelchen, das, für Büschel; „er hat m'r ä ganzes Bit-schel Haare ausgerupft".

Bitte, „Einer aus der siebenten Bitte", schlimmer Mensch, von dem man erlöst zu werden wünscht, wie von dem Uebel in der 7. Bitte des Vaterunsers; PP.

Bittere, die, f. Bitterkeit; s. Gramm. § 155.

Bittere der, „er hat den Bittern", ist aufgebracht, erbittert; „wenn ich den Kerl sehe, habe ich gleich den Bit-tern", es vergeht mir die gute Laune; verstärkt „einen Gallebittern kriegen".

Bittling, seltener Bickling; Pökling; (Rond.: Pickling.) Pökel ist ND. Peckel

engl. pickle; so: Pickelhäring —
Hanswurst. Neuerdings bieten die
Herumträger allerdings Beeklinge
aus, weil sie gar zu oft verhöhnt worden sind, bes. von Meesfremden; die
Strassenausrufer aber beharren bei der
durchdringenderen Form Bittlinge;
vgl. wichsen und Wachs; s. noch
Bückling.
Bitzeln, unnütz zerschneiden, schnippeln, besonders: zerbitzeln, verbitzeln, an Etwas herumbitzeln,
z. B. an einem Bleistift. Oe., Pf., E.,
Eg.; Schl. verpützeln; vgl. das englische bit, Stückchen, Bissen; Zürich:
ä Bitzeli — ein bischen.
Bläff! Ausruf,'wenn Etwas geräuschvoll
fällt und dergl. „Bleff, ging's entzwei;" s. bläffen, alle neune.
Blaffen, beim Tabakrauchen stark
dampfen (eigentlich bellen), vergl.
paffen, platzen, bläffen.
Bläffen, bläffern, schiessen, werfen;
auch bäffern, Ab.; pfeffern,
blätzen; s. bläff.
Blähschaf, Kinderwort für Schaf; auch
Schimpfwort; zärtlicher: Bählämm-
chen; s. Vilmar unter bläen, was in
Hss. vom Blöken der Schafe gebraucht
wird.
Blamoren f. blamirt, im Scherze; s.
Gramm. § 205.
Blank, 1. bloss; „im blanken Hemde,
mit blankem Hintern herumlaufen;"
auch „blank und bloss", alliterirend;
2. überschwemmt; „die Wiesen stehen
blank" Hl.
Blase für Familie, Gesellschaft, Klike;
„Müller war mit seiner ganzen Blase
da; ene ganze Blase von jungen Burschen;" auch eine loser zusammenhaltende Studentenverbindung heisst
Blase.
Blasen, 1. Ich will dir was blasen
— was Du willst, thue ich nicht;
vergl. malen; 2. höflich für: Blähungen gehen lassen; 3. den Marsch bl.,
auszanken. 4. „Blas' mir den Stoob
(Staub) weg, den Dreck lass mir liegen", sagt man, wenn Jemand über
seine Mittel hinaus will, zu grosse
Ansprüche macht u. s. w.
Blatt, 1. „das Blatt (Blättchen)
schoss mir", ich merkte plötzlich
Lunte; s. Grimm II, 75; 2. „ein Blatt
oder ein Scheit Holz!" ruft man
dem Spieler zu, wenn er mit Ausspielen zögert.
Blätzen für werfen, wie bläffen.
Blau, albern, leichtgläubig, ungefähr

wie: grün; „so blau sind wir nicht;"
„na, so blau!" Brl.; s. Pomeranze.
Blaustrumpf, Klätscher, Angeber,
Leuteverhetzer; s. Betze.
Blech, 1. Musik von Blechinstrumenten;
2. Blech schwatzen für schlecht,
dumm reden; Bsl.; vgl. Messing;
3. ein altes Blech, altes Weib; vgl.
Spannblech.
Blechdeckel, Blechmütze, eine Mütze
von blankem Wachstuch.
Blechen, bezahlen; Brl., Wn., Köln,
Schw.; s. berappen.
Blechschädel, „ich habe einen gehöri-
gen Blechschädel" für „der Kopf ist
mir eingenommen, er brummt mir",
besonders bei Katzenjammer; vergl.
Brummkäfer; Di.: Blihut (— Blei-
hut).
Blechschere, Spitzname des Fracks:
Dresden; auch in Griechenland heisst
er die Schere; s. Klinke.
Blei, der, Abkürzung für Bleistift; Brl.
Bleiben, elliptisch: in einem Dienste
verbleiben, der bereits gekündigt war;
„unsre Rieke bleibt wieder;" Hb.
Bleisack, 1. eine Bleikugel zum „Einhullern" (Kinderwort); 2. schwerer
Mensch, bes. von Tragkindern; ähnlich Plumpsack.
Blemme, die, Klinge eines Messers,
Säbels; s. Blempe, 1; holl. lemmer.
Blempe, Blembe, die, 1. Degenklinge;
s. Blemme; Brl.; 2. dünner Kaffee,
blaue Milch; — schlechtes Bier. —
Rw. Plempe f. Bier. N.: Plempelbier.
schlechtes Bier; PP. plümpern, plöm-
pern, Bier mischen.
Blick, einen falschen Blick haben,
höflich f. schielen; Wn.
Blimmerant, eine Schattirung von blau;
auch blimmerantblau; von bleu-mou-
rant, s. Grimm. „Es wird mir ganz
blimmerant (vor den Augen)"—ängstlich, unheimlich, es schwindelt mir,
Hb., Brl.; blümerant.
Blind, einem Blinden ein Auge
austreten: unversehens in ein Häuf-
lein Koth treten, das im Wege liegt.
Blinzen, 1. bei Spielen, z. B. beim Verstecken, die Augen schliessen; 2.
bei Blindekuh, Hahnschlagen u.s.w.:
verstohlen neben der Binde wegsehen.
blinzeln.
Blinzentiegel, Schimpfwort, ein Schielender oder Einer, der mit den Augen
blinzelt. Wahrscheinlich Verwechselung von blinzeln und den Plinsen, welche im Tiegel gebacken
werden.

Blitzblau, blau vor Kälte (Hände, Nase u. s. w.); s. kitzeblau.

Blöken, brüllen, von Kindern, Betrunkenen u. s. w.; „er ist so dumm, dass er blökt", also wie ein Schaf.

Blühen, „die Lampe (das Licht) blüht", wenn sich eine glühende Schnuppe bildet; sie bedeutet, dass man Geld bekommt; s. Röwer, Räspel.

Blümchenkaffee, Kaffee, der so dünn ist (von 7 Bohnen 14 Tassen, wie man auch in PP. sagt), dass man die auf dem Grunde der Tasse gemalten Blumen erkennen kann; solcher gilt als Wahrzeichen der „Kaffeesachsen;" Brl.

Blus, ich, f. ich blies; Br., Hl.; s. Gramm. § 210.

Bluten, 1. bezahlen; 2. beim Trinken blutet Einer, wenn ihm das Getränk am Kinn herunterläuft.

Bluth, die, kollektiv f. sämmtliche Blüthen, auch: die Blüthezeit; „die Gerschböme (Kirschbäume) stehn in voller Bluth; die Bombluth machen (gehen); Drsd.; — Fr.: in die Blüh gehen.

Blüthe, Jemandem eine Blüthe stechen, eine Zurechtweisung geben, eine Blösse an ihm aufdecken.

Bock, 1. Der Bock stösst mich — ich bekomme den Schlucken; so: er lachte, heulte, dass ihn der Bock stiess; 2. „Kind, wenn Du zum Butterbrod auch noch Käse essen willst, so stösst Dich der Bock", es bekommt dir nicht; Rl. 3. Bock, Spitzname des Schneiders, auch Schneiderbock; 4. hol's der Bock f. der Teufel; 5. Einem einen Bock stellen, sich ihn auf den Rücken treten lassen, während man auf Händen und Füssen steht.

Bockfell, Bocksfell, als Schimpfwort, bes. für widrige Frauenzimmer; in PP. f. Dummkopf; mhd. hût, Haut, als Schimpfwort, bes. gegen Frauen.

Bockleiter, die, eine Doppelleiter, zum Aufstellen, wo sie nicht angelehnt werden kann.

Boheie, die, Kinderwort für Bett; s. Boie.

Bohmblut, die, Baumblüthe und deren Zeit; s. Bluth, geben 1.

Bohne, 1. nicht die Bohne (von Etwas verstehen, glauben u. s. w.), nicht das Geringste; so mhd. bône f. etwas Werthloses; s. Grimm II, 225; wie: nicht die blasse Idee, Laus, Spur. 2. Einem eine Bohne stecken: a) wie Blüthe stechen, b) ihm

einen schmerzenden Druck ins Genick versetzen.

Bohnen, die Dielen mit Wachs, Firniss u. s. w. tränken.

Bohnenlied, Das gebt übers Bohnenlied, das ist doch zu toll, zu bunt, übertrieben; Schw.; s. Grimm II, 226. Alte Redensart: Einem das Bohnenlied singen", ihm sagen, dass er sich entfernen soll, weil man seiner nicht mehr bedarf; solche Lieder schlossen ihre Strophen mit: „Nu gang mir aus den Bohnen;" Wackernagel, II, 25—28; s. noch Puppen.

Bohnenstange, langer, dünner Mensch; Brl.; gewöhnlicher: Hopfenstange, Latte.

Bohnenstroh, „Grob wie Bohnenstroh", auch: „saubohnenstrohgrob oder saugrob," Th., Pf., Schw., Sz.; in Sdt.: lasterbändig gröb. Saubohne ist die Lupine.

Bohr, der, f. Bohrer; so auch Nagelbohr.

Boie, die, Wiege. Davon: boien, wiegen. Englisch to buoy, flott erhalten (Ankerboje); s. Boheie.

Bolken, in Etwas (mit dem Finger) bohren, stochern; „bolke nicht in der Nase, im Ohre!" dgg. ist bölken schreien, brüllen; ND.

Bolkrig s. holkrig; von poltern?

Boll, pelzig, holzig, schwammig, saftlos, von Rettigen, Radieschen u. s. w. In Hb.: pelzig, pilzig; P., L.: foos; holl. voos — schwammig; in Wn.: pamstig. In Di. „boll und boll" von etwas Lockerem, Hohlem, was dicht, fest sein sollte; „de boll un boll Kirchenstol", der morsche Kirchenstuhl; davon erböllen: „ich habe mir die Hände erbellt", sie sind vom Froste, von derbem Zuschlagen angetreten, sind wie bolle.

Bolleis, das, dünne Eisrinde über einer Luftblase; s. boll.

Bömähle s. bumähle, Pomade.

Bombe, „da muss doch gleich die Bombe platzen", da muss der Teufel hineinschlagen!

Bombenfest, sehr fest; Ob.-Oe.: bumfest (baumfest), boanfest (boan — Bein, Knochen), bimfest.

Boppen wie paffen.

Borgen sagt man stets auch für leihen, welches nur in den Zusammensetzgn.: Leihhaus, Leihbibliothek und dgl. gebraucht wird.

Born'sches (nämlich Bier, Getränk), bedeutet Wasser, Bornwasser. Wortspiel mit dem Namen der Stadt Borna unweit Lpz.; „ich trinke ein Glas Bornsches;" auch Born allein f. Trinkwasser; Ab.; Born, Mehrheit: die Borne, ist viel gebräuchlicher als Brunnen; indess sagt man: Springsbrunn.

Börster, ausgesprochen Börschter, für Borsdorfer (nämlich Aepfel); ebenso in Rl.; Borsteräpfel bei Musäus.

Borstig, barsch, gereizt, ärgerlich; PP.: barstig wie ein Kaulbarsch, wie batzig; wer stets borstig ist, heisst ene Kratzbürste.

Bös, 1. ziemlich allgemein f. krank, verletzt: — ein böser Finger, Fuss, Kopf, böse Augen (entzündete); 2. f. sehr, stark, angestrengt: — böse arbeiten, laufen, brennen, sich placken; es is heide bêse galt (in Bsl. sogar: meineidig kalt!); B., Eg.; vgl.: albern, anständig, besessen, ehrlich, furchtbar, grausam, närrisch, rasend, toll, schmählich, schrecklich. Am Hohenstaufen sagte man mir: „da hoben können Sie arg weit sehen". Auch sehr, mhd. sêr, bedeutet ursprünglich „verletzt, verwundet", wie verschren noch zeigt. Schott. ist ill — schwierig.

Böscher, der, Groschen; „keinen Böscher haben;" Rw. ist Bauschet, Böschet, Bohisch — Pfennig.

Bösel, Kugel, bes. Kegelkugel; wie mhd. bôz-kugel, a bowl; selten davon auf dem Lande: böseln, kegeln; V., Di.; bei Musäus; mhd. bôzen.

Bossekel s. Bassekel.

Böst, die, 1. Bosheit; „er war eene Bost — wüthend; s. Gramm. § 126 b; Eg., Rl.; 2. Aerger, Wuth; ein Kind nimmt z. B. einige Schläge ruhig hin, fängt aber hinterher plötzlich an zu schreien; das „hat sich erst uff de Bost besunn'n!" Rtr.; daher: e rechter Bosthämmel, boshafter Mensch; Eg.: Bustbammel.

Bötisch, „böt'sch laufen", so schnell, wie ein Eilbote; Hl. um Botenlohn laufen; vgl. Bürstenbinder, Chaisenträger, Perrückenmacher.

Bötteherwoche s. Messe, 3.

Brägen, Bregen, der, Gehirn; hier wenig gebräuchlich; davon Brägenwurst; „Einem Eins auf die B. geben", eine Kopfnuss geben. ND.; Engl. brain.

Bräkeln, präkeln, etwas schon Gekochtes oder Gebratenes in Butter oder Fett aufbraten, schmoren, Oe.,

Schw.; L.: prägeln; Wn. bräkeln, gelind kochen; Bsl. der Brägel, Gemisch von verschiedenem Fleisch, das mit einander gebraten wird.

Brámasseln für prahlen; wie brasseln und flunkern; von Bramarbas? dän. bramme, prahlen.

Brämen, 1. er darf nicht brämen: nicht aufmucksen. Pf.: verbrame Dich nicht, für: rühre dich nicht. 2. „der Schuh u. s. w. brämt noch nicht," macht noch keine Miene, entzwei zu gehen; „die Schraube brämt gar nicht", rührt sich nicht, trotz aller Mühe.

Brand, „auf den Brand betteln gehen", Unterstützung heischen unter Berufung auf erlittenen Feuerschaden, wozu früher die Stadtbehörden besondere Bescheinigungen ausstellten. Durch Verwechselung mit einem ehemaligen Leipz. Vorwerke „das Brand" sagt man auch: „aufs Brand betteln gehen;" den Brand in der Sächsischen Schweiz nennen wir auch: das Brand.

Brandluder, Schimpfwort.

Bräne, die, eine Baumreihe als Begrenzung einer Wiese u. s. w., dann auch der Waldessaum.

Brankeln, prankeln, durch unablässiges Bitten bestürmen, bes. Kinderwort; Eg.; s. drangsalen, betteln; Rtr.: gungeln.

Bräsch, der, Lärm, hastiges, polterndes Wesen; ND.; Hb.: Präsch; braaschen, viel Braasch machen, wie brasseln; s. Drasch.

Brasseln, aufschneiden, grossthun, prunken; vergl. bramasseln. Davon: brasselig, auch grossbrasselig. (Schl. heisst Breslau „Grassbrassel".) Hl.: braschen f. prahlen; Hb. bräsch; NS.: prampiren; Brl. bratschig f. prahlerisch.

Braten, 1. „ich will dir was braten", wie: blasen, husten u. s. w. PP., Brl.; 2. „du kannst mir e Storch braten", du kannst mir den Buckel hinauflaufen; 3. „da brate mir Eener e Storch", da hört Alles auf; s. Bohnenlied.

Bratenrock, — weste, feine Kleidung, Sonntagsrock; engl. roast-meat clothes.

Brätsch machen, brätschen, ungeschickt, schwerfällig, weitschweifig, breit reden; Eg.; mhd. braten, plaudern, engl. to prate, prattle; Schw., J.: bratschig, dick, breit, wie unser: breitflatschig; Brl. bratschig f. grosssprecherisch.

Bratwurst, falsche, ist ein gebratenes Fleischgemenge, aber ohne Darmhülle.

Brauchen, 1. f. gebrauchen; 2. mediziniren; „er fühlt sich nicht wohl, wenn er nicht immerfort was braucht".

Brauhaus,. „wo ein Brauh. steht, steht kein Backhaus", wer viel Bier trinkt, braucht nicht viel zu essen. Rl.

Braunbier, eine Art schwarzbraunes Bier; davon: „er sieht wie Braunbier und Spucke", hat eine fahle Gesichtsfarbe.

Brausche, feiner: Brause, die, Anschwellung der Haut nach e. Stoss, Schlag, Fall u. s. w.; PP. Brüsch, NS. Krüs; engl. bruise; mhd. brûsche, mit Blut unterlaufene Beule.

Brause, die, Sieb am Ausguss einer Giesskanne u. s. w.

Braut, — „es ist eine Braut im Hause!" Ausruf, wenn zufällig in einem Zimmer drei Lichter brennen; in PP. heisst es schon bei zwei Lichtern: „der Pracher (Bettler) hat Hochzeit".

Brautfuder, geschmückter Wagen mit Ausstattung an Hausgeräth; L., Südt. (auch: Krautkrom).

Brautführer, der unverheirathete Mann, der den Bräutigam bei der Trauung zum Altar führt; s. Brautjungfer.

Brautjungfer, Mädchen, von welcher die Braut bei der Trauung zum Altar geführt wird. Wn.: Kranzeljungfer; s. Brautführer.

Brechen, sich erbrechen; „er musste danach brechen oder sich brechen; ebenso mhd.

Breddülche, die, Noth, Verlegenheit; „in de Breddülche gommen", in die Tinte gerathen, être dans la brédouille; Sbg.

Bree, Prä, das, Vorrang; „er hat das Bree, er will das Bree alleene ham" — er will die erste Geige spielen; wohl vom latein. prae.

Breit, sich breit machen, anmassend sein, prahlen. B. Ebenso: dicke thun.

Breitflatschig, breit, dick, ungeschlacht, plump von Gestalt, Gesicht, Füssen. J., auch bratschig. — Schl.: breetplatschig.

Breitspurig, weitschweifig im Reden.

Bremerando, verdorben aus pränumerando.

Bremse, 1. grosse, brennende Hitze, Schwüle, Hl.; wie Dems'che; von brennen? 2. „eine Bremse stecken" eine Ohrfeige u. s. w. geben.

Brennen (ich brennte, gebrennt, s. Gramm. § 205): 1. für rösten, z. B. Kaffee brennen, Mehl brennen; s. anbrennen; 2. „es brennt!" rufen Kinder beim Spiele, wenn der Suchende dem versteckten Gegenstande nahe kommt; s. Hering.

Brenz, der, das in einem Topfe durch Anbrennen Angesetzte.

Brenzlich riechen, nach Verbranntem. Versengtem. Eg.: brinslich, branslch; Bsl. bränze, bränzele, Ztwtr. dazu.

Bresch, ein bresches Feuer — hell und schnell brennend; mhd. resch, schnell, lebhaft; s. breschen.

Breschen, hetzen, jagen, „ich bin in der ganzen Stadt 'rumgebrescht; brescho nicht so (— übereilen);" Einen fortbreschen für fortjagen, in Trab setzen, herumbreschen; Schl., V., Eg.; Hl. braschen f. lärmen. ND. preschen — auseinanderstieben.

Bresewedel, der, Grossmaul, Aufschneider; er „brasselt".

Breten, ermöglichen, zu Stande, fertig bringen; „der werds schone bröten; ich kann es nicht breeten (bereiten?), ich breete es nicht." L., Schl. Die Vergangenheit heisst: ich brëtte, ich hawe's gebrett. — In Di. bereoten, ausrichten (prahlerisch); engl.: ready — fertig; im Eg. auch: ich brät's nicht fertig.

Bretsdumm, sehr albern, auch: „er hat e Bret vor'n Koppe," PP. (wie Zugochsen) oder: „er ist noch nicht in der Zschocherschen Mühle gewesen" (da wird Einem nemlich das Bret abgenommen); vgl. stockdumm, stiebied, Hackeklotz, Heupferd, Heuochse, Hornochse, Doppelochse, Brummochse.

Briezel, Priezel, der, 1. verächtlich: der ganze Kram; „nimm nur gleich den ganzen Briezel", Alles, was da ist, den ganzen „Krempel", s. d. 2. „mach nicht so e Briezel", viel Umstände, Redensarten.

Brille, Abtrittsbrille, die Oeffnung des Abtrittes und der Deckel dazu; früher war der Sitz oft für Zwei eingerichtet!

Bringen, Jemanden, 1. begleiten, bes. nach Hause; der Vetter „bringt" seine Base im Finstern heim, er brachte mich e bischen; 2. „sie bringen ihn gebracht", statt geführt, sie geleiten, tragen ihn.

Brockel, das, Kinderwort für das Eingebrockte (Kuchen, Semmel, Brod u. s. w.). L.; Zch. Mökeli.

Brocke, die, der Brocken, besonders bildlich „Einem eine Brocke hinwerfen, anhängen", eine Stichelrede, wie „Stachelbeere".

Bröckeln, „es bröckelt", es schneit nicht dicht, sondern nur brockenweise.

Brocken, beim Spiel, viel Augen in den Stich des Mitspielers werfen; auch einbrocken; Brockkarte, zum Einwerfen geeignete.

Brod, 1. „Dir ist dein Brod gebacken", du entgehst der Strafe nicht; „dem ist das letzte B. gebacken", er ist dem Tode verfallen; 2. „es fliegt 'raus wie schimmlig Brod", wenn Jemand sehr schnell, hastig redet.

Broddeln, 1. das Wallen, Brausen und Dampfen des siedenden Wassers (engl. to bubble), wobei Brodem (— Broddel) aufsteigt; Di. blubbern; V.: der Brasen; 2. brödeln oder brüdeln, in der Küche arbeiten, „herumbrüdeln"; dann auch Etwas zusammenpfuschen, eine Arbeit zusammenschmieren.

Brodladen für Mund; z. B. „halt den Brodladen!" bei Musäus: Brodpforte; s. Fresse, Gusche; in Tir.: das Vaterunserloch!

Brodplatz, s. Platz.

Brodschrank; wenn Jemand, anscheinend ohne Grund, über Unwohlsein klagt, so sagt man: „biste krank? Mit der Nase im B."

Brodtag, „Heute is Brodtag!" rufen Kinder, fassen einen Kameraden am Kragen und geben ihm mit dem Knie einen Stoss (Brodtag genannt) an das Gesäss. Bei gleichem Muthwillen heisst es in der L.: „Hier schickt Dir meine Mutter a Bockkäse!"

Brömmeln, murren, keifen; Iterativ von brummen, Hl.

Bruch, „in de Brüche gehen", entzwei geben, Schaden leiden, zerbrechen, verderben, wie Seidenstoff, welcher leicht „bricht", wenn er immer in dieselben Falten gelegt wird; s. Wicken, Flöten gehn.

Brudern, sich zur Betheiligung an Etwas drängen, wo es gar nicht gewünscht wird; man weist es mit den Worten zurück: „Ach was, hier gibt's nischt zu brudern!"

Brühsiddchenheess, sehr heiss (wie siedende Brühe). Sudt.: brühsiedeheess, Fg.: brisidehäss; s. Grimm: brühsiedendheiss.

Brummeisen für mürrische, brummige Person, besonders Frau; schon alter Ausdruck; vgl. brömmeln.

Brummen für gefangensitzen: „er muss 4 Wochen brummen; daher: der Brummstall f. Gefängniss.

Brummer, der, seltener: die Brumsel, eine brummende Schmeissfliege; Rtr.: Brümmer.

Brümmerchen, man lässt Kinder ein Brümmerchen schlagen, indem man ihre Unterlippe durch schnelles Berühren mit dem Finger bewegt, dass sie einen schnurrenden Ton hervorbringt.

Brummkäfer wie Blechschädel, bedeutet aber einen sanfteren Grad.

Brummochse, eigentlich Zuchtstier, f. Dummkopf; s. Heuochse, Hornochse.

Brunnenkresse, „Dir wird die Brunnenkresse aus dem — Halse wachsen", sagt man zu starken Wassertrinkern.

Brunzen für harnen.

Brustkrank, „er ist brustkrank!" sagt man und deutet dazu auf die Stirn, um zu sagen: „er ist dumm"; s. Lehmann und Uschnüpfen.

Bub, Bup, Pup, sanfte Blähung, Hz., K., H. Davon bupen, die Bupe — Buploch; „die Bupe versohlen od. dengeln" — abprügeln.

Bubbelätsche s. Babbelätschke.

Bubbern, bawern, bowern, 1. Verstärkung von bebbern, beben, wanken; das ganze Haus bubbert, wenn Wagen vorbeifahren. „Das Loch bubbert ihm vor Ungeduld". Ab.; — Immermann: „das Herz im Leibe poppert ihm". 2. dumpfes, fernes, mitunter etwas verstärktes Geräusch, wie vom Donner u. s. w.

Buben, als Zeitwort, nur in der Verbindung: huren und buben, ausschweifen; Schw.

Buch der vier Könige, eine Spielkarte.

Büchse, 1. Schimpfwort für Mädchen, Frau; besonders: „dumme Büchse, alte Büchse"; 2. „Alle aus einer B. schmieren", gleichmässig (schlecht) behandeln, wie „über einen Kamm scheren"; 3. er muss in die Büchse blasen, einen Beitrag zahlen; bedeutet in Schw. bestechen.

Büchsenmacher, Büchsenschäfter, ein Vater, der viele Töchter, aber keine Söhne hat, vgl. Büchse, 1.

Buchstaben s. fünf.

Bucht, die, 1. enges, elendes Bett; sich

in die Bucht hauen, zu Bett gehn; Nd. to Pug gahn; 2. schlechte, enge, liederliche, schmutzige Wohnung, ein „wahres Loch"; noch kräftiger „eine Saubucht". Sbg. Bocht, das Lager, bes. der Schweine; schott. bucht, Pferch der Schafe; Rw. Buchte f. Hütte.

Buckel, Rücken, aber weit gebräuchlicher; E., Sz.; ein B. voll Prügel, eine Tracht; „du kannst mir den B. nufflofen", verächtliche Abweisung, wie „du kannst mir gewogen bleiben"; buckeln, eine Last auf dem Rücken tragen; Alles Einem aufbuckeln, viel zumuthen; s. noch: allemal.

Buckelinski, Spottname für einen Buckeligen; auch: Buckelōmini, nach Piccolomini gebildet.

Bucklig, „sich bucklig lachen", unbändig lachen, s. Ast.

Bückling, Bickling, s. Bittling; D.: der Bückel; mhd. bücking.

Bude, die, 1. Wohnung, Studentenausdruck, dann bes. auch f. Schneiderwerkstelle; „Einem auf die Bude steigen", besuchen; s. Kneipe, bekneipen; auch ausschelten, koramiren; 2. unter die Buden gehen, bezieht sich nur auf die Schau- und Trinkbuden, nicht auf die Kaufbuden; man kommt „von unter den Buden" (from among; wie: de chez moi). 3. „Dir wird's schon noch in die Bude schneien", es werden allerhand Widerwärtigkeiten kommen.

Budénnige für Päonie, paeonia officinalis.

Büffeln für arbeiten; auch ochsen, eseln; franz. bücher; engl. to fag.

Bufist, eine Pilzart, bovista; auch Kuhfist.

Bügelhoch; „es ging biegelhoch her", man schmauste, zechte gewaltig.

Bühnen; „unter den Bühnen" heissen gewisse, meist kleine Verkaufsläden im Erdgeschoss des Rathhauses; von Bühne, alt für Galerie u. s. w.

Büldrïján, der, Baldrian, Valeriana officinalis; 1871 nannten die deutschen Soldaten den Mont Valérien wegen seines Kanonendonners Buldrian (den Polterer).

Bulken — bolken.

Bullangs'ohe, feiner: Bollangslë, verdorben aus balance, Gleichgewicht.

Bulle, volksbeliebt für Flasche; z. B. Schnapsbulle, Oelbulle (von ampulla); Schl. Pulle. In ND. ist Buddel gebräuchlicher, bei uns selten; — „one als Bulle, Saufbulle" — Säuferin; — „Nu is de B. awr voll", jetzt geht mir die Geduld aus; stärker: „da muss (doch glei) die B. platzen", da hört Alles auf. (Hier vielleicht Bulle missverständlich für Bombe — Bumbe?) Rl. „do blätz de Nåth"; s. noch: Butter, Wand.

Bullē, auch Bulléč, die, Kinderwort f. Urin; Hz. Davon: bullen, bulléčn, bullē machen, harnen. Th. In Oberhessen wulle machen.

Bullern, das polternde Geräusch in einem Ofen, grossen Kochtopfe u. s. w. In Di. überhaupt für hohl klingen.

Bum, bumm! Bezeichnung des tiefen Tones, z. B. der Trommel, Kanone. Bums! ruft man beim Falle, besonders weicher Körper, wie einer Menge Schnee; s. dieses; daher: Bumbum Dumbaum, bumsen, bumpern; ähnl. bubbern.

Bumäle, auch bomäle, für bequem, pomadig; „ganz bumäle hingehen". Pf.: bomaila — sacht; Wien: bumali; pomále, slavisch für bequem, allmählich; s. Pomade.

Bumbaum, die, 1. grosse, tieftönende Glocke; s. Bimmel u. Bumbum; 2. Name, s. Bums, 2.

Bumbern, anbumbern, z. B. an eine Thür, dumpf dröhnend schlagen, werfen, fallen. Davon: das Gebumbere, die Bumberei. Oe. — s. bullern; mhd. pumpern, pochen, hämmern.

Bumbum, die, Trommel (Kinderwort); vgl.: das Tamtam u. Bumbaum.

Bummel, 1. die, Quaste; 2. der B., Hauptw. v. bummeln, „einen B. machen" f. bummeln.

Bummelhurtig, übereilt, überstürzt; komm nur nicht so bummelhord'ch gerennt; auch bummelhurtig.

Bummellätschche, die, etwas schlaff Herabhangendes (von bummeln); spöttisch für übertriebenen Kopfputz, Kleiderschleppen u. s. w., vgl. Babbelätschke.

Bummeln, 1. wie bammeln, baumeln. 2. umherschlendern, flaniren; in Oe.: schlankeln, schlekeln, D.: dangeln; diese Bedeutung kam bei uns etwa 1840 auf, zuerst unter Studenten; davon: verbummeln, 1. (v. neutr.) zum Bummler werden; s. verbummeltes Subjekt"; 2. Etwas durch Bummelei versäumen (wie: verduseln); Geld v., beim Bummeln ausgeben.

Bums, 1. Ausruf, z. B.: bums, da lag

erl (beim Hinfallen eines Kindes z. B.)
Bums, ging die Flinte los! 2. der
Bums, Bumps, stärkrer Bub: davon: bumsen, schott. pump; daher
mag eine fabelhafte, sehr unartige
Person: „Bumbaum" in Gassenjun-
genverschen benannt sein. 3. Bordell;
in Brl. Bumskeller — schlechte Kneipe.

Bund, ich, f. band; s. Gramm. § 209.

Bummigel, der, Schimpfwort, boshaftes
Geschöpf. Ebenso: Nickel, Hornickel.

Bunte Wäsche ist solche, die nicht
weiss ist, wenn sie auch nur eine
Farbe hat; „ein weissbuntes Kleid"
hat auf weissem Grunde wenige far-
bige Streifen, Blumen u. s. w.

Bürgerliche Nahrung hiess sonst ein
Viktualiengeschäft. Handel mit Grütz-
waaren, Käse, sauren Gurken u. s. w.;
jeder Leipziger Magister soll das Recht
gehabt haben, solch ein Geschäft zu
betreiben.

Bürgermeister, Borgemeester, s.
Gramm. § 122; im Scherz für Ab-
tritt: „zum Burgemeister gehen"; s.
Drathmühle, Goldmühle, Papst,
Oberhofgericht. Lottchen; engl.
cant: house of commons.

Bürgerstube; die kleine Bürgerstube, Name für ein grosses, gemein-
sames Arrestzimmer im Stockhause;
wer dort mit „eingesteckt" wird, sagt:
„ich bin Bürger geworden".

Bürsten, eilig, hastig gehen; wie
schrammen; s. Bürstenbinder.

Bürstenbinder, 1. laufen wie ein
Bürstenbinder, s. bürsten; ND.
laufen wie ein Besenbinder; 2. trinken, saufen wie ein B., viel trinken; Wn., Rl., soll durch spielende
Verwechslung von Bursch, Burscht,
Gelage, und Bürste entstanden
sein; in PP.: fressen wie ein Bürstenbinder und saufen wie ein Leichen-
bitter; franz. gris comme trois ba-
layeurs.

Burzelfest, das, albern f. Geburtstag.

Buschedewiren f. buchstabiren; s.
Gramm. § 118.

Buschelig (von buschig), struppig, verworren, vom Haar; daher: Buschel-
haare, Buschelkopf, Bezeichnung
der jetzigen affenpinschermässigen
Hinterkopffrisuren (1868).

Bus'chen, Pus'chen, feine, kurze, wol-
lige Härchen, wie: Flaum; wohl verwandt mit Posen; so heissen die Kätzchen einiger Weidenarten vor der
Blüthe, nachher erst werden es Kätz-

chen; ebenso der Blüthenstopf vom
Ackerklee; Hl.; daher: Buschen-
thee; busig — mit Buschen bedeckt.

Bussel, Busselchen, Kindchen, bes. behend umherlaufende; Th.; (von pu-
sillus?) solche sind „recht busselig;" busselig ist auch, wer gern
busselt, s. d. — Bussel, beliebter
Name kleinerer Hunde.

Busseln, herumbusseln, 1. bald da, bald
dort sein; s. Bussel; to bustle; 2.
allerlei kleine Hausarbeiten machen,
ähnlich wie bästeln. ND.: pusseln;
Di.: püsseln; in Wn. basseln, passeln,
Eg. bosseln, arbeiten.

Büssen, eine Krankheit (z. B. die Rose)
durch „Besprechen", durch Sympathie
heben; V., wo dafür auch „sühnen"
und „verthun" gesagt wird.

Busskugeln, Klösse, weil sie bes. häufig
an Busstagen gegessen werden (wenig
gebraucht).

Buttel f. Flasche, wie Bulle. Di., Brl.

Butteln, buddeln, 1. mit den Fingern
in die Erde bohren, ähnlich wie baddeln; ein Samenkorn aus der Erde
herausbuddeln, um zu sehen, ob
es noch nicht keimt! Brl., Rtr.; vgl.
hess. Aschenputtel f. Aschenbrödel; 2.
seltner: umherkriechen, von einem
Kindchen, das man auch „gleenes
Buddelchen" nennt; 3. das Bier
buttelt, es schäumt und „kulkst;"
J.: böttele; Di. blubbern; schott. buller; s. Bulle.

Butten, nicht gedeihen, dahinsiechen,
bes. von Pflanzen, auch von Thieren,
Menschen. Schw., Schl. Davon: verbutten, dahinsiechen, verkümmern;
„wemm'r (wenn man) nich ausn
Loche (Zimmer) gimmt, verbutt m'r
vulgends (vollends);" B., Hl., Th.; von
engl. bud, Knospe? s. verwimmern.

Butter, 1. „es geht wie Butter",
oder „wie geschmiert" für: es geht
flott, z. B. das Hersagen einer Aufgabe; daher auch: „es ist Butterleicht;" 2. „da fällt m'r glei de
B. von Brode", vergeht mir alle
Lust; 3. „da wird keine (braune)
B. dran gethan", es werden keine
grossen Umstände gemacht.

Butterbemme, die, 1. s. Bemme; 2.
die Butterbemmchen — Bäff-
chen; 3. Butterbemmen schlagen
oder schmeissen, einen Scherben
oder flachen Stein so auf das Wasser
werfen, dass er ein oder mehrere Male
abprallt und weiterhüpft; Schl: eine
Butterschnitte schmieren; PP.: But-

terbrod werfen; L.: Butterweckel;
Brl. Butterbrod; Westpr. Butterchen;
Ab. Schieberitschen; Schw.: das
Bäuerlein lösen, unsern Herrgott ver-
lösen, die liebe Frau lösen; Wasser-
taucher machen, platteln; bei Fischart: das Plättlies; Eg. Schiffchen
werfen; Oe. flächeln, jungferln; an d.
Saale: eine (einbeinige, zwei-, drei-
beinige) Jungfer schmeissen; Mäuschen
oder Glitscher werfen; Westf. schlit-
schern; Hannov. Jungfern schiessen;
H. Pütjen smieten (d. h. Küchlein
schmeissen); Sz Bräutli machen, bem-
meln; Sbg. Brokt führen (die Braut
führen); engl. to make shippings, to
play at duck and drake; schott. skiff;
franz. faire des ricochets; altgriech.
Epostrakismos.

Butterleicht s. Butter.

Buttermilch — „es ist klar wie
Buttermilch", sehr klar; ND.; gewöhnlicher: „wie Tinte, wie Klossbrühe".

Buttern — „de Stiewl b.", sie „schlappen" beim Gehen hörbar ab, weil sie
im Quartier zu weit sind; ebenso: järk-
sen, von dem dabei entstehenden
knarrenden Laute.

Butz, Putz, der: 1. Büttel, Polizeidiener und dgl.; in einer Lpzgr. Ur-
kunde von 1349 heissen die Schuh-
flicker „Altputzer", wohl weil sie nur
Altes ausputzen (s. putzen) durften;

2. Einem einen Butz spielen, Schabernack, Possen; ND. Putzen driwen
(Possen treiben); 3. Verweis: einen
Butz besehen oder bekommen (s.
Putzer); dies wohl von putzen, wie
man sagt: Einen abputzen f. ausschelten, ihm die Nase putzen.

Butzemann, Buzemann, der, Ge-
spenst, Vogelscheuche; mhd. butze,
Poltergeist, Schreckbild; Th., Hb.,
Hss.; in Hb. auch: Böz, Bözmo, Bop-
poo; Bal.: Buzimummel, Fasnechts-
buz; in D. Busemann; PP. Busebaar;
N.-S. Buhmann; H., Aachen: Bumann;
Sz. Bubi; Rl. Bözdänk; in Pf. Boz f.
Vogelscheuche; Schw. Buzegrale f.
Knecht Ruprecht; schott. buman; s.
Popelmann.

Büwett, das, f. Büffet; vielleicht Verwechslung von la buvette, Schenke,
Trinkstübchen, mit le buffet.

Buxen (Mehrheit), Hosen. Rtr. J.; —
Di.: die Büx (Einheit).

Buxtehude. „Nach Buxtehude" oder:
„nach Buxtehude auf den Federmarkt" sagt man auf die unbefugte
Frage, wohin man gehe; s. Trips-
drille.

Buz, der, 1. ein für sein Alter klein gebliebenes Kind; Schw., Th.; 2. Buz
machen oder sich büzen: sich zum
Schlafen legen; Kindersprache; daher:
das Buzebettchen, liebkosend für
Bett; s. bauz, 2.

C.

s. K und Z.

Cactus, Wortspiel: ein Häufchen Exkremente; s. Blind. Nachtwächter.

Cantateversammlung, schlechthin die
Hauptversammlung der Mitglieder des
deutschen Buchhändlerverbandes, welche am Sonntag Cantate in der Buch-
händlerbörse stattfindet. Eine Sorte
fünfundsechziger Wein, der einmal
bei dem Festessen nach dieser Versammlung sehr beliebt ward, behielt
lange den Namen Cantatewein.

Cëcë, mein Name ist aus! ruft ein
Kind, wenn es beim Haschenspielen
eine Pause machen will (vielleicht von
cessez?). Wenn es wieder mitspielt,
ruft es „Mein Name geht (wieder)
an!"

Chaisenträger (sprich Scheesendrägr);
1. er läuft (tritt auf) wie ein Ch.,
sehr derb mit grossen Schritten; 2.
er hat eine Ch.-Natur, ist sehr kräftig.

Chausseekrätzer, spöttisch f. Chaussee-
wärter.

Christ, mein heiliger Christ — mein
Weihnachtsgeschenk, Th.; ebenso: es
is mei Weihnachten; Fr., Hss.,
Rh.: mei Christkengchen (Christ-
kindchen); Rtr. Kind-Jes.

Christel ist Abkürzung für Christian
und Christiane.

Chor, das, 1. (Corps?) eine Anzahl Leute,
in einem spöttischen oder lachenden
Tone gesagt; nicht eben schmei-
chelhaft, aber auch nicht beschim-

pfend, wie es „Pack oder Bande" ist; ähnlich wie Sippschaft, Klike, engl. a set; z. B. „da sitzt e ganzes Chor Kindermädchen; auf den Rasen trieb sich e Gor Hunde 'rum" — lästig viele; „ihr böses Chor", ihr tobenden Buben; „verdrehtes Kor", ungeschickte, tölpische Leute; „ä schönes Kor" — saubere Leute, Brl. „nette Jungens"; „ä schauerliches Kor", eine bunte, widrige Gesellschaft; ein närrisches Chor, sonderbare, komische Leute. 2. „wenn mei Mann 'n Goffer backt, muss Alles zu Gore lofen", Alle müssen mit Hand anlegen, Dienste leisten; Rond.: Einen zu Chor treiben — kurz halten.

Cichorie, scherzhaft für Cigarre.

Clemenz s. klämsen.

College hat das biedere Kamerad fast ganz verdrängt; jeder Kutscher, Hausknecht, Packträger, Holzhauer, Schleussenräumer spricht von seinen „Collegen"; bei den wackeren Maurern und Zimmerern hat sich aber Kamerad erhalten, und sie vermerkten es einem deutschen Reichstagsabgeordneten im Jahre 1869 übel, dass er in einer Versammlung derselben die Anrede „meine Herren Collegen" gebrauchte.

Cologne, abgekürzt f. Eau de Cologne „hier riecht's nach C."

Conducteur nennt man den Omnibusschaffner, der Eisenbahnschaffner behält den ehrlichen deutschen Namen.

Content (spr. kontàng) sein mit Jemand, in gutem Einvernehmen stehen; bes. „nicht recht c. mit einander sein".

Contrahasche, eine Forderung zum Zweikampf; Studentenausdruck.

Cylinder, hoher Hut, s. Angstrohr.

Cyper, gestreifte Katze; man unterscheidet Graucyper und Rothcyper.

D.

siehe auch T.

Da, 1. beginnt gern den Nachsatz anstatt so; s. Gramm. § 220; 2. da einleitend f. es: da sin emal viel Menschen üffn Marchde (there are); da war emal e Mann; 3. da zur Verstärkung in Relativsätzen s. Granm. § 195; 4. dä, oder dä! als elliptischer Zuruf für: siehe da; — da, das wird glei 'runterpurzeln! Ebenso dä, um Jemand aufmerksam zu machen, dass er zugreifen soll: — dä, haste was; franz. tiens, voilà; ferner f. „da haben wir's," z. B. dä, nu regnet's! dä, nu is's Glas anzwee!

Dabbke, die, eine praktische Jacke (Sz. Tschöppli) als der Frack, mit etwas kürzeren Schössen; ist bes. für jüngere Kellner, grössere oder feinere tragen Fräcke.

Dach, Einem aufs D. steigen, zurechtweisen, koramiren; sonst auch: Einem auf den Buckel, Pelz, das Fell, die Jacke steigen; PP.: Einem recht zu Dache gehen, ihm auf den Leib rücken; s. Damm.

Dachscheisser, der, Sperling.

Dächsel, der, auch: Deckel, Dachshund, daher: krummbeiniger Mensch.

Dächt, der, Docht; Brl.; bei Göckingk, Goetz, Lessing, Thümmel; mhd.: däht, tächt; s. Grimm II, 668.

Dächte, ich dächte gar! wie „äh!" oder „lieber gar!" (drei echte Sachsen!) für: Gott behüte! ich dachte, was mich bisse! Dummes Zeug! das wäre noch schöner! ND.: ei wo! ach wo!

Dachtel, Tachtel, die, Schlag mit der flachen Hand an den Kopf; allg. bekannt; soll von dactylus, Finger, herkommen; davon: Einen abdachteln; seltner: eine Wachtel; s. Dusel, Horns'che, Damsel, Bremse, Patsch, Schwalbe, Fake, Hinhorche.

Dächtelmächtel, das, 1. unerlaubter Kunstgriff; 2. mit Jemand sein Dächtelmächtel haben, heimliches Einverständniss.

Dadderich, der, 1. dummer Schwätzer; s. daddern (holländisch: dodderig, schläfrig, betäubt); „e richtgr Bauerdaddrich"; 2. Schwätzerei; „grossen Dadderich hermachen;" 3. den Dattrich haben, Zittern, Krampf in den Händen, wie frühmorgens bei Trinkern.

Daddern, dattern, albern schwatzen. Bsl.; mhd. tateren, plappern, u. todern, undeutlich reden; s. Grimm: dadern; bei Geiler von Kaisersberg: tadern; ND. u. Schw.: dottern — stottern; s. datschen.

Daderbei für dabei; ebenso daderfür; dadermit, dadervon, dadran, dadraus, dadrüber, für dafür, damit, davon, daran, daraus, darüber; z. B. „dadervon reden mir gar nich, denn dadraus machen m'r uns nischt, m'r wüssten och nischt dadermit anzufangen". Alles dies auch in Schl.; dadran, dadraus, dadrüber bei Goethe; s. děr und da, 3.

Dalen, 1. plaudern, schwätzen überhaupt; H. Sachs, Wieland, Goethe; 2. die Aussprache und besonders die Redeweise kleiner Kinder, welche noch nicht richtig sprechen können. Dänisch: tale, engl.: to talk; auch: daltschen, im V. dallätschen; s. dätschen und talken.

Dalfen, Handwerksburschenausdruck f. betteln, fechten; Rw. dalfenen, dalfern; s. schmal machen.

Dämel, der, Dummkopf, Träumer; davon: Dämelfritze; dämeln, herumdämeln, träumerisch umherwanken; Hb.; s. die folgenden.

Dämelack, **Dämelsack**, Verstärkung von Dämel; Rtr.; PP.: Dämelsack.

Dämelich, **dämlich** wie dämisch 1.; Tb., P., B., Brl., bei Rtr.; boshafter Weise spricht man (sogar in Lokalpossen) von einem „dämlichen Geschlechte" (Damen) im Gegensatz zu dem „herrlichen!"

Dämisch, 1. schwindelig, drehend im Kopfe; Pf., Th.; „Mutterkorn und andre Waare, die im Kopfe dämisch macht," Uhland; schott. demmisk, durch einen Schlag betäuben; 2. dumm (bei Musäus), auch gehäuft: dumm und dämäus; V.; Eg., Oe. damisch; ist alt; 3. sehr gross und stark: „ein dämischer, dämisch langer Kerl;" Eg.

Damm, 1. er ist auf dem Damme, befindet sich wohl, sein Geschäft geht gut; Brl.; s. Strumpf, 1, Zeug; 2. stets auf dem Damme sein, achtsam, thätig, aufs Geschäft achtend; 3. Einem auf dem Damme sein, überwachen, beobachten; ebenso: ihm auf dem Dache sein.

Dammich, 1. Abkürzung für „Gott verdamme mich;" 2. als Hauptwort: z. B. einen Dammich loslassen, fluchen, wettern, toben; „er liess eenen Dammich un eenen Strammich (Gott straf' mich) nach'n andern los."

Dammichbruder, abgekürzt: Dammich (s. d.), Einer, der gern flucht; früher war es geradezu gleichbedeutend mit „Schütze" (Truppengattung); auch heut sagen böse Zungen den Sachsen noch nach, es werde auf ihren Exerzierplätzen mehr geflucht, als irgendwo! In Deutz am Rh. heissen die Kohlenarbeiter aus dem Ruhrthal die „Gottverdammnis."

Dammichseite, die; „er hat die Mütze auf die Dammichseite," er hat sie schief, keck, verwogen auf.

Dampf, 1. D. vor Jemand haben, Angst, Furcht, Respekt; 2. Einem allen Tort und Dampf anthun, wie „gebranntes Herzeleid anthun;" „den Dampf anthun" bei Lessing.

Damsel wie Dachtel, daher „Jemandem Eine hineindamseln."

Das f. es, s. Gramm. § 190, 1.

Dass f. wenn und andere Bindewörter, s. Gramm. § 221.

Dassderhalben, auch: dasserthalben, deshalb; Sudt.: dastholb; vgl. dessertwegen.

Dätschen, fehlerhaft aussprechen wie kleine Kinder, wenn sie manchen Buchstaben noch nicht sagen können; s. dalen; A. dalschen; P.: tülschen; Hb. däätschen; Eg.: dötschen; Schw. dätschen, viel schwätzen; Schl.: tälschen; Appenzell: datscheln; s. daddern.

Dätschen, **tätschen** (von Tatze), mit gelinden Schlägen necken; dagegen dätscheln, sanft schlagen, liebkosend u. s. w.; „du dätschelst nur so," sagt man zu einem Kinde, das sich — aus Furcht vor dem Reiben, der Seife u. s. w. — nur zaghaft, nicht „ordentlich" wäscht; davon: Getätsche, Getätschele, Dätschelei; s. Grimm.

Datum ist männlich: „ich muss den heutigen Datum schreiben;" s. Gramm. § 181.

Dauerlaufsmedaillo war spöttische Bezeichnung eines Ordens, weil er bei Gelegenheit des Rückwärtsavancirens verliehen worden sein sollte.

Däumling, der, Ueberzug von Leder oder Zeug über einen verwundeten Daumen; s. Grimm; ebenso: Fingerling, Fingerdute.

Daus, 1. es stimmt aufs Daus — ganz genau; 2. er schreibt, antwortet, passt auf wie ein Daus, ausgezeichnet; Hl.; Musäus: jung wie ein Daus; s. Grimm.

7*

Däz, der, Kopf; Brl., ND.; „de wenacht gleich Eena uff'n Däz besehen." Etwas abbekommen; — von denken?

Däzen, der, Antheil an Etwas; vom Decem der Geistlichen; dann überhaupt ein Stück: „Gib mir e Däzen von Deiner Bemme." V.: Däz.

Döäkel, der, das Diachylon, eine Salbe.

Decimalbruch, „ich trete dir glei e Decimalbruch," scherzhafte Drohung; dagegen in Bl.: ich drät d'r an Bruch bi än Kotzen (wie ein Tragkorb)!

Deckel, 1. für Hut, Mütze; davon: deckeln, zum Grusse den Hut abnehmen; vgl. ziehen, 2. — 2. Deckel, Däckel, Dachshund; Rtr. Teckel.

Degen, einen lächerlichen, theils mangelhaften, theils übertriebenen Aufputz verhöhnt man mit den Worten: „Nack'g un e Degen, barbs (barfuss) un e Strohhut!" s. barbes.

Dehnig sprechen, singen, die Wörter zu lang dehnen, schläfrig reden; ND. talkig; Sz. ein Träner.

Deistel für Deichsel; Hb. Destel; Rtr. Distel.

Delwel für Teufel, s. d. und Deixel; Rtr. Deuwel.

Deixel, Verschleierung f. Teufel; auch Teikert; Schl., SD. Taixel, Teuxel; Sudt. Teiker, Teitschel; Di. Deusen; Th. Daitschr; Rtr.: der Deutsching! Holst.: Deuster; s. Grimm unter Deixel.

Deiz machen für schlafen; Kindersprache; Eg.; davon: Deizebettchen, deizen; Eg.; — Di.: die Dei und Deidei, Kinderwiege; s. buz.

Dolle, eine, jede Vertiefung, eine Scharte (K.), eine Senkung des Weges (Pf.), des Feldes u. s. w.; mhd. telle, Schlucht; verwandt mit: Thal, Teller; engl. dale, dell; Bl.: dele — Tiefe; daher der Ortsname: Döhlen.

De L. M., diese Buchstaben wurden in einem Geschäft laut ausgerufen, wenn ein Verkäufer den andern vor einem Diebe warnen wollte; man deutete sie: „Das Luder maust!" In einem andern Laden pflegte man bei gleicher Gelegenheit zu rufen: zwei auf zehn! halte beide Augen auf seine zehn Finger.

Démeleh, zänkischer Auftritt (démêlé); Brl.; ein rechtes Démeleh, viel Lärm; Rtr. Demolei — Schlägerei.

Demse, Dems'che, die, wie Bremse, 1; demsig, schwül. Ab., Hl.; von Dampf, dumpf?

Dengel, Schmutzrand an Frauenkleidern; Ab.; s. Grimm; davon sich bedengeln, wie behämmeln; in Schw. der Klapf.

Dengeln, die Sense dengeln, durch Hämmern u. s. w. schärfen, s. Grimm; mhd. tengelen — klopfen, hämmern; — Schw., Sz.: tangeln und tängeln; die Bauern sagen auch: „dem will ich die Bupe dengeln," den Hintern abprügeln; vgl. Bub.

Denkzettel, „Einem einen Denkzettel anhängen," sich für Etwas rächen, es strafen; s. Grimm.

Denn für dann; sonst (bis 18. J.-H.) schrieb man so; sogar: alsdenn, s. Grimm.

Denn warum für weil; „ich gehe nicht hin, denn warum — dort finde ich doch kein Vergnügen." Selten, in Brl. häufiger.

Denn weil, gehäuft, s. Gramm. § 221.

Deppentat, das, f. Deputat, s. Gramm. § 146: der gebührende Antheil; wie Tappen.

1. **Der,** in Zusammensetzungen für dar: auch wo jetzt nur noch da steht, z. B. dermit, d'rvund oder dervon — davon, derbei, d'rfor — dafür und davor, d'rheem, d'rhinter, d'rmit, d'rnäm — daneben, dr'widder — dawider; dernieder; Schl., Sudt. derbein f. dabei; D.: dervan; vgl. daderbei.

2. **Der,** d'r f. ihr; s. Gramm. § 190, 2.

Derb f. sehr (wie derb schlagen): derb arbeiten, laufen, schreien; s. böse.

Derenthalben, derentwegen f. deshalb, deswegen; s. dessertwegen, Rtr.; vgl. Grimm.

Derheeme, 1. daheim, V., Schl.; 2. „Du bist nicht recht derheeme" für: nicht recht gescheit; s. Dinte, 2.

Derjenige für der Betreffende, so dass der bestimmende Satz als selbstverständlich weggelassen wird; z. B. „Ein Armband ist verloren worden, und wird Derjenigo geboten, es abzugeben;" — „ein junger Mensch sucht Stelle als Schreiber und werden diejenigen Herrn Principale ersucht, sich an Herrn N. zu wenden; — — sie wollen blos Diejenigen sein und dabei über Alles herrschen." Ebenso steht der Betreffende: „es ist eine goldene Uhr gestohlen worden und verspricht der Betreffende eine gute Belohnung u. s. w;" ähnlich: „Es sind viele Leute brotlos geworden, und ein Betreffender hat gesagt . . ." (einer von ihnen).

Dermáng, d'rmank, darunter gemengt, dazwischen; M., ND.; engl. among.

Dermit s. daderbei.

Derohalb f. deshalb; veraltet.

Derrwenzig, sehr dürr; von dürr und Wanst; „so e derrwenstiges Zeterluder!" s. Grimm: dürrwänstig; Dürrlender.

Derweile, unterdessen; so in Uhlands „Sieben Zechbrüdern;" Sndt.; in Th., Bal.: d'rwil; Eg.: d'rwelle; bei Hl. sagt man sogar: „Warte 'weile!" vgl. while, während. — Im Sinne von: „es kommt nemlich daher," von etwas Unerwartetem: „ich weiss gar nich, wie ich immer wieder nass werde, derweile regnet's durchs Dach!"

Despektirlich, Gegensatz zu respektvoll, also: verächtlich.

Dessen s. 'sen; Gramm. § 226.

Dessentiren für desertiren; der Dessentör.

Dessentwegen, desserwegen, dessertwegen, deswegen; auch dasserwegen, desterwegen; Ab., Naumburg; Rtr.; — Sudt.: dastwoagen; vgl. daderbei, diesertwegen, dassderhalben, derohalben u. s. w.

Desserthalben, auch desserhalben, dessenthalben, wie dessentwegen u. s. w.; Schl.: desthalb.

Dest, der, fettiger Schmutz, besonders an Hüten und Rockkragen; Oe., Hl.; ist nach Rüdiger slawisch; s. aber Grimm: Dest, 5.; vgl. Jux.

Destilliren, distilliren steht in einem sehr weiten Sinne etwa für das, was der Apotheker digeriren nennt: setzt man Kalmus, Ingwer, Nelken mit Spiritus in einer Glasflasche wochenlang in die Sonne und lässt es ziehen, so ist es „distillirt;" so nennt man auch jede einfache Branntweinhandlung, jedes Geschäft, welches den bereits fertigen Sprit zu Schnaps verarbeitet, eine Destillation.

Deute, die, nur in der Redensart „Einem eine Deute geben," einen Wink, eine Andeutung, einen Hinweis, eine „Directive."

Deutscher Boden, „ich komme auf deutschen Boden": sagt 1. Jemand, der seine Schuhsohlen durchgelaufen hat; 2. der Tischler, wenn er beim Poliren durch das abgescheuerte Fournier aufs Grundholz gelangt.

Deutscher Käse, einfacher Kuhkäse, als Gegentheil von Schweizerkäse, Altenburger, Limburger, Ziegen-, Harz-Käse u. s. w.

Dowich, Dowicht für Teppich.

Dick, 1. Meine Dicke! vertrauliche Anrede an Mägde u. s. w.; ebenso „Dicker" als Name eines Bekannten, wie „Alter", beides ohne Rücksicht auf Körperumfang und Jahre; Ab. 2. Ich hab' es dicke für: satt, überdrüssig; „er werde schon d. kriegen"; 3. Er hat es dicke (faustdicke, knippeldicke) hinter den Ohren, er ist hinterlistig, heuchlerisch u. s. w. 4. Er thut (sich) dicke, spielt den Reichen, Vornehmen, Gelehrten; Pf., Brl., W.; davon: der Dickthuer, dickthuerig. 5. Er hat den dicksten (auch: den dicksten Dreck in oder hinter den Ohren), er ist überklug. 6. Er hat dicke Ohren (Au.) oder: er hat dicke Strümpfe an, er ist barthörig oder stellt sich doch so 7. Sie sind dicke Freunde, sehr vertraut; Th. — (D.: hild Wark;) schott. thick f. vertraut. 8. dicke für sehr, stark; „ich bin dicke durch, dicke 'raus", wie „scheene 'raus!" „Er sitzt dicke im Gelde". Auch: ich hab es dicke satt; vgl. 1.

Dickde f. Dicke; „ 2 Zoll Dickde;" s. Gramm. § 157.

Dickkopf, reicher Mann, s. dick, 4.

Dicknischel, der, Dickkopf, hartnäckiger Mensch; s. Nischel.

Dienen, Jemandem gehörig dienen, ihn abmucken.

Dienst, Einem auf den D. passen (lauern), scharf überwachen, Versehen unnachsichtlich rügen, wie: Einem auf dem Dache sein.

Dierengeln, auch dieréngeln, Jemand quälen, plagen, ganz wie biesaken; wahrscheinlich von Thürangel: Einen zwischen Thür und Angel klemmen, in die Enge treiben. K. Einen thürangeln; Pf., V., W. thürängeln, auch nur: ängeln; Hb. dür ängel.

Diericht, toll (von Hunden); jedenfalls verdorben aus thöricht; wie: „toll und thöricht handeln;" Sudt. thierig für thöricht und unwillig; s. jedoch dieren bei Grimm.

Diese, die, Zelle in Hummelnestern; es sind entweder Honigdiesen oder Brutdiesen.

Dieser, „hol' dich Dieser und Jener" — der Teufel; s. Gramm. § 194.

Dieserhalb f. desshalb; Gramm. § 194.

Diesertwegen für deswegen; vgl. desserwegen n. s. w. Gramm. § 194.

Difteln, 1. aussinnen, Eg., Pf., E.; wie spintisiren; Etwas ausdifteln,

ersinnen. Einer der gern Etwas er-
diftelt, überall nach Gründen späht,
heisst ein Diftler (so heisst im Rw.
der Advokat!), ein Diftelfritze, Dif-
telschuster. Bei Joh. Scherr: Qualen-
austiftelung, Vorliegende Sammlung wird man „so enne rechte,
richtige Diftelei" nennen! 2. Studentenausdruck: mit Einem difteln
für: eine pikante, gereizte Unterhaltung, wie auf Schrauben, führen, bes.
um zu einer „Contrahäsche" zu gelangen; s. Grimm: difteln.

Dille, auch Dülle, Tille, Tülle, die
Metall-Hülse am Leuchter, worin die
Kerze steckt; mhd. tülle, Röhre; s.
Grimm.

Ding, 1. hat in der Mehrheit: Dinger,
bes. im wegwerfenden Sinne, wie
schriftdeutsch: „ihr armen Dinger".
2. auch wie Dings, 2; 3. bes. für
Zimmer, Haus, Stadt, Ort: — ich war
noch nicht zum Dinge (Hause) naus,
da ging der Krakehl schon an; Einen
zum D. naus schmeissen, zur
Thüre hinaus u. s. w.; 4. „ich due e
Ding und . . . .", ich getraue mich,
ich beginne Etwas; Rtr.: sin Ding'
dauhn, seine Pflicht thun.

Dingrich, auch Dinkerich, wie Dings,
3; dann bes. für einen unangenehmen
Menschen; Eg.

Dings, das, Mehrheit: die Dingser, 1.
Ding. 2. der D., verächtlich für der
Mann, Bursche u. s. w.; 3. statt eines
Wortes, Namens, dessen man sich
nicht gleich erinnert: wo ist denn der
Dings her? — Aus Dings da drüben
in Preussen; in Bsl. der Ding und
weibl. die Dingene; so französ. le
machin von la machine; s. Grimm:
Dings.

Dingskirchen (ausgesprochen: Dings-
gerchen) wie Dings, 3; s. Grimm.

Dinte (seit wenigen Jahren fängt man
auch bei uns an, Tinte zu schreiben); 1. das ist klar wie Dinte,
scherzweise: ganz klar; auch: klar
wie Klossbrühe, wie Schnaps. 2.
du hast wohl Dinte gesoffen,
du bist nicht recht gescheit; PP.,
Schw.; s. derheeme.

Dippel, Dippelchen ist das Pünktchen
und dergl., welches durch „andippen, hindippen", verursacht wird;
Brl.; — Schw. Tüpfel; davon: dipp-
lig, punktirt; Ruhla: stäpflich; in Di.
der Tippel = Spitze.

Dippeln, 1. mit Dippeln versehen; 2.
ein Stickmuster abzeichnen; das

Musterblatt selbst, das durch lauter
Pünktchen die Stickereistiche angibt,
heisst Dippelblatt.

Dippen, tippen, 1. für leise mit einem
Finger oder Stecken anrühren; Tb.,
Brl., ND. — Tippen — Dreikart, wobei
das Aufdippen auf den Tisch bedeutet,
dass man „mitgeht", nicht passt. Daher andippen. 2. Einen dippen
oder duppen f. abmucken; von tup-
fen (Goethe). tüpfen; getüpfelt — ge-
dippelt. In Di. — flüchtig eintauchen; to dip.

Diskeriren, dischkeriren, von discourir,
sich unterhalten. Südt.: tischkeri-
ren. Scherzweise: „wir wollen e bischen von diskeriren reden".

Disputat, Disbedat, der, f. Zwist,
Zank.

Distelmesser für Soldatensäbel; auch
Käsemesser (le coupe-choux).

Ditschen, eintauchen, z. B. den Kuchen
in den Kaffee, die Feder in die Tinte;
daher: eintitschen, ND. instippen;
Etwas aufditschen; ausditschen,
bildlich f. Etwas zu gründlich und
langweilig erörtern; Etwas ausbaden;
so auch: In die Ditsche kommen,
in Verlegenheit, Bedrängniss; — Die
Ditsche, die triefende Flüssigkeit.
bes. die Sauce zu Klössen und dgl.;
Hl. Th., auch Dütsche, V.: Getätsche.
Ab. auch Dunke f. Compot; Munke
f. Muss.

Ditte, die, Mutterbrust (Kinderwort);
mhd. tute, tutte, tüttel, Di. Titte,
Engl. teat, Franz. teton u. s. w.

Döbrig, auch dubricht, seltner:
dommlich, dumpf, moderig riechend.
Ab.: döbrig; davon: verdöwern — ver-
modern. Eg.: towich, towrich —
schwül.

Dohle, 1. Hut, s. Angströhre; 2.
Dirne.

Dolle, die, eine grosse, wulstige, ge-
bauschte Locke, Haartour; davon:
dollen, kräuseln, in Falten pressen,
z. B. den Besatz der Unterröcke.

Donnerwache, „er ist (steht) auf der
Donnerwache", erwartet seine Geliebte
auf der Strasse, im Hausflur u. dgl.

Doppelochse, sehr dummer Mensch.

Dorf, 1. steht ganz überflüssig in der
Redensart: „es ist noch zeitig im D.;"
2. über die Dörfer gehen, beim
Kartenspiel, dasselbe wie auf Bärlatschen gehen; namentlich nicht
Trumpf, sondern Däuser spielen; 3.
ums D. 'rumfahren, mit der Kirche
ums D. gehen, einen Umweg machen.

Dorl, der, Tanzknopf; P.; auch **Forle**; s. Grimm: **dorlen**.

Dorre, die, Darre; „uf der D. liegen", Mangel leiden; vgl. **knappdorren**.

Dorstig (sprich dorscht'g) für Donnerstag. („Durstig" klingt genau ebenso).

Döttend, **döddend**, **dottig wie dutt'g**.

Drängeln für drängen; in einer Volksmenge entsteht **Gedrängele**, **Drängelei**. Ab., Brl., P.; s. **Gedrang**.

Drangsalen, **drangsaliren**, durch lästige Bitten zu Etwas drängen; wie **brankeln**, **betteln**; s. Grimm II, 1340; ist hier sehr alt, von Jer. Gotthelf in der Schrift angewendet.

Dräsch, der, 1. angestrengte, übereilte Arbeit, Ab.; Hl.: Dräsen; (nicht blos — Geträtsch, wie Grimm angibt) daher: dräschen, sich abdräschen wie **abäschern**, aber noch kräftiger; „dräsche nicht so", sei nicht so hastig; **abgedräscht** für erschöpft. 2. Regenguss. Davon: **draschen**, **dreeschen**, **treeschen**; Ab. Von einem Douchebad sagte ein Leipziger: „da leeft d'r d'r Dreesch glei so iw'rn Gopp" (über den Kopf).

Drathmühle für Abtritt; s. Goldmühle, Bürgermeister, Laboratorium, Oberhofgericht.

Drätscheln, eine Dachtraufe dratschelt, wenn das Wasser in Stössen, mit Lärm herabfällt; verwandt mit **Drasch**, 2; vgl. **scharlen**.

Drätschen, **trätschen**, **drütschen**, schwatzen; davon: das **Gedrätsch**, Ab., Hl.; in Wn. Tritschtratsch; in d. Pf. trätschen f. klatschen, verrathen; trätschen ist treten, s. **Tratsche**; also wohl drätschen — breittreten?

Dreche, vornehmer: dreiche, trocken; mhd. trocken u. trucken; trückene, Trockenheit; Schw., PP., Schl. und K.: treug, treuge (Jesaias 19, 6); NS., Di.: drög; Zch.: droch; engl. dry; holl. droog; Zeitw.: drechen, dreichen: „heide drechend's recht fix;" die Leipz. Marktordnung v. 1726 erwähnt: getreugtes Obst; — **Drecheplatz**, Trockenplatz; im „Spaziergang nach Gohlis", 1781: Treugeplatz.

Dreck, 1. beliebtester Kraftausdruck f. Koth, Schmutz u. s. w.; daher sagt man wohl, wenn es gar zu kothig ist: „das ist kein Schmutz mehr, das ist Dreck;" bei Schmutzwetter muss man „den D. messen;" 2. „Er hat noch Dreck überlei," er will sich noch rechtfertigen, nachdem er etwas recht Dummes begangen. 3. Dreck in den Ohren haben, schwer hören, wie „dickeOhren" haben; s. Strumpf, 2; PP.: Hülsen auf den Ohren haben. — 4. Dr. in den Pfoten haben, ungeschickt Alles aus den Händen verlieren; 5. „Du verstehst 'n Dreck, kannst Debber wärn (Töpfer werden)", bist naseweis, überklug; Augsb.; 6. „aus 'n Drecke raus loben", übermässig herausstreichen; 7. sich um jeden D. kümmern", um jede Kleinigkeit; 8. „er hat D. am Stecken", Bal., er ist sich eines Fehltritts u. s. w. bewusst, hat „Werg am Rocken;" 9. „es is mit e Dreck versiegelt", verächtlich f.: Bagatell, elendor Bettel u. s. w.; ND.: dat is met Schitt besiegelt; bei Fischart: „Es ist mit Drecke verriegelt und faulem Wachse besiegelt;" 10. er steht da, wie 's Kind beim Drecke, ist bei einem Unfall rath- und hilflos, unbeholfen u. s. w.; Schw.

Dreckbartel, Dreckbatze, Dreckfritze, Dreckhanne, Dreckjule, Dreckliese, Dreckmichel, Dreckpeter, Drecksuse, Schimpfwörter für schmutzige Leute, gleichviel ob sie wirklich einen der angegebenen Eigennamen führen; Gramm. § 166 b.

Dreckchen! Ausruf für „fehlgeschossen", z. B. wenn Jemand Einen werfen will und nicht trifft, auch: Dreck, mei Herzchen! — s. ä (ätsch), Bäh, Essig, Kuchen, Pech, Quarkspitzen.

Drecken, **träcken**, für ziehen, auch f. schleppen, ertragen; von tragen; Köln, L., ND.; mhd. trêchen; holl. trekken, schwed. draga, engl. to draw, ziehen.

Dreckerei, 1. Unsauberkeit, Unrath, wie **Schweinerei**; 2. das Reinigen; s. **dreckern**.

Dreckern, reinigen, fegen, scheuern u. s. w., wie **raupern**; bildlich: „was hast du hier herumzudreckern?" dich unbefugt, lästig einzumengen; die **Dreckerei** = Säuberung.

Dreckfressen, als Eigenschaftswort, gebildet wie **altfressen**; ein „dreckfressener Kerl" oder „Dreckfresser", ein schmutzig geiziger Mensch.

Dreckig, 1. dreckiger Kerl, dr. Junge, grüner Bursche; 2. geizig; s. **Dreckfresser**. 3. es geht ihm dr., übel dggn.: er geht dreckig, trägt schmutzige Wäsche, Kleider.

Dreckinspektor, Marstallaufseher; s. Dreckkärrner.

Dreckkäfer, der, Käfer, der in Unrath, Mist lebt, Mistschröter; auch als Schimpfwort.

Dreckkärrner, der, Marstallknecht, der den Kehricht aus den Strassen auf „Dreckkarren" abfährt.

Dreckkröte, die, 1. ein Frosch, der durch sein Geschrei schlechtes, schmutziges Wetter anzeigt. 2. Schimpfwort.

Dreckloch, 1. eine schmutzige Stelle, Stube u. s. w. 2. „Der Wind kommt, bläst aus dem Dreckloche", vom Westwind, weil dieser Regen und somit Schmutz bringt.

Dreckschleuder, sein Maul geht wie eine Dreckschleuder, sehr geläufig; Th., Eg., Schl.; s. Grimm. In der Pf. nennt man Einen, der Alles unüberlegt heraussagt: „schnabelschnell". Vergl. kodderig, Gänseloch.

Dreckschwalbe, 1. schmutziger Mensch, 2. bes. Spottname für Maurer; Rh., Hb.

Dreckschwein, sehr schmutziger Mensch.

Drecktreter, derbe, feste, dichte Stiefeln; s. Grimm.

Drege s. dreche.

Drehe, die, 1. Wirbel, Strudel in einem Fluss; im Walde: ein Holzweg, der sich so dreht, dass er zum Anfang zurückführt; Ha.: der Kehrwieder (am Hafen); 2. In der D. 'rum (liegt es, wohnt er, in dieser Gegend, da herum, thereabouts; so auch: „es war den 4. März oder um die D. 'rum; P.; in der D. war der Preis", ungefähr von diesem Betrage; s. Pflege.

Drehkopf, der, verdrehter Mensch; er hat die Drehe, die Schöpsdrehe; eine heitere Kegelgesellschaft nennt sich „die Drehköpfe".

Dreich s. dreche.

Dreidoppelt f. dreifach, z. B. den Faden dr. nehmen (nicht etwa sechsfach); Brl.

Dreier, der, Dreipfennigstück (sonst); s. Zweier, Vierling, Dreiling; „für einen Dreier dreimal um den Leib herum" bezeichnet schlechten billigen Tabak, weil er früher nach der Elle verkauft wurde.

Dreierstrick, „Nerven haben wie die Dreierstricke (oder: wie Hanfstricke)", sehr unempfindlich sein.

Dreierstückchen, das, kleines Weizengebäck f. Kinder oder zum Thee; aus Pfefferkuchenteich bäckt man auch Pfennigstücke zum Anhängen an den Christbaum; ähnlich gebildet: Dreierbrot, Dreierlicht.

Dreiling, der, schwarzes Dreierbrot; s. Schuster; daggn. war ein Vierling eine Vierpfennigmünze.

Dreimaster, ein dreieckiger Hut, wie ihn Offizier mitunter noch tragen; Di. Dremast; auch bei Gutzkow; wird auch: die Lampe genannt; tête de hareng.

Drësche, Prügel; davon drëschen; A.

Dröschen, 1. prügeln, s. Dresche. 2. spielen: „einen Skat, Schafkopf dreschen;" dagegen „Billard keilen".

Dröschen, stark regnen; V., Eg., Brl., Th.; in PP. ist treuschen — spritzen; holl. druischen, rauschen, s. Drasch, 2.

Dreschflegel weg! Zuruf, wenn Jemand den Kopf auf die Hand und den Ellbogen auf den Tisch stützt; vgl. Mecklenburg.

Drieseln s. aufdrieseln; auch drieseln, drösseln.

Driezen wie biesaken, „annijiren (ennuyiren)", bes. Jemand durch boshafte Anspielungen ärgern, necken; Rtr.: triezen; Schw., Fr., Brl. treezen; ahd. driozan, unmuthig sein, mhd. driegen, drängen.

Drinne, 1. dr. sein, Schneider sein, im Spiel; Gegentheil: heraus sein, aus dem Schneider sein; 2. es ist (liegt) gar nicht drinne, ist ganz unmöglich.

Drippel, der, Truppe, kleine Menge.

Drippeln s. trippeln.

Drücken, 1. im Spiele: weglegen; „er hat die grüne Zehne gedrückt;" 2. sich d., fortgehen, bes. heimlich; vgl. sich ziehen, sich schieben.

Drucksen, 1. beim Sprechen, schwerfällig reden und die Kehle dabei zusammendrücken; s. Grimm; 2. beim Handel: den Preis herunterdrücken wollen, durch Zureden u. s. w.; das thut der Druckser; er ist drucksig, druckserig (in Di.: dränig).

Dubiös, wie dusselig; „es ist mir ganz dubiös im Kopfe".

Ducken, Jemanden, wie abmucken, duppen, dippen.

Dudeldei, das (eigentlich: schlechter Gesang, s. Grimm), Kleinigkeit, Pappenstiel; „10 Thaler ist ein Dudeldei für mich! er hat die Uhr fer e Dudeldei verkloppt."

Dudeldicke für schwer betrunken oder übersatt.

Dudeln, trinken; Schw.; gewöhnlicher: **andudeln**, s. d.

Duft, 1. ist männlich und weiblich (schon alt), Gramm. § 181; z. B. der Blumenduft; dagegen 2. die Duft, der Dunst; „hier ist aber eine Duft," schlechte Luft, warm; Hl.; mhd. tuft, Dunst, Nebel; 3. der Duft, Schnaps.

Duften, gelind schwitzen, besonders von Kranken.

Dulksen, prügeln; Einen abdulksen.

Dumm, 1. wird durch allerhand Beisätze verstärkt, z. B. er ist so dumm, dass er blökt, so dumm wie ä Schwein, wie Schöppen (Schefflern) sei Schwein, dreimal übers Kreuze dumm; dümmer als die Polizei erlaubt; dümmer als dumm, blitzdumm, hornochsendumm, s. Doppelochse; 2. bei einem nicht recht erwünschten Stiche im Kartenspiel sagt man: „das sind 12 (15, 7) Dumme" (je nach der Zahl der Augen); 3. laufen wie dumm, sehr schnell; s. albern, böse.

Dummdussel, der, dummer und schläfriger Mensch; s. Dussel.

Dumme, der, 1. der Betrogne; 2. der Verlierer im Spiel (wie: la bête), höflicher der Wohlthäter genannt.

Dummeniren, 1. (dominiren) über Andre herrschen, das grosse Wort führen; 2. gross thun, viel aufgehen lassen; s. dicke, 4.

Dummhut, der, Dummkopf (der unterm Hute dumm ist), Hl.

Dummlack, der, dummer Mensch, mehr gemüthlich gebraucht; Dämelack ist viel schärfer; Lack alleinstehend erklärt Fulda in seinem Idiotikon: „dummer Mensch," ohne Angabe der Gegend; in Oe. ist Lackl — unbehollfner Mensch, in Wf. Lacks ein langer, ungeschlachter Kerl.

Dummlich s. dobrig.

Dummöhrig, albern; „d. Bursche; d. Messer;" das Plattd. hat auch den Gegensatz: uhrig oder helluhrig, aufmerksam, wissbegierig.

Dummsdorf, er ist von Dummsdorf, ist dumm.

Dummthun, 1. ärgerlich sein, maulen; wie tückschen; V.: dummen; 2. wie dummeniren, 2.

Dunner in die Töppe! Ausruf — Donnerwetter! Dafür auch: Dunner noch emal, oder: Dunner noch 'nein! Gott's dunner!

Dunnerlitzchen wie Dunnerwetzchen.

Dunnersch- (Donners-), in Zusammensetzungen, wie „Dunnerschkerl", f. verwünscht.

Dunnerwetzchen, verschleiert für Donnerwetter; wie Sapperment, Jeminē, Potztausend statt Sakrament, Jesus, Gottstausend.

Dunst, 1. ist weiblich: die Dunst (auf feuchten Wiesen u. s. w.), Hl.; aber: blauen Dunst hermachen; 2. so wie Duft, 2.

Duppen, Jemand, wie abmucken; s. dippen, ducken.

Durch, „der Käse ist ganz durch," völlig mürbe, es ist ein „rechter durcher Käse;" s. Gramm. § 171.

Durchaus für bestimmt; „er hat mir's durchaus versprochen."

Durchbrennen, sich entfernen, durchgehen, ohne zu bezahlen, besonders aus einem Gasthause; davon: der Durchbrenner — Durchgeher.

Durchfressen, sich, mühselig ernähren; so bei Stieler und Schuppius.

Durchgang, der, seltner Durchhaus, Gebäude, das einen Durchgang hat; schott. throughgang.

Durchledern, prügeln; s. ledern.

Durchmarsch haben, Diarrhoe: PP.

Durchwürgen, 1. sich durchdrängen, bei Goethe; 2. wie durchfressen.

Dürrlender, Derrländer, schmächtiger Mensch (von Lende), seltner: Derrwisch; Eg.; s. Grimm u. vgl. derrwenzig.

Duse für sanft, angenehm, langsam, z. B. eine duse Musik, ein duser Weg, recht duse auftreten; es geht ganz duse weg — es geht unvermerkt, sanft hin; seltner dusemang; Schw.; Rtr.; mhd. tûze, still, sanft; franz. doux.

1. **Dusel**, der, 1. Halbschlaf, auch gelinde Trunkenheit, wie „Thran;" Hb., Di., Bsl., Pf., Schw.; davon: duselig, Südt. tusselig, Di. düsi, düssi, düseli, düsseli, däsi, däsig; engl. dizzy, s. Grimm; ferner: die Duselei, Südt. Tusselei; duseln, Di. (auch drusen); etwas verduseln, durch Nachlässigkeit versäumen, verlieren, wie verbummeln, vertrödeln; in Ulm: verdirlemitzeln; 2. glücklicher Zufall. Glück (das im Dusel kommt), wie Schwein.

2. **Dusel**, die, wie Dachtel, s. Grimm; davon: Einen abduseln; Schw., Bsl.

Dussel, der, Einer, der ewig im Dusel ist, ein Duselkopf; Pf., J.; auch gehäuft: Dummdussel, Dussel-

thier; davon: dusselig; Btr.: düsen,
düsig — schwindlig.

Düster (mit langem u auch mhd.) ist beliebter als düster; so „im Dustern,"
in der Dämmerung, Dunkelheit; leuchtet ein Licht schlecht, so sagt man:
„Mei Lämpchen brennt so duster,
hier wohnt e armer Schuster!"

Dusswit, sogleich, geschwind (von tout
de suite); s. Schwiete, 1.

Dütchenkrämer, der nur sehr kleine
Geschäfte (dütchenweise) macht; Pfefferkrämer, Pfefferdütler, Heringskrämer, épicier.

Dute, die, dütenförmiger Verband eines
bösen Fingers; Bspr.: Deute, auch
für Düte; s. Däumling.

Dutt'g, dumm, verblüfft, betäubt; Th.,
Eg., auch „dumm und dutten;"
andere Formen: dodden, doddent,
dottg, duddent; entspricht dem
„konsternirt;" ND. däsig, schott.:
dottled, daiz'd; PP. bedutt, vom
Schreck betäubt; Di. dutti; vergl.
Dadderich; betöppert.

Dutzen, mit dem Kopf an Etwas stossen;
„er ist mit dem Koppe an die Wand
gedutzt;" Schw.; mit Einem zusammendutzen, wenn sich z. B.
zwei gleichzeitig bücken, um Etwas
aufzuheben, und dabei mit den Köpfen
„zusammenrennen." Kinderspiel:
man stösst die Stirnen sanft zusammen und sagt lachend: „Hämmel,
Hämmel, Dutzkopf!" s. Grimm.

E.

siehe auch ä.

E, das, f. Ei, Bspr.; Mehrheit: Eer.
ē oder ä, s. ein; Gramm. § 185. 2. er,
wie hä; „e gimmt — er kommt";
Gramm. § 190.

Eben, spr. eem, nur in: eben voll, d. h.
zum Ueberlaufen voll; dgg. klingt es
wie ä b'n in: ebner Weg, er kam eben
u. s. w., s. ebend u. Gramm. § 19.

Ebend, spr.: ähmd (Schl. ēm), für eben.
s. Gramm. § 19. 1. „ähm!" oder „nu
ähmd!" bedeutet sehr vielerlei Zustimmungen; sagt man z. B. „ach,
es regnet ja", so heisst „ähmt:" ja,
das ist traurig, aber wahr! Auf die
Bemerkung: „Er sollte so grosse Ausgaben nicht machen", heisst es: „Ganz
meine Meinung!" „Da hast Du sehr
Recht!" Ueber eine Dame, die sich dies
Stichwort sehr angewöhnt, sagte ein
Herr zu deren Schwester: Ida ist sonst
allerliebst, wenn sie nur nicht immer
sagte „nu ähm!" „Nu ähm!" war
die Erwiederung der Schwester! Sz.:
ebbel 2. für ebenfalls, auch: „das kann
ich eben" (betont).

Eberreis, Pflanze, verdolmetscht aus
Abrotanum; in andern Gegenden:
Ebenreis, Eberitze, Eberraute, Aberraute, Haberraute, Eberruthe.

Ebillet (die erste Silbe betont), Epaulette, Mehrheit: Ebillets.

Eckchen, Theil einer Semmel, dann allgemein — Stückchen: ein E. Kuchen;
geh ein Eckchen mit; V.; Goethe:
lauf ihnen eine Ecke entgegen.

Ecke; „er ist um die Ecke", 1. todt;
2. verloren, bes. im Spiele, auch bankerott; s. bin, futsch, pleite.

Eckig, ausser sich; „er ist ganz eckig
vor Freude; er war vor Aerger eckig;
er is ganz eckig darauf", versessen, begierig; J.: eggelich; s. bebohmölen, Häuschen, bekegeln.

Ede, Abkürzung für Eduard.

Edo, Eigenschaftswort: ēdĕ, ēte, zärtlich, überfein, geziert, spröd; Brl.;
„so ete, wie ene Jumfer"; Nd.: öt, von
abweisendem Benehmen; verstärkt:
ēdebödēte; Rüd.; Nd.: ernsthaftig un
etepatete; man möchte an: ethisch-pathetisch denken!

Edel steht in der Verbindung „edel,
gut und ganz", für unversehrt,
wohl erhalten, z. B. von einem Rocke,
Hemde; s. tausendgut.

Eeback, der, weisses Gebäck, nur einmal gebacken; Gegensatz von Zwieback; Gramm. § 56.

Eefältig, einfältig; Bspr.; Gramm. § 56.

Eene, 1. Zahl oder betonter Artikel
— eine, einem u. s. w.; s. Gramm.
§ 185; s. auch enne; 2. in eene
fort, in eene weg (lachen, trinken
u. s. w.) — in Einem fort, Ab.; Eg.;
s. egal 2, Bindfaden; 3. „eene
deene Dintenfass, geh in die Schul'
un lerne was", Kinderreim; ebenso:
4. „eene deene Entenschnabel,
wenn ich dich im Himmel habe,
reiss' ich dir ein Beinchen aus, mache

mir ein Pfeifchen draus; pfeif' ich
alle Morgen, hören's alle Storchen;
geht die Mühle klipp, klapp; geh, du
alter Pfeffersack"; dient zum „Auszählen" bei Beginn eines Spieles.

Eespuz, Einspänner (das man Eespenner
ausspricht); s. Spuz.

Effengelichen, Bspr., für Evangelium;
die Leipziger, auch Prediger auf der
Kanzel, sagen: efang-gelium, efang-
gelisch!

Egal, 1. viel beliebter als „gleich, einerlei"; Zieräffchen sprechen: „es ist mir
eingal!" 2. fortwährend, unaufhör-
lich, usque; es schneit egal fort;
er setzt sich egal (immer wieder) hierher; wo steckt denn der e.?, von
Einem, der oft hinter einander fehlt.
Eg.; vgl. Bindfaden; oene, 2; über
die Aussprache s. Gramm. § 24.

Eglisché, das, missverständlich für Negligé; „er ist im E."; vergl. Gramm.
§ 121, 1.

Ehegestern, wenig üblich f. vorgestern;
L.; schott. hieryestreen.

Ehekrüppel, Ehegreepel f. Ehemann; Th.

Ehemaus, ein kaltes Gericht aus Schinken, Sardellen, Kapern, Pfeffern, Gur-
kenschnitten (wenig bekannt).

Eher, eh'r für ohe (engl. ere); hier hat
sich das r erhalten, wie in erst; vgl.
da und dar, hie und hier, wo und
worin u. s. w.; „nimm's weg, eh'r er
kommt;" Sudt.: ehb; s. noch vor e h'r,
wenn eh'r, erst 1.

Ehestandskarrete f. Kinderwagen.

Ehle f. Elle; „er hat eine Ehle verschluckt" sagt man von einem un-
gelenken Menschen; s. Ladestock.

Ehrlich, „er hat sich ehrlich abgequält,
was Ehrliches zusammen gearbeitet",
gehörig, tüchtig; daher Wortspiel:
„er nährt sich ehrlich" — isst stark:
vgl. albern, böse.

Eicheleckern, eecheleckern für
Eicheln oder Eckern in der Karte,
wie Aeuglein; vgl. grinsen, Hosen.
Schelllümpchen; übrigens ist auch
sonst Ecker viel gebräuchlicher als
Eichel.

Eichhörnchen, „er glaubt, der Teufel
ist ein Eichhörnchen", so dumm ist
er. Rl.

Ei ei machen, liebkosend streicheln.
K., bei Rtr.; Hb. gib mir ein Eiei; s.
eien; Dsl. ä-ä mache, äli mache.

Eien, wie eiei machen; Rtr., Eg.,
Brl.; holl. aaijen.

Eier, „das hat seine Eier" — Beden-

ken, Schattenseiten, Gefahren, Schwierigkeiten; s. Kraut.

Eigen, eigend, 1. für eigenthümlich,
sonderbar; „es ist doch eigen"; 2. f.
genau, bestimmt, „das weess ich ganz
eegen;" s. grundeigen. 3. Das Umstandswort schreibt man eigends
(wie eilends, Abends).

Eikel für eitel, nämlich im Sinne von
„lauter, Nichts weiter, Nichts dazu, " z. B. „eikel Brod essen; er isst
die Wurst eikel". Th.: eitel Brod. V.:
eckel; dggn. sagen wir: eitle Leute:
Gramm. § 89.

Eilenburg (Städtchen, unweit von Leipzig); „er ist nicht von Eilenburg",
er eilt nicht gern, ist saumselig.

Eilwagen, ein Polizeikarren zum Fortschaffen von Betrunkenen, Wider-
spenstigen u. s. w., auch: Stengels
Kinderwagen genannt, zu Ehren
eines frühern Polizeidirektors Stengel.

Ein s. eeno; — ein steht in gezierter
Sprache in manchen Zusammensetzungen für in, z. B. einwendig, ein-
liegend (einbegriffen); s. egal.

Einander s. Gramm. § 192 E.; 1. ausgesprochen: enander, Bspr.: enanger,
nach Verhältnisswörter auch: 'nander;
z. B. unternander; hinternander-
weg (— ohne Unterbrechung); 2. die
beiden häben's mit enander
(„haben" betont), sie halten vertraut
zusammen; Sz.; dgg. „sie hamm's mit
enander" (letztes Wort betont), sie be-
sitzen es gemeinschaftlich.

Einbällig, eebällig ist ein Paar Stiefel
oder Schuhe, deren jeder nur für den
einen Fuss past; kann man sie belie-
big an den rechten oder linken Fuss
ziehen, so sind sie zweibällig; Eg.

Einbinden, 1. dem Pathchen ein Geld-
geschenk machen (welches in den
durch Seidenband zusammengehalte-
nen Pathenbrief kommt). Wer zu
Gevatter geladen wird und nicht gern
einbindet, sagt: „ich gehöre zum (angeblichen) Verein gegen das Einbinden". Das Pathengeschenk selbst
heisst „Eingebinde"; Eg.; Ulm:
Eingestrick; 2. beim Spiele, wie
brocken, schmieren.

Einbrocken s. brocken.

Einbudeln, einpacken, das Geschäft aufgeben; wohl von Bude, also ähnlich
dem abbuden.

Einerlei, „er ist (thut) recht eeuer-
lee", theilnahmlos, still, kalt, abge-
schmackt; s. ede.

Eingehen, „es will mir nicht eingehen",

es ist mir nicht glaublich, will mir nicht in den Kopf. N.

Einhäkeln, Jemandem den Arm reichen, um sich führen zu lassen; Ho.: in-haken.

Einkacheln, einheizen (vom Kachelofen).

Einlauten s. Messe, 4.

Einmal, 1. „nur emäl" f. ohne Aufhören, ohne Unterbrechung; „heide regnets nur emal" (= den ganze Tag); „sie isst den ganzen Tag blos emal;" 2. für sicherlich: — „nu geb ich in ganzen Leben nich widder aus, das is aber eemal wahr;" Sinn: das will ich ein für alle Mal gesagt haben.

Einmännisch, einmenschig oder einschläfrig ist ein Bett für eine Person; ND. einsläprig; etwas breiter heisst es anderthalbmenschig; für zwei: zweischläfrig, zweimännisch.

Einmummeln, übertrieben in Kleider, Shawls u. s. w. hüllen, Brl., Pf., Ho. Schiller: einmummen; s. Pöpel.

Einpacken, 1. den Widerspruch oder Anspruch aufgeben; „packe Du nur ein", schweig! — Hergenommen von einem Hausirer, dem man Nichts mehr abkauft, so dass er die ausgekramten Waaren zusammenpackt; 2. „sie packt recht ein", altert u. s. w., wie ablegen, 3. Hl.

Einpauker s. Pauker.

Eins, Jemand; „es ist E. im Garten". Hl.

Einsacken s. sacken; Hb.; Bsl. i-sacke.

Einsauen, stark beschmutzen; s. Sau; in Fr. einschweinson.

Einselfen, 1. beim Spiel: Einem viel abnehmen; 2. betrügen. 3. betrunken machen; s. einweichen.

Einspeechen, eine Beihilfe gewähren; „wemmer immer so ä baar Näbichen (Groschen) anbei zusammenschräpelt (zusammenscharrt), das hilft alles mit einsp.;" in die Speichen greifen, oder einspeichern? s. batten.

Einspinnen, verhaften; Rtr.: inspunnen; mettre au violon, à l'ombre.

Einspunden s. das gebräuchlichere einspinnen.

Einthonen, Fettflecke mit Thon bestreichen, um sie zu beseitigen.

Eintränken, es Einem, für nachdrücklich verbieten, verweisen; s. Grimm.

Eintreiben, in die Enge, ins Bockshorn treiben; „mer muss sich nur nich glei eintr. lassen;" s Grimm.

Eintreppig, im ersten Stock wohnend;

„die eintreppige Köchin" u. s. w.; so auch: „die Zweitreppigen (Dreitreppigen u. s. w.) sind ausgezogen", die Bewohner des zweiten u. s. w. Stocks.

Einweichen, 1. betrunken machen; 2. betrügen; s. einseifen.

Einwendig s. ein; Rh., Nied.-Oe.

Einwickeln, verhaften; wie einspinnen; s. Wickel.

Eisen, 1. ins alte Eisen kommen, altern, ins „alte Register" kommen. 2. ein Eisen verlieren s. Hufeisen; ND.

Eiserne Vorhänge, Gitter an Gefängnissfenstern.

Eisewig, Bspr., Ysop, hyssopus officinalis; wohlriechendes Gartengewächs, welches die Bauerweiber sehr für ihre Kirchensträusser lieben; s. Grimm.

Eklig, 1. ekel, im Sinne von wählerisch, schwer zu befriedigen. 2. „Ein ekliger Mensch", widerwärtig, ekelhaft; 3. e. werden, bös, erzürnt, wie: falsch; es ist mir eklig zu Muthe; bei Arnim; 4. — recht sehr, stark, also so wie böse: „es kost' ekliges Moos; das Wasser ist eklig gross; ich habe mich e. gebrennt;" Rtr.

Eklipasche f. Equipage; Gramm. § 144.

Elf, „das hält von elfen bis um zwölfe", ist ohne alle Dauer; Hb.; noch deutlicher in PP., wo der gemeine Mann um 11 zu Mittag isst: „das hält (oder: dauert) von elf bis zu Mittag", also gar nicht.

Elitzig, einzeln; ein elitziger Mensch, unverheirathet, Pr.: einlitscher Mensch; dgg. Wn.: oanschichtig; ein elitziger Handschuh, zu dem der andere fehlt; Ab., Eg.; holl. eenlijk; ND. lut, lütk. — Schw.: einzicht; s. Grimm: einlützig; mhd. einlützec.

Ellbogen, „dazu gehört Kopf, Genie und Ellbogen", d. h. Ueberlegung (Nachsinnen pflegen sich auf den Ellbogen zu stützen).

Ellengedeliwe für Jelängerjelieber, Geisblatt; Uspr.

Ellenreiter, Ausschnitthändler.

Eltern, nicht von schlechten Eltern, d. h. gut, kräftig, ist z. B. ein Wein, eine Ohrfeige, ein Rausch: s. Langeweile, Stroh, Tombak, Pappe.

Ende, „na, das ist vor seinem Ende", wenn er Etwas so Unerhörtes thut (bes. ordentlich, freigebig oder gutmüthig ist), so stirbt er gewiss bald. In gleichem Sinne fragt man auch:

„Haste denne dei Desdement schone gemacht?"

Enne, 1. für „eine" als Artikel, dagegen heisst die Zahl „ēne;" Gramm. § 165. 2. enne verdorben aus dem Flickwort denn (französisch donc); z. B. „wo steckt er enne; wer enne, warum enne, wie enne?" 3. dies wird auch zu 'n verkürzt, z. B. was will er 'n? „was wollt ihr denn?" klingt wie: was wollt'r'n? wie so 'n f. wie sodenn? — was denn? ist kräftiger als: was'n? Das Bindewort „denn" bleibt stets unverkürzt.

Engel, 1. holder E. aus der Holzkammer, spöttisch für eine Magd u. dgl.; in Augsb. bedeutet es den Teufel. 2. s. Polizeidiener, 1; — 3. die Engel singen (pfeifen) hören, heftigen Schmerz empfinden.

Engigkeit, die, für Gedrängtheit, Engsitzen u. s. w.; Gramm. § 165.

Englisches Gewürz, Sammelname f. Zimmt, Muskat, Pfeffer u. s. w.

Engroswoche s. Messe, 2.

Emmer, auch Emer, f. Eimer.

Entenstaudrich, veralteter Spottname für Student.

Entleiben, sich, harnen.

Entzwei (sprich: inzwei, bäurisch: anzwee), 1. entzweigehen, bankerott werden, ein Spiel verlieren; 2. entzwei nimmt zuweilen Endungen an, wie ein echtes Eigenschaftswort: „ein entzweier Stuhl, die anzween Stieweln;" seltner: „enzweig;" s. Gramm. §171. -er als Anhängsel, s. Gramm. § 158, 4.

Erbe (ärwe), ebrbar, sittsam, zimperlich; „sie dut recht ärwe;" L.: erber; s. Grimm: erber.

Erbellen, erböllen, halb erfrieren; bes. von der Hand; s. boll; Ab.; mhd. verbellen, so beschädigen, dass Geschwulst entsteht.

Erbsen, 1. „der Teufel hat Erbsen auf ihm gedroschen," sagt man von einem Pockennarbigen; Rl. 2. „Es ist drei Viertel auf kalte Erbsen; wenn's schlägt, schlägt's Manschettenermel;" erwidert man scherzhaft auf die Frage: welch' Zeit ist es? die erste Hälfte auch in Bel.

Erbskette oder **Erbsenkette,** eine Kette einfachster Art für Uhren u. s. w.; s. dagegen Panzerkette.

Erdapfel, Kartoffel, V.; s. Erdbirne und Aeberne.

Erdbirne (spr.: Erdberne, Erberne, Aeberne), Kartoffel; s. Erdapfel, Aeberne; desgl. im Eg., auch: Grumbiere — Grundbirnen, was auch Schw. ist.

Erfahren ist gleichbedeutend mit hören; daher: „das habe ich gestern zum ersten Mal erfahren!" Schl., ND.

Ergattern s. aufgattern.

Erlernen f. lehren; Anzeige: „Jungen Mädchen wird das Putzmachen erlernt;" s. lernen.

Ermachen, ich kann es nich ermachen (d'rmachn), trotz gutem Willen und Anstrengung nicht erzwingen, durchsetzen, ausführen; den Weg bis dahin d'rmach ich in enner Stunde; Eg.; s. breeten, erwürgen.

'errer, Abkürzung f. ihrer, deren; s. Gramm. § 226.

Erriechen, Etwas oder Jemanden nicht erriechen können, unausstehlich finden.

1. **Erst,** 1. f. eher: „das wusst' ich erst," ehe ich fragte, ehe ich es erfuhr, im voraus u. s. w.; umgekehrt steht manchmal eher f. erst: „es is noch nicht Mittag, es is eher elfe;" 2. erst recht, scharfe Bejahung, einem Zweifel gegenüber, wie: allerdings, o ja, doch; man entgegnet z. B. auf die Frage: „Du gehst wol nich mit zu Balle?" — „Erst recht" (oder: allemal, oder: foste, oder: unob! oder: jo). — Was verboten ist, thun sie erst recht (gerade deswegen).

2. **Erst, Erste,** die, als Hauptwort in adverbialen Verbindungen, wie: in der Erste (sprich: ehrschte oder ärschte); zu guter Erscht, anfangs, zuerst; ND. in die Irst; s. Grimm III, 1004 u. vgl. das Gegentheil: die Letzt.

Erstaunt, 1. Adv., sohr, erstaunlich: — es ist erstaunt kalt; sie war ganz erstaunt reich; 2. es is doch 'was Erstauntes f. Erstaunliches, Grossartiges; s. Gramm. § 166 a.

Erwürgen, eine anstrengende, mühselige Arbeit zu Stande bringen; s. ermachen.

Eschauüren, viel beliebter als: sich erhitzen (échauffer).

Eschbern, Etwas hastig, übereilt, ohne die nöthige Ruhe thun, besonders wie Kinder. „Eschbere nur nicht so!" sagt man zu „fahrigen (eschbrigen)" Kindern. Daher: sich abeschbern; Schl.; V.: extern; NS. äspern — quälen; s. eschern, und Grimm: espern; so bei Gleim.

Escher f. Eschel, blaue Farbe, blässer als Neublau; wurde sonst zum Bläuen der Wäsche gebraucht.

Eschern, Äschern, fast wie **eschbern**; bei **eschbern** ist die Hauptsache das Hastige (man kann auch beim Spiel „eschbern"), bei **eschern** das Anstrengende, bei **draschen** das Ermattende; sich **ereschern**, durch Hast sich erhitzen; Ab., Eg., V.

Esel, 1. „Du musst wohl einen Esel zu Grabe läuten?" fragt man ein Kind, wenn es im Sitzen mit den Beinen schlenkert; Grimm: den Esel läuten; L., Wn.: Hunde ausläuten; 2. „der Esel fährt heraus," wenn man graues Haar bekommt (Wn.: „er wird stichlhâri").

Eseln, arbeiten, wie büffeln, ochsen; s. Grimm.

Eselswiese, Spottname für die letzten Spalten der Anzeigen im „Leipziger Tageblatt," auf denen Witz und Behagen, Satire und Albernheit (meist anonym) ihre literarischen Privatbedürfnisse gegen Erlegung der Druckkosten befriedigen.

Esò, Àssò, Verstärkung von so; Bspr.: **àssu;** Rh., Eg.; in Sudt.: **asu** für ebenso.

1. **Esse,** die, 1. hoher Hut, Cylinder; PP. Schornstein; engl. chimney-pot; N.Amer. stove-pipe; franz. tuyau de poile; s. Angströhre; 2. in die **Esse** (oder Feueresse) schreiben, eine Schuld als uneinbringlich löschen; PP. in den Schornstein schreiben.

2. **Essé,** das, in seinem **Essé** sein — in seinem Elemente sein, sich recht wohlbefinden; erklären Manche von dem lateinischen esse, Andre von être à son aise.

Essende Waaren für Esswaaren; s. Gramm. § 170.

Essig, „es ist Essig," es ist missrathen (wohl: es ist Essig geworden anstatt Wein oder Bier). „Essig, mein Herzchen" ruft man ganz so wie **ätsch,** Kuchen, Pech.

Essigmann, der, hinterste Kegel in der Mittelreihe.

Esteration für Restauration; vergl. Eglische.

Estimiren, estemīrn, gebräuchlicher als werthschätzen; „er wird von seinen Freunden oder Vorgesetzten sehr geestimirt." Besonders sagt man von Kindern: sie estimiren ihr Spielzeug, ihre Kleider gar nicht, wenn sie sie nicht gut halten; auch „verestemiren."

Ewig (ausgesprochen: ēw'g, in der L. ēb'g), sehr lange; „er bleibt ewig (und drei Tage); sie kommt ewig nich widdr; er ist ewig nicht hier gewesen; wie ewig biste denne? f. wo bleibst du so lange? Aehnlich: die ewigen Kartoffeln, die bei jeder Mahlzeit wiederkehrenden. — „Ewig und sei Tage nich," für: nimmer mehr; „er hat schon ewig und sei Tage Nichts von sich hören lassen." „Die ewige Braut" nennt man eine Verlobte, deren Vermählung lange warten lässt.

Ex, aus, vorbei. (Latein.) „Damit ist es ex!" ursprünglich Studentenwort.

Examen ist männlich, besonders wenn man von einer Schulprüfung spricht, ein Student etc. macht aber auch manchmal das Exam; s. Gramm. § 181. 182.

Exequier, der, f. Executor; § 158.

Extern wie **eschbern;** auch f. necken, vexiren; Eg., Meiningen, Wetterau, Aachen.

F.

s. auch V.

Fach, „ich kann damit nicht zu Fache kommen," es nicht zu Stande bringen, nicht „brēten," mich nicht „hinein fitzen."

Fackeball, Spielball für Kinder; s. facken; mit Jemandem Fackeball spielen, zum Besten haben; s. Schindluder spielen, Affenschande treiben, Zschochersch machen.

Fackeln, zögern; „was fackelte denn ewig?" bes.: nicht fackeln oder nicht lange fackeln, 1. nicht unschlüssig zaudern; 2. keinen Spass verstehen; „nicht vogtländern" hat beide Bedeutungen auch; s. Grimm.

Facken, 1. werfen, z. B. einen Ball; „zufacken;" Tb. fin; einen Betrunknen zum „Dinge naus facken;" s. Grimm; 2. das gegenseitige Zuwerfen und Auffangen eines Balles, dieser heisst Fäckeball (nicht aber der jetzige grosse Gummiball).

Fadengerade ist ein Mensch, der ohne Rückhalt seine Meinung frei herausaagt.

Fagott, 1. durchtriebener, liederlicher Mensch; 2. „das falsche Fagott blasen," einen hörbaren Wind gehen lassen.

Fahne, Fähnchen (Goethe), für Frauenkleid.

Fahree, 1. das Fahree, in der Kindersprache Alles, was zum Fahren dient, ein Wägelchen, ein Körbchen, ein Bretchen an einem Faden u. s. w.; 2. die Fahree, die Reihe, Fahrt; „enne schene Fabree in Roth," 4, 5, 6 rothe Blätter im Spiele; s. Peitsche, Flöte.

Fahrig, unstät, hastig; bei Goethe, Tieck; s. eschbern. Wer „fahriges Wesen" hat, heisst „eine Fahrmaus." (Arabisch ist Fahr — Maus.)

Fahrmaus s. fahrig.

Fahrt, die, 1. Tracht Wasser, zwei Eimer; s. Fuhre; 2. muthwilliger Streich (Brl.); wer deren gern macht, ist ein Fahrtenluder; erinnert an die „fahrenden Schüler, Ritter;" 3. Einem eine Fahrt hineinmachen, Hindernisse bereiten, wie: Dazwischenfahren, in die Parade fahren; s. Queue; Fahree, 2.

Fahrtenluder s. Fahrt, 2.

Fake, die, gelindere Ohrfeige oder Dusel; fäken; die Katze „fakt" den Hund; Böhm.: Facka.

Falle, die, 1. Bett; sich in die Falle hauen, zu Bett gehen; s. Lampe, Bethlehem; 2. öffentliches Haus, s. Benne.

Falsch, 1. böse, ärgerlich, wie eklich; ND.; 2. falscher Betröger, im Scherz für Betrüger; wenn Jemand zuviel zahlen will, beschuldigt man ihn, er wolle falschen Betrug machen; 3. eine falsche Bohne, beim Kaffee, eine Bohne von widrigem, öligem Geschmack; sie gibt dem Getränk einen „Schwanz."

Familienscene nennt man es, wenn drei Wenzel beim Skat in einen Stich fallen; man sagt dann auch: „So ist's recht, sie fressen mit einander besser."

Familienwetterdach, -schirm, sehr grosser Regenschirm.

Fangkuchen für Pfannkuchen, ein Gebäck in der Fastenzeit.

Fangte für fing; es fangte an zu regnen; auch fung; s. Gramm. § 210.

Fapo, eine; die im Ganzen abgezogene Schale junger Aeste (besonders Weide), welche ein Röhrchen bildet, an einem Ende dünn geschabt und zusammengedrückt; bläst man hinein, so gibt es einen Zungenton wie „fäp;" dann auch ähnliche Blasinstrumente von Rohr, Hundeblumenschaft u. s. w.; Plattd.: Purten, Puphup, Sluxer; Hb.: Hoppe; 2. bildlich: Tabakspfeife, Cigarre; wie Pipe.

Farbe, die, Färberei; in die Farbe tragen; er hat enne Farbe; Th.

Farin, der, Abkürzung für Farinzucker, Krümelzucker.

Färlebock, Fernambuckholz; Bspr.

Färns, Färnz, verkürzt von Firniss, daher Wortspiel mit: Holofernes — hole Firniss.

Farre s. Pfarre.

Fasernackig, auch splitterfasernackch, ganz nackend; Sbg.: fuoselnackig; Schw.: fasennackt.

Fass, „er hat Fässer gefressen und die Reefen nicht verdauen können," sagt man von einem Windhunde, übertrug es auch auf Krinolinenträgerinnen.

Fassen, erhalten; Soldaten „fassen" Brod, Löhnung u. s. w.

Faste, die, f. Fastenzeit, alt; s. Grimm.

Fauchen, pfautzen, der eigenthümliche Laut der Katzen, Hamster, wenn sie im Zorn heftig hauchen; Tb., Hss.: pfuchen; franz. feuler, s. Grimm.

Fauchtler, der, Prahler, Windbeutel; vielleicht Einer, der die Fuchtel gehörig, als Spiegelfechter, schwingt?

Faustdicke, sehr, stark, z. B.: „ich hab es ihm faustdicke gesteckt (ihn grob angelassen); er hat's faustdick hinter den Ohren;" vgl. dick, 8, knippeldicke; s. Grimm.

Faxe, die, Grimasse, Fratze, Possen, bes. mit komischen Bewegungen; Spass, lustiger Streich; wer sie liebt, ist ein Faxenmacher, Faxenluder. A., PP., B., E., Pf., F.; im Ww.: Faats; ND. Fixfax (s. fickfacken), Isld.: Ginfaxi; — facetiae? s. Grimm; vgl. Fahrt.

Febrar, Fewerar statt Februar; s. Gramm. § 110.

Fechten, betteln gehen, bes. von Handwerksburschen; s. dalfen, schmal machen; s. Grimm III, 1368; davon Fechtbruder.

Feder, Federn heissen die Späne, mit denen die zwischen den Dielen entstandenen Lücken ausgefüllt (— ausgefedert) werden.

Federhausen, das Bett; „nach Federhausen gehen," alt; s. Bethlehem, Falle, Lampe.

Federvieh, scherzhaft f. die Schriftsteller; ähnlich; Federfuchser, verächtlich f. Lohnschreiber, auch f. Schriftsteller.

Fehle, die, eine Farbe, die man in seiner Karte nicht hat, Fehlfarbe, Renonce.

Fehl mich, Abkürzung f. ich empfehle mich; Kinder sagen sogar: fehmlichihn; s. Gramm. § 124.

Feiertage; bis etwa 1835 hatte in Sachsen jedes der drei hohen Feste drei Feiertage, nicht nur zwei; der Name „dritter Feiertag" ist daher für den Dienstag nach Ostern und Pfingsten, sowie auch zu Weihnachten geblieben, man zählt auch wohl einmal bis zu einem vierten Feiertage.

Feirig, arbeitslos, von Handwerkern, s. Grimm.

Feise, die, Zimmerchen, bes. für den wachhabenden Knappen in der Mühle. Hl.; mhd. phîse; vgl. Schmidt-Phiseldeck; s. Kaffete.

Feiteln, Wind machen, aufschneiden; häufiger „Einem Etwas vorfeiteln."

Feixen für kichern; das Gefeixe; bei Gerstäcker u. A.

Feldwebel, der, für Hausfrau, sofern sie das Kommando führt; ebenso: Wachtmeister, auch Platzkommandant, Platzmajor u. s. w.

Fenster, das schmeisst ihm keine Fenster ein, ist nicht ohne Vortheil für ihn.

Fenstern, 1. hinausfenstern, hinauswerfen, wenn auch nicht gerade durchs Fenster; 2. ausfenstern, ausschelten; B. wegfenstern, Sbg. fängstern, fängtern; PP. feistern; eigentlich wol: den vor dem Fenster stehenden Liebhaber fortschicken.

Ferlefix, firlefix, drollig-flink, zappelig, wie fahrig; auch: der Ferlefix; s. ferzeln; ähnlich „Hirzefirz" in PP.

Fernen, sie fernt recht, sieht nur von weitem hübsch aus; s. Grimm. In Schw.: sie färnelt, wie die Stadt-

jungfern; in Bsl. ganz so: witteln (von weit).

Fertig, bildlich: 1. sehr ermüdet; 2. betrunken; 3. bankerott; s. alle, futsch, pleite u. s. w.

Ferzeln, hin und her fahren, wie ein Ferlefix.

Fesch, verkürzt aus fashionable — modisch, fein u. s. w.; „e fescher Kerl" — tüchtig, anständig im Aeussern.

Feste f. sehr, recht sehr, sicherlich; „wir kommen feste! Der arbeitet feste" (wie: fest schlafen). „Feste drauf!" oder auch: feste uf die Weste! vgl. dicke, böse.

Feste machen wie annageln, beim Kartenspielen.

Fetschen, schlagen; „Einem Eine 'neinfetschen," einen Hieb versetzen; vgl. fetzen, bei Grimm.

Fett, 1. „Lecke Fett" wie Dreckchen! 2. „Du sollst Dei Fett schone kriegen," für Schelte, Verweis; ebenso: Er hat sein Fett weg (Bogumil Goltz), il a eu son fait.

Fettnäpfchen, „bei Jemandem ins Fettnäpfchen treten," es mit ihm verderben.

Fetzchen, eigentlich kleiner Fetzen, Lumpen; ein Fetzchen, wie: ein bischen: — komm nur ein Fetzchen mit, du kriegst och e Fetzchen Kuchen; s. Hippen.

Feueresse, 1. hoher Hut; s. Angstrohr; 2. „in die Feueresse schreiben" s. Esse, 2.

Feuern, schleudern, werfen; „Einem eine Flasche an den Kopf feuern, die Fenster 'neinfeuern;" vom Schiessen hergenommen.

Feuerrüpel, Essenkehrer; eine lustige mit scharfem Besen satirisch fegende, manchen „Rüpel loslassende" Gesellschaft nannte sich „Feuerrüpelbrigade" (in den sechziger Jahren).

ff; Einer aus dem ff (z. B. ein Hieb), vorzüglich gut, kräftig, derb, wie: „gepfeffert, aus dem Salze" u. s. w.; von der Abkürzung ff. für superfein, oder von der Bezeichnung ff. — fortissimo in der Musik?

Fichte, 1. s. Tanne; 2. in die Fichten gehen, verlieren, auch verloren gehen, wie durchbrennen, durch die Lappen gehen.

Ficke, die, Tasche: Westenficke, Rockficke; s. Grimm.

Fickerment! Ausruf wie sapperment.

Fickfacken, Possen treiben, unbeständig

herumschweifen etc.; davon: **Fick-
facker**, könnte einen Taschenspieler bedeuten, da **Ficke** — Tasche
ist; **Fickfackerei, fickfackerig;**
schwed. **fickfack, Blendwerk**; schott.
fykefacks, allerlei Launen; holl. **fik-
fakker,** Tändler, Tagedieb; PP. ein
rechter **Fickfacker, Ränkeschmied.**
Fiddeline, die, Geige; verschmolzen
aus **fideln** und **Violine;** seltner:
Figgeline, ähnlich: **Fiddelbogen.**
Fiduz, „kein Fiduz zu was haben,"
kein rechtes Vertrauen. Rtr.
Fieder s. **Füder.**
Fieke, Abkürzung von Sophie; Th.
Fiepen f. piepen; auch Jägerausdruck
von Rehen, s. Grimm.
Fietschen, einen schwachen, schrillen
Laut geben, schärfer als **quietschen.**
Filz f. **Hut.**
Finger, lange oder krumme Finger
machen, stehlen.
Fingerknipse s. **Katzenpfötchen.**
Fingerling s. **Däumling;** in HL:
Puppe.
Finkennäppchen, ungebührlich kleine
Gläser oder Tassen.
Finselig, finslig, klein, schnörkelig,
z. B. von der Handschrift; Schw.
füselig, Bsl. finserlig; von Arbeiten,
welche scharfe Augen und zarte Finger fordern, z. B. an Uhren, Maschinen; wohl von fein, oder von N.S.
finzeln, mühsam arbeiten (s. **knau-
peln,** 3); bei Rtr. ist **Finzel** — Fetzen,
Schnitzel; vgl **klinserklein.**
Fipperling, der, Verkleinerung von
Fips; s. **fippern.**
Fippern, 1. unstät umherfahren, bes.
im Sitzen; 2. begierig nach Etwas
verlangen; wie **bubbern;** „das Loch
fippert ihm," er brennt vor Begier.
Grimm: fippern — zittern, vibrare.
Fips, der, ein Knirps; P.; **Schneiderfips,** Spottname für Schneider. Davon
fipperig, fipsig, unansehnlich, zu
klein; in diesem Rocke siehst du recht
fipsig aus, d. h. dürftig; Brl., Rtr.
Firma, das u. die, s. Gramm. § 182, 4;
1. Aushängeschild; 2. „dadruff hat
er geene Ferma," es liegt nicht in
seinem Wesen, z. B. witzig, wohlthätig, gefällig zu sein; ähnlich: „den
Artikel führ' ich nicht."
Fispern, fischbern s. **bischpern.**
**Fissimatenten, -motentchen, -mu-
tenten,** nur in der Mehrheit gebräuchlich, bedeutet ungefähr: Ausflüchte, Umstände, Zeremonien, faule
Redensarten, Sperrenzien; „mache

nur keine Fissimatenten." Holtei
legt es seinen Berlinern in den Mund
J.: Fisimatentchen; Rh., ND., Wf.;
Aachen: Fittematentchen; Sa. Fisperementli f. Umstände; am Rh. und
an der Ruhr ist Kunkelfusen dasselbe.
Fist, der, 1. leise Blähung; Hz., Schw.;
2. **Mädchenfist,** ein Knabe, der
gern mit Mädchen spielt; umgekehrt heissen Mädchen, welche Knabengesellschaft vorziehen: **Jungen-
fiste.**
Fitschefaule Heringe stinken! wenn
Kinder ein Taschentuch oder dergl.
versteckt haben, geben sie mit diesem
Ausruf kund, dass das Suchen danach
beginnen kann; kommt der Suchende
dem Versteck nahe, so wird gerufen:
es **brennt,** brennt sehr (in Bsl.
warm, heiss! de verbrennsch!).
Fitschela, hin und herreiben, ähnlich
wie **fummeln;** daher in Schw. f. tändelndes Arbeiten; **durchfitscheln,**
durch solches Reiben durchscheuern,
z. B. die Rockaufschläge durch vieles
Schreiben; Eg.; eine **Fitschel** —
Zwickmühle (beim Mühlenspiel).
Fitschenmadennass, fitschenass,
nass bis auf die Haut, wie **kuddel-
madennass;** Hb., Th., E.: **pfutsche-
nass, fitschinass, pfütschenass, pfutsch-
jenass;** Oe.: pfutschnass, patschenass, waschlnass, waschleichendienass;
Schw. pfatschnass, pflatschnass; ebenfalls verstärkend ist vitschen im mhd.
vitschen-brûn, braun.
Fitschepfeil, Pfeil (und Bogen, Flitz-
bogen) für Kinder; HL., Wn.; Hb.:
Pfütschapfeil; P.: Flitschepfeil (von
Flitsch — Pfeil; vgl **Flittich** f.
Fittig); bei Rückert.
Fitz, der, verwirrter Knäuel, Bindfaden
u. dergl.; verstärkt: **Fitzfatz,**
wie **Mischmasch, fickfacken,
ritzratz!** HL.; „ich kann mich nich
hineinfitzen," hineinfinden; „er
kann sich nich raus (ausm Hanfe)
fitzen," nicht klar werden; **verfitzen** f. verwirren; eine **Fitznase**
machen, die Nase in Falten ziehen.
Weisse nennt eine naserümpfende
Person: eine **Fitznase;** mhd. vitze,
eine Anzahl verbundner Fäden; sie
sind bevitzt, umwickelt; auch das zusammenhaltende Band um ein Bündchen Garn heisst vitze.
Fix, schnell; 1. geschwind, hurtig,
schnell werden seltner gesagt, als
„fix, flink, rasch;" Sudt.: gefix; 2.
ein fixer Kerl, Einer, der in seinem

Fache geschickt und behend ist, z. B.
ein fixer Buchhalter, Verkäufer, Schneider; 3. fix und fertig, beliebte
Häufung f. ganz vollendet; K., Pf.
Fixigkeit f. Schnelligkeit (von fix).
Fixspinner, Einer, der sehr geschäftig,
eifrig, eilfertig thut, aber Nichts vor
sich bringt.
Flachskröte, die, Kind mit flachs-
blondem Haar; Rtr. Flasskopp.
Fladen, 1. breiter Quarkkuchen, bes.
Osterfladen; Luther: „Wir essen und
wir leben wohl im rechten Osterfladen;" der alte Sauerteig nicht
soll sein bei dem Wort der Gnaden;"
ahd. vlado, mhd. vlade; s. Grimm;
2. übertragen: Kuhfladen, Exkremente
der Kuh; A.; Th.; in P.: Kuhplader;
ND. Kohpladder; 3. wie Auster; s.
noch Flatsch.
Fladusen, Schmeicheleien (auch bei Holtei), vom französischen flatteuse; dgg.
ist ND. Flattuse, Brl. Fladrusche,
eine Frauenhaube (Rtr., Stromtid).
Flämisch, gross, stark, wie dämisch;
„ein flämischer Kerl;" Brl.; seltner:
flämig; s. Grimm.
Flamme, die, Schatz, Geliebte, Geliebter;
engl. my flame.
Flappe, die, pöbelhaft f. Mund: „Halt
die Flappe;" Brl, ND., Rtr., Di.: die
Fliep, dicke, hängende Unterlippe;
dän.: Flab, das (hängende) Maul; s.
Grimm.
Flaps, der Tölpel, Maulaffe; s. Grimm.
Flärpe wie Flappe.
Flatsch, Flatschen, der, Verstärkung
von Fladen; „er goss mir einen ganzen Flatschen Dinte aufs Buch;"
Brl.; davon breitflatschig (Schw.
pflötschig), sich hinflätschen; es
erinnert zugleich an platt, Quatsch,
Matsch, Unflath; s. Grimm: Flatsch,
Flatsche, flatschen.
Flätschen, fletschen, sich ungeschliffen
setzen; sich hinflätschen; Eg.; s.
Flatsch, Fläz; Grimm III, 1770,
fletschen 2.
Flatterig, von Rosen, Salat, Kraut,
wenn die Blätter nicht gut schliessen,
sich flatternd ausbreiten; s. flattericht
bei Grimm; vgl. Flattermohn, -rose;
ND. braschig; die ähnliche Eigenschaft
an Büschen heisst strakelig; s. d.
Flattuse s. Fladuse.
Flau, 1. es ist mir flau im Magen,
etwas übel. K.; 2. Das Geschäft
geht flau, auch: „es flaut," langsam; Brl.; s. Grimm.
Flausch, der, ein Büschel, ein Flocken

Wolle, Haare (Adelung) u. s. w. Davon:
Flauschrock. In Ab. ist Flausch
Schimpfwort, wie: Schlingel.
Fläz, Flez, der, Lümmel, Schlingel; sich
hinfläzen, sich flegelhaft setzen.
Th., P., Rtr.; s. flätschen; mhd.
vletzen, ausbreiten.
Flechte, die, 1. viereckiger, grosser
Korb aus ungeschälten Zweigen, zum
Fortschaffen von Gemüs; 2. ein Ge-
flecht ders. Art, das man wie Vorsetz-
breter an die Seiten eines Leiterwagens
lehnt, wo es eine Wand bildet. Die
Flechte an Bäumen, Steinen u. s. w.
nennen wir Moos; vgl. Korn, Tanne.
Fleck, 1. er macht sich einen Fleck,
bildet sich Etwas ein; s. Grimm III,
1741; vgl. mausig; „mache Dir keinen Fleck!" heisst auch: „Du irrst
dich gewaltig;" 2. saure Flecke,
sauer gekochte Kaldaunen (Dresdener
Leibgericht); Wn., V.; s. Kuddeln,
Pipen; 3. Absatz am Schuh oder
Stiefel; daher: beflecken, die Absätze erneuern; 4. der zu einer Weste,
Mütze u. s. w. erforderliche Stoff; Eg.
Flecken, es fleckt (mit einer Arbeit),
es geht vom Flecke, vorwärts; mhd.
vlecken, fördern; auch bei Schiller
u. A.; s. fluschen.
Fleckweise, auch fleckerweise,
stellenweise, hier und da, mitunter;
Eg.; am Neckar: stückerweise in
gleichem Sinne.
Fledern, drauf losfledern, hastig schrei-
ben, dreschen, fahren, laufen u. s. w.;
zerfledern, zerreissen; mhd. vlё-
dern, flattern; daher: Fledermaus (in
Ostengland: flittermouse; so bei Ben
Jonson).
Flederwisch, Bspr.: Fledderwisch;
der Gansflügel, zum Abfegen gebraucht; wohl Verschmelzung von
Feder und fledern, s. d.; Goethe:
„Heraus mit Euerm Flederwisch!"
Fleischer, „der Fleischer guckt
heraus!" verhöhnender Zuruf, wenn
das Knie oder der Ellbogen durch
zerrissene Kleidung herausschaut; s.
Hemd, Weissbierzeichen.
Fleischergang, ein unangenehmer, vergeblicher Weg; bei Lessing, Pfeffel
u. A.; in Th. Metzgergang; in Au.
nennt man eine ungern erwiesene
Gefälligkeit „Metzgergeschäft."
Flennen, den Mund verziehen, daher
1. weinen; B., Brl., Th., Schl., Schw.,
Wn. u. s. w.; Ob.-Oe.: flehna; N.:
pfianna; 2. albern lachen, wie feixen,
Ab.; s. Flunsch.

Flettche, die, Bspr., ein geflügeltes Thier, bes. Insekt, Fliege; s. Flittig.

Flieder und Hollunder werden, wie in vielen Gegenden, verwechselt; in Lpz. ist Flieder sambucus (so auch bei Grimm), Strauch mit gelblich weissen, etwas scharf riechenden Doldentrauben, welche als Thee dienen; seine glänzend schwarzrothen Beeren heissen Schibicke, in Hl. Schiebchen, auch Schutschkemus (von sambucus?), am Hz. Keilken. An anderen Orten heisst er (schwarzer) Hollunder, Holder, Kesker. Hohlunder oder Hollunder dagegen nennen wir die syringa vulgaris; seine bläulich rothen, lila oder weissen, wohlriechenden Riapen heissen Huckuffdemäd, Kufdemad, bei Dresden Huckuffdemehn (= Mädchen), s. Grimm, IV, 2, 1869; Ha. Cirene; schwed. fläder. Vom Holze der sambucus machen die Knaben Knallbüchsen und sagen, nicht dass sie von Flieder sind, sondern von Hollunder! In der Altm. heissen sowohl sambucus als syringa: Flirra; dän. hyld; holl. vlier.

Fliessholz statt Flossholz, geflösstes Holz.

Fliesswasser, das aus Flüssen geschöpfte Wasser, im Gegensatze zu „Brunnenwasser."

Flinkerchen, das, eine Art Flitter (Flitterchen, von flattern), glänzende, runde Metallscheibchen zur Verzierung von Puppen- und Maskenkleidern; vom veralteten „flickern, flinkern" = glänzen; to flicker = fackeln; alt: Flinder, s. Grimm; Schw. Fländern; wohl auch verwandt mit flunkern?

Flintensteine, billige, viereckige Zuckerplätzchen von Möhren- oder Aniszucker u. s. w.

Flittchen, 1. wie Flittig; 2. „sie hat ihr ganzes Flittchen Halloh an," ihr sämmtliches bischen Staat, Flitterstaat.

Flittig, der, Rockschoss; Th., Eg.; in Hssn. der Schlippen; von Fittig (und Flügel?); in Th. Fittich stets für Flügel, auch Rockschoss; vgl. Schlaffittchen.

Florbesen s. Besen.

Flöte, bildlich, bei Kartenspielen: eine schöne Flöte in Roth haben d. h. sehr viel; s. Fahree, Peitsche.

Flöten gehen, 1. verloren gehen (wie der verhallende Laut der Flöte); NS.,

PP., Pf.; Rtr. fläuten gahn; 2. bankerott werden, sterben.

Flötuse, Fleduse, flûte douce, flauto dolce, Dolzflöte der Orgel, f. Flöte überhaupt.

Flucht, bildlich: „nun diese Arbeit fertig ist, hab ich doch ein bischen Flucht," kann freier über meine Zeit verfügen, bin nicht so gedrängt; Eg.

Flunkern, prahlen, wie bramasseln; davon: flunkerig; eigentlich: funkeln, wohl auch mit dem nuechten, aber sehr glitzernden „Flinkerchen" verwandt; s. d.

Flunsch, Pluntsch, der, verzogenes, dickes, finsteres, mürrisches Gesicht, mit herabgezogenen Mundwinkeln; mhd. vlans; L., Schl., Th., ND., im V. auch Dunsch, Hb. Flubnsche, Dünschel; poln. flämsch; flunschig, aufgedunsen u. s. w.; s. flennen.

Fluschen, flutschen, wie flecken; die preussische Landwehr soll 1813 bei Leipzig schliesslich, statt zu schiessen, mit dem Kolben dareingeschlagen und gesagt haben: „dat fluscht better!" Schl., ND. auch flätschen; Di. flaschen; eigentlich: einen Flusch oder Flausch bilden d. h. einen schon ansehnlichen Knäuel; Wn. es schlaunt.

Focke, die, auch der Focken: eine Flocke, Stück, Klumpen; bes. eine Focke Butter u. s. w.; wohl von Flocke.

Foi f. pfui!

Forchte, ich, auch furchte, s. Gramm. § 204.

Forle, die, wie Dorl.

Formos, auch vermost, von famos, für prächtig, grossartig, herrlich.

Forsch, forscher Kerl, rüstig, kräftig, muthig, unternehmend, entschieden; Brl., holl., s. Forsche.

Forsche, die, viel beliebter als Kraft; bildlich bei Kartenspiel: die besten Blätter, s. forsch.

Forst, der, First eines Gebäudes; daher Forschtziegel, Forschtenziegel.

Fort, in eene fort, auch: in Einem fort = fortwährend; s. egal, Bindfaden.

Forzglocke, 1. kurzer, die Schenkel nicht recht bedeckender Rock; oder seit 1867 modischen kurzen Herrenrock nannte man in Paris: pet-en-l'air; 2. Einer, der sich häufig „Luft macht."

Fra f. Frau; s. Gramm. § 52.

Frack, „sie hat sich einen Frack

8*

machen lassen," ist guter Hoffnung; Schw., s. Hufeisen.

Frahen, Bspr. f. fragen; auch „freegen;" Gramm. § 116.

Franell f. Flanell; Gramm. § 98.

Franzbrot, eine feinere Art Weizensemmel, Milchbrötchen.

Fränze, Abkürzung von Franziska.

Franzosenbrod, eine Art Dreierbrod aus Schwarzmehl.

Französisch sich drücken, sich empfehlen, franzeschen Abschied nehmen, heimlich, ohne Gruss fortgehen.

Freide, Freite, „er geht uff de Freide," auf die Brautwerbung; Rl.; s. Gramm. § 157.

Freimaurer-Cigarre, Wortspiel: ein so schlechtes Kraut, dass es nur Maurer im Freien rauchen dürften!

Freien, s. Frölen.

Fresse, die, pöbelhaft f. Mund, Gesicht, Hssn., L., N., Brl., Schl., Oe., Pf.; Th., Schw., PP., Rh.; — ND.: Fräte; Pf., E., Schw., Rl. auch: das Gefräss; Oe. Frössn, auch das Gfries; Ww. Gefrös; s. Beppe, Brodladen, Schnute, Flappe, Labbe, Rachen.

Fressen, das ist ein gefundenes Fressen, eine sehr willkommene Sache, die man sich besser gar nicht wünscht; B.: „eine gemähte Wiese."

Fressen, grob, aber auch gemüthlich gesagt f. essen, bes. stark oder gierig, thierisch essen; Th.; ebenso: saufen f. trinken. Die gröberen Ausdrücke braucht man auch im Unwillen: „das Fleisch ist nicht zum Fressen," ganz ungeniessbar; mattes Bier ist „nich zu trinken," saures „nich zu saufen."

Fressgevatter, Gast beim Kindtaufsschmause, welcher nicht Pathe des Kindes ist, nicht „Gevatter gestanden" hat; s. Trollgast.

Fresshaken, der, gefrässiger Mensch; s. Fresssack u. vgl. Mausehaken.

Fresslg, gefrässig; Eg.; Gramm. § 169.

Fresssack wie Fresshaken, B., E.; s. Sack, 3.

Freundschaft, auch Freindscht, Verwandtschaft; Schw., Eg., Wn., Rtr.; ebenso mhd. vriuntschaft; Fründschop, Di.

Freundschafts-Cigarre, eine schlechte Sorte, wie man „guten Freunden" anbietet, die sich auf das „Cigarrenschnurren" legen; s. Freimaurer-Cigarre.

Friede, als Gemeinname, s. Gramm. § 166 b.

Frisch, gut genug; „uff de Gneipe is der ale Gottfried (Rock) noch lange frisch."

Fritze wie Friede; für den alten Fritzen, vergeblich, zwecklos, unnütz: „die Lampe brennt für den alten Fritzen, du arbeitest für den alten Fritzen;" travailler pour le roi de Prusse; Einen fritzen, anführen, betrügen; s. Gramm. § 166 b.

Frölen, Freien, das, nd. Form von Fräulein, bedeutet aber bei uns nur ein adeliges Fräulein; so „das Fräle" in Auerbach's Vefele.

Frosch, 1. „das huppt nich fort, es is je kee Frosch," die Sache eilt nicht; 2. man sieht keinen Frosch in dem Biere, so trübe ist es; 3. „lecke du Frösche," wie lecke Fett.

Froschgieke, die, schlechtes Messer, Säbel u. s. w., wie Kneif, Distelmesser; Hb. Froschgieker; Bsl. chrotte-stächer (Krötenstecher).

Frostern, frostig, wer leicht friert; engl. frosty; franz. frileux; § 169.

Fuchs, Louisd'or.

Fuchsdreck, bes. in der Redensart: „das ist doch kein Fuchsdreck," keine Kleinigkeit.

Fuchsen, ärgern, verdriessen; es fuchst mich eklig, auch: ich fuchse mich; Brl., B., E., L., Oe., Pf.; dafür in P.: ficken; davon: fuchsig, erzürnt, ärgerlich; auch: fuchswild, Eg.; fuchsteufelswild, auch: fuchtig, Nied.-Oe.

Fuchsig s. fuchsen.

Fuchtel, die, Herumtreiberin, liederliches Frauenzimmer.

Füder, das, f. Fuder; Bspr.; „er sieht e Fieder Hei (Heu) fr enne Pelzmütze an" (so betrunken ist er).

Fufz'g, fufz'n, f. funfzig, funfzehn; neuerdings wird — als vornehmer — fünfzig, fünfzehn Mode.

Fuhl, ich, Bspr., f. ich fiel; Hl.; s. Gramm. § 210.

Fühle, die, Gefühl, Empfindung: „au, kneipe nich so, du denkst wol, m'r hat gar keene Fühle;" s. Gramm. § 156.

Fuhre, die, 1. vom Wasser: eine Tracht (Schw. Trachede), zwei Eimer; s. Fahrt; 2. Bspr. f. Furche; Bsl.

Führen, ein Liebesverhältniss unterhalten; „sie führen sich schon jahrelang; sie führt sich mit ihm; Schw. Eine führen; s. gehen, 2; halten.

Fuhrwerken, 1. das Geschäft eines Fuhrmanns, Kärrners treiben; 2. fortschaffen; „er hat die Gohlen vom Wagen in den Geller gefuhrwercht; ich habe mich mit den Bücherkisten herumgefuhrwercht; er ist hinausgefuhrwercht worden" — an die Luft gesetzt.

Fummeln, an Etwas herumfummeln, daran hin und her fahren; „den Tschako fummeln" f. putzen; Hb.; unnütz, unverständig, zwecklos daran arbeiten; Rtr.; Di.: funsseln; schwed. fumla; engl. to fumble, betasten; in Th. ist fummeln auch zupfen.

Fumpnase, Fumpelnase, Kinderwort für Nase, ähnlich wie Fitznase; nach Bernd: Fumfnase, an Stumpf und verfumfeien (s. d.) erinnernd, also eine verpfuschte Nase, sowie deren Träger.

Fund, ich, f. fand; Pf.; s. Gramm. § 209.

Fünf, 1. „ich werde dir mit fünf in die Zehne diffidiren," Wortspiel: mit den fünf Fingern in die Zähne schlagen; s. Fünfthalerschein; 2. die fünf Buchstaben, die Zahl der Zeichen in dem populären Worte für Gesäss; im Plattdeutschen steht s für sch, daher sagt man in Ho. nur: „setze Dich auf Deine drei Buchstaben;" 3. „Du hast fünf Thaler verdient, geh aufs Rathhaus und lass dir sie auszahlen," ruft man Einem zu, der beim Treppenhinaufgehen fällt.

Fünfthalerschein, Einem einen F. ins Gesicht schmeissen, ihm eine Schelle geben (von den fünf Fingern); s. fünf, 1.

Funfzehn ist eine Lieblingszahl, wie drei, sieben, neun, zehn, hundert, tausend: das Essen ist schon fuffzn mal ufgewärmt; er bleibt auf seinen fuffzn Augen sitzen — beharrt bei seiner Ansicht; wohl vom Würfelspiel hergenommen.

Fünfzinkige Gabel, Hand, wenn man sie statt Gabel anwendet.

Fung, ich, f. fing; Hl.; s. Gramm. § 209.

Funke, ist weiblich: eine helle Funke; s. Gramm. § 181.

Funsel, Funzel, die, schlechte, kleine Lampe; Ab., Brl., Th., Schl., — Hb. u. Friesl. Funze; eine Thranfunzel, Oelfunzel.

Fuppern, „es fuppert mir vor'n Ogen," es zittert, flimmert, schwirrt; s. fippern u. bubbern.

Furchtbar f. sehr, s. bös; „Gleeser (Klösse) esse ich furchtbar gerne; er ist furchtbar nett."

Furchte s. forchte.

Fuss gebrauchen Zieräffchen als wohlanständiger für Bein; s. d.; sie stossen sich immer an den Fuss, wenn es auch das Knie trifft oder den Schenkel. Dagegen sagt der gemeine Mann fast nie Fuss, sondern stets Been: er hat mich uffs Been getreten; will er den Fuss vom Bein unterscheiden, so nennt er ihn die Knoche oder Talpe.

Futsch, verloren, entzwei, bankerott, todt; Brl., Pf., J.; böhmisch: fuč; s. alle, pleite u. s. w.

Futschel, futscheln s. fitscheln.

Futterkasten, Tabaksdose, s. Nasenfutter.

Futtern, zanken, keifen u. s. w.; „er hat scheene gefuttert," Schw.

Futtich, Futteh, der, schlechtes Instrument.

G.

s. auch K und J.

G, „er spricht mit dem jëë", er spricht das g im Anlaut wie j, s. Gramm. § 72.

Gäbeln, in Bspr.: gäwln, Heu, Dünger u. s. w. mit der Gabel aufladen; vgl. aufgabeln.

Gabsen, gäbsen, gäpsen, auch giebsen, jiepsen, mühsam, heftig, schnell athmen, keuchen, schnauben, schnieben; gabsen, gäpsen bezeichnen mehr das hastige Schnappen nach Luft, giebsen das langsamere, halb erstickte Athemschöpfen; mhd. giwen, gëwen, das Maul aufsperren, gähnen; engl. to gasp, gape; vgl. jappen — Luft schnappen; „er gäpst wie e Jagdhund; der dicke Kerl giebst wie ene genudelte Gans;" Eg. — Schw. gapsen, Th. jäppse, Brl. jappsen.

Gackel, Kinderwort für Ei; Sch. die Gackel; N. Gackelä; Schw. Gackele; Rl. Gåckäkchen.

Gackern, schwatzen; wie bappern u. s. w.

Gacks s. Gicks.

Gāgau f. Kakao; Wn. Gaugau.

Gāke, die, 1. ein Bläschen an der Lippe. Wer eine G. hat, hat „Griefen genascht;" Hb.; 2. ein zu lang aufgeschossnes Mädchen, eine „Hopfenstange;" selten.

Gakel, die, Kleinigkeit, etwas Unbedeutendes, Bagatelle; s. gakelig.

Gakelig, 1. geschmacklos bunt, scheckig; E., Pf., Hb., Schw.; mhd. gickelvêch; 2. bedenklich: eine g. Geschichte, ein g. Geschäft; das ist nicht g., gar nicht übel, z. B. vom Weine.

Gaken wie gackern, aber seltener, bes. von Gänsen; davon: ene Gakgans, der Gikgak; bildlich: albern reden; daher: Gakaffe, Gakelhans; E., Pf., Schl., P.; holl.: gagelen — schnattern.

Gāken, 1. speien; Th. keke; Hb. göck; 2. mit widerwärtig hoher, gellender (gākiger) Stimme reden; vgl. gackern, gäkig; Jesaia 28, 7: köken — schwatzen.

Gākenest, das jüngste Kind einer Familie, Nesthäkchen.

Gākig, 1. gākige Stimme, quäkend, s. gāken, 2. — 2. gākig aussehen, ein spitzes, hohles Gesicht haben.

Gāksch, der, Kinderwort f. Narrethei, Albernheit.

Galande, verderbt für Guirlande; auch Gūrlände, a garland.

Galänder für Geländer; Kalender klingt ebenso.

Gallasche, die, auch Gallosche, Gallesche, Prügel. Daher: durchgallaschen. Holtei sagt: „soll vielleicht an die Strenge des General Gallas erinnern".

Galleppern f. gallopiren.

Gamaschenknöpfe, grosse Graupen.

Gamfen, stehlen; Rw.; — Pf.: ganfen. Rw.: Chanef — Dieb; s. kazen.

Gänse haben das Pflaster weggefressen, weggeschnattert, sagt man, wenn die Pflasterung mangelhaft ist.

Gänseblume, verschiedene grössere und kleinere Wiesenblumen, unter andern das Masslieb, Chrysanthemum leucanthemum; Gänseblümchen, wildes Tausendschön. Bellis.

Gänsedreck, „Einen über den Gänse-dreck führen", anführen; „leimen, belämmern". Schl.

Gänseklee, Gänseklein, s. Klee.

Gänselätsch, der, Pfote der Gans; bildlich für eine zu grosse Hand.

Gänseloch, „sein Maul geht wie ein Gänseloch", auch „wie ein Entenloch" oder „wie eine Dreckschleuder", wie ene Windmühle, oder „er hat eine koddrige Schnauze", Brl.; Di.: de Mund geit as ein Lammstert (— Lämmerschwanz): er schnattert gewaltig.

Gänsemarsch, „G. machen, im G. gehen", wenn mehrere Personen einzeln dicht hinter einander hergehen.

Gänseschwarz, das, Gänseblut, sauer zugerichtet, zu Klössen u. s. w.; anderswo: Schwarzsaures.

Gänsewein, scherzweise — Trinkwasser; s. Bornsches.

Ganz, 1. steht in der Mehrheit regelmässig für alle; die ganzen Leute sind fort, sie haben die ganzen Flaschen mit genommen (nicht etwa im Gegensatz zu den zerbrochenen!); 2. Etwas ganz machen, im Scherz, für zerbrechen (Brl.); 3. auf die Ganzen geben, im Kartenspiel, alle Stiche machen wollen; 4. über die Stellung von ganz s. Gramm. § 234, 2.

Ganzbeinig, unversehrt, mit heiler Haut; z. B. ganzbeinig davon kommen (Bein im Sinne von Knochen, wie in Gebein, Elfenbein, beinern u. s. w.).

Gäppsen s. gabsen.

Gar, noch gebräuchlicher: na gar, nu gar, i gar, ä gar, oder: lieber gar, ich dächte gar, vollends gar! Ab.! Lieblingsausrufe, s. „dächte"; gar steht hier in dem Sinne, wie in: „er ist doch nicht am Ende gar todt!" „Wie schien mir's schwarz, und schwärzt's noch gar" (Faust).

Gare, die, 1. die Gare kriegen, Einem die Gare geben für: den Garaus machen, zu Grunde richten; beim Regen „kriegt so e Fähnchen (Kleid) leichte die Gare"; s. Hilfe; 2. s. Kahre.

Gāren, schwatzen, V., Th. (garen); ein alter Gärich, Gärfriede, Gārluder, Schwätzer; s. Kohl; Eg.: Görd, lästiges Geschwätz oder Bitten, ähnlich wie unser: Prankelei.

Garlande s. Galande.

Garnischt, 1. der, unbedeutender Mensch, Lump; 2. das Garnischt, Kleinigkeit, Bagatelle.

Gas, seltener Gas, ist männlich: der schlechte Gas; s. Gramm. § 181.

Gässchen, Abkürzung des Namens „Pleissen-Gässchen", in welchem öffentliche Häuser sind; daher „Eine aus dem Gässchen" für Dirne.

Gasse gilt für kleiner als Strasse; Hl.; wir haben (oder hatten) z. B. die verwirrenden Unterschiede: Windmühlengasse und Windmühlenstrasse; Hallesche Strasse und Hallesches Gässchen, Bahnhofstrasse und Bahnhofgässchen! In andern Städten ist der Unterschied gerade umgekehrt.

Gast, Jemanden zu Gaste laden, ihm jene Einladung aussprechen, welche Götz von Berlichingen (im 3. Akte) dem Hauptmann sendet; PP.; daher heisst eine solche Höflichkeit auch „eine populäre Gastladung;" vgl. Gevatter, gewogen und andre Verfeinerungen.

Gätlich, jätlich; sich gätlich thun, für gütlich thun; es schmeckt gätlich, für gut; Fr., Ho., Hss.; in Ab. gätlich — erspriesslich; Th.: ziemlich gross, gerade recht; ND. ein gatliches Stück, ein tüchtiges; vielleicht v. mhd. getelich, passend.

Gattern s. aufgattern;

Gauksen s. jauxen.

Gaunern, äusserstbedächtig, berechnend und interessirt spielen; Rw. Gaune, Karte; gaunen, Karte spielen.

Gautschen, auf einem schwanken Brete oder Balken schaukeln, etwa wie wippen; Schw.

Geben, 1. Jemandem Eins geben oder abgeben, einen Hieb versetzen; 2. verkaufen, abgeben: „wie geben Sie die Elle? was gebt ihr die Eppel?" Rl.

Gebern f. geifern, wie sabbern; davon: Géberlätzchen.

Gebräsch, das, von brüschen; Rl.: Gebrass.

Gebrennt für gebrannt; Wn.: es hat brennt, s. Gramm. § 205.

Geburt, „das ist ene schwere G.", ein Spiel (Karten), das nicht leicht zu spielen ist.

Géchen s. jechen; L.

Gedächtniss, Schatten, dürftige Person; „es ist nur ein G. von einem Kindchen", schwächlich. Hl.; s. Gedanke, 2.

Gedanke ist weiblich; so bei Lessing; „daran ist keine Gedanke", nicht daran zu denken; mit keiner Gedanke ist mir es eingefallen (gar nicht); er hat keine Gedanken — schlechtes Gedächtniss; Rtr. 2. „es ist nur so eine Gedanke (auch: so ein Gedanke) von einer Frau", sie ist sehr schwächlich, dürftig, klein; wie Gedächtniss; — Gedankenkasten, im Scherze f. Kopf, Verstand; engl. knowledge-box, idea-pot.

Gedäsche sein oder werden, klein zugeben, sich bescheiden, gedemüthigt, kleinlaut zeigen; Eg.; — L. getäsch; Rl.: gedäsen; vielleicht von mhd. gedegen, zum Schweigen bringen.

Gedrang, der, 1. das Drängen: der G. an der Thüre war arg; 2. das Gedränge: er läuft in den dicksten G. hinein; s. Gramm. § 181.

Gedrängle s. drängeln.

Gedrätsch, Geträtsche, Gedrätsche, weitschweifiges Geschwätz; s. drätschen. Hl.

Geduld, 1. das Haus liegt (die Blumen stehen) recht in der Geduld, geschützt gegen Wind und Wetter, wie schaurig; ich stehe hier in der G., sicher vor Drängen, Stossen; Hl.; 2.s. Sauerkraut.

Gefährlich, 1. von Menschen: unangenehm, widrig, bes. auch: anspruchsvoll oder beständig klagend, „nörgelnd. quengelnd;" dann von Sachen: ungenügend, schlecht; „e gefährl. Tisch" unpraktisch; „ene g. Photographie", hässlich; „ene g. Küche", eng, unbequem; 2. du hast dich g., thust g., stellst dich g. an; — du übertreibst die Wichtigkeit der Sache, die Besorgniss, den Schmerz, den Widerwillen. die Ziererei u. s. w.; auch — ernstlich; „es war ihm mit seiner Arbeit nicht g. Ernst", V. Scheffel; bei Rtr ist g. — stark, gewaltig, ebenso bei Claudius: „War einst ein Riese Goliath, gar ein gefährlich Mann". — Ueber Jemand, der anmassend, zu grossartig auftritt, macht man sich mit den Worten lustig: „'s is gefährlich!" — es ist Nichts dahinter; davon: die Gefährlichkeit. f. schwere Leistung, starke Zumuthung, Anstrengung; „das bischen Schneeschippen, das is doch keene G."

Gefalle, der, 1. ist beliebter als der Gefallen; 2. zu G. oder zu Gefalln f. wegen; „ich gehe nur der Sonne zu G.", die Sonne zu geniessen; „dem Sonntage zu G. der Hochzeit zu G., zog er den Frack an;" „dem Biere zu G. macht er den weiten Weg;" ins

Holz geht man „den Schneeglöckchen zu G.", was diesen schwerlich ein besonderer G. ist. Erinnert auch an: das Gefallen, welches man an den genannten Sachen findet. Hl. — Einem zu G. gehen, ihm auflauern, nachschleichen, bespioniren.

Gefälle, „er hat ein gutes G. (sein Vater war wohl Müller?)" trinkt rasch und viel; s. Stiefel, Zug.

Gefällig, missverständlich für fällig; „der Wechsel ist heute gefällig".

Geferle, lebhaft, beweglich, „fahrig", z. B. von einem flinken Hahn; s. ferzeln, Ferlefix.

Gefräss, das, Bspr.: Gefriesse, 1. Essbares; 2. Mund; s. Fresse.

Gefroren reden, albern; vgl. Blech, Messing, geschwollen.

Gefüge, Adj. statt des in der Schrift gebräuchlicheren gefügig; mhd. vüege, angemessen, passend; man sagt es von Stoffen und von Personen; Eg.; s. gespräche.

Gefülltes, eine Art Eierspeise.

Gehaben, sich, s. haben, 2; Schw.

Gehann f. Johann, s. d.

Gehemde, in Zusammensetzungen für geheim, z. B. der gehemde Rath; von dem alten: geheimbde; vgl. Euer Liebden, § 139.

Gehen, 1. gehe mir nicht in meinen Schrank; in den Tischkasten darf Niemand gehen; dass Du mir nicht an meine Papiere, über den Kuchen gehst, für: nicht anrühren, nicht in Etwas suchen, sich damit zu schaffen machen; so auch: „geh mit der Hand weg, mit dem Kopfe aus dem Lichte;" s. in. 2. Mit Einem oder Einer gehen, ein Liebesverhältniss haben; „die gehen schon lange mit einander", vgl. halten, führen; 3. Kinder sagen auch: „mit dem gehe ich nicht" (oder: rede ich nicht), d. h. ich mag nicht mit ihm umgehen; 4. für einhergehen, sich kleiden, „er geht sehr ärmlich, schäbig, dreckig; sie geht schwarz, staxiös, sehr scheene; wenn er ausfährt, geht er stets im Uniform". 5. als Hilfszeitwort i. S. v. lassen: das Brod geht schon zu essen; die Schrift geht nicht zu lesen; das Glas geht gar nicht reine (zu machen) vgl. verloren gehen.

Gehobene Stimmung, Zustand eines „Angeskuselten;" s. d.

Gehören, mit Besitzwörtern mein, dein, sein u. s. w. verbunden; s. Gramm. § 193 b.

Göhre, Göhre, die, (auch Jehre gesprochen) schräger Zuschnitt eines Hemdes, Kleides, wodurch es „gehrig" — oben eng und unten weiter wird; daher „Gehrenkleider", wie sie 1866 Mode wurden: Hesekiel 16, 8: „da breitete ich meinen Geren über dich;" mhd. gêr, Schoss, Saum; engl. gore; schott. gair, gore; J. Gier, Giere, was auch ein spitzzulaufendes Grundstück bedeutet, wie engl. gore.

Geigen, Jemand, wie abmucken. Einen heemgeigen, ebenso; auch: Einem die Wahrheit geigen — ihm die Leviten lesen; es ihm „stecken".

Gekennt f. gekannt; s. Gramm. § 205; ebenso: bekennt f. bekannt, seine Bekennten.

Gekräbel, das, 1. gelindes Kitzeln, Krabbeln; 2. Herumkrabbeln für herumkriechen, besonders von Kindern, Ameisen u. s. w. 3. Auch das, was herumkrabbelt; winzige Fische und dergl. heissen kleines Gekrabbel. Hängt wohl auch mit „Krabbe, krabbeln" zusammen; s. diese.

Gelauten f. geläutet; s. Gramm. § 206 und lauten.

Gelchen, gelchend, auch: jelchen, für schnell, unversehens. L.: gälche; wohl von jählings.

Geld, 1. Das kostet ein paar Groschen klein Geld d. h. eine ansehnliche Summe; 2. „schon wieder Geld, was die Frau nicht weiss!" Ausruf, wenn der Mann Geld einnimmt; PP.

Geloefde, das, Bspr. f. Geloofe, fast nur in dem § 157 angegebenen Sprichworte gebräuchlich; mhd. geloufe, Auflauf, geloufte, Mitläufer.

Gelenke, das, f. Gelenk; Mehrheit die Gelenker; daher Gelenkerpuppe; „das Gelenke nicht rauskriegen", beim Umlenken eines Fahrzeuges nicht die rechte Wendung nehmen; bildlich: Etwas nicht anzufassen verstehen; s. Kabre.

Gelenkerpuppe s. Gelenke.

Gelernt, ein gelernter Tischler u. s. w., Tischler von Profession, s. Gramm. § 233, 4; auch für dressirt, abgerichtet: „gelernte Hunde, Affen, Garnalijenveegel u. s. w.;" vgl. im Schriftdtsch.: gereist, beredt, beritten, geschworen u. s. w.; lat. juratus, consideratus; franz. juré, bien monté; engl.: experienced, learned u. s. w.; s. ausgelernt.

Geliwern, sich mit einer schwachen Decke überziehen wie heisses Fett

beim Abkühlen, Erstarren, ein Teich
bei gelindem Froste; mhd. liberen,
gerinnen; Aachen: belivere; schott.
lapper; Ha. überschrien — geliwert;
Di. schraueln, äwerschraueln.

Geloofe, Lauferei; „dass das Geloofe
nicht immer is", dass man nicht
oft um einer Sache willen sich zu be-
mühen braucht; z. B.: „Nimm die
Wege ä bischen zusammen, dass das
G. nich immer ist; — kaufe gleich
ein ganzes Loth Schnupftabak, hole
glei für e Fenk (Pfennig) Fäffr, dass
das G. uffhört!" s. Geleefde, belaufen.

Gelstern, husten, besonders mit Auswurf verbunden. Sdt.: kilstern; s.
qualstern.

Golampe, das, 1. Kleidung; 2. Lumpen-
pack, lumpige Kerle; 3. das ist een
G. — einerlei; wie: eene Schmiere,
Wichse u. s. w.

Gelung, es, f. gelang; s. Gramm. § 204.

Gelungen, hübsch, nett, erfreulich,
tüchtig, sowohl im Ernste als ironisch,
namentlich von Personen; ein Komi-
ker, der seine Rolle gelungen durch-
führt, ist „ein gelungener Kerl;" eine
„aufgedonnerte" Dame „sieht gelungen" (aus); ein „gelungenes Wetter", sehr schön oder sehr unangenehm.

Gemächte, das, Genitalien; mhd.; ebenso: Geschäft.

Gemätschel, Gemätschle, das, s.
Matsch, 1; in PP. heisst ein übel
zubereitetes, schlecht zusammenge-
stelltes Essen Gematscht.

Gemein, „sich mit Jemand gemein
machen", sich mit ihm einlassen, bes.
auf vertrauliche Weise; einen herab-
lassenden vornehmen Mann nennen
die Bauern „e rechten gemeenen
Herrn;" seltner niederträchtig, wie
ND.

Gemeindeochse, Gemeeneochse, 1.
Zuchtstier, Brummochse; 2. Schimpfwort; 3. „er denkt, der Gemeindeochse ist sein Pathe" (vergl.
„Hund, 5) er macht grosse Ansprüche, ist anmassend.

Gemorken, im Scherz für gemerkt. Brl.;
Gramm. § 206.

Gempel, der, Gärtnerausdruck f. eine
einfache Blume, die gefüllt sein sollte.

Gemusst f. gemusst, Bspr.

Gemüthe, sich Etwas zu G. führen
(oder ziehen), aneignen, bes. listig
oder mit fraglicher Berechtigung. Hl.

Genau, „hier gehn m'rgenauer", den

näheren Weg; „das ist der genauste
Weg; der genauste Preis" — Aus-
serste.

Genennt f. genannt, Wn.; s. Gramm. 205.

Geniesse, der, f. Genosse; bes. „Hausgeniesse;" Bspr.

Gensch, der, 1. Gänserich; auch: Gen-
schert; Wn.: Gänauser; ND. Gant;
2. schlechtes, abgenutztes Messer, wie:
Schensch.

Genung, gebräuchlicher als genug; auch
bei Klopstock; Th.

Gepfeffert für theuer; auch gesalzen.

Gepfropft, „es ist Alles gepfropfte voll",
übervoll, so dass Einer auf den Andern gepfropft ist; s. gerappelt.

Geprassel, das, schlechter, alter, wacke-
liger Hausrath, (der bei Erschütterun-
gen leicht prasselt); wie Gerumpel;
ähnlich in Schw.: „ein alter Kracher"
f. wackliger Stuhl.

Gerade Geld, 1. Thaler ohne Anhang
von Groschen, 2. bes. im Marktver-
kehr — 1 Thlr.: „heute kost de Butter gerade Geld".

Gerappelte (gerippelte) voll, gedrängt, übervoll, von Zimmern, Plät-
zen u. s. w., z. B. bei Volksfesten, so
voll, dass man sich nicht „rippeln"
kann; V.; s. gepfropft.

Gereisse, „er hat das Gereisse," man
reisst sich um ihn; im Scherz: mein
Rock hat das Gereisse, oder: er geht
reissend weg, wenn er stark entzwei
geht.

Gerennt f. gerannt; s. Gramm. § 205.

Gerne f. leicht; „im April regents gerne
einmal; die Nägel biegen sich g. um;
die Aepfel faulen gern;" es wird auch
gesteigert: am gernsten, am liebsten; Bsl.; § 187.

Gerste, „er wächst wie die reife
Gerste", — wenig oder gar nicht
mehr, Alters halber. ND.; PP.: mit
der reifen Gerste um die Wette
wachsen.

Geruft f. gerufen; s. Gramm. § 206.

Geruppt, verdorben aus corrupt; „eine
geruppte Idee;" vgl. bekannt.

Gesalzen, bildlich wie gepfeffert.

Gesang, Einen mit Gesang holen,
ihn mit Schelten und Schlägen begleiten.

Geschäft, Mehrheit: die Geschäfter,
Gramm. § 182; s. auch Gemächt; Bsl.

Gescheche, das, Schreckbild, Scheusal,
widriger Mensch; Eg., Ab.; von
scheechen f. scheuchen; in Ab.: es
scheecht f. spukt; mhd. schiech

scheusslich; Wn. schiech f. hässlich; vgl. Besteck.

Gescheit, 1. f. gut, tauglich; „er hat keene gescheiten Stiefeln mehr; der Bernboom trägt nischt Gescheites; es ist nischt Gescheites zu essen da;" 2. gescheit dem Dinge! f. so ist es recht angefangen.

Geschichte ... 1. Angelegenheit, Sache, Verwickelung; „ich kam mit in die Geschichte; Jeder weiss von meiner Geschichte" (meinem Vergehen). 2. „Mach keine Geschichten" wie: Fissimatenten; s. auch Sache. 3. „un Geschichten," und so weiter: „da machen se e grossen Schmaus un G—n;" 4. „sie hat ihre Ge—e", Katamenien.

Geschippert wie schipperig.

Geschirr, „ins Geschirr gehen", sich tüchtig an die Arbeit machen; wohl vom Pferde hergenommen. Th.; ebenso ins Zeug gehen.

Geschlinke, Geschlenkere, das, Lunge und Leber eines Kalbes u. s. w.; L., Hb., P.; vgl. Klee, Kleinod.

Geschmiert, es geht, er liest, wie geschmiert, s. Butter.

Geschmolzen f. geschmelzt; s. Gramm. § 207.

Geschonken, geschunken f. geschenkt, s. Gramm. § 206.

Geschüche, das, Schuhwerk, Stiefel, Schuhe, Pantoffeln; s. Schuck.

Geschwäpperte voll s. schwäppern.

Geschwollen, 1. ein geschwollener Kerl, aufgeblasen, prahlerisch, vgl. a swell — „aufgedonnerter", über seinen Stand gekleideter Mensch; 2. „rede (spiele) nur nicht so geschwollen", albern; s. gefroren, Messing, Blech.

Gesetzchen, „sie hat ein G. geweint", sie hat ihrem Herzen durch etliche Thränen Luft gemacht, sich aber bald wieder beruhigt. Das „Gesätz" war ein Theil des Liedes bei den Meistersängern.

Gesichte, 1. sich eine ins G. stecken (oder in die Physiognomie), eine Cigarre oder Pfeife anzünden, PP.; 2. dummes G., Schimpfwort, dummer Mensch.

Gespräche f. gesprächig (auszusprechen: gespreeche); mhd. gespraeche, beredt; Bel.

Gestecken für gestockt, s. Gramm. § 207.

Gesumse, das, f. Geschwätz, von summsen, schwatzen.

Gethue, das, das Benehmen, die Ge-

berden, Bewegung Jemandes; dann auch Ziererei, übertriebene Aufmerksamkeit gegen Jemand: — so e Gethue, e rechtes Gethue, s. thun.

Getränk, „er steht bein schweren G.", scherzweise anstatt „schweren Train;" Rtr.; dann: er trinkt gern, „steht hoch in der Tranksteuer".

Gevatter, 1. G. stehen, eigentlich: Pathenstelle vertreten; bildlich: als Pfand versetzt sein, auch: beim Onkel, bei der Tante, beim Vetter sein; chez ma tante; at my uncle's; 2. zu Gevatter bitten, an Jemand eine „populäre Gastladung" ergehen lassen; s. Gast; ebenso: bleiben Sie mir gewogen, oder: erhalten Sie mir Ihr Wohlwollen; 3. „er träumt von Gevattern", hat alberne Einfälle, Hoffnungen u. s. w.; in PP.: „er träumt von der Johannisnacht".

Gewadem oder gewatt, f. gewatet s. Gramm. § 204.

Gewalt, „es wird mit Gewalt warm" — plötzlich, schnell und stark.

Gewest f. gewesen; boll. — Sudt.: gewäst; Gramm. § 198.

Gewift, pfiffig, schlau; wohl von gewiegt; oder von dem franz. vif? s. wif; ähnlich: gewürfelt.

Gewiss, „nichts Gewisses weiss man nicht", stehende scherzhafte Redensart für „man weiss es nicht sicher".

Gewogen, er kann mir gewogen bleiben, verächtlich wie Gevatter, 2, PP.; s. Buckel, Gast.

Gewohne, Adj., neben gewohnt und gewöhnt; Brl.; dgg. ist verwöhnt nur — verweent; s. gefüge; man sagt: ich bin es gewohne oder gewöhnt, aber nur: „daran bin ich gewöhnt" (nicht gewohnt oder gewohne).

Gewölfe, Gewölbe (Mehrheit Gewelfer); begreift nicht eben einen gewölbten Raum, wie in V., Eg., ND. u. s. w., sondern einen Kaufmannsladen überhaupt ohne Rücksicht auf die Bauart, jedoch im Erdgeschoss; im 1. oder 2. Stock heisst es: Lager, Lokal, Geschäft u. s. w.

Gewonn, gewunn, ich, f. gewann, s. Gramm. § 203.

Gewunken für gewinkt; s. Gramm. § 206.

Gewürfelt, gewerfelt, wie gewift. Th.; in Wn. an adrahter Mensch (vom Drechsler abgedreht).

Gezanktes kriegen, ausgescholten werden; s. Gramm. § 166.

Gicks, der, 1. ein Fehlstoss beim Billard; daher: **gicksen;** mhd. gigzen; auch das Verfehlen und Fallenlassen des Balles beim Ballspiel; 2. weder Gicks noch Gacks verstehen, gar Nichts wissen. J., Hb.; Rw. Giggesgagges, albernes Geschwätz.

Giebig, stark, gross: „ein giebiger Kerl;" im V.: kieb'ge Reden f. Sticheleien; Rüdiger schreibt kiewig, leitet es aber auf ergiebig zurück. In einem Bericht an den Züricher Rath (1628) wird ein Wiedertäufer als „der Sekte sehr anhängig und vor allen Anderen kybig und hartnäckig" bezeichnet; Studer, Gesch. der Kirchgemeinde Bäretswil, S. 78; S. 80 erklärt derselbe „den Kyb" als Halsstarrigkeit; Seiler (Basler Mundart): chib, leidenschaftlicher Eifer, Zorn; chibig, grollend u. s. w. Schw. kiebig f. dauerhaft; im Rw. f. vierschrötig.

Giebrig, gieprig auf od. nach Etwas, begierig; Brl.; s. giepern.

Giebsen oder giepsen, s. gabsen.

Gilegäk, der, 1. e. Gans; 2. d. abgelegenste Ende einer Stadt, eines Dorfs: „er wohnt am G.;" s. Bettelmanns Umkehr.

Giek, Ausruf, wenn man Jemand (besonders Kinder) mit dem Finger schnell berührt, um ihn zu erschrecken; daher: gieken, gieksen, stechen; Rh., Eg., Schw.; s. Froschgieke.

Gieke, die, 1. Werkzeug zum Stechen; so: Froschgieke (Schl. Froschgieger) für Säbel; 2. in der Zusammensetzung Kohlengieke für Kohlentopf; Dl.: Kick.

Giekebusch, Spottname für irgend ein drolliges Frauenzimmer.

Gieken, kieken, 1. sehen, gucken; schott. keek; 2. stechen; z. B. einen todt kieken; Pf., J., Schl., Th.; s. Giek, Gieke.

Gieker, 1. einen Gieker auf Etwas haben, es auf Etwas absehen, begierig Etwas ersehnen; s. gieken; 2. einen G. auf Jemand haben, eine „Pike" auf ihn haben, ihm Etwas nachtragen.

Giepern, jiebern, wie gieren; Adj. gieprig; Brl.

Gieren nach Etwas, es gierig wünschen; to yearn; vgl. giepern, lungern, rainschen.

Gift, 1. ist mitunter männlich, § 181. 2. f. Branntwein; daher: Gifthütte, Giftbude, Destillation.

Giften, ärgern, reizen; sich giften —

sich erbosen; Brl., Oe. Giftzahn, Giftkröte, satirische, bissige Leute.

Giftmischer, Ekelname für Apotheker, wie „Neunundneunziger".

Gimmt, er, er kommt; s. kimmt.

Ginnen für gönnen; auch verginnen. N.; Gramm. § 45.

Glaser, 1. „He, Glaser, meine Scheiben!" Zuruf, wenn Jemand etwas Zerbrechliches antappt oder es zertrümmert; ähnlich in Schw.; 2. dein Vater war kein Glaser" (auch mit dem Zusatze: sonst hätte er dir eine Scheibe in den Rücken gemacht), geh mir aus dem Lichte, du bist nicht durchsichtig.

Glatt, abgemacht, erledigt; die Sache ist glatt, wir sind glatt; eine glatte Rechnung — unbeanstandet; glattes Geld für eine gerade Summe.

Glattig, glatt'g, rein, sauber, hübsch, nett; „ä glatt'ges Mächen", nettes Mädchen; ä „glattges Eckchen," derbes Stück Weg.

Glauben, dran glauben müssen, 1. sterben; 2. einbüssen; „mit meinen 100 Thlrn. werde ich wohl dran glauben müssen"; s. gleewen.

Gleewen, Bspr. f. glauben; „das gleew ich;" vor etwa 50 Jahren sagte man noch „glee'ch" — glaube ich, als Flickwort, wie halter, man; s. mee. meeg; s. § 52.

Glei für gleich, Sdt.; 1. f. gerade, just, eben erst; „ich hatte gl. Geld eingenommen; er war gl. gekommen, wie ich 'n sahk". „Gleich hatt' ich Aepfel in den Ficken", Ramler. 2. f. ziemlich, fast, ähnlich: „es is glei so Eener wie . . .

Gliessen, glänzen, gleissen; mhd. glizen und glitzen; H.; Di. glinzen; Sudt. glisse reden, gleissnerisch sprechen; s. glitzern.

Gliftchen s. Kluft.

Glitschenass, so durchnässt, dass alles trieft und glitscht; Tir.: watschelnass; vgl. glitscherig, fitschenmadenass.

Glitscherig für schlüpferig, von gleiten. glitschen; E., J.: glitschig; Rtr. glidig; vgl. glitschenass.

Glotzen, die, Augen; Schw.; Einen anglotzen, anstieren; auch schriftdeutsch; mhd. glotzen.

Gnergeln, gnirgeln, wie nörgeln.

Gökellampe, eine Lampe zum Umhergehen in Haus, Küche u. s. w.; s. gokeln.

Gökeln, mit Licht oder Feuer spielen. A., Hl., Schl.; von: gaukeln; „überall rumgokeln", mitLicht umhergehen; mhd. gogelen, hin und her gaukeln.

Gold, 1. Lass dich in Gold fassen! wegwerfende Redensart; `·„lass dir die Finger vergolden"`, wenn Jemand Etwas schlecht gemacht, z. B. schlechte Karten gegeben hat; 2. ich lasse Dich in Gold fassen, ich will Dich reich belohnen.

Goldmühle, wie Drahtmühle; mhd. goltgreber f. Grubenräumer.

Golt, alte Form f. galt; D.: goll; davon: es gölte; s. Gramm. § 208.

Gondela, die, ungeschickte, grosse Füsse; s. Gänselatsch, Talpe, Knoche.

Görge, besonders: dummer Görge, dummer Mensch. Gramm. § 166 b.

Gorgeln, Jemand den Hals zuschnüren, ergorgeln (von Gurgel); auch für gurgeln — den Schlund ausspülen.

Gosche s. Gusche; Bsl.

Gosenbruder, Liebhaber der Gose, einer Art Weissbier.

Gott, 1. „vor G. und nachG. bitten", dringend flehen; 2. Gott soll mich! Abkürzung für: Gott soll mich leben lassen u. s. w.; 3. die Redensart: „als wie Gott der Herr" heisst: „um auszudrücken, anzudeuten" u. s. w.; z. B.: „Er winkte mir, als wie Gott der Herr: Geh nur hin", — als ob er sagen wollte u. s. w. „Er schob mir einen Zehnthalerschein hin, als wie Gott der Herr: es ist ja da!" — um zu verstehen zu geben, dass er viel Geld habe; so bei Nestroy: „Er streckte die Arme nach ihr aus, zeigte nach oben auf einen Stern — Gotigkeit — „dort werden wir vereinigt;" genau so in Schw.: Gott versprich, Gott mer sprich, Gott wohl sprich, und in Fr.: Gottmusskeit. 4. „Gott sei's getrommelt und gepfiffen" — das pfeifen die Spatzen vom Dache, es ist weltbekannt; es ist leider so; 5. „wie G. den Schaden besah", zu guter Letzt, bei genauer Prüfung, stellte sich der Nachtheil, das Uebel heraus; 6. „er lässt den lieben Gott einen frommen Mann sein", kümmert sich um Nichts; Eg., PP.

Gottchen, Ausruf = Gott, Rtr.: Gotting; s. Gramm. § 167.

Gottesackerbelle, (ausgesprochen: Gotzackerbelle) schlimmer Husten, als Anzeichen, dass Jemand dem Gottesacker (Friedhof) nahe steht; Hb.: hä pfifft of der Gottsackerpföffe.

Gottesgabe s. das Gut; V.

Gotteskühchen, Gottesgiwichen, das, Marienkäfer, coccinella septempunctata; auch zu Gutschegiwichen entstellt; Hl.: Herrgottskühchen; Sz. Herrgottskühli; Eialeben: Mötschekiwichen; Sbg.: Herr Gott Usken (Oechslein); Fr.: Herrgottskälbchen, Herrgottsmoggele, Sonnenkuh; Tir.: Sonnenwendkäfer; Th.: Mariechen; in anderen Gegenden auch: Sonnenkälbchen, Marienkälbchen, Frauenkühlein, Gottesschäflein, Marienhuhn, Unsres Herren Huhn, Herrgottshühn; — in NS. Johanniswurm, was bei uns den leuchtenden Johanniskäfer (lampyris) bedeutet.

Gottes Wort, 1. „von G. W. lässt sich viel reden", diese Sache lässt sich von sehr verschiedenen Seiten auffassen; Hb., PP., ND. Sprichwort: „Von Gottes Wort ist viel zu reden, aber wenig zu halten;" 2. Gottes Wort vom Lande, Landpastor; 3. das reine Gottes Wort, reiner Kornbranntwein; PP.

Gottewig, verwünscht, z. B. der gottewige Kerl, das gottewige Fass (noch ziemlich neu).

Gottfried, 1. als Gemeinname, s. Gramm. § 166 b. 2. Rock, „mein alter Gottfried".

Gottheillos f. sehr, tüchtig; „er war gottheillos bekneipt und kriegte gottheillose Keile".

Gottlieb als Gemeinname: „da kommt die Nachbar'n mit ihrem Gottlieb", für Ehemann oder Bräutigam, s. Gramm. § 166 b. — Mit dem Verfall der frommen Namen hängt der Spottreim zusammen: „Gottlieb, Gottlob, Gottleberecht, du bist mein' Vater sei Stiefelknecht".

Gottlob s. Gramm. § 166 b.

Gottlose, sich gottlose machen, von Kindern, wenn sie die Wäsche verunreinigen; Bspr.; selten; dafür in Ab.: „ei, wie hast Du Dich erzogen!" in Bsl. wüst mache.

Gott's Kreuz, wie schneit's, Ausruf für: das wäre schön! nicht übel! was sind das für Geschichten u. s. w.

Gott's tausend drückt nicht nur possirliches Erstaunen aus, wie Potz tausend meistens, sondern auch ernsteren Unwillen.

Gott Strahl aus, Gottstrahlex! Verschleierung für: Gott strafe mich! auch: Gottstrahlewetter, Ab.;

vgl. die engl. Verhüllungen: darn it, dash it, you d—d f. damn.

Gott-Strampach, ebenso; Eg.

Gottstrampelhanne, ebenso.

Gottstrêche, ebenso.

Gottvatern, sich, 1. ein Vaterunser beten, bes. vor dem zu Bett gehen; 2. „du kannst dich gottvatern, du wersch scheene Geile beseben," bete nur und mach dich gefasst auf eine tüchtige Tracht Prügel.

Gott ver! Eigentlich Abkürzung für Gott verdamme mich oder dgl.; als Fluch wird es ausgesprochen: Gott vèrr, als blosser Ausruf der Ueberraschung, Freude, wie Ei! Herre! u. s. w., sprechen es Knaben aus „Gottv'r!"

Gottverdanzig, ebenso für „Gott verdamm' mich."

Gottverdé! Gottverdêa! auch Gott verdé un dulde mich (mit Reduplikation wie „verdiledammen" im E.), ebenso.

Gottverdex! ebenso; Rh.

Gottverdimian! ebenso; dieser Ausruf ward 1868 in einem Steckbrief als „besonderes Kennzeichen" eines Deserteurs angegeben!

Gott verdopple mich! Gott verdopple mei Traktement! ND., ebenso; Bal. Gott verdopple mer der Wuchelohn.

Gottvergessen. Name eines sehr übelschmeckenden Kräutertbees, gegen Zahnschmerz gebraucht.

Gottvertannewald, wie oben.

Gottvoll, prächtig, herrlich; eine gottvolle Landschaft, Musik; auch spöttisch: ein gottvoller Kerl.

Grabeloch f. Grab: — Du wirst Zeit genug ins Grabeloch kommen; hier ist's so still wie im Grabeloch.

Gräme ist die Mehrheit zu „der Gram" d. h. Graben; s. Gramm. § 182, 6 n. § 82.

Gransen, granzen, grinsen, weinen; daher: Granslise, Granssuse u. s. w.; — Hl. grunsen; s. grinsen. groinen.

Gräpsen, gräpsehen, gräpschen, hastig wegraffen: Eg.; Rtr. — grapsen auch stehlen; Pf.; Hb. krapps; begrapschen, tölpisch anfassen, begreifen, wie betalpen; to grasp; s. gripsen.

Grätig, unwillig, mürrisch, erzürnt; Hl.; in Au. grätisch. In Ulm heisst „krähen" verdriessen und davon krähtig; ND. kretli, verdriesslich; Di.:

krähti — keck, übermüthig, herausfordernd; PP. grätzig wie ein Kaulbarsch.

Grätschen, gratschein, grätschein. ungeschickt gehen, F., J.; grätscheln (mhd. griten), die Beine spreizen, „grätschen" beim Turnen; Hl., Th. — Hesekiel 16, 25: greten.

Grauel, Graul, der, f. das Grauen; „da gommt (geht) mich glei der Grauel an," es ist mir zuwider; P. davon: sich graulen, fürchten. grauen; NS. gruseln; auch: es grault mir (davor); Brl.

Graupen, „grosse Graupen im Kopfe haben", grosse Pläne und Hoffnungen hegen; ND. grosse Grappen; missverständlich: grosse Raupen im Kopfe haben, s. Raupen u. Rosine, Grütze.

Gröbs s. Griebs; Ab.

Greinen, 1. weinen; Wf., PP., Th., V., SchL; s. gransen; 2. lächeln, grinsen. B.; überhaupt: den Mund verziehen, also wie flennen; Di.; in Wn. — ausschelten; Ndr.-Oe. greina, zanken.

Gremödäddërī verdorben aus cremor tartari.

Grete, verächtlich für Mädchen, Frau, auch: Griete; Gramm. § 166 b.

Grickeln, an Allem mäkeln; wohl von kritteln? Ein ewiger Tadler heisst „Grickelkopf", er ist grickelig; Sbg.; Hb. krickelich; Rh. krittlich; „grickelköpfig, grickelköpp'sch", eigensinnig, launisch, wählerisch, nie zufrieden.

Griebs, Greebs, Gröbs, der, 1. das Kerngehäus von Aepfeln, Birnen; Th. Grebest; Schl. Gribsch, in anderen Gegenden: der Butzen; 2. davon: der Adamsgrebs, der hervorragende Theil am Halse (englisch: Adam's apple); 3. daher: Einen am Gribse (Gribsche) fassen, ihn anpacken, besonders am Halse; Bal.; Wn.: bei der Krause kriegen.

Griefe, die, 1. was beim Auslassen von Fett als kleiner, festerer, flockiger Fleischtheil zurückbleibt; Eg., Hb.: in Schw. (wo Griff Rindsmierenfett bedeutet): Grübe, Grub, Greub; Wf. Greven; mhd. griebe; — davon: Speckgriefen, Schweins-, Schöpsgriefen; s. noch Gake; 2. kleiner, unansehnlicher Mensch; 3. maliziöse Person: s. Malise, Priese.

Grimms'g, Verstärkung von grimmig: mhd. grimsic, wüthend.

Grind, der, verächtlich f. Kopf; B., S.,

T., Th., Bal.: ebenso mhd. grint u. schorf.

Grinsen, 1. weinen; daher Grinsmichel, Grinsebüchse, Eg.; s. gransen; 2. lachen D.: grinen; s. greinen. Der Stamm dazu ist grienen, welches in Wf. lachen, in H. weinen bedeutet. 3. weinerlich reden, über Kleinigkeiten wehklagen; auch grinsen; 4. „Grinse mich mit Sanftmuth an" heisst bei Kartenspielern ganz einfach „grün sticht"!

Gripps, einen beim Gripps nehmen, Di: bi'n Kripps kregen, wie Griebs, 3; s. Kantbaken, Karthause, grippsen.

Grippsen, stehlen; Hb., Pf.; mhd. gripsen, ND. gripen — greifen; schott. grip, engl. to gripe; schott. grips, das Festhalten (beim „Gripse"); s. grapsen, in Wn. rapsen f. stehlen.

Grisalich, von Speisen (Suppe, Fett, Birnen), die gleichsam feine Körnchen (Gries) spüren lassen; Hb. kriselig; krisperig bedeutet einen stärkeren Grad.

Grob singen, tief; Gegentheil: fein singen; Bspr. —

Grob, das, das Ludergrob, auch: Grobzeug, ungeschliffenes Volk; im Hz. heisst das Vieh: Kröp: dgg. ist Plattd. Kroppzeug — kleine dicke Mädchen mit einer Unterkehle (von Kropf).

Grobdern, grobdorren, darben, um zu sparen; wohl von Kropf und dürr? Vgl. Dorre u. knappdern, knappdorren.

Gröbs s. Griebs; Hl.

Grölen, krölen, grelen, lärmend singen, grell schreien; das Gegröle; Brl., Th., Hb., Hss., Fr. u. s. w.; ND. grälen, auch jölen; vgl.: lören, Hosea 7, 14.·

Groschen, 1. f. Geld überhaupt (wie schwed. penningar — Pfennige); „Groschens muss der Mensch haben"; 2. „ich bitte Sie um 4 gute G.", um Alles in der Welt.

Gross, 1. der gr. Bruder, die gr. Schwester sind die älteren, wenn auch der Länge nach kleineren Geschwister; 2. nicht gross nach Einem fragen, sich nicht viel aus ihm machen. 3. „das is das Grosse nich", das hat nicht viel zu sagen, auch „das is das Häufige nich; es is nich schlimm"; 4. „er hat es gross vor", will hoch hinaus, etwas Grosses thun; s. Graupen, Rosinen.

Grossbrod, der, Grossthuer, Aufschneider, wie Grossmogel; Hl. grossbrodig — hochnäsig, übermüthig, wie grossmoglig, grossstieflig.

Gross-Mogel (von Gross-Mogul), anspruchsvoller Mensch; vgl. grossbrasselig; davon: grossmoglig.

Grossmüthig, grossprahlerisch, hochmüthig, Bspr.; Fr.; — gewöhnlicher: grossbrotig.

Grossmutter; um eine grosse Menge zu bezeichnen sagt man, mit Wiederholung des vorhergehenden Hauptwortes: „und . . . 's Grossmutter;" z. B. in der Küche standen Deppchen (Töpfchen) und Deppchens Grossemutter umher; die Mädchen haben Läppchen und Läppchens Grossemutter da hängen, Mützen u. Mützens Gr." ähnlich: tout le monde et son père.

Grossschnauzig, grossmäulig, s. grossstieflig, grossmoglig, brasselig u. s. w.

Grossstieflig, grossmäulig, anspruchsvoll, wie grossmoglig.

Grün, 1. unerfahren, leicht zu täuschen; besond. „e griner Junge"; wohl vom grünen Holz, das noch nicht zum Verarbeiten taugt; engl.: green, greenhorn; 2. grünes Fleisch — rohes; 3. grüne Waare, allerlei grünes Gemüs; die Händlerin mit solchem heisst die Grünefrau; 4. „er ist mir nicht grün", nicht gewogen, abgeneigt; 5. „Grün und gelb und jämmerlich, [sich (— sieh) mich an und friss mich nich]", ruft man, um Abscheu über eine scheckige Farbenzusammenstellung auszudrücken; 6. „er bricht es gar zu grün ab", er tritt keck, unverschämt auf.

Grundeigen, Verstärkung des Umstandswortes eigen, s. d. — ganz genau, von Grund aus: das kenne ich grundeegen; s. grundgütig.

Grundeis, „das Loch geht ihm mit G.", er hat grosse Angst; PP.

Grundgütig, sehr gütig, fast nur in in der Verbindung: grundgütiger Gott, grundgütiger Himmel; s. grundeigen.

Grünesuppe, Suppe von Körbel mit ein wenig Spinat und Zwiebel.

Gruseln, grauen, grausen, mit Nebenbegriff des Frösteln; mir (seltener mich) gruselt's schon f. mir bangt, schaudert, mich überläuft's, ich bekomme Gänsehaut (Grimm's Märchen

„von Einem, der das Gruseln lernen wollte).

Grütze, 1. Verstand, Hirn: „er hat keine Grütze im Kopf". Pl., Sch. 2. „er hat grosse G. im Kopfe", bildet sich viel ein; s. Graupen, Rosinen.

Guke, die, ein Tuch, das Bauermädchen um den Kopf binden, so dass es Haar, Ohr und einen Theil des Gesichts bedeckt, welches eben nur noch heraus gukt; im Nacken hängt ein Zipfel herab.

Gukelicht, Kinderwort f. Licht; N.-D.

Gulasch, eine stark gewürzte Fleischspeise; slavisch oder ungarisch.

Gulkern, das Geräusch beim Einschenken aus einer Flasche; Th.; Schw.: goltern; s. kulksen; — „es gulkert mir im Leibe 'rum", ähnliches Geräusch in den Eingeweiden.

Gums, dicker Brei, namentlich Bodensatz der Tinte; seltener Gungs. NS.: Pamps; vgl. Stams. (Vielleicht verwandt mit dem slavischen Worte für Sauerkraut: Komst, oder compositum?). In B. Gumps, Kumps, Kumpes, Kumpost; in Aachen: Kompes.

Gung f. ging; s. Gramm. § 209.

Gurke, sich eine Gurke herausnehmen, sich Freiheiten erlauben. Schl.

Gurkenhandel, da hört der Gurkenhandel auf, da hört Alles auf, so weit darf der Spass nicht gehen; s. Bohnenlied.

Gurkenmaler, Pfuscher, Stümper in der Malerei.

Gurkensalat, „was versteht der Bauer vom Gurkensalat" — was nützt der Kuh Muskate; Rl. Neuerdings sagt man auch: „das ist Caviar fürs Volk" — man muss die Perlen nicht vor die Säue werfen. (Shakespeare, Hamlet: It was caviare to the general.)

Gurkenzeit, auch: saure Gurkenzeit, die stille Zeit, wo es wenig Arbeit gibt (saison morte), z. B. bei den Schneidern im Sommer.

Gusche, die, pöbelhaft f. Mund, Maul, von Menschen, Hunden u. s. w.: Halt deine G.; er hat eine lose Gusche; K., Th., Eg., Schw.: — PP. Gusch; E. u. B. Goschen; Wn. Guschn, Goschen, Göschl; in Rl. für Mund ohne üble Meinung oder Rohheit, wie in Sz. allgemein Mul; s. Fresse, Gefräss, Rachen, Labbe, Brotladen, Schnute.

Guschmachen, kuschen (von coucher), sich ducken, Alles schafmässig erdulden. E.

Gustel f. August und Augusta, wie Christel f. Christian und Christiane; Rtr.: Gust — August.

Gut, 1. „sein Se so gut!" ironisch für „das verbitte ich mir". Brl.; 2. gut und gerne — sehr wohl; „das kann gut u. g. seine 10 Thlr. kosten; — eine Stunde weit is es gut u. g." (derbe Stunde.)

Gut, „das liebe Gut", ein Stückchen Brod, das eben in Gefahr ist, vergeudet, verdorben zu werden; „geh doch nicht so leichtsinnig mit dem lieben Gute um, vermosche es nicht so"; seltener „die liebe Gottesgabe;" s. lieb.

Gutdeuchten, einen angenehmen Kitzel und dgl. hervor bringen.

Güte, „du meine G.!" — lieber Gott; wie engl. goodness!

Gutmacher, Einer, der stets auf vortheilhafte Geschäfte sinnt; s. Wohlthuer.

Gutmeinen, liebkosen; wie ei-ei machen; man fordert Kinder auf, „es mit dem Vetter gut zu meinen" (ihm die Wangen zu streicheln).

Gutmuhmig, allzugutmüthig; davon: Gutmuhmigkeit, bonhomie.

H.

Hä, hö, 1. unhöfliche Fragform statt: wie? B. häns? 2. bäuerisch für er; „hä will nich"; dafür auch nur e oder ä (he, die erste Hälfte vom Stamme herr, wie he, engl., während er die zweite Hälfte ist); Gramm. § 190.

Haarbeutel haben, betrunken sein; B., E., Pf., Oe., Rh.; Wf. harbül; — auch schriftdeutsch.

Haare, eine, weiblich: „er hat eine H. darin gefunden; bei einer H. schmiss er um!" Rl. die Hor, als Einzahl; s. Gramm. § 181; Grimm, IV, 2, S. 7.

Haarig, stark, ungeheuer, ausgezeichnet. „h. Kälte, h. Nebel, h. Kerl;" s. Grimm: baarig.

Haarwachs, das, die Sehnen im Rindfleisch; Schw.; in Tb. Schliemen; mhd. hâr-wahs; s. Grimm.

Habberig, habb'g, happig, habgierig, der Alles weg happen (d. i. wegschnappen) will; s. habbern u. kabbern. Di: happi.

Habberkasten s. Haberkasten.

Habbern, zusammenscharren, gierig erwerben; davon habberig u. s. w.; vgl. kabbern.

Häbchen, Verkleinerung von: die Habe; nur in der Verbindung: „das ganze H. u. Babchen", alle Habseligkeiten, das ganze, geringe Vermögen; „er verlor an den Aktien sei ganzes H. u. B."; reimend wie so viele Redensarten; s. Grimm u. vgl. Näbichen.

Haben, ausgesprochen: hâm und bâm, Bspr.: hân; 1. „das will was haben", „das wird noch Manches haben wollen", Mühe kosten. Pf., Oe.; 2. sich haben, sich ungeberdig anstellen, aufbrausen u. s. w., Th.; s. gehaben; Berth. Auerbach: sein Gehaben f. Benehmen, wie to behave; mhd. haben f. sich betragen; 3. „es hat sich was", es ist bald gesagt, doch nicht so bald gethan; es stehen Bedenken entgegen, von denen Du Nichts ahnst; s. Eier; 4. s. was. 5. er riss aus (ich schrieb drauf los), was haste, was kannste, so eilig als möglich; 6. haste (nicht) gesehen (lag er auf der Nase, oder ging's fort u. s. w.) plötzlich, unversehens; PP.

Häberkasten, Häbersack, habgieriger Mensch, s. habbern, habberig; Sack, 3.

Habit (spr. Hawit), das, Rock, ganzer Anzug, bes. für Kinder; s. Grimm.

Häbui, der, habgieriger Mensch; „e richtger H." — habberig.

Hacke, die, Ferse an Fuss und Strumpf; Grimm, IV, 2, 100.

Hackeklotz, Hackestock, sehr dummer Mensch.

Hacke-Mack, Hack und Mack, der, gemischte Gesellschaft, wie: Kretbi und Plethi; im V. f. verworrnes Zeug; Di.; Hb.: Hackel un Backel; PP. Hack und Pack, s. Grimm.

Hacken, 1. Einen hacken, bevortheilen, betrügen; wie bemogeln u. a. 2. „die Milch hackt (hackert) sich",

gerinnt, bes. beim Kochen; auch von Suppen u. s. w., die klümprig geworden sind; Hl.

Häcker, Hecker, der, f. Häckerling, Häcksel.

Hackerchen, das, Zahn, Kinderwort; V., Pf., Hoh.; Hb. Hackel.

Hacksch, auch: Sauhacksch, Schweinehacksch, 1. unsauberer Mensch; einem Rülpsenden ruft man zu: „Prost Hacksch!" 2. Zotenreisser; er „hacksch t" gern, ist hacksch'g; Th., ND., J.; 3. Zote; „einen H. loslassen" — erzählen.

Haderlump, der, Lumpensammler; auch Schimpfwort — liederlicher Mensch.

Haferqueller, Spitzname für Bauern, weil sie manchmal den Hafer beim Verkauf nass machen, damit er schwerer wiegt.

Hahn, „dich soll doch gleich der H. hacken", Drohung, Kindern gegenüber, wie: dich soll der grosse Hund beissen; PP.

Hahn- f. Hag, Hain, in Zusammensetzungen, s. Hahnebutten, hahnebüchen; so wird es auch in Eigennamen gesprochen; das Dorf Hain bei Rötha heisst „Hahne bei Rede;" Kuanthain — Knauthahn; Grossenhain — Grossenhahn; in andern wie 'n, z. B. Albrechtshain — Olberts'n.

Hahnebalken, die obersten Balken im Dache, am First (nächtlicher Lieblingssitz des Hahnes), zusammengehalten von den Hahnebändern; holländ. hanebalk, mhd. han-boum.

Hahnebampel, der, haltloser Mensch; s. Hampedittrich.

Hahnebüchen, hambüchen, gross, stark, grob; „ein h. Kerl", gross u. stark gebaut; „eine h. Kälte", Hz.; von Hainbuche, Hagebuche.

Hahnebutte, Hambutte, die, Hahnebuchen, das, Hagebutte; von Hahn — Hag u. Butte, Knospe, engl. bud, franz. bouton; seltner die Hahnebipe (Kindersprache).

Hahnenschrei, der, der Tag hat um einen Hahnensch. zugenommen", f. unmerklich; in PP. ebenso, aber auch: „um einen Hahnenschritt".

Häkeln; zwei Personen fassen jede mit einem Finger eine Brezel und zerreissen sie so, um zu sehen, wer das grösste Stück bekommt; das heisst häkeln, auch ziehen, jahrmarkten; ND. hake.

Halb, 1. „ein halbes Viertel, ein

halbes Viertelchen" für ¼ bei
altem Mass und Gewicht, von der
Elle sagt man: ein halbes Viertel,
dagegen ist ein „halbes Viertelchen"
nur: ⅛ Pfund; desgl. „anderthalb
Viertelstunde Wegs"; 2. „halb und
halb", Schnaps, halb doppelter, halb
einfacher; im V. heisst der Schnaps:
Halberich; engl. half and half (Ale
und Porter); 3. er ist halb sieben,
ist betrunken; ND.: halbig söben.
Halbabend (sprich Halwāmd), Vesper-
zeit; V.; H.brod, Vesperbrod. SD.:
die Jausen.
Halbgewalkt, nur halb fertig, nicht
recht durchgeführt, also ähnlich wie
halbschürig; „ein halbgewalktes
Uebereinkommen, eine halbg. Arbeit".
Halbschürig, unentschieden, unsicher,
unzuverlässig; „ein h. Charakter; h.
Licht(wie an Nebeltagen ; h. Liberale";
vgl. halbgewalkt.
Halle, „stoss mich nicht, ich bin von
Halle", scherzhafte Drohung; in
Th. „stoss mich nicht, ich bin von
Mäning (Meiningen)".
Hallore, der, eigentlich ein Arbeiter in
den Salinen zu Halle, dann für einen
wilden, unbändigen Menschen; Sprich-
wort: „In Halle gibt's Hallenser,
Halloren und Halunken."
Halpart! (halbe Part) Zuruf, um von
Jemandem, der eben einen Fund auf-
hebt, einen Antheil zu fordern; s.
Part.
Hals, 1. „er hat sie am H. wie das
kalte Fieber", er kann sie nicht
wieder los werden; 2. „es will mir
nich zu Halse", behagt, schmeckt
nicht; s. Kopf, 2; — 3. „es hängt
mir zum H. heraus", ist mir zuwider geworden.
Halsabschneider, Wucherer; auch:
Kopfabschneider, Kravattenfabrikant.
Haltefest f. Häscher, Polizeidiener
u. s. w., wird zu dem Reime erwei-
tert „Herr, halt ihn fest bei Rock und
West".
Halten, 1. „sie hält sich nach ihm",
sie achtet auf die Wünsche ihres Ge-
liebten, geht nicht ohne ihn zu Tanze
u. s. w. Hl.; s. gehen, 2; 2. „ich
weiss nicht, wie ich halte", woran
ich bin, wie ich mich verhalten soll;
3. es lässt sich halten, ist mittel-
mässig; 4. er hält sich Eine, hat
eine Maitresse; vgl. entretenir.
Halwege für halbweg, einigermassen,
leidlich; RL halwǟ; Hl., Th. — in

Schl., Fr., V.: balbig, holbig; in Lpz.
auch Adj: ein halweger Preis, ein hal-
weges Unterkommen.
Hamf f. Hanf, Gramm. § 104; 1. er
kommt nicht aus dem H., redet
verworren, weitschweifig; kommt nicht
zu klarer Einsicht u. s. w., s. klossen,
verheddern, 2, Fitz.
Hämflich s. hänflich.
Hammel, unsauberer Mensch; auch
Schmutzhammel; vgl. sich behämmeln.
Hämmel, 1. f. Hammel; RL Hämel. 2.
H. dutz, s. dutzen.
Hammichel, Zusammenziehung von
Hansmichel, s. Hans.
Hampedittrich, unbedeutender, einfältiger Mensch; erinnert an Hampelmann; Pf.: Hambes; am Rh. Scham-
bes v. Jean Baptiste; s. hampeln,
Hahnebampel; Gramm. § 166 b.
Hampelmann, männähnliche Puppe,
bes. f. Knaben; Eberh. erklärt Hampe
— grober Kerl; s. das vorige und das
folgende.
Hampeln, unsicher, schwankend gehen,
aus Furcht, das Gleichgewicht zu verlieren; s. humpeln; ampeln ist ND.:
mit Händen und Beinen zappeln; s.
angeln.
Hamstern, gierig essen; P.: hamsen.
Hand, 1. Hand vom Sacke, der Hafer
ist verkauft! 2. Hand von der Butter, Zurufe, um unwillkommnes Zugreifen abzuwehren; ähnlich in PP.
Handlungsbeflissener, Handlungs-
diener, Handlungsgehilfe s. Mann.
Händschchen s. Häuschchen.
Hänflich, hämflich, derb, plump, grob;
„er wird gleich h.", fällt stark aus;
Hl., Eg.; von Hämfel, Hämfelchen,
eine Hand voll, welches z. B. in Fr.,
E., V., Th. üblich ist; s. Grimm —
(nach Rüdiger von Hanf, weil er
gröber ist, als Flachs!)
Hang, ich, auch: hung, f. hing; s.
Gramm. § 207, 209.
Hängen, v. n. 1. mit einer Schuld längere Zeit im Rückstande sein, wie in
Pf.: aufliegen; vielleicht von der auf-
gehängten Schuldnertafel hergenommen; Studenten hängen mit
einander, wenn sie sich gefordert,
die Sache aber noch nicht ausgemacht
haben, also so, wie anhängige Pro-
zesse; 2. „hier hängt er", scherzhafter, auch unwilliger Ausruf f. „hier
bin ich", wenn man nach Jemand gefragt
wird; die Konjugation v. hängen s.
Gramm. § 207, 209.

Hans als Gemeinname f. einen dummen Menschen, einen Tölpel u. s. w.; ebenso seine zahlreichen Zusammensetzungen; s. Gramm. § 166 b.

Hänschchen, Händschchen, Handschuh; Bal. der Häntsche; Rl. u. J.: Hänsch; Pf.: Händsching; Di. u. Mb : der Hänsch, die Hänschen; ND.: Hansken (ebenso: Holsken f. Holzschuhe, ND.); dän. u. schwed. Handske; schon mhd. hantsche, hansche, hentsche neben hantschuoch.

Häns'chen im Keller, Bezeichnung eines bald zu erwartenden Erben, man trinkt z. B. auf sein Gedeihen: „H. im Keller soll leben!" Jack in the cellar. Birkenhänschen f. Ruthe zur Züchtigung.

Hans Dampf, wer alles hastig und ungeschickt betreibt; E., Oe., Pf. Auch H. (D.) in allen Gassen.

Hanswurst, „roth und blau, wie Hanswursts Frau!" verhöhnender Zuruf bei geschmacklos bunter Kleidung.

Hapeln, ungeschickt gehen, so dass es nicht „fleckt", sondern „hapert;" bes. „über die grosse Zehe h." — einwärts gehen, „wie die Gänse".

Hapern, unpersönl. Zeitw., stocken; Pf., K., F.; PP.: es hapert sich; hapern ist auch schriftdeutsch, s. Grimm.

Häppchen, 1. Verkleinerung von „Happen", ein Bissen; „das sinn doch keine Portionen, das sinn bloss Kostehäppchen;" dann auch wie: ein bischen, z. B. „mach e Häppchen Platz, wart e H." Ab.; s. Häppe.

Häppe, die, Häppchen, auch Hippelchen, 1. Zicklein; bes. als Rufwort; Hl., Hb.; — NS.: Zibbe, Nibbe; bei Musäus: Hipplein; 2. Spottname f. ein Frauenzimmer, wie Zicke, Zippe. Pf. Häpperl.

Happen, der, grosser Bissen, auch Happs: er schluckte den Kloss uff eenen Happs 'nein; bei Bog. Goltz; Brl., ND., Hn. Der Hippen ist ein bescheideneres Stück; Di.: happen, gierig zubeissen, schnappen; χάπτω, ich schlinge, würge.

Happig, 1. gierig, wie habberig; Brl., ND., 2. stark: „eine happige Kälte;" auch „heide is doch nich so happ'ch" (neml. kalt); — der Happich bei Geiler v. Keisersberg (†1510) f. Habicht.

Harke, die, der Harken, Di.; „ich will dir zeigen (weisen), was eine H. ist", zurechtweisen, ablaufen lassen;

Geld im Spiele abnehmen. PP., Ho.; der Rechen ist ganz ungebräuchlich; Zeitw. harken, zusammenharken u. s. w.

Harsch, hart, herbe, vom Geschmack, auch von der Haut der Hände u. s. w. dän. barsk, schwed. bärsk; s. Grimm.

Hart, altbacken, aber nur von solchem Gebäck, das bloss frisch schmackhaft ist; also, z. B. h. Semmeln, Kuchen, aber man sagt: altbacknes Brod; hartes Brod ist wirklich hart gewordnes.

Hartleibig, geizig. Pf.

Hartsche, Adverb, hart daneben, dicht dabei: Bspr.; „ich fuhr hartsch am Prellstein vorbei".

Häs'chen, „Ich denke, es hat mich ein H. geleckt", wie Affe, 3; s. Grimm, IV, 2, 528.

Haschens spielen, einander im Laufe haschen; Hl.: Hasche spielen, Haschemann machen; NS.: kriegen.

Häschhasch! Zuruf, um kleine Kinder zum Haschen aufzumuntern; s. Haschens; vgl. dem Laute nach jouer à cache-cache.

Hase, der, die Schrotleiter am Rollwagen; s. Grimm, IV, 2, 530; s. Häschen.

Haspeln, häspeln, (von Haspel—Winde) sich herausziehen; „ich häspelte mich aus dem Graben, Bette; — er häspelt sich immer wieder auf", übersteht öfters Krankheitsanfälle; s. werden.

Hassard, „ein hassarder Mensch" — roh, verwogen, frech; in Th. u. Hb. der Hassart — Neid, Hass; englisch: hatred; s. Grimm IV, 2, 524.

Hasseln, sich hastig bewegen; war in den zwanziger Jahren gebräuchlich; s. aufhasseln.

Hätsch, in Zstzgn.: „er is e kleener Mutterhätsch", verhätschelt.

Hätschen, hätschen, schleifend, schlürfend gehen; Hb., Wn.; ähnlich: lätschen, seltner: schätschen; s. Grimm: hatschen.

Hatt'r'sch, zusammengezogen f. hat er es, hatte er es, habt ihr es; s. Gramm. § 154: „na, da hatt'r'sch", da habt ihr die Bescherung! vgl. sett'er'sch.

Haue, die, Prügel; „du kriegst schon deine Haue, tüchtige Haue!" die Strafe ist dir sicher; „es setzt Haue fürs Vaterland", gewaltige Prügel; Eg.; ebenso Dresche, Keile, s. Gramm. § 156; s. ferner: Wichse, Schmiere, Warmes, Holze, Kium.

Hauen, 1. schneiden, Heu machen; „auf
der Wiese wird gehauen;" in diesem
Sinne ist die Vergangenht. nur „ich
haute", nicht ich hieb; Gramm. § 206;
2. sich ins Bette (in die Falle)
hauen, schlafen gehen; sich hinhauen, legen; PP.

Haufen, „er hat's mit Haufen", er
hat Geld in Haufen; „es kommt mit
Haufen", reichlich; er sitzt da wie e
Häufchen Unglück, gedrückt, ge-
duckt, de- und wehmüthig; PP.: hei
huckt wie en Hupke Onnglöck.

Häufige, das; „es ist das Häufige
nicht, es wird das Häufige auch
nicht sein", es hat nicht viel auf
sich, nicht viel zu sagen; s. Haufen,
gross.

Hauhau, der, Hund; Kinderwort; auch
der Hauhauhund.

Häupter, der, Oberhaupt, Hauptmann.
Bei Rtr. im schlimmen Sinne, wie:
Anstifter.

Hauptmann, „er muss vor Haupt-
manns Quartier," sich vor irgend
einem Vorgesetzten verantworten.

Haus, 1. altes Haus, alter Freund;
bei Studentenverbindung: ehemaliges
Mitglied. 2. „das H. ist eingefallen", sagt man bei einer Niederkunft;
dafür in PP.: der Backofen ist eingefallen; 3. zu Hause s. zu, 1.

Häus'chen, 1. vorzugsweise für einen ab-
seits errichteten Abtritt. B., E., J.,
L., Hl., Schw., PP., Schl. 2. aus dem
Häuschen sein, überlustig, ausgelassen; Rtr.: ut dat Hüschen kamen.

Hausgeniesse s. Geniesse.

Haussen, Verkürzung f.: hier aussen,
trotzdem sagt man auch gehäuft: hier
haussen; mhd. hûzen, vgl. hinne.
Gegensatz zu darin.

Hausunke, Frau, die immer zu Hause
steckt, Stubenhockerin.

Haut; es ist aus heiler Haut entstanden, ohne bemerkbare Veranlassung, von selbst; bildlich: „er fing
ganz aus heiler Haut davon an", begann ganz unerwartet, ohne alle Veranlassung, ohne Einleitung darüber
zu sprechen; Hb.

He, Bauer! Ausruf, wie hopsa! wenn
Zwei zusammenstossen.

Hebe, die, ein Fischnetz an einer Stange,
an Mühlwehren gebräuchlich.

Hebekorb, länglicher, viereckiger Korb
mit Henkeln an zwei Seiten; Fll., NS.

Hechtsuppe, „es zieht wie H.", es
bläst schneidender Wind; Brl.; „der
Stock zieht an wie H.", PP.

Hecke, die, 1. ein Brütbauer der Vögel
(Vogelhecke, Kanarienhecke);
2. ihre Jungen; 3. bildlich eine Menge:
eine ganze H. Kinder; s. Hetze.

Heckern, höckern, 1. klettern; Kinderwort (von hocken); Th., Dd.; 2.
wie hacken, 2.

Hede, 1. Abkürzung für Hedwig; vgl.
Ede; 2. „die Hede" f. das Dorf
Propsthaida bei Lpz., „er ist aus der
Hede;" im Eg. spricht man Schön-
heida aus: Schiehähd.

Hedexe, Eidexe; s. Gramm. § 133;
Schw. Heggäs.

Hee, nicht wahr; „aber gestern war's
hübsch in der Schenke, hee, Fritze,
hee?" vgl. Rl. häin? Mü. häns (f. wie),
s. henē?

Heed, das, Salat-, Kohl-, Krautkopf;
engl. head; feinere Hausfrauen
sagen: ein Krautheid; ND., Th.,
Fr., Schl. (Höt u. Hēt); im V. Häd
auch vom Kopf des Menschen, wie in
unsrer Bspr.: zu Heeden — zu
Häupten, z. B. des Bettes.

Heesch s. hesch.

Hefen, auf den Hefen sitzen bleiben,
nicht gedeihen, kein Glück haben;
vom Backen hergenommen.

Heftelmachen, „das geht wie's Heftelmachen", sehr schnell. Schw.

Heftelmacher, „aufpassen, Achtchen geben, spannen wie ein H.",
scharf Achtung geben. Oe., Th., Hb.,
Bal.; in Schw. „wie a Hechelmacher".

Heideloreho, „singen wie eine H.", sehr
schön; oft ironisch.

Heiden, in vielen Zusammensetzungen
— viel, stark, gross, beträchtlich;
z. B. Heidenskandal, Heidenteebs, H.-
Spektakel, H.-Krakeel, H.-Lärm, H.-
Schmerz, H.-Angst, ein H.-Geld oder
heidenmässiges Geld, heidenmässig dumm, heidengrob; ein
Heidenkerl, irgendwie auffälliger,
grosser, interessanter, widriger
Mensch; s. Luder, Zeter, Hund.

Heie, „in die H. gehen", s. Boheie.

Heilig, zuverlässig, sicher; „darauf
kannst du dich heilig verlassen!
der liegt h. noch im Neste!" Wn.; bes.
wenn man Jemandem droht.

Heimgehen, 1. sterben; „er wird wohl
bald heimgehen;" 2. verlieren, beim
Kartenspiel; wie 'rumgehen.

Heimlich, 1. „Es ist recht heimlich
kalt", scharf kalt bei Windstille;
Hl.; auch: stille kalt; 2. „ein Heimlicher, heimlicher Jünger",

9*

Heuchler, Einer, der es „hintern Ohren" hat.

Heimtreiber, Heemtreiber, 1. ein grosser, starker, unheimlicher Gesell; 2. ein wuchtiger Knittel.

Heiraspeln, scherzhaft f. heiraten.

Heisch s. heesch.

Heizen, bäurische Verstärkung von eizen, „Jemand recht heizen", abschmatzen u. s. w. Hl. Eg., Böhme's Horaz: „die Jungfern geheien oft die Junggesellen"; in T.: haitschen.

Hele, hole, Kätzchen, sagt man besänftigend zu einem Kinde, das sich weh gethan; dabei bläst man auf die schmerzende Stelle oder streichelt sie; von heil; s. Haut.

Hell, 1. schlau (heller Kopf), bes.: „er is m'r zu helle", lässt sich von mir nicht übertölpeln; „mir Sachsen sein Sie helle", oft ironisch; 2. wirklich, echt, rein u. s. w.: „der Wein is der helle blanke Essig; er sah aus, wie der helle Teufel".

Heller, „Er muss seine drei Heller überall dazugeben", überall hineinreden, sich einmischen; s. Semf, hineinhängen.

Helmerchen, Feldkamille, Matricaria chamomilla; davon: H-thee; Meissen: Hermel, Harmel.

Hemd, 1. abweisende Erwiderung auf die lästige Frage, wo Jemand sei: „im Hemde!" Hb.; 2. wird bei Kindern durch zerrissene Hosen das Hemd sichtbar, so rufen andere: „das Hemde guckt zum Hosen 'raus, der Bursche macht sich gar Nicht draus!" man nennt's auch das Weissbierzeichen; vgl. Fleischer; 3. „der Milchfrau ihr Hemde", die Haut auf gekochter Milch.

Hemde, die, Heimat; Gramm. § 126, 157. Sdt. Hemt.

Hemdenmatz, der, nur mit dem Hemde bekleidetes Kind; s. Matz, Nackfrosch; in Schw. Hemdehätteler, Hemdschütz.

Hene, die Verneinung von hee; nur nach verneinenden Sätzen, — nicht wahr, so ist es nicht? „Du gehst nicht hin, hene?"—nicht wahr, du gehst nicht; you do not go; do you, though?

Hengst, üppiger, namentlich geiler Mensch; bes. in Zusammensetzungen, wie Mädchenhengst; am Schuhmacher schimpft man: Pechhengst; s. dagegen Pomadenhengst.

Henkelkorb, nur: Korb mit einem bogenförmigen, oben querüber gehenden,

nicht an der Seite befindlichen Henkel; in Rl.: Fölwes; ebenso ist es mit Henkeltopf; s. dgg. Hebekorb.

Henkeltopf s. Henkelkorb.

Henkeltöpfchen tragen; von 2 Personen fasst jede ein Kindchen unter dem einen Arme und trägt es so ein Stückchen; dies heisst H. tragen. Th. Fliegänschchen mach (Fliegegänschen).

Henkersmahlzeit, jede letzte Mahlzeit an einem Orte, den zu verlassen man im Begriffe steht.

Her gilt bei Zieräffchen in Zusammenziehungen für „feiner", als hin; sie sagen: „Ich gehe in den Wald herein," wenn sie noch weit vom Walde weg sind; sie springen von dem Rande „in einen Graben herein", sie reden vom Heruntergehen, wenn sie im 5. Stock sind, und wenn sie auf der Strasse Jemanden treffen, nötigen sie ihn, „ein Minutchen mit herauf zu kommen;" sie heissen Jemanden aus demselben Zimmer „heraus gehen", in welchem sie selbst sitzen; sie ziehen von Lpz. aus an die türkische Grenze heran und berufen sich darauf, dass „'naus, 'nunter, 'nauf u. s. w. doch gar zu „gemein klängen", viel schlechter als 'raus, 'runter u. s. w.! In Brl., Po. u. s. w. ist's noch schlimmer damit; der ungebildetste Leipziger aber, sobald er natürlich spricht, macht diesen Fehler durchaus nicht.

Heraus sein, beim Spiele: 1. aus dem Schneider (oder Matsch); 2. mit Gewinn aufhören (also: wieder aus dem Verluste sein); verstärkt „schöne 'raus! dicke 'raus;" Gegentheil: 'reinfallen.

Hereinfallen, sich anführen lassen; Brl.; engl. to be taken in, franz. donner dedans; s. her; Leim, Zopf.

Herenso s. Hören.

Hering, 1. schmächtiger Mensch; er hat einen Heringsbauch; 2. „sie hat H. gegessen", ein Zopf hängt ihr herunter.

Heringsseele, 1. Krämergeist; 2. s. Seele, 2.

Hernächens, hernächer, hernächend, Bspr.: hernünste, hernän, für hernach; Schl.: hernacherten, Pf.: dernochend; s. Grimm, IV, 2, 1117.

Herre, 1. Ausruf. Gott, wie Lord, Seigneur; gedankenlos gebraucht f. „ei, ach", um Ueberraschung, Freude, einen hohen Grad u. s. w. auszudrücken: — H., das regnet aber; H.,

hier gibt's aber Schneeglöckchen; Th.
Die Beziehung auf Gott ist so vergessen, dass man auch als Ausruf
braucht: 2. Meine Herr'n! (mit dem
Tone auf meine) selbst unter Kindern oder Frauen: „Na, meine H., das
wird was Schönes geben; m. H.! die
Kälte!" Aehnlich das schottische
hegh sirs; 3. Weess der Herre,
eine schwache Betheuerung, während
„weess Gott" ernster gemeint ist;
A: „der Korb ist aber niederträchtig
schwer;" B: „Na, weess der Herre"
— gewiss! 4. Einen Herre werden,
bezwingen, bewältigen; ich kann die
Flasche, den Kloss nicht mehr Herre
werden, auch: ich bring'n nicht Herre,
kann es nicht austrinken, aufessen.
Ueber die Formen Herr und Herre
s. Gramm. § 132.

Herrenwinker, der, hiess (1845) eine
Art Damenstrohhut, mit sehr breitem,
schwankendem Rande.

Herrjee, Herrjes, Herr Jēmersch,
verdorben aus Herr Jesus; s. jēmersch; ach herrjee! — das thut
mir leid! u. s. w.

Herrschde f. hörst du? wird oft einer
Ermahnung u. dgl. zugefügt, anstatt:
verstehst du? vergiss nicht! z. B.
„herrschde, geb mir nich ans Wasser;
nimmb's ja in Acht, herrschde?" s.
Gramm. § 92.

Hērsche, 1. schlechte Aussprache f.
Hirse; 2. „eine Magd u. s. w. hērsche
heissen", sie in der 3. Person der
Einheit anreden, z. B.: Rike, laufe sie
emal auf den Nickelser Gerchhof und
hole sie Zwiefeln;" ist seit 1830—40
fast ganz abgekommen; wohl von
„höre sie," vgl. hörense heissen.

Herstellen, Einen gehörig herstellen, wie schlechtmachen, herunterreissen, abmöbeln, abbatzen u. s. w.

Herumgehen, ein Spiel verlieren; man
„wird 'rumgebracht", dann „ist
man 'rum" oder „hin" oder „um die
Ecke", „futsch".

Herumkommen, geschäftsmässiger Ausdruck f. wieder vorsprechen; auch vorkommen, wo der Andere gar nicht
hinten wohnt, sowie man bei „herumkommen" an keine Ecke denkt.

Herumständern, bald da, bald dort
stehen und Maulaffen feil halten.

Herumträger, „Er hat es bei einem
Herumträger gelernt", sagt man,
wenn Jemand Etwas nicht gut kann,
z. B. Karte spielen, Rechnen.

Herunterkommen, bildl. „die Fenster
wolln heute gar nicht 'runterk.", ab-
thauen.

Heruntermachen, herunterputzen,
herunterreissen, ausschelten; Ab.

Herze haben, viel beliebter, als: Muth
haben, wie: Kurasche.

Herzeleid, Einem alles gebrannte
Herzeleid anthun, jede Unbill,
Kränkung; Rtr.: „all't mögliche
brannte Hartleed;" s. Dampf, Schur.

Hēsch, Di., heiser; vornehmer ausgesprochen: „heisch (Rtr.), heischer;" —
„er hat e heeschen Hals;" s. Gramm.
§ 93.

Hotze, die, Menge; „eine ganze H. Veilchen, Nüsse, Bücher, Menschen", a
host; s. Hecke, 3; Wulst.

Heu, 1. er hat Geld wie Heu (nur dass
es nicht so lang ist); 2. er hat sein
H. 'rein — sein Schäfchen ins
Trockne.

Heuboden, höchster Platz im Theater;
s. Paradies.

Heuböm, Heuochse, Heupferd,
Schimpfwörter — dummer Mensch;
s. Hornochse.

Heuleiter, „der hört mit Heuleltern",
ist schwerhörig; s. Grimm IV, 2, 1288.

Heulig (spr. heilig), zum Weinen geneigt; auch Heulsuse, Heulfritze.
Heularsch, wie Ningelliese.

Hie f. hier ist in Bspr. gebräuchlicher,
als in der Schrift, theils für sich allein, besonders aber in den Zusammensetzungen: hiehausen, hienein,
hieniwer, auch hienēwer — hier
hinüber; hienum — hier hinum;
hieunger — hier hinunter.

Hieb, 1. einen H. thun, einmal trinken; Hz.; vgl. Hippen; 2. einen
Hieb haben, angetrunken sein.

Hiefrig, frostig, auch elend, dürftig,
erbärmlich, schlecht genährt; Eg.; im
Meissnischen; s. zusammenhiwern
u. vgl. spiebrig; Grimm: hiefrig;
von mhd. hiefe, Hagebuttenstrauch?

Hiele, hiele! Lockruf f. jüngere Gänse;
s. Hule.

Hienunger, hienunger s. hie.

Hier wird überflüssig gesetzt, z. B
„Komm' mal her hier! Hau' mal her
hier!" Es ist herausfordernd, her-
her nicht. „Dahier", wie das ver-
altete „allhier;" im V. auch dort-
hier.

Hiez, Lockruf für die Katze, die daher
auch die Hieze heisst; verwandt mit
Hinz? (wie Biese f. Binse) s.
Miez, Puss.

Hilfe, „von den Regen kriechte mei Hut die H." wurde verdorben; „das war vollends die letzte H.", der Garaus; s. Gare.

Himmel, den H. für eine Bassgeige ansehen, schwer betrunken sein.

Himmelhund, alliterirende Verwünschung, (wie Höllenhund), verdammter Kerl. Th.; Himmel als Verstärkung, wie in: Himmeldonnerwetter, Himmelelement.

Himmeln, 1. vor Entzücken, Schwärmerei u. s. w. ausser sich sein; 2. die Augen verdrehen; 3. sterben; K., Pf., Th., Hz., Schw.; s. abfahren; mhd. himelen, in den Himmel aufnehmen.

Himmelschlüsschen, auch Himmelschlösschen, das, Schlüsselblume, Primula veris; „sie schliesst den milden Frühlingshimmel auf", Brentano; schon mhd. ist himel-slüzzel Name einer Feldblume.

Hineinhängen, 1. „er muss sei Maul (seine Gusche, Labbe) überall hineinhängen", sich in Alles mengen; vgl. Heller, Senf. 2. „Hänge die Nase nicht so hinein!" sagt man, wenn Jemand tölpisch an Etwas riecht, z. B. die Nase einer Schüssel zu sehr nähert.

Hineinlangen, Einem Eine h., ihm eine Schelle oder dgl. geben.

Hineinleuchten (in Etwas), beim Essen gehörig zusprechen; schöne, derb, tüchtig hineinl., Eg., Th.

Hineinpulvern, viel Geld auf Etwas verwenden, bes. unüberlegt, z. B. in einen Bau; dann wie einbrocken.

Hinhauen, derb hinfallen; s. hinlerchen.

Hinhorche, die; „ich gebe dir eine H., dass du wieder herhorchst", eine tüchtige Ohrfeige (Dusel, Dachtel, Damsel u. s. w.)

Hinkbeere f. Himbeere; s. Gramm. § 102; engl. hind berry.

Hinlerchen, beim Gehen hinfallen, eine „Lerche schiessen;" ebenso: hinhauen, hinplauzen, hinschlagen, hinschmeissen.

Hinne, Zusammenziehung von: hier innen, mhd. hinne, binnen; Gegensatz zu draussen; „bleib hinne", in der Stube; s. haussen.

Hinne, auch Hiene, die Henne; ND.; auf Verwechselung mit dem vorhergehenden Worte beruht das Wortspiel: „heide ess'n m'r Gardoffeln, Gans u. Hinne" (ganz und im Zimmer); am Rh., wo man häss f. heiss sagt, hat

man den ähnlichen Scherz „Kartoffeln, Has und Gans".

Hinplauzen wie hinlerchen.

Hinschlagen, derb hinfallen, wie: hinlerchen; Pf.

Hinschmeissen f. hinwerfen; s. schmeissen; auch: derb hinfallen, stürzen; Th.; wie hinlerchen.

Hinseln, erschöpft, ermattet; beim Spiele „'rum sein;" beim Trinken soviel wie „abfallen;" auch f. bankerott.

Hinte, Adv., heut Nacht, diesen Abend; Ab., Hl., Zch., Schl.; in Ruhla ist häint — vorige Nacht; ebenso bei P. Gerhard: heunt, bei Lichtwer: hinte, bei Goethe: hint Nacht; in L. nächten, was bei uns selten ist; mhd. hient, hinaht, hinte f. heut Nacht und gestern Nacht; schott. hinder night, gestern Abend; s. Grimm: heint.

Hinten 'munter fallen (od. rutschen), zu kurz, unter den Schlitten kommen; s. abfallen.

Hinterbeine, „auf die H. treten, sich auf die H. stellen" ein Versprechen zurücknehmen, Ausflüchte suchen; PP.; bei Goethe, Kotzebue; Pf.: zurückhufen.

Hinterblind s. Hühnerblind.

Hinterrücksig, nach hinten heraus gelegen; die hinterrücksigen Stuben; Gramm. § 171.

Hiob, der, Essenkehrer, nach seinem Rufen, wenn er zur Esse herausschaut: „Hie ob!"

Hippauf, Hippuff, der, (Hüpfauf) Brustbein der Gans, zu einem aufhüpfenden Spielzeug hergerichtet, Hl.; in B. Hupfhainzl, Hupferhänsl; engl. skip-Jack; in Amerika: Johnny Jumper, Johnny jump up; s. Jungemagd.

Hippelchen s. Häppe.

Hippeln, hippen, für hüpfen; Rtr.; auch hoppeln, huppen, huppeln.

Hippen, der, Bissen; s. Happen; „ein Hippchen" ein wenig, ein Bischen, wie ein Häppchen; „Rücke doch ein Hippchen näher!"

Hipperling, der, verkümmerte Gänsefeder, mit weicher, schlecht ausgebildeter Spule und verwachsener Fahne; sie werden beim Federschliessen als untauglich beiseite gelegt und wie Pfänder ausgelöst.

Hirschhorn, Abkürzung für: Hirschhorngeist, eine aus Hirschhorn bereitete Flüssigkeit, welche früher als Arznei, bes. aber zum Fleckausmachen

benutzt wurde; jetzt durch Salmiakgeist ersetzt.

Hirsemus, „er is gerührt wie Hёrsche-
mus", (auch wie Aeppelmus) spöttisch: über Kleinigkt. sehr gerührt;
Wortspiel mit dem Umrühren beim
Kochen; ganz ähnl.: „making the
Christmas pudding is a stirring
scene".

Hitschen, aushitschen, Rübchen
schaben; man spricht dabei hitsch,
hitsch!" — ätsch!

Hiwel s. Hübel.

Hixen, hicksen, hinken; Th.; erinnert
an unser Hacke, B.: Hacksen —
Ferse (am Fuss).

Hobel: — „du kannst mir den Hobel
ausblasen", höhnische Abweisung,
wie „gewogen bleiben;" s. d.; Schw.

Hoben f. hier oben; er bleibt hoben;
auch mit da: „da hoben ist es kalt;"
Bspr.; Sz., am Neckar n. s. w.

Hochbeinig, anspruchsvoll, anmassend,
„h. auftreten;" s. grossstieflig;
ähnlich „er steigt daher, wie der Hahn
uffn Mist". Bei Rtr. sind „hochbeint"
Johren" theure Jahre.

Höchde, die, für Höhe; Di.; auch für
hoh sagt man durchweg hoch: ein
hoches Haus, höchere Berge; E., ND.,
Wb.; s. Gramm. § 157 u. 69.

Hochz'g, die, Hochzeit; Bauern: Huchzg;
Rl.: Höxch; Sudt.: Huxt; Schw.: Han-
zich; Gramm. § 126; „er macht H.
un Teefde (Taufe) uf ee Geleefde
(d. h. mit einem Male)", sagt man,
wenn die beiden Ereignisse zu schnell
auf einander folgen; „die Hochz'g von
Kanaan" anstatt von Cana.

Hof, der, Bspr.: Hoff, steht schlechthin
für Edelhof, Rittergut; „er driacht
uff'n Hofe;" dann auch f. Bauerngut:
„er hat 6 Färe aus'n Hofe gehen",
er besitzt 6 Pferde.

Hoffentlich steht mitunter f. wahrscheinlich, also possirlicher Weise oft
von Sachen, die man durchaus nicht
erhofft; „ich habe mir einen Husten
geholt und hoffentlich auch einen gehörigen Schnupfen".

Hoftrauer wie Landestrauer.

Hohle, die, auch: Holle, f. Hohlweg,
Bspr.; holl. holle weg.

Hohnipeln, hänseln, verhöhnen; davon
die Hohnipelei. Eg.; Th. hohn-
eckern; in B. holbippeln f. schmähen.

Hoi, 1. Zuruf statt he oder hui (wie foi
— pfui). 2. „sei nur nicht so hoi",
hastig, täppisch zufahrend.

Höke, der und die Heeke (aber auch:
die Heeken, gleichsam Hökin), f. Höker
und Hökerin; Mehrheit: die Höken;
mhd. hocke, hocker.

Holf f. half, auch hulf; Gramm. § 208.

Holkrig, holkricht, horplig, für holprig, nneben, von Wegen; auch: holkrig und bolkrig oder holker-
bolkrig; ein Holker, Unebenheit,
gewöhnlicher: Horkel, s. d.; zu dieser Verdrehung von l u. r vgl. storpeln, in P. n. NL.: hulstrig, u. hol-
terte polterte. Grimm: horklicht
(Lessing).

Holle s. Hohle.

Höllisch, sehr, stark, ungemein; „er hat
sich hellisch verrechnet;eine hellische
Kälte; ein hellisch grosser Kerl;" Rtr.;
s. böse.

Hollunder s. Flieder.

Holtercpolterte, holderdebolder-
de, holterpolter; Hl.; hullerdebul-
ler, NS.; Rtr.: Hulterdipulter; PP. es
ging holl über boll; PP. holl u. boll
f. durch einander. engl. heltor skel-
ter; schwed.: huller om buller.

Holz, beim Kegeln, sämmtliche noch
stehende Kegel; „es ist noch viel H.
übrig;" ein Querholz, ein Kegel,
querüber vor einem andern liegend.

Holzbock, 1. „ein Kerl wie ein H.",
steif, unbeholfen, störrisch, verstockt;
Schw. 2. „Einen behandeln wie
einen H.", wie einen gefühllosen
Menschen, wie ein Stück Holz; mhd.
holz-boc, grober, ungelenker Mensch.

Holze, die, Prügel; holzen, prügeln;
Holzerei; s. Haue.

Hölzerbette, die bölzerne Bettstelle;
Hl.; ebenso Spanbette.

Hölzerstuhl f. hölzerner Stuhl ohne
Polster. HL.; so bildet man auch:
Hölzerpantoffel.

Holzkammer, „Holder Engel aus
der Holzkammer", scherzhafte alliterirende Anrede an Mägde u. dgl.

Honig schneiden, eine Senkgrube
räumen; wie „den Bienenstock
schneiden".

Honorig, anständig, nobel im Auftreten,
freigebig; bes.: sich h. machen, be-
weisen, aufführen; Sz.; „das ist nicht
honorig", not fair.

Hopfenstange, langer, schmächtiger
Mensch; wie: Bohnenstange, Klet-
terstange, Latte; Brl., Hb.; in
Wn.: Fahnenstange.

Hopp! Ausruf 1. zum Springen (hoppen
— hüpfen) auffordernd; auch hoppa!

daher: hoppa machen, springen, Kindersprache; in der M.: hottan machen — tanzen; s. Hoppdich. 2. wenn man an Etwas od. an Jemanden anstösst oder fällt, wie „he Bauer!" Kindern ruft man da auch zu: „Hopp Marjäne!" s. Gramm. § 166b.

Hoppas, der, Fehlsprung, Zusammenstoss zweier Personen, s. hopp, 2½ daher auch: einen H. machen, Versehen begehen; „Es wird noch manchen H. setzen", Streitigkeiten, Misshelligkeiten. P., Hb., s. Grimm; in Schw. ist Hoppas ein zweirädriger Einspänner.

Hoppdich, huppdch! Ausruf beim Springen, wie hoppa! s. wuppdich.

Hopp-Dohle, die, hoher Hut; s. Angströhre, Dohle.

Hoppeln, huppeln, 1. hüpfen, wie hippeln; s. hoppen; 2. schlecht reiten, so dass man auf dem Gaule hin und her schwankt; Sch., Schw.; vgl. hotteln; in Schw. heisst der Frosch Hüppezink; s. Huppelkrab.

1. Hoppen, springen, hüpfen; hoppeln, hopsen bedeuten mehr ein wiederholtes Hüpfen; mhd. hüpfen, hupfen, hopfen, hoppen; schwed. hoppa, dän. hoppe, holl. huppelen; s. Gramm. § 176.

2. Hoppen, der, Hopfen.

Hopp-hee, das, der ganze Kram, die Siebensachen, Trödel, Gesindel; Hb. Hopphele; Rtr.: Hopphei; auch das Hopp-hehchen (Weisse, kom. Op., II, 220); s. Hurrlehee, Birnen, Habchen, Flittchen-hallo.

Hopps gehen, verloren gehen. „Er ist h.", hin, todt; wie futsch u. s. w.; Schw.

Hüpsen s. hoppen; PP.; der Hopser, ehemals ein Hüpftanz.

Horbel, die, eine derbe „Dachtel." Hb., Fr.

Hörense, 1. Zuruf, Haupterkennungszeichen des Leipzigers, womit er fast jede Anrede beginnt, wie der Berliner mit: Sagen Sie mal! engl. ungefähr I say; z. B.: „H., wissen Sie nicht, wo die Waldstrasse ist?" Antwort.: „Ne, h., sehen Sie, das weess ich Sie och nich". In Ab. sagt man zu einer Botenfrau z. B. „heersche he, meine Gute, will Se m'r das holen?" 2. Jemanden h. nennen, Sie (statt du) zu Jemandem sagen; bildlich „Etwas hören Se nennen oder zu dem Dinge h. sagen," behutsam damit umgehen, z. B. mit einer Uhr.

Horkel, der, kleine Unebenheit im Wege,

bes. von festgeballtem Eis, Schnee. Schlamm; daher: horklig; s. holkrig; auch: horklig und borklig, oder: holkrig und bolkrig; Hb.: horschelig.

Horls'che, Horlske, Horns'che, die, Kornelius-Kirsche, Frucht des Hornstrauches (Cornus); Hl.; s. Horlitze bei Grimm; heisst auch Dürlitze.

Horn, „der grosse H." — Januar, mhd. born; der kleine Horn — Februar (Hornung); „der kleine H. macht sei Stückchen", ist noch sehr kalt. HL, Th.

Hornickel, Schimpfwort, bes. gegen Frauen, wie Bunnigel; s. Grimm.

Hornochse, Schimpfwort, kräftiger, als: Ochse; Eg.; ebenso: Brummochse, Doppelochse, Heuochse, e Rindvieh von en Ochsen u. s. w.

Horns'che, die, 1. Hornisse; 2. wie Horbel; 3. wie Horls'che.

Hose, die, Holzgefäss f. Schmelzbutter; aus NS., wo Hose auch für andere Gefässe gebraucht wird; s. Grimm, IV, 2, 1840 unten.

Hosen, 1. Einem die H. anmessen oder straff ziehen, durchprügeln; 2. die H. umwenden, zu Stuhle gehen; 3. rothe H. putzen den Mann! (s. Grimm, IV, 2, 1838 unten) rufen Spieler aus, für: Roth ist Trumpf; vgl. Eicheleckern, grinsen, Schelllümpchen.

Hosenhebe, die, der Hosenträger; Hl.

Hosenlatz, Hosenstall, Hosenklappe zum Oeffnen, jetzt ausser Mode, durch den Schlitz ersetzt; s. Latz.

Hosenleder, zach wie H., sehr zähe, von Fleisch, Kuchen u. s. w.

Hosenpauker wie Arschpauker; seltener.

Hosentrompeter, Feigling, ewig bedenklicher, ängstlicher Mensch, dem das Herz leicht in die Hosen fällt; Rtr.: Bangbüx (d. h. Angsthose).

1. Hotte, ich, oder hutte, Bspr. f. hatte; s. Gramm. § 197.

2. Hotte, hutte, links, bei Fuhrleuten; Eg.; „der Eine zieht hutte, der Andere schwutte", sie können sich nicht verständigen; PP.: hott und schwodder; Rtr.: höl un hott; s. wist und bei Grimm: hott.

Hotteln, schlecht, langsam fahren oder reiten; vgl. hoppeln, 2.

Hottopferd, Kinderwort für Pferd; E., Schf.: Hottel; Di.: Hüttjeperd; Rtr.: Hottepirken; vom Zuruf der Fuhrleute: hott! — zieh, geh; s. Grimm.

Hübel, Hiwl, der, f. Hügel; auch von Erhöhungen auf der Haut; selten; häufig im Eg., B. u. s. w.; in Sz. Hübli. In Tir.: Kofel. Der von einigen Hügeln gekrönte obere Theil der „Hohen Ries" bei Schneeberg im Eg. heisst die „g'hübelte Ries;" mhd. hübel, hubel.

Hübsch, er ist hübsch mit mir, sie sind recht hübsch gegen einander, f. freundlich, wohlwollend, verträglich; Eg.

Huck uf de Mäd, der, gewöhnlich abgekürzt: Kufdemad, Dradn: Huckuffdemehn; „Huck auf die Magd" in Baumgarten, Flora Lips., 1790; s. Flieder.

Hucke, Hocke, 1. Pack, das man auf dem Rücken trägt oder „aufhuckt;" 2. Jeder hat seine H. (oder sein Hückchen), seine Last, Noth; 3. einem die H. voll lügen, sehr belügen; ND.: de Jacke full leege; 4. die H. vollhauen, durchprügeln; Th.; 5. sich die H. voll saufen, schwer betrinken.

Hucken für hocken; Jemanden hucken, ihn auf dem Rücken forttragen; ein Kindchen „huckesalze tragen", huckesalze mit ihm machen", es auf dem Rücken tragen. Bürger: Huckepack tragen; s. Hucke; so auch: aufhucken, z. B. den Bergern neue Steuern aufhucken (aufhalsen).

Huf, der, harte Haut an den Händen infolge schwerer Arbeit; „ich hawwe rechten Huf an'n Händen;" s. Grimm: Huf, 5.

Hufeisen, 1. ein Stiefeleisen, mit welchem der Absatz beschlagen ist; Di.; 2. sie hat ein H. verloren, ist zu Fall gekommen: Schw.; Bsl. es hett es Ise apg'rennt.

Hühner, ich kenne seine ganzen Hühner und Gänse, alle seine Angelegenheiten, sein Hauswesen, seinen Verkehr u. s. w.

Hühneraugen, Einem auf die H. treten, beleidigen, fast wie: ins Fettnäpfchen treten, es bei Einem verschütten.

Hühnerblind, das, auch Hinterblind, (Gramm. § 139) Waldblume, Pulmonaria; die Hühner sollen davon blind werden! Ein andres Hühnerblind verzeichnet Grimm.

Hule, Lockruf für Gänse, Hl.; seltner: husche; Eg.: wule; Hb. hussel; die Gans heisst daher die Hule, Hz.: Hulle; Rtr. Wiele; s. Hiele.

Hulegans, Kinderwort, wie Hule.

Hulf f. half; Bspr.; Pf.; s. Gramm. § 209.

Hummel, „er hat Hummeln im Loche", kann nicht ruhig sitzen. E.: Blitzloch.

Hummelhurtig, schnell, überstürzt, Hals über Kopf; „gommt nich so hummelhurtig die Drebbe 'ran", auch bummelhortig; die letztere Hälfte vielleicht von mhd. hurt, Stoss, Anprall (engl. hurt).

Humpeln, unbeholfen gehen; Ab., ND.; — PP.: hempeln; D.: schumpeln; vgl. hapeln u. hampeln, u. dagegen: hippeln, hoppen, hoppeln. Sprüche Salom. 26, 10: Hümpler — ungeschickter Arbeiter, Pfuscher.

Hund, 1. mit allen Hunden gehetzt, durchtrieben; 2. bekannt wie ein bunter Hund, stadtbekannt; ND.; in Schl.: bekannt wie e böses Gröschl; 3. Hunde führen bis Bautzen, sehr ins Hintertreffen kommen, Einbusse erleiden u. s. w.; 4. Hunde flöhen, langweilige, vergebliche, unerträgliche Arbeit thun, bes. in der Redensart: „das gommt glei nach'n Hundeflöhen"; Hl.: Esel kämmen; 5. Er thut, als wäre der grosse H. sein Pathe, er prahlt, beansprucht grosse Rücksichten u. s. w. Hl. Aehnlich: big dog, oder big dog with a brass collar — der Vornehmste; c'est le fils de la poule blanche; s. Gemeindeochse, 3; 6. wenn man kein Geld in der Tasche hat, so „pissen einen die Hunde an"; 7. „er wehrt sich, ehe der Hund beisst", kommt mit einer Vorlage, entschuldigt sich vorzeitig; 8. wenn Jemand zu spät einsieht, dass er Etwas hätte ausführen können, wenn er nur Dies oder Jenes gethan hätte, so spricht man: „Ja, wenn der H." (nämlich: sich nicht umgesehen hätte, so hätte er den Hasen gekriegt!); 9. Hund ist Schimpfwort; so auch: e Hund fer e Groschen — Lump; in PP.: er sieht aus, wie ein Groschenferkel; schott. a penny-dog; in vielen Zusammensetzungen: sehr schlecht, z. B. H. wetter, H. kälte, H. soff, H. lärm, hundsmiserabel; sind die Hundstage sehr unfreundlich, so sagt man, es seien eher Hundetage. Einen H. schimpft man: H. von einem H., Hundeluder u. s. w. Bildlich: kein H. — sehr gut, nicht zu verachten; z. B. „der Wein (oder: ein schöner

Sonnenuntergang) ist kein H.“; vgl.
Fuchsdreck, Stroh, Eltern.

Hundchen für Hündchen, s. Gramm.
§ 167, 2.

Hundeblume, weitverbreiteter Name
des Löwenzahnes, Leontodon Taraxa-
cum. Ostfriesl.; F.

Hundeluder s. Hund, 9; auch als
Schimpfwort überhaupt, wie Luder
und verschiedene Zusammensetzungen
davon.

Hundeschnauze, „ich habe mich zur
Hundeschnauze nach dem Kerle
gefragt, ich finde ihn aber nicht“,
von vielem vergeblichen Erkundigen.

Hundesuppe, scherzweise für eine Suppe
von Wasser, Schwarzbrod, Butter,
Pfeffer und Salz.

Hundezeichen, Spottname für eine niedere Medaille, die zu einem Orden
gehört; s. Bierzeichen, Spuckfleck, Knopfloch, Schmetterling, Dauerlaufsmedaille.

Hundslöden, die, Schelte, Vorwürfe;
„er krichte gehörige H.“, wird missverständlich zu „Hundsnoten“, so
in PP.

Hung, ich, für hing; Hl.; s. Gramm.
§ 207. 209.

Hungerleiden, „er sieht (aus), wie H.
mein Gemüthe“ (auch mit dem
Zusatz: „ach, wenn geht das Fressen
an?“), wie ein Hungerleider; ND.; vgl.
Leiden.

Hunten, Zusammenziehung von hier
unten; wie hinne für hier innen,
hüben f. diesseits.

Hunzen, 1. „Jemanden aush., her-
unterh.“, ausschelten; daher könn-
ten die „Hundsloden“ (Hunzloden)
stammen; s. huzen; 2. „Etwas
verh.“, verunstalten, verballhornen.

Huppen, springen; huppeln, umher-
hüpfen; vgl.hippeln,hoppen,hop-
peln; z. B. ein Frosch huppt; Kinder hoppen od. huppen über einen
Stein; Lämmer hippeln; der Hund
huppelt am Herrn in die Höhe;
man hopst, hupst über eine Pfütze,
einen Stein; Brl.; — eine Huppelkrah f. eine Krähe. Holl. hobbelen
und huppelen — hüpfen.

Hureins, das, eine Art Ballspiel, fast
vergessen; vielleicht mit dem englischen hurly und hurling verwandt;
oder mit mhd. hüren, kauern, was
man allerdings dabei that (um Löcher
in dem Erdboden herum).

Hurrlöhco, das, verächtlich: Gepäck,

Eigenthum, s. Hopphee, „nimm nur
gleich dein ganzes H. mit“.

Hurtig ist wenig gebräuchlich, dafür
lieber flink u. s. w. (s. fix); doch sagt
man gern: „H. und geschwinde“; s.
d. nächste.

Hurtig und geschwinde, der Volks-
name für Linimentum volatile, auch
„flüchtiges Element“ genannt.

1. **Husch,** der, 1. vorübergehender Regenguss, wie „Uebergängelchen“; 2.
„nur auf den H.“ zu Jemand kommen, auf einige Minuten.

2. **Husch, hüsch,** sagt man zu kleinen
Kindern, wenn man ihnen das Hemd
anzieht.

Hüsche! Lockruf für Gänse; sie heissen
auch Huschegänse; in Schl.: Wusel;
s. Hule.

Hüschen, Hüschelchen, das; „ein H.
in den Ofen machen“, kleines Feuer;
wie Schauerchen.

Hüscheln, sich, sich zusammenducken,
den Kopf einziehen, Arme und Beine
dicht an den Körper anschmiegen,
der Wärme halber; to nestle.

Husten, „ich will dir was husten“,
ich gehe nicht auf deine Absicht ein,
es wird Nichts daraus; V., PP.; Rtr.:
Jemand'n was prusten; s. malen,
pfeifen, niesen, blasen, 2 u. s. w.

Hut, 1. er hat den H. schief auf
(dem Ohr), ist betrunken; 2. Einem
den Hut antreiben, wie ablaufen lassen, Einen zurechtweisen; ist
bereits wieder aus der Mode.

Hutschche, die, kleines, behendes Kind,
ungefähr, was man in Baiern ein Um-
und-um nennt; E.: Hutscherle; wohl
von hutschen — rutschen (Ulm); in
Dresden ist Hutschke — Kröte; in
Hi. dient Ütsche (Frosch) als halbes
Schimpfwort; Schmellr.: Hutzke; Schl.
Hätsche; s. dgg. Purzel.

Hütsche, Hitsche, die, 1. Fussbänk-
chen, Fussschemel; Mittel- u. Nie-
derdtsch.; von der Hitsche kommen, abgesetzt werden (depossedirt),
den Abschied bekommen; 2. die Käsehitsche, einfachster Handschlitten
ohne Lehne, in Duderstadt Kurbut-
ten genannt. Engl. a hutch — Trog,
Kasten, dem die umgestürzte hölzerne Hitsche sehr ähnelt; im Dialekt (Kentucky?) ist a hutch auch ein
kleiner Karren.

Hutschen, unstät, ruckweise hin und
herfahren; „auf dem Eise, der Erde
'rumhutschen; V. hotschen f. wiegen.
(Eigenname: Hutschenreuter).

Hutschnure; „das geht mir über die Hutschnure", ist mir zu stark, unbegreiflich; s. **Bohnenlied.**

Huttig, Hott'ch, 1. der, ungeschliffener Kerl; L.; 2. das (der) Huttig, Pöbel; vgl. RL.: Huttel — Lumpen; engl. to huddle.

Huzel, die, meist in Mehrzahl: Huzeln, 1. schlechtes Backobst; mhd. hutzel, getrocknete Birne, Huzel bei Baumgarten, Flora Lips., f. Holzbirne; Bsl. Huzelbire, ausgetrocknete Birne; Sd. Häzeln; — eine Hozzel, eingeschrumpfte Person; daher 2. verkrüppeltes Backwerk, Semmeln u. s. w.; Th., Schw.; Huzelbecke, schlechter Bäcker; solche Waare heisst auch ein Krepel (Krüppel); man spricht, sie sei in der Pudelmütze gebacken anstatt im Backofen, und sagt den Leipz. Bäckern nach, dass sie in dieser Art Gebäck Erkleckliches leisten!

Huzen, verspotten, aufziehen; Einen auh.; in Fr., Pf., B., Hss., Rb., Sz., Rw. uzen; Th. uiz; in Sbg.: uzeln; dagegen ist im Eg.: bei Jemanden huzen gehn — besuchen.

I.

Idee, „keine Idee! nicht die blasse Idee!" nicht im geringsten; s. Bohne.

Ihnen und Sie s. Gramm. § 230, 2.

Illent s. Indelt.

Ilse, „du stehst da wie Ilse", albern, unbeholfen, steif, verblüfft; im übrigen ist der Name Ilse bei uns ganz ungebräuchlich, Else ist seit Marlitt's Goldelse beliebte Abkürzung für Elisabeth geworden.

Ilzen, schielen; „unter dem Hute hervorilzen"; wenig gebräuchlich.

Immer, 1. immer ä mal, nicht allzu selten, mitunter; „das gimmt immer ä mal vor; es regnet immer emal"; Wn.; 2. immer stets (stets wird betont) für jederzeit, „das ist immer stets so gewesen"; auch: „er kömmt gewöhnlich immer jeden Abend"; s. Gramm. § 242.

Impfe, die, f. Lymphe, von impfen; Gramm. § 156.

In, 1. f. nach, um zu . . . .; wir „geben (oder machen) in die Veilchen, Schneeglöckchen, Maiblümchen, Erdbeeren, Haselnüsse" etc. (d. h. in den Wald, sie zu suchen); ebenso geht man „in die frische Milch, in die Gose (Bierart)"; man „fährt in die Kohlen", d. h. zu einem Lager, um Kohlen zu holen; Hl.; s. Gefallen und § 241; 2. in mit einer Ordnungszahl bedeutet seit: „ich sehe schon ins vierzehnte Jahr Nichts" — es geht ins 14. Jahr, dass ich blind bin.

Indelt, **Indlet**, das, Bettüberzug, f. Inlet — Einlass; vgl. das engl. inlet.

Individuum, spr. Indifīdchen, nur verächtlich, für Person, Kerl.

Inselt, das, Unschlitt, Talg; P., Th., Schl.; in K.: Insel; J.: Oemsel; Oe. Inslet; Aachen: Oenzel; Wn. Inschlitt; vom alten Worte Sel — Salbe; also was zum Einsalben dient; vgl. Schmer und schmieren; davon Inseltlicht.

Inseltlicht, 1. s. Inselt; scherzweise: „Giess mir erst ein Bisschen Oel aufs Inseltlicht, dass ich besser sehen kann", im „Puppenspiel vom Dr. Faust". 2. „Er hängt in dem Rocke, wie ein I. im Tragkorbe", füllt ihn bei weitem nicht aus; s. Löffelholz.

Inster, das, Kalbsgekröse; Schl., Th.; J. Oenster (lat. intestina); s. Grimm.

Interesse, die, s. Gramm. § 181.

Inwendig (auch einwendig): 1. inwendig einheizen, sich durch warme oder geistige Getränke erwärmen; 2. „er hat's inwendig wie die Ziege das Fett", man merkt ihm nicht an, wie kluger ist; auch ironisch: PP. hei höfft et önnerlich wie de hölterne Bock den Talg. —

Inzwei s. anzwei.

Is nich f. das ist nicht der Fall; es ist nicht vorhanden; z. B.: Sie wollen Geld? — Is nich! — Einheizen is nich — es wird nicht eingeheizt.

Italiener, jeder beliebige Südfruchthändler; auch: italienischer Waarenhändler.

Itze, Bspr. f. jetzt, V.; alt: itzo.

J.

Ja wird je nach seinem Sinne sehr verschieden ausgesprochen; 1. als einfache Bejahung klingt es jä, bäuerisch mit einem geringen Anklange von o; es ist aber noch nicht j o mit reinem o; jō bedeutet ein verstärktes „ja wohl, o ja, doch, allerdings", im Widerspruch gegen eine vorhergehende Verneinung, mhd. jō, joch, wie lateinisch imo, französisch si, si fait, englisch nay, schwedisch jo (neben ja und dem noch ausdrucksvolleren ju); z. B.: „regnet es?" „Jā". „Ach, es regnet jä gar nicht." „Jo!" d. h. freilich, es regnet wohl. 2. jă, mit kurzem, klarem a, heisst: „das möchte schon Alles sein, wenn nur nicht das oder jenes Bedenken entgegenstünde;" z. B.: „der Vortheil ist sicher auf seiner Seite." — „Ja, wenn er ihn nur zu benützen verstände." 3. als Flickwort lautet es jä: „ich habe dir's jä schon gesagt;" „was wollt ihr denn, da bin ich jä." 4. ja wohl! ironische Erwiderung f. durchaus nicht, wie du tout f. pas du tout; z. B. „Ich habe mei Spiel gewonnen." „Ja wohl!"

Jä s. ja, 3.

Jach f. jäh u. jählings: — die Kälte ist recht jach gekommen; bei Luther; s. Grimm.; vgl. z ach f. zähe.

Jachtern, Verstärkung v. jagen (Neutrum, dgg. ist „jechen" transitiv); die Kinder j. im Hofe herum, Th.; s. Grimm: jachern (so in PP.), vgl. jackern unter „schacken."

Jacke, es ist J. wie Hose — einerlei; P., Schl.; ebenso: „gehüpft wie gesprungen; Wurst wie Schale; Maus wie Mutter."

Jahn wird Gemeinname in Zusammensetzungen wie „Dummrian, Lödrian, Plumprian; — Grobian."? Gramm. § 166 b.

Jahr und Tag, sehr lange; „ich hab es seit J. u. T. nich gesehn; das bringst Du in J. u. T. nicht zu Rande." Th.

Jähren, „es jährt sich jetzt wieder", es ist der Jahrestag von Etwas, z. B. v. Jemandes Tode, Abreise, einem Brande.

Jahrmarkten s. häkeln.

Jakob, scherzweise f. Kopf; „er schlug ihn auf den J." Gramm. § 166 b.

Jälnings f. jählings; gewöhnlicher: gelchen.

Jammerlappen, der, 1. Taschentuch (als Thränentuch); Di: Swōlapp d. h. nassgeweintes Tuch; 2. ein weinerlicher, weibischer Mensch; vgl. Schmachtlappen, Lappenditt rich, lappig, schlapp etc.

Janken, 1. v. Hunden: vor Schmerz aufschreien; Di.; s. quellen, jauxen; 2. selten: nach Etwas gelüsten, sich sehnen; PP.: jankern; gebräuchlicher ist ahnde thun, reinschen.

Jannewar f. Januar.

Jappen, nach Luft schnappen, schwer athmen; „er kann nicht mehr jappen" (auch gapsen, giebsen, engl. to gasp) er hat keinen Athem mehr. J., H., ND. jappen — gähnen; französ. japper, schnappen.

Japper, schwächlicher, verächtlicher, kraft- und haltloser Mensch, bes. „ein elender Japper"; s. jappen.

Jarksen s. buttern.

Jauxen, auch gauxen, jüxen, f. jauchzen; Sdt.; auch: vor Schmerz j., laut aufschreien; Eg.; K. jaubsen.

Jäzel, ekelhafte Schmiere, die sich in Geräthen, Maschinen, Tabakpfeifen ansetzt.

Jechen, jächen (Grimm), Verstärkung von jagen; „die Hühner aus dem Garten j.;" Ab., Schl.; vgl. jachtern; es wird auch gēchn gesprochen und klingt dann ganz wie eine Lpzgr. Köchin; also: Sie, Gechn, gechn Se de Gazze aus d'r Giche.

Jedenfalls, missbräuchlich f. „höchstwahrscheinlich"; wenn Jemand verspricht: ich komme jedenfalls, darf man gar nicht so sicher darauf rechnen; er meint, „ich komme, wenn nicht ein ganz besonderer Fall eintritt"; vgl. hoffentlich.

Jelchen s. gelchen.

Jōmersch, Verstümmelung von Jesus, auch jēmĭnë, Herrjē etc.

Jentag, neulich; „er war j. hier;" HL.; wie l'autre jour, the other day; öfters bedeutet „an genndage" bestimmter: vorgestern; Bspr.

Jérémies (die erste Silbe betont) als Gattungsname, s. Gramm. § 166 b.

Jiepen, jiepern, s. gabsen, giepern.

Jo für o ja, doch! si fait! B., E., s. ja, 1, Grimm: jo.

Jóhann, der, 1. Hausknecht, Gramm. § 166 b; 2. mein J., mein Diener; dagegen hiess der König von Sachsen: Jŏhann, Jĕhann oder Gĕhann.

Johannistag, „so lang wie der Gehannestag", sehr lang, weil es einer der längsten Tage im Jahre ist; „seine Rede war so lang wie der Johannistag;" vgl. Messe, 1.

Jŏk, Jŏx, Jux, Scherz; von jocus; Pf., W., Bsl.

Jokel, 1. Abkürzung v. Joachim — Jochen; 2. verächtlich für Bursche, Kerl; Wb. dummer Mensch; s. Gramm. § 166 b.

Jope, Joppe, die, blusenähnlicher Rock f. Turner, Schützen etc., noch ziemlich neues Wort bei uns; P.; dagegen ist eine Jupe, ein Jüpchen ein Jäckchen für kleine Kinder; Juppe — faltenreicher Weiberrock, Sz., wo auch; Tschöppli, Jacke mit verlängerten Schössen, s. Dabbke.

Jubeljahr, er kommt alle Jubeljahr (einal), sehr selten.

Juchzen s. jauxen, mh. jüchezen; Th., Sz., Ndr.-Oe. — in Schw. pfuchsen (vor Schmerz); Rtr.: juchen; verwandt mit juchhe.

Judenseele f. Jude, wie „es war keine Menschenseele da;" „er ist drauf erpicht wie der Teufel auf eine arme Judenseele;" ND.

Jule als Gattungsname s. Gramm. § 166 b.

Jung werden, geboren werden, zur Welt kommen; „im August war gerade unser Fritze jung geworden;" ebenso Bsl.: er isch im Augste worte; — Rtr.; bildlich: „so was wird nicht wieder jung", ereignet sich sobald nicht wieder; wie „so was lebet nicht".

Junge, „der dumme J. von Meissen", sprichwörtlich für einen Dummen überhaupt; „das ist ja der dumme J. v. M."; ebenso „das dumme Kind vom Neumarchte".

Jungefrau, Anrede, bes. Anruf der Marktweiber an Einkäuferinnen; bedeutet nicht: Jungfrau, sondern eine junge, verheirathete Frau; s. Grimm; vgl. Jungemagd; scherzend: „J., is se nicht de ahle Müllern?"

Jungemagd, die (Genit. der Jungemagd, Mehrht. die Jungemägde, Dat. den Jungemägden; das e mag so eingeschoben sein wie in: Grossemutter, Leinewand etc.); 1. ein Dienstmädchen zu feinerer Hausarbeit, ein Mittelding zwischen Kammerjungfer u. Magd; ist sie ins „alte Register" gekommen, oder ist sie „abgezogen", dann ist es „unsere alte J." Hl. 2) das Brustbein der Gans; wie Hippauf.

Jungenfist, der, ein Mädchen, das lieber mit Knaben verkehrt u. spielt als mit Mädchen; Schw. Bubenfitzlerin, Bubemaitli; umgekehrt heisst ein Knabe, der Mädchengesellschaft vorzieht: Mädchenfist.

Jungferbiezchen, eine Art zierlicher Aepfel.

Jungfern, „Leipziger Jungfern" f. Möhren, Mohrrüben, als Gemüse; daher dreht man es scherzweise um „Leipziger Jungfern, die Möhren!"

Justement (auszusprechen, wie es geschrieben steht, nicht franz.), eben, gerade, just.

Jüterbock, „das Mädel ist aus J., das Hemd ist länger als der Rock", ruft man, wenn Einer Hemd oder Unterrock unterm Kleid hervorguckt; Schw.: das Magnificat ist länger als die Vesper.

Jux, 1. s. Jok; 2. Schmutz, wie Dest; Brl.; davon: bejuxen f. beschmutzen, seltener für betrügen; P., Eg.

K.

s. auch G und C.

Käbäche, die, kleines Gewölbe, schlechtes Zimmer, Butike, Rtr.; Di.: Karbüs': s. Grimm. V, 6.

Kabbeln, käweln, sich zanken, streiten; ND.; Brl.; davon: Kawelei; gewöhnlicher kampeln.

Kabbern (käw'rn), gierig zusammen-scharren, kleinlich sparen, wie habbern; davon: kabberig — habberig; Rtr. giprig (— gierig); verkäwern, verkramen, argwöhnisch verstecken; ᵱᵹ; mhd. koberen, erlangen, gewinnen, sammeln.

Kacheln, eink., tüchtig einheizen; von

der Ofenkachel; bildlich: Einem einkacheln, einheizen, ihm die Hölle heiss
machen, auch: in Verlegenheit bringen.
Käfer f. Mädchen; „ein netter, hübscher
Käfer."
Kaffe (spr. Gòffee wie lat. coffea, engl.
coffee); „dabei kannst du dir noch
einen Kaffee kochen", sagt man
von einer geringen Menge oder einem
ganz kleinen Stückchen Holz u. s. w.;
ähnlich: „der alte Tisch gibt noch
Kaffeeholz".
Kaffeklatsch, der, Kaffegesellschaft.
Kaffelätsch, der, 1. dünner Kaffe; 2.
Geschwätz, wie es in Kaffegesell-
schaften vorkommt; s. Kaffeklatsch.
Kaffemühle, wenn Jemand beim Kartenspiel nach der falschen Seite hin ab-
heben lässt oder gibt, so ruft man:
„Anders 'rum gebt die Kaffemühle!"
Kaffesachse, Spottname der Sachsen
wegen ihrer Liebe zum Kaffe, die
sich bes. bei den armen Erzgebirgern
findet, deren Hauptnahrung Kartoffeln
u. sogenannter Kaffe sind; auch Kar-
toffelsachsen, Suppensachsen.
Kaffeschwester, Mann oder Frau, die
gern Kaffe trinken.
Kaffete, Gaffède, die.(Grimm: Kavete)
Zimmerchen, Kabinet, bes. Verkaufs-
stübchen der Bäcker; vgl. Käfter;
auch ein bes. Verschlag in grossen
Bauerstuben, für Privatunterredungen
u. s. w.; s. Feise.
Käfig, Eigenschaftswort, angenehm; wie
gätlich, aber viel seltener.
Käfter, das, enges Zimmer, bes. Gefängniss; bei Goethe; Th., V., P.,
Bö.; s. Grimm; von Käfig, was in
Bern dafür gebräuchl. ist; mhd. kevje;
lat. cavea.
Kahm, Kahn, der, haariger Schimmel
auf Wein, Essig u. s. w.; davon:
kahmig, kahnig; Wn., Schw.. PP.:
Kahm, Kahn, Kohn, Kuhn, Kauhn,
Kiehm; mhd. kâm, kâu; kâmic, kânic;
holl. Kaam; s. Grimm.
Kahnen, sich. im Kahne fahren, wie
gondeln, schiffen.
Kahre, die, Wendung beim Fahren
(Reiten, Tanzen u. s. w.); SD.; in Di.:
die Kahr (wie Umkehr); ut de Kehr,
aus der Richtung, vom Wege ab; „die
K. 'rauskriegen", beim Umlenken
richtig abmessen; s. Grimm: Kahr;
mhd. kêren u. kâren, umwenden; vgl.
Gelenke.
Kalaunen, die, f. Kaldaunen; Hb.; Th.:
Kallunen; s. Kuddeln.
Kalaunwäscher'n, gemein f. Leichen-

frau; 1876 ward „Heimbürgin" einzuführen versucht, zunächst wohl aus
Dresden.
Kälbern, 1. ausgelassen lustig sein,
auch: das Kälbchen austreiben;
Schw.; 2. speien, auch: ein Kalb ab-
setzen. K.; Grimm, V, 57.
Kalbfleisch, „er ist noch K.", noch unerfahren, albern; wie grün.
Kalender machen, Pläne schmieden,
Grillen fangen, seinen Gedanken nach-
hängen; PP.
Kalfaktern, herumjagen, beim Spiele,
bes. herumk., wie jachtern; B. kal-
faktern — müssig gehen, Pflaster
treten; selten braucht man Kalfakter
f. Ohrenbläser, Zwischenträger, wie in
B., Sbg.; in Tir. bedeutet es einen
schmutzigen Menschen.
Kalleschleppen, fortschleppen, bes.
arretiren, beim Collet fassen, colleter;
vgl. Wickel, Schlaffittchen.
Kalmen, im Halbschlummer liegen, bei
Fieber u. s. w.; engl. calm, ruhig; s.
Grimm.
Kampel, der, närrischer Kerl, wie Kuri;
dagegen bedeutet es in B. einen
Schlaukopf; Grimm, V, 137.
Kampeln, sich, zanken, wie nadern;
s. kabbeln; davon: Kampelei; s.
Grimm, V, 138.
Kanallenvogel, Karnalichenvogel,
1. Kanarienvogel; 2. ehemals: Brief-
träger, wegen ihrer gelben Röcke.
Kanker, Ganker, der, 1. gebräuchlicher
als Spinne, Hl.; auch Spinnekanker, Th., Äb.; bei Goethe, Voss, Immermann, Hebel; s. Grimm; von cancer, lat.; 2. Spinnwebe. 3. Einem
einen K. kauen, Schabernack spielen,
eigentlich: durch einen K. vergiften.
Kanone, 1. „besoffen wie eine Kanone",
schwer betrunken; s. Radehacke,
Spritze. 2. „es ist unter der K.",
unter der Kritik; dieser Begriff wird
gesteigert: „unter dem Nachtwächter, unter dem Hunde, unter dem
Luder".
Kante, ein paar Thaler (ein paar Greten) auf die hohe Kante stellen
od. legen, als Ersparniss beiseite bringen; ND. up de hog Kant stecken;
s. Strumpf.
Kant-haken, der; „Einen beim K. fassen, kriegen, herholen", ihn am Genick, an der Brust packen, PP.; Kant-
haken ist ein eiserner Haken, mittels
dessen die Auflader Fässer, Ballen
u. s. w. an der Kante fassen und heben;
s. Grimm.

Kanzel; Einen, ein Paar von der K. werfen, schmeissen, vom kirchlichen Aufgebot; Hb.; ND.: vun de Kanssel hendalsmeten; so auch: von der Kanzel fliegen, springen, aufgeboten werden.

1. Kapern, auf die neugierige Kinderfrage: „was essen wir heute?" ist die abweisende Erwiderung: „Kapern mit langen Schwänzen" od. „eingemachte Kellerstufen", od. „Kienasen" (Kühnasen) od. „geschmulten (geschmorten) Storch".

2. Kapern, listig und flink stehlen; bes.: wegkapern. Pf.; s. kazen.

Kapores, zu Grunde gerichtet, vernichtet, verloren; Rw.: kapores gehen; bei Bürger, J. Paul; s. pleite, kaputt, futsch, entzwei, hin.

Kappe, die, 1. Ueberzug über Polsterstühle, Sofas; Hb.; 2. Käpsel (in SD. Mütze überhaupt); 3. „ich nehm's uff meine K.", auf meine Rechnung, Gefahr, Verantwortung; 4. kurzes Kinderkleid; so für Knaben, die noch keine Hosen tragen; daher: „er lief nach in der Kappe herum", war noch sehr jung. Grimm, V, 189; 5. „es wird Kappen setzen", Streit, scharfe Erörterung.

Kapperolichen, Kapprijolichen f. Capriolen.

Kappfenster, niedriges Fensterchen, gewöhnlich nach oben rund, bes. auf Dachböden; ist es ohne Glas, nur mit Laden oder Klappe, so heisst es Kapploch (Lucarne chaperonnée, lucarne à capucine); von kappen — verschneiden, couper?

Kapphahn, 1. f. Kapaun, mhd. kap-han; 2. f. Kampfhahn: „sie fahren drauf los, stürzen drüber her, sie gerathen an einander, wie die Kapphähne", sehr gierig, heftig.

Kapriziren, sich auf Etwas, auf Etwas bestehen, „sich darauf klemmen, steifen;" von caprice.

Käpsel, das, Hausmütze ohne Schild, Käppchen; s. Kappe.

Kapuniren s. kaputt.

Kaputt, sehr beliebt für entzwei; k. machen, k. gehen (dies auch für bankrott werden, wie kapores, entzwei gehen), Pf., ND., PP.; vom franz. capot; davon: kapuniren, verderben, entzwei machen, vernichten; Rtr.

Karausche, die, scherzweise f. Krause, Damen-Kragen.

Karfunkel, „es glänzt wie K. vorm Ofenloche", spöttisch von unechten Schmucksachen u. s. w.; wegen der Aehnlichkeit von Karfunkel mit funkeln; die Form Karfunkel statt Karbunkel ahmt daher den Zusammenhang von carbunculus und carbo sehr geschickt nach. Pf., Wb.

Karlemann, liebkosend f. Karl; s. Gramm. § 166 b.

Karline, Brantweinflasche, am Hz. „das Stundenglas" genannt! s. Gramm. § 166 b.

Karmesinvergnügt, sehr heiter, „fidel".

Karnickel, das, Kaninchen, (cuniculus, mhd. küniclin) Brl., L., Rtr.: Karninken; „das Karn. sein", zurückgesetzt, unterdrückt, ähnl. wie: Aschenbrödel; s. Kuhhäs'chen.

Karnutschke, die, gemüthliche Form von Kanaille (?; s. Grimm: Kornut); z. B. zu wilden Kindern gesagt: „Warte, du kleine K.!"

Karrete, die, verächtlich für Wagen, Kutsche, Karre; Rond. hat Karrete u. Kurete — carrosse; — la charrette. In Schl. u. Sudt. ist Korrete — Staatswagen; mittelalterliches Latein: careta; ital.: carretta; span. u. portug.: carreta.

Karten, Zeitwort, Karte spielen; „woll' m'r e bischen karten?" davon: auskarten — ausspielen; verkarten — verspielen. Th.

Kartholsch f. katholisch, „es ist zum k. werden", zum Verzweifeln, wie: zum Teufelholen; PP.; s. preusch (preussisch).

Kartoffel, 1. in Uniform, mit der Schale, Pellkartoffeln, potatoes in their jackets; 2. s. hinne; 3. Taschenuhr, wie Zwiebel; 4. die Kartoffeln abgiessen, pöbelhaft f. pissen.

Kartoffelsachse s. Kaffesachse.

Kartun f. Kattun; Bö. u. Poln.: Kartun.

Kascheliren, Jemanden, schmeicheln, zuvorkommend behandeln; vom franz. cajoler; Rh., Rtr.

Kaschpern, 1. umhertollen, wie jachtern, Hl.; 2. wie kascheliren; daher: Einem Etwas abkaschpern, abschmeicheln, es erkapern; 3. emsig, geheimnissvoll, verliebt plaudern; Rw. im Gefängnis heimlich verkehren; Oe. kauschen u. plauschen — heimlich reden; s. Grimm unter Kasper. Einen bekaschpern, betrügerisch überreden, belügen, täuschen; Rw.; s. beluxen.

Kaschpernät, aufgebracht, „wichsig;" D. kasprat; P. kaschprat, was Bernd,

Posener Idiotikon, von desperat ableiten möchte; Grimm, V, 259 oben.

Käse, 1. da haben wir den Käse, die traurige Bescherung; daher: in die K. fallen, Unglück haben, wie: 'reinfallen; 2. einen Käse wenden, ein Kind, das sich ganz niederbeugt und die Arme zwischen den Beinen durchsteckt, an den Händen fassen und schnell umstürzen, aus Scherz; 3. „drei Käse hoch", sehr klein; auch „der Dreikäsehoch" f. Knirps.

Käsehitsche s. Hütsche; V.

Käsekäulchen, das, ein Lieblingsgebäck der Dresdener; sprichwörtlich: ach, ich unglückliches Gäsegeilchen; den Stamm dazu s. Kaule.

Käsemesser, Seitengewehr, Degen; auch Käsekike; Btr.: Kesmetz; s. Distelmesser.

Käsemutter, Frau, welche Käse fertigt oder verkauft.

Käsenäpfchen, eine nach der Form ihrer Früchte benannte Pflanze, malva rotundifolia.

Käseweiss, von der Gesichtsfarbe, viel beliebter, als: kreideweiss; Wn.: käsweiss.

Kaspar als Gattungsname, s. Gramm. § 166 b.

Kästchen, „es is wie ä K.", recht nett, sauber, ordentlich; z. B. ein Gärtchen, Zimmer, gutgepflegter Grabhügel; auch „wie ä Schmuckkästchen".

Kasten, 1. Schule, bes. Gymnasium; 2. Gefängniss, bes. bei Soldaten; 3. Bordell.

Kastenkarre, die, Schubkarren mit einem Kasten; auch Radeberge. Radewelle. Hl.: Kummkarre, Hohlkarre.

Kasterol, das, f. Kasserol; Kasterolhusare f. Köchin, wie Küchendragoner.

Katechissen, sprich Gaddegissen, Katechismus; vgl. Reimedissen.

Kater, 1. Katarrh; 2. Katzenjammer; vgl. avoir un chat dans la gorge.

Katharine, die schnelle, Durchfall; PP.; Pf. Katharine, B.: 's laufende Katerle oder Kattel; auch sonst sehr üblich; engl. Jenny-go-nimble; s. Gramm. § 166 b.

Katholisch s. kartholisch.

Kätschen, beim Kauen schmatzen u. s. w., wie die Katze thut; Eg., Bsl.

Katterstrasse, Gatterstrasse, Abkürzung für Katharinenstrasse (wie Käthe); Weiz, Verbessertes Leipzig (1728) u. das Galante Loipz. (1768) schreiben:

Catherstrasse; s. auch: Musikal Bibliothek, Leipz. 1736, I, 63.

Katze, 1. „er ist der Katze", verloren; 2. „allemal macht die Katze einen Buckel", das versteht sich von selbst; es ist allerdings so; 3. „dem trägt die K. den Magen nicht fort", er ist sehr gesättigt; 4. „ich wohne wie eine weggesetzte K.", sehr abgelegen, vom Verkehr abgeschnitten; Rl.: „ich hür net lüt, net düt", höre nicht läuten und nicht duten — den Hirten blasen; s. Gigak u. dgg. Anlauf. 5. „Guck du der K. ins Loch!" ruft man, wenn ein zudringlicher Etwas unbefugt ansehen will.

Katzenkopf, eine Art Winterbirne, bes. zum Kochen; Hb.

Katzenpfötchen, 1. eine Pflanze (Antennaria); 2. Schläge mit dem Stock oder Lineal auf die zusammengepressten Fingerspitzen, auch Fingerknipse; F., W., E.; Sz.: Tätzeln (Tatzen) kriegen.

Katzenwäsche, oberflächliches Waschen, namentlich, wenn sich Jemand mit Speichel reinigt, vgl. Studentenwichse.

Käuerchen, Kauermätzchen, das; ein K. machen, sich hinkauern; K. fahren, gekauert auf dem Eise hingleiten.

Kauf, der, „das is nich Jedermanns Koof", es ist nur für besondre Liebhaber; „er is nich Jedermanns Goof", nicht Jeder geht gern mit ihm um, seiner Eigenheiten halber.

Kaufen, 1. sich Einen (einen Affen) kaufen, sich betrinken; PP.; 2. sich Jemanden k., ihn zurechtweisen, ausschelten u. s. w., wie abtoffeln undähnliche; 3. was ich mir davor kofe! geringschätzig, etwa: das will nicht viel sagen; es ist das Grosse nicht; diese Redensart kam ungefähr 1860 von Brl. zu uns und überall hin, s. Haufen, Schade, schlimm.

Kaufmann f. Käufer, Abnehmer; „sobald er nur den Laden aufmacht, ist auch schon alles voll Kaufleute bei ihm; er kann zu keinem Gute keinen Kaufmann finden;" ebenso mhd.

Kaularsch, der, Hühner ohne Schwanz, gekappte Hühner oder Hähne, Kapaunen u. s. w.; von Kaule, Kugel, wegen des abgerundeten Hintertheils, Eg., Hl.; vgl. Kaule, Kaulbarsch, Kaulpadde.

Kaule, die, Kugel; mhd. kûle neben kugele; Bö.; poln. kula; in PP. Käulchen f. Klösschen; vgl. Käsekäulchen; daher Kullerkaule, daher im Eg. die Zeitw. kaulen, kaulern, wie unser: kullern. Das Dorf Gross-Kugel, zwischen Leipzig und Halle, nennen die Umwohner: Kaubel; in Urkunden von 1400 findet sich dafür: Kubel und für das Nachbardorf Kleinkugel: Klein Kublitz, Wenigen Kaublitz.

Kaulpadde, die, statt Kaulquappe, der junge, noch unentwickelte Frosch; Padde ist ND. f. Frosch, Kröte.

Kaum, „da . . . kaum nicht" heisst: Wenn es so ist, so hat es den Vortheil, dass . . . . . .; z. B. A sagt: „Unser Onkel wohnt jetzt nicht mehr in Wien, sondern in Meissen". B erwidert: „Na, da haben wir kaum nicht mehr so weit zu ihm". A: „Die Sonne scheint". B: „Da brauchen wir kaum nicht so zu frieren". A: „Das Buch ist schon gebunden". B: „Da brauche ich es kaum nicht aufzuschneiden". A: „Die Tage nehmen zu". B: „Da kost's kaum nicht so viel Oel;" s. Grimm, V, 359.

Kaupeln, verbotenen Tauschhandel treiben (unter Kindern); dann: allerlei Ränke; Eg., Hl.: Kaupelei, Kaupler; verwandt mit kuppeln? in Th. kolzen, Schw. kaudern; ND. schuteru.

Kauscher, missverständlich f. koscher, s. d.

Kauter, kauter! Nachahmung der Stimme von Truthähnen, Putern.

Kauzen, sich, Verstärkung von kauern, sich zusammenducken, hocken wie ein Kauz.

Kazen, stehlen, s. ausführen, ausspannen, lange (od. krumme) Finger machen, gaumen, grapschen, gripsen, kapern, klemmen, krallen, mausen, mitgehen heissen, ripsen, schiessen, stibiezen (strafen), striezen u. s. w.; den allgemeinsten Sinn hat das gebräuchlichste Wort: mausen.

Kegel für Kind, bes. ein kleiner K., wie in „Kind und Kegel;" s. Grimm V, 589. Hier lautet das g wie j, aber in kegeln, Kegelbude u. s. w. wie das g in gut, s. Grimm, V, 391 oben.

Kegelbude, Kegelburz, s. Kekelbude, Kekelburz.

Kehraus, der, Schlusstanz bei einem Feste; Friese's Wörterbuch zu Rtr. erklärt Kihrut: ein Tanz, in welchem beim Schluss von Hochzeiten und Erntefesten die Gäste mit Besen, Feuerschaufeln u. s. w. aus dem Hause getrieben werden; s. Grimm.

Kehreule, die, (spr. Gehreile) grosser Besen, kugelförmig, an einer langen Stange, zum Abfegen von Wänden, Decken, Schränken u. s. w., Th.; — L.: Eule, ND. Ul, Ule; im Hz. „abulen" für abkehren; in PP. Krausenickel; V. u. Hl. Kaukerkopf.

Keil, ein schöner K. Brot, grosses Stück; s. Runksen.

Kelle, die, Prügel, wie Holze, Hl.. Brl., Rw.; (von Keil?) davon: keilen; 1. prügeln; davon: Keilerei; 2. Billard keilen, eifrig spielen; s. dreschen; 3. kaufen; 4. für eine Gesellschaft, Verbindung u. s. w. anwerben, bes. Studentenausdruck.

Kekelbude, etwas schlecht Aufgehäuftes, das leicht zusammenstürzt, umkekelt, wie ein Holzstoss, ein Stoss Geschirr u. s. w.

Kekelburz, Gegelborz, der, das Ueberschlagen (Purzeln) des Körpers, wie eines Kegels (?); einen K. schlagen; in Da.: Heisterkopf schiessen; NS. Kopfhaister u. Heisterkopp scheiten (auch Kranzheister), in Di. beides. Schw.: Burzelstengel machen, burzelstengele; s. Purzelbaum; Rh.: die Tummelleut schlage. Th. Koppsgeikel. In PP. heissen die Seiltänzer Kökler; davon könnte Kekel kommen, was auch die Aussprache besser erklärt, als die Ableitung von Kegel, s. d.

Kekeln, gekeln, wanken, auch fallen, purzeln, wie ein Kegel; aufgehäufte Bücher fangen leicht an zu k., sie k. um; sich überk., einen Kekelburz schlagen. Hl.; dagegen heisst kegeln (— gejeln) Kegel schieben.

Kellerstufen, eingemachte, s. Kapern.

Ich kennte, gekennt, s. Gramm. § 205; meine Bekennten f. Bekannten.

Köpeln, kippeln, s. Kippe.

Kerl, „er ist dem närrschen Kerl sei Bruder", er ist auch ein ziemlich sonderbarer Kauz, närrischer Kerl.

Kesselflicker, unzuverlässiger, gemeiner Mensch; daher: Kesselflickerbande, K. volk; Hb.: Kesselflickerswo'r (K. waare).

Kesselwurst, eine ganz frische Bratwurst, die aber nur gekocht ist.

Kettel, die, eine kurze Kette zum Verschluss einer Thüre; auch an Schürzen, Mänteln u. s. w.; davon zuketteln.

Kettenhund, heulen wie ein K., laut weinen.

Kickerihahn, 1. Haushahn; 2. lange, spitze Zuckerdüte; Bspr.

Kickerling, der, 1. s. Hipperling. 2. Kickerlingsberg, eine kleine Anhöhe an der Pleisse.

Kickern f. kichern. Pf., auch kittern; Oe.: kuddern; Hz.: nickern.

Kien, das ist der reene Kien, das ist der echte Schwindel; es ist ausgesucht schlecht u. s. w.; so in Brl., wo Kien — Schnaps ist.

Kiennasen, 1. s. Kapern; 2. auch sonst weicht man unberufenen Fragen, was das oder jenes sei, mit der Bemerkung aus: „Es sind K.!"

Kies, das, Geld (aber der Kies — Kiesel u. s. w.); Brl., Rw.; man sagt auch: „Wenn Kieselsteine Geld wären und Fluchen keine Sünde, so könnte man das schon machen".

Kimmchen, die, Läuse; Rw., jüdisch; nur in der Mehrheit gebräuchlich.

Kimmt, gimmt, f. er kommt; dagegen heisst ihr kommt: ihr gommt oder gummt; s. Gramm. § 213.

Kind, das dumme Kind vom Neumarkte, sprichwörtlich, für einen Dummen überhaupt, wie „der dumme Junge von Meissen;" soll auf ein Kind Bezug haben, das am „neuen Neumarkt" (jetzt Neumarkt) aus dem Fenster stürzte; s. noch Dreck.

Kindermuhme, die „Leipziger Zeitung;" ähnlich nannte man andere hiesige Blätter den „Schweineknöchelchenmoniteur" und „die Klatsche".

Kindermutter, Hebamme; in Hb.: Ammefra; die jetzige Magazingasse (am ehemaligen Magazin, welches auch „Kornhaus" hiess, weil kein Korn darin war) war früher von so viel Hebammen bewohnt, dass man sie Kindermuttergässchen nannte; officiell hiess die Gasse aber „Stadtpfeifergässchen" nach den früher ebenfalls dort angesiedelten Musikern.

Kinkerlitzchen, Kleinigkeiten, quisquiliae; Th., Schl., Brl. u. s. w., s. Grimm.

Kippchen, das, GÏbchen, Obertasse;

ND. Köppken; la coupe, a cup; dän. u. holl. Kop, schw. Kopp; von Kopf; vgl. Kippe und Kuppe.

Kippe, die, der Rand u. s. w.; er steht auf der Kippe, ist in Gefahr, seine Stellung zu verlieren, zu sterben u. s. w.; (D. op de Wipp stän; vgl. „Kipper und Wipper" im 7jähr. Kriege). Davon: 1. kippen, z. B. ein Fass kippen, damit der Rest herausläuft; Leinwand u. s. w. wird umgekippt oder umgebockt d. h. zum Säumen gefaltet. 2. keepeln, keppeln oder kippeln, wiederholt neigen, z. B. mit dem Stuhle kippeln; Brl., Eg.; was leicht kippt, ist kipplich; s. noch: abkippen; Grimm, V, 782 oben.

Kirche, wenn ein Saal nicht von Leuten gefüllt, ein Glas nicht vollgeschenkt, ein Kleid allzu weit ist und dgl., so spricht man beschönigend: „die Kirche ist auch nicht allemal voll".

Kirchenrechnung, „es stimmt, wie eine K., 3 mal 9 ist 7;" ironisch.

Kirch s. Küreb.

Kittchen, Küttchen, das, Gefängniss, s. kutten; Rw. ist Kitte, Kittchen — Haft, Zuchthaus.

Kitzegrau ist die Wäsche, bes. in der Sprache der Waschweiber, wenn sie nicht hübsch weiss ausgefallen ist; das Gegentheil ist schlossweiss; Eg.; s. kitzegrün; Grimm, V, 883.

Kitzegrün, lebhaft grün, saftgrün, wie junges Gemüse; Grimm, V, 870 hat kitzeblau; Kaltschmidt, Gesammt-Wörterbuch, sagt: kitzblau, kitzgrau, SD. — blau vor Frost; kiesgrau, eisgrau, und kitzbraun — hetzoder hitzbraun; s. kitzegrau; das „kitz" enthält einen Tadel.

Kium (Geschlecht unbekannt), Prügel; „es setzt K. um den ganzen Kopp 'rum!" Kium als Name in den Männerfeindinnen von Rod. Benedix.

Kiwichen, das, kleine Kuh; daher Gotteskiwichen (Marienkäfer). Die Kiwe — Kühe.

Klabastern, 1. langsam, nachlässig, verdrossen gehen, wie: zotteln; P.; dgg. bei Rtr.: wild davon jagen; 2. Einen durchklabastern, prügeln, L., Th., Hssn., Schl.; „es setzt Klabastere", Schläge; ND.; s. Grimm; in Th. klabastern — klopfen.

Kladerig, kläderig, nicht recht in

Ordnung; eine k. Geschichte, nicht recht klar, nicht fair; Brl. In H. ist klattern verwirren, in Ha. kladerig — albern, kladrigt — schmutzig, wie ND. kladderig; das ND. Kladde — Schmiere, Schmutz, gab das kaufmännische: die Kladde — Schmierbuch (dän.: Kladdebog, holl. Kladboek), Stratze. — Wieland im „Fischer u. Geist": Das nähme wohl gar ein klatriges Ende. Holl.: kladderig, schwd.: kladdig — beschmiert.

Klagen wird reflexiv gebraucht: „er klagt sich über die Brust", also wie beklagen; Gramm. § 150; Hb.; so auch mhd.

1. Klamm, der, Krampf in der Hand oder wenn Arm, Fuss „eingeschlafen" ist; Gefühl, als wenn sie eingeklemmt wären; also verwandt mit Beklemmung, beklommen; mhd. klam, Krampf, Klemme; davon: klämsen; s. das Adj. klamm; ND. verklamen, vor Frost erstarren.

2. Klamm, vom Geldumsatz, kärglich, knapp; „das Steuergeld ist klamm", geht spärlich ein; in Pf. heisst eine verdienstlose, geldarme Zeit eine klemme Zeit (Stamm zu klemmen); mhd. klam, zu wenig; s. der Klamm.

Klämsen, langsam sein, nicht aus dem Hanfe (Thrane) kommen; „er klämst ewig mit den paar Zeilen", schreibt langsam; kann wohl mit kleben zusammenhängen, was ja kläbm, glëm ausgesprochen wird. Ein saumseliger, an Allem kleben bleibender Mensch heisst ein „rechter Klemenz", ebenso Einer, der gern im Wirthshause kleben bleibt. D. klänen — weitschweifig reden; s. der Klamm u. klamm, sowie Gramm. § 166 b.

Klappe, die K. zumachen, Feierabend machen, Schicht machen, bes. von Kneipen gesagt; in einem Scherzgedicht auf den Herbst: „Trinkhallen und Monatsrosen, sie machen die Kl. zu".

Klappen, 1. gut zusammenstimmen, bes. bei Musik. Pf.; 2. Einen k., auf einem Vergehen ertappen.

Klapperdürre, dürr wie ein Skelett, dass die Knochen klappern möchten, wie „Freund Klapperbein;" s. prasseldürre, Dürrlender.

Klapperkasten, Spottname des Klaviers, auch: Klimperkasten; Di.: Rummelkasten. Kinder sagen „Klapperstunde" f. Klavierstunde.

Kläppern, von Geschäften, langsam, still, nicht schwunghaft gehen; „Es kläppert nur so;" „es kläppert immer e bischen", geht so leidlich; „es geht klappe-rig," schwach, wohl vom Klappern, Klimpern des Goldes oder dem langsamen Klappern einer Mühle; s. klecken 3. Aehnlich: Kläpperschulden, gewöhnlicher: Läpperschulden; solch ein schwaches Geschäft heisst ein Kläpperkram.

Klapps, der, 1. gelinder Schlag; Einem einen K. geben; Brl.; 2. einen K. haben, nicht recht bei Verstande sein, gleichsam, als ob das Hirn durch einen Klapps erschüttert worden wäre; vgl. engl. he has a crack in the noddle. — Ztw. klappsen, auf die Finger u. s. w. schlagen.

Klar, 1. gestossen, gepulvert: kl. Zucker, kl. Kohlen (zerbröckelte, Staubkohlen u. s. w.); kl. Holz — klein gespaltnes, Th.; auch: klares Geld f. kleine Münze; daher: einen Thaler klar machen f. wechseln; sogar: es regnet klar, fein; kurz und klar schlagen; Rond. gibt: klarer Zwirn, klares Leinen fein; so heisst es fachmässig: klarspeisiger Bleiglanz (f. feinkörnig), auch: klarfädige Seide; die feine weisse Wäsche heisst „das Klare;" — Bspr. klare Schrift, kleiner Druck; Grimm, V, 989; 2. klar wie Klossbrühe, Klosssuppe, sehr einleuchtend, deutlich; s. Dinte, Schnaps.

Klatsche, die, Kinderspielzeug, ein gefaltetes Papier, das bei einem Ruck mit einem Knall aus einander fährt.

Klatschen, einen klatschenden Ton bei der Bewegung geben; „de Stëweln klatschen an den Beenen", wenn Wasser eingedrungen ist; „mei Rock, mei Hemde klatschte nur so am Leibe", war pudelnass von Regen, Schweiss u. s. w.

Klavierchen, die, nur in der Mehrheit, Finger, Hände, blos in einigen Redensarten: „an die K. frieren; ich wär' d'r was uf de Glaffirichen gäm" (nämlich: einen Schlag).

Kleben, 1. „scheene (tüchtig) aufkleben", auch: aufklitschen, fett mit Butter u. s. w. schmieren; 2. kleben bleiben, nicht fortkommen, lange verweilen, bes. auf der Kneipe; vgl. Pech, 2; wer gern so klebt, wird ein Klemenz genannt; s. klämsen.

Klecken, kleckern, 1. klecksweise träu-

10*

feln; „er kleckt von Schweeße —
trieft; er ist klecknaß; der Schaum
kleckert den Pferden vom Maul;" s.
beklecken; „es kleckert", vom
Stuhlgang, wenn er sich dem Durch-
falle nähert; s. 3; 2. klecken, ausreichen; reichlichen Ertrag, Verdienst
gewähren; „20% Dividende, na, das
kleckt!" Schw., V., Wn.; mhd.; Stamm
zu erklecklich; vgl. flecken, fluschen; 3. dagegen ist kleckern,
einen schwachen (klecksweisen) Verdienst abwerfen; „Es kleckert blos,
aber es fluscht nicht; ihr kommt ja
recht gekleckert", vereinzelt statt zusammen; in PP. ist verkleckern, verschwenden, verzetteln; s. noch kläppern.

Klödäsche, die, Kleidung; Rtr., Di.; mit
franz. Endung; Bog. Goltz: Kleidasche;
vgl. Stellasche.

Klee, das, oder das Klein, die Theile
des Hasen, der Gans (Hasenklee,
Gänseklee, anderwärts: Gänsege-
kröse, Gänsegeschneide, Gänsepfeffer,
Gänseschwarz), welche nicht mit gebraten, sondern gekocht werden, wie
Hals, Kopf, Magen, Herz, Latschen
oder Läufe; in einer Dresdner Marktordnung von 1462: ein Kälberkleinod;
in manchen Gegenden heisst überhaupt
das Kleine vom Fleische: Kleinod;
Grimm, V, 1123; in Th. (Roda) heisst
ein Blumengärtchen der „Kleenig-
gürten".

Kleenemutter, scherzweise f. Gattin;
„meine Gleenemuddr hat Gaffee je-
gocht; — was macht denn Ihre K."

Kleid wird, als selbstverständlich, weggelassen nach einem Eigenschaftswort
der Farbe: „Ich ziehe mei Rosaes an
und du dei Grünes; sie hatte zu Weihnachten ein Schwarzseidenes ge-
kricht;" — „sie theilen sich in
meine Kleider", gewinnen mir alles
Geld ab; wie: ausmästen; —
scherzw.: „es liegt mir in Kleedern"
(in den Gliedern).

Klein, das, s. Klee.

Klein machen, 1. wechseln, z. B. einen
Thaler; „den Gulden wollen wir schon
kleen kriegen!" vgl. klar; 2. verthun; „sein ganzes Vermögen kl.
machen;" 3. klein kriegen, verstehen, etwas Schweres begreifen; 4.
„kl. zugeben", sich fügen; vom
Kartenspiel entnommen.

Kleinnärrisch (spr. gleenärrsch), etwas
albern, übergeschnappt, nicht recht

gescheit; „er schwatzt, spielt, läuft,
arbeitet wie k."

Kleinod, Gesammtname für „Inster,
Kaldaunen, Lunge, Leber, Kopf" von
Schlachtthieren, laut Leipz. Marktordnung v. 1726; jetzt ungebräuchlich;
s. Klee.

Klemmen, 1. Etwas entwenden; Brl.;
s. kazen; 2. sich auf Etwas k., wie
kapriziren, steifen.

Klotterstange, langer, schmächtiger
Mensch, wie Hopfenstange, Gigak.

Klimpern, „klimpert's nicht, so
klappert's doch" sagt man beim
Anstossen mit tonlosen Gläsern, z. B.
Bierseideln.

Klinge, eine gute Klinge schlagen: 1. gut fechten; 2. Etwas gut
verstehen, z. B. das Spielen, bes. aber
das Zechen.

Klinke, 1. die Klinke (Drücker am
Thürschloss) in die Hand nehmen,
sich verabschieden, fortgehen; 2.
Spottname für den Frack, wie Blech-
schere, Quadrillenschwenker,
Schniepel, Schwalbenschwanz,
Spargelstecher, franzöfr. sifflet.
queue de moineau, queue de morue;
vgl. die Namen des Hutes unter
Angströhre.

Klinse, Klinze, die, Riss, schmaler
Spalt, bes. in ausgetrocknetem Holze;
Rückert hat es in einem Gedicht
angewendet. Bildlich „die Kl. uff-
duhn" — die Augen öffnen. Im
Hochwald in der L. gibt es durch-
brochene Felsen, welche den Nonnen
zur Ausschau gedient haben sollen,
„Nonnenklusen" genannt. Klimse,
Schw. Klunse, Klumse, beide auch
mhd.; Oc., B., Hl.; auch Krinse, Hl.
Verwandt mit klaffen, Kluft, to cleave.

Klinserklein, glinzergleen, in ganz
kleine Brocken zertheilt, zermalmt;
da Klinse — Spalt ist, so deutet es
auf kleingespalten; in Luxemburg ist
„klinzig" das Verkleinerungswort von
klein, wie unser finselich von fein;
Köln: klitzeklein; Hb.: klipperkläh;
vgl. klimberklein (Hss., Th.) bei
Regel, S. 217. — L. klenutschker —
sehr klein; s. Grimm: klinzig.

Klipper, Klempner, Hl.; Gramm. § 86.

Klitsch, der, (Rond.: der Klitscher)
klatschender Schlag mit der flachen
Hand, bes. aufs blosse Gesäss; Hb.;
Ab., Hl., Eg.; klitschen, auch Mör-
tel, Schlamm u. s. w. anwerfen; ein

solcher Wurf ist „ein Klitsch", was bildl. für Fleischklösschen eintritt; Klitsch backen, s. Klunsch; klitschen, bildl. f. betrügen (selten); „ich bin geklitscht", gemeiert, belämmert, übelangekommen, daher: Klitscher oder Klitschmeier, schlechter Maurer (davon könnte der frühere Name: Klitschergässchen kommen); ausklitschen, durchprügeln.

Klobig, ungeschlacht, klotzig, stark; „klobige Kälte, ein k. Haufen Geld, k. Kerl", von: der Kloben — Scheit, Klotz.

Kloppe, die, 1. Prügel; 2. Einen in der K. haben, über ihn herziehen, ihn hänseln, bearbeiten (wie der Schuhmacher das Leder durch Klopfen); Th.; s. Zerre, Mache, 3.

Kloppen, 1. f. zerklopfen, zerkleinern; Bruchsteine werden zu Chausseeknack geklopft; 2. prügeln; durchk.; 3. kaufen; wie keilen; daher: verkloppen, verkaufen; in Oe. durchklopfen f. durchbringen, verschwenden.

Kloss, Mehrheit Klösser; Bspr. Gliesser; s. Gramm. § 182, 5.

Klossbrühe, Klosssuppe, s. klar, 2.

Klössen, 1. langsam sein beim Arbeiten, Ankleiden u. s. w. „es dauert ewig ehe er ausklosst" (fertig wird). 2. langsam, weitschweifig und unklar reden, s. Hamf; wer es thut, ist ein Klossfriede, Klossmichel, Klosstoffel; in Th. ist Klosstopf Einer, der anhaltend (klebend) über der Arbeit zu Hause sitzt.

Klosstoffel s. klossen.

Kluft, die, ein dürftiges Kleid, bes. Klüftchen, Gliftchen; Brl., P.; E.: Klüftel; Schl.: Kluftel, Klofft; Oe.: Glüfterl; s. Grimm V, 1267 unten; Rw. ist Kluft, Klifft, Kläftling, Kleid; Klüfterei, Kleidung; Klufterkapelle, Kleiderschrank; umkluften, verkluften, um-, verkleiden; s. noch Schlifterchen.

Klugarsch, Einer, der Alles besser wissen will, Klügling, Naseweis, superklug; „so e neunmal Kluger," auch Klugscheisser (Hb.), s. dies bei Grimm.

Klümprig, mit Klümpchen, wie eine schlecht gekochte Suppe, aufgelöster Gummi; Staub, Mehl „klümpert sich" beim feucht werden.

Klung, es, f. klang; s. Gramm. § 209.

Klunker, der, nicht nur von ausgefranzten, herabhängenden Fetzen an Kleidern und dgl., sondern auch f. Klumpen von Koth, Mehl (s. klümprig) u. dgl.; davon: sich beklunkern; s. Grimm.

Klunsch, der (seltner: Klitsch), schweres, klossiges, nicht recht ausgegohrenes, schliffiges Gebäck; Wn.: der Talken; davon: klunschig, Dresd.: klantschig, Schl.: klitschig; Rtr.: klunzig, klitschig; PP.: klütztig, plätzig; — kluntschen, schlecht backen.

Knabbern, knäwern, an Etwas nagen; wie eine Maus, oder ein Eichhorn; Brl., Pf.; davon: knäwrig, immer zum Essen von Kleinigkeiten geneigt; s. knaben und knabbern bei Grimm.

Knacks, der, f. Knick, Sprung, Riss u. s. w. an einem Glase, Tische, Stuhle u. s. w.; dann auch von Menschen: „er hat einen Knacks gekriegt, sich einen K. geholt", dauernden Schaden; schlechthin: „Er hat den K.", ein unheilbares Uebel, das ihn zu grösseren Anstrengungen unfähig macht, bes. von Brustkranken; über die Form s. Gramm. § 164; ein solcher Mann heisst dann auch: ein alter Knacks. Ein Kinderspiel, bei dem ein Knabe sich unbeholfen, lahm, buckelig u. s. w. stellt, führt den Namen „Vaterknacks"; ähnlich Old Nag in einem engl. Spiele.

Knallen, durchprügeln; „es setzt Knalle", Prügel; wie Dresche u. s. w.

Knallhütte, die, leicht gebautes, wackeliges Haus, welches fürchten lässt, dass es bald einmal mit einem Knall zusammenbricht; N.; s. Luftbude, Laterne. (Dagegen Grimm unter knallen, 3 d.)

Knallschote, die, Ohrfeige; s. Dachtel, Damsel, Dusel u. s. w.

Knapp, kaum; „k. war ich heem, da fangte's an, zu regen". Rtr., Di.; so: eine knappe Stunde, etwa 50—55 Minuten; in Tir.: eine geringe, leichte Stunde.

Knappdörren, knappdern, Mangel leiden; von knapp und dürr; s. Dorre und grobdern.

Knarpeln, das knarrende, prasselnde Geräusch beim Kauen, Schneiden; ähnlich knarpsen; von Knorpel: „Laut hört man es knarveln", im Liede von „Josef Brehm".

Knarzen, Mittellaut zwischen knarren

und knirschen; z. B. von quietschenden Stiefeln.

Knaul, der und das, f. das Knäuel, Hl., Gramm. § 181; sich zusammenknaulen, sich ballen, wie ein Igel.

Knaupeln, 1. einen Knoten mühsam aufknüpfen; 2. an Etwas knaupeln, z. B. an einer Semmel, mit den Fingern abbröckeln; so: die Rosinen aus dem Kuchen knaupeln, Schl., P., Pf.; Eg.; s. ausgeknaupelt; 3. „da hat man zu knaupeln“, das ist eine schwere Aufgabe; NS.: finzeln; eine knaupelige Arbeit, Knaupelei, mühselig, viel Achtsamkeit erfordernd; s. Grimm, V, 1371.

Knautel, Knäutel, Gneidel, das, 1. ein tüchtiges Stück (Brot u. s. w.); 2. eine knotige, verhärtete Geschwulst; Geschwür, Blüthe im Gesicht, geschwollene Drüse u. s. w.; Th., Schw.; s. Grimm.

Knebel, der, meist in der Mehrh.: die Knebel, auch Kniebel (N.) das mittlere Fingergelenk und sein Knöchel; „Einen uf de Knebel schmeissen,“ auf die Hände schlagen.

Kneif, Kneift, der, schlechtes, kurzes Messer; B., Hss., Hz.; in Th.: Knif (mhd.), Knift; Schl.: Knificker (Grimm, V, 1428 oben); a knife, le canif; s. Schusterkneif.

Kneipe, die, 1. jedes Gasthaus, bes. aber Restauration, s. Grimm; auch: Bierkneipe, Weinkneipe, Schnapskneipe, Spielkneipe; 2. Wohnung; „Einem auf die Kneipe (oder Bude) steigen“ oder „ihn bekneipen,“ besuchen, wie umstossen.

Kneitel s. Knautel.

Kneller, der, schlechter Tabak, wie Stötteriko; Pf., J., K., Hb.; knellern, schlechtes Kraut rauchen.

Knepse, die, Sammelbüchse für Einzahlungen, wie beim Kegeln, auch Pinke; in die Knepse blasen, seinen Beitrag leisten; die Knepse 'rumgehen lassen, einsammeln.

Knetschen, kneetschen, knietschen, knutschen, knuschen, knautschen, 1. durch Zusammendrücken zerkneten, zerknittern, z. B. Papier, Kleider, Brl. knautschen; Th. knutsche; Schw. knautzen, knozeu, knötschen; im Eg. knutschen u. knautschen — tölpisch betasten, ebenso knotschen i. d. Pf.; mhd. zerknitschen, zerdrücken, zerquetschen; 2. knetschen, knätschen, beim Kauen schmatzen; Bel.; s. kätschen; 3. sich hinein knet-

schen, zwischen Andere auf einen engen Platz drängen; 4. sich knetschen, ärgern, wie fuchsen, giften; Wb.: verknauzen (s. verknusen).

Kniekebein, der, Likör mit einem Eidotter versetzt.

Knicks! 1. Ausruf, wenn Etwas knickt, z. B. ein Zweiglein, ein Rohr; davon: knicksen für knicken; „der Wind knickste die Dolpen (Tulpen) um;“ vgl. knacks; 2. es hat einen Knicks gekriegt, einen Bruch; davon: knicksen, brechen, s. Gramm. § 164.

Knieć, eine, Mehrh.: die Knieĉn; „die eine Kniee thut mir weh;“ Gramm. § 182; s. Loch.

Knieflxig, mit gebogenen Knien gehend; vgl. Kniefix bei Grimm.

Kniefüsslig, kniefhesselig, höchst grillig, kleinlich, an Allem mäkelnd; s. Grimm, V, 1428, Zeile 9; vgl. tribulierig.

Knieschüssig wie kniefixig.

Knietschen wie knetschen; Eg., Schw.; in der Sz. heisst es aber brechen, wie unser knicksen.

Knietschig, geizig, schmierig, kleinlich, interessirt, bes. im Spiele; Brl., Th.; im übrigen Sachsen sagt man für geizig auch: knickfickrig, mit Bezug auf die Ficke — Tasche.

Kniffelig, 1. eine „kniffelige Arbeit, Sache, Geschichte,“ will fein, mit Kniffen angefasst sein, man muss drüber nachsinnen (— knaupeln); 2. „etwas Kniffeliges zu essen,“ appetitlich Gebratenes, Gepräkeltes u. s. w.; s. Grimm, V, 1515.

1. **Knill**, der, Knitter; knillen, knüllen, Di.; zerknillen, zerknittern, in einen Knäul zusammendrücken, wie knetschen.

2. **Knill**, betrunken; die „Knillität.“

Knipse, auch Fingerknipse, wie Katzenpfötchen; in Schw.: Döble; plattd. knipsen, mit den Fingern schnellen; Grimm, V, 1438.

Knitschel, der und das, ein dichtes Büschel, das wie ein Knoten sitzt; „ein ganzes Knitschel Haare, Nüsse. Raupen“; Hl., P.; in Schw.: Kluppert.

Knitten, knetten, beim Stricken, Maschen mit der verkehrten Seite nach aussen (musterartig) machen. Hl. In NS. ist es — stricken, to knit; verwandt mit Knoten.

Knoblauch nennt man, auch offiziell, den in unseren Waldungen wuchernden Bärlauch, allium ursinum.

Knoche, die, 1. Hand; 2. häufiger: Fuss,

Bein, Schl.; s. Grimm, V, 1457; 3. Knochen als Schimpfwort; 4. mit deinen Knochen schmeisse ich noch Bernen vom Bome, dich hoffe ich lange zu überleben; 5. ich dresche dich, dass du sollst deine Knochen zusammenlesen [un in Schnupptuche heemb tragen]! Drohung.

Knöcheln, Fangspiel mit fünf kleinen Steinen (Kinder); ND. Knullspiel; s. Grimm, V, 1453 (Datschelspiel).

Knöchen, knecheln, bis aufs Blut peinigen, wie schinden, bīsacken; mit den harten, spitzen Knöcheln der Finger, mit der Faust bearbeiten, wie knuffen; L., Th., Schl., Hb.

Knollen, sich, verdriesslich werden, sich ärgern.

Knollich, der, Knullch, grosses, knolliges Stück, Knolle, Knäuel, Klumpen, Menge; s. knollig.

Knollig, derb, stark, grob; „ein knolliger Kerl (in Schw.: ein Knollfink);" knollig kalt, theuer, Brl.; — D.: knulli; wie klobig; Grimm: knollicht.

Knöpel, der, Knoten, verknotete Schleife; s. knüppeln; Grimm V, 1470.

Knopf, Knopp, 1. verächtlich für Mensch; närrischer K., grober K., Wn.; 2. Kneppe, Gneppchen haben, viel Geld, PP.; wie Moos, Bims, Kies; 3. „das mach Een'n weiss, der geene Gneppe uffn Rocke hat", einem sehr Dummen.

Knöpfchen, wees Knöppchen, verschleiert f. weiss Gott; ebenso wees s Kohle.

Knopfloch, er hat was ins Knopfloch gekriegt, nämlich einen Orden; vgl. Bierzeichen, Hundezeichen, Piepvogel, Spuckfleck.

Knoppplitte, die, Metallplatte eines Knopfes.

Knorpel, der, Branntwein; am Nordrhein: Knorfel; s. Wurzel, Gift, Schluck.

Knörrchen, Knerrichen, das, eine ganze Menge, ein Haufen; „ä hübsches K. Brennholz, ä tüchtiges K. Aeppel;" von Knorren, als etwas Massiges; Grimm, V, 1496 unten.

Knorz, (Mehrheit Knörzer) Knorzel, der, kurzes, im Boden stecken gebliebenes Stammende; von Knorren; Di. u. dän.: Knast; das Feuerholz daraus ist knorzig, knorzelig (knorrig); Eg.: Kuorz, Baumstumpf; Th.: Knorz, Knuerz, Knuirz, knorriges Holz, verkrüppelter Ast od. Mensch; s. Grimm: Knorz.

Knorzen, knurzen, angestrengt arbeiten; Bal.; s. Grimm.

Knote, der, früher nur studentisch für: Handwerker; jetzt allgemein f.: roher, ungehobelter Bursch; davon: knotiges Benehmen; Grimm, V, 1507 unten.

Knuckern, knucksen, 1. stammeln; wie drucksen; auch: murren, immer unzufrieden sein; in diesem Sinn „ein Knuckerich;" 2. knausern; Knucker, Knicker; knuckerig.

Knudeln, zusammenknudeln, wie knutschen.

Knuff, knuffen f. Puff, puffen; Pf., Hl., Hb., Hz.; seltner: kuffen; engl. to cuff. Di.: knüffeln; Rw.: kuffen. Als Jungen führten wir kurze Hirschhörner als Stosswaffen in der Tasche und nannten sie: Knufferte!

Knuffig, stark, grob, wie hahnebüchen, bämflig, giebig; vergl. knuppelig.

Knuppe, die, Stockknopf, Thurmknopf (Kuppel) u. s. w.; s. Kuppe; ND.: der Knuppen, der Knoten, wovon: Knüppel — Knotenstock.

Knuppoldicke, sehr, stark, viel: hier hängen die Nüsse k.; ich habe es k. satt f. gehörig überdrüssig; er hat es k. (oder faustdicke) hintern Ohren; ich habs ihm k. gesteckt (ihm gehörig die Wahrheit gesagt); es war k. voll im Saale, wie gerappelte voll; ich bin k. f. übersatt.

Knuppelig, plump, kurz und dick, von Händen; vgl. knuffig, knollig, kurzmupplig.

Knüppeln, knippeln, derb, fest knüpfen, knebeln; Bal.; hat in verschiednen Gegenden vielfache Formen; aufknippeln, einen schwer lösbaren (verknippelten) Knoten lösen; s. Knöpel; im Eg. ist der Knippel der Knoten in einer Peitsche.

Knüschen, bes. zerknuschen s. knetschen; Grimm, V, 1526.

Knusperig, scharf gebacken, gebraten, so dass es beim Kauen knistert (knuppert, in Bal.: es chroset), wie Zwieback u. s. w.; Di.: kross, krosp; s. reesch; ND.: knuspern — knabbern, benagen u. s. w.; Grimm: knupperig u. knusperig.

Knütschen s. knetschen.

Knutzen wie knorzen. E., Oe.: knötzen, immerfort zu Hause sitzen.

Knuxen, 1. wie knorzen; 2. wie knuckern, 1; auch: knuxen und druck-

sen, nicht mit der Sprache heraus-
geben.

Köchin, allgemeiner Name einer Magd,
wenn sie auch vom Kochen gar Nichts
versteht, nur Kindermädchen oder
dgl. ist; Verkleinerungswort dazu:
Kuchchen.

Kochstücke, Einen (od. Etwas) in K.
hauen, kurz und klein schlagen,
tödten; vgl. in die Pfanne hauen.

Kodderig, mundfertig; bes.: eine k.
Schnauze haben, loses, böses Maul;
Brl.; vgl. Dreckschleuder. In Da.
heisst k.: zerlumpt.

Köfmich, der, scherzw. f. Kaufmann.

Kohl, der, 1. lange Umschweife, Ab-
schweifungen, Weitschweifigkeiten im
Reden; viel Aufheben um Etwas; wie
Merrettig; wer zu kohlen liebt,
ist ein Kohler oder Kohlfritze;
Hebräisch: kol — Stimme, Gerücht;
s. gären; 2. „Das ist ein K.", eine
Aufschneiderei, lügenhaftes Geschwätz; R.; in Pf. heisst Kohl:
Spass, im Rw. lügenhafte Erzählung,
blauer Dunst.

Kohle s. Knöpfchen.

Kohlengieke s. Gieke.

Kohlrüben (eine Art Kohlrabi); „er
versteht keene K.", hat langsame
Auffassung, keinen Sinn für Anspielungen, ist überhaupt schwer von Begriffen; Brl.; s. Versteht sich mich.

Kolax, der, Schmeichler, Liebesdiener;
κόλαξ; davon: kolaxen, schmeicheln,
schmarotzen.

Köken, 1. geräuschvoll husten, sich
räuspern; 2. speien; s. kotzen, was
stärker ist.

Kolbe, die, Kopf; bes. in der Redensart „Einem die K. lausen" 1. den Kopf
waschen, ausschelten; 2. Geld abnehmen im Spiel u. s. w.; s. Grimm,
V. 1608.

Kolbig s. kulbig.

Koleer, Kolär, s. Kulleer.

Kollern ist vornehm für kullern, rollen wie eine Kugel; PP.; daher eine
Kullerkaule, von Kaule, s. d.
(oder blos: die Kuller) Kullerrad;
verkullern — fortrollen und verloren gehen.

Kollett, 1. Einem beim K. fassen,
ihn packen; s. kalleeschleppen;
2. „Einem aufs K. steigen" wie:
„aufs Dach steigen;" von collet;
PP.: Einem das Kaleet ausdämmern.

Komisch, 1. „sei nur nicht so komisch", so sonderbar, wunderlich;
s. artlich; 2. „er kommt mir heute

recht komisch vor" er hat etwas
Ungewöhnliches, Eigenthümliches in
seinem Benehmen, was aber durchaus
nicht komisch, possirlich zu sein
braucht, vielmehr auf ernste Krankheit u. s. w. bezogen werden kann.

Kommen: — Die Konjugation s. Gramm.
§ 213; 1. das Partizip bei kommen
(wie: er kommt gegangen) wird nicht
nur von Zeitwörtern der Bewegung
gebraucht: „er kommt gesungen, gegessen, gekaut" für singend u. s. w.;
„sie kamen geführt" — einander
führend; 2. du kommst mir schon
wieder in mei Dorf (nach Buttermilch), du wirst mich schon wieder
einmal brauchen, dann werde ich mich
rächen; 3. du kommst mir schon
noch, beim Kartenspiel: du wirst
meine Farbe schon noch spielen; 4.
er kommt immer so (mit entsprechender Geberde begleitet), er macht's
immer so; 5. „da kam er", da sagte
er; wie: „Er kam mir kurz, grob;"
ebenso: il fit f. il dit.

Kommersch, Gummersch, der, lebhafter Verkehr, bes. aber Lärm, den man
gern mit fremdartigen Ausdrücken bezeichnet; so Spektakel, Alarm,
Krakehl, Skandal.

Kommun, gemein, pöbelhaft, Studentenausdruck.

Kompliment, 1. „ein Kompliment!",
ruft man Einem zu, der Etwas tölpisch
thut; fragt er, „von wem?" so ist
die Antwort: „von Herrn Ungeschickt, er kommt gleich selber;"
2. Komplimente melden, einander
mit höhnischen Reden traktiren; s.
Redensarten, Malice.

Königstour, Billardspiel unter 3 Personen; s. Quatretour.

Können, „Die kann es" oder „Die
kann was", f. sie kann hexen;
Bspr.; V.

Kopf, 1. er hat e dicken Kopp, sitzt
mit 'n dicken Koppe da, etwas Miss-
lungnes macht ihm Sorgen; 2. es
will mir nich zu Koppe, in den
Sinn; 3. auf das Verlangen „gib das
her!" erwidert man grob: „uffn Kopp"
(nämlich: kannst du was kriegen); 4.
Einem auf den K. spucken, ihn verächtlich über die Achsel ansehen, beiseite schieben.

Kopfabschneider, 1. war 1830—40 der
allgemeine Name für Taschenspieler,
weil sie u. A. eine Enthauptung vor-
nahmen; 2. Wucherer, wie Halsabschneider, Kravattenfabrikant.

Kopfschuster, scherzweise f. Hutmacher; Brl.; Di.: Koppschoster.

Kopfstück, Schlag an den Kopf, wie Dusel u. s. w.

Korakter, Kurakter, f. Charakter.

Korks f. Kork, bes. für Stöpsel; korksen, 1. stöpseln; 2. bildlich: schlecht arbeiten (wie morksen), auch schlecht spielen, bes. Billard.

Korn, das, 1. jede Sorte Getreide, wie corn; vgl. Tanne; 2. allgemein f. Roggen; jedoch sagt man nicht „Kornbrot", sondern Roggenbrot; 3. der Korn ist Kornbranntwein.

Koscher, „die Sache ist nicht recht koscher (auch: kauscher)", scheint mir bedenklich, sie hat ein Aber u. s. w.; vom Hebräischen; weit verbreitet.

Kotzen, speien, sich erbrechen; Pf., Schw., Oe., J.; im Simplicissimus; verstärkt: kotzen wie ein Kälberhund; auch mit Wortspiel: Kotzebue rufen; ebenso in PP : an Kotzebue schreiben; daher: es ist mir kotzerig (zu Muthe); s. köken, verkotzen, Ulrich. — In Ab. ist kotzen — husten, wofür es bei uns selten gesagt wird.

Krabbe, bildlich f. flinkes Kind; Grimm, V, 1910.

Krabbeln, 1. kriechen, wie Käfer, Kinder; Di.; von Krabbe — Krebs, s. Gekrabbel; 2. er krabbelt noch, lebt noch; er hat sich wieder aufgekrabbelt, von der Krankheit erholt; s. haspeln; 3. krauen, kitzeln; Rtr.; daher bildlich: sich krabbeln, sich gekrabbelt fühlen, sich geschmeichelt fühlen, wie sich gekratzt fühlen.

Krächzen, kräcksen, heiser, schlecht reden: auch stöhnen, ächzen; Th. kreekse; „er hat uns vielerlei vorgekräckst" — unbeholfen vorgeschwatzt.

Kracke, schlechtes Pferd, wie Mähre, bes. „eine alte Kracke"; Th., ND.; in D.: das Krack.

Krah, die, f. Krähe; ahd. u. mhd.; Hildebrand gibt in seiner Vorlesung „Ueber Grimms Wörterb.", S. 8* gegen 30 ahd. u. mhd. Formen dieses Wortes! s. auch Grimm, V, 1965. Sudt.: Krohe; ND.: Krei, Krachhe; engl.: crow; s. Huppelkrah.

Kräkehl, der, Lärm, Zank, wie Spektakel, davon: krakehlen, Krakehler. P., ND., Oe., Hb., Köln; Bsl.: Gragöhl; in B., F., Pf.: grakählen — Händel suchen; Sudt.: kräkeln; auch dän., schwed., holl.: Krakēl;

schriftdeutsch bei Freytag, Ebers (Königstochter); krakehlig, 1. von Leuten, die Krakehl suchen; 2. geräuschvoll, von einer Strasse, Wohnung u. s. w.

Kräkel, der, 1. ästiger, trockener Baumstamm zur Aufnahme der Krähen (s. Krah) vor einer Krähenhütte; selten. 2. s. kräkeln.

Kräkeln, schlecht, unleserlich schreiben; die Züge heissen: Krakel, Krakelbeeno (Krähenfüsse) oder Krikelkrakel.

Kralle, pöbelhaftes Bild f. Hand und f. Fuss, wie Knoche, Talpe u. s. w.

Krallen, stehlen, (in seine Krallen nehmen) s. kazen.

Kram, der, Alles zusammen, der ganze Plunder; „der ganze K. is nischt werth", die sämmtliche Habe, sein ganzes Gerede u. s. w.; Ra., Schw.

Kramböl, der, f. Lärm, v. caramboler; . Bsl.: Grampol schlo, arg lärmen.

Kramen, kramern, 1. in Kisten und Kasten herumstöbern, sich allerhand zu schaffen machen; Brl., Schw.; 2. mit Einem kramen, heimlichen Verkehr mit ihm haben.

Kramer war nach der früheren Gewerbeverfassung in Leipzig ein Detaillist, Kaufmann dagegen ein Grossist; also Kramer nicht mit Krämer zu verwechseln.

Krampe, die, der Haspen.

Krämpe f. Hut: die K. aufsetzen; an die K. greifen, grüssen.

Kränke, die, f. Krankheit, Pest, Noth u. s. w.; mhd. krenke, Schwäche; „das ist doch, um die Kränke zu kriegen," aus der Haut zu fahren; „dass du die K. kriegtest" — die Schwerenoth, wie: I in malam rem.

Kränken, um Etwas bringen; „Er hat mich um 5 Thaler gekränkt" mir abgeborgt, abgeschwindelt; Einen um Cigarren kränken, sie ihm abschnurren.

Krüppelchen, das, ein „knusperiges, kucwriges" Schmalzgebäck zur Messzeit; Hl., Schl.: Krappel; Oe. Krapfen; NS. Rädergebacknes.

Kräppisch s. kreppen.

Kratz, der, eine kleine Kratzwunde; s. Krell, Kritzel.

Kratzbeeren f. Brombeeren.

Kratzbürste, die, scharfer Beurtheiler, „borstiger", ärgerlicher, reizbarer Mensch, bes. ein kleiner; PP.; Rtr.: kratzböstig.

Kratzen, sich gekratzt fühlen, wie krabbeln, 3.

Krätzgarten, Gemüsegarten, selten; Gekrätz, Gartengemüs, bes. aber Gemüs im freien Felde; Grimm, V, 2080.

Krause, die, Schaum auf dem Bier; s. Sahlleiste, Tresse, Mützchen.

Kraut, 1. der (das) macht das Kraut och noch nich fett", seine Betheiligung gibt nicht den Ausschlag, genügt nicht; in Köln: den Kohl fett machen; 2. das müsste doch mit Kräutern zugehen, nicht mit rechten Dingen; wohl von Zauberkräutern hergenommen.

Krauter, der, 1. Kerl, Mensch überhaupt; 2. Meister, im Munde der Arbeiter; im Rw. Spinnmeister; 3. alter Mann, geringschätzig gesagt; Bsl.; s. Grimm.

Kräuterich, das, Sammelname für das Kraut von Kartoffeln, Möhren u. s. w.; Th., P.; — Schl. Krauterig.

Krauthacke, 1. alte K., liebkosende Anrede, wie: altes Haus; 2. kleine Kr., scherzend f. einen kleinen Menschen; s. Krutsch.

Kravattenfabrikant wie Halsabschneider, Kopfabschneider.

Krawall, der, Lärm, Geräusch; davon: Krawaller, krawallen; s. Grimm.

Krebsen wie klossen.

Kreditläppchen, Halskragen, s. Bäffchen.

Krei'n f. kriegen, bekommen; Bapr.

Kreisel, der, eine Art kleine Hängelampe, Hl.; in Th. Griesel.

Krell, der, 1. das Krallen der Katze; „sie versetzte dem Hunde einen derben Kr."; 2. die Verletzung dadurch; mhd. kral, der Kratz; daher: krellen; zerkrellen; — die Katze hat ihm die Hände zerkrellt.

Krempel, Krämpel, der, die ganze Habseligkeit, eine unangenehme Sache; „da ist der ganze K.; ein schöner K.; Brl.: ich habe den K. dicke (satt);" s. Briezel; in Köln Krämpel für Getös, mhd. grempler, Kleinhändler, Trödler s. Kram.

Krepangs, Krepanze, die Schwernoth (selten); von crepare; s. Kreppee.

Krepèe machen, sterben, krepiren.

Kreppen, kränken, ärgern, „es greppt mich;" auch: sich kreppen, wohl von Kropf, wenigstens heisst es im E.: kröpfen. — Dafür seltner: kreppiren, Rtr.: krapiren; von crepare — crever? kreppisch, mürrisch, widerhaarig, übelnehmisch, batzig, protzig

u. s. w.; V.: kräppsch; Tb.: krüppsch, grüpsch.

Kreschen, krieschen, krietschen, 1. f. kreischen; 2. kreschen, kröschen, fettes Fleisch ausschmelzen, auslassen; auskr.; auch: in Butter braten; so: gekreschte Semmel; Hl.

Kreuz, 1. „am Kreuze liegen", in Noth ein; 2. Kreuz in Zusammensetzungen zur Verstärkung wie Heiden, z. B. kreuzdumm (s. dumm), kreuzverflucht, kreuzfidel, kreuzverrückt, wie „kreuzbrav" im Hochdeutsch; so: Kreuzmillionenhimmeldonnerwettr noch emal! im Eg.: „a Milliunes Dunnerwettr, a romisch gaflochtnes Dunnerwettr." — Noch stärker: „er is drei Mal übers Kreuze dumm."

Kreuzbruder hiess sonst der Eckensteher, der neuzeitliche Packträger oder Dienstmann, von seinem Standort an der Kreuzung der Strassen; in Brl.: Sonnenbruder; in Drsd.: Schiebböcker (d. h. Schubkärrner).

Kreuze, das, ist das Ende des Rückens; dagegen: „er schlug ein Kreuz."

Kreuzkäfer; „laufen wie die Kreuzkäfer", wie eine Art Laufkäfer, die in Gesellschaft leben und bei Störungen nach allen Richtungen — kreuz und quer — aus und durcheinanderlaufen.

Kribbeln, kriweln; 1. prickeln, jucken; der Rauch, eine Priese k. in der Nase; die Hand k. vor Kälte; man bekommt das K. unter die Nägel (bei starkem Frost), auch: es kribbelt mich — es juckt mich (die Haut); Di.; bei Musäus: Kribbelkrankheit; 2. Verstärkung v. kriechen (to creep), besond. in der Verbindung: es kribbelt und wibbelt Alles, z. B. von Spaziergängern; wimmeln wie ein Ameisenhaufen; Di; PP., s. wibbeln, wiebeln, krabbeln.

Kribel, der, Schimpfwort, wie Nickel; selten; mhd. kriegel, störrisch.

Kriegen, 1. steht vorzugsweise, fast ausschliesslich f. das vornehme: bekommen; z. B. satt k., Besuch k., das Fieber k., einen Dieb k. (einfangen); ich kriege mein Buch gebunden (wie engl.: I get my book bound); du krichst schon noch zu wissen, zu erfahren; m'r kriegn geholfen — es wird uns geholfen; du werscht de Nase gebutzt kr.; sogar: „ich krieg's uff'n Halse gelassen!" — „er hat's erlangt gekriegt von der Bolizei", Erlaubniss erhalten; Ramler: „Für Daphnen kriegt er den Lorbeer nur;" auch mhd. krigen, bekommen; 2. es mit Etwas kriegen, stark an Etwas leiden, es eifrig betreiben u. s. w.; „er kriegts mit der Angst", bekommt grosse Furcht; „uff ēmal kricht' er'sch mit dem Lofen", er begann gewaltig auszuschreiten; "derStadtrath kriecht's jetzt mit den Bänken", er lässt plötz-lich viele neue Bänke an den Spazier-gängen setzen.

Kriegskasse, „er hat die (grosse oder gleene) Griechsgasse", einen (grossen oder kleinen) Höcker; s. Ast; ND.: er hat einen grossen Hitzpickel auf dem Rücken; von einer verwachsenen Pfarrerstochter: sie trägt ihres Vaters Kanzel mit herum.

Krieschen, krietschen, wie: krē-schen; Hb., schw.: skrika, dän.: skriege — schreien; s. quitschen.

Krikelkrakel s. krakeln.

Krimminatstückchen, sehr kleine Stückchen, wie: klinserklein; in K. schlagen, kurz und klein schlagen, zerschmettern. Oschatz: zermerschen — morsch entzwei machen.

Krisperig, ziemlich wie knusperig, aber auch von Fett und dgl., bes. Gänse-fett, wenn es, in der Kälte kristallisirt, zwischen den Zähnen angenehm knirscht; Eg.: kreispl'ch — kraus; mhd. krisp, krispel, kraus; krisper, kräuseln; s. grisslich.

. **Kritzel,** der, 1. leichter Riss, Ritz auf einer glatten Fläche, wie ihn z. B. Sand auf Politur, Glas, Elfenbein hervorbringt; verstärkt ist es „Kratz", s. d.; hochdeutsch: „kritzelig, kritzeln" u. s. w.; 2. ein dünner, un-leserlicher Schriftzug; „er macht lauter Kritzel"; s. finselig, kräkeln.

Kriwätsch, der, Knirps, wie Krutsch.

Krollig, grollig, herb, kratzig, widrig von Geschmack, bei manchen Speisen und Getränken; z. B. „wilde" Kar-toffeln, d. h. eine grobe Art, die zu Schweinefutter bestimmt sind, schmecken krollig.

Krone, „seine K.", verächtlich für seine Geliebte.

Kröpel, 1. Krüppel; wird man wegen zu warmer Kleidung verspottet, so erwidert man: „Besser im Winter e Pöpel, als im Sommer e Gröpel." Hl.; 2. missrathenes Obst, missgestaltes Gebäck, wie Huzel; davon:

Kröpelei, ein winkliges Gebäude; schlechte Treppen, auch elende Arbeit; s. kröpeln.

Kröpelfuhre, die, schlecht, schief ge-ladenes Fuder; überhaupt etwas Miss-rathenes, z. B. eine schlecht auf-steigende Rakete. Hz.

Kröpeln, krepeln, gräpeln, herumkr., allerlei kleine Arbeit verrichten; sich so hinkröpeln, sich mühselig hin-schleppen, sowohl in Bezug auf Geld, als Gesundheit; Schl.: gräpeln.

Kröpelstuhl, Grossvaterstuhl.

Kröte, 1. als Schimpfwort: kleiner, un-bedeutender, aber giftiger Mensch (auch Giftkröte); Ho.; auch als Wortspiel f. Grete, welches gleich lautet; 2. „e paar Kröten", wenig an Geld u. s. w.; „er hat seine paar Kr. volgends untern Buden verläppert", vielleicht von Grote; Rtr.; beim Karten-spiel „e paar Kröten", die wenigen Trümpfe, die Einer hat.

Krümelchen, das, für Krümchen; von krümeln.

Krummbucklig (gehen, sitzen), mit gekrümmtem Rücken; wie katzen-bucklig.

Krumm liegen, Noth leiden, in Schul-den stecken; s. knappdorren.

Krumpeln, durch Drücken zerknittern, wie knillen, knētschen; E., Pf., auch zusammenkr., zerkr.

Krungsen, krunksen, ächzen, stöhnen; „K. ist die halbe Arbeit; K. ist seine Hauptarbeit;" Th., Altmark; Bal. grunse; Zch. grochse; s. Grimm.

Krutsch, der, Knirps, wie Kriwatsch. Oe.: Grietsch, Kritsch; könnte von mhd. krūt, Kraut, kommen; vgl. Krauthacke.

Kuchechen s. Köchin.

Kuchen! wie Dreckchen!

Küchendragoner, der, Küchenmagd, Köchin; auch Kasterolhusare.

Kuddelnadennass wie fitschen-madennass.

Kuddelmuddel, das, Wirrwarr, Misch-masch, buntes Durcheinander; ND. 1. **Kuddeln,** die, Kaldaunen; mhd. kutel; Schl., Schw., Sz., H.; s. Schlacke. In manchen Orten heisst der Schlacht-hof: Kuddelhof; vgl. auskuddeln; sich die Kuddeln voll fressen; s. Grimm: Kuttelfleck, kutteln bei Fischart, Pestalozzi, Schiller. 2. **Kuddeln,** oberflächlich waschen (Zeug u. s. w.); auskuddeln.

Kuftemäd f. Hollunder; s. Flieder; Hl.

Kugeln, sich, wälzen; sich vor Freuden k., wie eckig, aus den Häuschen.

Kuh, 1. die K. mit dem Kalbe hei-raten, Eine ehelichen, die bereits (von einem Anderen) gegründete Aussicht auf Familie hat; 2. „was nützt der Kuh Muskate [sie frisst ja Haberstroh]; Schw., PP.; s. Gurkensalat; 3. „er weiss soviel davon, wie die Kuh vom Sonntag"; PP.; s. Ochse; Schw.: was weisch die Kuh vom Sonntag, man gibt ihr ja kein weiss Hemd; iu Bsl.: Er verstoht so fill derfo as e Chue fonnere Müschgëdnuss.

Kuhfist, Verdeutlichung aus Bovist, Bufist.

Kuhfuss, Flinte; s. Schiessprügel.

Kuhhäs'chen, das, Kaninchen, weil es oft im Kuhstall lebt; Wn.: Kühnigelhas; s. Karnickel.

Kuhhaut, „es geht auf keine K.", was er Alles erzählt, lügt, verspricht, schuldet u. s. w. PP.: dat öss nich op e Bolleleder zu schriewe.

Kühhorn, dummer Mensch, wie Hornochse.

Kuhlhaftig, scherzweise f. kühl,

Kühnasen s. Kienasen.

Kuhschluck, unanständig grosser Schluck; vgl. Schusterpriese.

Kuhschwof, Mägdetanz; Th.; s. Schwof.

Kühwe f. Kühe; s. Gramm. § 136.

Kujeniren, kujeniren, ärgern, schabernacken, von Kujon. Brl.

Kujon, der, Hallunke, Schurke, Schelm; in einem Spottliede auf Napoleon hiess es 1813: „Bonaparte, du Kujon, läufst von der Insel Elba davon"; vom franz. couillon, Memme, Dummkopf.

Kulbig, ungeschickt, zu breit zugespitzt; wohl von Kolbe; „gulbige Nase"; Wuttke, Entsteh. d. Schrift, I. S. 610 u. ö. schreibt: kulpig; s. Grimm: kulpicht.

Kulke, die, f. Kolik; Bspr.

Kulken, kulkern, kulksen, das Geräusch beim Einschenken aus einer Flasche, das Gluckgluck, le glougou; Hb.: golkern; dän.: Kulk — Kehle, Schluck. Auch: „es kulkert mir im Magen", von dem Poltern in den Eingeweiden; in PP.: kurreln, kurdeln; s. Grimm: kolken, kulken; aktiv: „er kulxt drei Deppchen 'nunter".

Kulleer, die, auch Kolleer (couleur), die Gesellschaft, der Anhang, Umgang Jemandes. „Den seine K. gefällt mir nicht; er geht mit einer schönen K. um; er kam mit einer ganzen K." s. Blase; ein Handwerker sagt von einem andern: „das ist Kulleer", d. h. er ist meines Standes.

Kullern, Kullerkaule, s. kollern. Hl., Hss., Th., Schl.

Kulstern, auch kilstern, 1. wie qualstern; Eg., B.; 2. für husten; PP. kölstern; s. kotzen.

Kumbafel, kumpawl, capabel, fähig.

Kümmel f. Kümmelbranntwein, wie der — Korn f. Kornschnaps; kümmeln, trinken, saufen, schnapsen; verkümmeln, vertrinken u. s. w.; Hb. verkiemel.

Kümmelapotheke, die, Kneipe; L.; auch Name einer kleinen Schenke im Dorfe Eutritzsch bei Lpz.

Kümmeltürke, Gimmelderke, scherzhafter, gelinder Spottname, bes. für Leute, die bramarbasiren, sich aufspielen wollen; „e Kerl, wie e K."!

Kumpen, der, grosse Schüssel, Tasse u. s. w.; J., K.; s. Grimm: Kump.

Kungs, der, Puff; davon: kunksen, kungsen; s. knuffen; Eg.; L.; Gramm. § 164.

Kunterhär, von contraire, zuwider; „es geht mir heide awer och Alles k.", unglücklich; „o kunträr in Gegendeele", doppelt f. „im Gegentheil, dagegen".

Küppchen s. Kippchen.

Kuppe, die, Spitze eines Fingers, Nagels; verwandt mit Kuppel, Kopf, Kappe u. s. w.; s. Knuppe.

Kuranzen, abkanzeln, ad coram nehmen. B., E., Pf., J., F., H., Hb., Oe., W.; in Schw. f. plagen; PP. karanzen, derb durchprügeln; s. Grimm.

Kurāsche, die, viel beliebter als Muth; bes. bedeutet es Muth, Verwogenheit der Gefahr gegenüber, so eine Art von Hundemuth; Holtei lässt einen Pfarrer sehr bezeichnend sagen: „Ich bin ein Sohn des Friedens, der braucht keine Kurasche, der braucht nur Muth." Ebenso: kuraschirt, kurāschös — muthig, tapfer; s. Herze.

Küreh, Gireh, dicker Mannsrock, bes. „mei altes Gireh;" weniggebräuchlich; mhd. kürsen, Pelzrock, der Stamm zu Kürschner; poln. kireja; in Sbg. kirsen, Frauenpelz; s. Grimm: Küreh.

Kurfürst, 1. das ist ein Bagatell (eine Bagatelle) für einen K., das will für einen so reichen Mann nicht viel sagen; auch spöttisch; 2. s. Auge.

Kuri, der, närr'scher Kerl; sonderbarer Kauz, Ab.; Th. auch: närrscher Kuri; von küren, also Einer, der seltsam, launisch wählt, jeder Grille folgt (holl.: kuur — Grille); s. Grimm,

V, 2802 Ende; davon: kurios, kurrejos, korrjos, 1. sonderbar (Schl.: karrejos); 2. neugierig (lateinisch).

Kurschneider, der Einer die Kur macht, schneidet, Brl.; s. Süssholzraspler.

Kurz, 1. das Fleisch ist recht k., mürb, nicht „langfadenig:" dgg. die Butter ist k., bröcklich; 2. kurz geben, kurze Kleider tragen, wie Mädchen bis zur Konfirmation, Mägde bei der Arbeit u. s. w.; 3. Einen kurz und lang heissen, ihm allen Schimpf und Schande anthun; Hb.

Kurzmupplich, kurz und dick; abgestumpft, z. B. eine Nase, ein Finger; s. muppselig, knuppelig.

Kusch, kusch! Lockruf für das Schwein; dieses heisst: Kuschschweinichen, Kuschchen (Kinderwort); in Aachen: Kusch.

Kuschen, sich still verhalten; Schw., Schl., Rtr.; von coucher; „er muss kuschen", darf nicht mucken; auch „unterkuschen", sich fügen; allgemein als Hundezuruf: „kusch dich!"

Kusen, gemüthl. plaudern, auch überhaupt geschwätzig reden; in Ab.: eine Kusensе f. Schwätzer u. Schwätzerin; von kosen.

Kutscherschnaps, Kutscherwein (letzterer auch abgekürzt: Kutscher), geringe Sorten, wie sie in der „Kutscherstube" gereicht werden.

Kutten, Arrest haben (von Schülern); davon das Küttchen, Kittchen, s. d.; „immer zu Hause kutten", nicht ausgehen; s. Hausunke, knurzen.

Kutz! kutz! ruft man Kinderchen zu, wenn ihnen der Husten Beschwerden macht, od. wenn sie sich verschlucht, verkutzt haben, wenn ihnen Etwas in die „unrechte Kehle" gekommen ist; man klopft ihnen dabei sanft den Rücken; Wn.

L.

Labbe, Lüwe, die, Mund; Brl.; ND. Lawei; auch die Labúsche (la bouche); daher: labbern oder läbern, auch schlabbern, schwatzen; Eg.; vielleicht auch läppern; s. noch lapp.

Labet, im Spiele: labet werden, l. sein, verlieren; bildlich: matt, hinfällig, erschöpft; Rl.; B., Sbg., von la bête; beim Spiele auch nur: bêt, s. d.; Rtr.: beet, beit. In: Spaziergang im Kuchengarten, 1781; auch im Crambambuliliede: Hat mich das Spiel labet gemacht.

Laboratorium, scherzhaft f. Abtritt; auch Laweratorich'n ausgesprochen; vgl. Oberhofgericht, Goldmühle, Drahtmühle, Bürgermeister.

Laekiren, täuschen, betrügen; feiner als anschmieren; Brl.

Lade, „er hat die Lade, geht mit der Lade", ist Schneider (s. d.) im Spiel.

Laden, er hat geladen, schwer geladen, ist betrunken; s. Gramm. § 207.

Ladestock, er hat einen Ladestock (oder eine Elle) verschluckt, hält sich zu steif; PP.

Lädiren, verletzen; Kinder sagen es von Schmetterlingen, Käfern u. s. w.; Brl.

Lage, schlechtweg — gute Geschäftslage; in neuen abgelegenen Stadttheilen „is geene Lage", die dortigen Häuser „ham geene Lage;" s. Messlage.

Lage, Läche, die, f. Lake v. Gurken, Heringen u. s. w.; s. Gramm. § 78.

Lahmeck, der, spöttisch, ein Lahmer; seltner: Hinko; scherzweise: er geht lahm un hinkt och.

Lühn, etwas feucht, von der Wäsche, wie sie zum Rollen oder Plätten sein muss; s. noch lehn.

Lampe, die, 1. Hut, bes. der frühere, dreieckige, s. Dreimaster; 2. Bett; „sich in d. L. hauen", schlafen gehn; wird nach Jemand gefragt, der schon zu Bett ist, so heisst's: „der liegt in der Lampe (und guckt zur Dille raus);" s. Falle, Sose; 3. „Einen auf die Lampe giessen", trinken, bes. Branntwein.

Landestrauer haben, schwarze, unsaubere Fingernägel! s. Hoftrauer, Waschfrau.

Landkramer hiess zur Zeit des Innungszwanges ein Händler mit Ausschnittwaaren, welcher nur an Markttagen in Lpzg. feilhalten durfte.

Landpomeranze, Landmädchen. Wn.

Lang f. entlang; „geh nur immer lang (hin)", geh voraus, gerade aus; den Wald lang leeft de Bleisse (Pleisse, ein Flüsschen).

Längde f. Länge, wie Dickde, Höchde; ND.; s. Gramm. § 157.

Lange f. hinlänglich, immerhin noch, vollauf; „1 Thlr. ist l. genug; du bist l. schöne; das ist lange gut"; auch gehäuft „das ist l. hoch genug"; Schriftdtsch.: „noch lange nicht(so)".

Längelang, die, der ganzen Länge nach; „er fiel der Längelang hin, lag der Längelang da"; auch als Umstandswort: „da hängt der Rock längelank"; Ho.: lingelang. Bei Rtr. ist lingelank — entlang.

Langen, 1. Etwas l., reichen, zugeben; Hl., ND.; b. Luther u. Wieland; daher Handlanger; engl. Dial.: „lang it me hither;" 2. für zulangen, ausreichen: es langt nicht; 3. Einem Eine l., hineinl., eine Ohrfeige geben.

Langeweile, 1. für die L., zum Zeitvertreib; auch vergeblich, unentgeltlich; „das ist für die L." (vergebens), „für die L. kann ich es nicht thun" (umsonst); 2. die Ohrfeige war nicht für die L., stark; s. Eltern, Pappe, Stroh.

Langsterrlich, hoch aufgeschossen, wie eine „Latte, Bohnenstange; Hopfenstange", von Menschen; eigentlich wie ein langer Sterl, s. sterlen.

Langzerrig, sehr in die Länge gedehnt, gleichsam langgezerrt; „ene ale l. Katze".

Lapp, lappe, schlaff herabhängend, auch: schlapp; Hl.: leppe; Kopfsalat wird lappe, wenn er einige Stunden im Essig gestanden, Balsaminen, wenn sie trocken stehen; ein Seidenhut, wenn er nass wird. Davon vielleicht: die Labbe, der Mund mit herunterhängender Unterlippe, wie bei dummen Menschen.

1. Lappen, der, 1. durch die L. gehen, ausreissen, PP.; wie durchbrennen; 2. Einen mit dem nassen Lappen 'naushauen, schimpflich fortjagen; 3. s. anlappen.

2. Lappen, Ztw., so trinken, wie Hunde u. dgl. es thun, Etwas anflecken; Sz.; mhd. lappen, laffen, schlürfen; engl. to lap, schott. laip; s. läppern.

Lappendietrich, Lappländer, abgerissen an Kleidern.

Läppern, 1. langsam trinken, etwa nach Art der Hunde; Eg., E., Pf., W., Th.; in PP.: löbbern, lübbern f. nippen; s. lappen; daher zusammenläppern, sich nach und nach vermehren, Eg., Läpperschulden, eine Menge kleiner Schuldbeträge; vorläppern, das Geld unmerklich ausgeben; Sbg.: verlappen f. vernaschen: 2. nach Etwas läppern. Appetit nach Etwas haben („du fängst schon an, die Lippen abzulecken"), sehnlich verlangen; wie lungern; von Labbe oder Lippe? P.: labbern; Rtr.: lickmünnen.

Lappig wie lumpig (von Lappen); wer 2 Groschen gibt, wo man einen Thaler erwarten könnte, „macht sich lappig, er ist ein lappiger Kerl"; „eine lappige Geschichte", bei der es sich um eine Knauserei handelt; eine Lapperei — Lappalie; auch dän., schwed., holl.

Lapps, der, läppischer, alberner Mensch; s. lapp, Schlapps; Gramm. § 164.

Lappsack, schlaffer, haltloser, unzuverlässiger Mensch; s. lapp, Schlappsack.

Läppsch, der, 1. läppischer Mensch; 2. kindischer Scherz; L. machen, treiben; ein dummer L.; davon läppschen (Spaziergang im Kuchengarten, 1781.)

1. Läsche, die, 1. Grind, Schorf, bes. ein länglicher; 2. an Hausschuhen für Männer: eine kleine Verlängerung des oberen Vordertheils auf der Spanne.

2. Läsche, die, (früher) das Draufgeld bei Coursunterschieden; von: agio sammt dem Artikel l'; Rtr.; ND.: Lage.

Lase, die, hoher, bauchiger, irdener Krug mit Henkel und „Schneppe". Hl.

Lassen, 1. mit dem Dativ, s. Gramm. § 230; 2. „das lässt nicht", es ziemt sich nicht, ebenso „es lässt ihr gut", steht ihr wohl an; Di.: dat lett ehr; 3. „sich nicht l. können", vor Unbehagen, Schmerz, Hitze ganz ausser sich („ganz anzwee") sein.

Laster, auch altes Laster, Schimpfwort f. Mensch, Kerl, Weib; N., Schw., Sz.; unter Freunden auch liebkosend! mhd. laster-balc, Schandbalg.

Lästerlich, übertrieben arg; „lästerliche Prügel"; s. lästern.

Lästern, bes. zerlästern, durch muthwillige oder rohe Behandlung verderben, zerreissen u. s. w.

Laterne, die, Haus mit allzuviel Fenstern, das sehr luftig ist; ein solches an der Ecke des Theaterplatzes ward im Volksmunde ausschliesslich die L. genannt; s. Luftbude, Knallhütte.

Laternenpfahl, mit dem L. winken, allzu deutliche Winke geben; auch „mit dem Zaunspfahle winken"; ND.; in Schl. mit der Hulzaxt.

1. Lätsch, der, 1. schlechter Schuh, Pantoffel; Sch., R.; Rw.: Lasche = Schuh; davon: Lätschtaube, Trommeltaube, mit Lätschen (Federbüscheln) an den Füssen; wer einen latschigen (schleppenden) Gang hat, heisst: Lätschpeter, Lätschtaubert; „er ist auf Lätschen", heruntergekommen, so dass er keinen anständigen Schuh mehr hat; latschen, schlürfend gehen, langsam; „da gimmt er gelätscht", zögernd einher (wie „die Fliege in der Buttermilch"); V., Brl.; lätschbeenig, vom Gange; „geh du deinen l. Gang", oder, „deinen schiefbeenigten Latsch", trolle dich; s. Bärlatsch; — 2. (schlechter) Kaffe; auch: Kaffelütsch; s. Lütsch.

2. Lütsch, der, 1. schlechtes, dünnes, mattes Getränk; 2. Geschwätz; davon lütschen, Gelütsch; Kaffelütsch, wie Klatsch; Lütschpeter, Schwätzer.

1. Lütsch (langes ä) gehen, schief gehen, verunglücken. Sudt.: lotschen; der Zeisig-Gesang wird gedeutet „Ätsch, meinem Herrn seine Sache geht lätsch!"

2. Lätsch, weichlich von Geschmack, auch: lätschig, latschig; s. Lütsch, 1; „es ist mir so lätsch im Munde; Sz., Oe.: lätschet; Schl., Pf.: lätschig, latschig; davon: sich den Magen verlätschen (ä kurz).

Latte, eine, langer, dünner Mensch, wie Hopfenstange, Kletterstange; „er läuft mit der L.", dumm, wie ein Stier mit dem Bret vor dem Kopfe (doch ist „bretsdumm" noch stärker); bes. auch von blinder Liebe.

Latz, der, 1. Weste (Bspr.), bes. Brustlatz, L.; 2. Brusttuch der Weiber; s. noch: Hosenlatz.

Lauberhütten, (Rond.) nur Name der grünen Zelte, welche die Juden am Laubhüttenfeste errichten; da dies oft in die Michaelismesse fällt, so wurden in den Höfen grösserer Häuser Lauweritten gebaut, bes. am „Judenbrühl", dem Theil des Brühls zwischen Ritterstrasse und Hallscher Strasse.

Lauern ist gebräuchlicher, als warten; es drückt zugleich das Langweilige, Peinigende des Wartens aus; daher nannte ein Landmann, dem nach sieben Jahren vergeblichen Lauerns endlich doch wenigstens eine Tochter geboren wurde, diese Laura; „wir lauern jeden Augenblick auf ihn", erwarten seine Ankunft jede Minute. „Warte einmal", halt inne (mit Gehen, Lesen u. s. w.), bis etwas Andres erledigt ist; wir lauern auf Jemanden, den wir ungeduldig erwarten; gehen wir dann zusammen und er bleibt stehen, so warten wir, bis er nachkommt; bleibt er allzulange, so warten wir nicht mehr.

Laufen, sie lofen druff, ernähren sich davon (z. B. vom Wechselreiten); s. reisen; er versteht druf zu lofen, kennt alle Schliche, versteht den „Rummel".

Laufgeschwinde, die, wie schnelle Katharine; PP.: er hat den Geschwindmachburtig, auch: den Gräulichnachlos!

Laune, die, 1. Krankheit junger Hunde; 2. wiederkehrender Anfall eines alten Krankheitszustandes; „er hat wieder einmal seine alte L.", die Gicht z. B. hat ihn frisch gepackt; V.

Laus, 1. s. Bohne; 2. „die Laus läuft ihm über den Buckel", über die Leber; 3. an dem Rocke haft't keene L., so abgeschabt ist er.

Läuschchen, „ein Läuschchen in den Ofen machen", ein wenig einheizen; s. Huschchen, Schauerchen.

Lauschen, ein wenig schlafen, schlummern, bes. früh nach dem Erwachen; Di.: luren.

Lausejunge, **Lausemädchen**, Schimpfwörter, bes. unter Kindern.

Lauseknicker, Verstärkung von Knicker, Filz.

Lausen, 1. wie ausmästen, ausflöhen, Wn.; 2. s. Kolbe; 3. s. Affe.

Lausepauker, wer Läuse hat, wie Lausbube; in Wn.: ein armseliger Kerl.

Lauseschussel, die, (s. Schussel) Hinterkopf abwärts vom Wirbel; letzteren nennt die kopfsäubernde Mutter den „Tanzboden;" in Sz.: Lausegrube, die Vertiefung im Hinterhaupt.

Lausewenzel, Schimpfwort.

Lauten f. läuten; „die Glocken lauten; es wird gelauten (Halle: gelitten);" der 1870r Haushaltplan der Stadt Leipz. kennt auch einen „Lautegehilfen". Das Ein- und Auslauten, s. Messe, 4; davon: das Gelaute, die Lauterei; V.; s. noch zusammenschlagen.

Leben, mit einander, d. h. in wilder Ehe.

Leberenzchens Kind, so dumm, so lang wie L. K.; Rtr.

Leder, das, (bäuerisch: Lädder) Haut; daher 1. „Einem aufs Leder knien", ihm stark zusetzen, korammiren; s. Bude; 2. Einem aufs Leder steigen, das Leder gerben, durchprügeln; s. auch Letter.

1. Ledern, ungemüthlich, langweilig; „lederner Kerl, lederne Geschichte"; dgg. eine ledderne Schütze; s. Gramm. § 7.

2. Ledern, leddern, prügeln, bes. ausledern, durchl., losl., zunächst mit einem Lederriemen; Schw.; dagegen: ein Buch zerledern, durch vielen Gebrauch zerreissen.

Leefde, Leefder, die, Läufe, Beine des Hasen; Einheit: der Loft.

Legen, „hinte hats ä geheerigen Schnee gelegt," es ist viel Schnee bei ruhiger Luft gefallen; war aber Wind dabei, so „hats ä derben Schnee geworfen, runtergeschmissen".

Lehde, die, freier, meist hügliger Platz bei Dörfern, zur Obstnutzung eingerichtet; z. B. die Kirschlehde; in SD. die Leite (mhd.: lite) = Bergabhang; Eg.: leit in Zusammensetzung = ein (bewaldeter) Abhang, z. B. die Summerleit in Annaberg; die Morgenleithe und das Dorf Waschleithe bei Schwarzenberg; bei Berneck in Fr. heissen verschiedene Höhen: Kirchleithe, Mühlleithe, Badleithe, Eisenleithe; in B.: Sommer- und Winterleithe.

Lehmann, 1. „das sieht L," das begreift ein Dummer; 2. „L. ist brustkrank", wird gesagt, indem man nach dem Kopfe deutet, f. er ist albern; 3. „das kann L. sei Kutscher", es ist so leicht, dass Jeder es thun kann, bes. beim Spiele, wenn Jemand eine „ochsige" Karte hat; s. Stünz; in PP.: Dat kann ook Dannebargs Hans; 4. die alte Lehmannen, irgend eine Frau; „es macht sich mit der alten L.", die Sache macht sich.

Lehn an gehen, von einem Weg, der etwas steigt; Hl.; vgl.: die Berglehne; in ND. heissen Lähnen kleine Dämme zum Verhindern der Wegschwemmung des von der Flut herbeigeführten Sandes; s. noch lähn.

Leib, „er weiss seinem Leibe keinen Rath mehr". er weiss sich nicht mehr zu helfen; auch wo vom Leibe gar

nicht die Rede ist; Leib steht hier für das Ich, wie in dem alten Verse „Herr, vergib die Missethat, die min Lip begangen hat;" ähnlich: meine Wenigkeit, meine Person, euer Gnaden, seine Majestät. Genau so steht in altfranz. Gedichten „mon corps" f. je; engl.: myself — my self, my very self.

Leiche, 1. Leichenbegängniss, Leichenzug, Begräbniss; „dort kommt eine grosse Leiche; es muss eine vornehme L. sein; eine armselige Leiche;" Wn.: Laichd; mhd.: lich f. Begräbniss; ebenso Bsl.; ähnlich: da gimmt ene Hochz'g (= Hochzeitszug); 2. sinnlos Betrunkener, den Rausch ausschlafend; „wir hatten viel Leichen beim Schmause;" die zur Aufnahme solcher Personen wohlmeinend und fürsichtig, auch nicht vergeblich eingerichteten, sägespängefütterten Gemächer beim Leipziger Turnfest 1863 hiessen daher Leichenkammern.

Leichenkutsche, Kutsche, iu welcher vorn der Sarg eingestellt wird, dahinter sind Personensitze; dagegen ist der Leichenwagen (kostspieliger, vornehmer) ein niedrigeres Gefährt, das nur den Sarg aufnimmt. Die für die Leidtragenden bestimmten, der Leiche folgenden Wagen heissen Nachfahrekutschen.

Leichenrede, die Bemerkungen, Erläuterungen, Ausstellungen, welche unter Kartenspielern nach Ende eines Spiels gemacht zu werden pflegen.

Leichenweg, der für die Leichenbestattung gewöhnliche Weg, meist an einer Kirche vorüber.

Leichenzettel, die wöchentliche Todtenliste; sie gab an. wer „in" jeder Strasse, „an" jedem Platz begraben worden!

Leid, 1. bildet die Steigerung leider: „Sie duds leid, aber mir duds noch viel leider;" es is m'r umso leider, weil — u. s. w.; 2. du kannst mir leid thun, du jammerst mich.

Leiden, er sieht wie das Leiden Christi, erbärmlich aussehen; s. Hungerleiden.

Leidenamt = Leutenant.

Leider, 1. in der Verbindung „leider wenig, leider schlimm" für „sehr wenig, so wenig, dass es mir leid thut;" 2. „leider Gottes" verstärkt für: leider! ist wohl aus „Leiden Gottes" verdorben.

Leier, die, Winde, Kurbel (wie am Leierkasten); s. leiern, 3.

Leiermann, 1. „er freut sich wie ein L.“, recht sehr, herzlich; s. Töpfer, Schneekönig; 2. „verwogen wie ein L.“, spöttisch von einem verzagten Bramarbas; „wenn er anfängt, — hört er glei widdr uff!“

Leiern, 1. langsam drehen (eine Kurbel u. s. w., s. Leier); das Gind leiert die Goffemible; 2. mit der Winde aufziehen: „die Kisten, Ballen, wär'n uff'n Boden nuff geleiert;“ daher: langsam fahren; „der Bummelzug leiert nur so;“ 3. „die Hähne leiern, es wird bald Regen setzen“, sie krähen wiederholt, gedehnt; 4. „der Kleine leiert recht, er ist recht leirig“, weinerlich, mürrisch.

Leim, 1. Täuschung (eine Leimruthe); „auf den Leim gehen“, sich täuschen lassen; s. Zopf, hereinfallen; 2. „auf dem Leime sitzen bleiben“, sich aus einer Verlegenheit nicht heraushelfen können.

Leimen, betrügen; s. Leim; engl.: to gum; Schl.: übrs Gänsdreckl führn; Bl.: offn Gansdräck oder Katzendräck; carotter quelqu'un.

Leimsieder, 1. wer unentschieden zögert, langsam handelt; 2. wer kein Glück hat, „auf dem Leime sitzen bleibt“.

Leimtigel, Spottname des Tischlers („Zwirn, Leim, Knieriemen“, im „Lumpaci Vagabundus“).

Leine, 1. die (lange) Leine f. die Linie, Waldweg nach Konnewitz; s. Gramm. § 27; — 2. „an der L. getraut werden“, s. Schub, 3.

Leirig s. leiern.

Leit, er, f. liegt; Bspr., auch leet, läht; Sudt.; mhd. lîn f. ligen; Gramm. § 27.

Lerche, eine L. schiessen oder hinlerchen,'nunterl., hineinl., fallen, bes. kopfüber.

Lernen, 1. mit Weglassung von als: „er lernt Glaser, Schneider“, das Handwerk, s. § 241, 4; 2. „das (Frieren u. s. w.) lernt sich schon“, man muss sich wohl daran gewöhnen; Schw.; 3. es lernt regen, schneien, der Schlitten wird bald gehen lernen; einem Kranken „lernt Alles wehthun“, mit einem Genesenden „lernts besser gehen;“ bezeichnet den Anfang; 4. für lehren; so sind schon mhd. lêren und lêrnen oft gleich: — wer hat dir das gelernt? Der Meister lernt den Burschen — hat ihn in der Lehre; Sdt., Sz.; Rtr.: libren f. lehren u. lernen, und sich belernen — sich unterrich-

ten; s. anlernen; einen Lehrling auslernen. Hl., Wn.; s. erlernen, gelernt.

Letter, Ledder, die, f. Leiter; Dl., Rtr.; Letterleute sind Verfertiger von Leitern, Baumpfählen u. s. w.; s. dgg. Leder.

Letzt, Adv., f. letzthin, neulich; „letzt war e Feir in dr Reistrasse;“ Schw.

Letzt, die, als Hauptwort: das Ende; in den adverbialen Verbindungen: auf die Letzt, zur Letzt, zu guter Letzt; Eg., Th., Rtr.: in dr L., up de L.; so erklärt sich: zu allerletzt; das Gegentheil s. unter Erst. Vernaleken, Orthogr. Wörterb., S. 79, sagt: „die Letze — die den Scheidenden zum Abschied gegebene Ergetzlichkeit; daher: zu guter Letze“ (ähnlich: pour la bonne bouche, von dem bis zuletzt aufbewahrten Leckerbissen). Als diese Bedeutung schwand, ward es umgewandelt: „zu guter letzt;“ in diesem Sinne schreibt z. B. Tode in seiner „Dän. Gramm.“ 1792, noch „zu guter Letze“.

Letzte, der; du hast den Letzten (nämlich Schlag), Neckerei von Kindern beim Abschiednehmen.

Leute, schlechthin f. Dienstleute; davon Leutestube, Dienerzimmer, Gesindestube.

Liberal'sch f. liberal; Gramm. § 148, 3.

Licht, 1. Lichter ist die einzige Mehrheit von Licht; Lichte kennt man nicht; in B. steht auf Firmen: „Lichterfabrikant;“ vgl. Klösser, u. s. Gramm. § 182, 5; 2. L. nennt man auch die lästigen Zuschauer um einen Spieltisch; 3. L. ziehen, schniffeln, statt sich zu schneuzen; wird es gar zu arg, so sagt man: das Kind hat ein Licht (oder einen Seifensieder) an der Nase; P.; in Pf.: es hat Lichter feil; s. Nase; 4. „du stehst mir in der Lichte, geh aus der Lichte“, wie: aus der Wege; das mhd. Subst. liehte, Tag, Helle, ist weiblich.

Lieb, aus Ehrfurcht vor die Namen heilig gehaltener Dinge gesetzt: — die liebe Sonne, die lieben Feiertage, die liebe Kirche; dann auch halb spöttisch, wo man einen kräftigen Tadel nicht geradezu auszusprechen wagt: das liebe Wetter hat Alles in Grund un Boden 'neingeschlagen; das liebe Bischen Essen ist das sauer verdiente oder auch schlecht zubereitete Essen; „so e lie-

ber Sonntag!" ein verregneter u. s. w.;
s. noch: Gottesgabe, Gut.

Liebe, „aus Liebe, du Luder (oder:
du Hund)", Zuruf, wenn man Einem
einen Puff gibt u. dgl.

Lieber gar s. gar; ae, 1.

Liedern, lüdern s. ludern.

Liefern, geliefert sein; 1. verloren;
„wer sich Dem anvertraut, der ist
geliefert;" Bsl.; 2. schwer betrunken;
Bsl.

Liese, als Gemeinname s. Gramm. 166 b.

Limmeln s. lummeln, 2; vgl. liedern
und ludern.

Linävē s. Ninive.

Linkel f. Lindenthal, Dorf; das Linkler
Hölzchen; Baumgarten, Flora Lips.

Linkstatsche, die, Jemand, der links
ist; dann überhaupt für ungeschickt;
s. Tatsche.

Lins'chen, ein, ein Wenig; wie ein Bischen.

Linsen, sehen; herlinsen, hergaffen;
Rw. lensen, lunsen; Linzer, Augen.

Lippe, Einen auf die Lippen nehmen,
trinken, bes. Branntwein.

Lithauer, der, Mensch von kleiner, kurzer Gestalt, wie die Lithauer Pferde.

Liwern s. geliwern.

Lob, Zeugniss; Mägde sagen z. B. „ich
habe ein schlechtes Lob bei meiner
Madam gekriegt;" die Herrschaft
geht nach dem Lobe, erkundigt
sich bei dem früheren Herrn nach
dem Verhalten eines Dienstboten.

Loch, 1. Gesäss; gilt nicht für ganz
„ordinär;" Hl.; Einem das Loch versohlen, durchprügeln; Pf.; im Eg.: as
Loch basuhln; s. Hummel; 2. saufen wie ein L., stark trinken; 3.
Einem ein Loch in den Bauch
reden, durch langes Geschwätz peinigen; Schw.: „Einem ein Loch in den
Kopf schwätzen;" 4. „er lässt sich
eher e Loch ins Knie bohren"
(ehe er das thut, einen Groschen her-
gibt u. s. w.), es wird schwer halten,
unmöglich sein; in Hb. ist Knieburer
— Geizhals; in Schw.: er lässt sich
eher ein Loch ins Ohr stechen; s.
verrecken; 5. er freut sich e
Loch in Ermel, ist entzückt; PP.;
6. er macht ein L. auf und das andere zu, macht neue Schulden zu
Deckung der alten; in Schw. Brücken
machen; engl.: he borrows from Peter
to pay Paul.

Lochbeutel, der, Lochmeissel; jedenfalls
von beissen, to bite, mhd.: beizel,

Stichel; also nicht Beutel; s. Stemmbeitel.

Locker machen, eine Hypothek, ein
Kapital, f. kündigen.

Loden, die, lange, wirre Haare. Schl.,
Südt.; — Eg.: Ludeln.

Lodern, loddern, herumlodern,
auch: herumludern, sich herumtreiben; davon loddrig, gemein,
liederlich, verbummelt, verlottert, ein
Lotterbube (Apostelgesch. 17, 18);
P.; in ND. u. PP. ist lodderig —
lose, nicht fest anschliessend, und von
Personen schmutzig, nachlässig, wie
unser schnudlig; holl. lodder, lodderig, unzüchtig; s. Lottich.

Löffel, 1. „ich hab' es dicke, wie mit
Löffeln gefressen", bin es sehr
überdrüssig; 2. „du hast die Weisheit
mit Löffeln gefrossen (und die Dummheit mit Scheffeln gemessen)", sagt
man zu „Neunmalklugen;" 3. f. Ohr;
Einem Eins hinter die L. geben,
ohrfeigen; 4. „er scheint die Löffel
am Hintern zu haben", hört schwer;
s. Baumwolle, Strümpfe, Dreck.

Löffelgarde, Spitzname f. eine schlechte
Truppe, Gesellschaft, deren Haupt-
waffe der Löffel ist.

Löffelholz: es (das Kleid u. s. w.) hängt
an ihm 'rum, wie Löffelholz am
Galgen, es sitzt schlecht; Eg.: där
hangt dron, wie der Leffel om Galgen.

Lohgerber, 1. reden, spielen wie
ein L., schlecht; 2. er sitzt da, wie
e betrübter L.; betrübt wie e L.,
niedergeschlagen.

Loko, (recht) in Loko sein, sich wohlbefinden, körperlich und finanziell; s.
Damm, Platz, Strumpf, Zeug.

Lörbörn, Schafmist; s. Norbel.

Lork, der, „seinen Lork mit Einem
haben", ihn foppen, zum besten haben;
s. Schafmist, Schund, Zschocher.

Lorke, die, schlechtes Getränk, bes.
Kaffee; Bsl., Büre; anderwärts ist
Lorke — Tresterwein.

Los, 1. was ist denn hier los? Was
gibts, was ist vorgefallen? „Es ist
weiter Nichts los", nichts Beson-
dres hat sich ereignet; Bsl.; 2. „hier
ist noch Etwas los", in diesem
Wirthshause ist noch Leben; Bsl; mit
bes. Betonung: „Na, hier ist was los",
es ist eine Spielkneipe oder ein öffentliches Haus; 3. „da ist Nichts los",
das ist nicht der Fall; 4. „es ist
nicht viel los mit ihm", es steht
nicht bes. gut mit ihm in moralischer

Beziehung oder in Geldverhältnissen;
5. „er hat was los", etwas Tüchtiges
gelernt; Bsl.

Loschir f. Logis; beliebter als: Wohnung; der Dativ davon heisst: dem
Loschi, Loschi-e, Loschire; Mehrheit:
die Loschis, Loschiē, Loschire.

Lose Gusche, loses Maul haben,
eine scharfe Zunge; loses Geld,
falsches.

Loseisen, Etwas mühselig auswirken,
herauspressen, wie Schulden, Darlehen; Jemanden loseisen, aus
der Verlegenheit helfen.

Losgehen mit Einem, ein Duell ausfechten.

Lötsen, zureichen, zulangen, herbeischaffen; „die Kisten vom Wagen l.;
einen Ballen die Treppe hinunter l.;"
Musäus; s. batalljen.

Lotte als Gattungsname, s. Gramm.
§ 166 b.

Lottich, der, grosser Lümmel; s. Schlottich und lodern.

Louis, Begleiter, Schützer einer Dirne;
Brl.; s. Gramm. § 166 b; in Wien:
Stritzi; an apple-squire.

Luder, 1. nicht nur Aas (stinken wie
L.; pfui L.!), sondern auch das gesunde Fleisch am lebenden Körper,
als gute Ernährung bezeichnend; wer
durch Krankheit abgefallen ist, hat
„gar gee L. nicht mehr uffn Leibe";
2. Schimpfwort gegen Personen,
Thiere und Sachen: „das Luder von
einem Messer, Buche" u. s. w.; so sagt
man in Bsl. Chaib (d. h. Aas); verstärkt auch: die Hundeludersch,
Saul., Schweinel., Schindl., und
— mit besonderer Schattirung —
Mausel., Lügenl., Naschl., Schusterl u. s. w.; daher in Zusammensetzungen f. sehr schlecht, verwünscht:
ludergrob, ludergemein, Luderwetter,
die Luderfliegen; 3. Liebkosung, wie
Aas in Brl., gutmüthig, hätschelnd
(wie Thierchen) oder List, Schlauheit, Geschick u. s. w. anerkennend;
„Sie sind ja ein L. im Schiessen, Kegeln,
Geigen u. s. w." — Meister, ein Tausendsass, ein Sapperloter; so auch:
gutes L., Luderchen, Luderkerl;
ebenso in N. — Goethe nennt die
Emilia Galotti „ein kleines Luderchen". Dann auch gleichgiltig für
„Mensch, Person" überhaupt, wenn
man von Befreundeten spricht; bleiben z.B. die Stammgäste eines Abends
aus, so sagt der einzelne Anwesende

„na, heide is je gee L. da;" s. Katze;
mhd. luodersre, Weichling, Schlemmer; 4. „es ist unter dem L.",
unter der Kritik; s. Kanone.

Luderbeen, das, liebkosend, rühmend,
wie Luder, 3.

Luderei treiben, Narrenspossen. treiben; wie Alberei; Eg.

Ludergrob, das, s. Grob.

Ludermamsell, auch: ein Luder von
einer Mamsell, ein tüchtiger Kerl,
Schlaukopf u. s. w.; s. Luder, 3.

Ludern, sehr liederlich leben (im Gedanken hieran schreibt man auch gern
lüderlich); mhd. luodern; ziemlich
wie loddern; liedern ist nicht ganz
so schlimm; davon: Ludrian und
Liedrian.

Luderos infamias, schlechte Zigarren;
s. Stinkadores, Stötteriko.

Luftbude, ein zu leicht, zu luftig und
wacklig gebautes Haus; s. Knallhütte, Laterne.

Lüfte, „das Spiel ist in (den) Lüften
gewonnen, verloren", sehr leicht,
sicher.

Lügen, eine, f. Lüge; in den Brem.
Beiträgen; s. Gramm. § 181.

Lügenmaul f. Lügner, Eg.

1. **Luhmig,** der, Bummler, wie Lulei.

2. **Luhmig,** trübe, wie Flusswasser bei
Anschwellung; von Lehm, lehmig?
Engl. gloom — trübe; Hesek. 32, 2:
du machst seine Ströme glum.

Lukas s. Gramm. 166 b.

Lukrezchen, der, verdickter, schwarzer
Süssholzsaft, von liquiritia — glycyrrhiza.

Lulei, der, Bummler, Kneipgenie; Brl.;
davon: luleien, sich liederlich umhertreiben; verluleien, Zeit, Geld todtschlagen; am Hz. ist „Lulei" schlanker, grüner Jüngling.

Lullëen, harnen; Kinderwort; auch lullee (lullu) machen, vgl. bullëen.

Lummeln, 1. brennen, bes. von Feuersbrunst; wie mit wieder einmal gelummelt;" 2. herumlummeln, herumlungern, müssiggehen (von Lümmel?),
ist schlimmer als: bummeln; Hl.;
ebenso: limmeln.

Lumpänichën, Lumpen, dann verächtlich für Kleidungsstücke; s. Hopphee.

Lumpe, die, neben der Lump, der
Lumpe und der Lumpen, ein Fetzen
Zeug; s. Lumpanichen u. Lumps.

Lumpensucher, Leute, welche aus dem
Strassenkehricht Papier und andere
noch zu verwerthende Dinge herausklauben.

11*

Lumpine, die, f. Lupine.

Lumps, der, 1. Lump, ehrloser Mensch; 2. liebkosend: Kerlchen; 3. Name des Schellensolo als des niedrigsten im Skat; s. Schelllümpchen.

Lungern nach Etwas, sich sehnen, wie läppern; Rtr., auch janken; D.: lengen; to long. Herumlungern, müssiggehen, sich herumtreiben, um Etwas zu erschnappen; to lounge; s. lummeln.

Lurlbam, der, liederlicher Kerl, „Schwuchtler"; im Hz. — Schlingel; im Eg.: ein Musje Lorium.

Lüsch, der, liederliches, unsauberes Frauenzimmer; davon lüschig. Th., Schw., Fr.

Lüsche, die, Frauenzimmer, das nicht auf ihr Aeusseres hält; sie „geht lüschig;"davou: verlüschen, durch Liederlichkeit verderben, verwahrlosen.

Luss, Abkürzung f. Julius.

Lütschen, saugen; Schl., K.; davon: Lutschbeutel, Kinderzulp; eine Lutsche, wer gern behaglich nippt, trinkt, bes. „Kaffelutsche"; vgl. nutschen, nulpen.

M.

Mache, die, 1. Bearbeitung, Form einer Sache — the make; Th.; 2. Fett, an Gemüse gethan; Hl.; L.: Mäxel; 3. „Einen in die M. nehmen, ihn in der M. haben", bereden, schlechtmachen; ebenso: in der Kloppe oder Zerre haben; PP.; s. noch Mage.

Machen, wohl das vielsinnigste aller Zeitwörter, wie franz. faire, engl. to make, lat. facere; transitiv: 1. schaffen, fertigen, besorgen, überhaupt Etwas zur Herstellung, Ausbesserung, Anordnung einer Sache thun; so auch schriftdeutsch häufig: — Kaffee, Suppe, Eier, Salat, Braten machen; zerrissene Kleider, zerbrochnes Geschirr wieder m.; die Stube machen, sie malen oder tapezieren, auch: sie reinigen, aufräumen u. s. w.; die Haare machen; eine Decke auf den Tisch machen, ausbreiten, befestigen u. s. w.; Zucker, Holz m. f. klein machen (Holzmacher f. Holzhauer); den Tell, Faust, das Gretchen machen f. darstellen; so von den Kinderspielen: Haschens, Versteckens, Räubers m.; der Kranke kann Nichts m. (hat keinen Stuhl); bes. in Kindersprache (ins Bett m. u. s. w.); — Einen gehörig machen, ausschelten, auch zu Grunde richten; „nun bin ich gemacht", ruinirt, bankerott u. s. w.; — intransitiv: 2. die Zeit verbringen, zögern: er macht zu lange; er macht ewig, ehe er fortkommt; mache fix, dass du hinkommst f. beeile dich; nu mach aber, dass du was machst f. geh endlich an deine Arbeit; er macht zu schnell f. übereilt sich; der macht nicht mehr lange, wird bald sterben; 3. als mildernder oder drängender Zusatz beim Imperativ: „mache, erzähle mir's; mache, halt still;" wie do, engl., 4. gehen, laufen, bes. in Kinderspr.: ich machte in den Keller; er m. die Treppe 'nunter und zum Dinge 'naus; ich mache mich (setze) hieher, bei de junge Frau. In einer Zeitung der Sz. war zu lesen: „Er machte von der Badeanstalt um 6 Uhr ab" (schwamm). Dann steht machen allgemein f. reisen: wo machst'n de Feirdage hin? heute m. wir nach Drässen, morgen m. wir wieder retour; ich bin Sie schon e bar mal hingemacht; wenn macht'r'n (er denn) fort? Im übrigen Sachsen sagt man dafür werden: ich wêre morgen na Kamz (Chemnitz); dunnemals wurd ich gerade na Laibzch; s. noch gehen. Die Zusammensetzungen mit machen zieht man anderen Zeitwörtern gleichen Sinnes vor, da letztere zu gewählt erscheinen; so: auf- und zum., an-, los-, ein-, voll-, ab-, mit-, ummachen (fällen); ermachen u. s. w.; s. § 180, 7.

Macher, Leiter eines Unternehmens (faiseur); Rl.: Meder; mhd. macher, Schöpfer; engl. maker.

Machöni f. Mahagoni.

Mädäbrich, der, Geschwätz.

Madam, „meine Madam" heisst im Munde von Dienenden die Frau vom Hause (in B.: meine Frau); dafür steht auch elliptisch nur „meine",

z. B.: „Meine is heide uffn Balle;" s. Gramm. § 193 e. Madam ist bei Ungebildeten auch beliebter als Frau, Dame: „eine grosse M., die reiche M."

Mädchenfist, der, s. Jungenfist; Rl.: Mäjenfiester; Schw.: Mädlefüseler; Sz.: Maidlifützli.

Madēra, Schnaps, bes. Nordbäuser; s. Knorpel, Wurzel, Gift, Schluck, Wu'ppdich u. s. w.

Madig, ärgerlich, verdriesslich, unwirsch; s. grätig, borstig.

Mage, Make, die, Lust, Geneigtheit; „er hat keine Mage", mag nicht, s. Schneide.

Mahlzeit! 1. Abkürzung für den Zuruf: Gesegnete Mahlzeit; 2. es wird sonst auch „Mahlzt" ausgesprochen; Sudt.: Mōhlzt; V.: Mōlscht; vgl. Hochz'g, Hēmde; 3. da haben wir die proaste Mahlzeit (von proast), die Bescherung, das Unglück.

Mährde, die, 1. Kaltschale von Bier, Milch u. s. w.; mhd. merâte, mert, flüssige Speise von Wein und Brot; SchL; Eg.: Mabrd, Mahrde; s. Gramm. § 157; „er hat mir eine schöne Mährde eingerührt", wie „eine Suppe eingebrockt", mich in Verlegenheit gebracht, bes. durch Klatsch, Hetzerei u. s. w.; 2. Gewäsch, Kohl; mhd. maere, Kunde, Rede (davon Mährchen); eine Mährde machen, schwatzen, wie mähren.

Mähren, 1. (v. mhd. mērn, einweichen, umrühren, mischen) unter einander rühren, in Unordnung bringen, durchwühlen, z. B. Papiere; im Gelde 'rummähren; N., Hl., Th.; Sdt.: mahre; NS.: markeln; anmähren, betasten: — die goldne Kette is blos blind von Anmäbrn; daher: Mährde, 1. — 2. unklar, weitschweifig, verworren reden und dabei Alles unter einander mischen (wie 1); V., Ulm; mhd. maere, Kunde, Bericht; maeren, bekannt machen; davon: Mährde, 2; Adj. mährig, von Personen, Erzählungen u. s. w.; Mährfritze, Mährmichel, Mährpeter, Mährlise, Mährsuse (in Ab.: Kusesuse, von kosen, schwatzen). An mähren denkt man wohl auch, wenn man ein die Gemähre „Meerrettig" nennt; s. d.

Maie, die, bedeutet nur junge Birken, die zu Pfingsten als Schmuck der Wohnung aufgestellt werden, allenfalls auch ihre abgeschnittenen Zweige (Pfingstmaien), nicht aber grüne Festzweige im Allgemeinen; Oe.: der Maie, das Maien; mhd. meie. 3. Mos. 23, 40.

Maikäfer, 1. so nannte man die Theilnehmer an der Revolution zu Dresden im Mai 1849; 2. „er hat à paar M. unter der Nase", die sehr klein gehaltenen Hälften des Schnurrbartes.

Maikätzchen, 1. sehr sanfter Mensch; 2. Zuruf von Kindern, wenn sie am ersten Mai Jemand angeführt haben, also wie „April-Narr" am ersten April; 3. die Blüthenkätzchen der Bäume.

Mal f. einmal, wie in Versen; indess ist ěmäl gebräuchlicher.

Mäläst, die, grosse Last, Beschwerde; wohl molestia u. Last verschmolzen; „mit den Gerle haw' ich m'r 'ne richtge M. gemacht" — eine Ruthe aufgebunden; Bsl.: Maläste, Molāste.

Malen, „ich will dir 'was m.; du kannst dir was m. lassen", ich thue es nicht; wie blasen, 1; husten; s. Männchen.

Malheur s. Malleer.

Malise, 1. eine M., boshafter, malitiöser Mensch, bes. von Frauenzimmern; vgl. Massette; 2. „Malisen aufbrummen", f. sagen; „sie pumpen einander schöne M. auf den Nabel, od. auf den Bauch;" s. Komplimente, Redensarten.

Malkern, malgern, malchern, auch maddern, f. martern, vielleicht verschmolzen aus martern und maltraiter; Mb. malkern, matteln; herummalchern, Kinder, Vögel, Hunde, Katzen u. dgl. plump liebkosen, drücken u. s. w.; Eg., L.: in PP.: morcheln, was an welgern erinnert.

Malleer, das, (malheur) beliebter als: Unglück u. s. w.; verstärkt, komisch: Malleer de Gackl „'s is e wahres M. mit den Gerle" — ist unverbesserlich (faul, trunksüchtig, tölpisch u. s. w.); davon: malleericht, unglücklich, bes. beim Spiele, „es malleert mir jedes Mal; es hat mir schon ofte malleert (oder gemalleert)."

Mank machen, mengen, Verwirrung anrichten; „mang" — zwischen, ND., Brl.; „Mank säen", Wicken, Schoten u. s. w. gemengt, zu Viehfutter; auch Wickfutter genannt; mhd. gemanc, Gemenge.

Mann, „junger Mann," seit einigen Jahren f. Kommis, bes. im Munde des Prinzipals; die Kommis selbst nannten sich etwa bis 1830 „Handlungsbeflissene", dann „Handlungs-

diener", nachher „Handlungsge-
hilfen", welches jetzt die Markthelfer beanspruchen, während der „junge
Mann" und der Lehrling nur noch
als „Kaufmann" kurzweg zeichnen.

Männchen, 1. Männchen machen,
Bedenklichkeiten erheben; Pf., gewöhnlicher: Mätzchen machen; s.
Mäuse machen; 2. „und wenn du
mir Männchen malst", thu, was du
willst, bitte noch so sehr (es geschieht
unter keiner Bedingung).

Mannsen, das, 1. Mann, Th., Eg.; in
den Sdt.: a Mannvulk; 2. kollektiv:
die Männer; „das Mannsen ist vorne-
weg gefahren, das Weibsen kommt
nach;" verkürzt aus mhd. (in) mannes
namen — männlichen Geschlechts;
Sbg.: Mannsnum und Manzen — Mannsen; auch Mannsbild (N.), s. Bild;
in Hb.: die Männerleut.

Mannsstrumpf, der, missverständlich
f. Monstrum (legt Holtei seiner
Pflegemutter in den Mund).

Mansch, der, Mantsch, Gemenge, bes.
von Flüssigkeiten, auch Konfusion;
manschen, mit den Händen im
Wasser herumplätschern; vermant-
schen, es verschütten u. s. w.; ND.,
BrL., Th., Eg., Schl.; verwandt mit
Matsch; gemantschtes Bier, ver-
fälschtes; im Eg.: Mantsch — Strassenkoth.

Manschettenärmel s. Erbsen.

Manschetten haben, Furcht haben;
wie More, Dampf.

Mantillenstengel, der, Spitzname eines
Mädchens, das in Modegeschäften zum
Anprobiren der Mäntel, Mantillen,
Schals dient.

Mårbel, der, klarer Abfall, z. B. beim
Zuckerschlagen; wohl von märbe d. h.
mürbe; s. Matsch, 1; „das Pflaster
merbelt sich ab", durch Geben,
Fahren u. s. w.; „zermermeln", bei
Schandau, f. verwittern; ein Fels bei
Hernskretschen: der Mermelstein; in
Oschatz: zermerschen (von morsch) f.
zertrümmern.

Marcht f. Markt; „sie geht uff'n M.,
aber nich in de Ecken", von einer
Scheuerfrau, welche den Schmutz in
den Winkeln liegen lässt.

Marchtkorb, der Korb, in welchem
Hausfrauen, Mägde u. s. w. die Markt-
einkäufe heimtragen; es ist ein mittel-
grosser „Henkelkorb", ganz verschieden von Tragkorb und Hebekorb.

Marchttag s. ausser, 5.

Märd, Mårt, das, Bspr., f. der Marder;

Th.; schwd.: Mard, dän.: Maar; davon: mardig, von Menschen, bissig
wie ein Marder.

Mårjäne f. Marianne; s. Hopp und
Gramm. § 166 b.

Marks, der und das, f. das Mark;
„Rindsmarks;" „er hat (richtiges)
M. in Knochen", ist kräftig. Gramm.
§ 164.

Marode, ermattet, abgespannt; Pf., Wn.,
auch dänisch; — „ich bin müde, matt
und marode", auch mit dem Beisatz:
„faul und kommode". Das franz. ma-
raud leitet Diez von male ruptus ab,
Mahn von moratus; portug. maroto,
liederlicher Herumtreiber; span. mal-
roto, liederlich, zerlumpt. Im Simplicissimus, I, 4, 13 wird es auf die
Truppe des Herrn von Merode zurück-
geführt; — Ztw. marodiren (span.
marodear) u. der Marodeur sind allgemein gebräuchlich.

Marotte, die, ein absonderliches
Steckenpferd, mit hartnäckiger Liebhaberei gepflegt, die an eine fixe Idee
grenzt; schriftdeutsch.

Mårten, Merten, als Gattungsname, s.
Gramm. § 166 b.

Mårtenshörnchen (Mårten-zernchen gesprochen), Martinshörnchen, ein huf-
eisenförmiges Gebäck, das man um
Martini Kindern gab; durch die neu-
modischen „Reformationsbrodchen"
verdrängt.

Marterchrist, spöttisch f. Materialist,
Dütchenkrämer, wegen seiner langen
Tagearbeit.

Mä-schäfchen, Schaf; wie Blähschaf,
Motschekuh, Kuschschwein,
Hulegans u. s. w.; § 168, 1.

Maschine, „eine rechte (ferchterliche)
M.", eine sehr starke, dicke Person.

Maschkope, die, schlechte Kopfbedeck-
ung f. Frauen; selten.

Mässeller, die, f. Massholder; mhd. maz-
al-ter — Feldahorn, Acer campestre.

Massern, kneifen, „räsonniren", albern
schwatzen; wie „quasseln".

Massette, die, oder: eine massettige
Person, ist malitiös, aber ohne Fein-
heit, sie spricht mit unverhehlter,
beissender Niederträchtigkeit u. Ge-
meinheit.

Mässig bildet beliebige Zusammensetzungen mit Hauptwörtern meist in
übelem Sinne: heidenmässig, hunde-
mässig, teufelsmässig, ludermässig
u. s. w.; Eg.

Massiv, von Personen: derb, rücksichts-
los, grob; Wn.

Mäste s. Meste.

Matador, männlich u. weiblich, der höchste Trumpf beim Kartenspiel; „ich hatte nur eine M."; manchmal nennt man die Matadore auch Menscher.

Matèng, der, eine Art Mantel. Rtr.: Manteng, vielleicht vom franz. manteau.

Materie, die, Eiter; E., B., J., Oe., Pf. u. s. w.; the matter.

Mäthēs als Gattungsname s. Gramm. § 166 b u. Matthäus.

Matsch, der, 1. Gemisch, Wirrwarr, wie Mantsch; der Abfall von Brennholz, Kohlen u. s. w., auch Gemätschel (H. Heine, bildl.); s. Märbel; 2. Strassenkoth; „Matschwetter", Regen, Schnee, Thauwetter; Brl.; Th.; bildl.: verwirrte Erzählung: „ja macht e schönen M.", mengt Alles unter einander; eine verwickelte, widrige Angelegenheit: „da bin ich in e guten M. gerathen;" 3. Kunstausdruck bei Kartenspiel und Kegeln; etwa = glänzender Sieg des Einen und schimpfliche Niederlage des Anderen; daher: Einen matsch machen, matsch werden, Wn.; engl. a match = Geschäft, Partie u. s. w.; s. Schneider.

Mätscheln (ä kurz), Etwas langsam durchschneiden, durchsäbeln, das Widerstand leistet, wie nasses Holz, der Hals eines Thieres oder Menschen; verwandt mit metzeln; s. Matsch, 1.

Matte f. Motte; Gramm. § 31.

Mattern f. martern, s. malkern.

Matthäus, sprichwörtlich: „es ist Matthē an Letzten mit ihm", (im letzten Kapitel des Evangelisten) = es geht auf die Neige, er ist dem Tode nahe u. s. w.; Ilb.; vgl. Barthelmee, Mathes.

Matthias, Maddeis; der Matthiastag (24. Febr.) gilt als Witterungswendepunkt; „Maddeis bricht's Eis; find er keens, so macht se eens".

Mattig, matt'ch, Verstärkung von matt; Bspr.

Matz, 1. kleiner Mensch, bes. in Zstzgn. wie: Schlawermatz f. Schwätzer, Stottermatz. Hemdenmatz, in Chemnitz: Hemdenflittch (vgl. Flittich) f. ein Kind, das nur mit dem Hemd bekleidet ist; so in Th., bes. Saumatz f. Schmutzbartel; 2. „ich will Matz heessen, wenn's nich so is", Betheurung; Matz, Hans Matz (Mathes, Matthias) diente frühern Dichtern oft als Name, wie Velten,

Hans, Michel, dann bes. für einen albernen Bauer, wie Töffel, Hammichel u. s. w.; Gramm. § 166 b; daher: „es war nicht mit Matzen", alle Bemühungen waren vergeblich; 3. ein kleiner Vogel; s. Mätzchen, bes. Starmatz, Piepematz; Brl., Hz.; 4. Quark, auch: Quarchmatz; V.: Steifmatz; davon: ene Matzbemme. Matzkuchen, in Bspr.

Mätzchen, 1. Vögelchen, s. Matz, 3; 2. das Kind hat M., Ungeziefer; 3. M. machen, sich bäumen, von Pferden; bildlich: Schwierigkeiten erheben, wie Mäuse machen, Männchen machen, auf die Hinterbeine treten; s. noch Kauermätzchen.

Mauerblümchen, die (längs der Wand) beim Tanze sitzen bleibenden Damen; s. Bank, schimmeln, Petersilie.

Mauke, die, 1. altes, oft wiederkehrendes Uebel (eigentlich eine Pferdekrankheit); „er hat seine Mauke", wie: Laune; 2. üble Laune; in Ulm: mickmauken f. murren.

Maul, 1. viel gebräuchlicher als Mund, ebenso in Sz.; z. B.: das Maul in Alles hineinhängen, es über Alles aufreissen, aufsperren; ihm das M. verbieten = schweigen heissen; Einem nach dem Maule reden; der Wein zieht Einem das Maul bis hinter die Ohren! s. Labbe, Schnute, Rachen, Fresse u. s. w.; 2. „Einem das Maul aufsperren", einleitende Eröffnungen machen, die hernach zu Nichts führen; ihm im Allgemeinen von einer Sache reden; „hätte ich gewusst, dass ich heide selber Geld kriege, da hätt ich der Tante nicht erst 's Maul uffgesperrt" d. h. um Vorschuss angegangen; 3. „Einem das Maul vergönnen", um Etwas angehen, bitten, wo es weiter Nichts bedarf, als das Verlangen auszusprechen; 4. „sich das M. verbrennen", sich durch unberufene Einmischung Unannehmlichkeiten zuziehen; ähnlich: sich die Finger verbrennen; 5. Einem übers M. fahren, grob, unverschämt erwidern; 6. sich das Maul bis hinter die Ohren reden, erfolglos viel sagen.

Maus, 1. „keine M. war da", gar Niemand; vgl. „mit Mann und Maus;" s. Katze; 2. aussehn, wie ene gebädte Maus, sehr durchnässt; wie: begossener Hund, Pudel; 3. Mäuse machen, Schwierigkeiten erheben; 4. Mäuse schwänzen, nichtsnutzige

Dinge vornehmen; Hl.; 5. „da beisst die Maus keinen Faden", das steht unabänderlich fest; Schw., Rl.; 6. „er hat zu thun, wie die Maus in'n Sechswochen", thutsehr geschäftig; im V. sagt man: er hat zu thun, wie der Leipziger Stadtrath, im Eg.: wie der Leipziger Todtengräber; in PP.: er hat von sieben Gänsen Wurst zu machen.

Mauschelle f. Maulschelle; davon: mauschelliren.

Mausedieb, Mauschaken s. mausen.

Mäusegedärm, eine Pflanze, alsine media; Hss.

Mausen, das gebräuchlichste Wort f. stehlen; Bsl.; daher: Mausedieb, Mausekatze, Mausehaken (vgl. Fresshaken); s. kazen. Der guten Stadt Zwenkau unweit Lpz. hat man den Spitznamen Mausezwenke gegeben; warum? Vgl. Pantoffelgreetsch. — „Er sieht (aus), als könnt' er's Mausen nicht lassen", spitzbübisch.

Mausern, bildlich: sich herausmaustern, in Folge guten Verdienstes u. s. w. sich besser nähren, kleiden, ansehnlicher auftreten.

Mausetodt, auch mausedreckeltodt, ganz todt; Eg.; engl. stone-dead, wie: steintodt bei Gryphius; das Maus soll von mors, Tod, kommen, mhd. mort — Tod; holl. gibt es mors-dood; vgl. mordsakriren.

Mausig, nur in der Redensart: „sich m. machen", anspruchsvoll auftreten; etwa: sich herausputzen, wie Vögel nach der Mauser? — s. Fleck. E., B., Oe., Schw., Pf. u. s. w.

Mautche, Maudje, Mauzche, Maukche, Mauschke, Mauke, Muzche, die, ein Versteck auf dem Heuboden, im Stalle u. dgl., wo Kinder ihre geheimen Schätze an Obst verwahren, bes. um es reif oder teig werden zu lassen; in L. Tegenest; SD.: der Mutäch, Mutich, Mutis, heimlicher Schatz, Vorrath.

Mäxe, liebkosend f. Max.

Mee, auch mēch, Bauerflickwort wie „halter, man, fei;" es deutet an, dass man sich auf die Aussage eines Dritten beruft; z. B. „du bist mee dort gewesen, er ist mech todt" (dicitur); kommt jedoch wohl von meen ich — meine ich; s. gleewen.

Meerlinsen, Merrlinsen, Teichlinsen, Lemna minor; Hl.

Meerrettig s. Merrettig.

Meeseldräthig, meeseldräthig, sehr ärgerlich, unwirsch; Ab., Eg., Brl.: mösseldrähtig; aus der Weberei entlehnt, eigentlich: schlecht gesponnen, geringelt.

Meff, „er sagte nicht meff", keinen Mux, keinen Laut; il ne souffla mot.

Mehlfässchen, eine Art Weissdorn (Crataegus oxyacantha) und dessen Früchte. Hl.; in Schl. Mehldorn.

Mehlhorn, ein wegen seiner Weisheit sprichwörtlich gewordener Mann: „das ist ein ander Korn, sagte Mehlhorn, und Mehlhorn war ein gescheiter Kerl, der konnte ein Gerstenkorn von einem Mausedreck unterscheiden".

Mehlthau, Miehlthau, Krankheit von Getreide und andern Pflanzen in Folge eines mehlartigen Pilzes (Erysiphe), den man vielleicht f. Milben hielt, da er diesen zur Nahrung dient; vgl. miehlig. Vernaleken, Orthograph. Wörterbuch, Seite 86: der Melthau (e kurz), statt Milthau. Mel ist von „das Mehl" ganz verschieden, es ist das mhd. miltou, dessen erste Silbe noch nicht aufgeklärt ist." In Megenberg's Buch der Natur, 1350, steht miltaw, und er erklärt: ez ist geheizen von milwen; s. Gramm. § 21.

Mehr, „es schmeckt nach mehr", es mundet; genau so engl.: it tastes morish.

Mehrstens, auch merrschtns; mhd. mêrste; meistens, mêstens, das mehrste, ist beliebter als meistens u. s. w.; davon: merrschtendeels f. meistentheils, meistens; man sagt auch: meestlich f. meist; „bei uns machen se's merrschtendeels alle so", fast alle.

Meier, 1. Maurer; Hl.; Sdt.: Moir; s. scharwerchen u. Putzmeier; daher: meiern f. mauern; 2. der entsetzlich häufige Name Meier, Meyer u. s. w. gilt oft für irgend eine beliebige Person, die man eben nicht nennen will oder kann, fast wie: Dingskirchen; so in Zusammensetzungen wie: Kirchmeier, Einer der die Kirche sehr fleissig besucht; Spielmeier, Schlaumeier, der schöne Meier (f. Stutzer); er beisst den feinen M. heraus; Heulmeier, Windm., Schwafelm., Nietenmeier, Spitzname f. einen Lotteriekollekteur; Gramm. § 166 b.

Meieran f. Majoran; ND.; Gramm. § 76.

Meiern, anführen, betrügen, „ich bin

der Gemeierte", wie: der Dumme;
V.; s. Meier, fritzen.
Mein s. Gramm. § 193.
Meintwegen, meintswegen, „da hast
de m. recht", ich habe Nichts dawider; „nu woll m'r m. sagen", gesetzt den Fall, angenommen; das
wirkliche schriftdeutsche Wort meinetwegen wird meist ersetzt durch
v'r mir, s. vor; auch: v'r meinswegen; Brl.
Meissen s. Junge.
Meistel, Mestel f. Meissel.
Meklenburger Wappen nennt man das
unanständige Aufstützen des Kopfes
auf beide Arme; man setzt hinzu: „es
fehlt nur noch der Ring durch die
Nase" (wie beim Ochsen im Meklenburger Wappen); Brl.; s. Dreschflegel.
Melken f. Milch geben; „die weisse Kuh
melkt gut;" s. Neumelke.
Melmte, die, weiches, staubiges Erd-
reich; s. Mulm.
Mengeliren, vermengen (vielleicht von
mengen und mêler); „die Gesellschaft
ist recht mengelirt", gemischt; „man
muss sich nicht in jeden Quark vermengeliren", (seltner: vermelliri-
ren) mischen.
Menscher s. Matador.
Menschern, mit liederlichen Mädchen
verkehren; „den Menschern nachlau-
fen;" von das Mensche.
Menschheit f. Menschenmenge; „Herre,
da war euch aber eine M.! ne, diese
M.!" — que de monde! Brl.
Meppe, die, 1. Mops; 2. verhöhnend
wie ätsch, Kuchen, Dreckchen;
Ab.; auch Meppchen! Pfui Meppe,
pfui Teufel.
Mer oder **m'r,** 1. mir; 2. man; 3. wir;
Gramm. § 190 u. 104 b; in Oe. gilt
für alle drei: ma.
Merci! vertraulich dankend für einen
kleinen Dienst; die bekannte „sächsische Höflichkeit" hat beim Danken
eine ganze Stufenleiter von Ausdrücken; setzt uns der Kellner das „Deppchen" vor, so sagen wir „schön!"
Bringt er diensteifrig Feuer für die
Zigarre: „Merci!" Bringt er einer
Dame eine „Hitsche", „danke!" Trägt
er uns die vergessene Dose nach:
„ich danke Ihnen, danke sehr."
Kinder dürfen nicht gar kahl sagen:
„ich danke" sondern „danke schene!"
Natürlich braucht man unter Verhältnissen auch „sehr dankbar, sehr

verbunden", sogar „sehr verob-
ligirt".
Mergeln, betasten, zerknittern, zerreiben
u. s. w., ähnlich welgern; auch zer-
mergeln, z. B. ein Rosenblatt, ein
Kassenbillet zwischen den Fingern zu-
sammenquetschen; Hl., NS. markeln;
Oschatz: zermerschen Verstärkung
von mähren; „abgemergelt, aus-
gemergelt" ist ein Mensch ohne Saft
und Kraft, entkräftet bis aufs Mark;
dies wohl von Mergel.
Merken, „wenn de was merkst!"
— da hast du recht; richtig bemerkt!
z. B. „das hat dir wohl viel Mühe
gekost?" „Na, wenn Sie was merken";
s. noch gemorken.
Merks haben, Gedächtniss; „einen
guten M. haben; gar kee (keenen) M.
haben"; von merken — behalten;
Eg., Schw.
Merrettig, weitschweifiges Geschwätz;
„mache nur nicht so e M.;" wohl wegen
des ähnlichen Klanges mit mähren,
s. d.; bei Aristoph. τί χαραμύζεις?
Daher „Merrettig-Toffel;" auch
ruft man Einem auf eine dumme
Aeusserung zu „Bäh Toffel Merrettig!"
Messe, 1. die Hauptmessen, Oster- oder
Jubilatemesse und Michaelismesse,
dauern eigentlich nur eine Woche,
sie werden aber bis zu 4 Wochen
hinaus verlängert; daher das Sprichwort „es dauert keine Leipziger
Messe mehr" — nicht mehr allzulange; vgl. Johannistag. Diese
4 Wochen hindurch gilt „Messfreiheit" im weiteren Sinne, die Freiheit,
auch während des Sonntagsgottes-
dienstes Geschäfte zu treiben, Arbeiten
zu verrichten u. s. w., was dann auch
auf Verrichtungen ausgedehnt wird,
die mit der Messe durchaus Nichts
zu schaffen haben. 2. Die Vorwoche
oder Auspackwoche ist thatsächlich
die Hauptwoche, in welcher bei weitem
die meisten Grossgeschäfte gemacht
werden; sie heisst daher Engroswoche. 3. Die nächste heisst die
Böttcherwoche; in dieser hatten
früher die fremden Böttcher u. s. w.
das Recht, feilzubieten; mit ihr enden
die grösseren Geschäfte und der eigentliche Jahrmarktskram beginnt. 4. Der
auf diese folgende Sonntag ist der
eigentliche erste Messsonntag, an
welchem das Landvolk in die Stadt
strömt; an diesem erst erfolgt das
„Einlauten" der Messe (wie konse

quent auf einem in der Universitäts-
buchdruckerei hergestellten Wand-
kalender zu lesen); daher das Räthsel:
„Was fängt an, wenns alle ist?"
Die nun folgende dritte Woche, ist
die Messwoche. In dieser herrschte
sonst „Messfreiheit" im engeren
Sinne, d. h. es konnte Niemand wegen
Zahlungsverbindlichkeit belangt oder
gar festgenommen werden; alle faulen
Schuldner, Pleitegegangenen, Leute,
die sich mit ihren Gläubigern setzen
wollten, bewegten sich nach Belieben
in der Stadt, verliessen sie aber auf
das Pünktlichste kurz vor dem „Auslauten", welches am nächsten Sonntag stattfindet. 5. Der Donnerstag
darauf ist der Zahltag und von
diesem heisst die ganze (vierte und
letzte) Woche die Zahlwoche. —
6. „auf dem Rücken zur Messe
gehen", sterben; mag von der kirchlichen Messe herkommen, wird aber
stets mit Bezug auf unsere Messen
gesagt; 7. „Einem eine Messe
kaufen", ein Messgeschenk; in klei-
Orten sagt man: „Einem einen Jahrmarkt kaufen;" s. Weihnachten;
die Dienstboten „kriegen 'was zur
Messe", ebenso wie zu Weihnachten.
Messfrei ist ein Zimmer oder Geschäfts-
lokal, das in der Messe nicht geräumt
zu werden braucht, sondern für das
ganze Jahr gemiethet ist.
Messfreiheit s. Messe, 1 u. 4.
Messfremder, ein, weiblich: eine Mess-
fremde, Messbesucher (Flügel, Eng-
lisch-deutsches Wörterbuch); s. Messprügel.
Messingern, wie ledern, langweilig,
unbeholfen; „ein messingerner Kerl".
Messing reden, albern; wie Blech,
geschwollen u. s. w.; wahrscheinlich hergenommen von dem ND. Mis-
sing od. Messing, als dessen Haupt-
vertreter der wackre Onkel Bräsig bekannt ist.
Messlage, diejenigen Stadttheile, in
welchen sich der Hauptverkehr der
Messe entwickelt, „liegen in guter
Messlage;" s. Lage.
Messmarkthelfer, Markthelfer, der nur
während der Messe im Geschäft aus-
hilft.
Messmusik war die öffentliche Ruhe-
störung, welche allerhand fremden
Subjekten (Messmusikanten,
früher auch Bergleute geheissen)
während der Engros- und der Bött-
cher-Woche der Messen gestattet

wurde, sobald sie allerlei Blech- und
andere Instrumente zu misshandeln
verstanden; auch Bettelmusik genannt, weil für den verursachten Ohren-
zwang eine freiwillige Zwangssteuer
zusammengetrieben ward; nur zu diesem Zwecke führten die Leute ein
Notenblatt bei sich.
Messprügel, Spitzname für unangenehme, ungezogene Messbesucher;
ähnliches Bild in Wn.: Bauerknittel
f. Lümmel.
Messwoche s. Messe, 4.
Meste, die, grösseres Gefäss von Holz
(für die Küche), kleineres von Glas,
Metall u. s. w. (für den Tisch), bes.
zu Salz (so mhd. mëste), Salzmeste,
aber auch zu Mehl; verwandt mit
Mass, Metze; Hb.; Starmeste, Brütkasten für Stare; eine Schmiermeste, schmutziger Mensch.
Metaschiren, missverständlich f. ména-
ger, feiner: mēneschiren — zurückhaltend, sparsam, anspruchslos auftreten; „metaschire dich nur ä Bischen".
Miaukatze, Kinderwort.
Michel, Gemeinname wie Hans; bes.:
Quatschmichel, unklarer Schwätzer; s. Gramm. § 166 b; „da gannste
warten, bis M. dutt", bis der Nachtwächter bläst d. h. sehr lange.
Michēle f. Michaelis; „zu Michēle",
ebenso; zu Johanne; ebenso ist das
a ausgestossen in Michel und in
dessen fremdsprachigen Formen; s.
Gramm. § 43.
Miehlig statt milbig, von Mehl, Mehl-
waaren, Käse, die durch Insekteneier
oder Larven verdorben sind; s. Mehlthau.
Mierig, kleinlich, knauserig, bes. im
Spiele, fast schmierig; Brl.
Mies, übel, schlimm; „eine miese Geschichte; es steht mies (faul) mit ihm;"
Brl.; engl.: amiss; in Rw. ist mies
— hässlich; vgl. kladerig.
Miethsmann, gebräuchlicher als Ab-
miether.
Miez, Lockruf für die Katze; ND.:
Mies; daher: die Mieze — Mieze-
katze; Hz.; s. Hiez, Puss.
Mike, 1. Abkürzung von Mariechen; 2.
als Gattungsname s. Gramm. § 166 b.
Milchner, Adj., von Heringen, ein männ-
licher; der weibliche heisst ein roge-
ner; beides wird auch als Hauptw.
gebraucht.
Milchsuppe, bartloser Jüngling.
Mir, mīr, mer, m'r, f. wir; § 190.

Mirakel, Einen zum Mirakel machen, s. Affenschande, Schund, Schinduder, Zschochersch.

Mist, — „Der wird nicht lange Mist machen", er wird sich in seinem (neubegründeten) Geschäfte nicht lange halten können.

Mistbreetergesell, Bauernknecht, der Mist auf den Feldern ausbreiten hilft; Rtr.: Klutenpedder — Erdklosstreter.

Mistfinke, schmutziger Mensch.

Mistladen, wenn Jemand bei Tische etwas Unsauberes erwähnt, so sagt man: „na, zum Mistladen passt's freilich nicht, aber beim Essen kann man schon davon reden!"

Mit, 1. wird gern zu mitsammt (Bsl.), mit zamst verstärkt; 2. f. von in der Redensart: „er lässt sich mit seiner Frau scheiden". Hl.; vgl. to part with; Gramm. § 219.

Mitgehen heissen, stehlen; Hb.; s. kazen.

Mitmachen, 1. wie: mitthun; 2. sich prostituiren; davon: eine Mitmacher'n.

Mitsammen, Bspr., f. mit einander, zusammen.

Mitsammt, mitsammst, mitzammst, Verstärkung f. mit; Schl., Wn.; „mitsammst'n Scherme wordn m'r dicht'ch dorch", trotz des Schirmes ganz durchnässt.

Mittelmuff, Spottname f. schlechten Pflaumenkuchen mit nicht recht weissem Teig, von „Mittelmehl;" Reim: „fer ä Dreier Mittelmuff, anderthalbe Pflaume druff". Eine Partei, welche eine Art juste milieu bilden wollte, nannte der Volkswitz „die Mittelmuffpartei" (1568).

Mittelwege, Adv., in der Mitte entlang; midway; V.

Mittthun, theilnehmen, zunächst (Kinder) Spielausdruck; 2 Spieler laden einen Mann wohl ein: „machen Sie oder thun Sie ein Bischen mit;" dann scherzweise: „ich mache (thue) nicht mehr mit", ich ziehe mich von meinem Geschäft u. s. w. zurück.

Möbel, eine, Dirne; jetzt zieml. aus der Mode.

Möbeln, vermöbeln, ausschelten; auch abmöbeln; wie ausbunzen.

Möglich, „wo möglich", f. wahrscheinlich, gar; „das sitzt im Kehlkopfe und wo möglich noch tiefer;" in Anzeigen liest man: „gesucht wird eine Wirthschafterin, womöglich Witwe",

soll heissen, ann wünschenswerthesten wäre eine Witwe; s. hoffentlich.

Möglichkeit, 1. ich habe gearbeitet (getrunken, geschrieben) nach der Möglichkeit — soviel, sogut wie möglich; 2. „'s ist doch die Möglichkeit!" man sollte es nicht für möglich, glaublich halten; es übertrifft alle Erwartung.

Mokeln, mogeln, betrügen, auch bemokeln, bes. beim Spiele. Schw., Brl., ND.; s. muscheln.

Mokern, zanken, in den Bart brummen; von mucken oder sich mokiren; davon: mokerig, erzürnt, ungehalten, brummig; seltner im S. v. nicht recht in Ordnung, übel bestellt: „damit is es mokrig".

Molkendieb, Name mehrerer Schmetterlinge, bes. des Kohlweisslings und eines Abendfalters (Pappelschwärmer); bei Rückert; Eg., L.; — Th.: Molkenstafel — Kohlweissling; Schl.: Mulkedieb; Hss.: Milchdieb; Mk.: Molkentöiwer; PP.: Molkentöfer; süderl.: Smandlecker; s. Bernd, Posener Idiotikon.

Mollig, 1. weich, bequem (mollis), Da., Brl.; 2. gemüthlich, warm, komfortabel, von einem Zimmer, Sofa u. s. w.; eine mollige Hitze, übertriebene; — in Schw. ist mollig — fleischig.

Molum, ein wenig betrunken; wie angesäuselt.

Moment wird ausgesprochen: der Momàng oder Mumàng, der Augenblick; diesen Momang war er hier — so eben erst; dagegen lautet es Momènt im Sinn von Gesichtspunkt, Thatsache u. s. w.

Mond, „seine Uhr geht nach dem Monde" — falsch; s. Stadtgraben.

Mondschacks s. Schacks.

Mondschein, scherzhaft f. Platte, Glatze; „gar lieblich ist der Mondenschein, nur darf er auf dem Kopf nicht sein!"

Moneten, scherzweise f. Geld; latein.

Monsieur s. Mussje.

Montag, „guter M." heisst der erste Montag nach den Haupt-Messen, wo man sich nach der Messanstrengung wieder einmal gütlich thut; auch schlechthin „Messmontag" genannt; die Messsonntage dgg. fallen in die Messe. Im V. ist guter Sonntag der Erntefestsonntag, guter Montag der darauffolgende Tag, der noch blau gemacht wird.

Moorkeckrich, scherzweise f. Frosch, der im Moor keckeck schreit.

Moos, 1. f. jede Art von Moos und von Flechten; also wie Korn f. jedes Getreide, Tanne f. jedes Nadelholz; Flechte ist unbekannt, ausser als Bezeichnung der Krankheit; 2. bildlich f. Geld; wohl überall gebräuchlich; Rw.

Mops, 1. der Letzte in einer Klasse (Schülerausdruck); 2. ein kleiner Kerl, Stöpsel; 3. Möpse haben, reich sein; 4. s. mopsen.

Mopsen, sich, sich langweilen oder ärgern; auch „ich amüsire mich wie der Mops im Tischkasten;" PP.; je m'embête.

Mord, 1. „das ist der reene Mord", sagt man, um den höchsten Grad zu bezeichnen, z. B. von einem schlechten Branntwein, allzu scharfem Senf; auch — es ist nicht auszuhalten (vor Hitze, Langweile u. s. w.); daher in Zusammensetzungen, wie: mordsdumm, mordsmässige Kälte, Mordspektakel; Bsl.; s. Kien; „es schmeckt wie M. und Todtschlag", abscheulich; 2. Mord heisst auch der Zusammenlauf aller Arten Schnaps unter dem siebartigen Bleche, auf welchem die Flaschen gefüllt werden.

Mordexeln, ermorden, massakriren; mhd. mort-ax, Streitaxt.

Mordhäuser, scherzhaft für schlechten, angeblichen Nordhäuser, Fusel; vgl. Rachenreisser, Zahnputze.

Mordsakriren f. massakriren; s. Gramm. § 150.

More, Angst, Ehrfurcht (mores); Rw.; „sie hat keine rechte More vor ihm, ich will ihr aber Mores lehren;" im Scherz: Moritz lehren; ND.

Morkeln, morksen, ungeschickt abschneiden; „am Brode 'rummorkeln;" Hb.; s. norkeln.

Morksen, murksen, 1.. ungeschickt schlingen, würgen; 2. erwürgen; davon: abmorksen, ermorksen; 3. ungefähr wie mokern, aber kräftiger: mit murrender Stimme „resseniren;" 4. ungeschickt zusammenarbeiten, so dass das Ansehen der Arboit dabei leidet; davon: eine Murkserei, schlechtes Arbeiten und schlechtes Erzeugniss; Eg.; in NS. — Speisen unsauber zurichten; s. abmurzeln bei Grimm u. vgl. korksen.

Mörschel, Meerschel f. Mörser (zum Stossen). Hl., Schl.

Morzialisch f. gross, gewaltig, stark;

man denkt dabei an Mord (wie in mordsdumm, mordskalt, Mordskerl) und an martialisch. Th.

Mösch, Abfall von Futter u. s. w.; Mosch machen oder moschen, verschwenderisch umgehen; die Ziegen moschen gern mit dem Futter, Kinder mit dem Brote, mit Früchten, die sie anbeissen und wegwerfen, um andre zu erhalten; dies ist in Sz. g'schände; ungeschickte Schneider moschen mit dem Stoffe, schlechte Einschenker mit dem Weine, Verschwender mit dem Gelde, — sie vermoschen. Hl.

Mötsche, die, Kuh; sie heisst auch Motschekuh; Hl.; in B. Motschen, Motschel; Schl. Mosche; Eg., L.: Mötsche f. Kalb; Eg. Mutsch, Muz, kosend f. Kuh; Hb. Mokel, Kuh; Moschel, Kalb, auch Kuh; Schw. Mokel, Kuh; Motsch, Kuh und Stute; Th. Muis, Möus; wendisch: Metschecka; sogar in der französ. Sz. modze, Färse; — μόσχος; s. Muh, muhen.

Mottenklopfer, Scherzname f. Kürschner.

Mottenkopf, Grillenfänger, Sauertopf, Murrkopf; eigensinniger Mensch.

Mövchen, Dirne, femme entretenue (eigentlich eine Art Tauben).

M'r s. mer.

1. **Mucken**, „das hat seine M." — seine Schattenseiten, Schwierigkeiten. Hl., Bsl.; s. Eier; „er hat seine M." Launen, Eigenheiten, unangenehme Eigenschaften.

2. **Mucken**, 1. murren, widersprechen; „er darf nicht mucken, nicht mucksen, nicht aufmucken, keinen Muck oder Mucks thun;" Brl.; Eg., Sz.; 2. „die Zähne mucken oder muckern", beginnen zu schmerzen.

Mucker, jeder kirchlich Gesinnte; davon: muckerig und muckerisch.

Mucks, mucksen s. mucken; Ab., Fr., K., Pf., Schw., ND., Brl., Wn., Th.; Bsl.: müche, muxe.

Muck'sch, übelnehmisch, verdriesslich, bös, tückisch; „ein rechter M.", Sauertopf, Dickkopf, Trotzkopf; Eg., Brl.; in Oe. der Muck; Bsl. der Muki; Rtr. mucksch — maulend, grollend; bei uns: mucksch thun — muckschen (Eg.) und mukschen, wie muffen. Hoh. mocken.

Müffchen, das, kurzer, manschettenartiger Handschuh, ohne Finger oder mit kurzen Fingern, von Pelz oder Wolle. E.: Müffle.

Muff, Muffel, der, Murrkopf. Pf., K.; davon: muffelig, mörrisch, muffen, schmollen; s. noch mucksch, müffig u. vgl. to muffle, faire la moue.

Müffen, faulig riechen, wie angegangenes Fleisch, also haut goût haben; B., Th., J., Rw.; davon: müffig, wofür auch manchmal muffelig gesagt wird, dies aber mehr im Sinne von dumpf, moderig.

Muh, die, Kinderwort f. Kuh; Bsl. Muh, Mucheli.

Muhen, das, Brummen der Kühe.

Muhle, die, f. Mulde; es giesst wie mit Muhlen, regnet sehr stark (in N.: es rögnt als woi mit Schäffern g'schütt't; in Bsl.: regne, wie wemm'r's mit Chübele obenabe schüttedi); den Fluss Mulde nennt aber Jeder richtig.

Mühlstein, die grosse weisse Krause der Prediger in unserer Gegend.

Mulksehen s. Muck'sch.

Mulm, der, zerbröckeltes, vermodertes Holz und dgl.; davon: mulmig; s. Melmte; Mulm (mhd. gemülle) bedeutet das Zermahlene, Mehlige; holl. ist mul — Torfstaub; Schw. u. SD.: mull—Stauberde; dän.: Muld, engl.: mould — lockere Gartenerde; Brl.: Mull — Kehricht; engl. mullock; von diesem Stamme kommt (lat. mollis) Maulwurf statt Mullwurf (ND.), der Mull (mhd. molt — Staub, Erde) aufwirft; s. Muthwolf. (holl. mol; Schw. mullwad; dän. muldwarp; engl. mole; ND. Moll.)

Mulpsioh s. mupselich.

Mummeln s. einmummeln.

Mumpeln, langsam, unbeholfen kauen, wie zahnlose Leute; Fr., E., J., in B.: muffeln, mumfeln; Schw. mumpfeln (wohl von Mundvoll, wie Hämpfel v. Hand voll); Aachen: moffeln; engl. to mump; schott. mamp, moup; engl. to mumble, undeutlich reden.

Munkiren, sich, f. mokiren; Rtr. monkiren.

Mupselig, mopsartig, z. B. ein mupsliges Gesicht; Ab., auch mulpsig; s. auch: kurzmupplig.

Murksen s. morksen.

Muschboke, die, Alles mit einander, der ganze Kram; wenn Kinderchen sich entblössen, ruft man: „deck zu, m'r sieht de ganze M."; plattd.: Maschpok, verächtlich — Quark; Rw. Mischpoche, Familie, Diebesgesellschaft.

Muscheln, betrügen beim Kartenmischen, Geben u. s. w. In S. heimlich verkehren; — s. mokeln.

Musiken, Musike machen — musiziren; Bspr.

Muster, Schimpfwort: faules, widriges Frauenzimmer; Schw.

Mussjö, der, 1. Knabe, Bursche, auch spöttisch f. unreifer Mensch überhaupt; „ich hatte meinen Musjee mit (Sohn);" 2. der Sohn, „junge Herr', in der Familie, von 13—16 Jahren; Dienstboten sagen: „unser Mussjee will ō schon rochen;" 3. mei Mussjee, der Betreffende, in RedeStehende, ohne Rücksicht auf sein Alter; ND.: „der alte Schneider berappt ewig nich, nu wär' ich aber meinen Musjee (— ihn) verklagen;" 4. vor Namen, als spöttischer Titel, wird es Mussjê ausgesprochen: „Mussje Nante, Mussje Miller" u. s. w.; ND. wird aus monsieur: Musch, Musche, Muschü.

Musslereke, die, kleines, schreiendes Kind. E.: Musskrappe.

Muthwolf, Bspr. — Maulwurf; L., Schl.; Eg.: Muthworf; V.: Mahdworf; im „Strassburger Räthselbuch" von 1505: Mulwelff, Maulwelff; mhd. moltwerf, mulwelf u. s. w.; ND.: Mullworm; Shakesp.: . mould-warp; dgg. ist V.: Multworm — Salamander; s. Mulm.

Mutter, „meine M." f. Ehefrau; s. Kleenemutter.

Mutterseelsalleine, ganz allein. NL.: mutterseligallein; P.: mutterseelchenalleene.

Mutz, der, 1. abgenutztes, verstümmeltes Werkzeug, ein abgebrochenes Messer, kurze Pfeife, ein „Sichelmutz;" dgg. ist ein Schensch ein werthloses, eine Nusche ein stumpfes Messer; 2. kurzer Mensch, Knirps; davon: vermutzen, Etwas durch Ungeschick verstümmeln; in Hohenleuben (Reuss) gibt es eine „Mutzgasse;" — s. aufmutzen.

Mützchen, 1. „das Bier hat ein M. auf", viel Schaum; s. Krause, Sahlleiste; 2. da sitzt's, hat M. auf! ironisch: Du denkst, es ist da, es ist aber nicht wahr.

Mütze, Einem Etwas auf die Mütze geben, schelten oder schlagen.

Mutzkopf, Schimpfwort für einen nörgeligen Menschen.

Muzion, „sich (eine) M. machen" (Motion), viel gebräuchlicher als „Bewegung". Sdt.

N.

'n, 1. f. den, einen, ihn, ihm, ihnen (NB. aber ja nicht etwa f. Ihnen!); s. Gramm. § 184. 190; 2. f. denn; „was wollt'r'n (ihr denn); was häms'n (haben sie denn)? Th. „was gäm'r'n?" — was geben wir denn, oder: was geben wir ihm, ihnen, auch: was geben wir ihm denn? allerdings mit feinem Unterschied des Tones gesprochen.

Na, 1. f. nach; Bspr. „na Dräsen" (Dresden); s. Namittage; 2. selten für noch, z. B. na nich f. noch nicht; Bspr.: na me — noch mehr; s. no.

Nabel, „es wird mer warm um Nabel rum", von dem behaglichen Gefühl, wenn man, erkältet, etwas Warmes, bes. ein geistiges Getränk genossen hat.

Näbigen, die (nur Mehrheit), wenig Geld, „er hat seine paar Näbigen verloren, zugesetzt", seine ganze geringe Habe; s. Nieten.

Nachfahrekutsche s. Leichenkutsche.

Nachharken, bildlich f. durchsehen, revidiren.

Nachreiten, eine Arbeit nachholen, die man versäumt hat; bes. bei Studenten, wenn sie eine Vorlesung „geschwänzt" haben.

Nacht; „freie Nacht machen", die Nacht durch schwärmen, seltener: durcharbeiten; auch nur frei machen.

Nächten, auch nächten Abend, f. gestern Abend; Bspr.; Ab.; Str., Bsl., Zch., L., Schl., s. hinte.

Nachtkönig, Senkgrubenräumer; gewöhnlicher: Schundkönig.

Nachtlampen, scherzhaft für Leute, die bis in die Nacht hinein aufsitzen, bes. im Wirthshause.

Nachtmütze, auf eine unziemliche Frage (z. B.: was hast du in der Tasche) erwidert man „i, eine alte N.;" s. Kienasen.

Nachträgisch, Beleidigungen nachtragend, nicht vergessend, um sich gelegentlich zu rächen. Rtr.: nahdräg'sch.

Nachtschlafend, nur in: „bei nachtschlafender Zeit", meist im Scherz; ND.: Nachtslapentied.

Nachtwächter, 1. „das is jě undern N.", — unter der Kritik; s. Kanone,

Luder, Stänz; 2. Bezeichnung für ein Häufchen Exkremente; Bsl. Wächter; fr. une sentinelle; s. Auge, Cactus.

Nacktfrosch, zum Baden u. s. w. ausgekleidetes Kind; Eg., Th., Schl., vgl. Hemdenmatz.

Nackig, nackicht (Rond.), f. nackend; Sbg., Bsl.; Zch.: nacktig.

Nadern, anhaltend mit Jemandem zanken, immer Etwas auszusetzen haben; fast wie nörgeln.

Nählen, in weinerlichem (nähligem) oder keifendem Tone zanken; Rtr.; in Eg. u. Di. f. zögern, zaudern; Sbg.: nolen, Nolsuse; daher „Nählliese, Nählsuse".

Nahme, auch nahnst, nahnste, Bspr., f. nachher, hernach.

Nähspuz, der, Nähmädchen; s. Spuz.

Name s. Cece.

Näme, Mehrheit von Name, s. Gramm. 182.

Namittage, noch bäuerischer „Namitt'ge", Nachmittag; Di.: nam'dag, namiddg; Sdt.: Nomittigs.

Nante, Nande, f. Ferdinand; ziemlich allgemein; Nantchen auch f. Ferdinande.

Napoleon, „umgewandten Napolion" nennt man das unguentum neapolitanum; Gramm. § 151.

Narr, „ich gucke (horche) wie e Narre", ganz erstaunt.

Närr'sch, 1. sonderbar, eigenthümlich, neckisch (bizarre); Hb.; 2. „wie närrsch" — sehr, s. albern; daher ironisch: „i ja, wie närrsch" — durchaus nicht; ebenso; 3. „ich bin ganz närrsch druff", ganz erpicht; auch ironisch: ich mag es gar nicht; — s. noch kleinnärrsch; 4. „i ja, recht närrsch!" Ausruf: das müsste sonderbar zugehn, wenn das wahr wäre (was Jemand behauptet).

Närrschen, ausgelassen toben, Unfug treiben, auch übermässig eilen; s. tollen.

Närrschheit f. Narrheit, Verrücktheit, Albernheit; „ich bin eene Närrsch't" — wüthend, erbost; Gramm. § 166 a, 13.

Nase, 1. „Du hast eine Nase", noch deutlicher „eine Rotznase", sagt man zu einem Kinde, wenn der Nasenschleim bei ihm sichtbar wird, wenn es „ein Licht" hat; 2. sich die Nase begiessen, betrinken, PP.

Nasenfutter, Schnupftabak. Pf., Wü., Th.; ebenso: Futterkasten für Tabaksdose.

Nasenpopel, der, verhärteter Nasenschleim; „das ist keinen N. werth" gar nichts (wie: not a fig).

Nasenquetsche, die, schlechter, niedriger Sarg; Ho. u. Rtr.: Näsendrücker; dgg. ist der Nasenquetscher eine Art Lorgnette.

Nass niedergehen s. niedergehen.

Nation, verächtlich für Gelichter, Lumpen: ene schene N., wie „schönes Volk, nette Kerle".

1. Nätschen wie nählen; Schl.

2. Nätschen, schmatzen, ähnlich wie knötschen, kätschen (von Hunden), Schl.; in L. bes. vom Weinen der Kinder.

Natur, „die N. ist zu kurz", die Gestalt oder die Kräfte reichen nicht hin; so sagt man, wenn Jemand zu klein ist, um Etwas zu erreichen, zu wenig Geld hat, Etwas zu bestreiten, beim Spiel zu wenig Augen mitgibt, beim Singen den rechten Ton nicht treffen kann u. s. w.

Nē, 1. nein; 2. nē? gedehnt und betont fragend — ists möglich? Was Sie sagen! Aehnlich: aber nein!

Neck'sch wie närr'sch.

Nedder, Bspr. f. nieder; holl., dän., schwd. neder; engl. nether. Das Neddersticke, in den Kohlgärten bei Leipzig, ein etwas tiefer liegender Acker.

Nehmen, kurzweg „ein Kind nehmen" es auf den Arm nehmen und es herumtragen; die Kinder verlangen: nimm mich! s. Stängel.

Neidhämmel, der, neidischer Mensch; Hb.

Neidnagel, Nietnagel, der, an der Wurzel der Fingernägel sich lösende u. entzündliche Haut (eigentlich: ein Nagel zum Vernieten) auch schriftdeutsch; Hb. Neidhocke.

Nein aber! s. aber, 1.

Nēnē (das verdoppelte „nein"), durchaus nicht, Erwiderung auf einen vorausgegangenen Einwand; z. B.: „gehört das deine?" — „Nē!" — „Da derf mersch wohl nehmen?" — „Nēnē" (wenns auch nicht mein ist, so gestatte ich doch nicht u. s. w.); s. nunē.

Nennte f. nannte; s. Gramm. § 205.

Nergeln, nörgeln, 1. halblaut u. mür-

risch weinen, von Kindern. Ab.; Schl. (auch knörgeln); 2. undeutlich, brummend sprechen; L.: nirgeln; 3. bildlich: in kleinlicher Weise tadeln: er hat immer was (an Allem) zu n.

Nerw, der, f. Nerv, Bezeichnung der Schuhmacher für die Haarseite des Leders; die Fleischseite heisst das Aas; Gramm. § 87.

Nest, das, Bett, sehr beliebt; die Vögel gehen zu Neste, der Mensch aber ins Nest; Bal., Sdt.

Nesthäkchen, das, jüngstes Kind einer Familie (schriftdeutsch), auch Gakenest; Brl. Nestgikel, Nestkieker; Schw. Nestkegele; Bal. Nesthopper.

Netto, missverständlich für circa; „der Saal fasst netto 100 Menschen".

Neuewürze, die, Amomenkörner, Piment.

Neujahr; das hohe Neujahr oder Oberneujahr ist das Fest der Erscheinung Christi, der Dreikönigstag, 6. Jan., in Sachsen noch als Feiertag begangen.

Neukirchhofsmamsell, Dirne, nach einem Platze benannt, an welchem einige Bordells sich befinden (in Goslar: Patentjungfer); s. Gässchen.

Neukrüpel f. Neugroschen; s. Silbermorgen.

Neumarkt, „das dumme Kind (der dumme Junge) vom Neumarchte", s. Junge.

Neumelke, die, erste Milch einer Kuh nach dem Kalben; die Kuh ist eine „neumelkene oder neumilchene". Eg.; in Bal. neumelchig; s. melken.

Neune, „eine dumme N.", albernes Frauenzimmer.

Neunhäutig, verdreht f. meineidig? „ein neunhäutiger Kerl", überhaupt: durchtriebner Bursche, Hallunke.

Neunmal klug (auch mit dem Zusatze und 10 Mal dumm), überklug, dünkelhaft; Hb.: neugescheit; Rtr.: nägenklauk; E.: neunmal gescheit; dgg. in N., Heidlbg.: siebegescheit.

Neunundneunziger, Apotheker, weil er angeblich 99% Verdienst nimmt; Hb.

Neuschierig, scherzhaft f. neugierig; Di.: nieschieri; Sdt.: noischierig; ND.: die Nüscheer, nüscheerig.

Nibbelchen, das, Lockruf für junge Ziegen u. Kaninchen (in NS. nur für Zicklein); s. nibbeln.

Nibbeln, nippeln, 1. nagen, bes. wie Kaninchen (s. Nibbelchen); to nibble; 2. emsig stricken u. dgl., so dass die Finger sich bewegen, wie die

Lippen des fressenden Kaninchens; 3. „es nippelt", sagt der Angler, wenn ein Fisch anzubeissen beginnt, Lotteriespieler, wenn eine der ihrigen nahe Nummer gezogen wird, Kinder beim „Einhullern" wenn sie — beinahe gewonnen hätten; vgl. auch nözeln.

Nichts, „weisses Nichts", Uebersetzung von nihilum album, eine Augensalbe; daher: Nischt is gut für die Ogen, aber nich für den Magen; übrigens s. nischt.

Nicht (nich) wird in Vergleichungen eingeschoben: „er ist reicher, als man gar nicht glaubt" (qu'on ne croit); über die doppelten Verneinungen s. Gramm. § 242.

Nichts-chen, „ein goldenes N. in einem silbernen Büchschen", (gar Nichts) verspricht man Kindern zu bescheren u. s. w.; auch: „ein silbernes N. und ein goldenes Wart-e-weilchen".

Nickel, der, Schimpfwort, bes. gegen Frauenzimmer, wie Bunnigel; PP.

Nickels f. Nikolaus in den Zusammensetzungen: Nickelskirche (sprich: Nigglsgerche), Nickelsstrasse, Nickelser Kirchhof; vgl. Thomasser.

Nicken, ein wenig schlafen; Ab.

Niedergehen, „es geht naas nieder", es regnet ganz fein, nebelartig; wie nieseln. Th.; in NS.: es schmölt.

Niedersitzen, „auf ein N. trinkt er drei Flaschen", ohne Unterbrechung; s. sitzen.

Niederträchtig, 1. von Sachen — sehr unangenehm; ein Regen, eine Geschichte, ein Berg (der schwer zu ersteigen ist); wie hunde-, verfluchtig u. s. w.; 2. im guten Sinne wendet es die Bspr. mitunter noch an f. leutselig, herablassend: ein recht niederträchtiger Herre; Odenwald; Nieder-Rh., Sbg.; s. gemein.

Niederzichtig, uugehörig, abscheulich; etwas schwächer als niederträchtig; genau wie: of low breeding; Bspr.; seltener nedderzichtig.

Niemande, Dativ von Niemand, s. Gramm. § 132 g.

Nieseln, sanft regnen, aber schon etwas mehr, als naas niedergehen; V., Oe.; Bsl.: näble, nible; in E., Pf. rieseln; Di. drusen; NS. schmolen; Rtr.: fisseln; Eg. siefern.

Niesen, „ich will dir was n.", wie sonst husten, malen. Scherzhafter Zuruf: „Sie haben geniest", für Prosit!

Nieten, Geld; „der hat N." ist reich;

„ich habe meine paar N. zugesetzt", das Wenige verloren, was ich hatte, s. Näbigen.

Nilje, die, f. Lilie; Niljeneel — Lilienöl.

Nimm, „er ist vom Stamme Nimm", gibt nicht gern, nimmt lieber; „Nimm" gilt als Name eines der israel. Stämme, wie: Ruben, Simeon u. s. w.; ND.: er ist von Gibingen, sondern von Nehmingen; Bsl.: er isch fo Nämige, nit fo Gäbige.

Ningeln, weinen, bes. in quiekendem Tone, winseln; Ab.: nengern; Eg., ningern.

Ninive, bei einem gewissen Mädchenspiele singt man einen Vers: „Es kommt ein Mann aus Ninive, heisavivalädium!" (auch: Ninive, Linive); Hb. „da kommt der Herr von Nonnavi".

Nippeln s. nibbeln.

Nippernäpp'sch ist Einem, wenn ihm Alles zuwider ist, Nichts mundet, die Nerven gereizt sind u. s. w.; stärker als: übernächtisch (im Magen), nach durchwachter, durchschwärmter Nacht; Hl.: nippernächtig.

Nipplich, winzig, auch: kleinnipplich.

Nips, der, Mehrheit: Nipser, Samenkörner, bes. von Schoten, Bohnen, Aepfeln, Birnen; Ab., Hl., in NS.: Pips.

Nische, 1. sanft aufsteigend; der Weg geht nische an, wie „lehnan", nische zu, sanft herunter; in Niederlössnitz b. Dresden gibts eine „Nische Gasse"; 2. schief: „er logirt nisch nüber" — schräg gegenüber.

Nischel, der, Kopf. Hl., V., Ab.; Bsl.; in J. ist Nüschel das Vorderhaar am Kopfe; daher: Dicknischel, dicknischlig, Starrkopf; engl.: noddle — Hinterkopf.

Nischt f. nichts; 1. „N. is!" es ist Nichts damit, es ist nicht wahr; vgl. is nich! 2. „ach, das is (mir) nischt!" unwilliger Ausruf bei unpassenden Spässen, ungenügenden Antworten u. dgl.; s. nichts.

Nö f. noch, in einigen Verbindungen, bes. vor m und n, auch wohl na ausgesprochen, z. B.: No nich, no mehr f. noch nicht, noch mehr. Di., ND.; s. na, Namittage.

Nochemal wird an Flüche und heftige Ausrufe angehängt: „Herre noch emal! Dunnerwetternochemal; Schwere Noth n.; tausend n.!" dabei wird keines dieser Worte betont, sondern das Vorhergehende, und das „nochemal" ist nur so ein Nachzittern, Nachgrollen, eine Art Resonanz zu grösserem Nachdrucke. Ebenso hängt man nochnein (wohl — nochhinein) an: saperlotnochnein! pfuispinnenochnein!

Nonne, die, grosser, hohler Brummkreisel.

Nöpel, seltner: Nuppel, der, Zulp, bildlich auch Zigarre.

Norbel, die, rundliche Exkremente (von Lorber, s. d.); bes. Schaf-N., Hunde-N.; Th. der N.; Norbelblätter, Bspr., f. Lorberblätter.

Norkeln, Brot ungeschickt, ungleich abschneiden; wenn man „am Brote 'rumnorkelt", so ist es dann „ganz vernorkelt;" Eg. norxen, auch runksen, s. d. u. morksen.

Noten, nach Noten arbeiten, Einen n. N. auszanken, prügeln, f. derb, tüchtig.

Noth thun, „es thut mir Noth" ich habe Drang zu Ausleerung; ebenso „nothwendig haben".

Nözeln, deutscher Ausdruck der Kinder für karamboliren beim „Einhullern".

Nuddeln, schlecht, liederlich, ohne Ernst und Nachdruck arbeiten; an Etwas herumnuddeln; s. ruscheln. Ab., in Pf. noddeln; — auch: schlecht, langsam fahren, wie zotteln.

Nudeln, 1. mästen, von Gänsen gesagt, die mit „Nudeln" (gerollten, halbgebackenen Teigstücken) gestopft werden; daher: „ich bin wie genudelt, nudeldicke", vollständig satt; 2. „er kann nicht mehr Nudeln sagen", so betrunken ist er; Schw.: „er kann net bapp sagen;" 3. halblautes, undeutliches, schlechtesReden (—nuscheln), auch Singen oder stümperhaftes Spiel auf einem Instrument; davon: die Nudelei.

Nudeltopf, „voll wie ein Nudeltopf", überfüllt; wie „gerappelte voll."

Nu eben s. eben.

Nu gar s. gar.

Nullen, 1. Kinderwort f. pissen; auch schnullen; 2. von Null abgeleitet — den Zehner vollmachen; „er hat schon fünf Mal genullt" — ist 50 Jahr alt.

Nulp, der, Zulp; bildlich Zigarre; nulpen, nutschen, saugen; s. nuppeln, nutschen, Nöpel.

Nu ne f. nun, das ist denn doch nicht der Fall; z. B. Sie gommen wohl bald wieder? — Nunē (du magst das allerdings annehmen, aber —). Das ist wohl sehr billig? — I, nu ne (bewahre); s. nĕnē.

Nunnūchen, das, gemüthlich f. Mütterchen, kleine, dürftige, verkümmerte Frau.

Nuppe, die, eine unbestimmte Menge, z. B. eine schöne N. Bier; der Antheil an einer Forderung u. dgl.; „ich kriegte 3 Thaler uff meine Nuppe;" s. Tappe.

Nuppel, der, Nuppelchen; 1. kleiner Mensch. Ab.; vgl. Nippelchen; schimpfend — naseweiser Balg; 2. s. Nöpel.

Nuppeln, saugen, bes. am Finger, wie Kinderchen; solche, die es thun, heissen Nuppler; s. Nulp.

Nur, eigenthümlich gebraucht und gestellt; z. B.: „Ne, da waren nur ein paar Hunde da, die so hübsch mit einander spielten" — ich will nur das Eine sagen, was mir besonders Spass machte, nämlich dass die Hunde —. „Er konnte so schön erzählen, man hörte nur gern zu" — man verlangte nur, dass er weiter erzähle.

Nüsche, die, schlechtes Messer, Kneif. Hl., wendisch: Norz; s. Mutz.

Nüscheln, auch: nüscheln, nusseln, undeutlich sprechen, Eg.; wie: mauscheln; vgl. nudeln.

Nusseln wie nuscheln.

Nussen, durchprügeln. Oe., Pf., Schw., B., Th.; Rtr.: nuschen, nüschen; — es setzt Nusse. Prügel; Schw.; eine Kopfnuss; s. Nussack.

Nüsschen, winzig kleines Mädchen oder Weib; Pf., W.

Nusssack, „Einen zusammenhauen wie einen Nusssack, Dresche kriegen wie ein N.", tüchtig; Brl.; am Rheine thut man die geernteten Nüsse in einen Sack und schlägt auf diesem herum, dass die grünen Schalen sich lösen.

Nutsch, der, Lutschbeutel f. Säuglinge; bildlich f. Zigarre; Hl.; V. (auch zütschen, zütschen); Eg.; Tb. — Notsch; J.: nuckeln; s. Zulp; davon: nutschen, saugen; Nutschkännchen, Nutschflasche.

Nutzen, der, der abgesägte Theil eines Scheites; es wird in 2, 3, 4 Nutzen zersägt.

O.

O, Abkürzung f. öch — auch, bes. inmitten des Satzes; „nu gimmt der o
noch; das wissen m'r o schon; er hat
o gene (keine); das zieht o na nich
(das genügt auch noch nicht);" so bei
Lörrach, V.; Wn.: ah; Schl.: au.

Ob, als Ausruf, auch „und ob!" soviel
wie freilich, „erst recht;" Sinn: „wie
kann man da noch fragen, ob es so
ist!"

Obben, mitunter f. ob; „er fragt, obben
Se (ob Sie) schon gegessen ham; obben m'r die treffen wärn;" nie aber:
obben ich, o. du, o. er; öfters wird
obs, ab oder abs aus ob: „ab er
wohl schrei'm wird; ich frage dich, obs
(abs) du mitthust", s. wenn und
Gramm. § 141, 3.

Oben 'nein, „heute lefts Enen oben
'nein", nämlich in die Schuhe oder
Stiefel, so stark regnet's. Rl.

Oberhofgericht, scherzhaft f. Abtritt;
vgl. Papst, Drahtmühle u. s. w.;
in Au.: Unsinnigengang.

Oberländer hiessen die Händler, welche
Obst aus dem „Oberlande", aus der
Meissen-Dresdner Gegend auf Kar-
ren zu uns brachten; Lpz. liegt im
„Niederlande".

Oberstübchen, der Kopf; „es ist bei
ihm im O. nicht richtig; er hat 'was
im O." — betrunken.

Oberwasser haben, die Oberhand haben, oben auf sein.

Obsen, „ich obse", sagt man beim Solo,
um von einem Mitspieler zu erfragen,
ob . .

Oebster, Obsthändler; ganz wie fruitier;
Gramm. § 158.

Obsternät f. obstinat, eigensinnig; Rtr.:
obsternatsch; Gramm. § 147.

Ochse, 1. „was wees der Ochse vom
Sonntag (Zusatz: er frisst alle Tage
Heu)", er ist in dieser Beziehung ganz
unwissend; in Schw.: „was woisst e
Kuh, wanns Sonntag ist, man geit (—
gibt) ihr ja koi weiss Hemmet"; in
ND. auch: er weiss soviel davon als
die Kräh vom Sonntag; 2. „er ist
armer Leutens Ochse, er hat
blos ee Horn;" bedauernde od. höhnische Bezeichnung f. Armuth; — s.
noch Brummochse. Heuochse,
Hornochse, Doppelochse, Pferd.

Ochsen, angestrengt arbeiten, wie büffeln; Bel.

Ochsenfurz, „gerade wie ein O.", geschmacklos gerade; ebenso: „geradezu
wie ein O.".

Ochsenpantoffel, rohes Schimpfwort,
wie Brummochse; Eg. „du Ochsen-
pfutentoffel".

Ochsig, sehr stark, gross, riesig: „eine
ochsige Kälte, ochsiger Weg, ochsige
Karte;" vgl. Bär, Hund, Pferd,
Sau, Schwein.

Offen, 1. „offnes Geschäft", Ver-
kaufsladen im Gegensatze zur blossen
Niederlage, zum Comptoir u. s. w.;
bes. von Detailgeschäften; 2. „der Pa-
tient ist ganz offen", hat sich wund
gelegen, aufgelegen.

Oft, als Adj., Gramm. § 171.

Ohne, „es ist nicht ohne", nämlich
nicht ohne Grund, es hat Etwas für
sich; auch f. es ist nicht übel, nicht
ohne Werth, Gehalt u. s. w.; B.

Ohngefähr (mhd. âne gevaere d. h.
ohne böses Vorhaben) und die falschen Formen: ohngeachtet, ohn-
längst, im Munde alter Leute f. ungefähr u. s. w.

Ohren, „die O. aufknöpfen, aufsperren", für aufmerksam zuhören.

Ohrwürmchen, — er ist wie ein O.,
freundlich wie ein O., sehr freundlich,
gefällig, verbindlich, zuvorkommend,
dienstfertig, wohl auch etwas krieche-
risch; vgl. schampedäschchen;
PP.; jedenfalls von den geschmeidi-
gen, eifrigen Bewegungen des Oehr-
lings hergenommen.

Ordinär, nicht nur gering, sondern auch
gemein, niederträchtig, ungebildet: or-
dinäres Betragen, ordinärer Mensch.

Orgeln, leiernd reden oder singen: eine
Predigt, eine Rolle herorgeln, ab-
orgeln, herunterorgeln.

Orgelpackt, das, sehr liederliches Gesindel.

Orndlich, 1. für ordentlich, welches vornehmer ausgesprochen „ordenglich"
lautet; Bö., Eg.; Schl.: urndlich;
Rtr.: ornlich, Holst.: örnlich; 2. auch
wirklich, lebendig, nicht nachgemacht;
„eine orndliche Uhr," nicht blosses
Spielwerk; „ein o. Pferd", kein hölzernes; „ich mache in die orndliche

Schweiz, nicht in die sächsische;"
ND., Sdt.; 3. Als Adverb = wirklich,
in der That, sehr; „er ist orndlich
wüthend", wo man's gar nicht erwarten sollte; Brl.; in Schl.: urnär; ferner
f. scharf, genau: „es ist gar keine
orndliche Ordnung darin". Unterschied je nach dem betonten Worte:
„es is orndlich kalt", in der That
kalt, eher kalt, als warm; und: „es
ist orndlich kalt", sehr kalt.

Orschester, beliebte Aussprache f. Orchester, sogar im Munde von namhaf-
ten Tonsetzern; Gramm. § 71.

Orwern, urwern, geräuschvoll mit Geräthen, Geschirr u. s. w. umgehen;
P.: urbern.

Ostern wird als Singul. gebraucht: O.
ist heuer sehr zeitig; dagegen: weisse
Ostern; ebenso Pfingsten; man
denkt an: Fest, wie bei den französ.
la St.-Jean, la Toussaint; — „ich gebe
dir eine Dachtel, dass du denken
sollst, Ostern und Pfingsten
fällt uff eenen Tag", eine gewaltige
Ohrfeige.

P.

[s. B; unter P sind nur Wörter aufgeführt, deren Abstammung p verlangt.]

Paar, im Sinne von „einige" wird ad-
jektivisch deklinirt, als ob „wenig"
stünde: das ist Einer von den paa-
ren, die noch da sind.

Padde, die, kleine, dürftige, zurückge-
bliebene Person; s. Kaulpadde.

Paffen, 1. den Tabaksdampf beim
Rauchen hastig, stark von sich blasen;
auch papsen, blaffen, platzen;
der Paff — whiff. „Er stiess drei
Qualme schnell nach einander auf",
B. Auerbach; 2. häufig und schlecht
schiessen; s. bläffen.

Pälmert, der, eine Art kleiner, back-
schüsselförmiger Obst- oder Gemüse-
korb, mit Bogenhenkel; le panier?

Palmari, Abkürzung f. den Sonntag
Palmarum, nach Aehnlichkeit anderer
Kalendertage entstellt; so „zu Johan-
ni, Michaeli, Jacobi".

Palmen nennt man manchmal die gegen
Palmarum erscheinenden Weidenkätz-
chen; engl.: palma.

Pansch, Pantsch, der, verächtlich f.
Magen, dann der Bauch, Unterleib,
wie Wanst; „sich den Pansch vollfressen;" von Pansen, der erste Magen
der Wiederkäuer; engl.: paunch.

Pantoffelgreetsch, Spitzname des Städt-
chens Groitzsch, wo viele Pantoffeln
(Babuschen) gefertigt werden; vgl.
Zippelzörbig.

Pantschen, wie plantschen und
mantschen; Schl.

Panzerkette, eine Kette mit stärkeren
Gliedern als eine Erbskette.

Pappe, die, 1. dicker Brei; Bsl.; Schw.
Päppele; Rich. Wagner's Siegfried

sagt: „mit Bappe back' ich kein
Schwert;" davon: Pappenstiel,
Holzlöffel zum Pappen d. h. Brei-
essen (?); s. aufpäppeln; 2. bes.
Schuhmacherkleister; 3. der Wein
(das Gewitter, die Landschaft) ist
nicht von P., lobend f. kräftig, schön
u. s. w., hier ist wohl Pappe — Car-
ton gemeint, die auch aus dickem Brei
bereitet wird; s. Eltern, Langeweile.

Päppe, Beppe, die, 1. weiche Masse, s.
Pappe, 1; daher beppig, z. B. eine
beppige Semmel, die nicht scharf gebacken ist; 2. der Mund (der die
„Pappe" verzehrt, also wie: Fresse,
Brodladen, dann das Gesicht; „halt
die Peppe; Einem Eines in die B.
langen", ohrfeigen; Schl., Th.; daher pappen; — päppern, anhaltend
schwatzen; Schw.; das Gepäpper;
s. bapeln.

Pappelweiden, „ein pappelweidner
Kerl", schlaff, kraft- und saftlos, ohne
Mark, charakterlos; Pappelweide
(auch bei Bürger und Rammler) ist
die Schwarzpappel, populus nigra;
ihr Holz ist minder zähe, als das
der Korbweide.

Pappen, peppen, pappeln, Kinderwort f. essen; s. Pappe, 1.

Pappïche, die, f. Pappel; Bspr.

Papsen s. paffen, 1. Ab.

Papst, Abtritt; vgl. Oberhofgericht,
Bürgermeister; papsten, zu
Stuhle gehen.

Parabel, „bei der P. kriegen", beim

Kragen, an der Kehle packen; vgl.
Gröbs, Karthause, Kanthaken.

Paradies, höchster Platz im Theater,
le paradis; Brl.; häufiger der Topp,
Heuboden, auch wohl: Elysium.

Parapluie, sprich Berrebli, auch Ber-
beli, beliebter als Regenschirm; s.
Parasol.

Parasol, Barresol, das, Schirm, besonders Regenschirm (auch Regenbar-
resol), seltner f. Sonnenschirm; vgl.
an umbrella — Regenschirm; s. Parapluie.

Pare oder **Bare**, der Name des Flüss-
chens Parthe, s. Gramm. § 53.

Paris zeigen, ein Kindchen mit flachen,
an die Ohren gepressten Händen am
Kopfe in die Höhe heben; in B. und
E.: den Thurm zeigen; Bsl.: die Gros-
mueter zäge.

Part, die, Mehrheit: die Parten, die
verschiedenen Abtheilungen Mieths-
bewohner: „in meinem Hause sind
7 Parten", auch Parteien; Ob.-Oe.;
in NS.: parten — theilen, vom lateinischen (ob Partens beim Kegeln
damit zusammenhängt?); s. noch
Halpart.

Partaschier f. Passagier, Bspr.; B.:
Pataschör.

Partie, „er nimmt ihm die P., seine
P.", nimmt Partie für ihn, tritt ihm
die Brücke, hält ihm die Stange.

Partikel, der; 1. Antheil an Etwas, s.
Tappe, Depentat; 2. eine Menge,
z. B. ein ganz P. Bücher, Holz; 3. f.
Magen, Bauch; gebräuchlicher ist
Wanst; „sich den P. gehörig voll-
fressen."

Partout, spr.: bardu, f. durchaus,
schlechterdings; „er will's partout
durchsetzen"; der Tisch will p. nicht
feste stehen"; „das is partu ejal",
ganz gleich; Schl.; aus Missverstand
auch „es is Partie ejal."

Passe, „zu P. kommen", passend, gelegen sein, zustatten kommen. Di. —
to Pass kamen.

Passeldand, Posseltant, Pussel-
tand, Pusseltans, der Zeitvertreib; von passer le temps, passe-
temps; „ich mach es bloss zum P.", s.
auch busseln, bästeln.

Passon f. warten, das wenig gebraucht,
auch noch durch lauern, s. d., vertreten wird; „da kannst du lange
passen." Wn., Schw.

Pasternake, feiner: Basternate f.
Pastinake, in Baumgarten, Flora Lips.
sogar Balsternaken; Oe.; ND., wo

auch: Palsternaten, Pinsternaken,
Pfingsternakel.

Pastete, spöttisch f. Ereigniss, widriges
Zusammentreffen; „ene schene P., eine
böse P; da hamm'r de P."; s. Bescherige, Salat, Prostemahlzeit.

Pathe, die; 1. bedeutet sowohl den
Taufzeugen und die Taufzeugin, als
das Kind, den Täufling, das Pathchen;
2. Pathe stehen für Gevatter stehen.
Rtr.: Paden stahn; 3. „die Paden
ham ihn geglett (— gekleidet)", er
hat unerwarteter Weise sich einen
neuen Anzug geschafft.

Patron, der, nur im übeln oder doch
leichtfertigen Sinne, „ein sauberer,
liederlicher, netter, schöner, lockerer
P." (— Zeisig); ein lustiger P. —
Spassvogel, Lebemann u. s. w.

Patsch, der, gelinde Backpfeife; Fr.,
Hb., Schw.; davon patschen; dies
bedeutet auch: a.) durch Schmutz,
Wasser waden, dass es „klatscht";
P. panschen; vgl. manschen,
Matsch; davon: herump., durchp.,
hineinp., aus Versehen in eine Pfütze,
einen Kehrichthaufen treten; b.) es
bezeichnet auch den Laut klatschenden Wassers, Schlammes u. s. w.;
„na, das goss aber scheene, 's patschte
nur so!" Hl. „Patsch, Gevatter!"
ruft man bei einem schallenden, klatschenden Schlage u. s. w., z. B. bei
einer tüchtigen Ohrfeige, oder wenn
Jemand mit einem „Schwapp" Wasser
begossen wird, einen Teller fallen
lässt und dgl.

Patsche, die; 1. die Hand, (davon also
der Patsch, wohl auch verwandt mit
„das Pätschel" — Handruder) auch:
Patschhand, Patschchen, bes. von
Kindern. Brl, E., S., J., Pf., Schl.;
Wu.: Batscherl, Baschhand. Frisch
leitet es vom ital. baciare ab, also —
Kusshändchen; 2. Verlegenheit, un-
angenehme Verwickelung, Unglück,
bes. von Klätscherei und bei kleineren
Vergehen; „in die Patsche kommen;
er sitzt in der P., er hat eine schöne
P. angerichtet." Hl.; in NS. Pantsch,
Pantsche; vgl. Patsch.

Pätschel, das, Handruder; pätscheln,
damit rudern; schott.: paidle.

Pauke, die; 1. eine öffentliche Rede,
Vortrag; „eine P. loslassen"; —
„Einem eine P. halten" — ihm den
Text lesen; davon: pauken, eine
Rede halten, auch unterrichten; da-
her heissen Schullehrer: Pauker;

„einpauken", Etwas durch unermüdetes Wiederholen einbläuen; Einpauker heissen Gelehrte, welche Studenten zum Examen vorbereiten; 2. Prügel, davon: durchpauken; Studenten „pauken" — duelliren sich; die Paukerei, Duell; Pankanten, Duellanten.

Paulino, das, f. Paulinum, ein Universitätsgebäude; diese Form steht für alle Kasus; „das P. is an alten Neumarchte (früherer Name der Universitätsstrasse); ich gehe durchs P., er wohnt im P."

Pax, der, beim Haschen der Kinder die Stelle, wo „es nicht gilt", wo neutraler Boden ist; s. Cece.

Pech, haben; 1. Unglück haben; davon: pechös, unglücklich (bei Unternehmung, Spiel); 2. wie kleben; 3 „Pech, mei Herzchen!" spöttischer Zuruf wie ätsch, Kuchen, Essig, Dreckchen u. s. w.

Pechhengst, Schimpfname f. Schuhmacher, s. Hengst; Rtr.: Pickhingst.

Pechhütte; „bis in die P.", sehr lange, unendlich weit, immer fort; „mit so einem verdammten Zündnadelgewehre, da schiessen sie bis in die P.; er spielt Eicheln bis in die P.; er schläft bis in die P."; s. Puppen, 1.

Peitsche; 1. „der hat ene schene P." bei Kartenspiel, vier, fünf Karten einer Farbe; s. Fahree, 2.; — 2. „wenn du's besser weisst (oder kannst), so nimm du die P. und knalle", erwidert man, wenn ein „Neunmalkluger" absprechend urtheilt, bes. einen Andern in der Rede unterbricht; dafür in PP.: Kohn, rede mal!

Pelz; 1. Aepfel, seltner Birnen, bilden bei langem Liegen, bes. dicht unter der Schale, „Pelz", werden pelzig — schwammig; vgl bolle; 2. Pelze kriegen, Prügel bekommen; auch „was auf den Pelz kriegen." V.

Pennunze, die, Geld; selten; gewöhnlicher Moos, Spiesse u. s. w.; Verschmelzung von penny, Pfennig, pence u. pecunia?

Pepeln, aufpepeln, Kinder statt an der Brust mit Brei aufziehn; s. Pappe, 1 u. pappen.

Pepperlepepp! höhnischere Form für das in der Schrift vorkommende Papperlapapp; erinnert an: peppern, pappern, plappern.

Pergemidde, Bärmemide f. Pyra-

mide; Name einer Art künstlicher Weihnachtsbäumchen.

Perle: 1. „er sitzt drin, wie die P. in der Krone", ein Herr zwischen mehrern Damen; 2. „es wird ihm keine Perle aus der Krone fallen", seiner Würde keinen Abbruch thun (er weigert sich aber aus falschem Ehrgefühl, es zu thun); höhnischer: „er ist nicht zu schön dazu."

Perrückenmacher; „laufen wie ein P.", eilig rennen, wie ein Friseur von Haus zu Haus bei drängender Arbeit; s. botisch, Bürstenbinder, Chaisenträger.

Perscher, Perschlĕr, f. Perser; so nennt man alle orientalischen Messbesucher, Türken, Armenier u. s. w., sobald sie Fez und Pelz tragen; Gramm. § 97.

Peter a's Gemeinname, s. Gramm. § 166 b.

Peter Meffert! ärgerliche abweisende Erwiderung, wenn Jemand nach einem Namen fragt, der ihn Nichts angeht; „wer hat dich denn zu Tanze geführt?" „Peter Meffert!" auch: Jeder Andere, nur der nicht, den du meinst; z. B.: „Hast du das gethan oder dein Bruder?" — Ae, Peter M. (auch mit dem Zusatze „in der Laternengasse, oder: in der goldnen Peterstrasse"). Er scheint mit dem Mr. Cheeks im englischen Cant verwandt zu sein.

Petersilie (Bauernsprache Bitterzilche); 1. P. pflücken s. Bank, 2; — 2. dem Kerl kann man P. hinter die Ohren säen, so schmutzig ist er!

Pétrööl f. Petroleum (auch: Bĕdröleum), knüpft sich besser an das bekannte „Oel" an.

Petschen, hörbar kauen, wie knetschen, ketschen.

Pfarre, Farre, der; 1. f. Pfarrer; mhd. pharre, m.; 2. die, f. Pfarrhaus, mhd. pharre, f.

Pfauzen s. fauchen.

Pfeffer und Salz, Name einer aus schwarz und weiss gemischten „prisslichen" Farbe — melirt; poivre et sel.

Pfefferkuchen, eine Matratze (bes. von braunem Leder), namentlich in Kasernen, Gefängnissen u. s. w.

Pfeffern, 1. werfen; 2. übertheuern, bes. „gepfeffert" f. sehr theuer; „die Rechnung war gepfeffert u. gesalzen."

Pfeffersack, scherzhaftes Schimpfwort, „Du alter P.!" wie Plumpsack; man denkt durchaus nicht an die

„Leipziger Pfeffersäcke", wie man 1866 die Lpz. Kaufleute auswärts zu tituliren beliebte.

'**pfehl mich!** s. fehl mich!

Pfeifen, 1. „auf Etwas pfeifen", Nichts darauf geben, es verachten; wurde 1878 im Reichstage gebraucht! 2. „ich will Dir 'was pf." wie husten, niesen; 3. „Einen pf.", trinken, bes. Schnaps; s. Pfiff.

Pfennigfuchser, Knauser.

Pfennigklatsche (spr. Fengglatsche), Verräther um geringen Lohn; überhaupt verächtlich f. Klätscher.

Pfennigstücke (Fenksticke) s. Dreierstückchen.

Pferd; „mit Dem kann man ein Ferd mausen", er ist der Mann zu kräftigen Unternehmungen, guten, wie bösen; s. noch Hof.

Pferdeäpfel f. Pferdekoth; das Pferd „äppelt;" Eg.: Pfäreppeln.

Pferdejokel, Rosshändler; s. Jokel.

Pferdemässig (ausgesprochen: färemäss'g), übertrieben stark wie „stierartig;" „eine pferdemässige Tour", anstrengender Weg; „eine pf. Karte", sehr starkes Spiel; so auch: eine „Pferdekur", angreifendes Verfahren, wie es kaum ein Pferd aushält.

Pfiff, der, kleines Glas Branntwein; s. pfeifen, 3.

Pfiffkopp, Pfiffikus.

Pfingstochse; „geputzt wie ein Pf.", übermässig, geschmacklos; PP.

Pflanze, bes. „eine Leipziger, Berliner Pf.", ächte Leipziger, Berliner Kinder, mit all deren Fehlern und Vorzügen.

Pflasterkasten, Spottname f. Militärarzt.

Pflaume, die, derber Mensch; „ein hübsches Fleimichen."

Pflaumenschmeisser, grosser, langer, starker Mensch.

Pflege f. Gegend, Viertel einer Stadt; „er wohnt in unserer Pf."; auch von der Zeit: „er war im Jannewar oder im Fewerar hier, genau weess ich's niche, aber in der Flege war'sch;" s. Drehe.

Pflock; „einen Pf. zurückstecken", behutsamer auftreten, weniger Ansprüche machen, Nachsicht üben, ein Auge zudrücken; vom Pfluge?

Pfropfen; Enen uf'n Froppen setzen, abführen, abtoffeln, ad absurdum führen, abfallen lassen u. s. w.; auf dem P. sitzen, heruntergekommen, in schlechten Verhältnissen sein; Brl.

Pful Spinne! s. Spinne.

Pfützentitscher, unpraktisch langer Ueberrock (Mode von 1838 u. 1875); von titschen.

Physionomie (gespr.: Fisjonemi!) f. Gesicht überhaupt; „sich eine in die Ph. stecken", eine Pfeife, Cigarre anzünden; auch in Studentenliedern; s. Gesicht.

Pichela, pichen, gern und viel zechen; Brl.

1. **Piek,** „einen Piek (oder eine Pieke) auf Einen haben", pikirt sein, ihm Etwas nachtragen; la pique, der Groll; Brl.; s. Gieker.

2. **Piek,** vorzüglich; „das Bier ist piek;" gewöhnlicher: piekfein, sauber, nett; Brl.; ND.: puik fein.

Piepe, die, 1. Tabakspfeife, wie: Fape, 2. seltner das Blasinstrument die Pfeife; 3. Piepen, Rindspiepen, Kaldaunen; 4. es ist mir Piepe (Brl.), einerlei, wie: Wurst, Schnurz, Schnuppe, Pomade.

Piepematz, Vögelchen, wie Matz; Piepemätzchen, bildlich f. Ungeziefer, bes. Kopfläuse.

Piepen, 1. weinerlich klagen; „es hilft gee P.", mit allem Bitten, Wehklagen, Weigern, Sperren erreichst du Nichts; 2. kränkeln.

Piepig, 1. von piepen: immer kränkelnd; Brl., PP.; s. pimpeln; 2. zu klein, dürftig, winzig, kurz; „eine piepige Jacke;" Brl.

Piepöge, Auge, wie Gukauge; engl.: to peep — sehen.

Piepvogel, 1. schwächlicher, kränklicher, ewig klagender Mensch; 2. spöttische Bezeichnung des rothen Adlerordens; vgl. Bierzeichen, Hundezeichen, Spuckfleck, Knopfloch.

Piesacken s. biesacken.

Pilze, 1. in die P. gehen, zu Grunde gehen; s. Wicken; 2. auf naseweise Fragen, wo Jemand sei, erwidert man: „er geht in die Schwämme und sucht P."

Pimpeln, oft ein wenig kränkeln; davon: pimpelig; Brl.

Pink-der-Bank, wo steht der Schrank, oben oder unten? nur in diesem Reimchen gebräuchlich, mit welchem man Kinder rathen heisst, in welcher Hand man Etwas verborgen halte.

Pinke, die, Geldbüchse; Ab.; wie Knepse; bes. beim Kegeln.

Pinseln, jämmerlich wehklagen, winseln, „er hat ewig was zu pinseln;" wie quängeln; die Pinselei, das Gepinsel; Eg., PP.

Pips, der (Vogelkrankheit), jedes Unwohlsein des Menschen; mit bes. Betonung: „Der hat den Pips", ist gefährlich, tödtlich krank.

Pipser, die, nur Mehrheit, Einheit: das Pipserchen, kleine, körnerförmige Dinge, beim Sticken, Garniren u. s. w.

Pirkuler f. Pirol, Oriolus Galbula; anderwärts: der Vogelfiraus; bei Drsd.: Biereule.

Pitterzilche, Bittersilche, die, Bspr., f. Petersilie; s. d.

Plack, der, verstärkt aus Plage (Faust: Plackerei), viel Arbeit. Hl.; das Plackholz im Hause ist Der, dem alle grobe Arbeit „aufgebuckelt" wird, ein männliches Aschenbrödel, a drudge; Zeitw. sich placken, Köln.

Plane, die, Leinwandbedachung eines Lastwagens („Planwagen"), auch die ähnliche Auskleidung eines Getreideoder Rapsfuders gegen Verstreuen der Körner; Hl.; Rtr.: Plan; in Brl. ist die Mehrht.: Pläne; in Lpz.: die Blan'n. SD.: Blahne; Schw.: Blahe, Blähe; B.: Blaue; Oe.: die Pläche.

Plänsch, Plantsch, der, schlechtes Getränk, bes. Bier; auch Kaffeeplantsch; Nässe auf den Wegen (Brl.); davon planschen, plantschen, planschern, plänschern, das Wasser, bes. beim Baden oder Rudern, durch Herumtappen, schnelles Regen in Bewegung bringen; s. auch panschen.

Pläsirlich, belustigend, vergnüglich; Gramm. § 169.

Plasterdépō, vornehmer: Pflasterdépō, f. Place de repos, Name eines Grundstückes in Lpz.

Platschen, 1. heftig spritzen; der Koth platscht an die Spritzleder, der Regen platscht aufs Dach; Pf.; to splash; schott. blashin, plash; 2. heftig, ungeschickt in Wasser, Schmutz u. s. w. treten (so dass es „platscht"); seltner: der Platsch; Bsl., meist Schwapps.

Platte, die, Kopf; Rl.: Blatten. „Einem Etwas auf die P. geben, ihn auf die P. dippen", ihn auf die P. schlagen.

Platten, gebräuchlicher als plätten (von Wäsche); davon Plattfrau — Plätterin; Plattwäsche s. Rolle.

Platz, der, grober Kuchen von Roggenmehl, auch: Brotplatz; ähnlich: Kar-

toffelplatz, Speckplatz; Pf.: Blads; Hb.; Schw.: runder, flacher Kuchen, davon: Plätzchen, Zuckerplätzchen, Bonbons.

Plätze, die, Prügel; „es setzt P.;" s. platzen.

Platzen, 1. beim Rauchen, so wie paffen; 2. prügeln, auch plätzern; „Einem aufplatzen", Prügel aufzählen; diese heissen daher auch Plätzerte, Hb. — s. Bulle.

Platzregen; „freik Dich, liebe Seele, es gimmt e Blatzregen!" ruft ein Durstiger aus, wenn er das Glas ansetzt; dann überhaupt Ausruf, um etwas plötzlich Eintretendes anzusagen, z. B. eine Tracht Schläge.

Plauz, der, ein heftiger Knall bei einem Falle; „es geschah ein grosser P.;" davon: plauzen; „er plauzte die Thür zu (stark zuwerfen); das plauzte nicht schlecht (krachte); sie plauzte hin (fiel heftig). Ab.; s. baus.

Plauze, die, 1. schlechtes Bett, 2. Brustkasten; „es liegt mir auf der P.", Erkältung beklemmt mir die Brust u. s. w. In Schl. u. PP.: Eingeweide (Luftröhre sammt Lunge, Leber und Herz von Thieren); 3. „es setzt Plauze", Prügel; hat R. Wagner in den Meistersingern angewendet.

Pleite, 1. pleitegehen oder werden, bankerott werden, auch ein Spiel verlieren: 2. die P., der Bankerott, Untergang; allg. bekannt.

Plempe s. Blempe.

Plerpe, die, Gesicht, wie Flappe, Flarpe.

Plinse, Plinze, die, eine eierkuchenartige, dünne Mehlspeise.

Plitte, wie Platte; Ab.; Knopfplitte, das Metallblatt eines Knopfes.

Plotz, Plutz, der, in der Redensart „auf den P.", gleich, sofort, auf der Stelle (Ha.: up Stede); ist der Stamm zu plötzlich; Schl.

Plumpe, die, verstärkt aus Pumpe, Brunnen; Ab.; so im „Wanderbuch durch Sachsen von Schäfer u. Friedemann; Dresden, 1879".

Plumpen, 1. pumpen, s. Plumpe; 2. hinplumpen, 'runterplumpsen, plump fallen; Hb., Eg., Brl., Bsl.; schwed. plumpa; dän. plumpe; schott. plump, stark regnen; davon: Plumprian, wie Tolpatsch; s. die folgenden.

Plumps, Plums, der, ein Fall; Eg.; s. plumpen u. Bums; Gramm. § 164.

Plumpsack, der, 1. ungeschickter, schwerfälliger Mensch. Oe.; 2. das zusammengedrehte, mit Knoten versehene, zum Zuschlagen gebrauchte Taschentuch bei Gesellschaftsspielen; Hb., Bsl.

Plump'sch, verstärkt f. plump; ä plumpscher Kerl; „ich erfuhr es ganz plumpscher Weise", durch einen plumpen Zufall; Gramm. § 148, 3.

Plustern, sich aufplustern, von Hühnern und Tauben: das Gefieder sträuben, sich aufblasen; plattd.: Plusterbacken — Pauspacken.

Plutz s. Plotz.

Poéng, Buéng, der, Punkt, le point: — es stimmt uff'n Bueng (genau); es fehlt kee Bueng (gar Nichts).

Polätschen, bulätschen, unverständlich, viel schwatzen; „die Kinder p. m'r die Ohren voll; Der kann was zusammen p.", grosser Schwätzer; Rtr.: pohlen; wohl von Polen, polnisch reden. V.: dallätschen; s. dalen.

Poldchen, Leopold und Leopoldine.

Polen, 1. als Bezeichnung der Unordnung: „Es sieht (aus) wie in Polen, es ist eine pölsche Wirthschaft (in der Familie u. s. w.); PP.; Sdt.: „Es sitt aus wie im pulschen Kriege;" 2. „noch ist P. nicht verloren", ich gebe die Hoffnung noch nicht auf. — Das Eigenschaftswort heisst: „bölsch"; hier gehts b. über Ecke; engl.: polish; im bölschen Bogen (schätzen u. dgl.) f. in Bausch und Bogen.

Polier, der, der oberste Geselle bei Maurern und Zimmerleuten, welcher die Arbeit anordnet, die Aufsicht führt; entstellt aus mhd. parlier, Wortführer.

Polise, die, s. Polizeier.

Politsch, pfiffig; Di. plitsch.

Polizei, „der Kerl ist dümmer als die Bollezei erlaubt", unverantwortlich dumm; s. sündhaft.

Polizeidiener, 1. wenn in der Unterhaltung einer Gesellschaft plötzlich eine Pause eintritt, so sagt man: „es geht ein P. durch die Stube", anderwärts „ein Engel", was bei uns nur Belesene kennen; in Mklnbg.: „es fliegt ein Leutenant durch die Stube;" 2. „das Wetter ist so schlecht, dass man nicht gern einen P. hinausschickt" (anderwärts „einen Hund").

Polizeier, Abkürzung f. Polizeidiener, Polizeibeamter; auch: eine Polise; Gramm. § 158.

Polnisch — bölsch, s. Polen.

Pomade, 1. „er ist eine richtige Pomade, ein pomadiger Kerl", sehr gleichgiltig, bequem, langsam, faul, nicht leicht erregt; in L. pomalig, von schles. pomále, poln. pomalu — langsam, allmälich; s. bumäle; 2. „es ist mir ganz Pomade", gleichgiltig, wie Wurst, Schnuppe, Schnorz, Piepe, egal.

Pomeranze, „wächst mir hier keine Bummeranzche?" fragt man, unter das Auge deutend, i. S. v. „so dumm bin ich nicht;" Brl.; s. blau.

Pommer, der, 1. einfältiger Mensch; 2. dummes Glück, wie Schwein; auch Bummer gesprochen und durch Missverstand in „Brummer" umgeformt.

Poniren, Jemanden freihalten. Etwas zum Besten geben, wie setzen, 2; indess kann poniren auch ein Sach-Objekt haben: „ich ponire e Fässchen, enne Bole;" bei setzen heisst es: „ich setze dich uff e Paar Debbchen u. s. w.;" München: Eins aufwichsen.

Popel, der, 1. verhärteter Nasenschleim: Hb., J., Hz.; Rl.: Böbel, s. Nasenp. Sprichwörtlich: „der Kerl frisst Rotz und Popell" (so geizig ist er) davon: popeln, das Betreffende wegputzen; bildlich: an Etwas herump. — unberufen, ungeschickt an Etwas sich zu schaffen machen, z. B. an einer Uhr; 2. winziger Mensch, wie Porpe; noch gröber „eine Popelnase", ein nasenweiser, verächtlicher Mensch; wie Rotznase, Rotzjunge.

Pöpel, der, 1. wie Popel 1 und 2; 2. ein aus Vorsicht mit Kleidern Ueberladener; Th., er hat sich „eingepöpelt;" s. einmummeln, seine Entschuldigung unter: Kröpel. Von der entstellenden Verhüllung, die Kinder schrecken kann, mag Popelmann kommen; Krautpopel (Vogelscheuche).

Popelätschche s. Babellätschke.

Popelmann, Pöpelmann, 1. wie Popel 1; 2. Vogelscheuche, Gespenst, Popanz, wie Butzemann. Th., Hl.; in Schl. f. Tod und Teufel; Hb. u. Schl. der Pöpel; Schw.: Poppele, Poppel — Teufel; s. noch Pöpel.

Pöpeln s. aufpöpeln.

Poppö, der (nicht Pöpö, wie in andern Gegenden), das Gesäss.

Poppscheitel, der, Haarscheitel in der Mitte des Hinterkopfes.

Porpe, Purpe, die, der Porps, der Porpel, kleines, verkümmertes, auch naseweises Kind; von borbeln? s. Grimm, II, 238.

Pórreh, der, eine Art Zwiebel, Allium porrum; mhd. porre, Lauch; the porret; le porreau oder poireau.

Porzig, grob, bitzig, kurz angebunden, batzig; ND.; in Au.: perzen, stolz thun; s. protzig.

Pörzig, der, f. Teufel; selten.

Posaunenengel, bausbäckiger Mensch.

Posentur f. Positur; bes. „sich in P. setzen", ernste, feierliche, entschiedeneHaltung annehmen.Schl.;Gramm. § 29.

Possekel s. **Bassekel**.

Postgaul, Postpferd, Spottnamen für Postbeamter.

Postmeistern, wer beim Spiel sein Daus aufspart, postmeistert, er macht einen Postmeister, auch er schneidet (misslingt's, so hat er sich geschnitten!); „er schindet" mit dem Daus, um dem Gegner die Zehn 'rauszuschinden.

Posttag, „du kommst einen P. zu spät", ein wenig zu spät; moutarde après diner.

Potschamber, der, Nachtgeschirr; früher als „höflich" beliebt, jetzt verachtet.

Prahlig f. prahlerisch, auch von grellen, schreienden, auffallenden Farben, Stoffen.

Praktiziren, heimlich wohin schaffen: Jemandem einen Schneeball in die Ficke p., Etwas weg p. (entwenden), auf die Seite p.; Bsl.: z' Wäg brackdiziere, listig zustandebringen.

Prälat, „schreien wie in Brellade, auch Brüllade", überlaut; s. Zahnbrecher.

Präsentirteller, scherzhaft: die erste Gallerie im Theater; auch an andern öffentlichen Orten „sitzt man manchmal auf dem Präsentirteller" — zur Schau, on fait tapisserie.

Prasseldorre, soviel wie klapperdürre; s. **Dürrlender**.

Prellerich, der, Prellschlag; Einem einen P. versetzen; vgl. Rennerich, Schlenkerich; s. Gramm. § 159.

Press steht ein Ball beim Billardspiel, wenn er die Bande (ziemlich) berührt; vom franz. presser?

Preusse, 1. oft als Spitzname oder Schimpfwort; der gemeine Mann wirft mit Mausepreussen — im grollenden Hinblick auf die Theilung Sachsens — gerade so um sich, wie gewisse gemeine bairische Zeitungen. Die 1815 an Preussen abgetretenen Sachsen — heut

die eifrigsten Preussen — heissen Musspreussen. Am Rh. ist Prüss Schimpfwort. Grossschnauzige Preussen, sehr gebräuchlich bei uns. In Finnland heisst eine Art Insekten, nordische Taranteln: Prussaki. In Schw. nennt man die Schaben, welche wir Schwaben nennen: Preussen. Franz. bedeutet zwar prussien stramm, aber le prussien der Hintere, und mit les prussiens gibt man uns unsere „Franzosen" zurück! Schon vor 1870 sagte man im Loiret z. B. von einem herrlichen Braten: „En voilà un que les Prussiens n'auront pas." 2. „So geschwind, so scharf schiessen die Pr. nicht", so geht es nicht, soweit sind wir noch nicht; Hb., PP.; s. preussisch.

Preussisch, 1. breisch sein, aufgebracht, ärgerlich; wie rackerig, wichsig; — „da mechte m'r doch glei breisch wär'n!" es ist, um aus der Haut zu fahren; alte Redensart, nicht erst seit 1866; ebenso: 's is zum Katholisch werden; 2. der breische Wind, Prahlerei; s. Berliner; 3. das geht mit dem breischen Pfiffe, es muss besonders schlau, mit einem „Vorthel" angefasst werden. 4. Preussische Thaler nannte man alle Silberthaler im Gegensatz zu Papierthalern, gleichviel, woher sie stammten.

Priester wird von protestantischen Geistlichen selten gesagt, aber ihre Amtswohnungen am Thomas- und Nikolaikirchhofe heissen immer noch die Priesterhäuser.

Primchen, das, ein Stückchen Kautabak; „er primt", er kaut Tabak.

Prise, „sie ist eine rechte P.", maliziöses Frauenzimmer; etwa Abkürzung von Kaprice, das ganz so für eine Person stände, wie „eine Malice;" s. d. u. **Massette**.

Pritsche, die, hartes Lager (in Chemnitz: Bowerzsche); wohl von der Pritsche hinten am Schlitten; ebenso: von der P. kommen (fallen), Stellung, Amt verlieren; s. Schlitten.

Pritscheball, der, Ballspiel: der Ball wird auf ein Stück Holz, eine Dachschindel und dgl. gelegt, die auf einem Pfahl u. s. w. schwebt, und durch einen Schlag mit einem Stocke in die Höhe getrieben; jetzt leider wenig geübt; s. Sterngikler u. s. w. Hl.: Ballpritsche.

Pritschen, Einen derb abweisen, ablaufen lassen; „er ist scheene gepritscht", zu kurz gekommen, in Nachtheil gerathen, geleimt; in Pf. — bankerott.

Privatdozentin, Dirne, die eine Privatwohnung hat.

Profentiren f. profitiren; Gramm. § 29.

Profitchen, das, Lichtknecht, Lichtsparer; Pf., Di.

Promenadenwarze, kleiner Hügel im Stadtparke hinter der ersten Bürgerschule.

Promoviren, Studentenausdruck: bleibt im Konvikt an einem Tische ein Tischgenosse aus, so kann einer der übrigen dessen „Schinken promoviren", das bei seinem Gedeck liegende Brötchen mitnehmen.

Pröstemahlzeit, 1. Ausruf, statt: Prosit die Mahlzeit; s. Mahlzeit; dann — wohl bekomm's, von allem Möglichen, von einem Geschäfte, beim Niesen (statt Prosit) u. s. w.; 2. „da ham m'r de Pr.; 'sis ene scheene Pr., das wäre recht theure P." (eine Reise z. B.), so wie: Bescherige, Pastete, Salat; ans Essen denkt man dabei nicht.

Protzig wie batzig, u. porzig; K.

Pudel, der, 1. Fehler, Verstoss; daher pudeln; 2. pfui Pudel — pfui Teufel; auch: foi äx!

Pudelmütze, oft als lächerliche Vergleichung; wenn Jemand Alles durch einander mengt, zu viel zu einem Etwas wendet, zu viel Feuerung in den Ofen wirft u. s. w., sagt man: „schmeiss doch die Pudelm. auch noch mit hinein;" s. auch Huzel.

1. Puff, der, Bordell; s. Bums.

2. Puff Hanne! Ausruf anstatt: pardauz!

Puffen, „dass es pufft", sehr, stark; z. B. einheizen, schreiben, schreien, dass Alles pufft; Th.

Puffjacke, die, eigentlich ein (Bergmanns-) Kittel mit Puffen an den Ermeln; Redensart: „zwischen Fell und Puffjacke;" ND.: Piejäcke f. Unterjacke.

Puls, der, scherzhaft f. Kerl, Hans, Toffel; „na, Puls, was suchste denn?" zu einem Kinde gesagt.

Pulswärmer, der, kurzes Handmüffchen von Pelz oder Wolle; s. Müffchen.

Pulverohren machen, Schwierigkeiten erheben; selten; woher?

Pump, pumpen, Borg, borgen, leihen, allgemein verbreitet. (Borgen oder pumpen gilt stets auch f. leihen,

was fast nie gesagt wird, obschon es sich in Leihhaus, Leihbibliothek u. s. w. erhält.)

Pumpel, der, unbeholfener, langsamer Mensch; ähnlich: Tappel, Dussel; Schw.; davon: P.fritze, P.suse, P.liese; pumpelig (m'r werd alt un bumblich), was auch zusammengeschrumpft („schrumpelig") bedeutet, z. B. von Aepfeln; auch von nicht ausgebackenen (pumpelweichen) Semmeln u. s. w.; s. Huzel, 2.; davon: pumpeln, langsam, zögernd Etwas thun, nicht vom Flecke kommen, trödeln; Etwas verp., durch Pumpelei Etwas versäumen, vergessen; s. duseln.

Pumphosen, übertrieben weite Beinkleider, Pluderhosen.

Pums, plumps! Ausruf bei einem dumpfen Schall; „pums, lag er auf der Nase!" B., E. Auch als Hauptwort: es daht e gewaldigen Bumps! Gramm. § 164; s. Bums.

Punktum, streu Sand drum! es ist entschieden aus, mach' keine Einreden mehr; füge dich!

Pünscher, scherzhaft als Mehrheit von Punsch, Wortspiel mit Pinscher.

1. Puppen, 1. „bis in die Puppen", immerfort, unbegrenzt, ad infinitum; s. Pechhütte; 2. „über die Puppen", zu weit, übertrieben, s. Bohnenlied.

2. Puppen, Zeitwort, sich mit der Puppe beschäftigen, sie bekleiden u. s. w.

Puppenlust, grosse Lust, gewaltiger Spass u. s. w.; in Hb.: Hexelust.

Püppine, Bibbine, die, Püppchen; Kinderwort.

Purzel, Porzel, der, kleines, täppisches, spassiges Kind, das leicht purzelt; s. dagegen: Hutschche; E.; in Oe.: Sterzel (von stürzen?).

Purzelbaum, der, Borzelbom, wie Kekelburz; E.

Purzeln, borzeln, fallen; weitverbreitet.

Pussiren, den Hof machen; par distance p., liebäugeln, kokettiren; daher der Pussadör und die Pussade; Brl.; von pousser.

Puss, puss! Lockruf f. Katzen, gewöhnlicher Hiez oder Miez; davon Pusekatze, Pusemiezchen; engl.: puss — Katze, Hase.

Püste, die, der Athem; Brl., Di.; Rtr.: Pust; davon: verpusten, verschnaufen. Hiob 6, 26: ihr paustet Worte.

Putt, putt! Lockruf für Hühner und

Tauben (ND. Pute f. Huhn); ND. tuck, tuck; jene Vögel heissen im Kindermunde: Putthühner, Putttauben, Puttchen (Ha. Pütjen); letztres ist zugleich Liebkosungswort f. Kinder, bes. f. Mädchen; Schl.: Puttel; — „er musste Puttchen Puttchen sagen", pater peccavi sagen, klein beigeben.

Putz, der, 1. Bewurf einer Mauer, Abputz; 2. Putz oder Butz, Büttel, Polizeidiener; ND., Rw.

Putze, die, nicht nur eine Maschine zum Putzen (wie Messerputze, Lichtp.), sondern auch ein Stoff zum Putzen; so braucht man Ziegelmehl, Bimstein u. s. w. „zur Putze;" schlechter Branntwein heisst „Zahnputze"; Gramm. § 156.

Putzen, das einzige gebräuchliche Wort für schmücken, zieren, verschönern (welche der Dialekt als zu vornehm betrachtet). Man putzt nicht nur Messer, Thürschlösser, Fenster, Zähne und Nase, man putzt auch Kinder und sich selbst (heraus); man putzt den Christbaum an, ebenso Grabhügel (mit Blumen); Gemüse werden geputzt oder zugeputzt; alte Kleider werden wieder aufgeputzt; Häuser werden abgeputzt (getüncht. gemalt u. s. w.); so in Ndr.-Oe.: afbutzen; s. noch verputzen.

Putzer, der, Verweis, wie Wischer, Batz u. s. w.; N.

Putzig, possirlich; „eine putzige Staude, ein p. Knopf", ein närrischer, drolliger, sonderbarer Kerl; Brl., L.; in ND. auch: putzlistig, putzlustig.

Putzmeier, Maurer, der Wände tüncht u. s. w.; in Pf.: Weissbinder; s. Putz, scharwerchen.

Q.

Quabbelig, fleischig, feist, weich (z. B. Hände), Brl.; schwabbelig ist noch stärker; Langbein nennt seinen Pater Niklas: Quabbelbauch; an der Ruhr: quatschelig f. gehaltlos.

Quabbern, quackern, quackeln, quaddern (quaddeln in Th. und Hss.) bezeichnen den Laut des kochenden, wallenden Wassers; s. broddeln; auch „der Regen quaddert mir in den Schuben herum", wie quatschen; „es quaddert schene", regnet stark.

Quackeln, quackern, s. quabbern.

Quaddern s. quabbern.

Quadderich, der, 1. „er machte ewigen Q.", viel Geschwätz, s. Datterich, Merrettig, Kohl, Qualm, Sems; 2. „er is e richtger Q.", Schwätzer, Mährfriede u. s. w.

Quadrillenschwenker, der, Frack; s. Klinke.

Quälarsch, zudringlicher Mensch, der mit anhaltenden Bitten quält.

Quäle, die, 1. Rolltuch, bei Wäschrollen; 2. Handtuch; Bspr.; V.; in L.: Handquäle; mhd. twebel, dwehele, twêle, zwêle, Tuch, Tischtuch u. s. w.

Quälen, queilen, winseln, von Hunden u. dgl.; s. janken; Musäus: „der queilende Kater".

Qualm machen, 1. blauen Dunst machen; 2. viel Geschwätz machen. Di.; s. Quadderich.

Qualmen, übermässig stark dampfen, paffen (beim Tabakrauchen); J.

Qualster, der, dicker, beim Husten sich lösender Schleim; Th.; NS.; in P.: Kulster; davon: qualstern, stark husten (Ober-Pf.: gelstern) und auswerfen; Eg.; s. kulstern.

Quängeln, quengeln, 1. ewig wehklagen, wie: pinseln; Schl., Brl.; 2. durch kleine Scherereien Etwas verzögern, z. B. die Abreise; davon: Quängelei; in einigen Gegenden: weibisch reden; dgg. bedeutet es in NS. müssiggehen.

Quärgel, der, Quarkkäse; Bö.; mhd. twarc.

Quarkspitzen, wie Essig, Dreckchen, Kuchen u. s. w. — gar Nichts; „er denkt, er hat's bei allen vier Zipfeln, aber — Qu.", weit gefehlt! Schl.

Quarre, „er hat die Pfarre und die Q.", ein Geistlicher, der seines Amtsvorgängers Witwe heirathet (Jobsiade);

auch die **Karre** oder die **Zarre**. ND.:
Ibrscht de Parre, denn de Quarre.
Fulda erklärt **Quarre** durch mür-
risches Kind oder Weib.

Quasseln, schwatzen; Brl., ND.; **Qua-**
selei, der **Quasselig**, das Geschwätz, wie **Quazig**; Sbg.: quaseln,
unverständig, kindisch reden; s. **quat-**
schen.

Quatier f. Quartier; § 122.

Quatretour, sprich Gáddrdur, Billardspiel unter 4 Personen; s. **Königs-**
tour.

Quatsch, albern, „quatsche Kerle; quat-
sches Zeug;" Ab., Di.; Rtr.: quatsch,
auch dwatsch; der **Quatsch**; 1. Geschwätz, wie **Mährte**, **Kohl**; 2. ein
„**Schwapp**" Wasser, der heftig aus-
gegossen wird; Hz., Westf.; nach
starkem Regen sagt man vom Wege
„es is e schener **Quatsch**" (=
Patsch); davon quatschig, nass,
wie matschig; Hz.; in Schw. u. PP.
ist Quatsch: weicher Koth; in ND.
Quart: Koth; mhd. quât und köt; s.
quatschen.

1. Quätschelig, ähnlich wie quabbelig, von Händen, Armen, Waden
u. s. w.; Schl., Th.; in PP.: Quatsch
f. ein wohlbeleibtes Frauenzimmer.

2. Quätschelig, wie quätschig; davon verquätscheln, verhätscheln.

Quatschen, 1. konfus schwatzen; Eg.;
Brl.; scheint entstanden aus mhd.
quëden, quoden (Imperf. quât), reden;
vgl. engl. quoth he; davon: Quatsch-
friede, Quatschmichel; 2. stark
ausgiessen; „es quatscht nur so vom
Himmel", auch: „das Wasser quatscht
mir in den Stiefeln herum"; dann
durchwaden: „wir quatschten über
die Wiese, durch den Sumpf;" wie
patschen, s. der Patsch,
Quatsch, quabbern.

Quätschig, quätschelig, gewöhnlicher
schätschig, verweichlicht; in J.:
quätsche, kränkeln.

Quäzig, der, Geschwätz, wie Quasselig.

Quellen s. quälen.

Quengeln s. quängeln.

Querarsch, Tölpel, der Einem in die
Quere kommt; davon: querärschig,
ungeschickt.

Queren s. quergeln.

Quergeln, immer (quer) im Wege stehen,
hin und her laufen. Ab.; auch queren; Eg.

Querholz, Einem ein Q. hineinlegen,
wie Queue; wohl vom Kegeln hergenommen, s. Holz, Winkelholz.

Querlen, schwenzelnd gehen; s.
schwenzeln, 2.

Querlequitsch, Spitzname des Städt-
chens Königstein; natürlich. nicht
spezifisch Lpz.

Querschreiben, scherzhaft f.: einen
Wechsel acceptiren.

Querüber, „mein lieber Querüber", gemüthlich spöttisch für: mein lieber
Naseweis u. dgl.

Querzen, von Thüren, knarren.

Questen, seltner: quästern, ewig zur
Thür hinaus- und wiederhereinlaufen;
(sich bewegen wie eine Quaste?) Hl.;
V. (auch: quitschen); in PP. heisst es
perzeln; — in Th.: quaddeln — unruhig umhergehen; s. quergeln.

Quetsche, die, enger Raum, enge Gasse,
Stube u. s. w.; in Zwickau u. Plauen
Namen einer Restauration.

Quetschen, sich, fortgehen, s. schieben.

Queue, „Jemandem ein Kweh hineinlegen", Hindernisse bereiten; L.; wohl
vom Billard, wo es indess kö, kee
oder gee gesprochen wird; Gramm.
§ 50. Sbg. Queue machen, Verdriess-
lichkeiten, Händel veranlassen, s.
Querholz.

Quietschen, Verstärkung von quiken,
einen gequetschten hohen Laut geben;
der Schieferstift, die Thürangel, eine
Maus quietscht; auch für kreischen; s. kriechen; davon: das Ge-
quietsche, die Quietscherei, eine
quietschige Stimme; Eg.

Quindeschi, Quindischi, ganz wie
Queue und Querholz. Pirna: „nu
macht der mir wieder ein Q. hinein",
stört meinen Plan; Sbg.: Quinten f.
Ausflüchte, Vorwände; vgl. ND.:
quantsweise, zum Schein.

R.

Rabiat, beliebt für sehr aufgebracht; vom italien. rabbia — Wuth; Titel einer Novelle v. P. Heyse: La Rabbiata.

Rabüsche, Rappusche, in die Rabusche werfen, Geld, Obst u. s. w. auswerfen, damit ein Haufen Kinder sich um das Erraffen balge; von rappen, rappschen und le grabuge (ital. garbuglio — Wirrwarr); R. machen; V.; Rh.: in die Krappel schmeissen; Hb.: ins Krappeln werfen; s. Hesek. 23, 46; Jerem. 15, 13. Alles untereinanderwerfen; in die R. gehen, verloren gehen.

Rachen f. Mund in einzelnen Redensarten; „halt den R.", „reiss den R. nicht so auf" — schrei nicht so; ist noch gröber als Maul, Gusche, Schnauze.

Rachenputzer, wie Rachenreisser; Brl.; s. Zahnputze.

Rachenreisser, schlechter, beissender Branntwein; wie casse-poitrine, franz.; s. Rachenputzer, Zahnputzer, Zwirn.

Racker, der, durchtriebener, loser Mensch, halbes Schimpfwort; PP., Wn., Brl., Eg., B., Pf., J., Schw., Rtr. u. s. w.; s. dagegen rackerig.

Rackerig, erzürnt, wie preusch, wichsig, rabiat. Rtr., V.

Rackern, sich, s. abrackern. Ab., Sdt., Eg., Oe., Schl.; Rtr. racken. Bsl. raggere. Davon auch: hundsrackermüde. Das Idiotikon austriacum (Wien, 1824) sagt: daher scheint das Wort Fiaker zu kommen, weil sie ihre Pferde zusammenrackern.

Rad, das, 1. ein Thaler; Rw.: Ratt; 2. „da möchte m'r doch glei à R. schlün", sich vor Ueberraschung, Zorn überstürzen; auch: „da schla' der Deiwl e R.", es ist zu toll; Rl.

Radau, der, Lärm, Getös, Geschrei u. s. w.; „Radau machen", lärmend Narrenspossen treiben u. s. w.; s. rasaunen.

Rädderchen, das, ein Schaustück, das 4 Zahlpfennige werth ist; s. Schauzchen, Zelsig; Kinderwörter.

Raddern, schnell, lärmend fahren (von Rad); bildlich f. schnell laufen, schreiben u. s. w.; Eg., Ab.; „der Donner raddert", prasselt. „Auf der Bühne

sin zwee Ziege zusammngeraddert", zusammengestossen; vgl. to rattle. In Schandau ist Gerädder — Gerölle. — Kinder: „ein Radderchen machen", f. rennen; sie „schlagen ein Radderchen mit dem Schlitten", wenden ihn durch einen plötzlichen Ruck; dies heisst auch Trällerchen.

Radeberge, die, Schubkarren mit einem Kasten, Kastenkarre; mhd. radeber, eine baere (Trage, Bahre) mit Rad; Ab., Hl.; auch Radewelle.

Radehacke, Radehaue, die, eine grosse Hacke zum Auflockern des Bodens um die Bäume u. s. w.; ursprünglich Rodehaue (ausroden); bildlich „besoffen wie eine Radehacke", sehr, sinnlos betrunken; s. Kanone, Spritze.

Rädel, Rédel, Rödel, Reitel, der (auch das), das Raitelscheit, ein Stock am Pfluge, zum Reinigen der Pflugschar; Bsl. der Raitel, kurze, dicke Stange; rädeln, rödeln, zusammenschnüren (mit Hilfe eines Stockes u. s. w.); Hb. rätel; Bsl. raitle (rotulare?); „das Halstuch zusammenrädeln", zu eng binden.

Radewelle, die, Schubkarren, wie Radeberge; von Rad und Welle — Walze (wie in: Mühlwelle, wallen, wälzen u. s. w.; mhd. wělle, Welle, Walze; engl. wheel, Rad); Ab.

Raffzahn, ein vorstehender Zahn, Oberzahn.

Rägen, der, Rogen der Fische; Th.; ein Ragener oder Rogner (mhd.); Gegensatz: ein Milchener; s. d.

Rainschen s. reinschen.

Raisonniren s. ressoniren.

Räkel, der, Flegel; Brl., Th., L., Pf., Rtr.; — J.: Reekel (auch f. Grobian); NS.: Reeks; davon: räklig; auch räkeln, ungezogen dasitzen; E., D., J., Pf., Th., zum Theil auch Reckel.

Raksen, sich ungeschliffen räuspern; Tonbild; ob verwandt mit ND. raaken, mit dem Rechen zus. scharren?

Ramassirt, energisch, entschieden; „ein ramassirter Kerl".

Rämmel, Remmel, der, knotiger Klotz, Baumstumpf; Hb., Schw. (auch Drämel, Knüttel); auch als Schimpfwort; Remmelspeller, ein Klötzespalter, Holzhauer; s. spollen; „grob wie e Remmelspeller; — er is von zarten

Eltern, sei Vater war e Remmelspeller un seine Mutter e Bär".

Rammeln f. rammen; mhd. rammel, Ramme; bildlich: zusammenrammeln, durch heftige Bewegungen zusammenrütteln u. s. w.; sich rammeln, balgen, raufen.

Ramsch, der, Ausschuss, alte, verlegene, zurückgesetzte und dann billig verkaufte Waare; daher: ramschen, solche Waaren einkaufen. In Ha. auf Firmen: Ramschkeller. Aufkäufer solcher Waaren heissen Ramscher.

Rand, 1. „halt den R.", schweig; 2. „halt den R. wenn du Kuchen hast", lass es dir nicht entgehen; 3. „das versteht sich an'n Rande", ist selbstverständlich.

Randal, der, Lärmen, Unfug, wie Skandal, Krakehl, Spektakel, Rumor (alle weit gebräuchlicher als das deutsche Wort); Bsl.; Rtr.; davon randaliren, bei Studenten: Randalirfuchs; engl. (in Gloucester): randan, Lärmen, Aufruhr.

Randefu machen (von rendez-vous), aufräumen, Ordnung in einem Zimmer oder Schranke herstellen.

Ranft, der, auch Ramft, das Ränftchen, der Anschnitt und das Ende eines Brodes; B.; (mhd. ranft, ramft, Brotrinde, Rand); SD.: der Scherze, der Kant; ND.: der Knust.

Rankern, unruhig liegen oder sitzen: — „Junge, rankere doch nich so uffn Sofa rum, Du rankerscht's je ganz zesamm; den Stuhl haste och schon zerrankert;" Ab., Eg.; stärker als das mhd. ranken, sich hin und her bewegen, strecken; ND. rangen; — Di. rangeln, sich im Liegen behaglich hin und her wenden (engl. to rankle, toben; dän.: rangle, rasseln).

Ranzbesen, der, wer das „Ranzen" liebt, bes. von Kindern und erwachsenen Mädchen gesagt.

1. Ranzen, der, Bauch; „sich den R. vollfressen;" B., E., Oe., Pf., Bsl., Eg.; mhd. rans; s. Partikel.

2. Ranzen, sich (auf der Strasse u. s. w.) herumtreiben (aus der Jägersprache); Hb.; mhd. ranzen, ungestüm springen; s. Ranzbesen.

Rappen f. raffen; zusammenrappen, aufrappen; sich aufrappeln, in die Höhe rappeln, von einem Liegenden, Schlafenden; er rappelt sich immer wieder auf, von einem Kranken: wieder emporkommen, sich aufraffen; s. haspeln, vgl. rappschen.

Rappschen, zusammenrappschen, Verstärkung von rappen — raffen und verwandt mit grappschen; Eg., Pf.; Th.: raape, raapsche; s. Rabusche.

Raps; den Raps haben f. rappeln, von raptus.

Räsaunen, lärmen, polternd rennen, „die Treppe 'runterrasaunen;" Ab.; von resonare; engl.: to resound? Musäus: er rasaunt im Hause ärger; — Otto Kayser (Posen) im Gedicht „Hans Memling" sagt: Vor Memling's Tafel steht und starrt und staunt (er), vergleicht, dozirt und faselt und rasaunt (wohl: lärmend räsonniren); Wolf im „Rattenfänger von Hameln:" Und von früh bis spät rasaunte unverdrossen sie im Haus; auch bei Holtey. Das dazu gehörige Hauptw. ist wohl Radau; s. d. In der Sz. ist a rasuna Schimpfwort f. ein wildes Mädchen.

Räsche, die, 1. Wuth, la rage; bes. „in Rasche sein, in R. kommen"; Schl.; 2. Ueberstürzung, Eile; „ich hab's in aller R. vergessen".

Räscher, Comparativ, statt rascher; also „ein rascher Gaul läuft räscher;" Gramm. § 187; s. noch fix.

Rasend, übertrieben f. sehr: „es hat rasend gefroren;" Eg., D.; s. bös.

Rasenwälzer, der, Herumtreiberin, Dirne.

Räspel, der, wie Räuber; Eg.

Rasselbande, die, niedriges, liederliches Volk; ND.

Raster, der, war ein bis etwa 1840 gebrautes, dünnes Braunbier, wohl ein unebenbürtiger Nachkomme des Merseburger Rastrum, das Luther lobt.

Rathkauf, der, vortheilhafter Gelegenheitskauf; Th.

Raths'n — rathsam, in einigen Redensarten: — das isst sich recht räzen, lässt sich sparsam eintheilen; geh e bischen räzen d'rmit um, haushälterisch; Hb.

Rätsel s. Raz.

Ratte, die, 1. ein Spieler von Gewerbe; 2. ein vergeblicher Wurf beim Kegeln, der Nichts trifft; franz.: mon fusil a pris un rat, oder: il a raté, hat versagt; 3. es ist „für die Ratte", schlecht, unnütz; wie „für die Katze;" 4. „verliebt wie eine todte R.", bis über die Ohren; in PP.: verliebt wie ein Stint.

Rattenkahl, missverständlich f. radikal.

Räuber, Röwer, der, Schnuppe am Docht eines Lichtes, auch Räspel;

Hl. Kamm, Mb. Aesel, PP. Wolf; über die Aussprache s. Gramm. § 65.

Rauch f. rauh; „eine rauche Stelle", nicht etwa immer eine behaarte; „der Stein ist recht rauch", uneben; mhd. rûch, haarig, rauh.

Räucherkätzchen—Reichergätzchen, Räucherkerze; scherzweise für Exkremente, wie: Nachtwächter u. s. w.

Raupen, Schnurrpfeifereien; „den Kopf voll Raupen haben, immer R. los lassen, voll R. stecken". Hl.; ND. Rupen; s. Fahrten; Raupenluder, Raupenmacher, wie: Fahrtenluder.

Raupern, aufräumen und reinigen; verwandt mit räuspern?

Rawander; „auf den R. gehen", bummeln gehen, sich umhertreiben; wie ranzen; von wandern.

Rawäschen, lärmen, jagen, bes. von Kindern, wie töbsen. P.: rabazen; franz.: ravager.

Raweet, Rabet, das, Name eines Theiles von Volkmarsdorf bei Lpz.

Rawins'chen, Rewins'chen, das, f. Rapünzel, Valerianella olitoria; Baumgarten, Flora Lips.: Rapunzchen; Bsl.: Rebkresse; Rewinschenschneider, Heiratsvermittler, Gelegenheitsmacher; Bspr.

Räz, der, Ritz, Riss; räzen, Risse, Kritze machen, z. B. in Glas, Eis. Ab.; mhd. ratzen, kratzen; eine Baze, ein in einem Griffe angebrachtes Rädchen, mit welchem man neckend Jemand über den Rücken fährt, dass es razt. In Wn.: a Ratschen, ein Bret mit Klapper, deren Lärmen (ratschen) in der Charwoche das Glockengeläute ersetzte; a Charfreitagsratschen, ein geschwätziges, keifendes Weib; verwandt mit rasseln, to rattle.

Räze, razen, s. Raz.

Rebbes, Rèwes, der (jüdisch), 1. Geschäft, einen R. machen; Hb. Räwes; Rw.: Rewich, Gewinn; 2. Alles zusammen, der Rest; „Nimm nur den ganzen R.;" wie Briezel.

Rebeller, händelsüchtiger, streitlustiger Mensch.

Rebellisch: er macht das ganze Haus (Dorf, die ganze Stadt, Stube) rebellisch, bringt es in Aufregung.

Rebermande, die, auch Refermande, f. Reprimande; Einen rebermandiren, verr. — abbatzen.

1. Recht, 1. „sich ins arme Recht spielen", als Unbemittelter Ansprüche auf Erlass von Gerichtskosten

machen; 2. „bei mir hast du Recht", da kommst du schön an, mir machst du das nicht weiss; mir kommen Sie nicht.

2. Recht, Adverb; 1. ist viel beliebter als das vornehmere sehr; letzteres sagt man fast nur in der Verbindung „recht sehr;" 2. recht nimmt übrigens die Geschlechtsendungen an: ein rechter guter Mann, rechtes schönes Wetter, rechte nette Leute! Sdt.; vgl.: „Du hast ja rechtes Geld;" wie bien de l'argent; elle est toute grande; 3. — recht viel: hier gibt's rechte Nüsse; ich hatte rechte Schmerzen; Gramm. § 171.

Redel s. Rädel.

Redensarten; „einander mit R. beschädigen", sich Grobheiten, Beleidigungen sagen, s. Kompliment, 2; Malise, 2.

Reesch, scharf gebacken, gebraten; B., Oe. (auch rêss, räss); Fr., Schw., Bsl.; PP.: rösch; mhd. rusch, rösch, scharf, spröd, knisternd; s. knusperig.

Reff; altes R., Schimpfname f. Frauenzimmer; Fr., Hss., Pf., Th., Bsl.

Regär: „allen R. vor Einem haben", Furcht, Abscheu, Respekt, regard.

Register: „sie kommt ins alte R.", sie wird allgemach alt, bes. von Mädchen, welche das 30. Jahr überschritten haben.

Reibeisen, das, Schimpfname f. eine zänkische Frau; Bsl. ribise.

Reimann, nur in der Redensart: „er hat den Kopf voll, wie Reimann die Mütze", steckt in vielerlei Sorgen; — Weiteres unbekannt.

Reimedissen, der, Rheumatismus; vgl. Kattechissen.

Reinschen, sehnlich, ungeberdig nach Etw. verlangen, bes. v. Kindern gesagt; „de Kleene reinscht nach ihrer Milch;" Eg.; mhd. reinisch, sinnlich erregt, brünstig; wie jiepern, lungern.

Reisen, 1. reis! oder du kannst reisen, mach, dass du fortkommst, scher dich weg, Eg.; wie verduften, sich drücken; 2. auf Etwas reisen, sich förmlich, handwerksmässig drauf legen; „Der reist uffs Kartenspielen;" „auf die Anekdote reist Der schon 10 Jahr", erzählt sie unermüdlich immer wieder; „na, du mit deiner Schreiberei, da kannst de nich druff resen", dich nicht damit gross machen lassen; „die Nachbarn resten druff, ihm die Hypotheken lucker zu machen, damit dass er's Gut verkloppen sollte", sie betrieben es eifrig; s. laufen.

Reisestiefel; „er hat die R. schon an", ist dem Tode nahe; mit Bezug auf die schwellenden Beine Sterbender.

Reissteufel, Mensch, der seine Kleider schnell abnutzt; PP.: ein Rietespliet.

Reitpferd; „dem lieben Gott sei R." nennt man einen blitzdummen Kerl; la bête du bon Dieu.

Rekommandiren Sie mich! sagten Geeken zum Schneider, wenn er die Beinkleider so eng machen sollte, dass die etwa vorhandne Muskulatur sichtbar würde; Bspr. „regummedirn", f. empfehlen.

Rekrutenbringerin, scherzhaft für Hebamme; Wn. sogar: Krebsenfangerin!

Rempeln, beim Begegnen absichtlich an Jemand anstossen, ihn anr.; davon: Rempelei.

Rendlich f. reinlich; Rtr.; Rendlichgeet = Reinlichkeit; auch „ein rendliches Geschäft", anständig, fair.

Renefiren, vornehmer: reinefiren (von renoviren), f. reinigen, säubern!

Renne, die, f. Rinne; „Dachrenne, Wasserr." im Hz. gibt es eine „Steinerne Renne" unweit Wernigerode.

Rennen, 1. für rinnen; „der Wein rennt vom Tische; der Schirm rennt (trieft) noch;" 2. sich rennen, sich stossen; „ich habe mich an der Kante gerennt".

Rennerich, der, ein derb an Jemand anrennender Stoss; Gramm. § 159.

Rennte f. rannte; s. Gramm. § 205.

Rennthier, scherzweise f. Rentier.

Reputirlich, reppedierlich, anständig, solid, im Aeussern auf Reputation haltend; „er sieht recht r.", ist sauber, anständig gekleidet; Bsl.; Gegentheil: ruppig.

'**Rer**, s. errer.

Respektive, missverständlich f. mit Respekt; „er hat, respektive zu sagen, sich übergeben".

Resselviren, gebräuchlicher als sich entschliessen; „er war kurz resselvirt;" ebenso ist „resolut" für entschlossen, beherzt, sehr beliebt; vom lateinischen oder vielmehr engl.-franz.

Ressentiren, Einwendungen, Ausstellungen, Widerspruch erheben, murren; v. raisonniren; s. noch: beressoniren.

Retiré, sich retiré-caché halten, schweigsam sein, im Hinterhalt lauern, keinen Antheil an einem Gespräch nehmen.

Rette, die, männlicher Hund; Hl.; anderswo Riet (Rüde?). Rüdiger sagt, in Hl. bedeute Rette die Hündin; s. Betze.

Rettig, 1. scharfer Hieb, „es setzt Rettche;" 2. Flegel, namentlich: Bauerrettig.

Rettigen, scherzweise f. retten.

Röwes s. Rebbes.

Rewins'chen s. Rawins'chen.

Rezept; „er hat das R. (zur Arbeit) verloren", ist arbeitscheu, Bummler.

Rhebarber, der, f. Rhabarber, in Lpz. rebbarwer, in Bspr. rebarwer; über die Berechtigung des ersten e s. Gramm. § 12. — Brem. Beiträge: „er holt Rhebarbara".

Richten f. hinrichten; der Mörder wurde mit der Gillchedine (Guillotine) gericht; Wn.

Richtig f. tüchtig: „ein richtiger Kerl, Unsinn, Hitze, Matsch;" dann „ganz so wie", z. B.: „es ist richtiger Mai" (bei Wärme mitten im Winter); „was de richt'gn Leibz'cher sein, die bleiben ewig jung;" „es ist nicht das Richtige", es ist nicht ganz in Ordnung, es hat einen Haken; Pf.

Rieb, das, 1. „blos so aufs Rieb", nur für einen Augenblick, den man den Geschäften raubt, vorsprechen u. s. w.; 2. uffs Rieb! widersprechender Zuruf, wie: fällt ihm gar nicht ein, denkt nicht dran, Quarkspitzen!

Riebisch, riewisch, rauh, scheuernd, reibend, bes. von Wolle; dann von der Haut, wenn sie durch Jucken, Kratzen rauh geworden ist; Bspr.

Riecher, der, Nase; Schl., Th., PP.; einen guten Riecher haben, wie: eine feine Nase.

Riefe, eine, ein Streifen; Semmeln in Riefen schneiden; davon „gerieft;" ein Steingutuntersetzer hat Riefen d. h. erhabene Streifen.

Riepel, Rüpel, der, 1. ungeschliffener Mensch, Pf.; in B.: schwarzer Mensch, auch Marktschreierhanswurst; Oe. vierschrötiger Bursche; 2. Essenkehrer, s. Feuerrüpel; 3. loser Streich; „einen R. machen oder loslassen".

Riester, der, Seitenfleck an Schuhwerk; Bsl., E., F.; in NS.: Reister.

Rindspiepe, Rindskaldaunen; s. Piepe; auch als Schimpfwort.

Rindviehzeug, dumme Menschen; Schl.

Ringsdrum f. rings (da) herum.

Rippe; 1. „aus den Rippen kann ich mir's nicht schneiden", es ist mir offenbar unmöglich, das Geld u. s. w. zu schaffen; 2. „durch die Rippen schwitzen", durchbringen, verprassen.

Rippeln, sich, sich rühren; „er darf sich nicht rippeln", nicht die geringste Bewegung machen, auch bildl., wie „nicht mucksen;" — „ich hab' ihn gemahnt, aber er rippelt sich nicht." Eg., Ab., Pf., Th.; von riben, mhd., reiben, sich drehen; auch: sich rappeln, was plattd. bedeutet: sich anstrengen fortzukommen.

Ripsen, stehlen, wie gripsen, kazen u. s. w.

Risse, 1. Possen, Schwänke (wie Possenreisser); Rl.; 2. Prügel, Hiebe; Rh., M.; Hb.: Ress.

Ritschratsch! Ausruf beim heftigen Zerreissen, bes. von Stoffen, klangnachahmend; Hz.

Ritt, 1. eine einzelne Partie beim Spiele; „wer den ersten R. gewinnt, wird zuletzt e Bettelkind;" 2. „auf einen Ritt", auf einmal, ohne Unterbrechung, wie „auf einen Niedersitz;" Th., vgl. in Rl. und im Eg.: alle Riet, jedesmal; 3. Ritt! beim Billard, so viel wie Matsch.

Ritter, 1. im „Krankenhause" Spitzname Derer, welche eine „galante" Krankheit haben; 2. arme R. („in Elendsfett gebacken"), Zwieback, in Wein geweicht und in Butter gebacken.

Ritterspörichen, Bspr., Rittersporn, Blume, Delphinium.

Röben, nur beim Kartenspiel f. rauben, welches sonst richtig ausgesprochen wird; vgl. Räuber.

Ruck; „es ist R. wie Hose," einerlei, gehüpft wie gesprungen, Wurst wie Schale.

Roggen, als Adj., z. B. roggenes Mehl, Brot; s. weizen.

Rogner s. Ragen.

Röhrwasser; „er bleibt weg (verliert sich) wie R.", unverhofft, plötzlich; Röhrwasser hiess das Wasser der früheren, häufigen Störungen ausgesetzten Wasserleitung; es ergoss sich in „Röhrtröge;" jetzt sagt man Wasserleitungswasser.

Rolle, die, auch Drehrolle, Wäschrolle, Maschine zum Glätten der Wäsche; in SD.: Mandel, Mange, Mangel; davon: Rollholz, Rolltuch — Quäle; rollen; Rollwäsche, gröbe Wäsche, die nur ge-

rollt wird, nicht geplättet; Gegensatz: Plattwäsche.

Rom; wenn Messer u. dgl. nicht schneiden, so sagt man: sie sind so stumpf, dass man darauf nach Rom reiten kann.

Rosemarie f. Rosmarin; Gramm. § 150.

Rosenthal (Name einer Stadtwaldung); „so alt wie das R.", sehr alt.

Rosine; „grosse Rosinen im Kopfe haben", weitaussehende, grossartige Pläne, Absichten, Einbildungen haben; s. Graupen, Grütze.

Rösschen, Braunschweigische Münzen (2½ und 5 Silbergroschen) welche ein Ross als Wappen hatten.

Rothbuchnes f. Kupfergeld.

Rothkäthchen f. Rothkehlchen; „R.-waden, R.-beine," dürre Beine; wie: Sperlingswaden; Tir.: Zwieflröhr.

Rothspon, Rothspun, der, Rothwein; Brl.

Rotz, „Rotz und Wasser heulen", pöbelhafte Redensart f. heftig weinen; auch: „er heilt grosse und kleene (Blasen)."

Rotzhobel, der, pöbelhaft f. Taschentuch.

Rotzlöffel, **Rotznase**, naseweiser Mensch; Hb.; weitverbreitet.

Röwer, Reewer s. Räuber.

Ruckeln, rütteln, von rücken abgeleitet; Bl.: riggle; s. schuckeln; auch: ruckeln und schuckeln, wie rütteln und schütteln.

Rücken, 1. „auf dem R. zur Messe gehen", sterben; 2. „er kann mir den R. 'nauflaufen", verächtlich, wie „gewogen bleiben;" s. Gevatter.

Rucksen, von Tauben, bes. von der Holztaube: girren; Bl.: rugge; Sbg.: Ruckestauber, Zeitw. rucksen; engl. rook, Krähe.

Rudderchen s. Rädderchen.

Rüdigkeit f. Rüdheit, Roheit.

Rüffel, der, Verweis; wie Batz; davon: rüffeln (vom Flachs riffeln); Brl.

Rühren, 1. das Obst ist vom Froste gerührt, hat gelitten; 2. „nicht rühr an", Ausruf — unterstehe dich nicht, es anzurühren; ferner: „das faule Thier steht da und nicht rühr an", regt keine Hand; „alle bestürmten ihn mit Bitten, aber — nicht rühr an", er blieb ungerührt, regte sich nicht; 3. s. Hirsemus.

Rührstück, das, ein altes Möbel, das sich längere Zeit in der Familie erhalten hat, an welches sich rührende Erinnerungen knüpfen.

13

Rülps, der, 1. hörbares Aufstossen; davon: rülpsen (anderswo ruppen, ruppsen, röppsen); 2. Grobian.

Rummel, der, gemischte Menge; Blumenzwieben werden im R. verkauft d. h. ohne Namensbezeichnung; „den R. verstehen", alle Pfiffe und Kniffe kennen, wissen, „wie's gemacht wird;" B., Schw., Hb., E., Pf., C., J.

Rumpeln, 1. reiben, scheuern; „Einem die Labusche (Mund) abrumpeln", flüchtig waschen; 2. polternd fahren, wie auf holprigem Wege. („Da kam ein Hund herausgerumpelt", Flügge's Lesebuch, Hannover).

Rund, „das ist mir zu r.", zu schwierig, zu bunt. B., E., Pf.

Rundeel, das, runde Anlage mit Rasen, Blumen u. s. w. in einem Garten; man sagt gern Rundeil; mhd. rundēl, Kreis.

Rung, ich, f. rang; s. Gramm. § 209.

Rungeniren, f. ruiniren, viel beliebter als zerstören, zerbrechen, entzwei machen u. s. w.; „es muss Alles verrungenirt wer'n", das ganze Geld muss verjubelt werden.

Rungs, **Runks**, der, Flegel, Tölpel; Ab., V., NS., Eg.; ein Solcher „muss noch uff de Runxmühle", um gehobelt, geschliffen, polirt zu werden; davon: „sich hinr.;" „Einen ausr., runterr.", ausschelten.

Runken, **Runksen**, der, derbes Stück Brot, wie Keil; Eg., Th., Hz., ND.; — Hb. Ronke; Schw., Pf. Ranke; Oe. Rienken; Steierm. Ranzen.

Runkunkel, das und die, altes, hässliches Weib. B., E., Pf., Oe., Schw., J., ND.

Rüpel s. Riepel.

Ruppig, **rupp'g**, 1. unanständig, gemein; Brl.; „ein r. Junge", grüner Bursche; in Bsl. f. anmassend, widersetzlich; „recht r. aussehen", heruntergekommen, bes. von Kleidern, so, als wenn man gerupft wäre; Gegentheil: reputirlich; 2. knause-rig; davon: Ruppsack; Drsdn.; im V.: Ruppigel.

Ruschelig, Ruschelkopf s. ruscheln.

Ruscheln, oberflächlich, liederlich arbeiten; „nur so drüberhin r.;" ähnlich wie nuddeln, fummeln; wer es thut, ist ein Ruschelpeter; davon: ruschelig, Ruschelei; ruschlig auch vom Haare: wirr, struppig, ungeglättet, daher: Ruschelkopf; Etwas verruscheln, durch Uebereilung an eine falsche Stelle bringen, verlegen, „verkramen", verlieren; er hat mir meine Papiere alle durch einander geruschelt; in PP. ist ruscheln (von rauschen) ein wenig Geräusch machen, verruscheln in Unordnung bringen, z. B.: das Kopfzeug ist mir ganz verruschelt.

Russe, 1. ein wahrer R., abgehärteter, gesunder Mensch; un Russe; 2. e R. machen oder loslassen, wie Fahrten, lose Streiche, Risse.

Rüst f. Russ; rüstig f. russig; Gramm. § 140.

Russbuttenjungen, Spitzname des früheren Schützenregiments wegen der dunkeln Uniform; dagegen hiess die Linie, die ihr weisses Lederzeug mit Putzstein behandeln musste: „die Thonmänner;" s. Sandlatscher.

Rutschen, scherzweise f. fahren, bes. mit Bahn; „wir rutschen nach Dräsen". Pf.; seltener „einen Rutsch machen" f. Ausflug; daher wünscht man „glücklichen Rutsch" f. glückliche Reise; PP.

Rutschig, glatt, schlüpferig; es geht sich heut r. oder rutscherig; ein rutschiger Weg.

Rütteln, als Reflexivzeitwort: „er rüttelt sich", Bewegungen machen, sich schütteln, z. B. um aus dem Schlafe zu kommen. Vom Butzemann sagt das Kinderlied: „er rüttelt sich, er schüttelt sich", s. rippeln.

S.

Sabbern, **säwern**, 1. geifern, den Speichel (Säwer, mhd. seifer) aus dem Munde fliessen lassen; kleine Kinder besawern sich, man bindet ihnen daher ein Sawerlätzchen (Geberlätzchen) vor; Brl.; PP.; — Wn. safern; Th. seiwere; Hz., ND. säweln, seiwern; J. seebern; 2. schwatzen, schwafeln; PP.; holl. sabberen, klatschen, besudeln; der Sabberich, Schwätzer, wie Datterich; vgl. engl. u. ND. sap, Saft.

Säbeln, 1. hastig, ungeschickt schneiden; Etwas lossäbeln, 'runtersäbeln. Pf.; 2. hastig laufen; drauflossäbeln; wie wetzen (dggn.: Säbelbeene — krumme Beine).

Sabine, als Gattungsname s. Gramm. § 166 b.

Sache, „er macht viel Sache, rechte Sache", er erhebt grosse Bedenklichkeiten, macht viel Umstände, auch: grossen Aufwand. „Mach nur keene Sache, nicht so eine Sache", nicht soviel Aufheben; s. Geschichte. Sachen, das beliebteste Wort für Kleider; nur Frauenröcke nennt man Kleider und zwar nur die volle „Robe", welche von Kopf bis Fuss reicht; der „Rock" bedeckt nur den Unterkörper, oben schliessen sich Jäckchen, eine „Taille" (Taille) oder ein Mieder an. Wortspiel: „das sinn Sachen, m'r gann se aw'r nich anziehn; das sinn S., aw'r geene Gleeder;" — seine Siebensachen, geringe Habe, Eigenthum; Schl.; in Hb.: „er packt sä sieben Vertel Tuch auf;" in d. Pf. — Kleinigkeiten; Faust: „zum Willkomm tappt Ihr dann nach allen Siebensachen;" s. sieben.

Sachse, „halt S.!" gemüthlicher Ausruf für: halt! — Redensart: mir Sachsen sein helle! oft genug ironisch gegen uns gewendet.

Sachtchen, sacht; sachtchen gehen; A.; ND. sachting; sachten; Hl.: muthsachtchen f. gemüthlich langsam; s. Gramm. § 175.

Sack, 1. Sackgasse; „er wohnt im Sacke uff'n Thomassergerchhofe;" 2. Sack und Seele, das ganze Vermögen; „er verspielt S. und S.; Sack und Seele verschreiben", s. Seelenverschreiber; 3. in Zusammensetzungen, von Personen, s. Fresssack, Habersack; mhd. sac, als Schimpfwort; PP.

Säckeln, Spielgewinn u. s. w. einstecken, „ad saccum führen".

Sacken, 1. fassen, packen; z. B. Einen ansacken, bei den Ohren sacken, zu sacken kriegen, davon: aufsacken, aufladen, wie einen Sack, „aufhucken;" einsacken, überhaupt in irgend einen Behälter packen, zusammenraffen; auch von Flüssigkeiten: „ich hawe de Milch in e Dopp gesackt;"

aussacken u. s. w.; Hl.; 2. sich sacken, bauschen, Falten werfen. von Kleidern; Pf., PP.

Sackerherrich, sackerlot, Verhüllung von Sakrament, kräftiger als sapperment; s. sackerment.

Sackerment, nicht eben Fluch, nur Ausruf; 1. ei S.! bezeichnet Verwundrung, Erstaunen, Ueberraschung, 2. na S., nu S., Ungeduld, Unmuth, 3. Himmels., Tausends., Zorn, Wuth; gebräuchlicher als Sackerlot, Sapperlot; davon: ein sackermentscher Kerl, wie der Sapperlot.

Sackgrob, sehr grob, auch: grob wie Sackleinewand; saugrob, grob wie Bohnenstroh, u. s. w.

Sackstrippe, die; wohl eigentlich eine Strippe, Oese an einem Mehlsacke u. dgl.; „besoffen wie eine Sackstrippe", schwer, hochgradig; s. Radehaue.

Saftige Reden (Geschichten), Zoten; PP.

Sagen, wenn Jemanden ein Unglück, z. B. ein Todesfall in der Familie, betroffen hat, so fragen Frauenzimmer regelmässig: „Was sagt er denn?" um zu hören, wie er sich geberdet, benimmt, anstellt.

Sahlleiste, die, Schaum auf dem Biere, wie Krause, Tresse, Mützchen.

Sahneschnittchen, das, ein feines Weizengebäck, besonders zu Festzeiten, auf dem Lande.

Saite, „immer auf einer S. geigen", ewig dasselbe Lied leiern.

Salat, „da habbt'r 'n S.; er hat e scheenen S. angericht", ganz wie Bescherige, Pastete, Prostemahlzeit.

Säleier f. Sooleier; es sind aber meist nur hartgesottne Eier.

Salm, die, langweiliges Geschwätz, viel Umstände; wie Kohl, Madabrich; Brl.; Rtr.; wohl von Psalm, der mhd. psalme u. salm heisst.

Salonkohle, jede gute böhmische Braunkohle.

Salvelatwurst f. Servelatwurst, s. Gramm. § 108.

Salvete für Serviette, ND., Rl.; entspricht ganz richtig dem Italienischen salvietta; es wäre also erst zu untersuchen, ob Italien oder Frankreich das Urvaterland der Servietten ist, ehe man uns auslacht; J. H. Voss legt einem Landmädchen das Wort „Salvetten" in den Mund; L., Schw.; Rtr.: Salwjett; vgl. Salvelatwurst; s. Gramm. § 108.

Salz, ein Hieb aus dem Salze — ein gepfefferter, derber Hieb, einer aus dem ff.; PP.; vgl. gesalzen.

Salzmeste, die; s. Meste. (In der L. heisst Salzmeste: eine Brautführerin.)

Samft für sanft; s. Gramm. § 103, 2.

Sämig ist eine Brühe, welche durch Zusatz von Eiern und dgl. mehr Konsistenz erhalten hat. J., NS.; in Da. sagt man dafür „bindig," anderswo auch seimig, also wohl von Seim, wie in „Honigseim" („die Biene zieht Seim aus Klee", Rammler).

Sandbauer f. Sandfuhrmann; s. Bauer.

Sandgässer, Bewohner der „Sandgasse" (jetzt Ulrichsgasse), welche — früher — im Rufe der Roheit standen; Gramm. § 158.

Sandlatscher, der, 1. Spottname, den die Reiterei den Fusssoldaten gibt; s. Russbuttenjungen; 2. beim „Pritscheball", (Schlagball) ein Ball, so geschlagen, dass er nahe überm Boden hinfliegt; Gegensatz: Sterngiekler; s. noch: Schuster.

Sandmann; „der Sandmann kommt", sagt man, wenn Kinder schläfrig werden; Brl., Aachen; — B.: „das Pechmännele kommt".

Sankt Stich, im Volksmunde Name des ehemaligen Georgenhauses (Versorgungs- und Arbeitsanstalt), über dessen Thore eine Steinhauerei den Ritter Georg zeigte. Daher: Nach Sankt Stich kommen, dort untergebracht werden.

Sappe, die, Fusstapfe, bes. auf frischgescheuerten Dielen; s. Tappe.

Sappen, derb auftreten (mhd.) und schmutzige Spuren der Schritte hinterlassen, welche auch Sappen heissen (in Brl.: Tappen, s. d., in Brandenbg.: Trappen); dann überhaupt: gehen.

Sapperlot, weniger gebräuchlich als Sackerment, s. d.; davon: sapperlotscht, verwünscht, pfiffig, unternehmend; Eg.; Rtr.: sapperlotsch; auch sackerlot, sackerlotscht.

Sapperment, weniger gebräuchlich als Sackerment; Adj. sappermentscht wie sapperlotscht; Eg.

Satt, genug; „er hat Geld satt", wie sattsam; auch „satt und genug". Ab.

Satz, der, s. setzen, 2.

Sau, 1. Klex, Schmutzfleck; 2. Glück, „Dusel" im Spiel; auch: Sauglück, Saudorkel, Schwein; 3. Einen anfahren, wie die Sau den Bettelsack, wie: anschnauzen. 4. In Zusammensetzungen bedeutet Sau: sehr schlecht, wie Hund; so: Saukohlen, Saubengel, Sauwetter, Saukälte; dggn. überhaupt nur verstärkend in: saugrob, sautheuer, sauwohl — äusserst wohl („als wie 500 Säuen"); Schw.: sauerwohl.

Saubande, schmutziges, liederliches, widriges Gesindel.

Saubartel, der, Schmutzbartel, s. Bartel; Schl.: Säubartel.

Saubucht s. Bucht, 2.

Sauce, „noch in der Sauce sein, 'rumlaufen", ungewaschen, im Negligé; „noch in der Sauce liegen", im Bette.

1. Sauer, der, Sauerteig.

2. Sauer, „lass dir's sauer kochen", sagt man, wenn Jemand Etwas ängstlich hütet, es nicht hergeben, zeigen, nicht für den gebotenen Preis abtreten will u. s. w.

Sauerkraut, „Geduld überwindet S.!" Sprichwort f. Geduld besiegt jede Schwierigkeit; Hb.: „Geduld überwendet den Schnitzklüss".

Sauerlumpe, die, Kinderwort f. Sauerampfer.

Saufaus, der, 1. Säufer; 2. gieriger Trinker.

Saufen s. fressen.

Sauglocke, mit der Sauglocke läuten, Zoten erzählen; wie hacksehen; B.; Wn.; in Schw.: jetzt muss ma da Saukübl hola.

Saugrob, saubohnenstrohgrob, sehr grob; s. Bohnenstroh; dggn. in Schw.: dumm wie Saubohnenstroh; Saubohne ist die Lupine.

Sauhacksch, der, wie Saubartel, bes. für einen Menschen, der Wohlgefallen am Schmutze findet; Ab.

Sauhund, niederträchtiger oder unsauberer Kerl.

Sauigel wie Sauhund u. s. w.

Saukerl, schmutziger, liederlicher, widriger Mensch.

Sauleder, das, Schimpfname f. ein boshaftes, liederliches Weib; Eg.; wie Saumensch.

Sauluder, das, Schimpfwort f. schmutzige, auch f. niederträchtige Menschen; Wn.

Saumagen, „er hat einen Saumagen" oder „er ist ein Saumagen", ein Vielfrass, der Alles durch einander verschlingt; PP.; in Wn.: Saumagen Sausack f. Zotenreisser.

Saumensch, das, wie Sauleder.

Saunickel, der, ebenso; Brl.

Saupelz, ebenso.

Säurich, 1. wie Sauhacksch; 2. einen grossen Säurich machen, viel Geschwätz, „Kohl;" wie Gesäure. Wohl mit der Sauer (s. d.) verwandt, dann also genau wie: gären, Gärich.

Sausack, der, wie Saumagen.

Saustrick, der, sehr ungezogener, unverschämter Junge; s. Sau und Strick.

Sauzahn, der, eine ganz kurze Tabakspfeife, auch nur „Zahn" (un brûlegueule).

Schabbes, Sabbath, scherzweise; davon: Schabbesdeckel f. Hut; Schw., Wn.; s. Schiepel.

Schäbig, 1. abgeschabt, von Kleidern; Wn. schöwig; Rtr.: schawwig; 2. von Menschen: kleinlich, schmutzig, interessirt, ehrlos; 3. „ein schäbiger Rest," — eine kleine Neige Bier oder Wein im Glas; daher: „Einen schäbig machen", beim Rundtrinken den „schäbigen Rest" mit Einem Schlucke ausleeren; dann muss der vorhergehende Trinker ein frisches Glas zahlen.

Schachtel, besonders „alte Schachtel", altes Weib; ebenso mhd. schahtel; Titel eines Lustspiels von Putlitz; E., J., Schw., Pf., W.; ND.; am Rh.: alte Schatulle; s. Büchse.

Schachtelhanne, Schachtellis'chen, ein zierliches Mädchen, aber auch ein zerbrechliches Spielpüppchen, wie man sie beim „Schachtelmanne" kauft; „ä Kerl wie Schachtellis'chen", gezierter, geschniegelter, „trauriger" Mensch; s. Gramm. § 166 b.

Schachtelmann, Holzwaarenhändler.

Schackefütt'ch, der, eine leicht bewegliche, flüchtige Person, die überall umherschackt (s. schacken) und dabei leicht hängen bleibt, sich die Kleider zerreisst u. s. w.

Schacken, 1. 'rum schacken, sich überall herumtreiben; Th., Hss., Hl.; 2. schacken, schackern, beim Reiten auf dem Pferd stark herumwanken; daher der Reim, wenn man Kinder auf dem Knie reiten lässt: „schacke, schacke, Rillichen (?), wir reiten uff'n Füllichen;" oder: „schacke, schacke, Reiter, wenn er fällt, da leit er (liegt er);" auch: „schacke, schacke, Reiterpferd, das Pferd ist keinen Dreier werth". In Pf. heisst schackern schnell reiten; in J., K. (schlecht) reiten; mhd. schocken, schaukeln, tanzen; Rw. jackeln, reiten.

Schacks, eine Art Haschen. Bei „Wagenschacks" stehen Kinder auf einem Leiterwagen und das eine, auf dem Erdboden, sucht sie zu fassen. Aehnlich bei „Budenschacks", wo sie auf einem aufgestapelten Haufen von Marktbudenbretern herumhüpfen. Bei „Mondenschacks" sucht das Eine dem Andern auf den Kopf seines Schattens zu treten; an dunklen Abenden treibt man dafür bei Gaslicht „Laternenschacks". Vielleicht heisst der Stamm: Schack und „Schacks" ist der Genitiv, wie in Haschens, Versteckens spielen.

Schäddel, Kopf, besonders Oberkopf. „Einem Eins auf den Schäddel geben".

Schade, 1. als Adj.: um den Mann is es sehre schade, es ist zu sch., dass er nicht da ist; die Cigarre is m'r zu schade, um se wegzuschmeissen; auch gesteigert: um meinen Rock is es noch schader, als um Deinen Hut; Bal.; auch: es ist schadedavor; 2. schade druff! f. ich mache mir nichts draus; ach, schade uff den Kerl, ich schere mich nicht um ihn; — schade wie ein Prädikat oder Ausruf gebraucht; — schaden, Zeitw., s. Gramm. § 204.

Schäfftern, scheftern, sehr geschäftig sein oder thun; Verstärkung von schaffen — to bustle about; Ab.; in PP.: scheffern, sich unbefugt in Etwas mengen.

Schafleder, ausreissen wie Schafleder, hurtig entfliehen; Wortspiel mit reissen, zerreissen.

Schafmist, 1. höherer Blödsinn, Ulk; 2. Schafmist mit Einem treiben, hänseln; s. Zschochersch, Lork.

Schafsack, Schimpfwort, noch verächtlicher als Schafkopf, Schafzipfel u. s. w.

Schafsnase, Schimpfwort, wie Schafkopf.

Schafzippel, dummer Mensch; s. Zippel.

Schälchen, das, eine Tasse, besonders „ein Schälchen warmen Kaffee oder elliptisch: ä Schälchen Heessen"; V.: die Schälle.

Schalu (jaloux) ist gebräuchlicher als eifersüchtig, bes. wo es sich nicht um Liebe handelt, sondern um allerlei Vortheile, also: neidisch.

Schäme, die, für Scham; „du hast gar keine Schäme nicht;" mhd. schemde, schëme, s. Gramm. § 156; Wien:

Gschoam, ebenfalls Kollektivform; davon: schämerig für verschämt.

Scham'pedäschchen, auch schampedä'schchen (schámpedätsch) sein, recht zutraulich, zuvorkommend, dienstwillig, einschmeichelnd; in Schw.: Schambedasche; von Jean Potage, Hanswurst.

Schamster für gehorsamster; beim Grüssen: „schamster Diener!" auch nur „schamster!" Wn.

Schande, zu Schande (auch: zuschanden) machen, kochen u. s. w., entzwei machen, zerkochen; sich zu Schande rennen, tanzen, arbeiten, saufen, sich dadurch zu Grunde richten; Rl.; s. schändiren.

Schändiren, 1. oder schänden — schelten, keifen; Pf., V., N.; Rtr.: schandiren; Di.: schantern; Aachen: verschängeliren; 2. schändiren, verschändiren, Etwas schänden, verunstalten, verschneiden, z. B. einen Hund durch Verschneiden der Ohren, eine Bildsäule durch Abhacken der Nase u. s. w.; Hb.; ebenso: (ver-) schimpfiren; Wn.: verschandeln, durch unpassende Hinzufügung entstellen, verballhornen; Sz.: gschänden, verletzen, verwunden.

Schanzen, tüchtig arbeiten; Pf., Bal.; Etwas erschanzen; Jemandem Etwas zuschanzen, verschaffen (heimlich oder mit Unrecht).

Scharben, schorben, Kraut oder Gurken mit dem „Scharbeisen" (Gurkenhobel) in Scheibchen oder Faden schneiden; mhd. scharben, scherben, blättchenweise schneiden, schaben.

Scharf, 1. er hat scharf, f. eilig, er ist sehr begierig; „ich habe s. auf ihn", es auf ihn abgesehen, scharfe Obacht; 2. ein scharfer Gast oder Kunde, ein genau Handelnder, Feilschender.

Scharmante, der und die, für Geliebte; s. scharmiren.

Scharmiren, den Hof machen, liebeln; Hl.: schamariren; Tb. sich verschameriren; s. Scharmante, passiren.

Scharschebrie, der, serge de Brie, ein Zeug.

Scharwerchen, arbeiten, Eg., Ab.; Rtr.: schorwarken; engl.: charwork, Tagewerk; mhd. schar, eine der Reihe nach umgehende Frohnarbeit; auch Scharwerc; in Drsdn. sind Scharwerks-Meier Maurer, welche Ausbessern der Wohnungen, Setzen und Kehren

der Oefen u. s. w. besorgen; in Freiberg gibt es auch Scharwerkszimmerer.

Schassen, fortjagen, von chasser; Pf.

Schätschen, 1. sich sehr empfindlich (gegen Schmerz, Kälte, Regen) anstellen; Hl.; davon: schatschig, schatscherig (seltener quätschelig); verwandt mit hätscheln; ein Kind verschatschern (verzärteln, verhätscheln); F.: quatschen, quatschig; 2. schlürfend gehen, wie hätschen.

Schaubhut s. Schobhut.

Schauerchen, Schäuerchen in den Ofen machen, ein wenig einheizen; wie Huschchen; wie ein Schauer von Regen, Hagel, der auch schnell vorübergeht; engl. shower.

Schaule, die, Herumtreiberin, besonders: Gassenschaule, Laufschaule; nach Rüdiger ist in Hl.: schawellen — herumlaufen.

Schaurig, 1. von Orten: geschützt gegen Windzug; eine solche Stelle heisst in Hb.: Schauer; in PP. ist Schur (— Schauer) ein Obdach, Wetterdach am Hause; Di.: Schur — Obdach, Schutz gegen Wind und Regen; schur'n, solchen Schutz gewähren; sich schuren, ihn aufsuchen; Strassb. Räthselb. v. 1505: beschawern — beschirmen; mhd. schüren, schützen, daher: schiur, schür, schür, Scheuer, Scheune; 2. von Menschen, Geschichten u. s. w. anstatt schauderhaft, schauerlich, erbärmlich: ein schauriger Kerl, Lump u. s. w.; eine schaurige Geschichte, Schaudergeschichte; schaurige Witze, ein schauriges Spiel.

Schaute, der, Narr; Rw.

Schauzchen, das, Schaustück der Kinder, das 2 oder mehr Rechenpfennige gilt; B. ein Zwei-Schauzchen, Vier-Sch. auch: Vier-Rudderchen; in Ab.: „Zatterich;" s. Zelsig.

Schechen, 1. verscheuchen, fortjagen; Hb.; s. gechen; 2. unpersönl. Zeitw., spuken; Bspr.; Eg.

Scheene f. schön; Schl., Bö.; Steigerung; schenner (Bspr. schénder), der schénste; also zu unterscheiden: das is e scheener Hut, aw'r der da is noch schenner; Sdt.: schien, schinner; vgl. rein. Der Sinn wechselt sehr: scheene Leide f. liebenswürdige Menschen; sch. Kälte, starke; ene sch. Leiche, stattliches Leichenbegängniss; Bal.; auch von Geschmack und Geruch, trotz der Abstammung von „scheinen:" der Wein schmeckt sch., die

Blume riecht sehre scheene; das Gegentheil ist: hässlich schmecken, riechen. Zu Kindern sagt man: Gib die sch. Hand, die rechte, nicht die linke; Bsl.; ironisch: Sie sein mir e Scheener, unzuverlässig u. s. w., wie: you are a fine man. Du hast es scheene verschmiert; es giesst (regnet) ganz sch.; sich sch. machen, sich anputzen, se faire beau, it. farsi bello; — ich bin sch. 'raus, ohne Verlust, sogar mit Vortheil davon gekommen; Gegentheil: ich bin drinne, im Schneider u. s. w.

Scheffeldrescher, „fressen, wie ein S." (auch Scheunendrescher), stark essen; PP.: fressen wie ein Drescher.

Scheibenwagen, feinere, 4—6-sitzige Miethkutsche mit grossen Schlagfenstern.

Schelllümpchen (auch mit dem Zusatz: KleineMädchen, grosse Strümpchen), Schellen in der Karte; s. noch Lumps, 2, und vgl. Eicheleckern, Grinsen, 3, Hosen.

Schenir, auch: Schernier, das, f. Scharnier, charnière.

Schenirlich f. gênant; Rtr.; s. Gramm. § 169.

Schenken, Jemandem (namentlich seiner Tänzerin) einmal schenken, einen Trunk bieten, Bspr.; Schl.

Schensch, der, schlechtes Messer, Kneif; s. Gensch.

Scherbel, 1. Scherben; 2. Blumentopf. B., Pf., W.; 3. irdenes Gefäss überhaupt; mhd. schërbe, Topf; daher „Scherbelkuchen", Aschkuchen, der in einer irdenen, zackigen Form gebacken ist. Hl. (Eg., Drsdn. u. s. w.: Bäbe; Sudt.: Bäbä.)

Schergen, 1. schieben; L., V., Th., Hss., K., J. schürgen, wie mhd.; Schw. schirken, einen Karren u. dgl. schieben; Verstärkung von schüren, s. schurigeln; auch: schergen und schieben, eifrig nachhelfen; ebenso: schergen und schüren; V.: schürgen und würgen f. angestrengt arbeiten; — wegschergen, mit dem Besen zu Haufen kehren, z. B. Scherben.

Scherwenzel, der, Schmeichler, übereifriger, dienstfertiger Mensch (B., J., K.: Scharwenzel, flatterhafter Mensch); davon: um Jemanden herum wenzeln; Eg.

Scherzen, sich ausgelassen scherzend benehmen, nur in der Redensart gebräuchlich: „das Wetter wird sich

ändern, die Kälber scherzen", von übermüthigen Kindern u. s. w.; mhd. scharzen, scherzen, springen; dgg. in L.: „das Gesinde scherzt", wechselt den Dienst.

Schetter, der, allzu dünner, haltloser Stoff; Brandbg.; in Oe.: Schütter (in ND. Schotter, Kiessand); Adj. schetter, schitter, in B. u. Oe.: dünn, undicht, wie lat. rarus; bei Nestroy: „Schau'n wir auf die Menschheit, wie schütter sind da die wahrhaft schönen Handlungen ang'säet" (dünn gesäet); mhd. schëtter, feine Leinwand, Steifleinen; schiter, dünn, nicht dicht. Was schetter vom Gewebe sagt, bezeichnet beim Fleische zadderig, s. d.

Scheuerfest, das, der Tag, wo Läden, Komtoirs u. s. w. gründlich gereinigt werden; das Geschäftspersonal hat dann meistens Feiertag.

Scheunendrescher s. Scheffeldrescher.

Schicht, Feierabend, „nu is awr Schicht;" aus der Bergmannssprache; „Schicht machen".

Schichtsemmel, die, Zeilen- oder Reihen-Semmel, im Gegensatz zur eigenthümlichen Leipziger Semmel; Hl.

Schicker, betrunken; Schl.; Rw.

Schicksel, 1. Judenmädchen (auch: Judenschicksel); Hb.; 2. Dirne; Oe.; Rw.: Schickse, Schicksele, Mädchen.

Schiebbock, der, Schubkarren; Schiebböcker — Schubkärner.

Schieben, 1. (hastig) gehen; „wo schiebste hin?" — wohin gehst du so eilig? „Schieb' ab" — packe dich! daher 2. „sich schieben", fortgehen, wie: sich drücken, sich ziehen; Bsl.; 3. die Schneidergesellen „schieben". wenn sie von der Werkstelle Arbeit mit nach Hause nehmen, um sie über Nacht zu fertigen.

Schiebicke s. Flieder; in Baumgartens Flora Lips.

Schiedunter, der, scherzhaft f. Unterschied; Rtr.: Scheidunner.

Schief gewickelt sein, sich irren.

Schiefer, Splitter; „sich einen Schiefer einziehen", sich einen Splitter in die Haut stossen. Oe., B., Hb., A., Sbg.; engl. shiver; mhd. schiver.

Schielax, wie Schielewippe, aber seltener.

Schielchen, das, eine kleine, dünne Scheibe Wurst, Fleisch u. s. w.

Schielen für sehen, bes. wo Jemand nicht hingucken soll; s. linsen.

Schielewippe, ein Schielender; man höhnt sie durch den aus 4 Provinzialismen zusammengesetzten Kinderreim: „Schielewippe Gackei, Butterbemme Salei;" vgl. Rothkopf.

Schielig, „du sollst schielig werden, ehe du das kriegst (eho ich das thue u. s. w.)", du sollst gewiss lange warten; wie: schwarz werden (vor Aerger u. s. w.)

Schlepel, der, alter Hut; Brl.; in Th.: Schapel; Oe.: Schippel, eine schlechte Haube (von chapeau?), s. Schobhut.

Schlessen, stehlen; Brl.; s. kazen.

Schlessprügel, der, Flinte, Gewehr; Rtr.: Scheitprügel; s. Kuhfuss; plattd. auch Schnappschinken.

Schlffen, pissen; kam gegen 1840 auf; davon: Schiffoir, Pissoir; Schiffprügel, Nachtgeschirr.

Schilfern, die Haut schilfert sich ab, schuppt sich, stösst sich ab; schott. skelve.

Schimmeln, 1. beim Tanze sitzen bleiben, s. Bank, 2; 2. graues Haar bekommen, „schimmelig" werden; Rtr.; mhd. schimel-bār, graues Haar; s. Esel.

Schimpfen, „er lässt sich Doktor (Professor, Hofrath) schimpfen", er lehnt den ihm nicht gebürenden Titel nicht ab.

Schimpfiren, verschimpfiren, wie schändiren; nach Andresen vom ital. sconfiggere (franz. déconfire; engl. discomfit); Brl.

Schindeldürre, so dürre wie eine Dachschindel, oder als ob das Fleisch abgeschunden wäre; spindeldürre; s. Dürrlender.

Schinden, 1. beim Verkauf: knausern, „es recht knapp machen", mit Mass oder Gewicht; bekommt man allzuwenig für sein Geld, so ist es „ein wahres Schinderlins'chen (s. Linschen); der Händler ist so unbarmherzig wie ein Schinder, s. d.; engl. von einem Geizhals: he would skin a flint; 2. s. postmeistern.

Schinder, 1. „dem Schinder die Keule abkaufen", einem knauserigen Händler schlechte Waare theuer bezahlen; s. schinden; 2. „ich gebe dir Eins (hinter die Ohren), dass du ½ Stunde vom Sch. träumst;" s. Backzähne.

Schinderknecht, Schimpfwort, verwünschter Kerl, Leuteschinder u. s. w.

Schindluder, 1. Aas; 2. Schimpfwort; 3. Schindluder mit Jemandem spielen, ihn allzuarg hänseln (Hz., Hl.); wie „Affenschande treiben, zum Mirakel machen;" Hb.; in Wn.: papirlen, steigen lassen. Prof. Welcker sagte im Vorparlamente von 1848, man habe „mit dem Bundestage Schindluder gespielt".

Schinken, 1. ein (altes, dickes, fettiges) Buch; 2. Name eines kleinen Roggenbrodes, wie es die Studenten im Konvikt (gemeinsamer Speisesaal) bei der Mahlzeit bekommen (Konviktschinken.)

Schippchen, Küchlein, chicken; vom Lockrufe: schipp! Hl.; in NS.: tick! tick!

Schippe, die, 1. Schaufel; J., K., Brl.; Musäus: Schippe und Spaten; ND. Schüppe; mhd. schippe, schipfe; daher: Kehrichtschippe, Kohlenschippe; (von schieben?) 2. eine S. machen, von Kindern: den Mund weinerlich, mürrisch verziehen; faire la moue; Schw.: a Pfändle mache; s. Flunsch; 3. Einem die S. geben, ihn schnöd verabschieden, ihm den Laufpass geben, z. B. Beamte, einen Liebhaber; er steht auf der S., sobald er nahe daran ist, die S. zu kriegen; deutlicher bei Rtr.: uf de Wipp stahn. — Ztw. schippen, schaufeln; ein Schneeschipper.

Schippenmann, Promenadenwärter, der mit der „Schippe" den Weg bessert, nebenbei die Anpflanzungen beaufsichtigt u. s. w. „Der Schippenmann kommt", sagen Wärterinnen, besonders auf den Promenaden, um Kinder zu schrecken.

Schipprig oder **geschippert**, in verschiedenen Farben melirt; Eg.; in Schl.: punkrich; ist es übertrieben bunt, so heisst es: schipperscheckig (von Schuppe?); s. sprisselig.

Schismi für Jasmin, Philadelphus coronarius; auch deutscher Jasmin oder Schäsmin.

Schiss vor Etwas haben, Scheu, Furcht, Angst; Bsl.; wie More.

Schiste Kapuste, (russisch — reines Sauerkraut) verhöhnender Ausruf, wie: Dreckchen!

Schlabbern, schläwern, schwatzen, Hl., Th., Ab., Pf., davon: Schlawermaul, Schlawerfritze, Schlawersuse; schlawrig; „einen Schlawrich hermachen", Geschwätz; wohl von

Labbe, läwern, wie Schmasche
f. Masche u. s. w.

Schlafbursche, Schlafherr, Inhaber einer Schlafstelle; s. d.; Ulm: Schlafgänger.

Schlaffitchen, das; „Einen am (beim) Schlaffitchen nehmen, fassen, kriegen", ihn am Rock festhalten, ihn zur Verantwortung ziehen; Eg., Ab., Schl., Köln; Rtr.: „bi de Slavitten (Slafitken) kregen." vgl. Flittich; nach Bernd von Schlagfittig oder von schlaff und fat, Kleid; in Hb.: der Schlaffittich, langer Rockschoss (schlaffer Fittig?).

Schlafstelle, die; wer ein Bett, nicht aber die ausschliessliche Benutzung des Zimmers gemiethet hat, „liegt in Schlafstelle". ist Schlafbursche oder Schlafherr.

Schlag, 1. „seinen Schl. machen", vortheilhafte Geschäfte; s. Schnitt; vgl. le coup, beaucoup; 2. einen Schlag ins (kalte) Wasser thun, etwas Unwirksames thun; in E., B., Pf. sagt man dafür „einen Bettelbuben in die Höllen werfen" (deren Schlund er doch nicht.füllen kann). Aehnlich: „das is ene Troppe uf e heessen Steen," Lpzg.

Schlagtodt, Schlätodt, der, grosser, starker Mensch; „so e lauker Schlatodt;" s. Pflaumenschmeisser.

Schlämmassel, der; 1. Plunder; „da ist der ganze Schlamassel;" Pf.: Schlimassel; jüd.: Schlemassel; 2. viel Schlamassel machen, viel Geschwätz um Etwas machen; Rl.: Klamassen; in Wn.: Schlamassen machen, Komplimente; — Rw.: Schlamassel, Unfall, Unglück; so in Th. die Schlamasse, Verlegenheit, wie „die Patsche".

Schlampampe, die, wie Schlampe, 1.

Schlampampen, schwelgen; Pf., F.; aber im Hb. — Possen treiben; Wagner's Meistersinger: da gibt's Geschlamb' und Geschlumbfer; auch bei Friedr. Hofmann, Rattenfänger von Hameln.

Schlampanjer, Champagner, bes. scherzweise; es mag dabei an Schlampe, schlampen gedacht sein.

Schlampe, die, 1. schlechtes, dünnes Getränk oder Gericht, z. B. Bier, Kaffe, Suppe; wie Schlempe; 2. unsauberes Frauenzimmer, s. Schlumpe; Brl., Hss., Schl., B., Pf., Schw.. Eg.; in Hb. u. Sbg.: der Schlämp, liederlicher Kerl; Wn.: der Schlampen (Fetzen), Schlampel, Schlampet; ferner:

schlambad, nachlässig, schlotterich; davon: den ganzen Tag herumschlampen, nachlässig gekleidet gehen.

Schlängeln, sich, gemächlich gehen; „wir sch. uns ganz bumäle nach Linkel" (Dorf Lindenthal!).

Schlappe, die, 1. Schleppe; 2. Schleppenträgerin; daher auch 3. schmutziges, nachlässig gekleidetes Frauenzimmer überhaupt; R.: Schlappsuisen (Schlapp-Suse); s. schlappen.

Schlappen, schlappern, 1. lang herabhängen, schleppen; zu weite Stiefel oder Schuhe schlappen an den Füssen; zu weite Röcke, Hosen schlappern am Leibe herum; von schlaff hängen; s. Schlappe, Schlappschuh, Schlappermilch; 2. watscheln.

Schlapperment, verstärkt aus Sapperment, s. d.

Schlappermilch, saure, halbgeronnene Milch; sie ist „zusammengeschlappert oder zusammengefahren, zusammengefallen;" anderwärts: Schlickermilch; schott.: lapper-milk von lapper, gerinnen; Sz. Schlippemilch; NS. Waddicke.

Schlapps, ungebildeter, plumper Mensch, Tölpel u. s. w., Th., V.; ND. Slaps; s. Lapps, Tapps; Gramm. § 164.

Schlappsack wie Lappsack.

Schlappschuhe, schlechte Pantoffeln, s. schlappen; Bsl.; in B., E., J., Pf., Hss.: Schlappen, Schluppen; R.: Schloppen; Di.: Slarren; PP.: Schlorren; engl.: slippers.

Schlappschwanz, der, unentschlossener, wankelmüthiger Mensch; von schlaff; man könnte an gewisse Affen, als Gegensatz, denken, die ihren Schwanz ganz energisch zum Greifen brauchen.

Schlarfen, 1. schlürfen; 2. schleppend gehen, gleichsam mit den Füssen schlürfen; F.; s. Schleifbein.

Schlau, sich schlau befinden, bei guter Gesundheit, in blühenden Vermögensumständen (in Folge seiner Schlauheit). Ein Schlauberger, Schlaububer. Schlaumeier, Schlaumichel, Schlaukopf, besonders spöttisch; Brl.

Schlaudern, 1. flüchtig, schlecht arbeiten; B., Schl.; in Hss. faulenzen; daher: schlaudrig; 2. im Handel — schleudern, s. d.

Schlaudrig, allzulocker, von Strickerei, Gewebe u. s. w.; in Oe.: schitter. In E. u. W. heisst schlaudrig: nachlässig; s. schlaudern; plattd: sloddrig

— schlotternd. Wuttke, Entstehung der Schrift, S. 579, sagt es von einer nachlässigen Schrift, vgl. zaudrig.

Schlecht, 1. „Er hat uns nicht schlecht angesehen, angefahren, betrogen, mitgespielt" u. s. w., für sehr, tüchtig; s. böse; 2. „schlechte Krankheiten" sind die sog. galanten.

Schlechte, das, oder: das Alte nennen Kinder das Konzept, brouillon.

Schlecken, mit der Zunge schlürfen wie saufende Hunde; Schl.: schlickern.

Schleierweis, sehr schön weiss; Eg.: schlerweiss; s. schlohweiss.

Schleifbein (Schleefbeen), Mensch mit schleifendem, „latschigem" Gange.

Schleifkanne, die, hölzernes, ziemlich grosses, etwa 20 Seidel fassendes Gefäss in Brauereien, aus welchem die Arbeiter trinken; bei Immermann; die Schläufe, Schloife, ist der Henkel; mhd. sloufe — Oehr.

Schlemihl, gemüthliches Scheltwort: e rechter S., Träumer, auch Schelm; Hb.

Schlempe, die, schlechtes, dünnes Getränk, besonders der Ablauf in Brennereien, der zu Schweinmast dient; s. Schlampe, Blempe, 2.

Schlenkerbraten, „ich habe heute meinen Schlenkerbraten", sagen Dienstboten am letzten Sonntag, bevor sie „abziehen", und den sie dann gründlich geniessen; Fr., Hss., Th.; erklärt sich aus dem schwäb. Ztw. schlenkern, den Dienst wechseln; in Tir.: das Gesinde schläugelt; in L.: das Gesinde scherzt. Beim Schweinschlachten macht man in Th. für die Kinder besondere, kleine Würste, Schlenkerwürstchen genannt.

Schlenkerich, der, seltner: der Schlenker, von schlenkern, ein heftiger Ruck, um Etwas fortzuschleudern; V.; s. Schwenkerling, Rennerich, Prellerich. Gramm. § 159.

Schlenkern, die Arme (im Gehen) schleudern; D.: slenkern, slunkern; mhd. slenker, Schleuder; Etwas wegschlenkern, es mit einem Ruck (Schlenkerich) fortschleudern; F., J., Pf., E., V., Eg.; Apostelg. 28, 5: er schlenkerte das Thier ins Feuer; davon: Schlenkerbein, s. Hopp! Im Eg. heisst der Perpendikel der Sächsrschlenkr (v. Seiher — Uhr).

Schlesing, die, Schlesien; Schl.; vgl. Stuggert; beide bes. im Munde von Handwerksburschen.

Schleudermühle, die, Kinderspiel; es fassen sich Zwei, Eins rechts, Eins links gewendet, mit gestrecktem Arme an der rechten Hand und laufen im Kreis, wie eine Windmühle; s. Zittermühle.

Schleudern, im Handel: Waaren, Bücher zu jedem Preise (Schleuderpreis) hingeben, um nur zu Gelde zu kommen, auch schlaudern, schludern.

Schlickermilch wie Schlappermilch.

Schlicks, der, eine schleimige, zähe Masse, z. B. eine missrathene Suppe, welche „Faden zieht;" mhd. slich, Schlamm, Schlick; Gramm. § 164.

Schliere, die, wie Schlicks; davon: schlierig, wie sich z. B. Schnecken anfühlen.

Schliesshaken, der, Nase (Schlosserausdruck).

Schliff, der, 1. die nicht ausgebackene (speckige) Stelle im Brode, Kuchen; Schw.; diese sind schliffig; in Wn.: speckig; 2. Schliff backen, in einem Unternehmen scheitern; ganz so: „my cake is dough".

Schlifterchen, wohl von Schlippe, wie Glitschen.

Schlimm, „das ist nicht schlimm", das will nicht viel sagen, hat nicht viel zu bedeuten; s. gefährlich.

Schlippe, die, enger Raum zwischen Häusern, Zäunen, Felsen u. s. w., wo man eben noch durchschlüpfen kann.

Schlitten, „unter den Sch. kommen", in Nachtheil gerathen; s. Pritsche.

Schlohweiss, rein weiss; Schw.; anstatt schlossweiss, weiss wie Schlossen? ND. slohwit; Sudt. schnieschlossweiss; Ob.-Schl. schlohengelweiss; Bsl., Eg. u. P. schlossweiss; dagegen B. (auch P.) schlorweiss, was — nach Schmeller — mit Schlotter, saure Milch zusammenhängt, also: milchweiss; soviel wie schleierweiss; mhd. sloier, sleier, Schleier.

Schlottich, der, ungezogner Mensch, wie Lottich; Ab.; seltner: der Schloten.

Schlottrig, nicht nur von Kleidern, welche zu weit sind, unregelmässige Falten werfen (schlappern), auch von Fleisch, welches nicht hübsch fest, sondern weichlich, faserig (zaddrig) ist; s. loddern.

Schluck, der, Branntwein; Rtr.; vgl. Hieb.

Schludern s. schleudern; PP.

Schlummerkopf, der, schläfriger

Mensch, wie Schlafmütze, Traumbuch, Dussel u. s. w.; Brl.

Schlummerrolle, eine gepolsterte Rolle
als Unterlage für den Nacken, auch
Faullenzer genannt; engl.: lounger.

Schlumpe, die, ein nachlässig gekleidetes, unsauberes Weib; Brl.; davon:
schlumpig; s. Schlappe,
Schlampe, 2, schlumpern.

Schlumper, der, schlecht sitzendes, zu
weit herabhängendes, liederlich ge-
tragenes Umschlagetuch u. dgl.; s.
Schlumpe.

Schlumperlied, Schumperlied, leicht-
fertiges Volks- oder vielmehr Pöbel-
Lied; im Eg.: Schamberlied, was auf
„schandbar Lied" deutet; P. u. Sudt.:
Schenscherlied — Volkslied; Kärnten:
Plepperliadl. In Wagner's Meistersingern: da gibt's Geschlamb' und
Geschlumbfer. — Uebrigens erinnert Schumperlied auch an das
Hb.: der Schömpfer, die Schömpfere,
der (die) Geliebte, Schatz.

Schlumpern, nachlässig umhergehen,
wie eine „Schlumpe". schlendern;
in Hb.: schlambambel, herumschlen-
dern, schmarotzen; s. troddeln, zotteln. Im „Spaziergang nach Gohlis"
(1781): Schlumperrock.

Schlung, ich, f. schlang; passt besser
zum Hauptw. der Schlunk, s. d. und
Gramm. § 209.

Schlunk, der, f. Schlund; s. Gramm.
§ 69.

Schlunks, der, Verstärkung für Schlingel.

Schmachtlappen, ein süssliches,
schmachtendes Herrchen; Hb.

Schmadder, der, ziemlich wie Schmergel; s. schmaddern.

Schmaddern, 1. flüchtig, schlecht
schreiben; A.; „Narrenhände be-
schmaddern Tisch und Wände;" Eg.;
2. eine Tabakspfeife schmaddert,
wenn sie zu feucht geworden ist; s.
Schmorgel.

Schmählich, sehr; „es ist schmählich
kalt, voll; du hast dich aber schmählich geputzt!" s. böse; Brl.; so im
„Zittauer Hungertuch" (1472).

Schmall für schmal; schmal machen,
Handwerksburschenausdruck: auf
Jahrmärkten oder am Zugange eines
besuchten Vergnügungsortes fechten;
Rw.: aufn Schmal dörgen, auf Märk-
ten betteln; s. dalfen.

Schmäsche, verstärkt für Masche (man
spricht: Mäsche, nicht Mäsche), s.
Gramm. § 143.

Schmatz, der, derber Kuss. B., E., F.,
K., Oe.; engl.: smack.

Schmauchen, schmöchen, stark Tabak
rauchen; D.: smöken; s. dgg. Schmöcher.

Schmeissen, viel beliebter als werfen,
s. d.; Brl.; die Thür zuschmeissen;
Etwas zerschmeissen, zerbrechen;
Jemand Etwas vorschmeissen;
auch „das Pferd schmeisst",
schlägt aus; Hl., Th.; s. hinschmeissen, verschmeissen.

Schmer, „das soll dir nicht zu Schm.
gedeihen", wenig Nutzen bringen,
übel bekommen, Drohung, bes. bei
unrechtlichem Erwerbe.

Schmergel, der, schmutziger Saft in
Tabakspfeifen; Schl., Eg.; Th.:
Schmorgel; die Pfeifen schmergeln,
sie werden ganz verschmergelt,
sie schmaddern dann.

Schmettern, vom Gesang der Vögel
auf die Stimme des Menschen übertragen: das Lied, den Toäst hab' ich
scheene 'rausgeschmettert; s.
Schmetterling, 2.

Schmetterling, 1. „es ist ihm ein
Schmetterling angeflogen", er hat einen Orden erhalten (A. v. Humboldt
soll seine Orden seine „Schmetter-
lingssammlung" genannt haben); s.
Bierzeichen; 2. einen Schm. aufschlagen, ein helles, schmetterndes
Gelächter; s. schmettern.

Schmiege, die, Zollstab des Zimmer-
manns u. s. w.

Schmiere, die, 1. Prügel, daher: Einen
abschmieren; Wn.; 2. „eine
schöne Schmiere", eine garstige
Geschichte; Th.; „in die Schmiere
kommen", in eine unangenehme
Sache verwickelt werden; 3. „es ist
eene Schmiere", einerlei! wie: eene
Wichse.

Schmieren, 1. Gebäck mit Butter, Fett,
Pflaumenmus u. dgl. bestreichen; Wn.;
2. prügeln, besonders „ausschmie-
ren;" s. Schmiere; 3. in einen Stich
beim Spiele Augen einwerfen, wie
brocken.

Schmiermeste, die, unsauberer Mensch;
s. Meste; in Brl. Schmierfinke.

Schmiez, der, Striemen; mhd. smiz,
Ruthenstreich, smitze, Hieb; s.
Schmitze.

Schmirgel s. Schmergel.

Schmiss, Puff, Stoss, Hieb; bei Studenten auch die von einer Wunde zu-
rückbleibende Narbe im Gesicht;

Schmisse besehen, Prügel bekommen.

Schmitze, Schmieze, die, das feinere Stück am Ende einer Peitschenschnur; Hb.: Schmetze; trifft sie Einen ins Gesicht, so hinterlässt sie einen Schmiez; s. d.

Schmöcher, Schmöker, der, (altes, verräuchertes, angeschmaucht aussehendes) Buch; Brl.; s. Schinken, 1; davon: schmöchern, schmökern, eifrig über Büchern liegen, bes. über Romanen.

Schmu machen, Schwenzelpfennige machen; vom Schneider: ein Stück Zeug („Schmufleckchen") unterschlagen; Brl.: seltner: Schmus, Schmul; jüdisch: Schmu — Gewinn.

Schmusen, schwatzen, vertraulich reden; Rw.

Schnabeliren, essen; Schl., Hz.; das Geld verschnabeliren, verzehren.

Schnacken, reden, schwatzen; ND.

Schnackisch, schnakisch, sonderbar, possirlich.

Schnalle, auf die unnütze Frage: welch' Zeit ist es? erwidert man: „drei Viertel über die Schnalle, wenn's schlägt, ist's alle;" in Zch. „drei Viertel uf Bohnestäcke;" vgl. Erbsen, 2.

Schnappen, es schnappt ab, es geht zum Ende; es hat geschnappt, es ist aus! bes. beim Spiele; abschnappen, kurzab aufhören (wohl von einem Schnappschloss hergenommen).

Schnaps: — klar wie Schnaps; s. Dinte, 1, Klossbrühe.

Schnapsen, 1. Branntwein (Schnaps) trinken; 2. Trunkenbold sein.

Schnarpeln, der Laut, welchen das Durchschneiden von Knorpel u. dgl. gibt; in Ab. „schrobeln", an andern Orten: „knarveln".

Schnarpsen s. schnorpsen, 1.

Schnauben, sich, f. schnäuzen; vergl. Schnupftuch.

Schnauzen, grob reden; anfahren, anschnauzen; Sch., Bsl.

Schnauzer, der, Schnurrbart, s. Schnurre, Schnurrwichs; Gramm. § 158.

Schnädeln, Bäume ausschneiden, ausputzen; von schneiden.

Schneeballen, schneebällern, mit Schneeballen werfen; auch: sich sch.

Schneesieder, langsamer, schläfriger, ungeschickter Mensch; wie Leimsieder. Th.: Schnäbuller; s. Bullē.

Schneffel, der, 1. kläffiger Hund; 2. naseweiser Mensch; auch Schniffel.

Schneide, ich habe keine Schneide, keine Lust. Pf., Wn.; in Rl.: es hät mich kein Niet; vgl. Fiduz, Mage.

Schneiden, 1. sich, verrechnen, täuschen; 2. wie postmeistern, schinden.

Schneider, 1. f. die langbeinige, spinnenähnliche Wandmilbe, phalangium; Di.: Weberknecht; 2. Schneider werden im Handel: den ganzen Tag Nichts lösen; im Spiel: doppelt zahlen müssen; 3. „es gimmt e Schneider in Himmel", wenn zufällig zwei Personen gleichzeitig Dasselbe sagen; 4. laufen wie ein Sch., sehr schnell; 5. essen wie ein Sch., sehr wenig; s. Schneiderkarpfen.

Schneiderbock, Spitzname des Schneiders, wie Bock.

Schneiderfips, wie Schneiderbock; s. Fips.

Schneiderkarpfen, Hering; Anspielung auf die sprichwörtlich geringe Leistung der Schneider im Essen; Brl., ND.; in Hb. nennt man Brot mit Salz und Kümmel „Schneiderkaas;" s. Schneiderschenke.

Schneiderkourage, 1. wenig Muth; 2. Witzname der Krätze.

Schneidermamsell, Mädchen, welches in Familien „schneidern geht" d. h. Kleidungsstücke anfertigt; die nur Wäsche u. dgl. nähen, heissen Nähmamsells, Weissnäherinnen, Nähepuze.

Schneiderschenke nannte der Volkswitz den wegen seines angeblich vorzüglichen Wassers, bes. in den vierziger Jahren, häufig von Spaziergängern besuchten Johannesbrunnen oder Bettelborn auf dem Augustusplatze.

Schnellerchen, die grünen Samenknöllchen der Kartoffel, weil sie an eine spitze Gerte gesteckt und fortgeschnellt werden, was in Dradn. bumbällern heisst.

Schneppe, die, 1. röhrenförmiger Ausguss, Schnauze an Kaffeekannen, Krügen; Vornehmthuer sagen: die Schnepfe! D.: das Nipp; dann die Schn. an Miedern, Schneppentaille u. s. w., 2. Dirne; Bsl.

Schnepprig, schnäpperig, naseweis, schnippisch; geschwätzig; Pf.; verwandt mit Schnabel, schnappen; in Ab. Schnapp-Rüssel; in Wn. Schnabel; in Schw. Schneppe f. naseweises Frauenzimmer, das wir manchmal

„Schnepper" nennen; Wn.: g'schnappig; Schw.: schnabelschnell).

Schnerksel für Schnörkel; davon: verschnerkselt, mit Zierathen überladen.

Schnickern, 1. behaglich lachen; „der schnickert nich schlecht" (nicht wenig); 2. s. schnippeln, 2.

Schniegeln, sich, übertriebene Sorgfalt auf den Anzug verwenden; auch: „er ist immer geschniegelt und gebügelt."

Schniepel, der, 1. Frack; Brl., Sbg., ND.; Würzb.: Schnippel; von der „Schneppe", in welche er ausläuft; s. Klinke; 2. Stutzer; dieser ist ein „schnipulöser" Kerl.

Schniffeln, das, unangenehmer Laut beim Einziehen der Luft u. s. w. in die Nase; auch Ztwt.

Schnippeln, 1. schnitzen, besonders unnütz an Etwas herumschneiden; Schw.; daher: Papierschnippelchen oder Schnipsel statt Schnitzel; verschnippeln, durch Schnippeln verderben, verunstalten; „e Frack, das is Sie nur blos e verschnippelter Rock;" 2. das Aufspringen der Fische im Wasser, wie: schnickern; auch: flink, bebend, geziert, behaglich, unnütz hin- und herlaufen; davon: ein Schnipplig, der es thut.

Schnipperschnäppisch ist Einem bei gelindem Katzenjammer oder anderer Uebelkeit; bei Kinkel: verschnäppig; s. nippernäppisch; Gramm. § 143.

Schnipplig, der, s. schnippeln.

Schnipps, der, 1. Nasonstüber od. ähnliche schnippende Berührung; s. schnippsen; 2. kleiner Mensch; auch der Schnipplig, wie Fips.

Schnippsel, das, Schnitzel; s. schnippeln, 1.

Schnippsen, mit den Fingern einen kleinen Knall hervorbringen; vergl. „ein Schnippchen schlagen;" s. Schnipps.

1. Schnitt, es, f. es schneidet; Hl.; s. Gramm. § 204.

2. Schnitt, seinen Schnitt machen, gute Geschäfte machen; wohl vom Schneiden des Getreides, Honigs u. s. w.; s. Schlag, 2.

Schnödderige Redensarten, spitze, herausfordernde, beleidigende Reden; Brl., Rtr.; von ND. der Schnoder, SD. Schnuder = Rotz, the snot; s. Schnudel.

Schnorps (Schnarps), der, Sechsund-

sechzig (Kartenspiel); manchmal f. Gewinn überhaupt.

Schnorpsen, 1. bezeichnet den dumpf knirschenden Laut beim Zermalmen von scharf Gebackenem, beim Käuen der Kühe, Ziegen u. s. w.; dann: essen überhaupt; Eg., Th.; — ferner den scharfen, schnarrenden Ton beim Gehen auf hartem Schnee: „es is so galt, dass 's ordlich schnorpst;" 2. Schnorps spielen, s. d.

Schnorz, es ist mir ganz schnorz (schnurz), einerlei; wie Schnuppe; Schl.: es is m'r Kaff (was plattd. — Spreu ist).

Schnudel, der, sichtbar werdender Nasenschleim, auch andere Unsauberkeiten, bes. wenn sie beim Essen vorkommen; P.: Schnuder; s. schnodderig; daher: schnuddlig, schmierig, unsauber; eine schnuddlige Köchin, schnuddlige Wirthschaft.

Schnüffel, der, Einer der überall herumstänkert, herumschnüffelt, Topfguker u. s. w.; s. dggn.: Schneffel.

Schnullen, Schnulleh (Schnullereh) machen, Kinderausdrücke f. harnen; s. lullen, bullen.

1. Schnupfen, bei mir hast du geschnupft; 1. das machst du mich nicht glauben; à d'autres! — 2. bei mir hast du es verdorben, verschüttet, mir komm nicht wieder!

2. Schnupfen, er hat den Schnupfen (mit Hindeutung auf die Stirn), er ist dumm; vgl. brustkrank und Lehmann.

Schnupftabak, „er war weg wie Schnubdewük", schnell spurlos verschwunden; s. Schwenke, Röhrwasser.

Schnuppe, es ist mir Schnuppe, gleichgiltig; Brl.; s. Schnorz, Pomade, Wurst, Wichse.

Schnure, von der Schnure zehren, nicht vom fortlaufenden Erwerb leben, sondern von seinen Ersparnissen, vom Kapitale; Eg.; wohl von den an eine Schnur gereihten Münzen oder Kleinodien; mhd. von der snuor verzern.

Schnüren, übertheuern, prellen, besonders von Gastwirthen; B., Pf., J. u. s. w.

Schnurre, die, langes, gedrehtes, abstehendes Ende des Schnurrbartes; s. Schnurrwichs.

Schnurren, 1. betteln; Rw.; jüdisch: schnorren, daher: Schnurrer, Schnorrer; ND., Hb., Pf. u. s. w.; 2. Ausdruck der Studenten: sie schnurren eine Vorlesung, welche sie besuchen, ohne den Vortragenden zu bezahlen; sie schn. im Konvikt (Speisesaal), d. h. sie essen umsonst für einen Ausbleibenden.

Schnurrwichs, auch Schnurrer, der, Schnurrbart; s. Schnurre, Schnauzer.

Schnute, von Schnauze, f. Mund, Maul; Rh.: Schnüs; D.: die Snut; auch dän., holl., schwed., engl.

Schobhut, Schaubhut, schlechter, unförmlich grosser Hut; soll mit Schober zusammenhängen und Strohhut bedeuten, der im Eg. u. V. Schäbhut heisst; in Schw. Schaubhut; in Th. ist Schaubhut ein grosser Frauenstrohhut; in Hl. Schofhut; die Schapel ist im Schwarzwald eine gewaltige Krone von Gold- und Silberflittern, Glaskugeln, Münzen u. s. w.; im V. ein Brautkranz; in Zch. Schäppeli. Bänder, in Blumenform geschlungen, als Schmuck der Landschönen bei Hochzeiten u. Taufen; mhd. schapěl, Kranz als Kopfzier; — vgl. Schiepel, Schabbesdeckel.

Schocher s. Zschocher.

Schockschwerenoth, 1. als Fluch; 2. „alle Sch.", allerlei Unangenehmes, Dummes, Uebles; „Nabolijon hat Reissen, Blasenleiden und alle Sch.; der kooft alle Sch. (allen Deiwel)", alles Mögliche; vgl. alle, 4.

Schofel, 1. gemein, schlecht, erbärmlich; Schl., Hb.; 2. der Schofel, der Abschaum; jüdisch; davon auch: schofulös, Schofelinski u. s. w.

Scholt, ich, für schalt; s. Gramm. § 208.

Schon, wird oft kurz ausgesprochen, das gilt aber für schlecht; ebenso schonst, schont, welche „ausdrucksvoller" sind.

Schön s. scheen.

Schoner, gehäkelte oder gestrickte Decke auf dem Sofa, zu dessen Schonung.

Schönheit, der, „das ist ja eben die Schönheit", das ist das Schöne, Drollige an der Sache.

Schonst, schont s. schon; Schl. schund.

Schöpschristel, dummer Mensch; Schl.

Schorben s. scharben.

Schorsch, der, 1. Schornstein, auch Schorst, Schorrsteen; 2. als Kellnername f. George; kommt mehr u. mehr ab, ebenso Jean.

Schösschen, das, kleine Scheibe zum bequemeren Oeffnen in grösseren

Fensterflügeln; jetzt abgekommen; Hl.

Schosskelle, die, korbförmiger Fuhrmannssitz an Frachtwagen u. s. w.; Eg.

Schotenhüter, aussehen wie ein Schotenhüter, verwildert, abgerissen u. s. w.

Schotentoffel, alberner und ungezogener Mensch; bes. auch, wenn er ungeschickt gekleidet ist, wie eine in die Schoten gestellte Vogelscheuche: s. Toffel.

Schräg, betrunken.

Schramme, die, Ritz in der Haut, eine Schnarre; Ob.-Oe.; davon: sich schrammen.

Schrammen, 1. s. Schramme; 2. rennen, wie bürsten; auch ausreissen, Ausdruck der Kinder, bes. vom Entlaufen aus Schularrest

Schräpeln, mühsam arbeiten, Etwas erschräpeln, zusammenschräpeln, mühsam verdienen. In Pf. ist schrappen — gierig sammeln; Rtr. und D.: schrapen — scharren, kratzen, raffen; in Hb.: schropel, mit dem Messer kratzen (an Rüben u. s. w.).

Schraube, es ist eine Schraube bei ihm los (oder locker), er ist nicht recht gescheit.

Schreck, 1. „das Glas hat einen Sch. gekriegt", einen schwachen Sprung; in Ab.: Schrock; mhd. schrick, Sprung, Riss; zerschrecken. zersprungen; 2. „e is mit tausend Schrecken" — erschrecklich, erstaunlich; s. schrecklich; „Gott bewahre mich vor Schrecken", in ähnl. Sinne.

Schrecken, eine heisse Flüssigkeit durch Eingiessen von Kaltem ausser Kochen oder zum Setzen bringen (z. B. unfiltrirten Kaffee); Wn.; dgg. heisst in Schw. verschrocken: ein kaltes Zimmer (oder Wasser) ein wenig erwärmen.

Schrecklich für sehr stark; s. bös; „ich bin dir schrecklich gut;" auch als Adj.: „es waren schreckliche Menschen da" — sehr viel; s. Schreck.

Schrek, ich, oder schriek, f. schrie; sie schreken oder schriken; s. Gramm. § 212, 134, 135.

Schreppen; — man schreppt den jungen Weizen (schneidet ihn mit der Sichel), damit er bessere Aehren treibe; von schröpfen; Bsl.: d' Räbe schräpfe, die Weinstöcke leicht hacken u. von Unkraut säubern.

Schriezen, in einem feinen Strahl hervorspritzen; daher: Schriezbüchse, eine ganz kleine Kinderspielspritze; Einen anschriezen, beschriezen, auch: strietzen.

Schrittschuh für Schlittschuh; so bei Klopstock, Rtr.; mhd. schrit-schuoch; Schr. laufen gilt für vornehmer, als: „Schrittschuh fahren".

Schroten, stark essen; Schweinefutter wird geschroten, grob gemahlen; mhd. schröten, schneiden. zerhauen; engl. to shred.

Schrumpeln, zusammenschrumpfen; davon schrumpelig, verschrumpelt, eingeschr.

Schrüz, der, alles Werthlose, „Schund;" „lauter Schruz von Gesellschaft".

Schubb, der, 1. Stoss; Eg., Rtr.: Schupps; mhd. schupf, Schwung; davon schubben — durch Stösse fortschieben; Rtr.: schuwen; 2. ein Trupp Leute, die sich stossweise vorwärts drängen; so: „Ich kam mit dem ersten Schub ins Theater", mit der ersten Abtheilung des Gedränges; 3. Wer sich nicht abgesondert trauen liess, sondern — wo es weniger kostete — mit einer ganze Menge, wie das vor Erlass des Civilgesetzes Montags früh zu geschehen pflegte, wurde „mit dem Schub getraut", auch: „mit dem ganzen Korps", oder „an der Leine".

Schubben, schuppen, schuppsen, 1. stossen, hastig schieben, bes. im Gedränge; bei Freytag im Freikorporal bei Markgraf Albrecht; Sz., Wn.: schupfen; Schl.: schippen; 2. sich schuppen (von den Schuppen der Oberhaut), sich reiben, jucken, kratzen.

Schubiak, der, schäbiger Kerl, Hallunke; J., K.

Schubriegel, bildlicher Ausdruck der Schlosser für ein Butterbrod.

Schubsack, „Das hat seine geweisten Schubsäcke", seine guten Gründe; Eg.; s. Gramm. § 206.

Schuck, Schuk, der, f. Schuh; P.; daher das Schükelchen; vgl. Geschüche; s. Gramm. § 135.

Schuckeln, an Etwas rütteln; Brl.; in Hl.: zuckeln; engl.: to shake, I shook.

Schuftig gehen, schäbig, armselig, schlecht gekleidet sein.

Schuhriegeln s. schurigeln.

Schuhwichse, „er ist ein guter Kerl, er frisst keine Schuhwichse (Schubschmiere, Stiefelwichse, Fensterladen, auch: er „macht" keine Stiefelhölzer);" ironisch: mit seiner Gutmüthigkeit ist

es nicht weit her; er ist nur in mancher Hinsicht gut, oder zu dumm, um nicht harmlos zu sein.

Schükelchen, Schikelchen, kleiner Schuk — Schuh; Rtr.: Schäuking.

Schuldenfresser, der, spöttisch: Hund unbemittelter Leute, welche besser thäten, keinen zu füttern.

Schuldleute, die, Gläubiger, nicht etwa Schuldner; „die Sch. loofen ihm's Haus ein;" mhd. schuldener und schuldiger, sowohl Schuldner als Gläubiger.

Schule, die halbe, kleine oder niedere Schule machen — pissen; die ganze, grosse oder hohe Schule machen — hofiren.

Schullen wie schnullen; L., Eg.; Schulle, Harn.

Schummeln f. das gebräuchlichere beschummeln; Bsl.: schummele.

Schumperlied s. Schlumperlied; Hl.

Schund mit Einem treiben, stark hänseln; s. Affenschande, Lork, Schafmist, Zschochersch.

Schundgrube, Senkgrube; Schw.: Schwindgrube.

Schundkönig, der, Senkgrubenräumer; „Schund" ist Auswurf, elendes Zeug überhaupt, bes. von allerlei Waaren; wie Schruz; in Wn.: Nachtkönig.

Schunkel, Schaukel, davon schunkeln, vgl. schuckeln; bild. „er is widder in der Sch.", betrunken, mit Bezug auf das Schwanken.

Schupp, schuppen s. Schubb, schubben.

1. Schur, der, absichtliche Kränkung, verletzende Verbotsübertretung; mhd. schuor, Schererei, Plage; „Jemanden einen Schur spielen", ihm Etwas zum Schure (oder Tort) thun, zum Schure leben;" Th., B.; in Wien: Schur.

2. Schur, die; er hat die Schur, anstatt er ist du jour, auf Posten, Dienst.

Schurigeln, plagen, quälen, chikaniren; kommt — nach Andresen — nicht von Schuh und riegeln (was man auf die Fesselung von Gefangenen bezog), sondern von schurgeln, schorgeln, was wieder von schurgen oder schürgen abgeleitet ist (bei uns schergen, s. d.), einer Verstärkung von schürn, ahd. — heftig bewegen, reizen, antreiben.

Schuss, einen Sch. haben oder: angeschossen sein, verliebt, angetrunken, auch etwas verrückt; aus der Jägersprache.

Schussel, seltner: Zuschel, die, kleine

schmale Eisbahn, Gleit-, Glitschbahn, auf Pfützen, dem Schnee u. s. w.; in andern Gegenden: Schleife, Schleifze, Schurre, Glittbahn (Oe.), Schliffi (Basel), Schlidder (Westpr.), Schlitterbahn, Schorrbahn (ND.), Glander (Hl.), Risel (Stm.), Kösch (Hb.), Rutsche, Ruschel, Schinder; holl.: glijdbaan, sullebaan; dän.: glidebane; in der Schussel sein, wanken, wie betrunken; — schusselig; 1. glatt, von Wegen; 2. taumelnd, angetrunken; s. schusseln.

Schusseln, seltner: zuscheln, schuscheln (Hl.), auf dem Eise gleiten, ohne Schlittschuhe (zuscheln heisst in Th. schnelllaufen; zöschen, zotschen in Hb. schleifend rutschen); ein bezeichnendes hochdeutsches Wort gibt es nicht, jede Gegend hat das ihrige; V.: glännern, ruscheln; E.: rutschen, rütschen, schlimern, klendern; Fr.: schleimern; Hz., Hl., Mb.: glandern, Hz.: schlickern; NS.: schlittern, schlitschen; Pf.: klennen; F.: hätscheln; L.: belseln, zescheln, schindern, tschullern, tschunnern, sullen; Schl.: tschiutschern, tschindern, käscheln, käscheln; Eg.: tschindern, schenschern; bei Drsd.: kladerietschen; Luzern: schlifen; Bsl.: schliffe; Oe.: schlipfezen, schleifen, schurren, glitschen; Braunschweig: schlickern, gliesecken; Koburg: züschern; Jüterbogk: schüttern; Tb.: zeschen; NS.: slidern; Sbg.: schwünzeln; Westf.: schlindern; in Aachen, sehr nüchtern: Bahn schlagen; PP.: schorren; natürlich meist mit Zischlaut und mit l (das Gleitende) oder r (das Schurrende bei rauhem Eise oder grobem Schuhwerk); franz.: glisser; engl.: to slide; holl.: glijden, sullen.

Schuster, 1. für Schuhmacher, gilt aber für unhöflich; 2. Kaffee; „einen guten Schuster kochen;" 3. Dreiling, ein Roggengebäck, auch Schusterjunge, Seelenwürger, Schwellhupprich genannt: „ein gewichster Schuster", Dreiling mit Butter; in Brl.: Schusterjunge f. Salzkuchen; 4. spielen wie ein Sch., schlecht; s. Lohgerber; 5. „ä hocher un ä weiter, ä Schuster un ä Schneider!" Ausruf, beim Ballschlagen, um den Fängern einen Ball anzusagen, der hoch und weit geben soll; vgl. Sandlatscher und Sterngiekler.

Schusterkneif, Schimpfname für Schuhmacherlehrlinge; es wird ihnen auch zugerufen: „Schuster Kneif, dei Vater feift, deine Mutter winkt, dein — stinkt!"

Schustern, Etwas pfuscherhaft ausführen; bes.: zusammenschustern (ein Haus, Sopha, Buch u. s. w.).

Schusterprise, eine unbescheiden grosse, aus fremder Dose genommene Prise.

Schütte, die: — eine Schütte Stroh ist ein Bund langes Stroh; Sch., Hl., Hb.

Schuttern, etwas schwächer: schüttern, erdröhnen, erzittern, erschüttert werden. „Das ganze Haus schuttert". wankt; s. schuckeln; ND.; auch bei Luther; Friedr. Hofmann, Rattenfänger von Hameln: Wenn der Tanzboden schottert und klingt.

Schütz, der, Meister (im Munde der Arbeiter); Bsl.; wie Krauter.

Schwabbeln, wackeln, gleichsam hin und herwogen, von einem Schmerbauch u. dgl.; Di.: schülpen, schülpern; davon schwabbelig; Hb.; auch soviel wie: schwummerig; s. quabbelig u. schwabben.

Schwabben, 1. die Hin- und Herbewegung des Wassers, das an den Rand eines Gefässes (oder auch ans Ufer) anschlägt; Bsl.: schwapeln; 2. heftig giessen; „er schwabbte mir einen Eimer Wasser übern Hals", oder „er goss mir e Schwapp Wasser uffn Nischl"; „du hast e scheen'n Schwabbch gekocht", zuviel Kaffee, zu dünnen; davon: schwabbeln, schwäppern. Aehnliche Formen in Brl., E., K., Pf.; anderswo auch schwatteln; verwandt mit dem Ausruf: schwapp! Rl.: Schwapp — Schlag.

Schwabe, der, für die Schabe (Insekt, Blatta); Oe.; in „Schwaben" und in Russland nennt man sie „Preussen", in Tir.: „Russen!"

Schwade, Mundwerk; „eine gute Sch. haben" (la suade); auch Schwarte; A.; davon: schwadroniren, viel und geläufig schwatzen; der Schwadronör; mhd. swaderer, Schwätzer; das Geschwadronire, die Schwadronirerei; Sdt.: das Geschwuder.

Schwafeln, gedankenlos reden; Eg., Ab.; in Wien: schwaibeln; Bsl. schwapele; Schwafelhans, Schwafellise, Schwätzer; Bsl.: Schwapeli, Schwapelmaijer.

Schwager, der, verlängert aus Schwär, Furunkel.

Schwalbe, Ohrfeige; Hl.

Schwalbenschwanz, Frack; Bsl., Sbg.,

in N.Amer.: swallow-tail; s. Klinke; in ND. ist Swälkenswanz Spottname des Küstermantels.

Schwalch, der, eine grosse Masse Flüssigkeit, besonders von dünnem Bier, Kaffee u. s. w.; s. schwabben. 2; von Schwall, mhd. swalch, Flut, Woge (Schiller: „dass die eingepresste Flamme schlage zu dem Schwalch hinein").

Schwamm, der ganze Schwamm, Alles (verächtlich); „ich habe noch 8 Groschen, das is der ganze Schw.", wie Briezel, Quark u. s. w.

Schwammbel, der, f. Schwanenboi; s. Gramm. § 104 a.

Schwämme, „er geht in die Schwämme und sucht Pilze", sagt man auf die unberufene Frage, wo Jemand sei.

Schwanen f. ahnen; s. swanen.

Schwang: — für den Schwang halten, die Gefahr abwenden, aufhalten; Eg.; ähnlich: „für den Riss stehen".

Schwansfedern bekommen, Etwas merken; s. schwanen.

Schwanz, 1. der Kaffee hat einen Schwanz, unangenehmen Beigeschmack von einer „falschen Bohne;" 2. „nicht ein Schwanz", gar Nichts; „nicht einen Schw. hat er in der Schüssel gelassen" (wenn auch nicht eben Fische drin waren); „es is kee S. mehr da" — il n'en reste la queue d'une; 3. „einen Thaler, einen Brief auf den Schwanz schlagen", unterschlagen; verwandt mit Schwänzelpfennige?

Schwänzeln, 1. geziert gehen; „sie schwänzelt, als wollte sie die Gasse kehren;" so Jes. 3, 16 von den Töchtern Zions! 2. viel herumlaufen.

Schwapp, der, s. schwabben; Eg.; auch Schwabs.

Schwäppdohle, die, Cylinderhut, weil er leicht schweppt d. h. kippt; s. schwäppern und Dohle, Angströhre.

Schwäppern, 1. schwanken, v. Flüssigkeiten in einem Gefäss; Eg.; 2. diese durch „Schwabben" zum Ueberlaufen bringen, Etwas davon verschütten, verschwäppern (Di.; ND. auch schülpern); also weniger heftig als beim schwabben, s. d.; bei einem plötzlichen Ruck schwappt es über, beim Zittern schwäpperts; Wn. anschwabazen;— ein „Bauch schweppert" einem Wohlbeleibten; ein Glas u. s. w. ist geschwäpperte voll, auch: geschwappelte voll, zum

Ueberlaufen; N.: geschwipperte voll; bei Aug. Kopisch: es war bis oben schwippe voll (ein Fass); Schw.: geschwäppelte, geschwippelte voll.

Schwarte, 1. Scharteke, altes Buch; auch: Schwarteke; vgl. Schinken; 2. „arbeiten, prügeln u. s. w., dass die Schwarte knackt", gehörig, tüchtig, comme il faut; mhd. swarte, Haut des Menschen; PP.; 3. s. Schwade.

Schwartenworscht, die geringste Sorte Wurst; „Etwas in die Schwartenworscht hacken", es verächtlich wegwerfen.

Schwarz, „das ist zum Schwarzwerden", vor Aerger; „du kannst warten (dich plagen u. s. w.), bis du schw. wirst", — es ist vergeblich; s. schielig.

Schwarze, der, 1. Essenkehrer; 2. Geistlicher, wie Schwarzkittel; ist allgemein; ein Lpz. Landtagsabgeordneter pflegte die ihm unlieben Geistlichen „die schwarze Brigade" zu nennen; 3. der Teufel.

Schwarzkittel, der, Geistlicher; s. Schwarze.

Schwarzsaure, das, das mit Blut und Essig zugerichtete Gänseklein (Gänseschwarz) oder Hasenklein (Hasenschwarz).

Schwede: 1. alter Schwede, gemüthliche, scherzende Anrede f. alter Bursche, alter Freund u. s. w.; Brl.; 2. die Schweden kommen! ein noch öfters im Scherze gebrauchter Ausruf, der auf eine nahende Gefahr aufmerksam macht; wahrscheinlich aus dem dreissigjährigen Kriege stammend; auch: „bett't Kinder, die Schw. kommen", macht euch auf Schlimmes gefasst; ähnlich in Hss.

Schwedenkopf, Frauenkopf mit kurz abgeschnittenem Haar.

Schweessen, schwitzen.

Schwefelbande, Gesindel; Bsl.; auch schriftdeutsch.

Schweimel, Schwindel (Unwohlsein); mhd. sweimen, schweben, sweibeln, schwanken; davon: schweimeln; es wird mir schweimelig; Eg.: schwämelig; L., Hz.: Schwimel; Rtr.: beswimen — ohnmächtig werden; Beswimniss, Ohnmacht; — my head swims.

Schwein, wie Sau, 1. 2; Schw. haben (Rtr.) — Glück; ist gebräuchlicher als „ene Saue haben;" 1. die Redensart: „dumm wie e Schwein", tritt bes. in der eigenthümlichen Form auf: „so dumm wie Schefflern (oder Scheppen) sei Schwein;" 2. „bluten wie e S.", stark; Rb.: „wie ä Sau". Zusammensetzungen: Schweinebande, Schweinebartel, Wn.; Drecksohwein, Schweinehacksch, Schweinebraten,Schweinehund, Schweinekerl, Schweineluder, Schweinemagen, das Schweinemensch, Schweinepelz, Schweinepriester (für: Saukerl), Schweinewirthschaft,Schweinezucht (grosse Unordnung, Liederlichkeit), Pf., Wn. u. s. w.; s. Sau.

Schweinsknöchelchen (mit Gleessern), Lieblingsabendessen der Leipziger; in Brl.: Eisbeine.

Schweiz, Name eines Stadtviertels (Ulrichsgasse und Nachbarschaft), das früher meist von Armen, auch von allerlei Gesindel bewohnt war; s. Sandgässer. Aehnlich in Brl.: „das Vogtland".

Schwellenhupprich, der, Dreiling, s. Schuster.

Schwemmen gehen, sich baden.

Schwengel, bes. Ladenschwengel, Ladendiener, Kommis; s. Schwonig.

Schwenke, „weg wie Sch.," schnell und gänzlich verschwunden, wohl wie Schwenkwasser, das man schnell wegschüttet. Rl.: fort wie uisgelassner Schmer; s. Schnupftabak.

Schwenkerling, ein Ruck, nicht so heftig und kurz abgebrochen wie ein Schlenkerich, mehr drehend (engl.: jerk). „Einem einen Schwenkerling geben;" von schwenken; man sagt auch: „Schwinderling;" vgl. Gramm. § 159: Rennerich u. s. w.

Schwenzelenz, Ausruf der Ueberraschung, des Zornes, f. schwere Noth; bes potz oderGotts S.;s.Schwerebret.

Schwerebret f. schwere Noth! s. Schwenzelenz.

Schwere Hacke, ebenso.

Schwerenoth, „es ist, um die Sch. zu kriegen!" Ausruf des Aergers, der Verzweiflung; s. Schockschwerenoth.

Schwerenöther, 1. Schimpfwort, wie Schwerenothskerl; Pf.; 2. Kompliment: „das ist ein wahrer Schwerenöther", durchtriebener Tausendsasa, guter Gesellschafter u. s. w.; Rtr.; 3. „den angenehmen (interessanten) Schwerenöther spielen", bes. von blasirten Salonmenschen gesagt, sich einschmeicheln, den Galanten spielen,

die Kur schneiden, „Süsseholz raspeln".

Schwiemel, der, 1. Schwindler; 2. verbummeltes Subjekt; schwiemelig, Schwiemelei; herumschwiemeln; Brl.; mhd. swimel, Schwindel, swimen, schwanken; s. Schweimel.

Schwiepe, Schwippe, die, eine schwanke Gerte; von wippen (schnellen); s. Gramm. § 143; H., Hz.: eine Schwepe; NS., D.: Swep, Swäp — Peitsche; vgl. engl.: sweep u. whip.

Schwierigkeit, „nach der Schw.", z. B. nähen, rennen, trinken, f. sehr stark.

Schwiete, die, 1. Reihenfolge (la suite); z. B. immer in einer Schwiete (oder angeschwitt — ensuite) fort; Rtr.: in eine Swit; s. Dusswitt; 2. eine Menge Leute: „er kam mit ener ganzen S. angerückt;" 3. loser Streich, auch lustige Geschichte, Schnake; Th.: Schwidden; davon: Schwietier, auch Schwittjeh, Possenreiser, durchtriebener Kerl, Bruder Luft, Bummler, loser Vogel, lockrer Zeisig, liederlicher Herumtreiber u. s. w.; Brl.

Schwinde, die, besonders in der Mehrheit: die Schwinden, trockner Hautausschlag; V.

Schwinderling s. Schwenkerling.

Schwipps, einen Schwipps haben, etwas angetrunken sein; PP.

Schwischen für zwischen, s. d.; Schl.: schwischper; vgl. schwitschern; Gramm. § 96.

Schwitschern f. zwitschern; vgl. schwischen; Hl.; Gramm. § 96.

Schwof, 1. Schweif; „sie hat e langen S. hinter sich", viel Gefolge; 2. Tanz; auch: Kuhschwof, vom Mägdetanz auf dem Lande; (Brl.: schwofen; 1. tanzen; 2. sich herumtreiben, umherschweifen); mhd. ist sweif nicht nur Schwanz, sondern auch schwingende Bewegung; sweifen, schwingen.

Schwonig, auch Schwung, der, Ladendiener, auch Kommis überhaupt; vgl. Schwengel.

Schwuchteln, locker leben; s. schwudern; auch gehäuft: schwudern u. schwuchteln.

Schwudde, Fuhrmannsausdruck für links; Hl.; Schl.: schwaade; Sz.: zwuder. — „Der Eine zieht hutte (rechts), der andere schwutte", sie handeln nicht einig; gewöhnlicher ist wüste.

Schwuder, der, allerhand Ausschuss, unnützes schlechtes Zeug, Schofel, Schund; wie Schruz.

Schwudern, wie schwuchteln; Brl.;
überall herumschwudern, sich in
allerlei Kneipen herumtreiben; dgg. s.
„Geschwuder" unter schwadroniren.

Schwul für schwül; Pf.; „es ist mir
schwul", bange; daher: in Schwuli-
bus sein, in Aengsten; ähnlich: kuhl,
kuhlhaftig f. **kühl.**

Schwumm, er, auch schwumb, f.
schwamm; ebenso: geschwummen;
Bspr.; s. Gramm. § 208.

Schwumbse, die, Prügel; durch-
schwumsen; s. Wamse.

Schwummerig, übel (zum Erbrechen),
wie bei Katzenjammer, Hunger; Ab.

Schwund, ich, f. schwand, s. Gramm.
§ 209.

1. Schwung, 1. für den Schwung
halten, s. Schwang; 2. s. Schwonig; Brl.

2. Schwung, ich, f. schwang; s. Gramm.
§ 209.

Schwur, „es ist ihm kein Schwur an
den — Leib gebacken" (man bezeichnet die Stelle wohl auch noch
genauer), er schwört leichtsinnig.

Se f. sie; „is se; sin se?" dgg. steht
Sie für Ihnen; „ich habe Sie das
Buch gegeben;" s. Gramm. § 190. 191.
230, 2.

Sebaste für Subhastation; „das Gut
gimmt in die Sebaste, wird versebas-
tirt", wie „es wird angehängt".

Sechs Dreier, 1. „es ist nicht 6 Dreier
werth", werthlos; Brl.; 2. „er muss
seine 6 Dreier (oder drei Heller)
auch dazugeben", überall hineinreden; s. hineinhängen, Semf.

Sechsknöppler, Sechsknepper, Poli-
zei- oder Rathsdiener; von der Zahl
der blanken Rockknöpfe.

Seechemse, Sech-ämse, die, Ameise,
die sich durch Spritzen vertheidigt;
L., Eg.; s. d. folgde.

Seechen, pissen (von seiben); A., F., J.,
Pf., Brl., Bal.; die Seechte, Harn;
„noch in der S. liegen", ganz ge-
meiu: im Bett; wie Sose; davon:
verseecht, grünlichgelb, wie Grün
durch Urin sich färbt.

Seefe, „ab Seefe" damit Basta! s.
ab und e Walzer.

Seeger, Seeher, Seiger, Seiher, der,
Bspr.; die Uhr; s. schlenkern; E.

Seejungfer, Seejumfer, die, Libelle,
Wasserjungfer (ein Insekt); PP.: Jungfer, verfluchte Jungfer.

Seele, 1. s. Sack; 2. das Rückenmark
der Heringe, Heringsseele; Bauern

pflegen sie an die Decke zu „schlenkern" und sie dort kleben zu lassen.

Seelenkleister, allzudicker Brei, bes.
Grütze.

Seelenverkäufer, ein Auswanderungs-
agent.

Seelenverschreiber, ein sehr scharf
verklausulirter Wechsel; s. Sack.

Seelenwürger, Dreiling, s. Schuster,
3. In B. u. Oe. heisst ein zopfförmiges
Weissbrod, das Kinder von ihren
Pathen am Aller-Seelen-Tage bekommen: Seelenzopf, Seelenwecken.

Seffe, Seffel, Abkürzung für Sophie.

Seffx, der, Seifenschaum beim Waschen.

Sehe, die, die Pupille im Auge; mhd.
sêhe; „Patsch ins Oge, grade in
die Sehe", der Schlag hat gesessen!

Sehen, 1. Nu sehn Se 'mal (an)! ist
es nicht unerhört, seltsam? Hätte
man das erwartet? u. s. w.; 2. f. aussehen: es sieht gelb, schöne, hässlich, reizend; so bei Luther, Gellert,
Wieland, auch noch in der Garten-
laube, Ueber Land und Meer u. s. w.;
Hl., V. Will man aber seine Verwunderung, seinen Tadel über Jemandes schmutziges, liederliches Aussehen
ausdrücken, so heisst es: „Nee, wie
du aussiehst, du siehst prächtig
aus".

Sehre, sehr; auch verdoppelt, z. B.:
thuts weh? „Ei, sehre, sehre!" Es
nimmt auch Endungen an: „e sehrer
guter Kerl, e sehres braves Mädel;"
Steigerung: das ärgert mich noch sehrer; s. auch: setter, recht; Gramm.
§ 171.

Seife s. Seefe.

Seifensieder, 1. einen Seifensieder
haben, wie „eine Nase haben", s.
Lichter, 3; 2. „es geht mir e S. uff",
ein Licht, superlativisch.

Seifenzäpfchen, das, ein Stückchen
Seife, anstatt eines Klistirs verwendet.

Seil, „der tanzt m'r uffn Seele", ist
zu Allem willfährig, geht durchs Feuer
für mich; s. aufhüpfen.

Sein, 1. für sind; Rl.; s. Gramm. § 198;
2. „das is, weil's regnet", es kommt
daher, dass —; — c'est que, it is.

Seitengebäude, altes, f. alter Bursche,
alter Junge, alte Jungfer.

Sekiren, ärgern, verdriessen; lat. secare,
schneiden, schmerzen, quälen.

Selber, elliptisch f. von selbst, ohne
Anstrengung; „die Treppen steigen
sich schlecht, aber nunter gimmt m'r
selber".

Selig, betrunken; H. u. s. w.

Selt, dort; Bspr.; A., Hl., Schw., F.; Sdt.: salte; „seltdremne", Bspr., ein paar Stunden von Lpz., für: dortdrüben.

Seltsenes, etwas Seltenes; 'mhd. seltsaene, seltsam.

Semf f. Senf; NS.: Semp; „seinen Semf überall dazugeben", in Alles hineinreden; s. Heller, hineinhängen; Gramm. § 104.

Semmel, 1. „das ist wie bein Bäcken die Semmel", hat festen Preis; 2. „es geht ab wie warme Semmeln", verkauft sich schnell; so: dem seine Mädel gehn ab, wie warme Semmeln, verheiraten sich schnell nach einander; PP.

Sems, „viel S. um Etwas machen", viele Umstände, viel Lärmen, viel Gerede um etwas Unbedeutendes; s. versemsen, Sums.

'sen, 1. Abkürzung für dessen; z. B. ich habs'n satt; er fand s'n; es gibts'n ja genug! s. errer u. Gramm. § 226; 2. Zusammenziehung von es ihm, sie ihm, es ihnen, sie ihnen; z. B. ich gabs'n — ich gab es ihm oder ihnen u. s. w.

Sessies'chen, das, eine Art Siedewürstchen; zärtlich abgekürzt „Sieschen;" von saucisse.

Sett, auch sette! für seht, seht da! — sette den Gerl! settersch, da hattersch! — nun seht ihr es, da habt ihr die Bescherung.

Setter, Steigerung von sehr f. noch mehr; Bspr.: „hinte friert's noch s." V.; im Eg.: „das strengt noch serner an;" s. sehre.

Setterschte, das, das Aeusserste in einer Leistung; Superlativ von sehr. — „Das ist mein Setterschte noch lange nicht", ich kann es noch viel besser; Bspr.; Ab. u. s. w.

Setzen, 1. es setzt was, oder: was Warmes, aber nischt Gekochtes, — es gibt Prügel; 2. Jemanden setzen, ihn zechfreihalten; der Bezahlende („Wohlthäter") gibt einen „Satz," s. poniren; eine setzen, sie aussteuern; 3. „er setzt Gäste", z. B. ein Brauer, Destillateur, Weinhändler, Zuckerbäcker, die nicht nur „über die Strasse" verkaufen, sondern in ihren eignen Lokalen bewirthen.

Siehtlich s. Auge.

sidd'r — seid ihr; „wo sidd'r'n her?" — woher seid ihr denn? (nämlich:

dass ihr so unverschämt, so pfiffig seid); Gramm. § 190, 2.

Sie, statt Ihnen, s. Se und Gramm. § 190.

Sieben dient als Lieblingszahl für: wenig, unbedeutend; daher „nimm deine sieben Sachen glei mit; flechten Sie sich Ihre sieben Haare;" Bö.: ich habe deine sieben Zwetschken zusammengepackt; — s. funfzehn.

Siegellack, der, gebräuchlicher als das, wie: der Lack; Gramm. § 181.

Sielen, sich, herumwälzen, besonders am Boden, im Bette; Sdt.; NS.: Süle, eine Lache zum Schwemmen der Schweine; Jägersprache: der Hirsch sühlt sich — badet. — Ulfilas: silen, — ruhen.

Siezen, Sie nennen, wie duzen, ihrzen; L.: sierzen; gewöhnlicher: Heernse sagen.

Silbermorgen, scherzweise f. Silbergroschen; Brl.; s. Neukrüpel.

Simmeliren, grübeln, nachsinnen; von simulare? Di., Rtr., Brl.; in Wn.: summeniren; B.: sinniren.

Simmern für sömmern, Betten der Sonne und der Sommerluft aussetzen; schott.: simmer f. Sommer.

Simm'r — sind wir; s. m'r u. Gramm. § 198.

1. **Sinn:** — er hat 7 Sinne wie e Bär, ist ungeschickt, dumm; nimm deine 7 Sinne zusammen; mhd. die siben sinne, die sieben freien Künste.

2. **Sinn** für sind und sein (Zeitwt.); das Fürw. sein heisst „sei"; s. Gramm. § 198.

Sirupsbengel, 1. süsses Herrchen; wie Süssholzraspler; 2. Kommis im Materialladen, der u. A. auch Sirup verkauft.

Sitz, auf Einen Sitz (trinkt er 3 Flaschen, macht er die Arbeit), ohne Unterbrechung, ohne aufzustehen; s. Ritt, Niedersitzen.

Sitzen, 1. „der Hieb (Witz) sitzt", hat seinen Mann getroffen; 2. da sitzt's Leiden, das ist der Grund des Uebels; 3. „da sitzt's", auch: „da sitzt's, hat Mützchen auf", es fehlt (an Geld u. s. w.); Rl.: da setzen se un warten off dich.

Six, „mei Six, meiner Sixen, mei Sixchen!" Bspr., meiner Treu, wahrhaftig! Bürger: „Mein Sixchen, es muss Euch was angethan sein;" ist selten.

Skalliren, spr.: schkalliren, zanken,

schimpfen, verwandt mit schelten, to scold.

So, 1. betont steht für: „ohne weiteres, ohnedies, ohne besondere Veranlassung, ohne etwas eigentlich dazu Gehöriges;" z. B.: „er ist auch so gekommen", (ohnehin, ohne Einladung, Mahnung); „er wäre so wie so zu Hause geblieben" (wenn's auch nicht geregnet hätte, wenn er nicht krank geworden wäre u. s. w.); „das thut er so schon" (ungeheissen, ungedrängt u. s. w.); „ich will das Brot so essen" (ohne Butter u. s. w.); „iss die Aepfel so" (d. h. so, wie sie sind, ungeschält, ungekocht); „zünde die Lampe gleich so an" (so, wie sie ist, ohne sie erst zu putzen); „lege die Kohlen gleich so an" (unzerschlagen); 2. „es is nu so, wie's is", leidlich, nicht besonders; „'s is nu so ene Sache", ein eigenthümliches Ding, schwer zu beurtheilen u. s. w.; 3. so ä = ungefähr; „so ä 3 oder 4 Stunden, so en Ellner viere" = etwa 4 Ellen; 4. un so f. und dergleichen, und so weiter: „dort is immer voll und deier, un so;" 5. f. sehr: „mich hungert so"; s. solch.

Socken, sockeln, Hazardspiele spielen; wie tempeln.

Söffel s. Süffel.

Solch f. gross, bedeutend, stark; z. B. „ich habe solchen Hunger, solche Schmerzen, solches Unglück", s. so, 5, recht.

Solo, der, s. Gramm. § 181.

Sommerthierchen, das, 1. Schneeglöckchen; vielleicht „Thürchen des Sommers?" 2. Marienkäfer, gewöhnlicher: Gotteskühchen.

Sonnenstein (ein Schloss bei Pirna an der Elbe, zur Irrenanstalt eingerichtet): — „sie gehört auf den Sonnenstein; er spielt ein Achtel in der Sonnensteiner Lotterie", er ist etwas verdreht, nicht recht gescheit; will man einen stärkern Grad ausdrücken, so sagt man „er spielt drei Viertel oder sieben Achtel in u. s. w.;" vgl. Stötteritz.

Sonntag: — wenn die Glocke schlägt, ruft man: „schlag zu, dass Sonntag wird!" Wenn eine Uhr vorgeht, sagt man: „die rennt, dass es Sonntag wird;" s. auch: Ochse.

Sonntagsnachmittagsausgehrock, scherzweise f. Sonntagsrock; hübscher bei Rtr.: de Sünndagsnahmiddagschen.

Sortimenter, Abkürzung f. Sortiments-

buchhändler; allg. üblich; Gramm. § 158.

Spalze, die, Granne (s. Achel); anderwärts für die gespaltenen Hülsen des Getreides.

Span, 1. über den Sp. bezahlen, übertrieben theuer; mhd. span, Einschnitt ins Kerbholz; 2. Späne machen, Bedenken, Schwierigkeiten erheben, Ausflüchte machen; mhd. spaenec, streitig; daher: widerspenstig.

Spanbett, das, ein Bett, mit untergespannten Bändern, Gurten; s. Hölzerbette.

Spanischer Schrecken, missverständlich für panischer Schrecken.

Spannblech, das, für Geliebte, Braut (Schlosserausdruck).

Spannen, gespannt horchen, lauschen; auch aufspannen; auf Etwas sp.; Wn., Bsl.; s. Heftelmacher.

Spargelstecher, der, Frack; s. Klinke.

Spass, „das ist nicht zum Spasse;" 1. das ist ernstlich gemeint; 2. es ist unangenehm, auch: kräftig, derb, wie: nicht für die Langeweile, nicht von schlechten Eltern.

Spät, es wird speede wärn, da kannst du lange warten; es wird nicht geschehen; s. schwarz.

Spaz'g für Spaz.

Spazierhölzer, scherzhaft f. Beine; wie Unterthanen.

Speie, die, Speichel, Spucke; Eg.; mhd. spie neben speich, speiche, speichel.

Speieklig, 1. „es ist (wird) mir sp.", zum Erbrechen übel; 2. sp. Kerls, eine sp. Geschichte, f. widerlich.

Speller, der, Holzpflöckchen zum Verschliessen einer Wurst; Di.:Spil; engl.: spill = Pflock.

Spektakel, der, 1. Lärmen; 2. Spiegel (im Scherz); 3. der (selten das) Spektakel, Aergerniss, Skandal.

Spellen, spalten, Rammler: zerspellen; engl.: to spell; s. Rämmelspeller.

Spendiren, 1. f. spenden, bes. spöttisch: „da muss mr schont noch e baar Greden dranspendiren;" davon: spendabel, freigebig; „die Spendirhosen anhaben" (ND.: die Spendirbüxen); 2. f. spediren, expediren, „wir müssen ihn zu Bette spendiren".

Sperfektiv, verdreht aus Perspektiv.

Sperlingsbeine, Sperlingswaden, wie Rothkäthchenbeine; Bsl. Spazebai.

Sperrenzchen machen, sich sperren;

Brl.; ND.: Sperenzen und Spermang (Umschweife); P.: Spirenzeln.

Sperrleiste, die, starker Querstab oben an einem Rüstwagen.

Sperrmaul, das, Maulaffe.

Spichelires, Knabenspiel, jetzt fast vergessen; jeder Spieler hat einen etwa 60 cm langen, 2 cm dicken, unten zugespitzten Stock (der Spiche-lier) und treibt ihn mit einem Hiebe möglichst aufrecht in den weichen Boden; die Andern suchen ihn durch gleiches „Einhauen" umzustürzen u. s. w.; in Greiz: spickern; in Schw. heisst das Spiel: Fuiernikel; altgriech.: xυνδαλισμός; vielleicht von spiculum, Spitze, Wurfspiess; vgl engl.: spike u. Speiche; Spicker heisst in manchen Gegenden ein spitzes Holz.

Spieke, die, Lavendel, Lavandula Spica.

Spiekeliren für spekuliren; Rtr.: spinke-liren.

Spiekzettel, Blättchen mit Anmerkungen zur Unterstützung des Gedächtnisses, besonders bei Rednern, Schülern.

Spiebrig, von Menschen: recht mager, dürftig aufgeschossen; das Mädchen ist recht sp.; was f'r spiebrige Aerme dass se hat! auch: spilberig.

Spiegel, der, 1. die vom Nasenputzen glänzenden Aufschläge Jemandes; die Volksbosheit behauptet, die Soldaten hätten Knöpfe auf den Aufschlägen, um den Spiegel zu verhüten! 2. die in einem Kistchen oben aufgepackten, schöner gearbeiteten Zigarren.

Spielerig, 1. aufs (Karten-) Spiel versessen, wie ein „richtiger Spieler;" 2. Verstärkung f. spielig, welches als hochdeutsch gilt.

Spielig, gern spielend, tändelnd; „eine spielige Katze;" Spühlig klingt natürlich ebenso.

Spiesse, Geld; auch Spiessigkeiten; Rw.: Spiess, Sechspfennigstück.

Spiesser, Spiessbürger.

Spinne, „pfui Sp.!" wie pfui Teufel, äh, äx, pfui Spucke, pfui Kukuk, pfui Geier; sämmtlich auch im Eg.

Spinnekanker, der, Netz der Spinne; auch die Spinne selbst; s. Kanker.

Spintisiren, Etwas ausklügeln, „ergrübeln, ausdifteln".

Spitäl, das, Krankenhaus; dagegen ist „der Spittel" ein Versorghaus aus 2 Abtheilungen (der arme und der reiche Spittel) für mehr oder minder arme Alte; davon: Spittelweiber (bei Hoffmann von F.). So unter-

scheiden sich auch die mit den beiden Anstalten verbundenen Kirchen, die Jakobskirche hiess Spitälkirche, die Johanniskirche heisst Spittel-kirche.

1. **Spitz,** „Etwas spitz kriegen", gewahren, bemerken, sich über Etwas klar werden; ND.

2. **Spitz,** einen Spitz haben, ein wenig angetrunken sein; wie Schwips; P., Pf., Oe.; ebenso: „sich einen S. kaufen;" s. Affe und viele andre.

Spitzbalg, Verstärkung des Schimpfwortes Balg; ähnlich wie Spitzbube.

Spitzbube, ein geräucherter Sp., loser, durchtriebener Kerl; man denkt nicht immer gerade an einen Dieb dabei.

Spitzbubenfuder, das, eine Fuhre Holz, oben auf, zur Täuschung, festgepackt, nach unten — wo der Wagen spitz zuläuft, — recht „sperrig, strakelig", gespreizt, mit vielen Lücken.

Spitzen, sich auf Etwas, zuversichtlich erwarten; Konstruktion wie bei „s'attendre à —".

Splint, der, Splitter; wie Schiefer.

Splinterfasennackig, splitterfasennackicht, ganz nackt.

Spōk für Spuk; davon spoken; rechten Spok machen, viel Lärmen; seinen Spok mit Einem haben, hänseln; s. Affenschande.

Spoun, ich, Bspr.: spunn, f. spann; s. Gramm. § 208.

Spottlahm f. spatblahm; „ich bin ganz sp.", vom Gehen müde.

Sprache f. Rede, Gespräch: — es ist die Sprache davon, dass eine neue Bahn gebaut werden soll; es war eben die Sprache davon; davon is gar geene Sprache — das behauptet Niemand; Rh.

Sprangelweit f. sperr-angelweit, offenstehend, soweit es die Thürangeln nur irgend gestatten; Eg.; Schw.: mangelweit.

Spraukorb, der, eigentlich Spreukorb; dann ein grosser, offener Korb überhaupt; „einen ganzen Spraukorb voll," sehr viel.

Sprechen f. behaupten, meinen, finden; „ich spreche, der Hund hat treue Augen; ich spreche, die Leute ham e eichenen Dilect, aw'r scheene klingt's;" man denkt dabei: „theilen Sie meine Meinung?" ‘

Sprisselig ist ein Stoff, ein Fell, die Haut, wenn die Grundfarbe mit ganz feinen weissen, grauen, braunen,

rötblichen u. s. w. Pünktchen (Tüpf-
chen, Dippelchen) besprengt, gleichsam bespritzt ist; auch „gespris-
selt" (Leipz. Tageblatt); s. schipp-
prig.

Spritze, 1. Lustpartie, Ausflug, bes. zu
Wagen; davon „spritzen" — „eine
Spritze machen"; „wir spritzen morgen nach Grimme"; s. Bierspritze;
2. „(ein Mann) bei der Spritze
sein," eine Rolle spielen, Etwas zu
bedeuten haben; an die Feuerspritzen
wurde nicht Jeder gestellt; 3. besoffen wie ene Spr., schwer betrunken; s. Kanone, Radehacke.

Spritzkuchen, der, eine Art bes. locke-
res Gebäck, zu dem der Teig in
Butter eingespritzt wird.

Sprühteufel, ein Häufchen angefeuch-
tetes Schiesspulver, welches zur Be-
lustigung angezündet wird; Schw.:
Feuerteufel.

Sprung, ich, f. sprang; s. Gramm.
§ 209.

Spucke, die, Speichel; 1. „pfui
Spucke," wie pfui Spinne, s.
Spinne; 2. „mit Geduld und Spucke
fängt man manche Mucke," Sprichwort.

Spucken, 1. „wo man hinspuckt"
(findet sich das oder jenes) — überall; „wo mer in Leipzig hinspuckt,
trifft m'r e Dokter;" 2. spucken wie
ein Advokat, der den Prozess
verloren hat, zu oft ausspucken;
3. schelten, zanken, poltern.

Spuckfleck, Orden; s. Bierzeichen
u. s. w.

Spuz, der, kleiner Mensch; dann Frauenzimmer überhaupt; davon: Nähspuz,
Nätherin; Balletspuz, Tänzerin;
aber: Eespuz, Einspänner.

Staat, 1. „es ist ein Staat, ein wahrer
Staat," es ist herrlich, prächtig; s.
„staziös"; 2. „mit dir machen wir
keinen [grossen] Staat," nicht viel
Umstände.

Staat'sch, aufgeputzt, Staat machend,
wie staziös, aufgedonnert.

Stachellunze, die, Stachelbeere (Kinderwort); s. Stahllunze.

Stadtgraben, „seine Uhr geht nach
dem Stadtgraben," falsch; s. Mond;
aus der Festungszeit Leipzigs.

Stadtmeisen hiessen die sonstigen Leipziger Stadtsoldaten (bis 1830) wegen
der Farbe ihrer Uniform; in München
nannte man sie Maikäfer.

Stadtsoldate, ein Raubkäfer in den

Farben unserer früheren Stadtmiliz
(Telephorus fuscus).

Stadttrompeter, Neuigkeitskrämer,
Stadtklatsche; Bel.; in Pf.: Stadt-
besen; s. Tageblatt.

Staffeln, ankommende Fremde am Bahnhof für ein Gasthaus anlocken, pressen;
der betreffende Hausknecht oder Kellner ist „der Staffler" (gedruckt in
Polizeiberichten des Leipz. Tageblatts,
1868).

Stahllunze, die, Kinderwort für Stahl-
feder; s. Stachellunze.

Staken, die, Beine, bes. wenn sie, un-
artig ausgestreckt, Jemanden belästi-
gen. (Stake, in PP. u. Di. f. Holz-
stange, verwandt mit Stock, Stecken,
Stange, a stake — Pfahl, Latte.)
staken (Rtr.), einherschreiten („wie
der Hahn uff'n Mist"); s. stul-
zen. Plattd.: Stake, eine ältliche,
unbeholfen gehende Person; — sta-
keln, herausstehen, hervorragen; s.
strakeln.

Stams, Stamps, der, zu dickes Mus,
von stampfen? N.S.: Pamps; vgl.
Gums.

Standäre, „ene ale lange Standare,"
übergrosses, starkes Frauenzimmer,
wie: Flügelmann; von Standarte,
dagegen Sdt.: Schandar, verdorben
aus Gensdarm (Rtr.: Schandor).

Stande Beene f. stante pede, stehenden Fusses; s. strackte Beene.

Ständer, der, 1. eine Aufzugschleusse,
durch welche das Wasser eines Teiches
abgelassen wird; 2. grosser, viereckiger,
hölzerner Fischbehälter; 3. grosser, runder, dreibeiniger, hölzerner Wasser-
behälter mit Deckel, für Wasservorrath
in der Küche; mhd.: stande; schott.:
staund; ähnlich: an inkstand; Hl.:
Stunz; NS.: Stanne, Stande; 4. Wasser-
posten in den Strassen, welche, durch
einen Druck geöffnet, Wasser aus der
Wasserleitung ausströmen lassen; 5.
s. Ständerchen.

Ständerchen, ein St. machen, zum
Plaudern auf der Strasse stehen bleiben; Pf.: Ständerle; Oe.: Standerle;
Schw.: Standerling; mhd. standener,
stentner; s. ständern.

Ständern, herumständern, bald da
bald dort herumstehen, bes. wo es
stört; herumlungern, Maulaffen feil
halten; von Stand.

Stando! Bei einem Ballspiel gleichen
Namens der Zuruf, auf welchen Alle
festen Stand fassen müssen.

Stange, die, 1. langes, hohes, schmales Bierglas; Brl.; 2. lange, schmächtige Person; PP.: Stake; s. Hopfen-stange, Bohnenstange, Kletter-stange, Latte.

Stängelchen, ein Kind aufs Stängel-chen nehmen, auf den Arm; „fall' nur nicht vom Stängelchen (wie ein Kind od. wie ein Vogel im Bauer);" Eg.: der Gung (Junge) will den ganzen Tag gestängelt sein (herumgetragen).

Stänker, der, 1. für übelriechende Per-sonen und Dinge, bes. von schlechtem Tabak; Eg. für einen Bock; mhd. atenke, übelriechender Athem; 2. s. stänkern.

Stänkerich, der, 1. s. stänkern; 2. ein stinkender, schmutziger Mensch; auch Stinkerich; s. Stinkewitz.

Stankern, stänkern, unbefugt, aus Neugier, in Zimmern, Kasten u. s. w. herumsuchen; PP.; s. stänkern.

Stänkern, Stänkerei anrichten, durch Klatschen und Aufhetzen Unfrieden stiften; eigentlich: mit einer Stange in Etwas herumrühren, wühlen; ver-wandt mit stochern; Eg., Schw., Hi., auch bei Nieritz; wer es gern thut, ist ein Stänker (Brl.) oder Stän-kerich, Stänkerfritze.

Stapeln, scherzweise für gehen; bes. von Kindern; Stapelmatz, ein noch unsicher gehendes Kind; H.: stappeln; vgl. Fussstapfen, der Stapel, die Stufe, Hohenstaufen, die Staffel, to step; schott.: stap; tappen, Teppich u. s. w.

Staps, der, Mann, Bursch, bes. ein un-gelenker.

Star, „Einem zureden, wie einem kran-ken Star", zudringlich, unverdros-sen zureden.

Starbeide, die, Brütkasten für Stare; auch Starmeste; verwandt mit engl. to abide? ahd. bitan, verweilen?

Starmeste, die, s. Starbeide und Meste.

Stäte, ruhig, langsam, bedächtig, aber ausdauernd, in „stetem" Gange; z. B. recht stäte gehen, fahren, ziehen; L.; daher das hochdeutsche Gegentheil: unstät (und stets); mhd. staete, fest, beständig.

Stauch, der, die Stauche, Erschütte-rung, wenn man einen Fehltritt thut oder der Wagen derb stösst; von stauchen.

Staude, die, (kleiner) Mensch; s. Knopf.

Staupbesen, der, Schimpfwort, bes. für gemeine, widerwärtige Frauenzimmer, welche „gestäupt" zu werden verdien-ten; davon das noch stärkere Staup-besenluder.

Staupe, die, Anfall von Krankheit (a fit).

Stazlös, stattlich, prächtig, auch vom Wetter, Wein u. s. w.; Brl.; s. Staat; Rtr.: staatsch.

Stebbel, Stiefel; L., Rl.; davon steb-beln, gehen; Rtr.: stäweln.

Stebern, stöbern; 1. stieben; 2. es stöbert draussen, vom Schneege-stöber; Eg.; 3. Einen stöbern oder fortstöbern, ihn vertreiben; vgl. atenzen; E., Oe.; Pf.: stiebern; 4. Etw. aufstöbern, ausfindig machen.

Stechbeitel s. Lochbeitel.

Steckelitzche, die, eine Art Holzgatter aus kreuzweise eingesteckten Stäben zum Schutz eines Beetes, Ackers u. s. w.

Stecken, 1. es Einem stecken, ihn zu-rechtweisen; ihm die Wahrheit „gei-gen"; 2. Einem Eine stecken, eine Ohrfeige geben; Ab., Wn.; 3. Einem Etwas stecken, heimlich benach-richtigen; Hl., Wn.; gleichsam die schriftliche Nachricht zustecken.

Steffen, als Gattungsname, s. Gramm. §. 166 b.

Stehäffchen, Stehaufchen, Steh-uff, das, Spielzeug: Hollunderröhr-chen, an einem Ende mit Blei beschwert, so dass es sich von selbst aufrichtet; Stehmännchen; Da.: Puttermännchen; anderswo: Kögelmännchen; auch die (aus böhm. Bädern oft mitgebrachten) Gläser, die sich von selbst aufrichten, heissen Stehauf.

Stehen, 1. „es steht mir bis oben 'ran", ich habe es gründlich satt, bis zum Ekel; 2. „es steht vor Dreck (Teste)", ist sehr schmutzig, so dass die Schmutzkruste es aufrecht erhal-ten könnte; ähnlich wie: „das Mus ist so dick, dass der Löffel drin steht."

Stehlen ist an sich, als zu vornehm, wenig gebräuchlich; dafür mehr denn ein Dutzend andere Wörter, die unter kazen zusammengestellt sind; 1. „ich habe meine Nase u. s. w. nicht ge-stohlen", Ausruf, wo zu ergänzen ist: bitte daher, sie glimpflich zu be-handeln; „ich habe meine Beine nicht gestohlen", sagt ein Packträger, um anzudeuten, dass er den Gang nicht für zu geringe Bezahlung thun kann; in diesem Sinne wendet man selten gemaust für gestohlen an und nie eins der sonst so beliebten Ersatz-wörter für stehlen; 2. „du kannst mir gestohlen werden", aus dem Verluste machte ich mir Nichts.

Stehseidel, das, Glas Bier, das man schnell im Stehen leert; in Wn. ist Stehwein guter, nach der Tafel im Stehen getrunkener Wein.

Steif, 1. sehr dick, z. B. Pflaumenmus; sehr kräftig, z. B. Grog, Punsch; 2. „er war ganz steif", ausser sich, vor Erstaunen, Schreck u. s. w.; s. storre.

Steifbeinig, gezwungen, steif im Ton und Benehmen; „es geht hier sehr steifbeinig her".

Steifen, sich auf Etwas, sich spitzen, beharren, sich kapriziren, wie klemmen, 2.

Steifleinen, in Steifleinen stecken („bis über die Ohren"), einen grossen, steifen Halskragen tragen; überhaupt: steif aufgeputzt sein; ein steifleinerner Kerl, wie steifbeinig.

Steifpeterich, unbeholfen, linkisch; zeremoniös, pedantisch.

Steige, die, enger Käfig für eine Gans; engl.: sty; dän.: sti; dagegen ist die Hühnersteige (Wn.) zunächst die Stiege zum Hühnerstalle, dann auch dieser selbst; mhd. stîge, Stall für Kleinvieh.

Stellasche, **Stellage**, die, Gestell; mit franz. Endung, wie Kleedasche; Bal.: 's Stellaschi, Gstellaschi.

Stellmacher, gebräuchlicher als Wagner.

Stemmbeitel, der, ein Meisel; s. Lochbeitel.

Stemmeisen, das, ein Meisel.

Stempeln, Einen (Zeugen u. s. w.) durch Eingebungen zu einer Aussage bestimmen.

Stengelchen s. Stängelchen.

Stengel's Kinderwagen s. Eilwagen.

Stenzen, abweisen, „abtrumpfen", fortjagen; Hb., Eg., V.; in Oe.: stempern, stampern; vgl. stebern, 2; dgg. plattd.: stenzen — mit Zureden plagen, einschüchtern; in Th.: stönze, werfen (z. B. Obst von den Bäumen); s. sterlen.

Steppchen, das, der Jüngste, Kleinste in einer Familie, Gesellschaft, Kompagnie.

Sterböde, **Sterbde**, die, eine Seuche, bes. unter dem Vieh; Bapr.; mhd. stérbe, vibe-stérbe.

Sterbensmensch, „es war kee Sterbensmensch da," gar Niemand, wie „kein Sterbenswörtchen"; Di.: keen Starbensminsch.

Sterlen, stirlen, in Etwas herumstören, umrühren u. s. w., z. B. im Kohlenfeuer; die Bernen von den Bömen sterlen; in ein Wespennest sterlen; Eg.,

Ab., Th., auch steppern; to stir; ein Holz oder Eisen dazu ist der Sterl; ein langer Sterlich, grosser, schmächtiger Mensch; s. Latte und langsterlich.

Sternglckler, 1. Astronom; in Böhme's Horaz: Sternen-Gücker; D.: Kiker — Fernrohr; in Brl. irgend ein Sehglas; 2. beim Ballspiele (Pritscheball): ein gerad in die Höhe getriebener Ball; heisst auch „ein Uebersichtiger;" Gegentheil Sandlatscher, s. Schuster.

Sternhageldicke, sternhagelvoll, schwer betrunken; sternvoll in E., B., J., Pf., Schw.

Sternirt, „er war ganz sternirt" soll heissen konsternirt; auch in Weiterführung des Missverständnisses „ein sternirter Kerl", wie bornirt.

Stets s. immer.

Stetterz, das Dorf Stötteritz; die Bewohner heissen aber Stetteritzer; s. Stötteriko.

Stibiezen, auch stribiezen, stehlen; Brl., Hb., J., Bal.; s. kazen.

Stich, 1. Bier, Wein hat einen Stich, ist säuerlich oder schal; 2. er hat einen Stich, ist etwas betrunken, wie: Hieb, Schuss; 3. eine gelinde Ansteigung des Fahrweges; in SD.: eine steile Anhöhe; 4. s. Sankt Stich.

Stichkubig, Spitzname eines Polizeidieners; s. Halte fest, Sankt Stich.

Sticken für stecken; s. Gramm. § 207.

Stiebol, stiebeln wie Stebbel, stebbeln.

Stieben, gebräuchlicher als stäuben, bes. von feinem Staube, welcher leicht emporsteigt, z. B. in einer Mühle; daher: ausstieben, verstieben, zerstieben; s. stiebig.

Stiebig für staubig.

Stiefel, der, 1. Mehrheit: die Stiefel n, s. Gramm. § 182, 2; 2. „der schreibt (redet, spielt, arbeitet) einen schenen Stiefel", schlecht; Bal.; 3. einen Stiefel vertragen können, einen guten Stiefel saufen, viel trinken können; s. Gefälle. Von „Stiefel" für Humpen, vgl. Schaeffels „Gaudeamus"; man hat auch jetzt noch Vexirgläser in Stiefelform.

Stiefvater, „er ist seinem Leibe kein Stiefvater", er pflegt seinen Leib, nährt sich gut.

Stielseife, klar geschnittene Seife, welche gekocht und gequirlt wird, zur Wäsche.

Stierartig, stiermässig, sehr, ungeheuer; z. B. stierartig dumm oder betrunken; sogar: stiernagelbesoffen! s. ochsig.

Stiesel, der, sonderbarer, verdrehter Mensch; vielleicht von „Stösser", Einer, der überall „anrennt"; selten.

Stift, der, Sohn, bes. der jüngste; R.: Stiftche.

Stille kalt, ohne Wind, aber empfindlich, wie „heimlich kalt".

Stilleuzium! für Silentium.

Stilum, „das ist nicht stilum", anstatt styli, gebräuchlich, üblich; ähnlich: privatum für privatim.

Stinkadóres, schlechte Zigarren; auch: Luderos Infamias Stinkadores Rauchdusie!

Stinkewitz, Kinderschimpfwort, sehr schmutziger Mensch; verstärkt: Saustinkewitz.

Stinkig, stärker als stinkend, von Käse, Luft, Zigarren, Zimmern u. s. w.; Bsl.

Stiwled für stupid.

Stöbern s. stebern.

Stockamsel, die, Polizeidiener, weil er früher einen Stock führte.

Stockgemein, stockordinär, sehr gemein, wie stockdumm u. s. w.

Stockhelf! scherzhafter Zuruf beim Niesen, anstatt: Gott helf!

Stoff, der, wird kurzweg für Bier, seltener für Wein gesagt; „heute ist der Stoff pikfein;" Brl.

Stoffel, wie Toffel; von Christoph; Th., Brl.; u. Gramm. § 166 b.

Stohl, ich, f. ich stahl; s. Gramm. § 208.

Stolprian, der, Tölpel, der über Alles stolpert; auch Stolperfritze; P.

Stoppsloch, das, Bspr., Opiumtinktur, weil sie den Stuhl verstopft.

Stöpsel, der, kurzer, dicker Mensch, Pfropf; s. Mops.

Stöpselgeld zahlen wir mit einigen Groschen als Entschädigung dem Wirthe, wenn wir (zu einem Schmause) unsern eignen Wein mitbringen.

Storb, ich, ich sturb, f. starb; s. Gramm. § 208.

Storch, 1. „du kannst mir einen Storch braten" (auch mit dem Zusatze: aber die Beene recht knusperig), verächtlicher Zuruf, wie „Gevatter, 2.;" Brl.; 2. „geschmulter (geschmorter) Storch" wird ähnlich gesagt wie Kienasen.

Storchen, 1. eifrig, bes. geheimnissvoll mit Jemand reden; Hl.; verwandt mit story, historia? 2. eifrig essen; er hat

den ganzen Braten aufgestorcht, verzehrt.

Storpeln, Verdrehung für stolpern; s. Gramm. § 98.

Storre, starr und steif; „ich bin ganz storre vor Schreck"; Kinder „machen sich storre", wenn sie sich auf dem Arm widerstrebend aufrichten; „storre dahergehen", in stolzer Haltung; Pf.: eine Storre, altes steifes Ding; ND.: storr, sturr — steif, hartnäckig; stur — hochaufgerichtet, stolz, stattlich; Stamm zu: störrig, störrisch; mhd. storren, starr sein, starren.

Storren s. storre: „die Strümpfe storren von Dreck! die Hände storren mir vor Kälte;" s. stehen, 2.

Storzel s. Sturzel.

Stöss, ich, f. stiess; s. Gramm. § 208 E.; „sie stossen mich in die Rippen", gaben mir einen derben Wink.

Stössen für gären; „das Bier stösst, abgestossenes Bier".

Stötteriko, der, schlechter Tabak, wie beim Dorfe Stötteritz unweit Leipzig gebaut wurde; s. Stötteritz, Luderos.

Stötteritz, 1. „er ist reif für Stötteritz" (Dorf mit Irrenanstalt bei Lpzg., vgl. Sonnenstein); 2. von schlechten Zigarren sagt man: „Stötteritzer Deckblatt, Thonberger Umblatt u. Strassenhäuser Einlage", nach den Namen dieser Nachbarorte Leipzigs, die sonst Tabak bauten.

Stottermatz, der, stammelnder Mensch (gebraucht in der Cornelia, Zeitschrift von Dr. Pilz); s. Matz, 1, Stapelmatz.

Strabanzen, sich herumtreiben; vgl. ranzen und rawandern.

Sträbuzche, die, Streu, auf welche man sich buzen — legen kann; selten.

Strackte Beene, stracks (mit gestreckten Beinen?) gehen; s. Stande Beene.

Strafen, stehlen, bes. wenn man aus Furcht vor Entdeckung nur einen Theil von Etwas nimmt, also wie benaschen; „es hat mir Jemand von euch Kindern meinen Honig (die Butter, den Zucker, Sirup u. s. w.) gestraft" — ist darüber gewesen; dann für stehlen im Allgemeinen; Knaben sagen: wir gehen Aepfel strafen; von streifen, abstreifen?

Strakeln, spreizen, z. B. die Beine aufs Sofa strakeln (vgl. Staken und to stretch, to straddle; schott. striddle, sperrbeinig gehen); Zweige, welche gespreizt wachsen, nennt man strakelig; s. flatterig.

Stralaus, Stralex, Strampach, s. unter Gott.

Strampeln, die Beine heftig und schnell bewegen, z. B. vor Ungeduld; verstärkt aus trampeln; E., K., Pf., Sch., Schw. (auch strabeln); Rtr.: stangeln; ein Mädchen, das nicht still sitzen kann, nennt man daher Strampelhanne; s. noch Gottstrampelhanne.

Strassenjuweller, spöttisch für Steinsetzer, Pflasterer.

Sträfelig, streifig.

Streifen, „es passt mir nicht in Streefen", in den Kram, Plan.

Strelner, wie Stromer, Herumtreiber.

Streithammel, der, streitsüchtiger Mensch.

Streuselkuchen, eine Art Kuchen mit geröstetem Mehl bestreut; Schl.

Stribiezen s. stibiezen.

Strich, 1. Einen auf dem Striche haben, nicht leiden können; s. Zug; 2. auf den Strich gehen, herumstreifen, von Dieben, Dirnen u. s. w.

Strick, der, Schimpfwort wie Bengel; Bal.; verstärkt: Saustrick.

Strickstrumpf ist nicht jeder beliebige gestrickte Strumpf, sondern nur einer, an dem man eben noch strickt; s. Gramm. § 154.

Striezel, der, ein Gebäck (z. B. Mohnstriezel), aus Schl. eingeführt.

Striezen 1. spritzen; Brl., Schl.; 2. stehlen; s. kazen, schriezen.

Striffeln für streifen, z. B. die Hemdärmel aufstriffeln bei der Arbeit; die Hosen in die Höhe oder h'rufstriffeln bei schmutzigem Wege.

Strippe, die, Zugband an Stiefeln; anderwärts nannte man die Stege an den Beinkleidern so; s. Sackstrippe.

Strippen, betrügen; überhaupt ausplündern; to strip.

Strofe, die, Strichregen; s. Husch; von streifen; selten.

Stroh, 1. auf dem Stroh sein, heruntergekommen; 2. Stroh und Lehm, Mischung von Sauerkraut und Erbsen; 3. „nich von Stroh", nicht übel, sehr schön, wie: „kee Hund"; „die Zigarre, der Wein, e Daler Dringgeld is o nich von Stroh"; s. Eltern, Tombak, Pappe.

Strohsack, in Ausrufen: o, du gerechter Strohsack, für: da hört doch Alles auf; Bal.: e, du allmächtiger Strausack.

Strolch, der, Herumtreiber; davon strolchen; E., Schl., Schw., Sz.

Strubbelich, struwlich, verworren (z. B.

Haare); mhd. strûp, strûbe, struppig; daher: Strubbelkopf; E., Pf., K., J., Schw., Sz.; Strubbelpeter galt als Spitzname eines gewissen Lpz. Gelehrten mit wirrem Haar; verwandt mit sträuben, Gestrüpp.

Strumpf, 1. Einen auf den Strumpf bringen (helfen), unterstützen, aufhelfen; er ist auf dem Strumpfe, gesund; s. Damm, 1; 2. „er hat dicke Strümpe an", hört heute schwer; Schw.: er hat doppelte Strümpe an; s. Baumwolle, Dreck, 3; — 3. mit Strump und Stiel essen, f.: mit Strumpf und Stiel (auch: Strunk und Stiel); so auch mhd. strumpf f. stumpf; 4. in den (alten) Strumpf stecken, Ersparnisse verwahren; s. Kante.

Strumpfsohle, die, eine Art schwarzer Käsekuchen.

Strunze, die, grosses, ungeschliffenes Frauenzimmer; Th., Hz.; Wn.: Stranze; V.: Starze; Wf.: stronze = prahlen; Stranz, Vagabund.

Stück, 1. „arbeiten, schreiben, reiten, dass die Stücken drum 'rum fliegen", sehr angestrengt; s. böse; 2. „von freien Stücken" ist z. B. ein Finger böse geworden, d. h. er hat sich ohne bekannte Veranlassung entzündet („aus heiler Haut") u. s. w.; Ab.

Studentenfutter, Mandeln und Rosinen; Wn.; in einem Gedicht von Braun v. Braunthal.

Studentenklafter, ein geringfügiges Häufchen Holz.

Studentenwichse, Speichel, zum Blankmachen der Stiefel verwendet; vgl. Katzenwäsche.

Studtchen war der abgekürzte Name eines bes. von Studenten besuchten Parthebades; jetzt Gothisches Bad.

Stuggert, Stuttgart; vgl. Schlesing.

Stulxen, ungeschickt gehen; s. staken.

Stummel, Stumpel, kurzer Ueberrest (Stamm von verstümmeln, Stumpf); mhd. stümbeln, verstümmeln; daher bes. ein abgenutzter Besen, das Ende einer Zigarre, dann eine kurze Pfeife, wie „Sauzahn"; E., K., J., Pf., Hz., Di., ND.; Wn.: Stümpel.

Stumsdorf (Ort bei Halle), „sie ist von Stumsdorf", getraut sich vor Blödigkeit nicht zu reden; man sagt auch: „von Dummsdorf"; s. Stünz.

Stund, ich, f. stand; s. Gramm. § 209.

Stunk, es, f. stank; s. Gramm. § 209.

Stünz, ein Dorf bei Leipzig; „er ist

von Stünz", ein wenig dumm; s. Stumsdorf; „das kann der Stünzer Nachtwächter", nämlich so schlecht, oder: wenn es so leicht ist; s. Lehmann, 4.

Sturb f. starb; Th., mhd.; s. Gramm. § 208.

Sturm, die einzelnen Absätze, in denen das „Lauten", z. B. das „Abendlauten" stattfindet, heissen Sterme; Drsdn.: Pulse.

Stürmer s. Sturmfass, 2.

Sturmfass, 1. grosses Fass, in welchem bei Feuersgefahr Wasser zugeführt wurde; 2. bildl.: hoher Cylinderhut; s. Angströhre.

Sturzel, Storzel, Sterzel, der, Baumstumpf; Eg., Hb.; dann auch hervorragende Wurzeln, über die man leicht stürzen kann; mhd. sturzel, Pflanzenstrunk; die Rappsstorzel, die Stoppeln vom Rapps; Bsl.: Storze; s. Knorzel, Rämmel.

Stürzen, beschimpfen, Studentenausdruck; „Einem einen dummen Jungen stürzen"; s. tuschiren.

Stuss, der, Scherz; wie Jux; Schw., Pf.; Rw.

Süchtig, die Heilung hindernd; man soll eine Eiterblase mit einer Stecknadel aufstechen, nicht mit einer Nähnadel, denn diese ist „süchtig!" Ab., Eg.; in J. heisst süchtig: ansteckend.

Suddeln f. sudeln; davon: es riecht suddelig, wie in unsauberen Küchen; der Suddel, ein schmieriges Frauenzimmer; eine Suddelwirthschaft; vgl. schnuddelig.

1. **Suff**, der, f. Soff, Trunk; Bsl.; s. süffig.

2. **Suff**, ich, f. soff; s. Gramm. § 213 E.

Süffel, Söffel, der, Säufer; Schl. u. Bsl.: Süfflig; Pf.: Siffling.

Süffig sind Bier, Wein, wenn sie dem Gaumen sehr angenehm sind, „gut rutschen", franz. avalable; Bsl., Wn.; s. Suff.

Suite s. Schwiete.

Sülze, die, eine Speise (Kalbsfüsse und Fleischschnitzel mit Kapern und anderm Gewürz, als Gallerte); in andern Gegenden: Sulze; mhd. sulze, sülze, Salzwasser, Brühe, gallertartige Speise; geziert sagt man: Sülzenwurst!

Summsen, Verstärkung für summen; eine Sumse, Brummkäfer, Schmeissfliege u. dgl.

Sums, Sumslg, der, Geräusch, Lärmen, viel nutzlose Rederei; von summen, wie summsen; s. Semse.

Sünde ist Leberwurst! ruft ein Bengel, den man warnt, Böses zu begehen.

Sündhaft f. sehr; sündhaft viel, s. theuer, s. wenig, sündendumm, auch: dumm wie die Sünde — dümmer als die Bollezei erlobt; Wn.: sündentheuer.

Sung, ich, f. sang; Pf.: s. Gramm. § 209.

Sunk, ich, f. sank; s. Gramm. § 209.

Suppe, 1. grüne Suppe, Speise aus Körbel, Spinat u. s. w.; 2. rothe Suppe, Nasenbluten; „ich gab ihm eine Horns'che, dass ihm die rothe Suppe dernach lief"; 3. „gelbe Suppe" ist der offiziöse Name des alljährlich am 2. Januar stattfindenden Gastmahles der Stadträthe und Stadtverordneten, welches mit einer Erbsensuppe zu beginnen pflegt.

Suppenschmidt, wer gern Suppe isst; auch: Suppensachse, wie Kartoffelsachse und Kaffeesachse.

Supperdent f. Superintendent; davon: die Supperdentur; Gramm. § 125.

Suse, Gemeinname, s. Gramm. § 166 b.

Susselleck riechen sagt man von einem süsslichen Back- oder Bratendampfe.

Süsse, die, für Süssigkeit, süsser Geschmack; „eine widerliche, unangenehme Süsse"; s. Gramm. § 155.

Süssholz raspeln, die Kur schneiden; Süssholzraspler, süsslicher Kurschneider; Brl., Sz.; auch wie Sirupsbengel.

Suttch, auch sittch, f. solche, bes. in der Gegend von Halle und Schkeuditz; suttche Gläser, sittche Bänder, sotte dumme Hunde; engl. auch; mhd. sulch, sülch neben solch, sölch, so-lich, sus-lich.

T.

Tabledhote (spr. daw'ldo), das u. die, „wir essen Dawldo; beim Dawldo, am Dawldo"; auch „ein Dawldoessen", im Gegensatz zu „Portionenschmaus" oder à la carte-speisen.

Tafelschneider, Geschäftsführer im Geschäft einer Schneidermeisterswitwe.

Tag, 1. mei Tage, sei Tage, niemals; „du machtest mei Tage Nischt ·orntlich; er hat sei Tage Nischt getogt." Gretchen im Faust: „möchte drum mein' Tag' nicht lieben!" s. ewig; 2. „du suchst wohl den gestrigen Tag?" fragt man, wenn Jemand gedankenlos bald hier, bald da umherstört; 3. „er brennt dem Tag die Augen aus", er lässt Morgens das Licht unnöthig lange brennen; Schw.: er brennt ein Loch in den Tag.

Tageblatt (Name eines städtischen Blattes), bildlich für: Neuigkeitsträger, Klätscher.

Talken, konfus reden, schwatzen; talkig, albern, schwatzhaft; N.S.; engl.: to talk; dän.: tale — reden; s. dalen; mhd. tolken, erzählen; der Talk, Tölpel; Schw.

Talpe, die, Hand oder Fuss, mit dem Nebenbegriff des Tölpischen; s. Tappe und Tatsche; davon talpen, greifen; betalpen, ungeschickt betasten; der Talps — Tolpatsch; Ab., Hl., Bsl.; Rtr.: talpsen, talksen; mhd. talpe, Tatze, Pfote.

Tämpern, die Zeit vertrödeln; L.; Eg.: tampern; Di.: dammeln.

Tanne, Gemeinname für alles Nadelholz: Fichte, Kiefer, Taxus, Tanne u. s. w.; diese Namen gehen in ganz Deutschland wunderbar durch einander. Ebenso gilt uns Korn für alle Arten von Getreide, Moos auch f. Flechte u. s. w.; ein schlauer Christbaumhändler kündigte eine „grosse Auswahl von Silber- und Fichtentannen" an.

Tappe, die, 1. Hand und Fuss, wie Talpe; seltener; 3. Mos. 11, 27: „Alles, was auf Tappen geht unter den Thieren"; mhd. tâpe, Pfote; 2. Tappe, Tappse, Fussspur auf dem Boden, bes. auf frisch gescheuertem, auf Sand u. s. w., Hb.; 3. in der Mehrht.: „er soll schon seine Tappen kriegen,"

das Gebührende bekommen, einen Verweis, Strafe, auch Antheil an Etwas; wer z. B. beim Spiele, bei einer Erbschaft ausgezahlt wird, „hat seine Tappen (seinen Partikel, seinen Decem, seine Nuppe) weg"; auch spöttisch: er hat seinen Verweis weg, er ist gehänselt worden u. s. w.; Sbg.: der Tapper — Antheil.

Tappel, der, wie Tapps; davon: tappelig, stärker auch tappig; E., Pf., Schw.; in Schl.: tapprig; N.: tappet.

Tappeln, 1. für tappen; 2. zufällig glücken; „es hat ihm getappelt" — er hat „Dusel, Torkel, Schwein, Pommer;" Gegensatz in Str.: sich vertappeln, fehlgreifen, von tappen.

Täppeln, schnelle, kleine Schritte machen, wie ein Kind; E., Th., Schw.; in Pf.: auf den Zehen gehen; in Oe.: zäppeln, zäpperln.

Tappen, tappsen, von Tappe, stark, ungeschickt, täppisch, geräuschvoll auftreten; Brl.; verstärkt: trappen, trappsen (von Trab); „er kümb angetrappst;" Kinderräthsel: „es geht die Treppe nauf un trappst nich?" (der Mond.)

Tapps, der, täppischer Mensch. Di.; auch: Tapps ins Mus, Hans Tapps; Eg., Au.: Tapp ins Mus und Tapp in die Grütze; davon tappsig; Gramm. § 164.

Taschenmesser, 1. „er klappt zusammen wie ein Taschenmesser", macht eine tiefe Verbeugung; 2. „er ist zuthulich wie ein T.", das man zuthun — einklappen kann.

Tätsche, die, Hand und Fuss, wie Talpe (Tatze); davon: tätschen und tätscheln, letzteres bei Goethe; B., Sz.; Sbg.: tutscheln; s. dätschen und Linkstatsche.

Taubenhandel, „das wär' e (rechter) T.", ein ohne rechten Ernst abgeschlossenes Geschäft, das stets wieder rückgängig gemacht werden kann.

Tausend, 1. „es ist ein tausendes Glück", z. B. dass wir den Hausschlüssel nicht vergessen haben, dass das Feuer so schnell gelöscht worden ist u. s. w.; nur in dieser Verbindung gebräuchlich (st. tausendfach); vgl. „mein herztausiger Schatz" in alten

Liedern; 2. der Rock (das Tuch u. s. w.) ist noch **tausendgut**, das Papier ist **tausendgut** für dich, völlig gut, genügend, von einer Sache, die ein Andrer eben nicht gut genug findet; Brandnbg.

Tausendsasa, Tausendsapperlot, Tausendsapperloter, tausendsapperlotschter Kerl, pfiffiger, verwünschter Bursche; s. Racker.

Tausendsechsundzwanzig! Ausruf, halb komisch, halb unwillig; wie Gottstausend.

Taxlren, Jemanden mustern, bes. seine Kleiduug.

Teebs, Töbs, der, Lärm; von toben; Ab., V., Eg., L., Th.; teebsen, töbsen, lärmend jubeln; Di.: daben.

Teig, deeg, (mhd. teic) Eigenschaftsw., mürbe, überreif, von Aepfeln, Birnen, Mispeln; HL., Th., NS.; Sz. (auch tängg); Hb.: däk; in Schw.: doaget; „einen ganz teig machen, teig kriegen", zahm, mürbe, gefügig, lenksam, nachgiebig machen, durch Zureden, Drohungen u. s. w.; BsL.; s. gedäsche; Freytag, Markus König, S. 35, teig im Sinne von: nicht ausgebacken, also Teig geblieben: „Mein Vetter, die teige Bürgormeistersemmel".

Teigaffe, Deegaffe, Spitzname f. Bäcker; Rh.; Rtr.: Deigap.

Teikert, der Teikert! verstümmelt f. der Teufel! s. Deixel.

Tempel, eine Aufzeichnung der Kartenblätter, auf Papier oder den Tisch, zum Pharaospiel, welches „Tempeln" heisst; die Spieler: Tempelritter; s. sockeln.

Tetteretättä, die, Trompete; Kinderwort; s. Zinneretättä.

Teufel, 1. aller T., allerlei nicht Zusammengehöriges; „in die Kiste packter allen T. zusamm;" s. Schockschwerenoth; 2. statts Teufels dastehen, dabeisitzeu u. s. w., wie eine Null; 3. „lüg du und der T.", unverschämt, stark; „da lauf du und der T.". du gehst mir zu geschwind; „spiel du und der T.", du spielst zu hastig, zu schlecht u. s. w.; 4. das dogt den Deifel nich, taugt gar Nichts; mhd. den tiuvel, nicht das Geringste; s. Deibel.

Teufelei, „das is eene Deibelei", Eines so schlimm wie das Andere, Wurst wie Schale; s. Wichse.

Thätch, der, viel Gerede, Aufheben; „mach nur nich so e Th. drum rum ;"

s. Meerrettig; Sbg.: Tedig f. Streit, Zank; vom mhd. tegedinc — teidinc, Gerichtstag, Verhandlung, Gerede?

Thee s. abwarten.

Theekessel f. Dummkopf; PP., Brl.; vgl. franz.: bête comme une cruche.

Thier, Thierchen, 1. als Liebkosung, halb mit Erbarmen; bes. „das gute T., das arme T.;" Hl.; 2. „das arme Thier hat bei ihm geheckt", er ist arm.

Thomasesel, früher Spitzname der Schüler des Thomasgymnasiums; in der bei diesem gelegenen Thomasmühle wurden bis · etwa 1830 viele Esel gehalten.

Thomasserkirchhof f. Thomaskirchhof, wie Nickelserkirchhof; dagegen sagt man: Thomaskirche, Thomasgässchen; in einer Handschrift von 1630: Thomassergässchen.

Thonmänner s. Russbuttenjungen.

Thor, das, 1. „ums Thor gehen"(„Maskulinum ums Neutrum!" setzt die Bosheit hinzu), einen Spaziergang in den Baumgängen rings um die innere Stadt machen; Weiz, Verbessertes Leipzig (1728): „ums Thor spazieren;" weil man früher wirklich um die Thore der inneren Stadt ging. Aehnlich heisst der Ausgang von der Peterstrasse in die Promenade noch „Petersbrücke", weil er früher über den Wallgraben führte; 2. er guckt's an, wie die Kuh das neue Thor (in Königsberg: das grüne Thor), er betrachtet es verwundert.

Thorweg, 1. ist gewöhnlich sächlich: „ein eisernes Thorweg;" 2. „sie theilen unter dem T.", von zwei Spielern die einander zu Gefallen spielen, um einen Dritten zu plündern.

Thorzettel, Liste der angekommenen Fremden, die im „Tageblatte" früher je nachdem Thore verzeichnet wurden, durch welches sie anlangten.

Thran, 1. „er ist ewig im Thrane", im halben Dusel, schläfrig im Reden u. Thun; Brl.; 2. betrunken; — „er kommt nicht aus dem Thrane, kann sich nicht aus dem Thrane finden", sich nicht aufmuntern, zusammenraffen; auch von einem langweiligen Redner; er ist ein Thranfritze; Rtr.: Dränbartel; D.: dränig; Zeitw. dazu in Schw.: trähnsen, Ha. trühnsen; 3. „er leeft noch im Thr. 'rum", im Schmutz, ungewaschen, im Negligé; s. Sose.

Thräne, Thränchen f. einige, ein paar Tropfen (Bier, Wein).

Thun, 1. zur Verstärkung, bes. bei Frage und Verneinung, nach engl. Art: „was dust 'n (thust du denn) schreiben? — Schreiben du ich eigentlich nich; — die Nachtwächter daden duden, wie sie bei uns duden daden; — wenn ich hier uffs Dach steigen dun due, da due ich am Ende 'nunter borzeln; vergessen du ich's schon nich, aber so geschwind kann ich's nich machen;" Schl., Eg.; 2. „wir thun ein bischen", spielen; daher: Thuste mit? „Ich thue nicht mehr mit", ich ziehe mich zurück von einem Geschäft u. s. w.; 3. sich benehmen, anstellen, geberden, Aufhebens von Etwas machen: — er that erschrecklich, furchtbar (d. h. als ob sonst Etwas geschehen wäre); Sz.; 4. elliptisch: „du kannst mir was thun," nämlich leid; 5. sich thun, sich zieren, anspruchsvoll auftreten, wie „sich einen Fleck machen;" davon: das Gethue, Ziererei.

Thürängeln s. Dierengeln.

Tiefblüthe, die, eine Art Aepfel.

Tilde, Abkürzung für Mathilde und Klotilde.

Tinte s. Dinte.

Tischer, Discher f. Tischler; mhd., ND.; auch als Name nicht selten; Gramm. § 119.

Titschen s. ditschen.

Tobies, Dowles f. Tobias; als Gattungsname s. Gramm. § 166 b.

Töbs, töbsen s. Teebs.

Tod, 1. „der T. fährt mir übers Grab", bei plötzl. Frostschauer, der über Rücken (oder Rumpf) läuft, auch bei dem Zusammenschauern nach Erkältung vom Stillsitzen; PP., 2. er „ist gut nach dem Tode zu schicken," er bleibt zu lange aus; B., J., PP.; 3. sich zu Tode laufen, arbeiten, saufen; scherzweise: sich zu Tode sterben; 4. „er sieht wie e Dot", leichenblass, vor Schreck u. s. w.; PP.: wie der Tod von Dirschau.

Todt: „lass die Todten ruhen!" ruft man einem Spieler zu, der die dagewesenen Stiche nachsehen will.

Todtenwecker, der, Salmiakgeist.

Töfde, die, (sprich Deefde) die Taufe; ND.: Döp, Taufe; döpen, taufen; Döfft, Taufe; s. Gramm. § 157.

Toffel, Döffel, Doffel, als Gattungsname, s. Gramm. § 166 b.

Tollen, toben, ausgelassen sein; „tollen und teebsen;" bei B. Auerbach auch im Hochdeutschen.

Tolpatsch, der, Tölpel, der drauf los „patscht;" jedoch gibt man auch einen ungar. Ursprung an; davon: tolpatschig, tolpätschig; E., J., W.; in Wn.: Zolpel; schwed.: tölpaktig — tölpisch; in Schw. ist dalle, dallpatsch — läppisch.

Tomback, „das ist nicht von Dumback", nicht unecht, nicht von schlechtem Stoffe, wie billige Uhren aus Tomback; vgl. Stroh, 3; Eltern.

Tooböhrig, schwer hörend; „er ist ein rechtes Toobohr". von taub; Ulm: tosöhrig.

Töpfchen, 1. „Deppchen" etwa seit 1835 fast ausschliesslich gebräuchlich für Seidel, Glas Bier — un pot de bière, de vin; 2. „das Deppchen hat Henkel gekriegt", sagt man, wenn Jemand die Arme in die Seiten stemmt; franz.: faire le pot à deux anses; 3. „du kannst mir Deppchen malen", alles Zureden, Versprechen u. s. w. hilft dir nichts; ebenso: Männchen malen.

Töpferne Waare, depperne Flaschen, f. thönern; Eg.; Rond.; bei Bogumil Goltz: töpferne Sparbüchsen; s. zertöppern.

Topp, der, oberster Platz im Theater; top, engl. und ND.: Spitze.

Töpper, 1. „reden wie e T.", albern; 2. „sich freuen wie ein T., der umgeschmissen hat," albern lachen, sich ausgelassen freuen, wie „aus dem Häuschen sein;" 3. s. Dreck, 5.

Töpperlateinisch, 1. Küchenlatein; 2. Alles, was Einem unverständlich ist.

Torbiren, turbiren, peinigen, quälen, foppen; von lat. turbare; wie drangsalen, biesacken.

Torkel, Turkel, der, 1. Schwindel des Kopfes, unsicherer Gang; „ich kriegte den T., er ist im Torkel (betrunken);" torkeln, turkeln, daneben auch dolkern, wie storpeln neben stolpern; Brl., ND., Fr., Schw., Pf.; in B., Oe.: dargeln; mhd. turc, Taumel, Sturz; selten: Einen betorkeln, taumeln machen (Wirkung des Trinkens); Einen abtorkeln, durchprügeln; torkelig, schwankend (v. Gange), betrunken; 2. blindes Glück, wie Dusel, Schwein.

Tort, der, — Schur; Jemandem Etwas

zum T. thun, ihm allen Tort und Dampf anthun.

Tracht, die, f. die Trage, das Joch zum Wasserholen; NS.; Di.: die Dräch; auch die Last selber: eine T. Wasser.

Tragkorb, Drä-gorb, grosser Korb zum Tragen auf dem Rücken, mit Tragbändern; s. dagegen Hebekorb, Marktkorb, Henkelkorb.

Trällerchen, das; ein T. schlagen, s. raddern.

Trampel, der, ungeschlachter Mensch, schwerfälliges Frauenzimmer; Schw., Hl.; auch: Trampelthier; trampeln, schwer auftreten, wie tappsen, trappsen; Pf., Oe., — NS., Di., Sz.: trampen, trampsen.

Träppeln, ziemlich wie täppeln; man rühmt den Leipz. Damen von jeher einen zierlichen Schritt nach, einen Trippeltrappeltritt; so sagt schon Lady Montague in einem Briefe von 1716 über die „minaudières" Sachsens: „they all affect a little soft lisp and a pretty pitty-pat step;" ein ungalanter Schriftsteller des 18. Jahrhunderts meint aber, der niedliche Gang sei Folge des — schlechten Pflasters!

Trappsen s. tappen; NS.

Tratsche, die, grosser, ungeschlachter Fuss, wie Talpe; erinnert an Tatsche und trappen; V.; Zeitwort: tratschen; s. dagegen drätschen.

Trauen, sich t. wird mit Dat. verbunden, wenn noch ein Obj. dabei steht: — das trau' ich mir nicht, auch: das traust du dir nicht zu machen.

Traumbuch, bes. „altes Tr.!" träumerischer Mensch, Schlafmütze; ebenso Drömdoffel, Dromfritze; Schl.: Treemer.

Trawälchen, sich müde laufen; in Schw. f. sich abarbeiten; travailler, to travel; Rtr.: ungeschickt, angestrengt, Aufsehen erregend einhergehen; s. batalljen.

Treff, der, 1. schneller, scharfer, wohlgezielter, treffender Hieb; „Einem e Treff versetzen;" mhd. trëf, entscheidender Streich; B., Schw., Hl., Rl.: Dräf; Hb.: Traaf, Träfs; s. Treffs; 2. „Treff is Trumpf" ich wag's, vielleicht gelingt's!

Treffen, als reflex. Zeitw.: „ich treffe mich dort mit mein' Bruder", d. h. wir haben verabredet, uns dort zu begegnen.

Treffs, der, noch gebräuchlicher als Treff; s. d.; Gramm. § 164.

Treiben, das (vom Jagdausdruck) „das ganze Treiben stürzt mit einem Male hier herein," die ganze Menschenmenge; er macht das ganze T. verrückt, stört Alles.

Treppe, „ich wohne eine Treppe, zwei Treppen", statt im ersten, zweiten Stock; B.: „über a Stiegen", s. Gramm. § 241, 2. Kinder brauchen Treppe für Stufe: „vorn Hause sind 3 Treppen; ich sprung 4 Treppen nunt'r;" Pf.

Tresse, die, Bierschaum; wie Sahlleiste, Mützchen.

Tressurchen, das, eine kleine Etagère für Bücher oder Nippsachen; von trésor; mhd. trêse, trise, trisol, trisor, trêsor, Schatz, Schatzkammer.

Treten, um Zahlung u. s. w. mahnen; s. Tritt.

Tribuliren, drĭweliren, durch oft wiederholtes Bitten, Fordern drängen, beunruhigen, „drangsalen"; B., E., Hb., J.; bei Luther; lat.: tribulare; franz.: troubler; engl. to trouble; Kinder, die es thun, sind „recht tribulirig".

Triefen als transit. Verb gebraucht, nur in der Redensart: mich schwitzt und trieft.

Trillen, prügeln; Au.; daher der Name des Köhlers Triller beim Prinzenraube.

Trinken: — „hast du geredt, trink emal", erwidert man auf eine naseweise oder alberne Bemerkung.

Trippel, der, kleiner Trupp (Menschen, Hühner, Insekten, Blumen u. s. w.); Di.: Drippel, Tropfen.

Trippeln, (auch schriftdeutsch) kleine Schritte machen, wie träppeln; engl.: to dribble, träufeln; daher: schwach regnen; Brl.: ein wenig „trippen;" auch dreppeln; Rtr.: drüppeln; schott.: dribble, Staubregen; s. nieseln.

Trippen, träufeln, stärker als tröppeln, trippeln; „das Blut trippt nur so", läuft heftig aus der Wunde; Rtr.: drüppen.

Trippsdrille, sprichwörtlicher Ortsname bei Erwiderung auf unbefugte Fragen; z. B. „wohin gehst du? — nach T."; auch mit Zusätzen: nach Tr. auf den Federmarkt, oder: nach T., wo die Pfütze über die Weide hängt; Hb.; es soll Triptis (in der dortigen Gegend Tripps oder Trille genannt) gemeint

sein, ein altes Städtchen in Sachsen-
Weimar, bei welchem allerdings ein
Bach, „die Pfütze", in Röhren über
den Fahrweg und über Bäume weg-
geleitet wird. Wn.: geh nach T. — geh
zum Henker! Man sagt auch: „in
Dribbsdrille, wo die Hunde mit dem
— Schwanze bellen;" Gleiches
sagt man in PP. von Austupöhnen u.
von Zinten: — „in Zinten bellen die
Hunde von hinten;" in Sz. „z' Tripps-
trill, wo die Gäns Hoorsäckl trage".
In PP. hat man auch die Bezeichnung:
er ist ein Dreppsdrell, ein unbeholfener, alberner, unvorsichtiger Mensch.

Tritt, 1. Einem einen (gelinden) Tritt
geben, ihn mahnen, s. treten; 2. im
Tritte sein, betrunken; s. Schunkel.

Troddeln, langsam gehen, wie zotteln,
verwandt mit Trott; vgl. trödeln.

Trödel, der, 1. Streit, Zank, Händel;
„er fängt mit aller Welt T. an;" Sdt.;
2. Verzögerung, Aufenthalt; auch Trödelei; s. trödeln.

Trödelmann, Trödelfrau — Trödler,
Trödlerin.

Trödeln, zaudern; langsam handeln;
Hl.; in Th.: druidel; SD.: trän-
deln; franz.: lambiner; davou: trödelig, Trödelfritze, Trödelmichel, T.-
liese, T.hanne, T.suse; Trödelei. In
E., Pf.: trandeln, Trandelmatz.

Trollgast, Theilnehmer an einem Feste,
Schmause, der eigentlich nicht geladen war, zufällig dazukam u. s. w.,
bes. bei Hochzeiten, Taufen; s. Fressgevatter; mhd. trolgast, ungelade-
ner Gast und Spassmacher.

Trömel, der, Träumer.

Trommel, „sie geht mit der Tr.", ist
guter Hoffnung; davon: „Einer eine
Tr. anhängen".

Troppe, die, f. der Tropfen; Drebbel-
chen — Tröpfchen; mhd. tropfe,
tröpfel; davon: troppen und tröppeln, mhd. tropfezen, träufeln, auch
fein regnen; „wenns in Paris regnet,
drebbelt's in Leibzch;" s. trippen,
trippeln.

Trost, 1. auch Tröster, bildlich f.
Branntwein; 2. er ist nicht (recht)
bei Troste, bei Besinnung, Verstande; Ab.; PP.; sonst auch: er ist
nicht recht derheeme, nicht recht
bei Groschen; ND.

Tröster, 1. s. Trost; 2. ein Buch, aus
welchem man schöpft; 3. derber
Stock, Knittel, auf den man sich ver-
lässt.

Trubel, der, Verwirrung, Lärmen und

Hin- und Herwogen einer Menschenmenge; Brl., Rtr.; le trouble; bes.
„Messtruwl".

Trübsal blasen, in Noth sein, in „Auweh" sein, arme Ritter backen;
ähnlich, aber stärker „auf dem letzten Loche blasen oder pfeifen".

Trudeln wie trödeln; Hl., V.; daher:
Trudelsuse, Trudelfritze, Trudel-
schuster, saumseliger Mensch.

Truhne, die, f. Truhe.

Trulle, die, 1. kleines, possirliches
Mädchen; 2. albernes Frauenzimmer;
L., Hb., Sbg.; auch Trullia, Tru-
schel.

Trullia s. Trulle.

Trunk für trank, wie der Trunk und
der Trank; s. Gramm. § 209.

Truuschel s. Truschel.

Truschel, Truuschel, die, wie Trulle;
Hb.; Schw., Fr., Pf., E. Drutschel,
Trutschel.

Truthahn, scherzweise f. Butterbrod
und „deutscher" Käse.

Tschätschig s. schätschig.

Tschuh! Ausruf, um Vieh fortzujagen.

Tschutschen, wie nutschen, lutschen; der Tschutsch, Zulp, wie
Nöpel u. s. w.

Tückschen, grollen, schmollen; von
tückisch; wie dummthun.

Tulpe, die, 1. kleines Bierglas, das
einen Schnitt fasst; Brl.; 2. Regenschirm; Drsdn.; s. Wetterdach.

Tümpel, Dimbl, der, seichte Pfütze;
Schl.; in Wn.: Dimbfl; mhd. tümpfel,
tiefe Stelle im Wasser. Eine Strasse
in Wunsiedel heisst Herrentümpel.

Tunke, die, 1. Brühe zum Eintunken
eines Bissens (mhd. tunken, tauchen);
Schl.; man hat versucht, es auf
Speisekarten für Sauce anzuwenden,
z. B. Schwammerlingstunke f.
Champignonsauce; s. Ditsche; 2.
jede trübe Flüssigkeit, wegwerfend
z. B. von Kaffee, Bier, Wein u. s. w.;
Sdt.

Turnen als reflektives Verb: „er turnt
sich gern;" s. Gramm. § 180.

Turniren, lärmend spielen, bes. von
Kindern; dafür in Sdt.: spektakeln.

Tusch, der, Beleidigung (Studentenausdruck); Einen tuschiren, wie stürzen.

Tusche, Dusche, die, Prügel; von
douche oder toucher; B., Schw.; davon tuschen.

Tüt, der, Spitzname des ehemaligen,
mit Horn oder Pfeife versehenen
Nachtwächters; von tuten.

Tute, die, jedes Blasinstrument mit tiefem Ton, also Horn, Trompete u. s. w.; man kann darauf (od. hinein) tuten; Eg.; mhd. tiuten, schallen, blasen; Hb.: tūt; schott.: tout, Schall eines Hornes, einer Trompete.

Tutemann, **Tutemännchen**, Glas Branntwein, wie Knorpel, Wurzel u. s. w.; schott.: toutie, kleiner Saufaus, zu Kindern gesagt.

Tuten s. Tute.

U.

Ueber, Etwas über haben, es zu verwalten, zu vertreten haben, z. B. ein Grundstück.

Uebelnehmisch, empfindlich, leicht verletzbar; auch von Sachen: so ene kleene Uhr is sehre ü.; ene ü. Farbe, leicht zu beschädigen.

Ueberdrüsse, iwerdriese f. überdrüssig; Hl.; Bspr.: iwrdrése.

Uebereins, einerlei, gleichlautend, gleichmässig, übereinstimmend; die Hüte sind alle ü., gleicher Form; die Depeschen sind ü.

Uebergängelchen, das, Regenschauer; B.; s. Husch.

Uebergezieche, das, Bettwäsche, Ueberzug, Kopfkissenzieche und Betttuch; statt der Mehrheit: die Uebergeziehe braucht man die umschreibende Form: „ich habe 3, 4, 6 Mal Uebergeziehe in die Wäsche gegeben".

Ueberkomplet f. überzählig, überschiessend; vorräthig für den Nothfall, wie das fünfte (Reserve-) Rad am Wagen; ähnl. dem engl. spare.

Ueberlau'fen, ein wenig erwärmt, von Zimmern, wo man nur ein „Schauerchen" gemacht hat; s. überschlagen.

Ueberlei f. überflüssig, zuviel; „du bist hier ganz iberlee; ich habe noch eine überloie Gabel (iberlēě Gafel)." von dem alten die Lei — Art, wie in allerlei, vielerlei u. s. w.; Hb.: überlänig.

Ueberschlägen, lau (Wasser); Ab.; s. überlaufen

Uebersichtig, 1. höflich für schielend; 2. übersichtiger Ball, wie Sterngikler, 2.

Ueberwendlich, 1. eine überwendliche Naht, nicht mit Hinterstichen, also haltloser; Pf.; Oe.: überwindling; 2. Etwas nur überwendlich machen, obenhin, oberflächlich; E.

Uebrig bleiben, wie sitzen (unverehelicht) bleiben, von Mädchen; Wn.

Uff f. auf; so auch in den Ableitungen. ruff, druff, nuff; mhd. ûf, ouf.

Ulk, der, Scherz, Spass, Ausgelassenheit; allgemein verbreitet, sogar Name eines Witzblattes; „seinen Ulk mit Jemand haben", ihn zum besten haben; s. Affenschande.

Ulrich; Sankt Ulrichen rufen, sich übergeben; J., Pf.; Au.: Urli schreien; Bsl.: im Ueli rüeffe. Seiler. Basler Mundart, S. 291, sagt von St. Ulrich, dem deutschen Hauptheiligen, dass er Bischof v. Augsburg gewesen († 973) und dass er selbst den Trunk segnete, der über Gebühr geschah, dagegen den Verächter eines solchen Ehrentrunkes als einen Frevler strafte; s. Gramm. § 166 b.

Umbecken, Leinwand, Zeug u. s. w. falten, um es zu säumen; von umbiegen?

Umbringen, „er ist nicht umzubringen", (auch „nicht todt zu machen") ist im Spielen, Trinken, Arbeiten u. s. w. unverwüstlich.

Umkuddeln, gänzlich umändern; s. kuddeln.

Umsatteln: — „seine Frau sattelt jedes Mal um", sie bekommt Knaben und Mädchen in regelmässiger Abwechselung (was man in Ab. umzichtig nennt, in Mb. ümschichtig).

Umschmeissen s. umschütten.

Umschütten, ein Spiel verlieren, s. verschütten; auch: bankerott machen; ebenso umschmeissen, umwerfen.

Umstandsfritze, Umstandskasten. Umstandspeter; 1. umständlicher, langsamer Mensch; 2. Einer, der viel auf Aeusserlichkeiten hält.

Umstossen, Einen; besuchen.

Umtopfen s. austopfen.

Umwerfen wie umschütten.

Un f. und; P.; s. Gramm. § 114, 3.

Unberufen, wenn man Etwas (Jemanden) lobt, aber fürchtet, es könne eine Aenderung zum Schlimmern eintreten, so fügt man bei „es soll unberufen (unbeschrieen) gesagt sein", oder „ich will es nicht beschreien;" alte Frauen, die das Gedeihen eines Kindes rühmen, sagen stets so Etwas oder wenigstens „Gott behüt's", schlagen wohl auch ein Kreuzlein dazu; vielleicht „graut ihnen vor der Götter Neide." V.

Une, dune, Daus, ich oder du bist aus! Kinderreim zum Auszählen beim Spiele (etwa vom franz. un, deux oder gar vom lat. unus, duo; man vgl. Pax).

Ungeschickt, „Herr (von) Ungeschickt lässt grüssen!" ruft man Jemand zu, der etwas Ungeschicktes thut; Schw.

Ungleich von Jemandem denken f. übel.

Uniform, „Kartoffeln in Uniform" — in der Schale; in Preussen: Pellkartoffeln; s. Hinne, 2.

Unmustern, nicht recht aufgelegt, unlustig zu Allem, halb übel, unwohl u. s. w.; Immermann.

Unnütz; sich unnütz machen, durch Sticheleien u. s. w. sich unliebsam machen.

Unrecht wie unrichtig.

Unreimisch, nicht recht bei Sinnen, halb übergeschnappt.

Unrichtig, „es ist ihr unrichtig gegangen", von verfrühter Niederkunft; Hb.: es is ugrode gange.

Unsinn f. Tollheiten, Ausgelassenheit, Uebermuth; „wir machen's blos aus Unsinn, zum Unsinn".

Vater, wird mit „gehen" verbunden, wo es sich um eine Reihe von Verkaufständen u. dgl. handelt; so „geht man unter die Neugroschenbuden, unter die Töpfer, unter die Weissen-felser Schuster, unter die Juden, unter die Buden (d. h. ausschliesslich unter die Trink- und Schaubuden, nicht in Verkaufsbuden.)

Untergütig, undergietich, unterkütlich, untergödig, unterköthig ist eine heimlich unter gutem Fleische oder unverletzter Haut eiternde Stelle, bes. am Finger; Hb.: önnergüttig; Rtr.: kütig, unnerkütig; V.: unterkühnig; M.: goader Finger f. böser, entzündeter.

Unterhauen, unterschreiben, einen Brief, eine Schuldverschreibung, Petitiou u. s. w.

Unterschlupf, Unterschlipf, der, Obdach, eine Unterkunft, ein Ort, wo man unterschlüpfen kann; Bel.; so nannte der Volkswitz die 1869 errichtete „Mägdeherberge", den „Mägdeunterschlipf".

Unterthanen, Beine, Füsse; Wn.; s. Spazierhölzer.

Unterwegens f. unterwegs; s. Gramm. § 146; unterwegs lassen, bleiben lassen, unterlassen; K., J.

Unterziehhose, Unterziehjacke f. Unterhose, Unterjacke.

Unthätchen, „es ist kein Unthätchen daran", nicht der geringste Schaden. Makel, Fleck; Bel.: Undöteli; Schw.: Unthädlein; N.: Unthäterlein; mhd untät, Missethat, Makel, auch untaetelin. Minnesänger: „Sie vat vor un-tête wohl behust". Eine Mutter rühmte die Gesundheit ihres Kindes: „es is ooch gee U. an sein'n Leibe;" s. Versehrichen.

Ueppig sein, sich üppig machen, übermüthig, obenauf; auch in Studentenliedern.

Urlauber, ein auf Urlaub befindlicher Soldat; steht er noch in aktivem Dienste, so ist er dann „Königs-Urlauber".

Urwern s. orwern; Schl.

V.

Vagabanderei, die, Herumtreiberei, Herumtreiberstreiche, Landstreicherwesen.

Vagiren, fachiren, hastig mit den Händen herumfahren, bes. beim Reden, wie ungebildete Leute pflegen; „Einem vor der Nase herumvagiren".

Vater, „dein Vater war kein Glaser" (auch mit dem Zusatz: sonst hätte er dir eine Scheibe in den Rücken gesetzt), sagt man zu Jemandem, der sich Einem ins Licht stellt.

Vaterknacks s. Knacks.

Vatermörder, der, kleiner Herrenhalskragen mit steif hervorstehenden Spitzen, mit denen Jemand seinem Vater bei der Umarmung die Augen ausgestochen haben soll u. s. w.

Ver-...., viele mit dieser Vorsilbe beginnende Wörter findet man unter den Stammwörtern; so verbitzeln unter bitzeln, verestimiren, verbummeln, verbutten, verduseln, unter estimiren, bummeln, butten, duseln.

Ver für vor und für; „ver e Sechser Gimmel ver mein Vater;" ver mir — meinetwegen; Eg.; Rtr.: för mi; dagegen bleibt die betonte Vorsilbe vor unverkürzt.

Veraddiren, sich, falsch addiren; wie: verrechnen.

Veralbern, Jemanden durch alberne Reden verdreht, verwirrt machen; s. albern.

Verassekriren, versichern gegen Feuer u. s. w., assekuriren.

Verbamben, mit Saus und Braus durchbringen; von bamben; s. verjuchheien.

Verbei f. vorbei, z. B. verbeigehn; vorüber ist ganz ungebräuchlich.

Verbeten s. verbieten.

Verbienen, verbühnen, hölzerne Gefässe, welche undicht (verlext) sind, lässt man verbienen, im Wasser verquellen; schott.: been; Bsl.: de Fass usbühne, sie mit siedendem Wasser ausbrühen, um ihnen den Geruch zu benehmen.

Verbieten f. verbitten, bes. wenn es recht nachdrücklich sein soll; „das will ich mir doch verbieten" (auch: verbeten, wobei man denkt: das will ich mir verbeten haben); Sz.; s. Gramm. § 4.

Verbluten, „er wird sich bald verbluten", die Kraft wird ihm bald ausgehen, es wird ihm bald an Geld, an Trümpfen fehlen.

Verbohrt, sonderbar, seltsam, verdreht; „ein verbohrtes Haus", närrischer Kerl, „eine verbohrte Geschichte", unangenehme, verwickelte Sache (mhd. verboru, durchbohren).

Verbresen, verkrümeln; von Brosamen? s. vermöschen.

Verbutten s. butten.

Verbuttern, durch Ungeschick verlieren, verderben, z. B. ein Spiel; s. verwurzeln, verbollern.

Verdammtig f. verdammt, verwünscht;

„eine verdammtige Geschichte, Wirthschaft" — eine schöne Bescherung; Gramm. § 169.

Verdattert, verblüfft, bestürzt; E.; RJ.: verdrott; s. dattern.

Verdeffendiren, vertheidigen, bes. mit Worten; s. vermauliren; von défendre; Uckerm., Rtr.; Gramm. § 177.

Verdonnern, verdammen, verurtheilen; neueren, wohl süddeutschen Ursprungs.

Verdorb, verdarb, ich, für verdarb; Gramm. § 209.

Verdreckern: was dem Staube u. s. w. lange ausgesetzt ist, verdreckert ganz und gar; dagl. ein wasserscheuer Mensch.

Verdruss, einen (kleinen) Verdruss haben, einen Höcker; ND., Pf., Brl.; in Oe., B.: er hat einen Verschmach; s. Kriegskasse.

Verduften, leise, unbemerkt fortgehen, wie „alle werden, sich drücken".

Verdummeniren, mit prahlerischen Ausgaben durchbringen, von dummeniren, 2; s. verjuchheien.

Verfahren, 1. Etwas ins falsche Gleis bringen, schlecht leiten; 2. sich v., so verwickeln, dass man nicht mehr zurück kann, bei Reden und Handlungen; ebenso sich vergoldpapieren, verpläppern, verheddern.

Verfangen, kleine Kinder, dem Winde entgegen getragen, verfangen sich leicht beim Athmen.

Verfitzen s. Fitz.

Verfluckt, verflixt, statt verflucht; Eg., Wn., Bsl.

Verfliren, verfloren, Kinderwörter f. verlieren, verloren.

Verflucht, 1. harmloser Ausruf der Ueberraschung; SD.; ähnlich 2. verflucht und zugebunden, komischer Ausruf; 3. pfiffig, gescheit, schlau; „ein verfluchter Kerl", ebenso verflixt, verwettert, verwünscht.

Verfluchtig wie verflucht, 3; „eine verfluchtige Geschichte", widerwärtig; Gramm. § 169.

Verführen, anstellen, machen, in den Verbindungen: „einen Heidenkrakehl, Skandal, ein greuliches Geschrei, tollen Lärm verführen, auch vollführen;" Schl.

Verfumfeien, verderben, verhunzen, entstellen; L., ND.; E.: verpfumpfeien; in J.: verfumfeien oder verbumfideln, das Geld vertändeln, bes. beim Tanze; das Wort ist also nach den Tönen der Fidel gebildet; auch in ND. heisst es liederlich durchbringen.

Vergallöppern, vergalopiren, durch Uebereilung im Reden Etwas verrathen; Hb.; — auch durch einen Fehler ein Spiel verlieren; in Sz.: sich verschnepfen.

Vergangen, Adverb f. neulich; Pf., E., Schw.; Eg.; s. verwichen; „er war erst vergangen hier".

Vergebens f. selbst, sogar; „vergebens das Hemd hat er hergeben müssen", alles Sträuben war vergeblich.

Vergoldpapieren wie verfahren, vergallopiren, bes. sich in seinen Berechnungen täuschen; in Schl. f. verplempern.

Verhauen, 1. durchprügeln; 2. Geld verthun, s. verjuchheien; 3. ein Spiel verlieren, wie verschütten.

Verheddern, sich, verwirren, bes. beim Reden; von Heede; Brl.; vgl. Hanf, sich verfahren, verpläppern, vergoldpapieren; ND. verheiern.

Verhollern, verhullern, 1. wie verheddern; 2. wie verschütten, 1.

Verhunzen, verderben, s. verfumfeien, vermutzen, schänditen; — ist auch schriftdeutsch; — Hb.: es sieht hunzig aus, übel, verdorben.

Verjuchheien, mit lustigem Leben durchbringen; L.; in Oe.: durchklopfen; ebenso in Lpz.: verbamben, verdummeniren, verbauen, verjuxen, verliedern, verludern, verluleien, vermöbeln, verneäen, verposementiren, verputzen, verseinsen, versumsen, verwichsen, auch verläppern, verkrümeln, vertrödeln.

Verjuxen, wie verjuchheien.

Verkälten f. erkälten, selten, in ND. gebräuchlicher; eine Verkältung (in Goethes Briefen an Zelter, III, 69).

Verkaufen, „Eines mit dem Andern verkaufen", das Erstere zum Vorwande brauchen; „er verkauft die Mutter mit der Tochter", er schneidet der Mutter die Cour, spekulirt aber auf die Tochter.

Verkeilen, 1. Einem den Kopf verkeilen, ihm etwas in den Kopf setzen, den Kopf verdrehen; mettre martel en tête; 2. verkaufen; s keilen, 2; Wb.; s. verkloppen, vermöbeln.

Verklamen, vor Kälte oder von langem Sitzen, Stehen ungelenk werden; PP.; Di.; s. Klamm; mhd. verklammen, einklemmen.

Verkloppen, verkaufen; Brl.; s. kloppen, verkeilen. vermöbeln.

Verklössen, in Verwirrung bringen;

eine Erzählung entstellen; die Karten verklossen, vergeben.

Verknusen, leiden, sich gefallen lassen, ruhig hinnehmen; bes.: „Ich kann (den Kerl, sein Benehmen) nicht verknusen; Ho., Mb., Schl.; plattd.: knusen — hinunterwürgen; Brl.: verknusen f. verstehen.

Verkotzen, wenn Einem beim Essen Etwas in die „unrechte Kehle" kommt, so hat man sich verkotzt oder verkutzt, das im Verschlucken Begriffne wird durch Husten emporgestossen; (in Hoh.: verkornt); s. kotzen.

Verkrümeln, 1. krümchenweise verlieren, s. Krümelchen; 2. sich verkrümeln, nach und nach verloren gehen: das Geld verkrümelt sich bald; er hat sich unter der Menge verkrümelt.

Verkutzen s. verkotzen.

Verläppern, nach und nach für allerlei Kleinigkeiten sein Geld ausgeben, seine Zeit an unwesentliche Dinge verlieren; Brl.; s. läppern und trödeln; in ND.: verkleutern.

Verleicht f. vielleicht; Schl.: verleichte; Gramm. § 98.

Verlesen sein, unrettbar verloren; wohl vom sonntäglichen Verlesen der Verstorbenen durch den Prediger; Hl.

Verlext, verleckst, undicht, von Fässern u. s. w.; Pf.: verlecht; Hb.: derlächt; Oe.: zerlenx'nt; B., Schw.: lechen, lechnen, verlechnen, derlechzen, und Sbg.: erlechen — vor Trockenheit Risse bekommen, leck (in Brl. spack) werden; mhd. lëchen, zerlëchen, zerlëchzen; s. verbienen.

Verlorens, Adv.; s. Gramm. § 172, 1.

Verliedern, 1. liederlich werden; 2. durchbringen; etwas feiner als verludern; Sdt.; s. verjuchheien.

Verludern, 1. in leichtsinnigster, liederlichster Weise verschwenden, stärker als verliedern, s. verjuchheien; 2. Etwas ganz verludern lassen, verwildern, verfallen, verderben lassen; z. B. einen Garten, ein Gasthaus; Brl.

Verluleien wie verlumleien; s. Lulei.

Verlumleien, wie verbummeln, Zeit, Geld leichtfertig todtschlagen; s. verjuchheien.

Verluschen s. Lusche.

Vermarken muss der Kellner das am Büffet Entnommene, wenn er es nicht mit baarem Gelde, sondern mit Marken bezahlt, die ihm zugetheilt sind.

Vermätschen, 1. Flüssigkeiten unnütz verbrauchen; auch vermanschen; s. Matsch, manschen; 2. Alles verwirrt durch einander mengen, bes. beim Erzählen, Auseinandersetzen.

Vermauliren, sich, wie verdeffendiren; ebenso: das Maul brauchen; Schl.: vermäulen.

Vermengeliren, sich, mit Etwas befassen (vermengen); Rtr.

Vermöbeln, 1. verkaufen, wie verkeilen, verkloppen; 2. durchbringen, verschwenden; Eg.; s. verjuchheien.

Vermost, für famos; Gramm. § 150 f.

Vermutzen s. Mutz, 2.

Vernesen, feiner Ausdruck für vermöbeln, verwichsen; s. verjuchheien; auch überhaupt aufzehren, geniessen, von Speisen.

Verplappern, verpläppern, durch hastiges Reden od. Handeln sich verrathen; von plappern; ähnlich: verfahren, verplempern.

Verplempern, sich, 1. sich verirren, verwirren, verrechnen; sich unüberlegt in Etwas einlassen, so dass man es hinterher bereut; ähnlich: vergallopiren, verheddern; auch: sich durch eine unbedachte Aeusserung verrathen, z. B. bei einem Verhöre; wie verpläppern; Brl., Wn.; bei Hagedorn; 2. sich mit Einer verplempern, sich zu weit mit ihr einlassen; Pf.; Schl., wo man dafür auch vergoldpapieren sagt; Eg.: sie hat sich verplempert, ist zu Falle gekommen; in Hb. ist verplämpern — verthun, verschleudern.

Verposementiren, Geld nach und nach zusetzen; auch: durchbringen, wie: verjuchheien; Brl.

Verpusten, wieder zu Athem kommen; Di.; s. Puste.

Verputzen, aufessen; „er hat seinen ganzen Kuchen schon verputzt;" bildlich: „Geld verputzen", leichtfertig ausgeben; Brl., Sz.; s. verjuchheien.

Verquätscheln, verzagen, verzweifeln, vergehen, vor Angst, Kälte u. s. w.; s. quatschelig, verzwatscheln.

Verrecken, „nicht ums Verrecken thu ich das!" um keinen Preis; s. Loch, 4.

Verrungeniren wie rungeniren; Rtr.; Sz.: verruiniren.

Vers, „da kann ich mir keenen Versch druffmachen", kann mir's nicht erklären; „da mach' Eener ä Versch druff!" das begreife Einer, es ist unerhört!

Versauen, 1. beschmutzen; 2. durch Ungeschick verderben, z. B. ein Spiel; E., J., Hb.; auch versauigeln, verschweinigeln; s. verhauen, verbummeln, verduseln.

Verschameriren, sich, verlieben, wie verschiessen (von charmiren — Cour schneiden?); V., Eg.

Verschieden, „da hört Verschiedenes auf", f. da hört Alles auf, es ist zu toll; s. Wand.

Verschiessen, sich, verlieben; „er ist ganz und gar in sie verschossen;" wie verschameriren.

Verschimpfiren, Etwas durch Schmutzflecke, durch Bemalen, Abschneiden, Anflicken oder sonst wie entstellen, verunzieren, verballhornen, ihm einen Schimpf anthun; s. schändiren; Rtr.: verschampfiren.

Verschlagen hat man auf irgend einen Körpertheil, wenn eine Erkältung sich irgend wohin gesetzt hat; bes. „ich hawe uff Lunge un Lewer verschla'n".

Verschlumpen, seine Kleider nachlässig behandeln; s. Schlumpe.

Verschmeissen, verlegen, von Messern, Büchern, Briefen u. s. w.: Brl.

Verschmergeln s. Schmergel.

Verschnupfen, verdriessen: „es hat ihn verschnupft", oder: „er hat es verschnupft", wie übel genommen. E., Hb., Tb.; in Rl.: er ist verschnupft, ärgerlich, gekränkt.

Verschütten, 1. ein Spiel verlieren, wie umschütten, verhauen; 2. es bei Jemand verschütten, Jemandes Gunst verlieren, es mit ihm verderben, ins Fettnäpfchen treten (bei Holtei im „Erich"); ähnl.: bei mir hat er's weg; bei mir hat er geschnupft.

Verschweinigeln s. versauen.

Verschwund für verschwand; s. Gramm. § 209.

Versebastiren für subhastiren; s. Sebaste.

Verseecht, hässlich grüngelb; s. Seeche.

Versehreben, „es ist kein Versehrchen daran gekommen", keine Beschädigung, es ist ganz unversehrt; mhd. sêr, Körperschmerz; s. sehr u. Unthätice.

Versemsen, verschwenden, mit lärmenden Vergnügungen todt schlagen; auch versumsen; s. Sems, verjuchheien.

Versimpeln, Etwas durch Einfalt, Gedankenlosigkeit, wie ein Simplex (— Dummhut), versäumen, verlieren, verderben, herunterbringen.

Versohlen, 1. belügen (carotter); 2. betrügen, bes. beim Spiele; Pf.; 3. prügeln; Brl.; s. ledern, Loch, 1.

Verstaaten, Geld für Staat (Kleidung, Putz) verschwenden; gebildet wie: vertrinken.

Verstand, 1. „den Wein wollen wir mit Verstande trinken, die Zigarren muss Ener mit Verstande rochen", mit Ueberlegung, um den Genuss recht zu würdigen; 2. Verständniss für Etwas, Urtheil: „für solche Musik habe ich keinen Verstand; er hat keinen Bierverstand, Weinverstand."

Verstandskasten, der, Kopf, Hirnschädel; engl.: knowledge-box.

Verstehste-mich, der, Verstand; „hast du denn gar keinen Verstehstemich? der Mensch muss doch ein bischen Verstehstemich haben;" Schw.: „er hat keinen Verstöstmi;" s. Kohlrüben.

Versucherisch f. verführerisch; „eine rechte versucherische Karte", die zum Wagen verlockt; Gramm. § 169.

Versumsen, verschwenden; auch versemsen; s. verjuchheien.

Verthun, sich, zu einem Manne kommen; „das Mädchen will sich gar nicht verthun."

Vertilgen, verzehren, bes. beim Trinken; wegsaufen.

Vertrackt, verwünscht, wie verflixt; „eine vertrackte Schmiere", quälende Verlegenheit; vertrackte Gesichter, sonderbare.

Vertrödeln, 1. durch Zögern, durch Nachlässigkeit u. s. w. Etwas versäumen, verlieren, s. trödeln; ebenso: verbummeln, verduseln, verduseln; 2. mit Kleinigkeiten verschwenden, wie verläppern: „mit dem Arbeiten vertrödelt man blos die Zeit, und mit dem dummen Schuldenbezahlen verläppert man das ganze bischen Moos".

Verurassen, vorurassen, 1. ruiniren; 2. durchbringen, bes. verkneipen; Rw.: verruachen, verschwenden.

Verwandt mit Einem sein, ihm Etwas schulden; Hl., Hz.

Verwettert, verwünscht; „ein verwetterter Kerl, verwettertes Mädchen, verwetterte Geschichte;" s. Wetterhexe.

Verwichen, neulich, s. vergangen; altes Lied: „Als ich bin verwichen zu mein' Schatz geschlichen" u. s. w.

Verwichsen, wie verjuchheien; Brl.

Verwimmern (auch verwummern), körperlich heruntergekommen, verkümmert; bes. „ein verwimmerter Kerl", heruntergekommener Mensch (reduzirtes Subjekt); mhd. ist „wimmer" ein knorriger Auswuchs an einem Baumstamme; s. butten.

Verwogen f. verwegen, unternehmend im übeln Sinne; „er hat verwogne Oogen, e rechtes verwognes Gesichte, so e verwognen Gerle mecht ich nich Nachts um zwelfe alleene begegen".

Verwohnt sind Zimmer, welche durch längeren Gebrauch unwohnlich geworden sind, einer Wiederherstellung bedürfen.

Verwummern s. verwimmern.

Verzählen f. erzählen; Str.; auch: d'rzehlen; s. Gramm. § 138.

Verzwickt, verwirrt, ärgerlich, verwickelt, sonderbar; „verzwickte Geschichten, Kerls, Streiche, Fratzen;" E.; eigentlich: mit Zwecken verkeilt; vgl. verbohrt, verkeilen.

Verzwatscheln, verzagen, vergehen (vor Angst), verzweifeln, wie verquatscheln; E. u. Pf.: verzwatzeln; B., Hb., Schw.; Th.: zwappeln; Bsl.: verzwatzeln, verzwarzeln; in Ulm f. zweifeln.

Vetter hat sich nicht nur neben Cousin erhalten, während Base, Muhme, Oheim fast ganz durch Cousine, Tante, Onkel verdrängt sind, sondern steht auch in weiterem Sinne für Oheim (mhd. ebenso), ja selbst für jeden weitläufigen Verwandten, für den man die richtige Bezeichnung nicht weiss; scherzweise gilt es überhaupt als Anrede f. jeden Befreundeten; „beim Vetter sein", verpfändet; chez ma tante; at my uncle's, at uncle Tom's; s. Gevatter stehen.

Vetterstrasse, die V. gehen, ziehen, auf Reisen jeden Verwandten und Freund besuchen, um billig zu leben.

Viehracker, scherzhaft f. Fiaker.

Vielmaul, das (Bspr. Vählmaul), Grossmaul, Grosssprecher, Naseweis; ein vielmäuliger Kerl.

Viergroschenbrod: — „man sieht kein V. liegen, so finster ist es".

Vierling, der, ehemaliges Vierpfennigstück, s. dagegen Dreiling, was in Ha. allerdings einen Dreier bedeutete; Eg.: Vierlingl, eine Viertelmetze.

Vierschrötig, gross, stark, breitschulterig.

Viktriol, der und das, f. Vitriol; Gramm. § 135.

Vogelfritze, Vogelliebhaber, Vogel-
züchter, Vogelhändler; auch **Vogeltowis**; s. **Jokel.**
Vogeltowis, wie **Vogelfritze**; von
Tobias.
Vogtländern, nur mit Verneinung:
„da wird nicht gevogtländert“,
gezaudert, ganz wie **fackeln.** Man
sagt, die vogtländer Steinmetzen seien
nicht regelrecht, wie andere, in Hüt-
ten gebildet gewesen; der Meister
habe ihnen daher oft ihre Eigenthümlichkeiten in der Arbeit mit jenen
Worten verwiesen.
Voll, schmutzig; „ich habe mich ganz
voll gemacht, mache mich emal ab;“
in PP.: ich habe mir das Kleid abgerichtet; **sich vollmachen,** bes.
von Kindern: sich bekacken, wie bemachen; s. **abmachen.**
Vollführen s. **verführen;** Sz.
Vollgends, vulgends, vult, f. vollends; V.; in Th. folgdersch: J. vund;
Rh. fottens; a. d. Ruhr fötens; s.
vult; Gramm. § 134, 2.
Volligkeit, die, das Gefülltsein, stark
Besetztsein eines Saales u. s. w.;
„nein aber, eine solche V. hätte ich
mir nicht gedacht;“ Gramm. § 165.
Vollkommen, von Kleidern, Stiefeln
u. s. w., recht weit u. bequem.
Von oben, „von oben ist das Wetter
schöne, aber von unten nich“, es
regnet nicht, aber die Wege sind
schmutzig.
Voraus, wenn f. besonders wenn:
„ich komme gewiss, voraus, wenn's
was zu lutschen gibt“.
Vorbeichten statt vorbeugen; Verwechselung mit Beichte, weil böses
Gewissen oft mit vorbeugenden Ent-
schuldigungen auftritt.
Vordhin, vorthin, auch vordhins-
chen, f. vorhin; s. **vorhinnige.**
Vor ehr, statt ehe, bevor; engl.: ere;

„vor ehr er nicht berappt, kriegt er
nischt.“
Vorende, das, s. **Auewende.**
Vorfeiteln, Einem Etwas, vorprahlen,
vorlügen.
Vorhinnig: vordhinnig, Adj., z. B. die
vorhinnige Bemerkung.
Vorkommen; „Sie können wieder einmal mit vorkommen“, „ein Gängelchen mit vorkommen“, gelegentlich
wieder einmal vorsprechen, nach-
fragen u. s. w.; HL
Vor mir, meinetwegen; s. **ver.**
Vornehme reden, hochdeutsch, nicht
Mundart sprechen; in B.: herrisch
reden; V.; **vornehme Redensarten**
führen, in gleichem Sinne.
Vorreiten, „ich muss ihm Etwas vorreiten“, beim Spiele: dem Gegner eine
Zehn, ein Daus preisgeben, um zum
Stechen zu nöthigen.
Vorspann nehmen sagt man bei einer
schlecht brennenden Zigarre; allein
kann man's nicht erziehen.
Vorspuken, „es spukt vor“, von
einer verfrühten Nachricht als Vor-
bote des wirklichen, bald eintreten-
den Ereignisses; z. B. wenn ein
Schwerkranker todt gesagt wird;
wenn blinder Feuerlärm entsteht, kurz
nachher aber wirklich ein Brand aus-
bricht, so hat jener Lärm schon vor-
gespukt; entspricht also dem Worte,
dass „grosse Ereignisse ihren Schatten vorauswerfen“.
Vortrag, der, Frauenbusen; s. **Weste.**
Vorthöl, Vort'l. das, f. Vortheil; wie
Urtel, Viertel, Drittel; daher: be-
vorteln; Wn.; s. Gramm. § 181.
Vorwoche s. **Messe.** 2.
Vult, Bspr., f. vollends; s. **vollgends;**
„na da vult!“ — nun, dann erst; im
V. sogar: vollkst; dän.: fuld, voll,
ganz; fuldendt, vollkommen.

W.

Wä, nachlässig fragend f. **was;** voll-
mäuliger: **waase?** beide aber nur
alleinstehend, im vollen Satze erhält
sich **was;** s. d.
Waare, „essende Waare“, scherzhaft
auch „fressende Waare“, f. Esswaare;
Gramm. § 170.

Wabbelig, wäwllch, weichlich, übel,
wie bei leerem Magen; von süssen,
fetten Speisen wird Einem w.; PP.,
Brl., Rtr. (in Pf.: krabbelig im Magen),
„es wird Einem ganz w. ums Herze“,
bedeutet dasselbe, aber auch spöttisch: man wird ganz gerührt.

Wachsbleiche, auch **Wichsbleiche**, f. Wachstuchbleiche; Baumgarten, Flora Lips.

Wachsen: meine Karten (meine Affen) wachsen noch. Ich habe noch nicht alle meine Blätter aufgehoben.

Wachtel, Ohrfeige; J.; s. Dachtel.

Wachtmeister, starker Tabakrauch in einem Zimmer; auch „es is e Damp, wie in enner Wachstube, wie uff der Hauptwache".

Wackeln, 1. prügeln; bes. „durchwackeln"; J., Pf.; 2. „es is rührend, wenn man daran — wackelt", spöttisches Wortspiel.

Wagen, „Einem an den Wagen fahren", ihm zu nahe treten, ihn beleidigen, ins Fettnäpfchen treten; Ho.: „an den Leihwagen (d. h. Scheuerbürste, Schrubber) föhren".

Wäblisch statt wählerisch, „heikel;" Gramm. § 169.

Während hat sich als Adj. lebendig erhalten: „im währenden Regen kam er; im währenden Laufen hob er's auf;" Immermann sagt: „in währender Erzählung".

Währgeld, der Selbstkostenpreis, die Herstellungskosten einer Waare; „fürs W. verkaufen;" vom mhd. wergelt, Geldbusse für Tödtung oder schwere Schädigung eines wer d. h. Mannes.

Wahrheit, „Einem die W. geigen", die Leviten lesen u. s. w.; s. geigen.

Wahrlich, warrlich, als Adj. in einigen Betheurungen, wie: warrlichen Gott; s. noch werrlich u. Gramm. § 232.

Waldheim, Städtchen an der Zschopau, mit Zuchthaus; daher: „wer Nichts wagt, kommt nicht nach Waldheim" (in PP.: wer zuviel wagt, kommt nach Tapiau — gleichfalls Name eines Strafortes).

Walgern s. welgern; Sz.

Walken, schlagen, prügeln; vom Tuchwalken hergenommen; PP., Hb.; B.: walchen; die Walke — Prügel, in Wagner's Meistersingern.

Walze, „auf der W. sein", wandern; alter Handwerksburschenausdruck.

Walzen, in grosser Menge herbeiströmen: — Die Leute walzen ins Theater; es walzt nur so; jetzt kommen sie aber gehörig gewalzt.

Wampe, die, dicker (Hänge-)Bauch bei Kühen, Pferden, Menschen. K., E., Pf.; mhd. wampe, wampe, wamme, Bauch, Wanst; daher das Wams, Wamse u. s. w.

Wamse, die, Prügel (das Wams ausklopfen); davon: wamsen; Ab., B., V., Th., Bsl., Schw., PP.; in E.: wamsten.

Wand; „da muss (doch glei) ene ale Wand wackeln", da hört Alles auf, das ist unerhört; s. Bulle, Butter, 2, Verschieden.

Wann eher s. wenn eher.

Wappig, 1. feist; 2. der Wappig. eine Wampe, Schmerbauch.

Warden, Bspr. f. wurden, Fortsetzung von ich ward: „wir warden, sie warden;" Gramm. § 199.

Wärmde, die, 1. Wärme, s. Gramm. § 157; 2. f. Wermuth (Pflanze).

Warme weeche! elliptisch für Brezeln, die mit diesen Worten ausgerufen wurden.

Warmes, 1. „es is nischt Warmes heide", ziemlich kühl; 2. „es setzt was W., aber nischt Gekochtes", Prügel.

Warnigen f. warnen (Troppau), scherzweise, wie rettigen; Gramm. § 145, 3 c.

1. Was, unbestimmtes Fürwort: 1. f. Etwas, wofür man im übrigen Sachsen e'was, e'wos sagt: — „hole noch was Wein; nimm dir was, was de gerne mechtst; ich geb dir was! Du werscht gleich was abkriegen (Schläge);" auch mit dem Plural: „ich möchte was Bücher (einige); geben Se mir was Gläser;" 2. als Adv. f. ein wenig: — „schäm dich was! der freut sich aw'r was (sehr);" 3. was . . . . ist, Umschreibung für der, welcher, s. Gramm. § 195 b; 4. es hat sich was zu . . . (lachen, schämen u. s. w.), ironisch: es ist gar kein Grund dazu vorhanden; ähnlich: es führt sich was, leeft sich was, bezahlt sich was u. s. w., wenn man es eben nicht kann; davon abgekürzt: es hat sich was! wo sich das Zeitw. von selbst versteht; franz.: il n'y a pas de quoi; — 5. was haste, was kannste od. was haste, was leefste (— läufst du) f. eilig, hastig: — er schrieb druf los, was haste, was kannste; nu kratzt er aw'r aus, was haste, was leefste; ebenso Rl.: bäs giste, bäs häste (— was gibst du, was hast du) und in Zch.: was gist, was hest; dgg. in Ho.: hast du nich, kannst du nich!

2. Was, rückbezüglich, s. Gramm. § 195 b; — fragend § 196 a.

Waschfrau, „er trauert um seine

W.", trägt schmutzige Wäsche; s. Landestrauer.

Waschlappen, 1. Stück Zeug, das, bes. eingeseift, zum Waschen dient; ohne denselben ist es „gar gee orntliches Waschen", sondern nur ein „Getätsche;" 2. lappiger, haltloser, unzuverlässiger Mensch.

Was für ein s. Gramm. § 196 a.

Wasse, s. wa.

Wasser, „ie hat ans W. gebaut", ist zum Weinen geneigt.

Wasserhart, eigentlich: so hart, dass das Wasser nicht eindringen kann, also ganz wie water-proof; dann allg. f. verhärtet; Hb.; ein Weg ist wasserhart, wenn ein Platzregen die erweichte Oberfläche weggespült und das Uebrige festgeschlagen hat.

Wasserstudente, Studirender, der nichts Rechtes gelernt, nur „bis an den Hals" studirt hat.

Wassersuppe, eine fette Unterkehle; Hl., Hb.

Wätschel, der, Mensch mit watscheligem Gange; er watschelt wie eine Gans; Pf.; in B.: zwappeln.

Wätschen, aus waden und patschen verschmolzen, vereint so ziemlich die Begriffe beider.

Wauwau, der, Kinderwort f. Hund, wie: Hauhau; Bsl.; auch für Popanz; Hb., Bsl.

Webeln, 1. in schneller Bewegung sein, hin und her laufen (Th.), flott tanzen; „der webelt was zusammen", tanzt eifrig; ebenso: wiebeln; Th.; Bsl.: waible, in Geschäften eilig hin und her laufen, von webeln, sich regen, wie: in Ihm leben, weben und sind wir; so in dem Kinderreim: „Fritze, Stieglitze, schlag's Mäuschen nicht todt, lass leben, lass weben, es frisst ja kein Brod"; daher Feldwebel; 2. „es webelt alles vor Hitze, es ist so heiss, dass es webelt" (in Hl.: dass es fächelt), sehr heiss, so dass die Wärme förmlich in der Luft zittert. (In SchL. heisst weebeln vor Schwäche wanken, schwanken.) Psalm 65, 9: webern; mhd. wĕbelen, weibeln, hin und her schwanken, schweben; verwandt: wabeln, waberen, in Bewegung sein (Rich. Wagner: wabernde Lohe).

Wechsel, der und das, s. Gramm. § 181.

Weddertsch, Weddrtsch, das Dorf Wiederitzsch; Baumgarten, Fl. Lips., 1790, schreibt Wetteritsch.

Wees'chen, Betheuerung, f. weiss Gott; ebenso Weessknöppchen, Weesskohle, seltner: Weess Zeppchen! **Weess Knöppchen** s. Wees'chen. **Weesskohle** s. Wees'chen.

Weg, 1. „ich bin ganz weg; auch oft: je suis weg!" ausser mir vor Erstaunen; Brl.; 2. s. verschütten, 2.

Wegbleiben, — von einem Kinde, dem vor lauter Schreien der Athem auszubleiben scheint, sagt man: es bleibt ganz weg; Eg.: ausblei'm.

Wege, „geh aus der Wege; du bist mir in der Wege; scher dich deiner Wege, ich gehe meiner Wege;" Rl.: uss der Wäjen; vgl. „du stehst mir in der Lichte;" s. Licht, 4.

Weggehen, ausschliessl. gebraucht st. ausgehen; indess sagt man: der Ausgang, nicht Weggang, was nur f. Abreise u. s. w. gilt.

Weggerissen, „weiter 'nein ist's weggerissen", die Fortsetzung fehlt, das Uebrige weiss ich nicht, mag ich nicht sagen u. s. w.

Wegknipsen, listig stehlen, wie striezen; s. kazen.

Wegputzen, wegschaffen, todtschiessen; einen Läufer im Schach, einen Offizier im Felde wegputzen.

Wegwurf, der, verächtlicher, nichtsnutziger, widriger Mensch; vgl. an outcast.

Weiber, „alte Weiber", die Hülsen der Erbsen, welche beim Kochen entfernt werden.

Weibersommer, auch: Altweibersommer, Alterweibersommer, Marienfäden, Gespinnst verschiedener Arten Spinnen (aestas volitans), in andern Gegenden: fliegender Sommer, Sommerfäden, Sommerflocken, Sommerweben, Mariengarn, unsrer lieben Frauen Sommer; Rtr.: Metten; de flegen Sommer; Mädchensommer, Gallussommer (16. Oktober), Matthäussommer (21. Septbr.); dän.: Mariespind; schwed.: Marietrad; holl.: Mariendraadjes; engl.: gossamer (v. God's summer); franz.: fils de la vierge; ital.: filamenti della madouna; lat. auch fila divae virginis.

Weibsen, das, von mhd. wibesname, eine Frau; auch als Sammelwort für die Frauen; „'s Weibsen rührt viel Stob uff mit ihren langen Gleedern;" vgl. Mannsen; sonst auch: Weibsbild (s. Bild), Weibsmensch; in Bsl. u. Zch.: e Wiberfolch, Wipsbild, Wiberfölker; Appenzell: Wei-

bermensch; in Sdt.: ä Frauvulk f.
Frau (V. v. Scheffel im „Trompeter:"
die Weibervölker für Frauen); Ho.:
Fraensminsch; Hb.: Weiberleut u. Eg.:
Weisvölker f. Weiber; Rh.: Weiter
f. Weiber. Der Bauer in Wf. nennt
seine Frau: mein Frauensmensche, sie
ihn: mein Mannsmensche! auch holl.:
frouwmensch.

Weichlich wie lätsch.

Weihnachten, der und das, f. Weih-
nachtsgeschenke; „wie ist denn der
Weihnachten bei dir ausgefallen?"
wie heiliger Christ, in SD. auch
„das Christkindel;" „er hat e guten
W. gemacht", im Geschäfte zur
Weihnachtszeit viel verkauft.

Weil, 1. für während (while): „weil ich
noch so dastand, fangte es an zu
regen;" Wn.; s. derweile; 2. für
als, „weil ich hinkam, war er schon
fort;" s. Gramm. § 220 f.; 3. „weil
nur", eine verwirrte Verbindung —
es möchte Alles sein, ich bin nur
wegen des einen Punktes böse, dass
. . . .; z. B. nee, weil er nor so speete
heemegimmt; 4. „denn weil", s.
Gramm. § 221.

Weise werden, inne werden, gewahren;
Hl.; Di.: wies warm; mhd. wise, klug,
kundig.

Weiste, ich, f. wies; s. Gramm. § 206.

Weissbierzeichen s. Hemd, 1.

Weissbodnisch sind bunte Stoffe mit
weissem Grunde.

Weissbunt s. bunt.

Weisskopf, eine Flasche Champagner,
wegen der Staniolkapsel; Ab.

Weissmachen, Jemandem Etwas, 1.
vorlügen, aufbinden; 2. man darf es
ihm nur einmal weissmachen, man
muss ihm nicht erst was weismachen,
man muss nicht durch Zugeständnisse
weitere Ansprüche erregen, den Glauben hervorrufen, als müsse es so sein;
an Etwas gewöhnen; z. B. wenn man
ein Kind umherträgt, sobald es
schreit.

Weizen, weezen, Adj., von Weizen,
welcher Weize, Weeze heisst; mhd.
weizin v. Subst. weize; — weizenes
Brot, e weezner Deech (Teig); Sdt.;
s. roggen.

Welch s. Gramm. § 195.

Welgern (walchern), 1. kneten, rollen;
den Teig auswelgern (bei Brenta-
no: auswälchern), mit dem Nudelholz
flach, dünn rollen; Hb., Eg.; Wn.:
welgern, wuzeln; Th.: willigere; Ho.:
wöltern; Di.: wültern: Bsl.: wale; die

dazu dienende Walze heisst in Ob.-
Oe.: Walgerl, in B.: Nudelwelger, in
Hb. u. V.: Welcher, Wälcher, Wulger,
auch f. Roll- od. Manghölzer; Bsl.:
Walholz; das gewalzte Stück Teig in
Hb.: der Welcher, Wulger; mhd.
walgen, welgern, wälzen, rollen; 2.
ein Kindchen welgern, herum-
welchern, es (auf dem Bett, Teppich u. s. w.) kosend hin und her kollern. Altes Sprichwort: „Rund ist das
Geld, walgert durch die ganze Welt;"
s. wergeln, malkern.

Wellerwand, eine Lehmwand.

Welschkohl, Pflanze, eine Art brassi-
ca; anderswo: Wirsing.

Welt, „komm zur Welt!" Zuruf an
einen Zaudernden; — spiel aus! oder;:
komm zur Sache; mach keine lange
Vorrede; ebenso: accouchez donc! —
heraus mit der Sprache!

Wempe, die, nur in der Redensart: das
is ëne Wempe (ene betont), es ist einerlei; s. Piepe, Schnuppe,
Schnurz, Weste, Wichse, Wurst,
Pomade.

Wengk, „e wengk" f. ein wenig, Bspr.
auch ä wingk; Ab.: Winkchen; Schl.

Wenn, 1. wenn mir, wenn wir,
wenn man, wird ausgesprochen
wemmer, s. Gramm. § 104 a; für
wenn du sagt man wennste:
„wennste was merken duhst;" vgl.
obs de unter „obben;" Gramm. § 141,
2. — 2. Wenn steht stets für wann,
welches nie gebraucht wird, während
in SD. wann für wenn eintritt; vgl.
denn für dann; „wenn gehts 'u fort?
ich weess nich, wenn er widder-
gimmt; von wenn ist die Zeitung",
von welchem Tage; s. noch wennehr.

Wennehr, nachdrücklicher fragend für
wann; Brl., Th.; in Dessau, Di.: wann
ehr; Rtr.: wenn ihr; holl.: wannehr.

Wenzel, der, 1. als Gattungsname in
Zusammensetzungen, s. Gramm. § 166
b; 2. der Unter, Bube in der Karte.

Wer f. Jemand, irgendwer: „kam nicht
wer?" „Ja, es ist wer da;" „hast du
wen dort gesehen?" „du willst doch
ooch wer sein" — Etwas gelten, für
voll angesehen werden; Wn.

Werch f. Werk, aber nur in Zusammensetzungen, wie: Handwerch, Fuhr-
werch, Werchstelle, scharwerchen; s.
Gramm. § 78.

Werden, 1. „das wird zu einer Jacke,
zu e paar Hosen, zu e Rocke", der
Stoff ist dazu bestimmt, zugeschnitten; 2. „aus den Zweien wird noch

'was", nämlich ein Ehepaar; 3. „der Kranke wird nicht wieder", nämlich: gesund, hergestellt; auch: es wird nicht viel aus dem Patienten; 4. „i, wird's nicht!" — behüte, durchaus nicht, hoffentl, nicht, wenn z. B. Jemand sagt: es schneit wohl gar? oder: das Wasser läuft über; das Pferd geht durch u. s. w.; Gramm. § 199.

Werfen, Impf. ich **worf,** seltner: **wurf;** Gramm. § 208; werfen ist überhaupt wenig im Gebrauch (z. B. sich im Werfen üben). beliebter ist **schmeissen.**

Wergel, der, eigentlich etwas liederlich **Zusammengewürgtes,** eine ungeschlachte Puppe und dgl.; in Schw. ist **Wergel** eine **Masse** Teig in Walzenform und das Nudelholz heisst **Wergelholz.** Schimpfname für Kinder, bes. Mädchen; Ab.; man behauptet, dass ein Ab. Bauer, der drei Söhne und zwei Töchter hat, sage, er habe „3 Kinder und 2 Wergel;" s. **wergeln.**

Wergeln, unordentlich zusammenrollen und zerknittern, z. B. ein Taschentuch; „zwischen den Händen herumwergeln", z. B. ein Hundchen, ihm unangenehm zärtlich mitspielen; s. **Wergel.** Welgern und wergeln, verhalten sich wohl wie **stolpern** und **storpeln.**

Werkscht, die, Zusammenziehung für Werkstatt; s. Gramm. § 126 b.

Werre, die, Maulwurfsgrille, Gryllotalpa.

Werrlich, auch **warrlich,** f. wahrlich, wahrhaftig; Betheuerung: werrlichen Gott! es ist werrlich wahr, auch: wahrhaftig wahr; B., Fr., Schw., Th., OS.; Wn.: wärli; mhd. waerlich, wahrhaft; Gramm. § 232.

Wesen, 1. „böses Wesen", Fallsucht, Epilepsie; Rl.: bös Wärk; 2. „das hat sei W." ist schwierig, bedenklich; s. Eier; 2. viel Wesen (oder Wesens) von Etwas machen, viel Aufheben.

Wess f. welches; s. Gramm. § 196 a.

Weste, 1. Frauenbusen, wie: Vortrag; 2. „das is eene W.", einerlei; wie: eene Wempe; 3. „das is ene alte W.", altbekannte Sache, Geschichte, alter Gebrauch.

Westerhemdchen, Mäntelchen, das bei der Taufe über das Kind ausgebreitet und von den Pathen an den Zipfeln gehalten wird (in Tieck's Petrus Apone); früher war es ein weisses Kleid, das Täuflinge als Sinnbild der Reinheit von Ostern an 8 Tage lang trugen; mhd. wester, westerhemde, westerkleit, wester-huot — Taufkleid (velamen investiturae lustrale); in SD. heisst die Taufhandlung das Wester; das Glückshäubchen, mit welchem manche Kinder geboren werden, heisst „Westerhäubchen;" von εὔαστερος, evastrum, glückbringendes Gestirn?

Wett sein, quitt sein; Etwas (namentl. etwas Böses, eine Beleidigung u. s. w.) wett machen, vergelten.

Wetter, 1. um gut Wetter bitten, um Nachsicht, Milde; Hb.; Schw.: um schö Weatter bitta; 2. er macht e Gesicht, wie drei Tage schlecht Wetter, ein mürrisches, verdriessliches Gesicht; Bsl: wie drei Dag Regenwutter.

Wetterdach, spöttisch f. Regenschirm, bes. einen recht grossen, der auch Familienschirm heisst; s. Tulpe.

Wetterhexe, schlaues, durchtriebenes Mädchen; s. verwettert.

Wetzen, 1. beim Gehen die Knöchel an einander schleifen, daher „die Hosen durchwetzen;" Hl.; in Wn.: Kniewetzer, Einer mit eng stehenden Knien; 2. schnell gehen (in Ab. wemsen), wie säbeln.

Wetzstein, der, ein beliebtes kleines, kuchenartiges Gebäck, das die Umwohner unserer Stadt gern ihren Kindern als Leipziger Wahrzeichen mitnehmen.

Wibbeln, wiwein s. kribbeln, webeln (wimmeln); Eg., B.; Schl.: webeln; Sa.: weibeln; Ansbach: wuweln; PP.: wibbeln, sich schnell bewegen; P.: wabeln. — Der Kornwurm heisst in Bapr. der Wiebel, engl.: weevil.

Wichs, der, Glanz, Putz, Parade, Staat; Brl., ND.: „sich in Wichs werfen, den Sundagswix anhaben, sich aufwichsen", herausputzen; Bsl.; s. aufdonnern.

Wichsbleiche s. Wachsbleiche.

Wichse, 1. Prügel; davon wichsen, durchwichsen; Brl., ND., B., E., Pf., PP., Wn., Schl., Schw., Bsl.; 2. das is eene Wichse, einerlei, s. Wempe.

Wichsig, erzürnt, aufgebracht.

Wichsleinwand für Wachstuch; sie wird auf dem „Wichsplatze" gemacht; s. § 168, 2.

Wickel, „Einen beim Wickel fassen, kriegen, nehmen", festnehmen, arretiren, einwickeln; Brl.; s. Schlaffitchen, Kollet.

Wickelfrau wie Beifrau.

Wickelkind, 1. Säugling, der in allerlei Hüllen eingewickelt ist; Hl.; 2. der wilde Aron, wegen Aehnlichkeit der Blüthenhülle mit einem solchen Kinde (arum maculatum).

Wicken, „in die Wicken gehen", verloren gehen, zu Grunde gehen, unterliegen; dgg. Rtr.: „in de Wicken gahn" — sich aus dem Staube machen; mhd. bezeichnet wicke Etwas ohne Werth, wie lat. nux, ital. fico, engl. fig; s. Bohne, Pilz.

Wide, die, eine schwache Weidenruthe zum Anbinden von Sträuchern, zum Flechten u. s. w.; B., Schw.; Rtr.: Weeden; mhd. wide — Weide, Flechtreis; in Bsl. ist d' Wid ein aus einer Weidenruthe gedrehtes Band, dggn. d'Wide, 's Widli, ein Weidenrüthchen, d' Wide auch: Weidenbaum.

Widerstreiten, mit dem Accusativ; s. Gramm. § 290, 1 E.

Wie, 1. für als nach Komparativen, allg. in ND., stehend in den Brl. Zeitungen; sehr oft sagt man auch „als wie:" ärmer als wie du; Rammler; 2. für als von der Zeit: „wie er noch lebte".

Wiebeln, 1. wie webeln, 1; mhd. wibelen, wimmeln; wiweln in K., Has. — hurtig umherlaufen; B., PP.: wibbeln; verwandt mit wippen; s. noch wibbeln; 2. zuwiebeln, zusammenwiebeln, einen Riss mit Garn, Seide stopfen; eine Wiebelnaht machen; mhd. wifelen, stopfen.

Wief, munter, geweckt, unternehmend, klug; Bsl.: wiff; von vif? s. gewieft.

Wiener Tränkchen, ein gewisses Abführmittel.

Wilbert, Wilwert f. Wildpret; Sdt.: Wilpert.

Windbeutel, der, ein hohles Gebäck, auch mit Schlagsahne gefüllt.

Windelweich, sehr weich, so weich, dass man's wickeln kann (wie eine Windel); bes. Einen windelweich schlagen; „er ist ganz windelweich", ganz gerührt, zerknirscht durch Zureden, Reue u. s. w.

Winkelhölzer machen, Ausflüchte suchen; Hl.; Luther: allerlei Winkelhölzer suchen; s. Querholz.

Winkelschule, verächtlich für Privatschule; Brl.: Klippschule.

Winterig f. wintermässig; „Sie sinn ja ganz winterig angezogen;" s. Gramm. § 169.

Wippchen Jemandem vormachen, Vorspiegelungen, Flausen; Brl., Rtr.

Wirrbündel, Werrbindel, eigentlich ein nicht glatt gepacktes Bund Stroh (Wirrstroh), bildl.: ein liederlich gekleidetes Frauenzimmer, wie eine Schlumpe.

Wischer, der, Verweis; in B., Pf.; Wn.: Wisch; s. Batz.

Wispern s. bischpern; Luther: wispeln — flüstern.

Wisselig, ausser sich vor Vergnügen, aufgeregt vor Freude, aus dem Häuschen; von Wissel — Wiesel, das sehr lebhaft ist? vgl. in Schw. wisp'le — verwirrt.

Wisseln s. bisseln.

Wissen steht ausdrucksvoll für: aus eigner Anschauung kennen; „ach, die Schlacht (nämlich von 1813), das weess ich noch!" d. h. die habe ich selbst mit erlebt. „Das alte Grimm'sche Thor wissen Sie wohl nich mehr? da sein Se zu jung" (können sich nicht erinnern, wie es aussah).

Wiste! Zuruf der Fuhrleute — links; in Hl. u. anderwärts: schwudde; NS. tule; s. hott!

Witsch, sonderbar, albern; „sei nur nicht so witsch", höflicher als dumm; Rw.: wittisch, einfältig.

Wittfrau, Wittmann sind viel gebräuchlicher als Witwe, Witwer; Rtr.; mhd. witman, witvrouwe.

Wo, 1. fragend mitunter für wie; „wo soll ich denn das wissen;" Rtr.; auch: wo so? Brl., Ha.; 2. für irgendwo, an einem gewissen Orte: „wir standen emal wo; ich fand ihn wo;" 3. relativ, selten, bes. um den Genitiv (dessen, deren) zu umgehen: „die Familie, wo wir die Kinder im Hause haben; der Bauer, wo mir die Butter herkriegen" f. von welchem; „die Leinewand, wo du die Hemden dervon gemacht hast; die Bücher, wo du mir's Geld derzu gegeben hast;" Dsl.

Wöchner nannte sonst der offizielle Kirchenzettel die Prediger, welche an der Reihe waren, die Trauungen und Taufen eine Woche lang zu besorgen.

Wohin, „einmal wohin gehen", feinerer Ausdruck, nämlich: auf den Abtritt.

Wohlgefallen, der, wie der Gefallen; Gramm. § 181.

Wohligkeit, die, das behagliche Gefühl körperlichen Wohlbefindens; Oe.; „nach dem Bade kommt Einem so ene W." Gramm. § 165.

Wohlthäter, 1. der einen „Satz" bezahlt, der „Ponirende", l'amphytrion; 2. der Verlierende beim Spiel, wie der Dumme; „wer ist denn heute der Wohlthäter? — heute bin ich der Dumme".

Wohlthun, billig einkaufen, namentl. gegen Ende des Marktes, bes. von Frauen gesagt, die man „Wohlthuer" nennt; s. Gutmacher.

Wohlwollen, ironisch: — erhalten Sie mir Ihr W.", wie gewogen bleiben, s. Gevatter, 2.

Wolf, Entzündung zwischen den Schenkeln; „sich einen Wolf gehen, reiten". B., E., Pf.

Wolke, die, missverständlich statt Volte; „die Wolke schlagen".

Wolkenschieber, grosser, starker Mensch; wie Pflaumenschmeisser; in B. heissen die grossen, dreieckigen Hüte der Landleute: Wolkenschieber.

Worf, wurf s. **werfen.**

Worgen, wurgen, würgen beim Schlingen; „hinterworgen, nunterw.;" Immermann; an Etwas zu worgen haben, davon zu leiden haben; mhd. worgen, mühsam, bis zum Ersticken schlucken.

Works, das Werk, Buch; Studentenausdruck.

Wuchs: — wenn man einem Kinde von einer seltenen Speise u. s. w. ein wenig abgibt, um sein Verlangen zu stillen, sagt man dazu: „da hast du nur 'was, dass dir der Wuchs nicht vergeht;" Eg.: dass dir dr Görwoks (Jahrwuchs) nich abgeht.

Wudeln, von Geschäften: einen erklecklichen Ertrag abwerfen; vgl. fluschen; dagegen ist wudeln in P. — unserm wibbeln.

Wunder, 1. „du wirst dein blaues Wunder sehen, erleben" u. s. w., etwas ganz Unerwartetes; blaues Wunder nannte man im 16. Jahrh. die schöne blaue Farbe, die aus dem früher verachteten Kobold (Kobalt) genommen ward; Rl.: bläwer Wonner,

männlich; 2. „ich denke Wunder, was da 'rauskommen soll". aber — es war nichts Rechtes; ganz wie: parturiunt montes.

Wulst, die, eine grosse Menge: — „beim Umgraben hamm'r ene Wulst Wörmr umgedeppert; eine Wulst Schulden".

Wuppdich, 1. der, für Schnaps; 2. wuppdich! fiel er hin, plötzlich, wie patsch! Pardauz! Brl.; in Pf. u. V. ist wuppdich — husch, geschwind; davon bilden wir sogar: „die Wuppdizität", wie Elastizität u. s. w.; „er macht beim Dorn (Turnen) Alles mit ener gewissen W." Aehnlich ruft man beim Springen: hoppd'ch! Di.: wuppen, wüppen, wippen f. schnellen; wupp di — hopsa!

Wurf, der, 1. 4 Stück Obst die mit einem Griff und Wurf abgezählt werden, bes. Kirschen u. Pflaumen; 4 Würfe sind eine Mandel, Bauermandel; 2. scherzhaft für ein Glas Branntwein; s. Wurzel u. s. w.

Würfeln, Jemanden gewandt, gescheit, pfiffig machen; dann ist er ein gewürfelter Kerl; wie gewieft; Th.

Wurm, das, Kind; Brl.

Wurmlöcher; Erbsen u. s. w. „setzen sich vor die Wurmlöcher", sind nahrhaft.

Wurst, 1. es ist W. wie Schale, gehüpft wie gesprungen, einerlei; 2. es geht um die W., es handelt sich um die Entscheidung, bes. beim Spiele, wenn die entscheidende Partie kommt; 3. es ist mir W., einerlei; Brl.; Bal.; s. Wempe; 4. das kannst du in die (Schwarten)wurst hacken, es taugt nichts.

Wursteln, worschteln, liederlich zusammenrollen, wie wergeln.

Wurzel, eine, Glas Schnaps; s. Wuppdich.

Wurzeln, durchprügeln.

Wuseln, flink kriechen, von einem Kinde, das daher auch „der Wusel" heisst; E.

Wutschen, schlüpfen; ND.; vgl. huschen, Hutschche, futsch.

Z.

Zach für zähe (Scheller), bes. „zach wie Hosenleder", von Fleisch, Kuchen u. s. w.; ND.: tag; Bsl.: zeech wie Häntscheleder; bildlich: ein zacher Kerl, Geizhals, auch: ein Zachäus.

Zäcken s. zecken.

Zaddrig ist Fleisch, wenn es sehr faserig ist, nicht die rechte Festigkeit hat, nicht recht „kurz" ist; verwandt mit Zottel, der in Sbg. Zadder heisst; bei Stoffen bezeichnet schetter dasselbe; s. dies u. schlaudrig.

Zahltag, Zahlwoche s. Messe, 5.

Zahn, 1. Pfeife, s. Sauzahn; 2. „die Zähne hoch heben", langsam kauen, weil's nicht mundet; 3. „davon kriegt m'r lange Zähne", unbehagliches Gefühl im Munde, wie von Saurem.

Zahnlücke, die, Spottname für Jemand der eine Zahnlücke hat; Wn.: Zahnluckat; so wie: Krummbein, Langbein, Dicknase, Schmerbauch; s. § 168, 2.

Zahnputze, die, schlechter Branntwein; s. Putze und Rachenputzer.

Zamst für sammt; „er kam mit zammst seinem Hunde".

Zankeisen, zänkisches Weib.

Zanke kriegen, auch: Gezänktes oder Ausgezanktes kriegen, gescholten werden; Gramm. § 166.

1. Zanken, der, Ast, Zweig; mhd. der Zanke, Zacke, Spitze; vgl. Zinken; V.: Zallgen, entsprechend dem ND. Tellgen.

2. Zanken, Ztw., s. Gramm. § 180.

Zannen, Jemandem höhnisch seine Redeweise nachäffen; mhd. zannen, knurren, heulen; Eg.: „anzannen", die Zähne weisen; Ab.: auch auszannen. In Ob.-Oe. u. Schw. ist zannen, zanne, zahna, Bsl. u. Zcb.: zänne — weinen; vgl. flennen.

Zarre, die, altes, keifendes, widriges Weib; s. Zerre und Quarre.

Zätschen, beim Sprechen die Worte ziehen und zerren und zwischen denselben Brummlaute (hem, 'm u. s. w.) hören lassen, wie manche Redner, bes. gelehrte; P.

Zauderer hiessen in früherer Zeit die Lohnkutscher, welche eine sehr langsame Personenbeförderung nach andern Orten, bes. nach Dresden, betrieben; vgl. das Wiener „Hauderer."

Zauen, sich, sputen; bei Luther; K., Fr., J., Hb., Wn.; mhd. zouwen, zowen, zawen, eilen.

Zaum, 1. wird öfters mit Zaun verwechselt; ebenso sagt man einzäumen für einzäunen; 2. „er weiss, wo die Zäume hängen", weiss Bescheid, wo Bartel Most holt; s. Rummel.

Zaumbillet hat der gelöst, der ein Gartenkonzert ausserhalb des Lokals umsonst mit anhört; Brl.

Zaunpfahl, Zaunspfahl, s. Laternenpfahl.

Zaunschneider, schlechter Gärtner.

Zebeter-, Zeweter-, vor Hauptwörter gesetzt bedeutet etwa Zeter-; z. B. so e Zeweterjunge, die Zeweterkinder; gelinde Schelte, wie: saperlötscht, Tausendsasa u. s. w.

Zecken, zänkisch necken; in P.: einen leichten Schlag (Zeck) versetzen.

Zehe, 1. über die grosse Z. hapeln, den Fuss beim Gehen einwärts setzen; 2. eine Zehe Meerettig, eine Wurzel.

Zehkeln, auf die Zehen treten, um grösser zu sein; Hl., auch ziekeln; NS. zuckeln (?).

Zeichen, 1. Stand; „er ist Kopfschuster seines Zeichens (Hutmacher);" s. wess; 2. „Zeichen rein!" ruft man, wenn man am Kartengeben ist und die Blätter zerstreut umher liegen oder noch von den Mitspielenden festgehalten werden.

Zeile; eine Zeile Schichtsemmel, eine an einander hängende Reihe solcher „Eckchen"

Zeit, „Jemandem die Zeit (seltner: die Tageszeit) bieten", guten Morgen, guten Abend, gute Nacht sagen; Sz.; bei B. Auerbach; bei Rtr.: de Dagstid beiden; in Sz.: Einem die Zeit abnehmen (di Zitt abné) f. den Gruss erwiedern.

Zeitlich wird mit zeitig verwechselt; Eg.; Sz.: „komm hübsch zeitlich, oder: bei Zeite."

Zellerie f. Sellerie; Baumgarten, Flora Lips.; s. Gramm. § 97.

Zellern, langsam gehen oder reiten, schlendern; vom Passgange eines Zelters?

Zelsig, der, Kinderwort für Zahlpfennig, Rechenpfennig; s. Rudderchen, Schauzchen.

Zendrům, Bspr., rings herum, längs herum; Schl.; Th.: zengatrum; s. zendst.

Zendst, zenks, zenkst, nach jener Seite ·hin (die man dabei zeigt), bes. in der Verbindung zenkernm; Hl., Th., Sz.; V., Schl.: zentrum; gebildet wie längs.

Zensiren f. seziren (einen Leichnam).

Zerknallen, mit einem Knall zerbersten, wie Gläser, Flaschen, Fässer u. s. w.; mhd. zerknüllen.

Zerknietschen s. knietschen.

Zerlästern, zerreissen, beschmutzen, ruiniren; Fr.; s. zerledern.

Zerledern, zerreissen, s. ledern, zerlästern.

Zermatschen, zerquetschen, bes. von Obst; s. zermerschen.

Zermerschen, zerdrücken, zerquetschen, N.: zermieren; Bal.: zermürsen, mürsle; mhd. zermürsen, zermüschen; s. zermatschen.

Zerre, die, 1. zänkische Frau, auch: Nählsuse; s. ·Zarre; 2. Einen in der Z. haben, über ihn herziehen, ihn boreseniren, in der Kloppe oder Mache haben.

Zerren, zanken, er hat immer Etwas zu zerren, wie nadern, nählen, quengeln; sich mit Einem herumzerren, in längeren Zank, in Neckerei einlassen; K., E., J.; Rtr.: taren — necken; mhd. zerren.

Zertöppern, zerdeppern, zerbrechen, namentlich von Geschirr; Brl.; Th.: däpfern; s. töpfern.

Zeseb, Ausruf bei Billard und „Einhullern" als Beschwörungsformel, die das Glück des Gegners vereiteln soll.

Zesern, zähe, unnachgibig; Bspr.; selten.

Zeter in Zusammensetzungen — „verwettert, vorflixt, infam;" Zeterhexe, Zeterjunge, Zetermädchen; Hl.

Zeug, das, 1. für Sachen überhaupt, bes. für etwas Unbekanntes: „was ist das für Zeug", es können Pflanzen, Stoffe, Wörter, Goschwätz u. s. w. sein; „das Z. schmeckt nich dumm," von Etwas, das man noch nicht genossen hatte; so: das Viehzeug, alle Arten von Vieh; daher fragt man unwillig oder erstaunt: was für Zeug? f. was gibts? was sagst du? in diesem Sinne auch „das Zeugs;" Bspr. sogar dasZeuges, wie in Schl.; Rtr.: Tüge; 2. ins Zeug gehen, sich ins Zeug legen, sich anstrengen; s. Geschirr; 3. was das Zeugs hält, soviel wie möglich arbeiten, essen, fahren; 4. auf dem Zeuge sein, sich wohl befinden; s. Damm, Strumpf; 5. sie hat „ihr Zeug," Katamenien.

Zeweder s. Zebeter.

Zibbern, zaudern, unschlüssig zögern.

Zicke, die, 1. Ziege (wie Zicklein), bes. als Gegensatz zum Bock; 2. unangenehme Frau, wie Zippe.

Ziecbe, die, Ueberzug, Kappe eines Kopfkissens u. dgl.; Hl., Eg., Th., B., Schw., Bal., ND.; auch Züge; mhd. zieche; engl.: tick; schott.: tyken, also wohl Lautverschiebung aus thek, Ueberzug, Behälter, Scheide, ϑήκη.

Ziege, „raus mit der Ziege (auf den Teichdamm)!" — spiel aus! s. Welt.

Ziehe, die, Unterkommen für ein Kind in einer Familie; einen Jungen in die Ziehe geben oder thun; daher Ziehkinder, Ziehmutter.

Ziehen, 1. ohne allen Zusatz: „er zieht," grüsst mit Hutabnehmen; 2. ebenso f. sich in die Länge ziehen; „der Weg zieht sich sehre; die Sache hat sich bis jetzt gezogen (hingezogen); er zieht immer un ewig" (— kränkelt); 3. f. ausziehen, die Wohnung wechseln: wir ziehen zu Michèle; 4. er zieht von Jemandem, empfängt (mehr oder minder freiwillige) Unterstützung; 5. wir wollen ziehen s. häkeln; 6. sich ziehen oder verz., fortgehen; wie sich drücken, verduften.

Ziehzeit, die gewöhnl. Zeit des Wohnungswechsels (1. Januar, April, Juli, Okt.). Wn.: Ausziehzeit; s. ziehen, 3.

Zieren, sich, affektirt thun, im Benehmen oder Sprechen etwas Geziertes, Vornehmes u. s. w. annehmen; Eg.; das Schriftdeutsche Etwas zieren ist ganz ungebräuchlich, ebenso schmücken, dafür sagt man nur putzen, anputzen, s. d.

Zieropel, der, von Mädchen gesagt, die wie eine Vogelscheuche aussehen, gewissermassen das Femininum zu Struwelpeter; in Hb.: zieropelschwarz (von Menschen).

Zietschen, auch **zwietschen,** bezeichnet den ziehenden, hohen Laut mancher Vögel, wie der Zeisige, Kanarienvögel; s. **fietschen.**

Zig, das, für der Zehner; beim Elementarrechenunterricht, um die zwanzig, vierzig u. s. w. unter einen gleichlautenden Oberbegriff zusammenzufassen.

Zimmer ist wenig gebräuchlich, zu vornehm, man sagt lieber **Stube,** im Gasthaus jedoch nimmt man ein **Zimmer;** man spricht stets **Zimmerkellner** und **Stubenmädchen,** nicht umgekehrt; in Tir. aber gibt's **Zimmermädchen.**

Zimmt machen, zimmtig thun, sich zimmtig anstellen, züchtig, prüde, zeremoniös, geziert, übertrieben zärtlich; wohl verwandt mit zimperlich; L.: zimpe; Eg.: zimpft'ch; Rtr.: zipp; Schw. zimpern — zimperlich sein, auch zümpferlich, zompfer; von **Klein** leitet dies von jüngferlich ab; näher liegt: ziemen, also Jemand, der allzuängstlich auf das hält, was sich ziemt (mhd. zumft, zunft, Schicklichkeit, Würde, das Geziemende); davon: eine rechte **Zimmtficke, Zimmtliese.**

Zinke, die, auch der **Zinken;** 1. der Zahn einer Gabel, eines Kammes; „eine dreizinkige Heugabel;" „die fünfzinkige Gabel" — die Hand; 2. bildlich: der **Zinken,** die (grosse, starke) Nase (in Schl.: die **Zinke** — Fusszehe); 3. „Einem einen **Zinken** stecken", einen Wink geben; Rtr.; 4. **Zinke, Zinkchen,** f. Hyazinthe, Bspr.; Bsl.: **Zinggli;** Rtr.: **Zinte.**

Zinnerätää! lautbildlicher Ausruf für den Ton einer Trompete; diese selbst heisst eine **Z., Kindersprache;** s. **Tetteretettä.**

Zins steht ausschliesslich für Miethe; Pf., Da.; eine Darlehnsgebür heisst „die **Zinsen",** noch gebräuchlicher **Interessen.**

Zippe, die, (keifendes) Frauenzimmer; Brl.; wohl nicht von dem Namen des Vogels, sondern von dem NS. **Zibbe** — **Zicklein;** bei Rtr. ist zipp — spröde, geziert; s. **Zicke.**

Zippel, der, dummer Mensch; Ab., Bsl.; auch **Schafzippel.**

Zippelzerbst, Spitzname der Stadt Zerbst. Woher?

Zittermühle, Kinderspiel, s. **Schlendermühle.**

Ziwl, die, f. Zwiebel; jedoch ist dies eigentlich nur Bspr., in der Stadt heisst's „die **Zwiefel;"** Th., Sz.; ital.: cipolla; bildlich: die Uhr, wie **Kartoffel.**

Zopf, 1. „**Einem einen Zopf machen",** ihm Etwas vorlügen (Brl.), auch: einen Verweis geben; 2. „**auf den Zopf beissen,"** auf den Leim gehen, „**reinfallen;"** 3. s. **abmucken,** 1.

Zottel, der, bildlich f. eine liederliche Person. Hl.

Zotteln, langsam gehen, reiten, fahren, wie **troddeln;** „die Kinder zotteln immer hinter dem Vater her", zaudernd zurück; Brl.; Schl. zutteln; J.: zöckeln; Ti.: schatteln; „auf dem Pferde herumzotteln", schlecht reiten, wie **schackern.**

Zschocher (Name zweier Dörfer bei Lpz., Gross- u. Klein-Z.); 1. s. **bretsdumm;** 2. die Kinder machen **zschochersch** mit der Grossmutter f. hänseln; 3. **zschochersche Brade,** eine Einreibung, Salbe, deren Zusammensetzung ein Mann, Namens **Brade,** in Z. erfunden; ist in jeder Apotheke bekannt.

1. Zu, Verhältnisswort; 1. wird zur Bezeichnung der Richtung wenig gebraucht, lieber durch **bei** ersetzt; b. dies; gerade in der verpönten Verbindung „**zu Hause gehen"** hat es sich aber in den Mundarten von ganz Deutschland und der Schweiz erhalten; ebenso bei Bog. Goltz; auf dem Lande sagt man auch noch: „**oft hēme zu",** auf dem Wege nach Hause; Schl.; 2. „ein Rock zu Sonntags, zur Woche", s. § 225.

2. Zū als gradangebend (allzu) wird oft, bes. vor **was,** an falsche Stelle gesetzt: „er ist zu ein lieber Herr;" das ist zu was Dummes;" man sagt auch „das ist zu schade", wie: j'ai très-soif, c'est très-ouvrier; das ist nun schon ganz **Kind** (zu kindisch), ganz Amerikaner, vgl. genug; § 234.

3. Zū — geschlossen, wird höchst praktisch auch vor Hauptwörter gesetzt und mit entsprechender Endung versehen: „ein **zuer** Garten, eine **zue** Stube, ein **zues** Fenster, die **zuen** Thüren;" s. Gramm. § 171.

4. Zū, steht als Vorsilbe anstatt zer

16

in: zübrechen, zürissen; Schl.; Di.: toreten.

Zucht; „das ist eine schöne Zucht", Unordentlichkeit, Liederlichkeit, schlechte Wirthschaft, Ungehörigkeit u. s. w.; stärker: **Sauzucht, Schweinezucht**, auch: eine verfluchte Zucht — unverschämtes Gebahren, Frechheit.

Zuckerkand, der, Kandiszucker.

Zudecke, die, irgend Etwas zum Zudecken, bes. ein Deckbett; Eg.

Zug, 1. „einen guten Z. haben", viel auf einmal trinken können; Wortspiel, wenn Jemand einen derben Zug thut: „das war ein schöner Zug von Ihnen;" s. **Gefälle, Stiefel;** 2. Einen auf dem Zuge haben, nicht leiden können.

Zulage (oder **Zuschuss**) kriegen, Prügel.

Zulle, die, eine unangenehme Frau, besonders eine alte, die noch die junge spielen will.

Zulp, der, Lutschbeutel für Säuglinge; auch **Nöpel,** anderswo: **Zuller,** Schnuller; bildlich für Zigarre.

Zum für zu den; s. Gramm. § 184.

Zumpeln wie **zotteln;** Schl.

Zund, auch **zunder,** f. jetzt, Bspr.; vom alten **itzunder, jetzunder** (Gellert); Th.

Zuputzen s. **putzen.**

Zusammen, 1. — mit einander u. s. w.; „sie sind nicht gut zusammen", stehen nicht auf freundlichem Fusse; „sie wurden böse zusammen", verfeindeten sich; vgl. die Verbindung to part with a thing; 2. „was zusammen" heisst: viel, sehr, z. B. der läuft was zusammen, trinkt, redet was zusammen.

Zusammenbeissen, sich, im Gespräch, Umgang u. s. w. mit einander bekannt werden, sich verständigen und eine Art Gemeinschaft mit einander schliessen; wohl von Vögeln hergenommen, welche einen Käfig bewohnen und nach einigem Herumbeissen sich schliesslich vertragen.

Zusammenfallen, zusammenfahren, von der Milch, sauer werden; s. **Schlappermilch.**

Zusammenhauchen, vor Erschöpfung zusammenkauern, niedersinken, Ab.; s. **zusammenhiwwern.**

Zusammenhiwwern, sich, gedrückt zusammenkauern, besonders vor Kälte; also sich wie ein Häufchen (a heap) zusammendrücken, wie man

auch sagt: „er sitzt da, wie ein Häufchen Unglück;" kann aber sehr wohl tonmalend sein, Andeutung des Mundzitterns, Keuchens, Frostschüttelns, Zähneklappens; s. **hiefrig.**

Zusammenläppern, sich, nach und nach eine ansehnliche Menge bilden, sich summiren; ein Dieb, dem man vorhielt, er stehe schon zum 10. Male vor Gericht, sagte: „I, sehn Se mal, wie sich das zusammenläppert."

Zusammenrammeln, durch starke Bewegungen u. s. w. Etwas zerdrücken, z. B. beim Balgen das Gras, ein Sofa oder Bette zusammenrammeln; Pf.: verrammeln.

Zusammenschlagen, „er hat hören lauten, aber nicht zusammenschlagen", erklärt sich daraus, dass in manchen Gegenden, wie in B., der **Zusammenschlag** das Kirchenläuten bedeutet; also: er hat wohl eine Glocke gehört, aber es war nicht die, welche zur Kirche rief.

Zusammenschmeissen, angestrengt oder auch schnell, flüchtig arbeiten; „einen Rock, ein Paar Stiefel zusammenschmeissen;" auch: zusammenwürgen.

Zusammenschnurren, vom Fleisch, das beim Kochen oder Braten sich zusammenzieht, wie bes. altes; Hb.

Zusammenwürgen wie zusammenschmeissen.

Zuschel, zuscheln s. **schusseln.**

Zuschuss s. **Zulage.**

Zuschustern, 1. Geld bei einem Unternehmen zusetzen; so auch „er hat sein ganzes Vermögen in den Bau hineingeschustert; 2. Etwas oder Jemanden z., zubereiten, vorbereiten.

Zuthulich für zutraulich, sich leicht anschliessend, auch zuvorkommend, schmiegsam, einschmeichelnd; in **Brehm's Thierleben.**

Zütschen wie nutschen; Ab.

Zuviel-Verdienstorden, scherzweise für Civilverdienstorden.

Zwart, seltener: zwarsch, f. zwar; Ho.: zwarsen.

Zwatschelig s. **quatschelig, schatscherig.**

Zwei beide für beide, „mer gehn alle zwee beede hin;" Holtei in der Leonore: „da liegen wir zwei beide bis zum Appell im Grabe;" s. Gramm. § 242.

Zweibällig s. **einbällig.**

Zweier, der, war sonst so gebräuch-

lich wie Dreier, Sechs er u. Achter;
seit Einführung des „Neugelds"
wurde es fast ganz durch „Zwei-
pfenniger" verdrängt, auch hat man
nicht gewagt, zu sagen „ein Fünfer"
anstatt Fünfpfenniger; Redensart:
„sich breet machen wie ä Weimar-
scher Zweer", ungebürlich viel Raum
beanspruchen; dann: zu grosse Ansprüche erheben, wie dicke thun,
prasseln, sich aufspielen.
Zweifelhaft schlagen (Einen), so arg,
dass es zweifelhaft ist, ob er mit dem
Lebon davonkommen wird.
Zweigroschenbuden, Vorkaufsstände,
wo „Stück für Stück 2 Gr." ausge-
boten ward; jetzt „Bazar!"
Zweimenschig, zweimännisch oder
zweischläfrig s. einmännisch;
Eg.
Zwenk'sche Laune, Neigung zum Gähnen, Schläfrigkeit; vielleicht verwandt
mit zwinkern mit den Augen, um sie
offen zu erhalten; anscheinend vom
Städtchen Zwenkau abgeleitet,
schliesst es sich an Bethlehem und
Federhausen an; wenn Jemand
gähnt, fragt man: „was machen se
denn in Jene(Jena)?"Antwort: „grosse
Mäuler".
Zwickel, ein närrischer Z., sonder-
barer Kauz; J., K., Pf., P.; s. Kuri.
Zwieback nennen Kinder eine ge-
röstete Brotschnitte (a toast); in L.:
Bähschnitte.
Zwiebel s. Zwiefel.
Zwiebeln, zwiefeln, Jemanden, kör-
perlich oder geistig peinigen; E., Wn.,
Schw., Brl.; in Hoh.: bezwiebeln; für
schlagen gilt zwiebeln auch in Au.,
Pf.; s. knöchen, biesaken.
Zwiefel f. Zwiebel; D., Th.; auch:

Ziwwel, Zwiwwel, Bspr.; bildl. f.
Uhr, Rw., wie Kartoffel.
Zwiesel, der, eine Stelle am Baume,
wo sich ein Ast abzweigt (von zwie);
wenig gebräuchlich, mehr in der L.,
Hb. (wo man auch Driesel f. ein drei-
ästiges Stück Holz sagt); in Fr.: die
Zwiesel; Hl.: Zwaschel; Schw.: Zwu-
sel, was überhaupt doppelt bedeutet,
wie zwieselig im V.; in Sb. gibt's:
die Zwieselalp, den Zwieselberg, den
Zwieselstein, auch allein: der Zwiesel
(bei Reichenhall). Di.: twelen, sich
in zwei Arme, Zweige spalten; Twel,
Twill — Ast; Sbg.: Zwillen, ein Ast,
der sich gabelt.
Zwingen, ich kann es nicht zwingen,
trotz aller Anstrengung nicht ausführen, nicht erarbeiten, erzwingen;
wie „breeten, ermachen;" „es
thaut noch nich, die Sonne kann's
nich zwingen; ich kann das Fleesch
nich zwingen" f. aufessen; Hl.; s.
Herre werden.
Zwinkern, die Augenlider schnell bewegen, z. B. bei blendendem Lichte,
auch um Jemandem ein Zeichen zu
geben; — B.: zwinzern; Th. zwinzeln
und zwinzeln.
Zwirn, 1. „ich habe keinen Zwirn mehr",
die weiteren Mittel fehlen mir; 2. „die
Katze spinnt Zwirn, sie zwirnt"
f. schnurrt; 3. blauer Zwirn,
Branntwein; ND.: blagen Twern;
schott.: blue; s. Wuppdich.
Zwirnsame, der, das Schwarze,
Schmutzige unter den Fingernägeln.
Zwischen wird doppelt gesetzt: „zwischen mir und zwischen dir;"
„zwischen Sein und zwischen Scheinen ist ein grosser Unterschied;"
Zch.; s. Gramm. § 217.